中国旅游院校五星联盟教材编写出版项目
中国骨干旅游高职院校教材编写出版项目

新编中国旅游地理

New geography of tourism in China

主　编◎张东月　焦金英
副主编◎雷俊霞　付　娟　金慧慧

中国旅游出版社

前　言

随着现代社会经济的发展，旅游已成为大众旅游时代下人们的一种生活方式，旅游业已成为世界最重要的支柱性产业。根据国家旅游局发布的数据显示，2016年，中国旅游人数共计45.6亿人次，旅游消费达4.66万亿元，中国国内旅游、出境旅游人数和国内旅游消费、境外旅游消费均列世界第一。快速发展的旅游业成为助推经济增长的新引擎，也对我国的旅游教育，尤其是高等旅游教育带来千载难逢的发展机遇和新的挑战。"中国旅游地理"是高等职业教育旅游相关专业必修的一门主干专业课程，不仅是旅游从业人员应学习的必备知识，还有助于全面提升国民旅游素质、服务于中国旅游业可持续发展，具有很强的实用性。

本书的编写，依据教育部、国家旅游局等相关部门颁布的新规范、新标准，以中国旅游地理环境为基础，旅游资源为依托，客源市场为导向，能力培养为目标，以服务旅游业与地方经济发展为宗旨；学科理论强调以必需与够用为度，力求兼顾理论系统性、专业基础性、职业实用性、学习操作性等，以深入浅出、生动实用为指导思想。为便于学生学习，本书每章设置了学习目标、专业技能训练、同步思考、知识小扩充以及职业能力提升等环节。本书在结构上分为上下两篇共14章，上篇1~4章为中国旅游地理相关理论，分述了中国旅游地理的基本理论，包括绪论、旅游与地理环境、中国旅游资源地理和中国旅游交通地理；下篇5~14章为区域旅游分论，介绍了我国31个省、自治区、直辖市，以及我国港澳台等地的旅游地理环境概况、旅游业发展现状，以及区内主要旅游资源、景区、节庆与旅游线路等。

本书作者全部是教学一线教师，都有着多年的旅游地理教学经历，在编写本书过程中作者们集思广益，博采众长，注重创新。本书由郑州旅游职业学院的张东月、焦金英担任主编，确立本书的基本框架以及统稿工作。参编人员具体编写分工为：张东月负责编写第1、第2、第10、第11章和前言；焦金英负责编写第3、第4、第7、第14章；

雷俊霞负责编写第 8、第 9 章；付娟负责编写第 5、第 6 章；金慧慧负责编写第 12、第 13 章。

　　本书在编写过程中，大量参考和引用了本专业专家、学者的研究成果，以及各省区旅游局（或旅游委）和各大景区、旅行社的官网资料，并得到了中国旅游出版社、郑州旅游职业学院等单位的大力支持，特别是得到了中国旅游出版社教材开发部段向民老师的大力支持，在此一并向上述单位与个人表示感谢。

　　由于编者时间和水平有限，错误与疏漏之处在所难免，恳请专家学者、同人及广大读者批评与指正，我们对此表示衷心感谢。

编者

2017 年 7 月

目录
CONTENTS

上篇　中国旅游地理相关理论

第一章　绪　论 ……………………………………………………………………… 3

　　第一节　旅游地理学简介 …………………………………………………… 4

　　第二节　中国旅游地理概述 ………………………………………………… 8

　　第三节　中国旅游地理的主要任务与学习方法 ………………………… 9

第二章　旅游与地理环境 ………………………………………………………… 13

　　第一节　旅游者与地理环境 ………………………………………………… 13

　　第二节　旅游资源与地理环境 ……………………………………………… 19

　　第三节　旅游环境容量与旅游地生命周期 ……………………………… 33

　　第四节　旅游业的区域影响与可持续发展 ……………………………… 38

第三章　中国旅游资源地理 ……………………………………………………… 44

　　第一节　中国地理环境及旅游资源的基本特征 ………………………… 45

　　第二节　中国自然旅游资源 ………………………………………………… 47

　　第三节　中国人文旅游资源 ………………………………………………… 60

第四章 中国旅游交通地理 ·· 93

第一节 旅游交通概述 ·· 94

第二节 中国旅游交通发展变化与格局 ······················· 99

下篇 中国各旅游大区旅游地理环境特征及主要旅游资源

第五章 京畿要地、皇家山水——京津冀旅游区 ··········· 109

第一节 旅游地理环境特征及旅游业发展现状 ············· 110

第二节 北京旅游亚区主要旅游资源概述 ···················· 113

第三节 天津旅游亚区主要旅游资源概述 ···················· 119

第四节 河北旅游亚区主要旅游资源概述 ···················· 124

第六章 林海雪原、关东风情——黑吉辽旅游区 ············ 133

第一节 旅游地理环境特征及旅游业发展现状 ············· 134

第二节 黑龙江旅游亚区主要旅游资源概述 ················· 137

第三节 吉林旅游亚区主要旅游资源概述 ···················· 144

第四节 辽宁旅游亚区主要旅游资源概述 ···················· 151

第七章 民族摇篮、黄河故土——陕晋豫鲁旅游区 ········· 159

第一节 旅游地理环境特征及旅游业发展现状 ············· 160

第二节 陕西旅游亚区主要旅游资源概述 ···················· 166

第三节 山西旅游亚区主要旅游资源概述 ···················· 172

第四节 河南旅游亚区主要旅游资源概述 ···················· 178

第五节 山东旅游亚区主要旅游资源概述 ···················· 186

第八章 吴越文化、水乡园林——沪苏浙皖赣旅游区 ······· 194

第一节 旅游地理环境特征及旅游业发展现状 ············· 195

第二节 上海旅游亚区主要旅游资源概述 ···················· 199

第三节 江苏旅游亚区主要旅游资源概述 ···················· 204

第四节　浙江旅游亚区主要旅游资源概述 ·· 213

第五节　安徽旅游亚区主要旅游资源概述 ·· 220

第六节　江西旅游亚区主要旅游资源概述 ·· 225

第九章　峡谷巨川、巴楚文化——鄂湘川渝旅游区 ······························ 235

第一节　旅游地理环境特征及旅游业发展现状 ·· 236

第二节　湖北旅游亚区主要旅游资源概述 ·· 240

第三节　湖南旅游亚区主要旅游资源概述 ·· 247

第四节　四川旅游亚区主要旅游资源概述 ·· 255

第五节　重庆旅游亚区主要旅游资源概述 ·· 262

第十章　石林洞乡、多彩民族——滇黔桂旅游区 ································ 271

第一节　旅游地理环境特征与旅游业发展现状 ·· 272

第二节　云南旅游亚区主要旅游资源概述 ·· 278

第三节　贵州旅游亚区主要旅游资源概述 ·· 288

第四节　广西旅游亚区主要旅游资源概述 ·· 295

第十一章　南国风情、山海侨乡——闽粤琼旅游区 ···························· 304

第一节　旅游地理环境特征与旅游业发展现状 ·· 305

第二节　福建旅游亚区主要旅游资源概述 ·· 310

第三节　广东旅游亚区主要旅游资源概述 ·· 318

第四节　海南旅游亚区主要旅游资源概述 ·· 326

第十二章　坦荡草原、边塞风情——甘宁新内蒙古旅游区 ················ 333

第一节　旅游地理环境特征及旅游业发展现状 ·· 334

第二节　甘肃旅游亚区主要旅游资源概述 ·· 339

第三节　宁夏旅游亚区主要旅游资源概述 ·· 346

第四节　新疆旅游亚区主要旅游资源概述 ·· 350

第五节　内蒙古旅游亚区主要旅游资源概述 ·· 357

第十三章　雪域高原、藏区魅力——青藏旅游区 ·············· 365

　　第一节　旅游地理环境特征与旅游业发展现状 ·············· 366

　　第二节　青海旅游亚区主要旅游资源概述 ·············· 370

　　第三节　西藏旅游亚区主要旅游资源概述 ·············· 375

第十四章　一国两制、海上宝岛——港澳台旅游区 ·············· 382

　　第一节　旅游地理环境特征及旅游业发展现状 ·············· 383

　　第二节　香港旅游亚区主要旅游资源概述 ·············· 387

　　第三节　澳门旅游亚区主要旅游资源概述 ·············· 392

　　第四节　台湾旅游亚区主要旅游资源概述 ·············· 395

附录 1　国家 5A 级旅游景区名单 ·············· 404

附录 2　国家级历史文化名城名单 ·············· 411

附录 3　国家级风景名胜区 ·············· 413

参考文献 ·············· 420

上篇

中国旅游地理相关理论

绪 论

第一章

学习目标 >>

通过本章学习，学生应该达到以下目标：

知识目标： 了解并掌握旅游地理学与中国旅游地理的基本概念/学科性质/研究内容及学习方法；熟悉教材的内容安排与课程学习要求。

能力目标： 熟悉并掌握本课程的主要学习方法。

技能目标： 了解旅游地理的野外考察与调查内容与步骤/各类旅游地图的阅读及应用。

随着现代社会经济的发展，旅游已成为大众旅游时代下人们的一种生活方式，旅游业也已成为世界最重要的支柱性产业之一。据国家旅游局统计的数据显示：2015 年，中国国内旅游持续高速增长，旅游人数突破 40 亿人次，出境旅游增速放缓，出境旅游人数达到 1.17 亿人次，入境旅游回升，入境旅游人数 1.34 亿人次，全年实现旅游业总收入 4.13 万亿元。中国国内旅游、出境旅游人次、国内旅游消费和境外旅游消费均列世界第一。与此同时，我国的自助游、自驾游在旅游中所占比例也越来越高，形式也更加多样化。这无疑给我国的旅游教育带来千载难逢的增长机遇和新的挑战。据国家教育部有关统计数据显示，截至 2015 年年底，我国旅游院校总数已达 2055 所（其中高校 1122 所，中职 933 所），在校学生为 75.33 万人。几乎所有院校都开设了不同层次的中、高等教育旅游管理专业，而不同层次的旅游院校的旅游相关专业几乎全部开设了"中国旅游地理"或"旅游地理学"课程。

任务引入

旅游离不开地理，旅游地理知识是旅游从业人员必备的专业理论基础，本章是中国旅游地理课程学习的基础和前导。了解中国旅游地理的相关知识，掌握各区域的旅游地理环境特征、旅游资源特色、旅游业发展现状，对其重要景区及旅游线路有所了解，是我国旅游从业人员应具备的专业知识素养。从旅游地理的视角，既要掌握旅游地理学的研究对象、内容、属性、方法及其发展等基本学科理论；也要了解旅游要素系统及旅游者、旅游资源、旅游业、旅游客源地、旅游目的地、旅游环境等基本的旅游知识与理论；还要熟悉旅游地理的野外考察与调查、旅游地图及其应用等基本技能。

第一节　旅游地理学简介

一、旅游地理学的概念及学科发展

（一）旅游地理学的概念及研究对象

旅游地理学是随着现代旅游业的蓬勃发展而兴起的一门地理学分支学科。当人类旅游活动由少数人的个别行为转化为大众化的普遍活动，并对人类社会经济活动及其赖以生存的自然环境产生越来越明显的影响时，许多地理学家以高度的社会责任感，运用地理学的理论与方法，对这一人类社会经济现象进行了分析研究。研究人类旅游活动产生、发展及分布的时空规律，分析其与地理环境之间的联系与制约关系，及其对人类社会经济的影响，在此基础上形成和发展了旅游地理学。由于各国社会经济发展水平的不同，以及学者们对旅游概念的不同理解，在国际上，旅游地理学又有游憩地理学、闲暇地理学、娱乐地理学、康乐地理学、观光地理学等别称。名称虽有不同，但其研究对象却基本一致。旅游地理学是研究人类旅游活动与地理环境、社会经济发展之间关系的科学。

作为旅游活动，不仅是现代人类社会中复杂的社会经济现象，也是现代人类社会高品质的一种生活方式。旅游地理学以构成人类旅游活动的三大要素（即旅游主体——旅游者，旅游客体——旅游资源与旅游环境条件，旅游媒介——旅游业）为研究对象，关注旅游主体，以人为本；重视旅游客体，把旅游资源及其旅游地理环境作为研究重点；探讨旅游媒介，把促进旅游业与地理环境及社会经济的和谐发展作为旅游地理学研究的最终目标。因此，旅游地理学家一直以高瞻远瞩的视野积极投身旅游的科学规划，旅游资源的合理开发，并致力旅游业的可持续发展研究。

同步思考 1-1

什么是地理环境？为什么说地理环境是激发旅游活动产生的根本动因？

需要强调的是人类的旅游活动由来已久。在我国，无论是古代帝王巡游天下，文人漫游山水，高僧云游四海，民间清明远足踏青，九·九重阳登高还是现代大众化的大规模旅游活动，无不都发生在复杂的地理空间环境之中，即人类的旅游活动是以旅游者在地理环境中的空间流动为基础的。因此，旅游地理学的理论研究也才有了科学准确的定位。

知识小扩充 1-1

旅游与旅游系统

旅游是离开原住地，在地理空间往复，以寻求跨时空的精神和物质体验的审美旅行和游览过程。任何一种科学概念的界定，都有一个发展和认识的过程。世界旅游组织（WTO）1991 年定义：旅游是人们为了休闲、商务或其他目的离开他们惯常环境，到某些地方停留在那里，但持续不超过一年的活动。旅游科学专家联合会"艾斯特"定义（汉泽克尔、克拉普夫，1942）：旅游是非定居者的旅行和暂时居留而引起的现象和关系的总和。可见，旅游总是人们出于主观审美、娱乐和社会交往等非就业性目的，暂时离开自己的常住地到旅游目的地进行的一年以内的短期外出访问所引起的一切现象和关系的总和。即旅游是以旅游客源地、旅游目的地和联系这两者的旅游通道为主体构成的空间系统。即广义旅游不仅指旅游者的旅游活动，而且包含整个旅游供需系统。它是由旅游者、旅游客源地、旅游交通线路、旅游目的地和旅游业五个要素组成的开放系统。保继刚的旅游系统图，直观形象地反映了旅游空间系统结构。

（二）旅游地理学的学科发展

中国作为源远流长的文明古国和地理大国，拥有世界上最丰富多彩的古典旅游地理文库。早在 4000 多年以前，黄帝就曾游过华山、首山、太室、泰山、东莱五山。中华民族文化观念中，一直把"读万卷书，行万里路"作为修学的途径与知识渊博的象征。在中国古代文献中，有关旅游纪实真作大量见之于诗赋、游记和专著中。如《诗经》、《论语》（春秋孔子）、《山海经》（战国）、《史记·货殖列传》（西汉司马迁）、《水经注》（北魏郦道元）、《梦溪笔谈》（宋代沈括）、《入蜀记》（宋代陆游）、《佛国记》（东晋法显）、《大唐西域记》（唐代玄奘）、《徐霞客游记》（明末徐弘祖）、《瀛涯胜览》（郑和下西洋船队马欢）、《兰亭集序》、《岳阳楼记》等。中国的方志也含有极为丰富的古典旅游资料。此外，葡萄牙航海家麦哲伦环行地球、意大利航海家哥伦布"发现新大陆"、13 世纪意大利旅行家马可·波罗游走中国等都为旅游地理学的发展积累了第一手材料，奠定了坚实的理论方法与实践基础。

在现代，国际旅游地理学研究始于 20 世纪 20 年代末与 30 年代初。美国学者麦克默里（K. C. Mcmurty）在《地理学评论》上发表的论文《娱乐活动与土地利用关系》（1930），被认为是现代旅游地理学的开世之作。第二次世界大战以后，随着世界经济的发展，"大众旅游"现象开始在发达国家出现并蓬勃发展。与此相应，多数欧洲国家开始了对旅游地理学的深入研究，成立了相应的研究组织和机构，形成了大量的旅游地理文献。至 70 年代中期，现代旅游地理学已形成了较完善的学科理论体系，出版发行了诸多旅游地理学著作和学术期刊。如《旅游地理学》（英国，赫·罗宾逊，1976）、《旅游地理》（南斯拉夫，阿姆希洛维奇，1979）、《休憩与旅游地理》（俄罗斯，科特梁罗夫，1978）、《观光地理学》

（日本，浅香幸雄，1974）、《游憩地理学》（加拿大，史密斯）、《今日旅游：地理学分析》（皮尔斯）、《旅游学主要论题：地理学观点》（肖和威廉姆斯）等著作和《旅游研究纪事》、《旅游管理》、《旅行研究杂志》、《闲暇研究杂志》、《旅游地理学》等刊物。

中国关于现代旅游地理学的研究，尽管早在 20 世纪 20 至 30 年代就出现了旅行杂志，但真正开始系统科学地研究旅游地理学，是在 20 世纪 70 年代末 80 年代初，改革开放后旅游业迅速发展的巨大现实需求和地理学大变革（如人文地理学的复兴等）背景下出现的。1979 年年底，中国科学院地理研究所由郭来喜主持成立了旅游地理学科组，以此为标志，拉开了我国现代旅游地理学研究的序幕。到 20 世纪 80 年代至 90 年代初，我国迎来了旅游地理学理论研究的丰硕期，有大量的旅游地理学著作与文献问世。如《旅游地理文集》（郭来喜，1982）、《中国旅游地理》（周进步，1985）、《中国旅游地理》（戴松年，1986）、《旅游地理》（刘振礼，1987）、《现代旅游地理学》（卢云亭，1988）、《北京旅游地理》（陈传康，1989）、《中国旅游地理》（庞规荃，1990）、《系统旅游地理学》（秦关民，1993）、《旅游地理学》（保继刚，1993）等。

进入 21 世纪，伴随着旅游大发展的良好机遇，中国旅游地理学研究随着其研究理论日趋深化和成熟，走过了 30 年的健康发展之路，走出了一条实践—理论—再实践—提高和完善理论的道路。目前旅游地理学家大量主持和参与的旅游开发、规划与管理等项目，均以旅游地理学为基础，这些社会实践任务，不仅丰富了旅游地理知识，也客观验证了旅游地理理论的科学性和实用性。更标志着目前旅游地理学研究已从传统的定性描述转入结合数量方法、系统工程、模型研究，参与旅游景区布局和开发规划的阶段。

同步思考 1-2

为什么旅行家徐霞客元素成为构建"中国旅游日"的原因？设立"中国旅游日"有何重要意义？

杨絮飞将现代中国旅游地理学的发展历程分为三个阶段，即初创阶段（1979—1985 年），发展阶段（1986—1992 年），深化阶段（1993—2009 年）。保继刚则把旅游地理学进展分为理想主义阶段（1978—1989 年），现实主义阶段（1990—1998 年），理想主义的理性回归与现实主义相结合的阶段（1999—2008 年）。可见，中国旅游地理学已发展成为一门具有完整理论体系的旅游专业基础理论。

二、旅游地理学的学科性质与研究内容

（一）旅游地理学的学科性质

旅游地理学，在学科理论体系的形成过程中，世界各国曾冠之以"休闲地理学""游憩地理学""娱乐地理学""康乐地理学""观光地理学"等不同的称谓。我国现代旅游地理学的研究领域也涌现出了大量专家学者，如郭来喜、卢云亭、陈传康、刘振

礼、保继刚等都发表了具有一定代表性的旅游地理学著作。但国内外研究的主要内容却没有太大的区别，研究现状与进展目前也几乎同步。根据现状，一般认为旅游地理学应同时具有地理学科、应用学科与边缘学科三大属性：

1. 地理学科属性

旅游地理学是地理学的一门分支学科。现代地理学按两分法一般分为自然地理学和人文地理学；若按三分法一般分为自然地理学、人文地理学和经济地理学。自然地理学以研究地球表面的自然环境为主，人文地理学则主要研究地球表面人类各种社会经济活动的空间结构和变化及其与地理环境之间的关系，经济地理学研究是把人文地理学中的社会经济活动单独列出进行研究的。有鉴于旅游本是人类的一项精神文化性很强的社会经济与文化活动，旅游产业又具有典型的文化属性及经济属性，因此，采用地理学两分法，把旅游地理学归类为人文地理学的一个分支。

2. 应用学科属性

旅游地理学是伴随着大众旅游和旅游业的发展需要而产生并直接服务于旅游业的，因此它的研究课题几乎全部来源于旅游产业的实际需要，具有明确的针对性和服务性。旅游地理学大量的研究成果无不对区域旅游的科学规划、旅游资源的合理开发利用提供科学依据，为国家经济建设提供服务指南。欧美一些旅游业比较发达的国家，直接把旅游地理作为旅游从业人员的基础培训教材。很明显，旅游地理学是一门直接服务于旅游业发展的实用性极强的应用学科。

3. 边缘学科属性

"地理环境"包括自然地理环境与人文地理环境，其内容十分丰富；而人类旅游又是涉及面极广的社会活动，其活动内容包括观光游览、探亲访友、文化娱乐、康体休闲、探险猎奇、科学考察、访古探幽、会议交流、商务考察、宗教朝拜、民族采风等方方面面；旅游资源的形成与分类、旅游客源的分布与旅游客流的流向及旅游业地方特色的形成等则更为复杂，因此，旅游地理学是处于人文地理学、经济地理学和自然地理学三者之间的一门综合性区域地理学。而以人类旅游与地理环境、社会经济发展的关系为研究重点的旅游地理学，不仅涉及自然地理学、人文地理学及经济地理学，而且涉及社会学、民族学、环境学、市场学、心理学、美学、文学、民俗学、宗教学、考古学、历史学、建筑学、园林学、经济学、公共关系学等多门学科，可见，旅游地理学又是一门多学科交叉的边缘学科。

（二）旅游地理学的研究内容

关于旅游地理学的研究内容，国内外不同的学者看法有所差异。但一般认为其内容主要是围绕着旅游三要素与地理环境之间的关系而展开的，具体主要包括以下四个方面：

1. 旅游客源地理研究

旅游客源地理研究包括旅游的起因、旅游者形成的地理背景、旅游客源地域分布，旅游客流的移动规律及形成原因，旅游客源市场的未来发展趋势等。

2. 旅游资源地理研究

旅游资源地理研究包括旅游资源的类型划分、地域分布、形成条件，旅游资源调查与评价、旅游资源保护与环境容量等。

3. 旅游业地理研究

旅游业地理研究包括旅游区划、旅游地方特色形象定位与营造、区域旅游业发展战略与规划、旅游产品设计、区域旅游网络构建、旅游业各主要组成要素的空间结构与合理布局、区域旅游影响等。

4. 旅游信息与旅游地图研究

包括旅游信息收集、存输与更新，旅游地图的编绘及使用等。

第二节　中国旅游地理概述

一、中国旅游地理与旅游地理学的异同

按照学科体系，旅游地理学分为理论旅游地理（或称通论旅游地理，即旅游地理学）、区域旅游地理和应用旅游地理。中国旅游地理属于区域旅游地理学的范畴。中国旅游地理学是研究我国这个特定地域范围内人类旅游活动与地理环境以及社会经济相互关系的一门学科。中国旅游地理与旅游地理学都是将地理学的有关理论与方法运用于旅游研究的结果，两学科所采用的理论与方法基本一致。在学科性质及研究内容的大框架方面，二者并没有根本的区别。但二者的研究对象是有差异的，其研究要达到的直接目标与侧重点也各不相同。中国旅游地理随中国现代旅游业的兴起而发展，直接为中国现代旅游业的可持续发展服务，其应用属性更鲜明。

旅游地理学将整个人类旅游作为研究对象，主要研究人类旅游活动与地理环境及社会经济发展之间关系的一般规律，将整个人类旅游作为研究对象，强调其共性，旨在建立旅游地理学的理论体系与方法论，以指导旅游地理的研究工作。中国旅游地理则以中国及其不同等级旅游区域的旅游活动作为研究对象，属区域旅游地理学范畴，重点研究各特定地域内旅游及各组成要素的特征、形成环境，强调地方特色和区域差异，旨在指导各地域充分发挥当地旅游特色与优势，直接推动各地旅游业及社会经济的发展。鉴于旅游地理学重视一般性的旅游地理理论研究，中国旅游地理侧重于一般理论指导下的实践技能运用。因此，中国旅游地理知识更适于中、高职旅游院校与旅游从业人员必备的专业基础知识。

因此，对中国旅游地理的学习应是在了解旅游地理一般理论与方法的基础上，侧重掌握中国及不同等级旅游区域各旅游组成要素的基本特征、主要特色，能准确解释其成因，并对各具体区域旅游业发展状况及重要景区、主要旅游线路有较清楚的了解，为成为中国旅游从业人员奠定必要的专业基础知识。同时，中国旅游地理学习的重要内容还包括：树立空间地域意识，培养多学科、多角度分析问题的思维能力和旅游欣赏能力，树立生态保护意识、创新设计意识及法律意识等未来旅游从业人员的基本职业素养；学会对中国各区域旅游资源进行调查与评价、归纳提取区域旅游特色、开发区域旅游特色

产品、设计区域旅游形象、组织设计专题旅游线路等基本的职业技能等。

二、中国旅游地理研究的主要内容

作为区域旅游地理范畴的中国旅游地理研究，不仅应有旅游地理的一般理论指导，更应该有区域实践。随着旅游业的发展、地理科学研究的变革，我国的旅游地理学科研究，从1979年年底中科院地理所正式组建旅游地理学科组开始，经历了初创、发展和深化三个阶段。初创阶段的研究方法以现象描述和定性解释为主，发展阶段引进了模型化、计量化方法，深化阶段在原有研究基础上注重引进国内外先进技术、理论和方法，与国际旅游地理研究进行接轨，使研究水平取得了重大突破，并涌现了大量经典著作。我们根据大多数专家的见解，把中国旅游地理基本知识体系所包含的主要内容归纳如下：

中国旅游地理环境：包括中国旅游的自然地理环境与人文地理环境等。

中国旅游资源地理：包括旅游资源的形成条件、分类、调查与评价、保护和开发利用等。

中国旅游客源地理：包括旅游者的产生、地域分布和移动规律等。

中国旅游交通地理：包括中国旅游交通的形式、主要交通干线、运输能力、快捷舒适度与发展前景等。

中国旅游地理区划与分区旅游地理：包括中国旅游地理分区、亚区、旅游景区资源产品规划，旅游市场分析预测，环境容量估算，旅游线路设计与项目功能规划等。

三、本教材的内容安排

《中国旅游地理》全书共14个专题，分上篇总论与下篇分论两部分。1~4专题为总论，阐述中国旅游地理的基本理论，包括绪论、旅游与地理环境、中国旅游资源地理与旅游交通地理等。5~14专题为区域旅游分论，介绍中国31个省、自治区、直辖市，以及中国港澳台地区的旅游地理环境概况、旅游业发展现状，以及区内主要旅游资源与景区、节庆与旅游线路，探讨该区域旅游业可持续发展的方向。

第三节 中国旅游地理的主要任务与学习方法

一、中国旅游地理的主要任务

一般来说，中国旅游地理是大中专职业院校旅游管理相关专业的一门主干专业课程。其主要任务是：使学生掌握旅游从业必备的中国旅游地理基础知识、技能；树立空间地域意识；形成旅游综合动态思维。当然，如果站在更宽广的视觉，其主要任务主要体现在以下几点：

（一）致力于全面提升国民旅游素质

随着全面小康社会的即将建成和国民旅游休闲纲要的颁布，旅游休闲已成为中国人民社会经济生活中必不可少的内容。而旅游的可持续发展不仅需要有高素质的旅游从业者，也需要高素质的旅游者。中国旅游地理教育可以展示我国源远流长的历史文化与独具风采的自然、人文景观，并揭示它们形成、发展的奥秘，从而激发人们的爱国热情、增强人们的民族自豪感，引发旅游动机，树立旅游意识。丰富的旅游地理知识，可以帮助人们依据不同的经济和时间支配能力及自己的偏好，科学地选择旅游线路和内容，制订旅游消费计划；还可以全面提高国民对旅游景观的鉴赏能力，使其不仅知其然，而且知其所以然，增加建设美好未来的责任感，从而自觉地维护旅游环境，爱护旅游设施，保护名胜古迹。

（二）服务于中国旅游业可持续发展

当代具有较高文化素养的旅游者，在推动生态文明，建设美丽中国的大背景下，更加崇尚自然、追求绿色享受。为此。追求资源、环境与发展的协调，实现可持续发展，便成为我国 21 世纪旅游业发展战略的唯一模式选择和最终目标，也是中国实现世界旅游强国的基本保障。目前，最为紧迫的任务之一就是要如实了解、掌握和宣传中国的旅游国情。中国旅游地理正是以中国特定地域为研究对象，全面研究中国旅游资源形成的环境、特点、分布及其开发利用和发展规律，研究国际、国内旅游活动与我旅游地理环境相互作用和相互协调发展的学科，是正确认识中国风光、中国风貌、中国民俗和中国风物，即中国特色的重要途径。中国旅游地理也成为制定中国旅游可持续发展战略与方针政策、拟定中国旅游可持续发展和建设规划、制定符合可持续发展思想的旅游管理措施的科学依据。中国旅游地理教育也就成为旅游工作者树立旅游可持续发展意识，为旅游可持续发展服务，推动旅游可持续发展的有力保障。

（三）丰富发展了旅游地理学科的理论与实践

中国旅游地理还很年轻，其理论和实践同国际水平仍有一定差距。只有对中国及各区域的旅游地理进行深入透彻的探讨，才能提出既符合中国国情和具有中国特色、又符合国际标准的科学规范的旅游地理学理论体系。对各个不同专业和层次的学生进行旅游地理教育，不仅可促使大批旅游地理教育力量加入中国旅游地理研究行列，而且可使更多未来的社会经济工作者和中学地理教师更多地去关注旅游资源的分布、评价、分类、利用、保护，旅游景区的规划、建设、开发、布局，以及旅游客源地、旅游者的流量、流向、特点等具体项目的深入研究，使中国旅游地理的研究和实践具有更深厚的基础。

二、中国旅游地理的学习方法

经过 30 多年的研究与实践，中国旅游地理学已经发展成为一门理论性与实践性都很强的学科，并已形成了具有本学科特色的学习和研究方法体系，在此侧重简单介绍一下中国旅游地理学科的学习方法。

（一）辩证唯物法

辩证唯物法和历史唯物主义是我们学好和研究中国旅游地理的根本指导思想与方

法。旅游系统和中国旅游地理都是十分复杂的时空系统。物质运动与时空统一，对立统一及相互联系、相互制约的哲学观点，以及历史唯物主义的观点，是指导学好中国旅游地理的前提和基础。特别是要注意用实际的、全面的、发展的、一分为二的眼光来认识和分析中国旅游地理的基本状况和内在规律。只有这样才可能正确理解、掌握和运用中国旅游地理的有关理论与知识。

（二）文献分析法

中国旅游地理的基础知识与理论体系庞大而繁杂，且理论知识时时刻刻都在不断变化和更新。要真正全面地、动态地掌握中国旅游地理的知识体系，就需要考察大量历史文献、社会统计资料、报刊、地理考察报告和科研著作与论文等，加以去伪存真、去粗存精的分析研究，博纳众长，不断丰富和完善。同时，中国旅游地理所涉及的知识极为广博，因此，对于其中的相关内容必须采用溯源阅读扩展知识的方式才能透彻理解把握相关知识，如学到园林旅游资源，可阅读《中国园林史》《中国园林美学》等参考书才能达到更好的学习效果。

（三）实地考察法

区域旅游地理是景观性、地域性、综合性很强的复杂系统。因此，区域旅游地理的学习与研究必须以实地考察为基础，尤其是区域旅游资源、旅游环境、景区景点和旅游线路更要进行实地典型考察和重点考察。在较多典型考察、重点考察的基础上，不仅可获得有价值的第一手材料，而且能极大地加深对区域旅游地理的感性认识，有助于将感性认识上升为理性认识，从而对所学习和研究的区域旅游地理理论知识加以验证，从而得出正确的评价与结论。

📢 课堂讨论与作业 1-1

实地考察与调查是旅游地理工作者获取第一手资料不可替代的方法，故而在旅游研究与学习中被广泛采用，同时也是旅游者进行行为抉择的一种重要依据。

任务：旅游地理实地考察与调查的内容包括哪些？具体步骤有哪些？

（四）图表统计法

学习中国旅游地理，各类旅游地图不仅是良师益友，更是最有效的辅助工具。通过有关中国旅游地理的典型图片、图画，也能够比较生动、形象、直观地了解和认识有关区域的旅游资源、旅游地及景区景点。同时，有关统计图表，更有助于全面、科学、准确地掌握地理事物，更加系统地认识和掌握中国旅游地理的基本面貌和相关规律。

（五）对比分析法

对于中国旅游地理繁杂的知识系统，学习时必须采取分类、归纳的方法，加以逐级、逐层分类把握，要根据不同的应用目的进行不同的区分，使之类属清晰，杂而不乱。同时，还要特别注意把握地理空间的横向对比分析，通过分类比较，有效鉴别，准确区分事物的个性特征与地方特色，强化理解与记忆。

（六）信息技术法

现代电子计算机及信息处理技术的发展，无疑为我们提供了前所未有的高科技技术手段。多媒体与互联网技术的普及，为我们铺就了多方位、多渠道、多途径获得旅游地理知识的大平台和广阔的空间，并能极大地提高我们学习和研究中国旅游地理的效率和效果。全球定位系统（GPS）、地理信息系统（GIS）、遥感技术（RS）等地理"三S"与虚拟仿真技术的成熟应用，对于学习和研究中国旅游地理而言，无疑是如虎添翼，注入和增添了新型的技术平台与手段。对于拓展旅游地理的研究领域，提高中国旅游地理的研究水平至关重要。

本章概述

旅游地理学是研究人类的旅游活动与地理环境、社会经济发展之间关系的学科；而中国旅游地理则是研究中国及其不同等级旅游区范围内，旅游活动与地理环境及社会经济发展之间关系的学科，属区域地理范畴。学好中国旅游地理要借助一定的学习方法，要求掌握中国整体及各旅游区域的旅游资源、旅游地理环境特征、旅游业发展现状，以及区内重要的旅游景区、节庆与旅游线路。

基本训练

1. 旅游地理学研究的重点是什么？
2. 学习中国旅游地理重点要掌握哪些知识？
3. 作为一个旅游从业人员必须具备哪些职业道德素养？

专业能力提升

旅游地图及其应用

旅游地图是研究学习旅游地理的重要手段，是旅游空间信息的图形表达形式，是旅游地理考察与调查成果呈现的重要手段。学习旅游地理就必须认识旅游地图，学会应用各类旅游地图。

要求：1. 购买一本最新中国旅游地图册，熟悉旅游地图的基本要素；
2. 选取熟悉的某旅游景区，尝试对该旅游景区游览示意图的判读；
3. 选取所在的省市旅游交通地图，阅读和使用旅游交通地图。

旅游与地理环境

第二章

通过本章学习，学生应该达到以下目标：

知识目标：了解旅游者、旅游资源、旅游业的基本概念与地理环境之间的关系；了解旅游者产生的地理背景及旅游决策与旅游客流等相关问题；了解旅游资源的形成与类别、旅游容量与旅游地生命周期以及旅游业的可持续发展理念；掌握旅游业的区域影响。

能力目标：掌握运用旅游者特征分析其选择的旅游地类型、分析旅游业对区域发展的影响等专业能力。

技能目标：具有旅游决策的能力、进行旅游总要调查与评价的能力。

地理环境的差异性能激发旅游者的旅游动机，地理环境及旅游资源对人类的旅游活动具有根本性的诱导作用，因此，人类旅游活动的三大要素：旅游的主体——旅游者、旅游的客体——旅游资源、旅游的媒介——旅游业与地理环境息息相关，不可分离。本章主要揭示旅游三大要素与地理环境之间的关系，以及旅游环境容量与旅游业的可持续发展。

第一节　旅游者与地理环境

旅游者作为旅游活动的主体，其产生受到地理环境的持续影响。在地理环境中，与旅游者产生密切相关的组成要素被称为旅游者产生的地理背景。旅游者的流动是旅游的本质特征之一，其在地理空间上的分布具有一定的规律。本节主要讨论旅游者的定义，旅游者产生的地理背景、旅游决策及旅游客流等问题。

一、旅游者

旅游是一种内容丰富、形式多样、涉及面极广的社会经济现象，是人类社会一种短期性的特色生活方式。作为旅游者的人是旅游活动的主体，即旅游是人的活动，旅游业的一切生产经营活动都是围绕旅游者开展的，可以说旅游者是各旅游企业乃至旅游业赖以生存和发展的基本条件及源泉。因此，正确认识旅游者，对于发展旅游业、指导旅游实践，具有重要的理论价值和现实意义。旅游者是为了物质和精神享受需要，暂时离开常住地，在异国异地至少停留 24 小时而作旅行的人。根据对旅游者定义的理解和旅游活动自身的特性，作为旅游活动主体的旅游者具备异地性、闲暇性、享受性、消费性和地域性等特征。

根据旅游者出游地的行政区域范围，旅游者可分为国际旅游者和国内旅游者两大类。1979 年国家统计局和国家旅游局对国际旅游者作了明确规定：国际旅游者是指来中国参观旅游、探亲、访友、休养、考察或从事贸易业务，参加体育、宗教活动、会议等的外国人、华侨和我国港澳台同胞。并规定八种人不属于旅游者：应邀来我国访问，由部长以上率领的党、政、议会、军队代表团；各国驻华使领馆人员；常驻我国的外国专家、留学生、新闻记者等；乘国际班机直接过境的游客、机组人员和在口岸逗留不过夜的铁路员工及船员；边境地区往来的居民；回内地定居的华侨、港澳台同胞；到中国定居的外国人和原已出境又返回中国定居的外国侨民；归国的中国出国人员。

旅游者群体从旅游客源地向旅游目的地的连续空间位移称为旅游流。旅游流的产生具有旅游系统全面而深刻的地理背景。各地区地理环境的差异激发了人们的旅游动机，因此，地理环境是决定并产生旅游流的基本动力。一般而言，两地地理环境的差异性越大，对旅游动机的激发力就越强。

二、旅游者产生的地理背景

地理环境的差异性和丰富性与人类各自居住环境的局限性与单调性之间的矛盾激发了人们的旅游愿望。激发旅游者旅游动机形成和旅游行为实现并具有恒定持续影响的地理环境称为旅游者产生的地理背景。在地理环境诸组成因素中，与旅游者的产生密切相关的主要有自然地理因素、文化地理因素、经济地理因素和生态地理因素，称为旅游者产生的四大地理背景。

（一）自然地理背景

自然地理环境是由地貌、水文、气候、植物、动物等要素组成的。在地球表面没有任何两地区的自然地理环境是完全相同的，正是环境的差异性才唤起了人们的好奇心，激发了人们的旅游欲望。故各种地貌区、自然带、气候等自然地理环境被人们称为旅游的第一环境。第一环境及其共生的自然旅游资源，不仅是旅游客流最稳定的基本因素，更是旅游动机最持久的主导因素。据世界旅游组织统计，在全世界旅游者中，针对自然风光的观光旅游，回归自然、投入自然的森林旅游、生态旅游和探险旅游是当今旅游活动的主流。自然地理环境的地域差异是居住在不同地区的旅游者产生旅游动机的基础。

在影响旅游活动场所的一切因素中，最重要的是自然因素。

自然地理环境的复杂性、多样性、地带性造成了自然旅游资源的地带性和多样性的特点，如亚热带地区冬季温暖的气候，构成了冬季避寒旅游的条件；高山地区夏季凉爽的气候，使其成为夏季的避暑胜地；而登山旅游必须要在山地分布地带；观赏岩溶地貌、丹霞地貌、黄土地貌、冰川地貌等必须在相应特定的地理环境中才能实现。在自然地理环境的诸多构景要素差异中，不同自然地理环境特征差异越大，未知程度越高，对人们的心理吸引力越强。

（二）文化地理背景

文化是人类社会历史实践过程中所创造的一切物质财富和精神财富的总和。它包括人们的各种生活方式和行为方式，如居室、服饰、食物、生活习俗和生产工具等，也包括人们的信仰、观念和价值等意识形态，以及与之相适应的制度和组织形式，如法制、政府、教育、宗教、艺术等。文化地理环境是人类在利用自然、改造自然的过程中，在自然环境的基础上有意识创作的，也是激发旅游者产生的一个重要客观因素。文化地理环境与文化景观对旅游者产生的影响巨大。不同的国家、民族、文化圈和文化区之间，必然会产生文化景观的巨大差异，因而对异域旅游者产生吸引力。而历史越悠久、文化影响力越强、内容与形式越丰富、审美特色越突出的文化景观，其旅游吸引力就越大。

文化地理环境在时间和空间上都存在着较大的差异。人类社会从原始社会阶段发展到今天的现代高度文明时代，文化景观发生着一次又一次的深刻变化，即具有历史演变性和空间地域差异性。文化地理环境的时间差异是指随着时间的推移，在自然界中创造的有形的文化景观所发生的演变。而文化地理环境的空间差异是指文化景观特征随地域不同所发生的变化。从整个世界来看，文化地理环境存在着三级差异：第一级差异是文化圈差异。现代世界可大体分为五大文化圈，即欧洲文化圈（又称西方文化）、东亚文化圈（又称东方文化或儒教文化）、阿拉伯文化圈（又称伊斯兰文化）、非洲文化圈、太平洋群岛上的土著文化圈。第二级差异是指文化区差异。同一文化区内在文化特征方面具有共同的空间属性，如中国文化区、日本文化区、东南亚文化区、澳洲文化区等。第三级差异是指民族区差异。全球 2000 多个民族各有自己独特习俗传统、生活方式及特有的民族文化氛围。这些不同的文化区和民族小区都是吸引旅游客流的重要原因。

（三）经济地理背景

经济地理背景包括社会经济发展水平与社会经济结构的地区差异，是旅游者产生的重要客观因素。经济发达地区、经济中心城市以及口岸城市，为旅游者的产生奠定了重要的物质基础条件。

首先，经济发达地区是重要的旅游客源地。经济发达地区高度发达的生产力必然带来高效、快速的发展和高额的人均国民生产总值与人均收入，经济发达地区与经济中心城市错综复杂的社会因素必然诱发人们的旅游动机，同时，也必然使得旅游者产生的主观条件和客观条件得以具备。国际统计资料显示：当一国人均国民生产总值达到 800～

1000 美元时，居民将普遍产生国内旅游的动机；达到 4000～10000 美元时，将产生出国旅游的动机；超过 10000 美元时，将产生洲际旅游的动机。经济发达国家于 20 世纪 60 年代开始相继推行每周五天工作制，同时带薪休假制度也开始普及。就我国而言，公民的法定假日（含周六、周日）为年均 114 天，国民经济收入已步入中低水平小康社会，已具备了旅游的基本条件。

其次，经济发达地区的中心城市，为各种出游动机提供了充足的推动力。由于社会经济的发展，人口的集中，城市化的发展，生活节奏的加快，市场竞争的加剧，工作压力的增大，居住环境的恶化，心理健康的落差，使得现代生活在发达市场经济条件下的人们，很难找到快乐感。因此，人们需要理性，身体需要健康，心理需要解压，生活需要快乐。人们需要暂时离开原环境，外出旅游以寻找快乐，缓解压力。刘名俭把旅游的动因总结为 6 条：第一，工作单调、枯燥、紧张会影响身心健康，通过旅游方式调节身心成为迫切的需求。第二，由于人们生活空间的日益狭小，环境恶化，人们迫切需要到开阔的空间，到大自然中去解除心中的烦闷与压抑。第三，经济高度发展导致了激烈的竞争，从而导致了人们对人与人之间真诚交往的迫切需求。第四，抛开日常工作中的各种约束，充分享受别人为自己服务的乐趣，体会做主人的感受。第五，国际经济和国内经济发展的需要。旅游对增进国际经济合作、回笼货币、稳定市场，具有重要的作用。第六，企业为激励员工工作的积极性与创造性，对工作出色的员工给予旅游的奖励。

同时，经济发达地区巨大的建设成就与发展活力，完善的旅游功能与服务设施，对旅游流的形成有显著的拉动作用，吸引人们前来旅游，是重要的旅游接待地。一般来说，经济发达地区都具备先进而完备的基础设施和现代化的旅游设施，大城市极为丰富的物质生活和精神生活条件，对外具有强烈的吸引力。西欧、北美两大经济发达地区在 20 世纪 80 年代以前旅游接待人数、外汇收入均占世界总数的 90%。足以说明经济发达地区巨大的旅游吸引作用。

（四）环境质量背景

环境质量即环境素质的优劣程度。标志着自然环境受人类活动负面影响的程度，是反映人类对环境评定的一种标准概念。它包括了生态环境的退化程度和环境污染程度。环境质量背景也是激发旅游者产生的又一重要因素。随着人类活动在广度和深度上对自然环境负面影响的增大，环境质量高的地区对旅游流的吸引力有日益增强的趋势。因此，回归自然的田园生态旅游、森林生态旅游、海洋生态旅游、草原生态旅游和高山生态旅游等产品，已经成为人们普遍追求的时尚、品质旅游形式。

三、旅游决策与旅游客流

（一）旅游者的旅游决策

决策是一切实际行为发起和行动的先导，为达到某一特定目的，从两个或两个以上的可替代方案中，选择一个最满意方案的过程。当人们外出旅游时，旅游者要做出许多有关旅游的选择，如到哪儿去、去干什么、选择什么样的线路、乘坐何种交通工具、经过什么地方、待多久、就餐地点等。概言之，旅游决策是指人们在外出旅游前，根据所收集的有关信息，结合自己的旅游偏好，选择和明确旅游目的地、旅游线路及旅游方式的过程。

同步思考2-1

根据日常生活经验判断，你认为旅游决策的方式有哪些？

1. 旅游决策的原则

旅游决策的基本原则是最大效益原则，即在资金和闲暇时间确定的情况下追求最大的旅游效益。旅游效益的内涵主要包括旅游者的精神享受和精力恢复。最大效益原则主要体现在两个方面：其一是最小的旅游时间比。旅游时间比是指在一个完整的旅游过程中，用于往返客源地与目的地的时间与在目的地游玩所消耗的时间的比值。这一原则可以解读为"旅速游缓"。其二是最大的信息获取量或最高的满意度。

2. 旅游决策的步骤

旅游决策过程通常包括四个步骤：

首先，确认旅游需求。这是旅游决策的第一步。旅游者要确认五个问题：一是确定旅游的主要目的，是游览观光、探亲访友还是娱乐购物等；二是确定旅游消费的经济限额；三是确定旅游的消耗时间；四是确定出游的交通方式；五是确定旅游的形式。

其次，收集旅游信息。在信息搜寻过程中，人们会更加深入地对广告、旅游业推销机构及个人社交环境进行探寻和选择。信息收集的主要内容集中在游与行等方面，具体包括旅游地的地理位置、旅游地的旅游资源状况、旅游地的接待服务设施与水平、旅游交通条件与交通方式及旅游价格等。

再次，对比评价同类旅游地。旅游者将收集到的有关信息按类归纳，权衡比较，挑出比较感兴趣的两个或多个同类旅游地。在评价过程中，个人的经济状况、文化素养、家庭背景、价值观念等因素会对做出的评价产生重要影响。

最后，最终决策。旅游者最终将按照最大效益原则做出对旅游地、旅游方式最满意的选择。

3. 旅游决策的影响因素

旅游者的旅游决策主要受到感知环境和旅游偏好的影响。

其一，感知环境。感知环境是指人们通过各种信息渠道所获得的对外界环境的整体印象。影响决策行为的感知环境主要包括旅游地的旅游环境和客源地到旅游地的感知距离两个方面。旅游环境主要包括旅游地的性质、旅游地的资源组合状况、旅游地旅游活动的内容组合、旅游环境质量、旅游地的接待条件等。感知距离是一种心理感应距离，是用克服客观距离所消耗的时间、资金和精力来衡量的，实质上指人们对事物认识和了解的深度，在旅游决策过程中对旅游者的吸引力起着增强或削弱的作用。在当今旅游市场竞争日益激烈的情况下，只有让旅游者对自己的旅游产品获得深刻的认识并形成良好的印象，帮助旅游者做出最佳的旅游决策以获得最大的旅游效益，才能赢得客源市场。

其二，旅游偏好。旅游偏好是指人们在旅游决策过程中，受个人兴趣、能力、爱好和性格等个性特征差异影响而对旅游地和旅游方式的不同选择。个人旅游偏好与其居住环境、年龄、职业、性别、受教育程度等息息相关。居住环境包括自然环境和社会环境，它对旅游偏好的影响主要表现在：对优美奇特、阳光充足的环境的追求；对自己熟悉的环境的偏爱；对城市环境的厌倦，有追求自然、亲近自然、回归自然的偏好。随着年龄的增长，人们的个性不断发生变化：中老年人厌倦喧闹，喜欢僻静，偏爱历史文化，往往对环境优美、安静优雅的海滨、森林、田园等度假地感兴趣；青年人精力充沛，兴趣广泛，敢于冒险，往往倾向于有冒险性、刺激性、猎奇性旅游项目的旅游地；少年儿童好奇心强，对游乐设施、风味美食、小艺术品等感兴趣，并且其偏好会左右整个家庭的旅游决策。同时，在旅游决策中，旅游偏好与个人职业等关系密切。学历高的人出游目的明确，追求高品位的文化内涵，旅游行为层次高；学历低的人出游目的不明确，盲目跟从，多喜娱乐和消遣。

（二）旅游客流

旅游者的流动具有一定的流向和流量，这一流动的旅游者群体被称为旅游客流。其中这里的旅游流向是指根据旅游者的旅游动机与经济能力所选择的从出发地到目的地的方向，即旅游者的去向；而旅游流量则是指在一定时间内，进入同一目的地国家或地区的旅游者的数量，即旅游者的时空数量。这两者是测试旅游客流移动方向和规模的关键性指标。由于客源市场决定旅游地与旅游资源产品的开发方向与规模，所以研究旅游客流的特点与规律，对于旅游景区与旅游产品的开发与建设具有重要的意义。

1. 影响旅游客流形成的主要因素

（1）旅游者因素，主要包括旅游者的经济收入水平、闲暇时间、职业爱好、旅游动机、体质状况等。

（2）旅游资源因素，主要包括自然和人文旅游资源的数量、等级、空间组合度及开发利用状况等。

（3）旅游交通因素，包括旅游线路的便捷程度，旅游交通工具的快捷、舒适及安全程度，各种交通工具的配置组合状况，旅游交通方式的可选择度等。

（4）旅游地接待因素，包括旅游服务体系的建设状况、旅游地的地理区位、旅游地的旅游价格、接待地客源市场结构等。

（5）社会经济因素，包括旅游地的经济发达程度、开发与开放程度，国家经济和旅游政策，人口数量及人口文化素质的高低，旅游服务队伍的素质及社会安定状况等。

2. 旅游客流的现状特征

（1）旅游客流多流向经济发达的国家和地区。根据世界旅游组织旅游统计中通常采用的地区名称，全球分为六大旅游区，即欧洲区、北美区、拉美区、亚太区、中东区和非洲区。就世界范围而言，国际旅游客流主要集中在欧美地区，尤其是集中于欧洲和北美洲，而欧洲和北美洲也正是当今世界上经济最为发达的地区，可见，世界旅游客流的最重要特征是流向经济高度发达的国家和地区。其原因在于：经济发达地区代表着一定的高科技生产力和潮流走向，开发较早，开放度高，设施齐全，品质高尚。前来我国的国际旅游者主要流向北京、上海、广州、杭州、南京、西安等经济较发达、综合基础设施较完备的城市地区。

（2）旅游客流多流向邻近的国家和地区。根据客源市场的距离衰减规律，在世界旅游市场中，国内旅游无论在旅游人数还是在旅游收入上均超过国际旅游。即游客出游安排一般会由近及远，先近后远。目的地游客则表现为：国内多于国外，近距多于远距。在国际旅游市场上，近距离旅游的人数约占全世界国家旅游人数总数的80%。其主要原因有：近距离旅游的最大优点是经济，入境手续和交通较便利，相邻地区的生活习惯、文化传统接近，旅游障碍少。在中国国际旅游市场上，我国的港澳台游客、日韩等近邻游客所占的比重曾在80%以上。而在中国国内旅游市场上，也是以近地短程旅游为主。如我国桂林以广东、湖南、湖北的旅游者为主；北戴河则以北京、天津、河北、辽宁的旅游者为主；杭州以江苏、浙江、上海的旅游者为主。

（3）旅游客流多流向风景名胜地区。旅游者的普遍心理都是通过旅游活动来满足追求美感的特殊兴趣。风景名胜区具有立体形象感染力，雄浑、险峻、幽深、壮阔等特征能给人以美感。人们游历其境，极易把情与景、意与境融为一体，形成一种自然景观、人文景观和思想感情相互交融的艺术境界。能满足旅游者想通过旅游活动来满足追求美感的特殊兴趣与普遍心理。如北京的历史古迹、上海和广州的城市风光、西安的古墓、杭州的风光、桂林的山水，以及长江三峡、黄山、武陵源、九寨沟等我国重要的风景名胜所在地，都是国内外知名的旅游热点地区。

（4）旅游客流多流向政治、经济、文化中心。一般而言，世界上政治、经济、文化中心都是较大的发达城市，而较大的发达城市却代表了一定的生活质量水准，因而也是著名的旅游城市。这些中心旅游城市具有多功能的旅游职能，相应的建立了各种为旅游者服务的机构和设施，如旅游代理、海关、旅游饭店、娱乐、医疗保健、金融汇兑等。并以其强大的经济活力、优越的物质生活、齐全的旅游娱乐设施等，对旅游者产生了巨大的吸引力，并能使旅游者在政治、经济、文化等多方面都获得满足。因而成为旅游者的主要旅游目的地。

第二节　旅游资源与地理环境

旅游资源是旅游业发展的基本前提，是旅游活动的客体。旅游资源的形成是以地理环境的差异性为基本条件的，千差万别的自然旅游资源和人文旅游资源必然存在于一定的地理环境之中。旅游资源作为一切具有旅游吸引力的自然与人文因素的总和，内容极为丰富，包括山水风光、文物古迹、民俗风情、田园牧场、现代化工程、人造主题公园等。可以说，旅游资源的形成源于复杂多样的地理环境。下面就旅游资源的概念、类别与形成，旅游资源的调查与评价，旅游资源开发、规划等方面进行阐述。

一、旅游资源的概念与特征

（一）旅游资源的概念

随着旅游业的发展，作为旅游客体的旅游资源也越来越被重视，对旅游资源的探讨和研究也越来越深入，对旅游资源的开发和利用也越来越广泛。然而，由于人们着眼点的不同、对旅游认识的差异，因而对旅游资源这一概念的具体界定也存在差异。在国外，旅游资源称作旅游吸引物（Tourist Attraction），是指旅游地吸引旅游者的所有因素之总和。而国内学者在对旅游资源的表述中，一般认为：在自然界或人类社会中，凡对旅游者具有旅游吸引功能的所有旅游吸引物（因素）之和，均可称为旅游资源。其共同之处都认为旅游资源必然对游客具有一定的吸引力，不同之处主要是对旅游资源具体内容的概括和表述上存有差异。本书对旅游资源概念的界定，认同国家旅游局和中科院地理研究所针对上述争议，在《中国旅游资源普查规范》中对旅游资源概念给出的权威定义："自然界和人类社会凡能对旅游者产生吸引力，可以为旅游业开发利用，并可产生经济效益、社会效益和环境效益的各种事物和因素都可视为旅游资源"。旅游资源的内涵可以从以下四个方面来理解：

第一，旅游资源是客观存在的。旅游业是建立在旅游资源基础上的经济性产业。旅游资源作为旅游业发展的前提条件，必然存在于自然界或人类社会中，作为资源的一部分，必然具有资源的共性，即实用价值和基础性。所谓资源，一般是指生产资料和生活资料的来源，也就是说，凡是资源都对人类生产、生活具有实用价值，而且是人类生产、生活中最基本的物质基础。例如土地资源、矿产资源、森林资源和水资源等，都是现今人类社会生产生活中必不可少的最基本的物质基础。可见旅游资源的实用价值和基础性均有其共性，即在旅游业发展中具有可利用价值，并作为重要的基础而客观存在。

第二，旅游资源多对旅游者具有吸引力。旅游资源最核心的特点就是能激发旅游者的旅游动机和引导旅游行为的实现。有人干脆将"旅游吸引物"作为旅游资源的代名词。无论是自然界赋予的或者是人工创造的、历史遗存的客观实体，或者是那些不具备物质形态的文化、艺术等因素，只要具有一定美学艺术观赏价值、对游客具有一定吸引力且能被旅游业开发利用的因素均属于旅游资源。譬如优美的自然山水，奇异的森林草地、鸟兽虫鱼，珍贵的文物古迹，独特的文化艺术与民俗等都具有很强的旅游吸引功能，是很有魅力的旅游"吸引物"或"吸引因素"。这里应指出的是一项旅游资源的吸引力是定向的、它只能吸引某些客源市场，这是由人们旅游需求的多样性决定的；同时，有些在旅游活动中起旅游向心引力的劳务及其他因素，在特定情况下也可形成旅游资源，这是由其吸引作用决定的。因此旅游资源的界定只能针对一定的旅游客源市场而言。

第三，旅游资源的范畴包罗万象。旅游资源作为旅游吸引因素可以是有形的，也可以是无形的；可以是具体的，也可以是抽象的；可以是天然的，也可以是人造的；可以是物质的，也可以是精神的；可以是真实的，也可以是虚构的。在旅游资源中，那些自然景观与人文古迹等物质实体，是无可非议的旅游资源。但是那些社会现象中的精神的、无形的、虚构的吸引因素，虽不易被人们所感受，其本质也不易被人们理解与认可，但实际上这些无形的表现在精神方面的旅游吸引因素，是在各种实实在在的、复杂的地理环境中和物质基础上产生的，总是与一定的物质基础相联系，并依附于一定的物质而存在的。如高尚的品德、热情的服务，总是与具体的人联系在一起的；不同的文化总是与一定的社会历史条件与地域环境相联系的。这些无形的旅游吸引因素，势必会使有形的旅游资源客体内容得以拓展，使之具有深奥厚重的文化底蕴和内涵，同属于旅游资源的范畴。因此，旅游资源的范畴随着时代的推移和旅游需求的多样化而逐渐扩展，现在已经很难找到有哪一类事物和现象绝对不可能用作旅游资源了。

第四，旅游资源必定能为旅游业所利用。旅游资源与一般资源的共同点均在于其"可利用性"。作为驱使旅游者产生旅游动机并实施旅游行为的旅游吸引因素，必定能为旅游业所利用，或者在可预见的将来有可能被旅游业所开发利用，并产生相应的旅游价值及效益。在现实条件下，正在被利用的旅游吸引因素，是现实的旅游资源，在可明确预见的将来能被利用的旅游吸引因素，则是潜在的旅游资源。旅游资源作为资源的一种，其利用必然产生旅游效益，我们在强调经济效益的同时，更加看重社会效益和环境效益，这是旅游业可持续发展的最终宗旨与关键所在。

（二）旅游资源的特征

中国旅游资源既有广泛性、地域性、季节性、审美性等一般特征，又具有中国独特地理环境下所形成的特殊个性。

1. 广泛性与丰富性

旅游资源在地域分布上十分广泛。在全球范围内不同的地理区域，不同的纬度带、经度带，不同的水平自然带和垂直自然带内都有旅游资源的分布。我国丰富多样的旅游资源，遍布全国各区域城乡及各类水体。在中国复杂地理环境和悠久历史文化条件下，旅游资源的数量和质量在世界上堪称丰饶。根据国家旅游局 2003 年颁布的国家标准中，旅游资源分为 8 个大类、31 个亚类和 155 个基本类型，在中国都可以找到其典型代表。如楼阁可分为酒楼、茶楼、戏楼、城楼、钟楼、箭楼、风月楼、观景楼、藏书楼、过街楼等；奇花异草中仅观赏性菊花就有 3000 多种，兰草 2000 多种，梅花 200 多种等；即使在被称为"地球第三极"的珠穆朗玛峰，也有冰峰可供旅游者攀登探险，在最低的艾丁湖面有盐池景观可供旅游者观赏。充分显示出中国旅游资源的丰富性和广泛性。

2. 地域性与稳定性

旅游资源的地域性是旅游资源最本质的特征。这是因为旅游资源的地域差异性，是旅游审美标准中最重要的客观依据。不同的地理环境在自然景观与人文风貌上的差异，是人类旅游活动的基本动力，即地理环境的差异性是旅游资源存在的根本基础。旅游资源的地域特色越突出，其旅游吸引力就越大。旅游资源的地域性，表现为地理环境的地带性和非地带性的差异。其地带性差异以自然旅游资源中的气候、植被、水文等因素最为明显。非地带性差异则以地貌造型及大多数人文旅游资源表现最为突出，如名山、名城、民族风情等就基本上没有明显的地带性规律。

旅游资源的稳定性表现在地域上是相对固定的，区位上是不可移动的。因为各类旅游资源均分布在与之相适应的地理环境和区域之中，带有强烈的地方色彩和区域特征，这也正是旅游资源个性特征的体现。而与之相适应的环境则是其个性特征存在的必要条件。离开了必要条件，它们的个性、特殊的内涵及吸引力也就消失或者大大降低。事实上旅游资源与其地理环境相依共生，互相制约，不可移动，不能分离。如桂林以岩溶山水风光见长、福建武夷山以碧水丹山取胜、张家界的砂岩塔状峰林为世界独有；民居有北京的四合院、陕北的窑洞、广西的干栏与福建客家土楼等，均显示出强烈的稳定性地域特征。

3. 季节性与节律性

由于中国绝大部分地区位于季节性变化明显的温带和亚热带，故自然景观上表现出有规律的周期性和季节性变化。自然旅游资源中的气候、植被及水体等因素，其季节性特征最突出。使得一些具有自然特色的旅游资源仅在一定的季节出现，并在不同季节表现出不同的风姿与魅力。如杭州西湖十景中的苏堤春晓、曲院风荷、平湖秋月和断桥残雪；花卉中的"春牡丹、夏荷花、秋菊、冬梅"等就是四季景观的生动写照；有些冰雪旅游项目受季节严格的控制和制约等。

旅游资源的节律性主要表现在有些旅游活动及项目，不仅受季节影响，而且受时节局限。在时间向度上呈现出一定的时节动态与变化性，并形成和具有一定的韵律。由于自然界节律或节气的影响，从而导致相应的旅游活动呈现明显的淡、旺季之分，这就为旅游者的旅游决策和游客的流向制定了晴雨表，为旅游的开发提供了重要的参考依据。

4. 审美性与文化性

旅游资源的审美性特征，是区别于一般资源的最基本的属性和特征。如景观旅游资源具有形态美、色彩美、动态美、嗅觉美、质感美和综合美等美感特征，正是这些独有的美学属性产生的吸引力，才促进了旅游活动的开展。一般来说，旅游资源的审美性又表现为可观赏性和可体验性。旅游活动中的审美是一种身临其境的审美，"游"的本身就是对旅游地吸引物的观赏和审美体验过程。这一过程也是旅游者通过旅游体验旅游资源的美感、情趣、愉悦、文化内涵的享受过程。

一般的旅游资源都具有一定的文化属性，即蕴藏着深奥的文化内涵和厚重的文化底蕴，具有一定的科学性和自然的或社会的哲理。不同类别和不同品位层次的旅游资源，必然具有文化价值与审美情趣的差异，因此也必然会表现出不同的文化与审美价值。正因为如此，旅游资源的文化性及其差异性构成了旅游向性引力的重要因素，也促使了旅游活动的成行，促进了旅游文化交流的互动。

5. 永续性与创新性

旅游资源在利用过程中，其本身并不会被旅游者的旅游活动消耗掉，旅游者买到的只是审美经历，带走的只是体验感受。旅游资源没有直接消耗和失掉所有权，也没有转让类似于这种观赏、度假、疗养等旅游资源，旅游资源似乎永远可以重复利用，其风景售之不竭，用之不完。但需要指出的是永续性与重复利用性是相对的，并非绝对的，因此在开发利用过程中，要重视完善各种保护措施，避免和减少对旅游资源的破坏，为其持续存在与发展创造良好的生态环境条件。

随着社会的进步，旅游业的快速发展，旅游者的旅游需求不断提高。这说明旅游资源及产品不可能是一成不变的。那些不可再生的旅游资源，会随时间的推移而逐渐消失，有些可以通过修复、改造、再开发的旅游产品，必然会获得新生或再生。为了适应未来社会发展的需要，满足人类旅游不断提升的"胃口"，人们需要凭借当代科学技术手段和社会经济力量，运用人类的聪明和智慧，创造出适应旅游市场需求的各种新的人文景观来，以服务于旅游业发展的需要。

二、旅游资源的类别

根据不同的目的要求与依据标准，一般来说，旅游资源的分类主要有以下几种分类方案。

（一）旅游资源二分法

根据当前最常见、应用最广泛的分类方案，我们在综合学习前人研究成果的基础上，根据旅游资源的属性与成因，把旅游资源分为自然旅游资源和人文旅游资源两大类；简称二分法。二分法两大类又分别相应分为 6 个和 7 个亚类；再向下又相应划分成 60 多个基本类，见表 2-1。

表 2-1　旅游资源分类表（二分法）

大类	亚类	基本类	大类	亚类	基本类
自然旅游资源	地质	构造遗迹 地层剖面 生物化石 岩石矿物 环境地质现象	人文旅游资源	历史遗迹	古人类活动遗址 社会经济文化活动遗址遗迹 历史文物
	地貌	花岗岩地貌 火山熔岩地貌 丹霞地貌 岩溶地貌 冰川地貌 黄土地貌 雅丹地貌 海岸地貌		古代建筑	城防类 宫殿类 坛庙类 桥梁类（交通类） 水利工程 民居 陵墓类 建筑小品 宗教类 园林类
				古典园林	（按方位）　北方园林 江南园林 岭南园林 （按占有者身份）　皇家园林 私家园林 寺观园林

续表

大类	亚类	基本类	大类	亚类	基本类
自然旅游资源	水体	海洋 河流 湖泊 瀑布 泉	人文旅游资源	都市城镇	历史文化名城与古都 现代都市 特色城、镇、村
	气候气象	气象 气候 天象		宗教文化	佛教 道教 伊斯兰教 基督教
	生物	植物 动物 微生物		民俗风情	饮食文化 服饰文化 民居文化 婚嫁文化 丧葬文化 民间工艺 文化用品 节日庆典
	其他	风景名胜区 自然保护区 地质公园 森林公园等		文化艺术	文学、诗词 影视、戏剧 音乐、舞蹈 书法、绘画 题刻、楹联 神话、传说

（二）旅游资源八分法

中国科学院地理科学与资源研究所、国家旅游局规划发展与财务司，依据旅游资源的现存状况、形态、特性、特征，在 1992 年分类基础上，于 2003 年把旅游资源分为 8 个主类、31 个亚类和 155 个基本类型，见表 2-2。

表 2-2　旅游资源分类表（八分法）

主类　8	亚类　31	基本类型　155
A 地文景观	AA 综合自然旅游地	AAA 山丘型旅游地　AAB 谷地型旅游地　AAC 沙砾石地型旅游地　AAD 滩地型旅游地　AAE 奇异自然现象　AAF 自然标志地　AAG 垂直自然地带
	AB 沉积与构造	ABA 断层景观　ABB 褶曲景观　ABC 节理景观　ABD 地层剖面　ABE 钙华与泉华　ABF 矿点矿脉与矿石积聚地　ABG 生物化石点
	AC 地质地貌过程形迹	ACA 凸峰　ACB 独峰　ACC 峰丛　ACD 石（土）林　ACE 奇特与象形山石　ACF 岩壁与岩缝　ACG 峡谷段落　ACH 沟壑地　ACI 丹霞　ACJ 雅丹　ACK 堆石洞　ACL 岩石洞与岩穴　ACM 沙丘地　ACN 岸滩
	AD 自然变动遗迹	ADA 重力堆积体　ADB 泥石流堆积　ADC 地震遗迹　ADD 陷落地　ADE 火山与熔岩　ADF 冰川堆积体　ADG 冰川侵蚀遗迹
	AE 岛礁	AEA 岛区　AEB 岩礁

续表

主类 8	亚类 31	基本类型 155
B 水域风光	BA 河段	BAA 观光游憩河段 BAB 暗河河段 BAC 古河道段落
	BB 天然湖泊与池沼	BBA 观光游憩湖区 BBB 沼泽与湿地 BBC 潭池
	BC 瀑布	BCA 悬瀑 BCB 跌水
	BD 泉	BDA 冷泉 BDB 地热与温泉
	BE 河口与海面	BEA 观光游憩海域 BEB 涌潮现象 BEC 击浪现象
	BF 冰雪地	BFA 冰川观光地 BFB 常年积雪地
C 生物景观	CA 树木	CAA 林地 CAB 丛树 CAC 独树
	CB 草原与草地	CBA 草地 CBB 疏林草地
	CC 花卉地	CCA 草场花卉地 CCB 林间花卉地
	CD 野生动物栖息地	CDA 水生动物栖息地 CDB 陆地动物栖息地 CDC 鸟类栖息地 CDD 蝶类栖息地
D 天象与气候景观	DA 光现象	DAA 日月星辰观察地 DAB 光环现象观察地 DAC 海市蜃楼现象多发地
	DB 天气与气候现象	DBA 云雾多发区 DBB 避暑气候地 DBC 避寒气候地 DBD 极端与特殊气候显示地 DBE 物候景观
E 遗址遗迹	EA 史前人类活动场所	EAA 人类活动遗址 EAB 文化层 EAC 文物散落地 EAD 原始聚落
	EB 社会经济文化活动遗址遗迹	EBA 历史事件发生地 EBB 军事遗址与古战场 EBC 废弃寺庙 EBD 废弃生产地 EBE 交通遗迹 EBF 废城与聚落遗迹 EBG 长城遗迹 EBH 烽燧
F 建筑与设施	FA 综合人文旅游地	FAA 教学科研实验场所 FAB 康体游乐休闲度假地 FAC 宗教与祭祀活动场所 FAD 园林游憩区域 FAE 文化活动场所 FAF 建设工程与生产地 FAG 社会与商贸活动场所 FAH 动物与植物展示地 FAI 军事观光地 FAJ 边境口岸 FAK 景物观赏点
	FB 单体活动场馆	FBA 聚会接待厅堂（室）FBB 祭拜场馆 FBC 展示演示场馆 FBD 体育健身馆场 FBE 歌舞游乐场馆
	FC 景观建筑与附属型建筑	FCA 佛塔 FCB 塔形建筑物 FCC 楼阁 FCD 石窟 FCE 长城段落 FCF 城（堡）FCG 摩崖字画 FCH 碑碣（林）FCI 广场 FCJ 人工洞穴 FCK 建筑小品
	FD 居住地与社区	FDA 传统与乡土建筑 FDB 特色街巷 FDC 特色社区 FDD 名人故居与历史纪念建筑 FDE 书院 FDF 会馆 FDG 特色店铺 FDH 特色市场
	FE 归葬地	FEA 陵区陵园 FEB 墓（群）FEC 悬棺
	FF 交通建筑	FFA 桥 FFB 车站 FFC 港口渡口与码头 FFD 航空港 FFE 栈道
	FG 水工建筑	FGA 水库观光游憩区段 FGB 水井 FGC 运河与渠道段落 FGD 堤坝段落 FGE 灌区 FGF 提水设施
G 旅游商品	GA 地方旅游商品	GAA 菜品饮食 GAB 农林畜产品与制品 GAC 水产品与制品 GAD 中草药材及制品 GAE 传统手工产品与工艺品 GAF 日用工业品 GAG 其他物品
H 人文活动	HA 人事记录	HAA 人物 HAB 事件
	HB 艺术	HBA 文艺团体 HBB 文学艺术作品
	HC 民间习俗	HCA 地方风俗与民间礼仪 HCB 民间节庆 HCC 民间演艺 HCD 民间健身活动与赛事 HCE 宗教活动 HCF 庙会与民间集会 HCG 饮食习俗 HGH 特色服饰
	HD 现代节庆	HDA 旅游节 HDB 文化节 HDC 商贸农事节 HDD 体育节

此外，按照旅游资源的市场特征和开发现状可分为现实旅游资源、潜在旅游资源两类；按照旅游资源的级别及管理可分为国家级旅游资源、省级旅游资源及市（县）级旅游资源三类。

三、旅游资源的形成与地理环境条件

地理环境的差异性是旅游资源形成的基本条件。丰富多彩、各具特色的旅游资源必然存在于错综复杂的地理环境之中。

（一）自然旅游资源形成的地理环境条件

1. 地球圈层是形成自然旅游资源的物质条件

自然旅游资源是天然赋予的，它的形成是自然地理环境中各要素相互作用的结果，人类活动所及的各个圈层均可形成各类旅游资源。地球圈层可分为岩石圈、生物圈、水圈和大气圈。岩石、生物、水体和大气是构成旅游资源，尤其是自然旅游资源的基本物质要素。如岩石圈内形成的各种地质类和地貌类景观或旅游资源；水圈内形成的江河、湖泊、瀑布、涌泉及海洋等水景或旅游资源；生物圈的 100 万种植物和 50 万种动物以及不计其数的微生物等形成的各种各样的生物景观或旅游资源；大气圈内大气中的冷热、干湿、风云、雨、雪、雾等形成瞬息万变的气象景观或气候旅游资源。

2. 地质作用是形成自然旅游资源的动力条件

地质作用是自然旅游资源，尤其是风景地质地貌形成的根本动力。地球表面千姿百态的地貌形态，具有观赏功能的山地、平原、峡谷、盆地和丘陵等都是由地球内力与外力共同作用的结果。具体来说，火山、地震遗址等各种高低起伏的地貌景观都是内力作用的产物；而那些通过各种风化、侵蚀、搬运与堆积作用形成的地貌景观是外力作用的产物。地球内力作用可使地表产生褶皱、断层、上升或下降，使地表变得高低起伏；而外力作用则可削高填低，使地表日趋平坦。正是这两种力共同作用于地表，才形成了地表千姿百态的地貌景观与地质地貌旅游资源。如火山地貌、岩熔地貌、风蚀地貌、海岸地貌与峡谷溶洞等。

3. 地域分异规律是形成自然旅游资源的区位条件

地理环境是由地质、地貌、气候、水文、土壤、植被和动物等在内的许多组成成分和要素构成的统一整体。而这个整体又存在着显著的空间差异，这就是我们所说的地域分异，也是地理环境的基本特征之一。地域分异的基本因素是纬度地带性因素和非纬度地带性因素。纬度地带性因素简称地带性因素，它是太阳辐射能沿纬度方向分布不均与此相应的许多现象沿纬度方向有规律的分布，即沿纬向延伸，经向更替。而非纬度地带性因素简称非地带性因素，它的地域景观变化不受纬度主导和控制，是海陆分布、大地构造和地貌差异等导致不沿经纬线方向的地域分异。地带性与非地带性都对旅游资源的形成具有决定性的区位影响，如高、中、低纬度影响自然景观的纬向分布，海陆分布与地势高低影响局部自然景观的形成等；气候的区域差异形成了康乐气候、避暑胜地、避寒胜地等旅游资源。同时，气候本身和其他自然地理要素的组合更能形成具有特色的旅游吸引物，如热带雨林景观、干旱沙漠景观、寒带冰雪景观等。

（二）人文旅游资源形成的基本条件

人类在同自然依存、抗争的历史过程中创造了独具特色的人文地理环境，同时也形成了丰富多彩的人文旅游资源。

1. 实物遗存是形成人文旅游资源的物质条件

实物遗存代表了一定的社会生产力和经济水平，是物质财富的载体。人类在漫长的历史发展过程中，创造了人文地理环境，也创造了丰富多彩的人文旅游资源。人类在不同历史时期的生产力和社会生活内容，具有特定的历史性和时代性特征，人类在历史进程中，在特定的地理环境中，根据不同时期社会生产力的发展水平，通过活动遗迹、工程建筑、雕刻绘画、文学艺术等形式遗存下来。它们是人类创造的物质财富和实体要素，是反映当时历史面貌的载体。那些古人类的遗址、遗物、遗迹及古代伟大的工程等，对于了解人类和社会发展史具有重大意义，具有很高的历史价值和美学价值，因而成为重要的人文旅游资源。如巍巍的长城、辉煌的宫殿等古代建筑以及古典园林等。

2. 历史文脉是形成人文旅游资源的精神条件

文化是人类社会历史实践过程中所创造的物质财富和精神财富的总和。它包括人们的生活方式、传袭的行为和开发利用资源的技术装备等，也包括人们的意识形态与组织制度等，人们总是将自然的和人为的历史遗存，赋以深奥的文化意义和精神内涵，使其具有历史的延续性。文化的发展总是沿着一定的历史主线和脉络，继承优秀的文明成果和传统，成为割不断撕不裂的精神羁绊，使其适应地理环境循序渐进地优胜劣汰，并使得优秀的精神文化得到发展和传承。任何文化继承和物质文化实体都是人类文明智慧和技术水平的结晶，人类文明的发展是继承精华、扬弃糟粕，在不断积累的过程中延续的，并非全部破坏或替代，那些割断历史文脉，背弃文化传统的伪文明，只能是无源之水，最终是要被唾弃的。这就是历史的文脉，历史的传承性和延续性，是形成人文旅游资源的精神条件。

3. 文化差异是形成人文旅游资源的个体条件

不同国家和地区的人们由于所处的自然地理环境不同、发展的历史各异，形成了具有显著差异的地域传统文化。千差万别的地域文化差异，形成了各具特色的文化旅游资源。这里包含了人类创造的有形的物质文化要素和无形的精神文化要素，是人类的创造和自然存在的复合体。它在时空上都存在着历史的延续性和地域性分异两重性。表现在不同的文化圈、文化区和民族小区之间彼此都存在着一定的差异和较强的吸引力。即无论是同质文化之间虔诚的向心力和凝聚力；还是不同质文化之间神秘的好奇心和吸引力，都表现出一种神圣的精神动力。因而形成丰富的人文旅游资源和无形的精神条件。如内倾性的东方文化和外倾性的西方文化，是当前世界上最有代表性的两种文化形态。

四、旅游资源的调查与评价

（一）旅游资源的调查

旅游资源的调查包括概查、普查和详查，是旅游资源开发利用的前期基础工作。

1. 旅游资源调查的目的

旅游资源调查的目的是查明可供旅游业利用的资源状况，全面系统地掌握调查区域内旅游资源的数量、类型、质量、分布、组合状况、成因、特点和价值等，以及有关的自然、社会、经济、环境条件等基本情况，为旅游资源的评价和开发、规划提供科学依据。

2. 旅游资源调查的内容

包括旅游区内旅游资源的环境条件调查、旅游资源状况调查、旅游资源开发现状调查、客源市场调查、国内外相似或相近项目的调查等。针对旅游区内旅游资源状况调查，要先确定旅游资源对象，接着进一步调查其种类、数量、结构、规模、分布状况、成因，以及与旅游资源有关的重大历史事件、名人活动、文艺作品等基本情况。旅游资源存在区内的环境条件调查，包括与旅游资源相关的自然、社会、经济及生态环境质量等条件，还包括调查区内空气、水源、土壤中的重要物质或元素的含量值等。同时，调查、分析邻近资源与区域内资源的相互联系及所产生的积极和消极影响；根据旅游资源的吸引力和当地的社会经济状况，初步分析客源市场形成的范围和规模。

3. 旅游资源调查的步骤

旅游资源的调查工作包括室内准备阶段、室外调查阶段、整理总结阶段。室内准备工作是室外调查的前期工作，包括人员组织、相关资料和行动方案准备。室外调查又可分为三个阶段：系统普查、重点调查、专题勘查。系统普查是指对旅游资源进行全面系统的调查，包括旅游资源的规模、质量、美感、特色、可能的客源分析等各方面；重点调查是指经过筛选的具有开发价值的重点旅游资源进行详细调查；专题勘查是指对具有开展专业或科普旅游意义的旅游资源进行深入的专业调查，如对有国际学术价值的地质剖面、珍稀濒危动植物等进行的专业调查。整理总结工作主要包括，对室外调查的现场调查资料进行归纳整理，编写旅游资源调查报告。旅游资源调查报告是资源调查的最主要的成果形式。

知识小扩充 2-1

《旅游资源调查报告》编写大纲

前言
第一章　调查区旅游环境
第二章　旅游资源开发历史和现状
第三章　旅游资源基本类型
第四章　旅游资源评价
第五章　旅游资源保护与开发建议
主要参考文献

（二）旅游资源的评价

所谓旅游资源评价就是从合理开发和利用旅游资源及获取最大经济、社会、生态效益的角度出发，运用某种方法，对特定区域内的旅游资源价值及开发条件等方面进行综合评判和鉴定的过程。旅游资源评价是在旅游资源调查的基础上，对旅游资源的规模、质量、等级、开发前景及开发条件进行深入分析和评价，为旅游资源的科学开发、规划与管理提供科学依据。国外旅游资源评价开始于 20 世纪 60 年代，使用的方法具有三个显著特点，即指标数量化、评价模型化、标准科学化。我国的旅游资源评价工作始于 20 世纪 80 年代，是为服务于我国旅游资源开发的要求而逐渐发展起来的。一般采用定性描述和定量评价方法。

1. 旅游资源评价的内容

旅游资源评价的内容极为广泛，归纳起来主要包括三个方面，即资源本身评价、开发条件评价和三大效益评价。资源本身评价包括旅游资源的性质与特色、价值与功能、密度与容量三个方面的评价。如旅游资源价值评价是对旅游资源自身品质和丰优程度的评价，一般包括以下主要指标：即旅游资源自身的特色性、季节性；旅游价值与旅游功能；资源规模与组合状况评价等。对旅游资源的评价必须把握一定时空内的旅游环境容量，不可忽视旅游的饱和度与承载力因素。

旅游资源开发涉及社会、经济、文化、环境等多部门、多领域，必然要受各种外部环境制约。因此，对旅游开发条件进行评价有重要的意义。这里把旅游资源开发条件归纳为区位交通条件、客源市场条件、自然环境条件、经济环境条件、社会文化条件、工程施工条件进行评价。旅游资源的三大效益，即经济效益、社会效益和环境效益，这是衡量一个地区旅游资源是否具备可开发性的重要指标。

2. 旅游资源评价的方法

（1）旅游资源的定性评价

旅游资源评价的定性评价主要包括"三三六"评价法（卢云亭）与一般体验性和美感质量评价法等。

①卢云亭的"三三六"评价法：即"三大价值""三大效益""六大开发条件"评价体系，是目前我国最权威的定性描述评价方法。其中"三大价值"，是指旅游资源的历史文化价值、艺术观赏价值、科学考察价值；"三大效益"，是指旅游资源开发所带来的经济效益、社会效益和环境效益；"六大开发条件"，是指旅游资源所在地的地理位置和交通条件、景观组合条件、旅游环境容量、旅游客源市场、投资能力、施工难度六个方面。

②一般体验性和美感质量评价法：这是一种以大量旅游者或专家的印象与美感体验为基础的评价方法，往往有一定的主观性和局限性。

（2）旅游资源的定量评价

旅游资源评价的定量评价包括旅游资源技术性单因子定量评价法和综合性多因子定量评价法。这种运用比较精确的数值对旅游资源进行量化的评价方法，其结果比较直观和准确，体现科学评价的发展趋势。

①技术性单因子定量评价方法，针对旅游资源的旅游功能，集中考虑某些起决定作用的关键因素，运用大量技术性指标对这些因素进行适宜评价或优劣评判。这一般只限

于对自然旅游资源的评价，对于开展专项旅游，如登山、滑雪、海水浴等尤为适用。目前比较成熟的有旅游湖泊评价（王家峻，1988），康乐气候分析（刘继韩，1988），溶洞评价（陈诗才，1993），海滩评价（乔戈拉斯［Georgulas］，1970），滑雪旅游资源评价（美国），海水浴场评价（日本东急设计咨询公司），地形适宜性评价（日本洛克计划研究所，1980）等。

②综合性多因子定量评价方法，是在考虑多因子的基础上运用一些数学方法，对旅游资源进行综合评估。这类评估方法非常多，如层次分析法（萨迪［A. L. Saaty］，保继刚），指数表示法（弗朗哥·佛·费拉里奥，楚义芳），综合评分法（魏小安，路紫），模糊数学评价法（杨汉奎），价值工程法（罗成德），综合价值评估模型法（李功阳，丁文魁）等。

下面简要以保继刚的层次分析法为例。层次分析法简称 AHP 法。该方法最早是美国运筹学家匹茨堡大学教授萨蒂于 20 世纪 70 年代提出的一种层次权重决策分析方法。是将决策有关的元素分解成目标、准则、方案等层次，在此基础之上进行定性和定量分析的决策方法。80 年代后中国学者在经济学领域开始采用。首先，层次分析法是将复杂的问题分成若干层，构成旅游资源评价模型。其次，邀请专家依据重要性对各项因素进行量化，确定各个评价层次的权重。最后，根据权重排序，以 100 分按权重赋予各个因素分值对旅游资源进行分项评价打分，从而得到综合结果。旅游资源评价模型树见图 2-1。

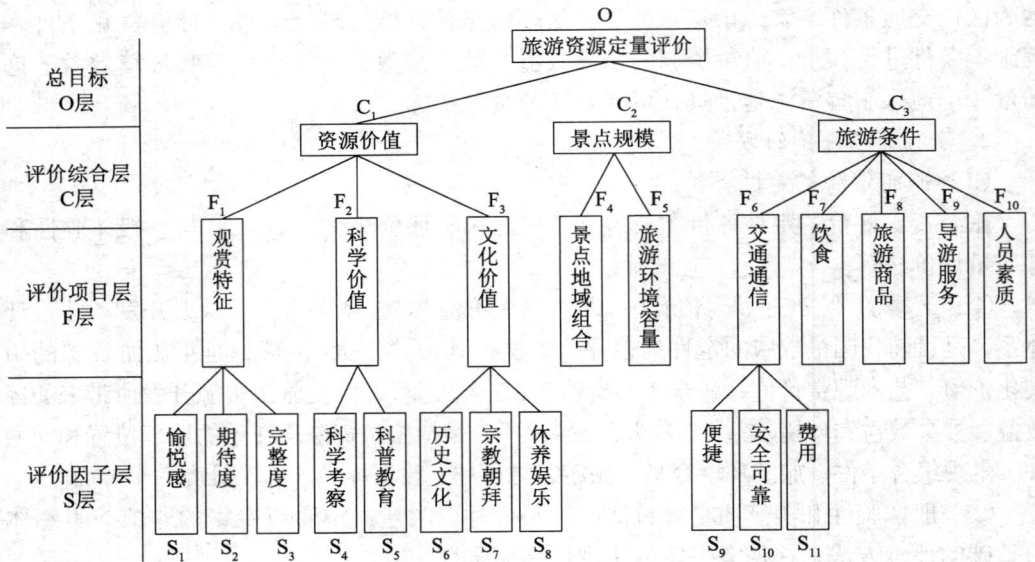

图 2-1　旅游资源评价模型树

资料来源：保继刚，北京旅游资源定量评价，北京旅游地理，北京：中国旅游出版社，1989

五、旅游资源开发利用与保护

旅游资源与旅游地理环境都是人类旅游活动的基础和前提条件，旅游资源的合理科学开发规划与保护利用，是旅游业可持续发展的保障。旅游资源的开发，可使潜在的旅游资源得到恢复、改善、提高和创新，强化旅游资源的旅游吸引功能，提高旅游资源的利用价值，也可提高民众对旅游资源的保护意识，防止对旅游资源的破坏。为了实现对旅游资源的合理开发与利用，我们必须坚持开发原则，精心设计并实施科学规划方案，制定有效的保护措施，以实现旅游业的可持续发展。

（一）旅游资源的开发利用

1. 旅游资源开发

旅游资源开发是指通过适当的方式把旅游资源改造成吸引物，并使旅游活动得以实现的技术经济过程，它以规划为前提。所谓规划，是以优化旅游结构及功能的战略策划与实施过程，它以旅游资源为基础，以客源市场为手段，是以发展与增效为目标的旅游项目设计和动态实施过程。规划是一种过程，开发是一种行为，规划是开发的前奏。开发要坚持资源（产品）奇特性、市场导向性、综合效益性、开发系统性和保护并重性原则，对旅游资源及旅游地的基础设施、交通设施及旅游辅助设施做出合理布局与科学规划。

同步思考 2-2

旅游资源开发规划编制的基本内容主要包括哪些方面？

2. 旅游资源的合理开发与利用

旅游资源的合理开发与利用，指在保持旅游资源与环境容量在不受破坏情况下，因地、因景而适度开发，有效利用。开发为利用，适度开发可高效利用，保护性开发可永续利用。合理的开发度和保护度相结合，就是旅游资源的合理开发与利用。这就要求对经济型旅游景区（资源）开发要防止产品雷同，重复建设，模仿抄袭，恶性竞争；防止不调查市场，盲目上马，定位不准，忽视体验。对资源保护型旅游景区（资源）开发要防止过度开发，一哄而上，超载利用，毁灭掠夺成风；防止条块分割，多头管理，（景区）五马分尸，（游客）无所适从；防止资产低估，土地浪费，转型分流，资产流失。

（二）旅游资源的保护

旅游资源是旅游业发展的客观物质基础。无论是自然旅游资源还是人类文化遗留下来的珍贵遗产，均具有易受破坏的脆弱性，而且大多还具有难以恢复的不可再生性，因此，保护旅游资源对促进旅游业持续发展具有重要的意义。目前，世界各国在大力开发旅游资源的同时，都十分重视旅游资源的保护，并将其视为旅游业持续兴旺发展的根本保证。20 世纪 70 年代初，联合国教科文组织通过了《保护世界文化和自然遗产保护公约》，强调了保护自然和文化珍品对人类生存的重要性。1995 年 4 月在西班牙举行的旅游可持续发展世界会议通过了《可持续旅游发展宪章》及其行动计划，要求"旅游与自然、文化和人类的生存环境成为一个整体"，其实质是对旅游资源保护认识的深化。我国旅游和环保部门也十分重视此项工作，并制定了一系列的保护措施和法律条文，对于推动旅游资源保护工作的开展起到了积极的作用。

1. 影响和损害旅游资源与环境的因素

影响和损害旅游资源与环境的因素是多方面的，概括起来主要有以下两点：

（1）自然影响。旅游资源及环境是自然界的一部分，无时无刻不深受大自然的影响，自然界的发展变化既能塑造旅游景观，也会破坏旅游景观。其主要的破坏影响有两类：一类是灾害性破坏，如地震、火山、飓风、水灾、虫灾等自然界中突然发生的自然灾害所导致的对旅游资源的破坏；另一类是缓慢性破坏，主要是由寒暑变化、风吹雨淋等自然界风化作用、侵蚀作用、流水切割作用、温带变化及生物生命规律等导致的旅游资源形态和性质的缓慢改变。如，埃及金字塔表层风化严重，很多大石块几乎完全损坏，台阶上堆积着厚厚的碎屑。我国的云冈、龙门、敦煌三大石窟同样也受到了自然风化的破坏。

（2）社会影响。旅游资源的社会影响较自然影响而言，表现更为突出。这里既有不合理的生产活动引起的自然界的报复，也有"三废"污染造成的旅游环境恶化，还有旅游业本身的发展对环境和旅游景观的破坏，按其破坏的根源可分为建设性破坏和管理性破坏。建设性破坏是指工农业生产、市政建设和旅游资源开发建设中规划不当导致的对旅游资源的破坏，如直接拆毁、占用文物古迹，风景区内工程建设不当、破坏景区周围景观和谐及意境，工业对旅游区的污染等。管理性破坏是指管理不善导致的对旅游资源的破坏，如大量游客的涌入加速了古迹自然风化的速度，游客踩踏带来的破坏，某些游客直接破坏旅游资源等。

2. 旅游资源保护对策

根据旅游资源衰败的原因，旅游资源保护应采取相应的以防为主、以治为辅、防治结合的措施。虽然灾害性的自然风化不可避免，但可以采取措施减弱自然风化的程度，延缓其风化进程。旅游资源保护对策如下：

（1）减缓旅游资源自然风化的进程。旅游资源自然风化是由于大气中的光、热、水环境的变化引起的。对于历史文物古迹，完全杜绝自然风化是不可能的，但在一定范围内改变环境条件使之风化进程减缓是完全可能的，如将裸露的长期遭受风吹日晒的旅游资源加罩或盖房子予以保护。因此，要大力开展旅游资源保护的研究。旅游资源的保护，要加强研究并掌握自然规律，使旅游资源的生存环境朝着有利于其生存保护的方向发展，以减轻自然界的风化影响与灾变性破坏。

（2）杜绝人为破坏旅游资源的行为。首先，加强旅游资源保护的意识和知识的宣传教育。提高全民保护旅游资源与环境的公共意识和责任感，形成旅游与自然、文化资源和生存环境和谐相处的社会氛围。其次，建立健全旅游资源法制管理体系，逐步完善风景名胜区保护系统。通过法制手段，杜绝并追查那些因规划不当造成的建设性破坏和因管理不善而引发的管理性破坏。最后，强化行政管理，做好科学规划。要认真评估旅游环境容量，严格控制旅游流量，防止超荷运转，突破景区承载力，以免造成灾难性后果，坚持开发与保护并重。

（3）修复或恢复已破坏的旅游资源。绝大多数旅游资源一旦遭到破坏，则难以恢复，但有的历史古迹，如古建筑的文化价值和旅游价值都相当高，是历史的见证与信息的载体，因此可采取治理修复措施，重现其风采。对于已经遭破坏而需要修复的文物古迹，一定要坚持"修旧如故"的原则。对于一些已消失的著名历史古迹，可以仿古重修，但必须保持其原有造型和风格，保证文物古迹的历史可读性，让其重现昔日光彩。

第三节　旅游环境容量与旅游地生命周期

一、旅游地

（一）旅游地的概念及类型

旅游地是指一定地域空间上的旅游资源、旅游专用设施、旅游基础设施以及相关其他条件有机组合而成的旅游者停留和活动的目的地。旅游地在不同情况下，有时又被称为旅游胜地，或旅游目的地。从上述概念可知，旅游资源是具有某种属性的事物或者现象，而旅游地则是具有某种属性的区域，两者是不同质的。但两者又有着十分密切的关系：首先在功能上，旅游地和旅游资源都具有旅游功能；其次，旅游地是以旅游资源为基础的，而旅游资源功能的实现又有赖于旅游地的发展。旅游地的功能区空间布局与科学规划直接影响旅游环境容量和旅游活动的质量。

旅游地是一种具有综合功能的区域。该区域以旅游业为重要产业，其在空间上一般可以分为两个部分：旅游资源所在的旅游活动区和服务设施所在的服务区。前者强调"游"，后者主要提供"食、住、行、购、娱"等综合性服务。总之旅游地通过依托优美的旅游环境，优质的旅游资源，完善的旅游设施，人性化的旅游服务，引导游客参与体验并享受快乐，获得亲切感，新鲜感和自豪感。以求得身心上的补偿与解脱之满足。

旅游地有多种分类形式。如果按照旅游地的主要旅游资源和旅游产品的定位，可将旅游地划分为七大类，即自然风景旅游地、文化旅游地、历史古迹旅游地、娱乐旅游地、运动性旅游地、产业旅游地、综合性旅游地。其中具有保护价值的旅游胜地需要划出特定的核心保护区加以保护，如自然保护区、森林公园及历史古迹与文物等。若按旅游地的产业构成，可以分为以旅游业为主要产业的旅游区和仅将旅游业作为重要产业之一的旅游区。两者在土地利用功能上会有一定的区别。

（二）中国旅游景区质量等级的评定

中国旅游景区质量等级的评定，是一种比较典型的旅游地综合评价。为了全面推行旅游区质量等级评定工作，规范旅游质量管理，提高其服务水平，促进旅游区质量等级评定工作的规范化、制度化，1999年9月国家旅游局颁布了《旅游区（点）质量等级的划分与评定》，并于2003年予以修订，增加了5A级旅游景区，在景区的文化性与特色性方面提出了更高的要求。该标准从旅游交通、游览、旅游安全、卫生、邮电服务、旅游购物、经营管理、资源和环境的保护、旅游资源吸引力、市场吸引力、接待海内外旅游人数及游客满意度抽查等方面对各旅游区的质量进行评价，依据评价结果将旅游区分为五个等级，即5A级旅游景区、4A级旅游景区、3A级旅游景区、2A级旅游景区、A级旅游景区。各等级旅游景区评价标准详见国家标准《旅游景区质量等级的划分与评定》（GB/T 17775—2003）。

二、旅游环境容量

旅游环境容量是旅游学术研究乃至旅游管理关注的焦点问题之一，被称为旅游可持续发展的重要判断依据。随着旅游业的快速发展，在带来经济收入、增加就业等正面影响的同时，也不可避免地给旅游区环境带来了负面影响，甚至形成比较严重的环境问题，其根本原因是对环境施加的影响超过了旅游环境容量。

（一）旅游环境容量的概念体系

旅游环境容量有时称"旅游承载力"或"旅游饱和度"，它是旅游学的基本概念之一。早在1963年莱佩奇（Lapage）就首先提出了旅游容量的概念，而1979年世界旅游组织（WTO）又在年度报告中正式提出了旅游承载容量的概念。所谓旅游环境容量，是指一定时期内，一定条件下，某一地域的旅游地或单元（如旅游区、游览区、旅游点等）不会对旅游目的地的环境、社会、文化、经济以及旅游者旅游感受质量等方面带来无法接受的不利影响的旅游业规模最高限度，一般量化为旅游地可接待的旅游人数的最大值。

旅游环境容量是一个复杂的概念体系，包括5个基本容量（即资源容量、生态容量、经济发展容量、地域社会容量和感知容量）和3组非基本容量（合理容量与极限容量、既有容量与期望容量、空间有关容量）。旅游环境容量指旅游区的生态系统在保持其生产能力、适应性和再生能力等功能的同时，还能支持一个健康的旅游系统发展机制的能力，其大小与旅游地规模、旅游资源质量和数量、自然条件、基础服务设施、人口构成、传统观念、活动类型等因素有密切关系。

其决定因素主要有五个：旅游的吸引力、旅游场所最佳容量、综合接待规模、旅游的经济饱和与旅游的社会饱和等。

（二）影响旅游容量的因素

由于旅游环境是由诸多因素组成的复杂的环境系统，因而导致影响旅游容量的因素也很多，其中主要的因素如下。

1. 地理区位因素

地理位置是影响旅游容量的一个重要的因素。由于生物景观严格受制于自然带与位置影响，生物物种的复杂度、生长环境与生活习性不同，承受干扰的能力各异，自然恢复与再生能力差别很大，因而不同地理位置的旅游区，它的旅游容量是不一样的。在水热条件较好的低纬度地区，生物的多样性好，生态恢复能力强，其旅游容量相对较大；而高山地区的植被一旦遭到破坏，往往很难恢复，因而其旅游容量较小。

2. 资源产品类型因素

不同旅游景区由于需要保护的程度各异，因而其旅游容量不同。一般而言，以保护生物多样性为目的的森林公园、自然保护区要比同等面积的游览公园容量小。重点保护的街区、村落要比同等面积的主题公园等游乐场所容量小，根本原因在于资源产品的承载力稳定度。而且，不同的旅游景区类型、资源产品不一样，因而对环境表现出不同的承载力和抵抗干扰与破坏的能力以及恢复能力。例如，高原地带和岩溶地貌景域，一旦遭到破坏将难以恢复，而风景河段和海滨旅游区遭到破坏后能够较快恢复。

3. 时令季节因素

这里的季节性包括两个方面的含义。其一，旅游资源的季节性决定了旅游区的容量，引起季节性的超饱和。自然景观方面，有些景色只有在特定的时间才会出现，秋天的枫叶、冬天的雪景能够吸引大量的游客，此时可能会突破景区的容量，而同一景区在其他时候可能由于特色资源的观赏性下降或消失就不会存在容量上的压力。人文景观方面，各种民俗节庆和宗教节庆期间往往景区出现短期性的超饱和状态，而在其他时候就可能不会存在容量压力问题。其二，旅游活动的季节性变化对旅游容量有着重要影响。在我国，随着"小长假"和"黄金周"免收高速过路费的实行，全国各著名旅游区在此期间经常出现人满为患的情况。

4. 规划管理因素

如果把旅游区的整条线路当作一条线，那么每一个观赏景点就是一个节点。不同的节点处的游客观赏时间和道路通行能力不同，通行能力最差的节点往往会成为扩大该旅游区容量的瓶颈。因此通过提高管理技术，优化线路，合理分流，能够直接提高整个旅游区的周转率和容量。

在旅游区的脆弱地带，如自然保护区核心地带的边缘，旅游区的管理水平对于保护环境有着极为重要的意义。国外的许多自然保护区都采取了许多行之有效的措施，如在加拿大怀伊沼泽地野生动物避难处，停车场远离保护区，通过观看展览、旅游指南而不是实地考察，有效地将游客拒之于旅游区的脆弱地带之外，从而不会引起突破容量的情况。我国也严格实行"核心保护区—缓冲游览区—综合功能区"的相应规划管理对策。

5. 社会文化环境

旅游业的发展在给当地带来经济收入、就业机会和相关产业的乘数效应的同时，也给当地带来了诸多消极影响或负面效应。在世界很多地方，由于旅游业的开展，大量外地游客的涌入，当地风俗民情和社会文化的完整性受到破坏，人们的价值观受到了巨大的冲击，这成为一个不可忽视的社会问题。如夏威夷在发展旅游业初期曾引起当地居民的严重不满；非洲西海岸和一些非洲北部国家曾发生过当地居民攻击游客的情况。一般而言，游客和旅游目的地居民之间的文化差异越大，地域社会容量越小，反之亦然。

6. 地域经济环境

发展旅游业，旅游资源基础固然重要，水、电、气、交通、通信等基础设施，投资资金，人力资源，相关产业的物质供给（如农产品、建材等）也是必不可少的。如河南省栾川重渡沟景区虽然山清水秀，但在 1999 年以前接待能力有限，景区基本上没有游客，开发初期通过投入 100 多万元建设基础设施项目，景区逐步发展起来，而随着旅游活动的开展，村民生活水平有了极大提高，纷纷建起了家庭旅馆，进一步扩大了景区容量，景区呈现出超常规跨越式发展。

（三）旅游容量管理

随着旅游可持续发展理念的广泛接受，旅游学者和旅游地的管理和规划专家，都已意识到旅游容量用于规划和管理的重要意义。一个景点，如果游人过多，突破了最大容人量的限度，那么这个地方将会带来意想不到的后果，如影响观赏效果，破坏景区环境，损坏文物完好，引起游人不适，造成各种伤亡事故等。所以如何保持旅游场所的最佳容量，至关重要。

旅游容量管理就是通过合理的调控措施，使游客在时间和空间上的分布更趋于合理，给游客提供一个良好的旅游环境、减小景区资源的损耗程度和损耗速度，同时也使景区的资源得到更充分的利用，最大限度地保证景区经济效益、社会效益和生态效益。旅游环境的容量管理具有重要的作用，是确定旅游接待规模、制定旅游环境保护策略的基本准则。以旅游环境容量为依据确定旅游业发展的合理规模并根据其动态变化调整旅游接待量；依据旅游环境容量动态变化规律，对限制旅游环境容量的因子进行调整、建设，扩大旅游容量，促进旅游经济与环境保护的"双赢"。

在旅游管理和规划中，旅游容量管理主要包括以下几个方面：

1. 从旅游需求方面着眼，控制旅游旺季的高峰流量

可以通过把握促销的时机和力度，维护供求平衡。借助大众传播媒介，向潜在的旅游者陈述已经发生过的旅游超载现象及其环境后果，并预测当年旺季可能出现的旅游流量和超载情况，从而影响旅游者选择旅游目的地的决策行为。也可以应用价格杠杆调节旅游需求。即在旅游旺季旅游地经营者提高价格，如门票、食宿、交通等费用，调控需求高峰，而在旅游淡季降低价格以吸引游客。从控制旅游需求着眼来避免著名景区出现旅游饱和与超载现象，是一种行之有效的办法。

2. 从旅游供给能力着手，提高景区的旅游容量

对于长期出现整体性旅游饱和与超载现象的景区，可以采取开发新的景区景点、增加旅游基础设施和服务设施等满足更多游客的游览需求的措施。对于出现旅游区内的部分景点承受的旅游活动量已超出景区容量，而其他景点并未达到饱和情况的景区，可以对旅游者实行空间上的分流措施，并辅以旅游需求的引导措施，如管理交通、在客流高峰期疏导游客流向、在超载景点入口地段设置限流设施等，调控旅游供给的内部结构，分担容压，提高景区的旅游容量。

3. 重视安全措施，保障旅游容量管理的实施

无论是短期性的还是长期连续性的饱和与超载都会给基础设施和旅游设施造成很大压力，甚至可能会损坏或破坏设施。例如，我国许多名山登山道的护栏，旺季时饱和与超载常使其变得松弛，严重者甚至脱落，给游客带来潜在的危险。

三、旅游地生命周期理论

旅游地由盛转衰的生命周期，是一种客观存在的现象。在旅游地生命周期理论的众多描述中，最具代表性和权威性的是由加拿大学者巴特勒（Butler）1980 年提出的旅游地生命周期理论。他将旅游地的演化过程按照时间顺序分成 6 个阶段：探索阶段、起步阶段、发展阶段、稳固阶段、停滞阶段、衰落或复兴阶段，而经过复兴后又开始重复之前几个演变阶段。巴特勒在描述该理论的 6 个阶段时引入一条"S"形曲线（见图2-2）。在旅游地衰落或复苏阶段，又存在着 5 种可能发展的情况：快速复苏、缓慢复苏、平稳发展、缓慢衰落和快速衰落过程。

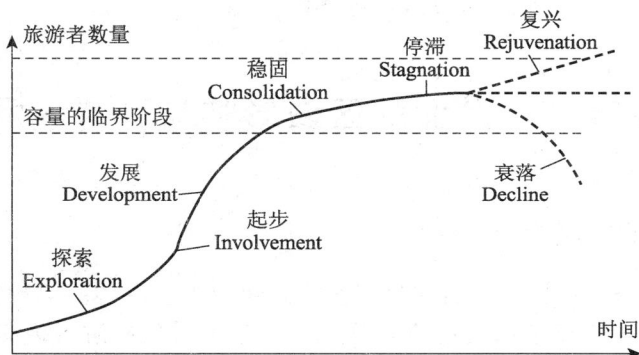

图 2-2 旅游地生命周期模型（巴特勒）

旅游地生命周期理论中所描述的六个阶段呈现不同的特征，见表 2-3。

表 2-3 旅游地生命周期各阶段的特征

阶段	特征表现
探索	少数"多中心型"或"探险型"游客；少量或欠缺旅游基础设施，只有自然或文化吸引物
起步	游客量上升；当地投资，并着手建设基础设施和旅游设施；旅游地开展广告宣传活动；旅游地名知度提升；当地居民为旅游者提供简单的膳宿并从中获利
发展	旅游量大幅增长；自然环境显著改变，人造景观及设施增多；旅游投资额升升；游客量超载，环境质量下滑；旅游地形象广为人知，客源市场明确；居民滋生对旅游开发活动的不满情绪
稳固	游客量增速减缓；经济、社会及环境问题交织错杂；旅游业成为经济主体或支柱；市场营销日益成熟且广泛，已开拓新市场；对"自我中心型"游客具有相当吸引力；居民对旅游业的认知日益理性而成熟；居民对游客的不当行为持反感态度
停滞	游客量趋于顶点，鲜有增长；旅游地形象脱离现实环境；旅游地不再受到青睐；过度依赖游客重游，各种接待设施过剩闲置且经常变更所有权；向外围地区发展
衰落	客源市场范围缩小、游客量减少；旅游投资逐渐撤出，当地投资取代外来投资；基础设施逐渐破败，并可能被代作他用
复兴	建设全新的旅游吸引物，或开发了新的旅游资源

国内有关旅游地生命周期的研究起步较晚，学者不断尝试运用该理论对不同类型旅游地生命周期的特点与规律进行研究归纳，深度剖析内在形成因素，以科学地指导旅游规划、建设和管理。国内学者徐致云和陆林梳理了国外生命周期研究，总结出影响生命周期的主导因素，主要包括：环境质量及环境容量、商业化程度、区位条件、交通条件、旅游资源组合性、基础设施、当地居民态度、旅游主题形象、综合竞争力、旅游业发展速度、外部投资、政府与旅游经营者、外部竞合环境、客源市场变化、外部政治环境等。

我国旅游业正处于全面快速发展时期，大多数旅游地的发展处于第三与第四阶段，因而该理论对于指导我国旅游地的规划管理与开发具有更重要的现实意义。通过理论运用明确旅游地所处的发展阶段，该阶段的发展限制因素、所具有的指示性特征和事件，通过人为调整、干预来科学延长旅游地生命周期。

第四节　旅游业的区域影响与可持续发展

一、旅游业的区域影响

可观的经济效益、良好的发展前景，使旅游业成为世界各国竞相发展的朝阳产业。随着旅游业的发展，其经济和文化的双重属性决定了系列旅游行为必然带来人员、货币、物质和信息的流动，旅游活动会产生一系列广泛而深远的影响，涉及经济、社会、文化、环境等各个领域。这些影响是多方面的，既有正面影响，又有负面影响，并且其正负两面影响对不同地区的作用强度是有差别的。因此，要正确认识旅游对区域经济、社会、环境等各方面的影响，充分利用旅游业的积极影响，削弱其不利影响。

（一）旅游业的性质与特点

旅游业是世界新兴产业，是具有服务性质的特殊经济行业。旅游业是以旅游资源为凭借，以客源市场为导向，以旅游设施为条件，为满足旅游者的各种需求提供服务的经济性产业。旅游业作为旅游主体和旅游客体之间的纽带和桥梁，是实现现代旅游活动的媒介。目前，旅游业已成为世界上最大的支柱性产业之一。一般而言，旅游业主要由旅行社、旅游交通和旅游饭店业与游览娱乐单位组成，即由食、住、行、游、购和娱六大要素构成。它们在满足旅游活动的需求这一共同目标下组合起来。其主要职能就是向旅游者提供旅游活动所需要的产品和服务。旅游服务是由各种不同服务组合成的总体，一般应包括饭店服务、导游服务、代办服务、文化娱乐服务、商业服务等。"服务"在旅游业的经济活动中占有重要地位。因此，旅游业从根本上说是通过服务取得经济效益的特殊的经济性产业。

旅游业是向旅游者的旅行和游览提供旅游产品的综合性产业。提供旅游服务的过程，就是旅游商品的生产过程。因此，它与一般的经济服务行业相比有许多特殊性，概括起来具有显著的经济性、综合性、文化性、关联性和波动性等特点。如，旅游业具有很强的文化性，因为旅游是在一定文化背景下的产物，旅游者的动机是为了寻求高层次的物质和文化享受，在游览、参观、交往、休憩等旅游活动中充分体现了对文化内容的追求。旅游消费的文化性，要求旅游业的经营者向旅游者提供具有一定文化内容的、最佳的、有特色的产品和优质服务，以满足旅游者深层次的文化需求。

旅游业的发展受制于旅游地及整个旅游地理环境和旅游系统。如自然地理的区位度、旅游资源的知名度、国民经济的发达度、交通条件的便捷度、生态环境的原始度、社会氛围的和谐度等。同时，区域旅游业的发展可对旅游地的经济、社会与生态环境带来积极和消极的影响，因而使旅游业与地理环境的联系紧密而复杂，构成了彼此相依的综合体。

（二）旅游业对区域地理环境的影响

1. 旅游业对区域经济地理环境的影响

据世界旅游组织公布的资料，旅游部门每直接收入增加 1 元，相关行业的收入就能增加4.3元；旅游部门每增加 1 个直接就业人员，社会就能增加 5 个就业机会。因此，旅游业具有关联带动、扩大就业、刺激消费、增收创汇及乘数效应。

旅游业对区域经济的积极影响主要表现为：旅游活动可使旅游地政府和居民获得较高的经济收入，可促进市场繁荣与稳定，并能带动各经济部门和行业的发展，因而促进了地区经济的发展，提高了区域经济发展的水平。不利影响则主要表现为：旅游者大量涌入，有可能引起物价上涨，有可能影响产业结构发生不利变化，由于旅游业的波动性，使得过重依赖旅游业会影响到国民经济或地区经济的稳定。

2. 旅游业对区域社会地理环境的影响

旅游业对区域社会的积极影响主要表现为：旅游是积极的民间外交活动，促进了民族文化的保护和发展，并推动了科学技术的交流和发展。旅游在这些方面所起的作用比传统的外交和宣传手段更有效。旅游业对区域社会的不利影响主要表现为：有可能降低当地居民的物质文化生活质量。由于大量旅游者的涌入，势必造成旅游地空间环境拥挤不堪，使当地居民产生由欢迎到厌恶的情绪。来自世界各国有着不同政治信仰、道德观念和生产方式的旅游者，有可能带来消极的颓废意识和生活方式，不良旅游行为的侵入，可能会影响当地居民的价值标准和道德观念。同时，旅游业有可能使当地文化被不正当的商品化，如传统的民俗节庆不再按照传统规定的时间和地点举行，为了接待旅游者，随时都会被搬上"舞台"。为了迎合旅游者的观看兴趣，地域文化被戏卖，传统习俗被打乱或同化，原始工艺被现代化、庸俗化等。

3. 旅游业对区域生态地理环境的影响

旅游业对生态环境的积极影响主要表现为：随着旅游业的发展，生态旅游已成为时尚旅游方式，旅游生态环境已引起人们的高度关注，对旅游资源的环境保护和建设提出了迫切的要求，也促进了景区生态环境的治理和美化工作。例如，旅游交通线路两侧的生态环境质量都有明显的提高，在特色或高品质的住宿与餐饮业，其内外往往设计有独特的绿色景观，使游客得到良好的生态环境享受。

旅游业对生态环境的不利影响主要表现为：旅游交通对生态环境的影响，也是最为显著的部分。游客的超量，游客素质的不高和旅游管理的水平较低都会对生态环境产生不利的影响。在旅游资源开发中，如若规划不当更会对生态环境产生不可估量的不利影响，如旅游景区建设中常见的"遇山开路、遇水搭桥、就地采石"等破坏性的现象与行为。由于我国旅游业的发展跟不上近几年经济迅速发展带来的膨胀性旅游需求，无论是旅游景点还是旅游设施均处于超负荷运转状态，故旅游对生态环境的不利影响表现得相当突出。

二、中国旅游业的可持续发展

可持续发展是现代旅游业发展的永恒主题和唯一选择，对于正在为实现旅游强国战略目标的中国政府和人民来说尤为重要。中国政府对资源环境的合理开发和保护历来极为重视，自 20 世纪 50 年代以来，陆续颁布了文物保护、环境保护方面的法律，并在建立国家公园体系、加强对历史文化遗产保护、参加国际公约组织等方面都取得了令人瞩目的成就。

（一）中国旅游可持续发展的成果

1. 建立国家公园体系，加强对旅游资源环境的保护

"国家公园"（national park）源自美国，是指由国家政府设立的体现自然之美的自然保护区。世界最早的国家公园是美国的黄石公园，之后各国纷纷仿效。2008 年我国建立了第一个国家公园试点单位——黑龙江汤旺河国家公园。我国类似国家公园的还有国家自然保护区、国家风景名胜区、国家森林公园、国家地质公园、国家水利风景区等。从 1956 年我国第一个自然保护区——广东鼎湖山自然保护区诞生，截至 2015 年年底，全国共建立各种类型、不同级别的自然保护区 2740 个，总面积约 14703 万公顷；自1982 年我国首次设立风景名胜区起，国务院分别于 1982 年、1988 年、1994 年、2002 年和 2004 年、2005 年、2009 年、2012 年、2017 年先后公布了九批国家级风景名胜区，共计批准设立国家级风景名胜区 244 处，其中，第一批至第六批原称国家重点风景名胜区，2007 年起改称中国国家级风景名胜区。

同时，自国家林业局 1982 年在湖南张家界创立第一个国家森林公园，截至 2017 年1 月，全国共建立国家级森林公园 848 处，规划面积近 1250 万公顷；我国是从 2001 年 4月开始批准建立国家地质公园的，先后公布了七批共 240 处国家地质公园，截至目前，我国共有 33 处国家地质公园成功入选世界地质公园名录。从 2003 年开始，截至 2016 年年底共批准十六批 778 处国家水利风景区，其中最为著名的有长江三峡水利枢纽工程、黄河三门峡大坝风景区、黄河小浪底水利枢纽、云南省珠江源风景区等。

2. 建立遗产体系，加强对历史文化遗产的保护

首先，是对重点文物、历史文化名城、名镇和名村进行保护。1961 年，国务院公布了《文物保护管理暂行条例》，公布了第一批 180 处国家重点文物保护单位，1982 年、1988年、1996 年、2001 年、2006 年、2013 年先后共计公布了七批"国保"，包括增补和对已有的合并，截至 2016 年年底，全国确定国家重点文物保护单位 4295 处。历史文化名城是指"保存文物特别丰富，具有重大历史文化价值或者革命纪念意义的城市"，国务院曾于 1982年、1986 年、1994 年先后批准了三批共 99 个国家历史文化名城，从 2001 年起开始单独批

准增补，先后增补了 33 个，截至 2016 年 12 月 16 日，国务院已将 131 座城市（琼山已并入海口市，两者算一座）列为国家历史文化名城，并对这些城市的文化遗迹进行了重点保护。同时，从 2003 年开始，截至 2016 年年底已评选和公布了六批共 252 处中国历史文化名镇、276 处历史文化名村。我国丰富多彩的文物古迹和众多的历史文化名城、名镇与名村，以其特有的教育作用和感染力而成为我国旅游资源开发利用的一大亮点。

其次，对人类口述和非物质文化遗产进行保护。人类口述和非物质遗产简称非物质文化遗产，又称无形遗产。是指各族人民世代相承、与群众生活密切相关的各种传统文化表现形式（如民俗活动、表演艺术、传统知识和技能，以及与之相关的器具、实物、手工制品等）和文化空间。非物质文化遗产蕴含着中华民族特有的精神价值、思维方式、想象力和文化意识，体现了中华民族的生命力和创造力。分别于 2006 年、2008 年、2011 年和 2014 年经国务院批准，由文化部确定并公布了四批共 1517 项国家级非物质文化遗产代表性项目名录。这些项目包括民间文学、民间音乐、民间舞蹈、传统戏剧、曲艺、杂技与竞技、民间艺术、传统手工技艺、传统医药、民俗等内容。与此同时，还公布了一批国家级非物质文化遗产扩展项目名录；公布了五批国家级非物质文化遗产代表性项目、代表性传承人名录，加强了非物质文化遗产传承人队伍建设；各地也建立了省级非物质文化遗产名录，非物质文化遗产专题博物馆、民俗博物馆和传习所建设呈现良好态势。

3. 参加国际公约组织，提升自然文化保护的级别

首先，加入《保护世界文化和自然遗产公约》，申报世界遗产。世界遗产（world heritage）是指被联合国教科文组织和世界遗产委员会确认的人类罕见的、目前无法替代的财富，是全人类公认的具有突出意义和普遍价值的文物古迹及自然景观。世界遗产包括"世界文化遗产""世界自然遗产""世界自然和文化遗产""文化景观"四类。联合国教育、科学及文化组织大会于 1972 年通过了《保护世界文化和自然遗产公约》，中国于 1985 年 12 月 12 日加入。截至 2017 年 7 月，中国已被批准列入《世界遗产名录》的世界遗产已达 52 处（包括自然遗产 12 项，文化遗产 31 项，自然与文化遗产 4 项，文化景观 5 项），至此，中国与意大利一同成为世界遗产最多的国家。同时，列入《人类非物质文化遗产代表作名录》的中国项目有 31 项；列入《世界记忆遗产名录》的中国文献资料有 10 项；列入《全球重要农业文化遗产名录》的中国项目有 11 项。

其次，加入世界"人与生物圈保护"网络、加入国际湿地保护网络。"人与生物圈保护计划"简称 MAB，是联合国教科文组织科学部门于 1971 年发起的一项政府间跨学科的大型综合性的研究计划，为合理利用和保护生物圈的资源，保护遗传基因的多样性，改善人类与环境的关系，解决人口、资源、环境等问题，提供有效路径。生物圈保护区是 MAB 的核心部分，具有保护、可持续发展、提供科研教学、培训、监测基地等多种功能。中国 1973 年加入世界人与生物圈保护计划，并于 1978 年建立了中国人与生物圈国家委员会，于 1993 年建立了"中国生物圈保护区网络"，截至 2016 年年底，中国已有 171 个自然保护区加入中国生物圈保护区网络，并且有 33 个自然保护区加入到世界生物圈保护区网络。健康的湿地生态系统是一个国家或地区生态安全的重要组成部分

和经济社会可持续发展的重要基础，国际上1971年就有一个旨在保护和合理利用全球湿地的公约——《关于特别是作为水禽栖息地的国际重要湿地公约》，简称《湿地公约》。中国是世界湿地大国，1992年加入《湿地公约》，到2015年年底，黑龙江扎龙湿地、海南东寨港湿地、广东湛江红林湿地、湖北神农架大九湖湿地等49块湿地被列入《国际重要湿地名录》中，总面积达405万公顷。

另外，申报世界地质公园。世界地质公园是以地质科学意义、珍奇秀丽和独特的地质景观为主，由联合国教科文组织组织专家实地考察，并经专家组评审通过，经联合国教科文组织批准的地质公园。1997年联合国大会通过了教科文组织提出的"促使各地具有特殊地质现象的景点形成全球性网络"计划，即从各国（地区）推荐的地质遗产地中遴选出来具有代表性、特殊性的地区纳入地质公园；1999年4月联合国教科文组织提出了建立地质公园计划（UNESCO geoparks），并确定中国为建立世界地质公园计划试点国之一。截至2017年6月，我国经联合国教科文组织批准并列入《世界地质公园名录》的地质公园已达35处。

（二）新时期中国旅游可持续发展对策

1. 强化旅游可持续发展理念

从目前中国发展的实际看，最大限度地扩大旅游业经济效益仍然是当前发展旅游业的主要宗旨。但是旅游业追求经济效益，绝不是以牺牲环境为代价，我们提倡社会、经济、生态三者都能兼顾的综合效益。旅游可持续发展既体现在旅游产品的开发上，也体现在旅游的管理与经营上，还体现在旅游者的旅游活动行为上。为此，我们应当全面强化提倡旅游业可持续发展理念。实施旅游可持续发展战略，制定科学的旅游可持续发展规划，开发符合旅游可持续发展理念的生态旅游产品，规范旅游可持续发展行为，全面进行旅游可持续发展的宣传和教育，使全体国民都牢固树立积极进取的旅游可持续发展观念，提高旅游可持续发展素质。并强化相关研究、积极探寻实现旅游业可持续发展的途径。

2. 实施旅游精品战略与品牌战略

旅游景区是旅游吸引系统的核心，旅游业的可持续发展在很大程度上取决于旅游景区的可持续发展。我国目前有县级以上的自然、人文和人造旅游景区2万多家，但在实际工作中，由于旅游景区管理水平不高，导致部分一流资源成为二流甚至三流、末流的旅游产品，因此应不断强化旅游景区的标准化管理与质量等级的评估，提高旅游产品档次。同时，要不断强化中国优秀旅游城市创建活动，不仅可以创造大批城市旅游品牌，还可促进我国城市旅游的可持续发展；还要大力发展文化旅游产品，深度挖掘其文化内涵，提高旅游产品的特色和品位。文化旅游已成为当代发展的一大新趋势，中国五千年的历史文化铸就了博大精深的古老东方文化，独具特色的中国品牌的文化旅游资源，及其相应的旅游产品独具风采，是实施旅游精品战略与品牌战略的重要着力点之一。

3. 坚持区域旅游可持续发展与全域旅游理念

中国已跨入世界经济大国行列，但东部、中部和西部间的差异，城乡间的差异仍然十分突出。旅游业作为国民经济发展新的经济增长点和地区经济发展的先导产业，在实现区域旅游可持续发展方面尤为重要。坚持区域旅游可持续发展，要加强东部地区的区域旅游协作，坚持中西部旅游大开发，积极发展乡村旅游。2016 年年初，国家旅游局正式提出了全域旅游的发展理念，与以景区为核心的旅游发展模式相比，全域旅游发展理念更加强调目的地综合发展及旅游产业对地方经济的波及效果。全域旅游是指以一个区域整体作为功能完善的旅游目的地来建设，通过对区域内旅游资源、相关产业、生态环境、公共服务等进行全方位、系统化的优化提升，实现景点内外一体化，为游客提供全过程、全时空体验产品。以旅游为导向，文物保护、旅游开发和城镇建设同步推进，统筹各方力量，全域发展旅游事业，旅游业将成为一项民生工程，对国土资源整治、资金投入整合也大有好处。以"全域旅游"发展的理念推动区域旅游产业可持续发展。

本章概述

旅游是人类在一定地理环境中的特殊活动，人类的旅游活动受到旅游地旅游容量与地理环境的制约并影响地理环境。旅游的三大要素（旅游者、旅游资源、旅游业）与地理环境息息相关、不可分离。旅游者作为旅游活动的主体，其产生受到地理环境中的自然地理因素、文化地理因素、经济地理因素、生态环境因素四方面的影响。旅游者在地理空间上的流动和分布具有明显的规律。旅游资源是激发旅游者产生旅游动机和实施旅游行为的关键因素，其形成是以地理环境的地域差异性为基本条件的。旅游资源的调查是旅游开发的重要先决条件，旅游评价是科学开发利用旅游资源的前提。旅游业与地理环境之间既有密切的关系，又有深刻的影响。这些影响是多方面的，既有正面影响，又有负面影响。

基本训练

1. 旅游者产生的地理背景有哪些？
2. 举例说明旅游者是如何进行旅游决策的？
3. 影响旅游客流形成的主要因素有哪些？
4. 如何对旅游资源实施开发利用与保护？
5. 影响旅游环境容量的因素有哪些？景区应如何进行旅游容量管理？
6. 分析旅游业对区域发展有哪些影响？

专业能力提升

中国旅游可持续发展

搜索浏览《旅游可持续发展战略》《可持续发展宪章》《可持续旅游行动计划》三个国际文件及《中国 21 世纪议程》《中国旅游业"十三五"发展规划纲要》，熟悉其主要内容。

问题：中国旅游可持续发展的措施有哪些？如何将旅游业建设成为资源保护与节能环保的绿色产业？

第三章 中国旅游资源地理

学习目标

通过本章学习，学生应该达到以下目标：

知识目标：了解中国旅游资源形成的地理环境特征，掌握中国各类旅游资源的基本特点及主要旅游功能。

能力目标：通过各种旅游资源内容的学习，能够独立思考、简单了解各类旅游资源的开发现状。

技能目标：结合案例分析、专业技能训练等内容，具备对某一种旅游资源产品开发的基本能力。

任务引入

跟着影视去旅游

2015年由于电视剧《琅琊榜》的持续热播，安徽滁州、江苏南京等地均声称剧中的"琅琊山""琅琊阁"在他们那里，动作最快的是安徽滁州，他们率先将滁州琅琊山上的"会峰阁"改名为"琅琊阁"。《琅琊榜》是一部架空历史类的电视剧，琅琊山也是作者虚构，多地争相抢占"琅琊山"，目的多是想借助《琅琊榜》的热播效应，带动当地的旅游业。而希望搭热播影视剧"顺风车"带动当地旅游经济的地方不在少数，也不是近几年才开始的现象。从20世纪80年代的电影《少林寺》《庐山恋》《芙蓉镇》到90年代的《大红灯笼高高挂》《一米阳光》，再到近些年来的《非诚勿扰》《爸爸去哪儿》《狼图腾》等，一大批影视作品的播出带火了拍摄地景区，成为旅游目的地营销的又一重要方式。

（资料来源：盘点10大被影视剧带火的"胜地"[EB/OL]. http：//www.zznews.gov.cn/news/2015/1120/194433.shtml）

　　任务分析：我国拥有 960 万平方千米的土地，从南到北、自东到西所涵盖的旅游资源类型丰富、层次多样，能吸引大家前去旅游的美景不止影视带动的这些，还有许许多多的万千奇景等待我们去探索、体验。

第一节　中国地理环境及旅游资源的基本特征

一、中国自然地理环境特征

（一）地理位置优越，疆域辽阔

　　中国国土面积 960 万平方千米，大部分位于北纬 20°～50°中纬度地带上，气候适中，四季分明。中国北起漠河黑龙江主航道中心线，南抵南海曾母暗沙，南北纵跨将近 50 个纬度，延伸约 5500 千米；西起新疆帕米尔高原东缘，东抵黑龙江与乌苏里江的交汇处，东西横跨将近 62 个经度、4 个时区，约 5200 千米。

　　中国位于亚欧大陆的东部，陆地疆界长 2.28 万千米，与 14 个国家接壤：朝鲜、俄罗斯、哈萨克斯坦、吉尔吉斯斯坦、塔吉克斯坦、蒙古、阿富汗、巴基斯坦、印度、尼泊尔、不丹、缅甸、老挝和越南。中国东临太平洋，有着漫长的海岸线，北起中朝交界的鸭绿江入海口，南到中越交界的北仑河入海口，全长 1.8 万千米，隔海与日本、韩国、菲律宾、印度尼西亚、文莱和马来西亚 6 个国家相望。根据 1994 年生效的《联合国海洋法公约》，我国有领海面积 22.8 万平方千米，加上专属经济区，用于有主权、可管辖的海域面积达 300 万平方千米，囊括了渤海、黄海、东海和南海四大边缘海域的大部分地区以及 6000 多个面积超过 500 平方米的岛屿。

　　优越的地理位置、辽阔的疆域，使我国形成了复杂多样的地理环境，从而造就了千姿百态的自然和人文资源，为我国成为世界旅游强国奠定了坚实的基础。

（二）地形地貌齐全，地域差异明显

　　陆地上的五种基本类型，中国均有分布。四大高原（青藏高原、内蒙古高原、黄土高原和云贵高原）、四大盆地（准噶尔盆地、塔里木盆地、柴达木盆地和四川盆地）、三大平原（东北平原、华北平原和长江中下游平原）、两大丘陵（山东丘陵和东南丘陵）及不计其数的山系，塑造了风景区的基本骨架，形成了各地发展旅游业中得天独厚的优势资源。

　　中国地势自西向东呈阶梯状逐渐下降，大致分为三级，地貌类型齐全且以山地为主，地势起伏大，高差悬殊。从"世界屋脊"的青藏高原到东部的长江中下游平原，从海拔 8844.43 米的珠穆朗玛峰到海拔 -154.31 米的吐鲁番艾丁湖，都见证着它的地势落差。除去常见的五种地形，花岗岩地貌、丹霞地貌、岩溶地貌、熔岩地貌、雅丹地貌、海岸地貌、冰川地貌等类型齐全的地貌在不同地域各放异彩，形成了我国千姿百态、异

彩纷呈的地貌景观。同时我国地形整体上的西高东低造就了大江大河大都自西向东奔流，并产生巨大的落差和丰富的水力资源，为开展水体旅游资源提供了优越的先天条件。

（三）气候复杂多样，季风气候显著

就气候而言，我国南北跨越热带、亚热带、暖温带、中温带与寒温带五个温度带，东西跨越湿润、半湿润、半干旱与干旱四个干湿区域，同时面积广阔的青藏高原又属于独特的高原区域。多样的气候带与不同的干湿条件组合搭配，加上垂直气候差异明显的山地穿插，以及我国面临世界最大海洋太平洋的濒海位置，使得我国既有以青藏高原为特征的高原气候区，又有以干旱、半干旱为特征的西北气候区，还有以季风气候显著为特征的东部季风区。在以上三大气候区各自的范围内，受不同地域水热条件的局部差异、地形起伏高低有别的内部因素影响，最终形成了我国复杂多样、地域差异十分明显的气候特征，也造就了丰富多彩、区域特色明显的自然景观。

知识小扩充 3-1

气候垂直地带性

气候垂直地带性是指高山地区，因海拔高度的差异，使气候具有大体上与等高线相平行的带状分布规律。由气温、降水及植被等综合表现出来的垂直气候带状分布特征，取决于山地的地理纬度及海拔高度。一般在低纬度高山表现得最为明显，其基带是热带，随着山体的升高，依次可出现亚热带、温带和寒带；中纬度基带是温带；高纬度基带是寒带。故纬度越低，山的相对高度越大，垂直气候分带越多，气候越具有多样性，作物种类、组合和布局就越复杂。

二、中国人文地理环境特征

（一）悠久的历史，古老的文化

我国是世界四大文明古国之一，170万年前旧石器时代的云南元谋人就已经迈开了中国史前文化发展的步伐，后续的蓝田文化、许家窑文化、丁村文化都推进了史前文化的继续发展，至新时期时代后期已经形成了旱地农业经济、稻作农业经济和狩猎采集经济三大史前文化区；以黄河流域的仰韶文化、大汶口文化及长江流域的马家窑文化为代表的新石器时代文化已经在原始农业、家畜饲养、制陶工艺等方面有了较大发展。三皇五帝的神话传说、尧舜禹的禅让、夏商西周、东周春秋战国的百家争鸣、秦汉一统、三国战乱、魏晋南北朝的民族大融合、隋唐五代光辉灿烂的文化直到宋元明清帝制结束，五千年的历史留给我们无尽的财富，甲骨文的文字、五经六艺、百家争鸣、四大发明……穿越历史的长河，留下了浩如烟海的古迹，随处可见的文化遗产，代代相传的优

秀的民族精神和思想等都是我们古老文化的承载。中国历史博大厚重，绵延五千年而不绝，这在世界历史上是绝无仅有的。

（二）发达的文明、璀璨的艺术

中华文明在五千年历史发展长河中，历经多民族的融合与发展，逐渐形成了灿烂多姿、高度发达的文明。今天这些文明以各种遗址遗迹、建筑艺术、民风民俗等形式呈现出来，成为吸引游客的重要载体。中华民族在历史嬗变与朝代更迭中，也形成了璀璨的文化艺术。从天文地理、天干地支、阴阳八卦和五行生肖，到玉石陶瓷、丝绸竹木和漆器铜器；从甲骨文，儒、释、道文化，到衣食住行、婚丧嫁娶；从中医烹饪、武术园林，到唐诗宋词、音乐绘画、曲艺杂耍，都给我们留下了珍贵的物质财富和精神文明，创造了独一无二的中华文化艺术，也为中国人文旅游资源的开发奠定了优异的基础。

（三）众多的民族，多彩的风情

我国是一个多民族的国家，共有 56 个民族，除汉族以外的 55 个民族相对汉族人口较少，习惯上被称为"少数民族"。中国各民族分布的特点是：大杂居、小聚居、相互交错居住。汉族地区有少数民族聚居，少数民族地区有汉族居住。这种分布格局是长期历史发展过程中各民族间相互交往、流动而形成的。同时由于分布的地域广泛，造就了不同地理环境和发展历史下差异明显的各少数民族的风情，其在居住生产、服饰饮食、婚丧嫁娶、宗教信仰、禁忌礼仪、岁时节气等方面均有各自的特点和魅力。"十里不同风，百里不同俗"，是对其最贴切的写照。多姿多彩的少数民族风情成为人文旅游资源的重要组成部分，以其独有的魅力吸引着游客。

第二节　中国自然旅游资源

根据旅游资源的属性和成因，旅游资源通常被分为自然旅游资源和人文旅游资源两大类。其中自然旅游资源包括地质地貌、水体景观、气象气候与天象、生物景观等几个亚类；人文旅游资源包括历史遗址遗迹、古代建筑、古典园林、都市城镇、宗教文化、民俗风情及文化艺术等几个亚类。

一、地质地貌旅游资源

地质泛指地球的性质和特征；地貌即地球表面各种形态的总称，也能称为地形。在地球漫长的演化过程中，由于地壳构造变动、岩浆活动、古地理环境演变、古生物进化等因素而保存在岩层中的化石、岩体、构造形迹、矿床、地貌景观等景象，具有观赏、科学研究与普及教育价值，对游人产生了某些吸引力。地质地貌与旅游有着密切的关系并影响人文旅游资源的产生和分布。

（一）常态地貌

常态地貌按照地表起伏状态及海拔高地分为高原、山地、丘陵、平原和盆地五种常见类型；按照人们对于高度的直观感受也可分为山岳地貌与旷野地貌。

山地是中国地貌的格架，中国大地貌单元如大高原、大盆地的四周都被山脉环绕。按山的高度，可分为高山（海拔 3500 米以上）、中山（海拔 1000～3500 米）和低山（海拔 1000 米以下）。青藏高原是中国最高最大的高原，平均海拔 4500～5000 米，环绕高原的山脉有喜马拉雅山、喀喇昆仑山、昆仑山、祁连山、横断山等。西南部的云贵高原海拔降至 1000～2000 米，周围的山脉有哀牢山、苗岭、乌蒙山、大娄山、武陵山等。西北部黄土高原和内蒙古高原边缘的山脉有秦岭山脉、太行山脉、贺兰山、阴山山脉、大兴安岭等。新疆塔里木盆地是中国最大的内陆盆地，盆地最低处罗布泊洼地的海拔 780 米。而周围的天山、昆仑山、阿尔金山等山脉，一般海拔在 4000～5000 米。新疆准噶尔盆地、青海柴达木盆地和四川盆地的四周都为高大山脉所封闭；中国东部和东北部的大平原和岛屿上也可见到大片的中、低山和丘陵，如松辽平原东部的张广才岭和长白山脉，黄淮海平原东部的山东丘陵和长江中下游的低山丘陵。

但就山地旅游资源开发价值而言，海拔在 1000～3500 米的中山最适合进行开发，这类山地风光秀丽、环境幽雅舒适，而且通达性好，开发条件良好，往往形成许多名山大川，如我国四处世界双重遗产、自然遗产、"五岳"、四大佛教名山、四大道教名山等几乎都在此范围内。海拔大于 3500 米的高山往往是登山探险和科学考察的对象，在旅游客源市场上不具有大众性，且开发条件比较弱。而海拔低于 500 米以下的低山从风景观赏性而言无法具备山体景观的精华，吸引力也不强。

（二）特殊地貌

按照组成岩石的性质及成因不同，通常把地貌类旅游资源分为花岗岩地貌、火山熔岩地貌、丹霞地貌、岩溶地貌、海岸海岛地貌、雅丹地貌、冰川地貌、风积地貌、黄土地貌等。这些地貌有着各自不同的特征，吸引力各不相同。

1. 花岗岩地貌

花岗岩是深层的岩浆岩，它由地下深处炽热的岩浆上升失热冷凝而成。其凝结的部位，一般都在距地表 3 千米以下，是地球上分布最广泛、最常见的火成岩。花岗岩地貌的发育深受岩性影响，一方面因块状结构，坚硬致密，抗蚀力强，地势陡拔，岩石裸露、沿节理、断裂有强烈的风化剥蚀及流水切割，形成奇峰深壑、主峰突出、群峰簇拥的特点；另一方面因风化壳松散偏砂，其下原岩不透水，易产生地表散流与暴流，水土流失严重，且因节理丰富，形成球状风化、地势浑圆、相互叠置、气象万千的特点。我国的花岗岩山地分布广泛，集中分布在云贵高原和燕山山脉以东的第二、第三级地形阶梯上。以海拔 2500 米以下的中低山和丘陵为主，其他一些山地也有分布。其中以黄山、华山、泰山、三清山最为著名，其次还有普陀山、崂山、九华山、衡山、鸡公山、千山、太白山、莫干山等。

2. 火山熔岩地貌

火山熔岩地貌是指由地下溢出的熔岩沿地面流动逐渐冷凝的过程中受到不同条件影响而成的地貌。常见的形态有既包括火山本身所形成的火山锥、火山口、火山喉管，也包括熔岩喷发后在地面所形成的熔岩流、熔岩丘、熔岩垄岗、熔岩台地、熔岩隧道和熔岩堰塞湖等。东北地区是中国新生代火山最多的地区，主要分布在长白山地、大兴安岭和东北平原及松辽分水岭，具有活动范围广、强度高、喷发期数多、分布密度大等特点，著名的有镜泊湖、五大连池火山群、长白山火山锥等；此外还有海南岛北部与雷州半岛火山群、腾冲火山群、台湾的大屯火山群等。

3. 丹霞地貌

丹霞地貌是指由产状水平或平缓的层状铁钙质混合不均匀胶结而成的砾岩和砂岩，受垂直或高角度节理切割，并在差异风化、重力崩塌、流水溶蚀、风力侵蚀等综合作用下形成的有陡崖的城堡状、宝塔状、针状、柱状、棒状、方山状或峰林状的地貌特征。1928年我国著名地质地貌学家冯景兰等在广东省仁化县丹霞山考察时首先命名。丹霞地貌主要分布在中国、美国西部、中欧和澳大利亚等地，以中国分布最广，以广东省丹霞山最为典型，在地层、构造、地貌、发育和环境演化等方面的研究在世界丹霞地貌区中最为详尽和深入。2010年，广东丹霞山、贵州赤水、湖南崀山和万佛山、福建泰宁、江西龙虎山和龟峰、浙江的方岩和江郎山共同组成的中国丹霞列入世界自然遗产。

4. 岩溶地貌

是具有溶蚀力的水对可溶性岩石（大多为石灰岩）进行溶蚀作用等所形成的地表和地下形态的总称，又称喀斯特地貌。除溶蚀作用以外，还包括流水的冲蚀、潜蚀，以及坍陷等机械侵蚀过程。喀斯特地貌常见的发育形态有：孤峰、峰丛、峰林、石芽、石柱、石笋、石林、溶洞、漏斗、天生桥、天坑、干谷等。中国喀斯特地貌分布广、面积大，主要分布在西部地区的碳酸盐岩出露地区，其中以广西、贵州和云南东部所占的面积最大，是世界上最大的喀斯特区之一；西藏和北方一些地区也有分布。广西境内主要是热带和亚热带喀斯特，贵州、云南、西藏多为高原喀斯特，高山喀斯特多分布在四川、云南和西藏等高海拔地区。目前已经开发出来的知名景区有桂林芦笛岩、七星岩，贵州织金洞，浙江桐庐瑶琳仙境，湖北利川腾龙洞等。

5. 海岸海岛地貌

海岸地貌是海岸在构造运动、海水动力、生物作用和气候因素等共同作用下所形成的各种地貌的总称。根据海岸地貌的基本特征，可分为海岸侵蚀地貌和海岸堆积地貌两大类。侵蚀地貌是岩石海岸在波浪、潮流等不断侵蚀下所形成的各种地貌，其表现形式有海蚀洞、海蚀崖、海蚀平台、海蚀柱、海蚀蘑菇等，海南岛的天涯海角就是典型代表。堆积地貌是近岸物质在波浪、潮流和风的搬运下，沉积形成的各种地貌。其中以砂质堆积海岸旅游价值最大，适合开展海滨浴场，我国海南岛的大东海、亚龙湾，广西的北海银滩，都因沙滩坡度较缓、砂质纯净、沙粒粗细相宜而著名。

6. 雅丹地貌

雅丹地貌是一种典型的风蚀性地貌。"雅丹"在维吾尔语中的意思是"具有陡壁的小山包"，泛指干燥地区一种风蚀地貌。河湖相土状沉积物所形成的地面，经风化作用、间歇性流水冲刷和风蚀作用，形成与盛行风向平行、相间排列的风蚀土墩和风蚀凹地（沟槽）地貌组合。20世纪初，赴罗布泊地区考察的中外学者，在罗布荒原中发现大面积隆起的土丘地貌，当地人称"雅尔当"，发现者将这一称呼介绍了出去，以后再由英文翻译过来，"雅尔当"变成了"雅丹"。从此，"雅丹"成为这一类地貌的代名词。2005年10月，由《中国国家地理》主办，全国34家媒体协办的"中国最美的地方"评选活动中，评选出的中国三大雅丹地貌分别是：乌尔禾、白龙堆、三垅沙。

7. 冰川地貌

由冰川作用塑造的地貌称为冰川地貌，地球陆地表面有11%的面积为现代冰川雪峰覆盖，主要分布在极地、中低纬的高山和高原地区。此外第四纪冰期，欧、亚、北美的大陆冰盖连绵分布，曾波及比今日更为宽广的地域，给地表留下了大量冰川遗迹。冰川的运动包含内部的运动和底部的滑动两部分，是进行侵蚀、搬运、堆积并塑造各种冰川地貌的动力。但它不是塑造冰川地貌的唯一动力，是与寒冻、雪蚀、雪崩、流水等各种应力共同作用，才形成了冰川地区的地貌景观。我国青藏高原地区，冰山地貌显著，如珠穆朗玛峰，此外祁连山、贡嘎山、四姑娘山、天山等，都有现代冰川覆盖；冰川遗迹以江西庐山、陕西翠华山具有典型代表性。

8. 风积地貌

风积地貌是指被风搬运的物质，在某种条件下堆积形成的地貌。风积物一般是沙，但在强风区则可以是细砾，更细的物质还有黄土。沙丘在中国沙漠里分布面积最广大，连绵的沙丘构成了波涛起伏、浩瀚无垠的茫茫沙海。沙丘有流动和固定、半固定之分。流动沙丘的表面无植物覆盖，或仅在沙丘坡脚有少许植物，覆盖度在15%以下，风沙活动强烈，流动性大；半固定沙丘的表面，植被呈斑块状分布，覆盖度在15%～40%，在植物生长较好的地方略有黏土或盐土结皮现象，有局部风沙活动，流动性较小；固定沙丘有密集的植被覆盖，覆盖度超过40%，或大部分沙丘表面有薄层黏土或盐土结皮，不易被风吹蚀，比较稳定。中国西北干旱区是中国沙漠最为集中的地区，约占全国沙漠总面积的80%，我国最著名的八大沙漠分别是：塔克拉玛干沙漠、古尔班通古特沙漠、巴丹吉林沙漠、腾格里沙漠、乌兰布和沙漠、库布齐沙漠、柴达木盆地沙漠、库木塔格沙漠。

9. 黄土地貌

黄土地貌是指发育在黄土地层（包括黄土状土）中的地形，黄土是第四纪时期形成的陆相淡黄色粉砂质土状堆积物。中国是世界上黄土分布最广、厚度最大的国家，其范围北起阴山山麓，东北至松辽平原和大、小兴安岭山前，西北至天山、昆仑山山麓，南达长江中、下游流域，面积约63万平方千米。其中以黄土高原地区最为集中，占中国黄土面积的72.4%，一般厚50～200米（甘肃兰州九州台黄土堆积厚度达到336米），发育了世界上最典型的黄土地貌。黄土地貌主要有黄土沟间地、黄土沟谷和独特的黄土潜蚀等，其具体形态可发育成黄土塬、梁、峁、坪地、坳沟、切沟、悬沟、冲沟、黄土碟、黄土陷穴、黄土柱等。

专业技能训练 3-1

世界地质公园的开发：以科普为核心

　　2013 年 1 月 9 日在广东韶关举行的中国世界地质公园年会上，国内三大著名景区湖南张家界、江西庐山和黑龙江五大连池，在联合国教科文组织四年一次的评估中，据称因在"向公众科普地球知识"等方面有所不足，被给予了黄牌警告。这反映出我国在地质公园开发上的导向缺失。我国世界地质公园一般都开辟为风景名胜区，景区为吸引游客都热衷于参评世界地质公园，但一旦成功入选后，往往不重视内涵建设，不重视或忽略其向公众科普地球知识的功能建设，背离了参评世界地质公园的本义。纵观目前国内不少景区，身上都背负着世界地质公园的牌匾，然而却普遍呈现出一种"重评选、创收，轻保护、科普"的现象。众所周知，"地质公园"这一名号是景点招揽游客的金字招牌，也是景点门票、旅游市场的保障，但名号并非只是一纸证书，它清楚列明了应尽的责任和沉沉的义务。作为世界地质公园网络的一员，应时刻谨记责任和义务，做好地质旅游的可持续发展，承担地学知识的宣传义务。

　　（资料来源：我国三大著名景区为何被亮"黄牌"〔EB/OL〕，http：//news. 163. com/13/0113/04/8L2QGA4F00014AED. html）

　　问题： 你认为作为世界地质公园，可以通过哪些形式和措施在景区内进行高质量的科普教育？

二、水体旅游资源

　　水是自然界分布最广的因素之一，它无处不在，不仅存在于水圈，而且在大气圈、生物圈、岩石圈均能见到，因此它的形式多种多样，有液态的海洋、河流、湖泊、泉水、瀑布，有固态的冰川、积雪，有气态的云雾等。作为自然资源的重要组成部分，它既是自然界最活跃的物质之一，同时又是大自然景观最基本的造景条件之一。古人云："山得水而活，水得山而媚""因山而峻，因水而秀"。它是存在形式最广泛的一种旅游资源，本身既可单独构景，又可以与其他旅游资源互为结合，成为重要的构景要素。人们借助水体可以开展丰富多彩的体验性旅游活动，满足人们参与体验亲水的需求，是最富有普遍吸引力的康乐型自然旅游资源。

（一）海洋旅游资源

1. 海面风光

　　辽阔的海面，水天一色，浩瀚无际，使人心胸开阔。海面时而狂涛滚滚、巨浪如山；时而风平浪静，微波荡漾。海面的这种变化，使人感受到自然界的无穷力量和魅力。海不仅以其优美的风光吸引游客，而且在海面上也可以开展参与活动，如海钓、游泳、驶帆、摩托艇、冲浪、滑水、热气球、划船和水上飞机等。随着我国海上交通的发展和旅游需求的变化，进行长途、短途海面观光旅游将得到更大的发展。

2. 海滨风光

蓝天、白云、碧海、细浪、沙滩、椰林构成了迷人的海滨风光，也成为传统"3S"旅游的主要内容。海滨地带始终是观光旅游的胜地。良好的气候和海水条件，还使海滨成为疗养度假的好去处。气候适宜、阳光充足的地中海沿岸、夏威夷、加勒比海、东南亚、我国的海南等地区，都成为世界著名的避暑、疗养、度假和水上活动胜地。另外，在河流入海的喇叭状河口地区，常可见到涌潮现象。涌潮是指涨潮时，海水从广阔的海域涌进河口，潮水越前进河口越窄，致使海潮陡立如壁，推进时轰鸣作响，异常壮观。我国钱塘江口的大潮，潮差最高时达 9 米，为世界闻名的涌潮。

3. 海底风光

海水中蕴藏了极为丰富的海洋生物，这些资源对于人类具有很强的观赏价值和科考价值。随着现代科学技术的发展，海底观光探密和建造"人工海底乐园"已成为海洋旅游活动的一个重要组成部分，游客在潜水员的指引下，潜到水下去观赏鱼类（与鱼共舞）、珊瑚等海生动物，游览和考察海底地貌以及在游览的过程中进行水下狩猎、摄影和打捞活动。据统计，世界上已有 30 多个国家建立了海洋旅游中心，每年吸引着众多的中外游客前往观光游览，如美国、澳大利亚、新加坡、泰国、印度尼西亚和我国的海南岛都是潜水旅游者最向往的地方。

（二）江河旅游资源

河流是指陆地表面接纳汇集、输送水流的路径和通道，即河槽（河床）及在河槽中流动的水流。我国地域辽阔，山脉众多，河流发育，流域面积超过 1000 平方千米的河流就有 1500 多条。众多的河流不仅可用于灌溉、航运和舟楫，而且有些河流自身就是景观，或与其他景观相结合构成了重要的旅游资源。如我国长江的大小三峡、桂林的漓江山水、黄河风景区，欧洲的多瑙河，美国的密西西比河，巴西的亚马孙河，埃及的尼罗河，俄罗斯的伏尔加河等，都是以其形、声、色、质以及河岸景色，强烈地吸引着众多的旅游者。

江河旅游资源在实际开发中，根据不同立足点，可以分为以下几类：

1. 风景优美的河流

风景优美的河流首先表现在河流水质的清澈上，其次是河流两岸的风景上。人们常常用"山清水秀"来评价风景区。这里说的"水秀"，从一定意义上说是对水质的评述与要求，水质的好坏主要表现在含沙量和含有机质的多少，以及受污染的程度。河流两岸的风景包括两岸的山峰、奇石、植被、名胜古迹等方面。我国许多河流不管是从河流本身的形、声、色等构景要素还是从河流与其他的景观要素相结合，都可以形成优美迷人的风景，吸引游客观赏。在众多河流中，目前已列入国家级重点风景名胜区的河流有：长江（三峡段）、鸭绿江、漓江、富春江、新安江、楠溪江等。

2. 人文历史悠久的河流

这类河流开发历史悠久，沿河附近分布着许多的历史文化名城。我国这类河流有长江、黄河、江南运河、钱塘江、湘江、赣江、漓江、松花江等。如长江沿岸分布着 110

多座大中城市，其中著名古城、工商城和风景名城有上海、扬州、南京、宜宾、重庆等。黄河曾是中国古代文明的发祥地之一，自古以来我们的祖先就劳动生息在这块土地上，黄河两岸遍布着华夏民族活动的踪迹，黄河及其支流沿岸的咸阳、西安、洛阳、开封，都曾是显赫一时的历史古都。隋代开凿的京杭大运河连接了海河、黄河、淮河、长江和钱塘江 5 大水系，沿河分布的古城、工商业城市和风景名城有杭州、嘉兴、苏州、无锡、常州、镇江、扬州等。

3. 适合漂流探险的河段

漂流探险，是一项新兴的旅游产品，它以全程参与、有惊无险、快乐刺激、野趣无穷的魅力，吸引着越来越多的游客。适合漂流探险的河段，必须要有自己的一些特点和要求，如风景优美，要水流速度快、安全系数大、水深在安全范围内、河床比较平坦及水面较为宽阔等。目前我国可以进行漂流探险的河流达上百条，如长江上游山高谷幽，水急滩险，是漂流探险旅游的理想地段；九曲黄河上也有许多地段，如宁夏中卫、内蒙古、陕西、河南等河段都开展了漂流活动，特别是乘坐黄河上古老的水运工具——羊皮筏和牛皮筏，更是新颖独特、紧张刺激。

（三）湖泊旅游资源

湖泊是地面上的洼地积水而形成的比较宽广的水域。地球上的湖泊总面积占全球大陆面积的 1.8％左右，我国是一个多湖泊和沼泽的国家，据统计，全国有大小天然湖泊24800 多个，其中面积在 1 平方千米以上的有 2800 多个，主要分布在东部平原、青藏高原和内蒙古新地区。湖泊与其他自然现象一样，有产生、发展直至消亡的过程。由于河流携带的泥沙不断堆积，湖泊日益变浅；湖岸植物的生长茂盛，残体堆积，也可导致湖泊面积的逐步缩小。当湖泊面积缩小，植物长满了原来的湖泊时，湖泊就转化成了沼泽。

湖泊按照形成原因，可以分为以下几类：

（1）构造湖。它因陆地地壳构造运动而发生的褶皱、断层、下陷等作用形成凹地积水成湖。如云南省的滇池、洱海，西藏自治区的纳木错，青海省的青海湖等。

（2）火山口湖。它是由于火山喷发停止，火山通道被阻塞，火山口成为封闭的洼地，水体填充成湖。如云南省腾冲大龙潭火山口湖、吉林省长白山天池等。

（3）堰塞湖。它是由山崩、滑坡、冰碛物以及火山喷发的熔岩流等外来物质急剧堆积阻塞河流而形成的。如位于黑龙江省北部的五大连池等。

（4）岩溶湖。由地下水或地表水对石灰岩等可溶性岩石进行溶蚀而成的湖泊。如贵州西部乌蒙山区的威宁草海、云南香格里拉的拉帕海等。

（5）冰川湖。它是由古冰川的刨蚀或冰碛作用形成凹地，积水而成的湖泊。如新疆阿尔泰山的喀纳斯湖，陕西太白山的大爷海、二爷海和三清池等。

（6）河迹湖。它是由于河流的变迁，蛇曲形河道自行裁弯取直后，遗留下来的旧河道形成的湖泊。如内蒙古乌梁素海等。

（7）海迹湖。也称潟湖，它是由于沿岸沙嘴、沙洲等不断向外伸展，最后封闭海湾而形成的湖泊。如无锡的太湖、浙江杭州的西湖等。

（8）风蚀湖。它是在干旱、半干旱地区，由于风蚀作用所形成的洼地积水形成的湖泊。如内蒙古西部的嘎顺诺尔和苏古诺尔湖。

（9）人工湖。即由人工建造的水库，具有拦洪蓄水和调节径流等特定的功能。如北京十三陵水库，安徽太平湖，浙江淳安的千岛湖，武夷山东侧的泰宁金湖，吉林的松花湖等。

（四）泉水旅游资源

泉是地下水的天然露头，是地下水涌出地表的自然景观。它不仅可以造景、育景，给人带来幽雅、秀丽的景色，而且还为人们提供了理想的水源。泉水可转化为溪、涧、河、湖，造就出更大的风景场地和丰富多彩的风景特色，如济南被誉为"泉城"。

泉水的类型多种多样。按泉水涌出地表的水动力条件可以分为上升泉和下降泉。前者可以向上自喷，即喷泉；后者只能向低处自流。按泉水的成因和地质条件可分为侵蚀泉、接触泉、溢出泉、堤泉、断层泉、喀斯特泉等。按泉水的温度可以分为冷泉（水温低于20℃或低于当地年平均气温）和温泉（水温超过20℃或超过当地年平均气温）。按泉水的奇异特征与功能可分为间歇泉、喊泉、笑泉、鱼泉、甘泉、苦泉、药泉和珍珠泉等。当泉水具有的特种化学成分和气体成分（矿化度）大于1g/L，并对人类肌体显示良好生物生理作用的泉水，称为矿泉。目前不少泉已被开发利用，成为旅游热点，如济南趵突泉、杭州虎跑泉、黄山汤泉、寿县咄泉、敦煌月牙泉、五大连池药泉、大理蝴蝶泉等。

（五）瀑布旅游资源

瀑布的类型多种多样，根据不同分类依据，可将其划分为不同的类型。按照瀑布水流量的洪枯以及多寡，可分为常年性瀑布、季节性瀑布、偶发性瀑布；按跌水级数，可分为单级型瀑布和多级型瀑布；按瀑布本身气势的大小、造型的优美等，可分为雄壮型瀑布和秀丽型瀑布；按产生环境条件的差异可分为江河干支流瀑布、山岳涧溪型瀑布和地下飞瀑等。按照瀑布的成因及本质特征，可以将瀑布分为以下类型：

（1）构造型瀑布。是由地壳运动使地层发生断层所形成的瀑布。如庐山三叠瀑布、石门涧瀑布、香炉峰瀑布、壶口瀑布。

（2）堰塞瀑布。是由火山喷发出来的熔岩漫溢，阻塞了河道，造成了原来河流在熔岩陡坎上产生跌水，或由山崩、滑坡、泥石流等堆积物阻塞河道，从而形成的瀑布。如黑龙江吊水楼瀑布、四川叠溪瀑布。

（3）袭夺瀑布。此类瀑布是由于处于分水岭两侧的两条河流，其中侵蚀力量较强、侵蚀较深的河流进行下切侵蚀，使被袭夺的那条河由于高于袭夺河的谷底，而跌落下来，形成袭夺瀑布。如贵州黄果树瀑布西侧、灞陵河西岸的滴水滩瀑布、蜘蛛洞瀑布和绿湄潭瀑布等。

（4）差异侵蚀瀑布。由于岩性的差异，使河谷下蚀作用不均匀地进行，常在硬、软岩石河段之间形成陡坝，产生瀑布。如云南叠水瀑布等。

（5）喀斯特瀑布。在石灰岩地区，因水流溶蚀作用使石灰岩岩层、落水洞等发生坍塌或钙化层的不断堆积，河道中出现天然的坝坎等因素而形成。如黄果树瀑布等。

三、气象气候与天象旅游资源

气象是指发生在天空中的风、云、雨、雪、霜、露、虹、晕、闪电、打雷等一切大气的物理现象。气候是大气物理特征的长期平均状态，与天气不同，它具有稳定性。时间尺度为月、季、年、数年到数百年以上。天象，是古代中国星占家对天空发生的各种自然现象的泛称。现代通常指发生在地球大气层外的现象，如太阳出没、行星运动、日月变化、彗星、流星、流星雨、陨星、日食、月食、极光、新星、超新星、月掩星、太阳黑子等。气象气候旅游资源地域性强，季节性明显，瞬息万变，且组合性比较复杂。我国地域辽阔、地形复杂，气候类型多样，各种奇特的气象、天象资源丰富，具有直接造景的功能，同时也是发展气象气候与天象旅游资源的有力依托。

同步思考 3-1

开发水体旅游的河流、湖泊中的污染来源主要有哪些？

（一）气象旅游资源

1. 云雾

云雾是大自然常见的气象现象，其所构成的气象奇观是温暖湿润地区或湿润季节出现的景观，包括薄云淡雾、流云飞雾等，这种气象往往与许多名山大川结合起来，更具有魅力。我国有名的云雾景区如"黄山云海"被誉为"黄山四绝"之一，"双峰插云"被誉为"西湖十景"之一，"罗峰青云"被誉为"峨眉十景"之一，"狮洞烟云"被誉为"蓬莱十景"之一等。

2. 烟雨

烟雨，就是指像烟雾那样的细雨，即毛毛雨。作为一种常见的气象现象，其本身并无特殊之处，但它与山水、植被、建筑、园林等结合起来时，就有了旅游资源开发的价值。我国古代诗人往往将烟雨中与特定场景结合起来，营造了浪漫、忧伤、迷离、哀怨等各种情思，如苏轼曾在《望江南·超然台作》中表达"半壕春水一城花，烟雨暗千家"的情愫。现代旅游资源的开发往往重在自然山水与烟雨的结合，如"烟雨漓江""烟雨张家界""雁门烟雨"（台湾八景之一）、"四桥烟雨"（瘦西湖二十四景之一）等。

3. 冰雪

冰雪是中纬度和高纬度地区冬季常见的一种天气降水现象，我国北方大部分地区都具有此种气象。冰雪因其透明和洁白的特质自古以来受到文人墨客的追捧，更是季节性非常强的一种旅游资源。我国许多名山大川冬季在白雪的装扮下，与苍松翠柏、江河湖瀑结合在一起，形成独特的冰雪旅游资源，如嵩山的"少室晴雪"。西安的"终南积雪"、燕京的"西山晴雪"、西湖的"断桥残雪"等都是著名的景观。此外，我国东北三省冬季的旅游资源优势也是冰雪，依托冰雪开展的旅游项目丰富多彩，其中以"冰城"哈尔滨最为典型，一年一度的国际冰雕艺术节成为其亮丽的旅游名片。

4. 雾凇

雾凇是一种附着于地面物体（如树枝、电线）迎风面上的白色或乳白色不透明冰层。雾凇非冰非雪，而是由于雾中无数零摄氏度以下而尚未凝华的水蒸气随风在树枝等物体上不断积聚的结果，由于雾凇中雾滴与雾滴间空隙很多，因此雾凇呈完全不透明的白色。雾凇轻盈洁白，附着在树木物体上，宛如琼树银花，清秀雅致，这就是树挂（又称雪挂）。"吉林雾凇"是我国大自然奇观之一，其仪态万方、独具丰韵，每当雾凇来临，吉林松花江岸十里长堤"忽如一夜春风来，千树万树梨花开""柳树结银花，松树绽银菊"把人们带进如诗如画的仙境。

5. 蜃景

蜃景又称海市蜃楼，是一种因为光的折射和全反射而形成的自然现象，是地球上物体反射的光经大气折射而形成的虚像。海市蜃楼的出现与地理位置、地球物理条件以及那些地方在特定时间的气象特点有密切联系。平静的海面、大江江面、湖面、雪原、沙漠或戈壁等地方，偶尔会在空中或"地下"出现高大楼台、城郭、树木等幻景。自古以来，蜃景就为世人所关注。在西方神话中，蜃景被描绘成魔鬼的化身，是死亡和不幸的凶兆。我国古代则把蜃景看成是仙境，秦始皇、汉武帝曾率人前往蓬莱寻访仙境，还多次派人去蓬莱寻求灵丹妙药。我国山东蓬莱海面上常出现这种幻景，古人归因于蛟龙之属的蜃，吐气而成楼台城郭，因而得名。

6. 佛光

佛光是一种非常特殊的自然物理现象，其本质是太阳自观赏者的身后，将人影投射到观赏者面前的云彩之上，云彩中的细小冰晶与水滴形成独特的圆圈形彩虹，人影正在其中。佛光的出现需要阳光、地形和云海等众多自然因素的结合，只有在极少数具备了以上条件的地方才可欣赏到。峨眉山舍身岩就是一个得天独厚的观赏场所。19世纪初，科学界便把这种难得的自然现象命名为"峨眉宝光"，又称布罗肯幽灵或环形彩虹。在金顶的摄身岩前，这种自然现象并非十分难得，据统计，平均每五天左右就有可能出现一次便于观赏佛光的天气条件，其时间一般在午后 3：00~4：00。

（二）气候旅游资源

气候旅游资源是指具有能够满足人们正常的生理需求和特殊的心理需求功能的气候条件。满足人们正常生理需求的气候条件是指，人们无须借助任何消寒、避暑的装备和设施，就能保证一切生理过程正常进行的气候条件，即人们俗称的"宜人的气候"。气候旅游资源不仅存在于以优越的气候条件为主要吸引力的消寒避暑胜地，而且也是任何一个旅游环境必不可少的重要构成因素，故称其为背景旅游资源。气候旅游资源的分布既具有地带性、特定性特点，又具有普遍性特征。一般来说，宜人性气候类型分为四个类型，一是避暑型气候，包括山地高原型如庐山、峨眉山，海滨型如青岛、北戴河，高纬度型如挪威的哈墨菲特；二是避寒型气候，如三亚、北海；三是阳光充足型气候如地中海附近；四是四季如春型气候如昆明。

（三）天象旅游资源

1. 日出日落

观赏日出、日落是许多游客在旅游地尤其是名山大川中重要的体验项目，站得高就望得远，在山巅观看日出的壮美磅礴是在城市中、低矮处无法比拟的，因此这也成为许多人夜爬高山就为了观看日出的魅力所在。我国许多著名山地都成为观看日出日落的首选地，如"旭日东升"被誉为泰山四大奇观之一，夜爬华山后的东峰等待日出也成为一大亮点。日落时的霞光万丈、彩霞满天也让人陶醉迷离，尤其是当和山水结合起来后就更有魅力，如西湖的"雷峰夕照"、骊山的"骊山晚照"、台湾的"平安夕照"等。

2. 月色

古人对月，有着深厚的感情，联想非常丰富，写下了大量的诗篇赞美月色，无论是中秋的圆月，还是月初月末的弯弯残月，文人雅士都赋予它生命，表达一种意境和情愫；现代都市人群由于城市灯光的遮挡，亦觉得月色可贵，成为一种前往景区追逐的重要天象旅游资源。我国有许多以月色有名的风景，如西湖十景中的"平湖秋月""三潭印月"，燕京八景中的"卢沟晓月"，避暑山庄的"梨花伴月"，无锡的"二泉映月"等。

3. 日食、月食、彗星观测

日食是一种壮观的天文现象。发生日食时，月球位于太阳前方，因此来自太阳的部分或全部光线被挡住，看起来好像是太阳的一部分或全部消失了。月食是一种特殊的天文现象，指当月球运行至地球的阴影部分时，在月球和地球之间的地区会因为太阳光被地球所遮蔽，人们看到月球缺了一块。彗星是进入太阳系内亮度和形状会随日距变化而变化的绕日运动的天体，呈云雾状的独特外貌。这些发生频率不高的天象由于每次的最佳观赏地点不同，成为许多人竞相追逐的热点。在此背景下，前往古代观测天象的地点也成为一种旅游现象，如英国伦敦附近的格林尼治天文台、北京观星台、登封观星台等。

4. 陨石

陨石也称"陨星"，是地球以外脱离原有运行轨道的宇宙流星或尘碎块飞快散落到地球或其他行星表面的未燃尽的石质、铁质或是石铁混合的物质。在人类登上月球带回月岩之前，它是地球上唯一能够见到的天体样品，故被称为"天外来客"。陨星的形状各异，最大的陨石是重1770千克的吉林1号陨石，最大的陨铁是纳米比亚的戈巴陨铁，重约60吨。中国陨铁石之冠是新疆青河县发现的"银骆驼"，约重28吨。地球上已发现的撞击陨石坑超过120个，大部分是2亿年以内形成的。一般来说，更大的更老一些。目前世界上已经建有数十座陨石博物馆，加上各地陨石坑的开发，陨石已经成为一种特殊的天象旅游资源。

四、生物旅游资源

生物是自然界中具有生命的物体，包括植物、动物和微生物三大类。生物旅游资源一般是指珍稀树种、奇花异草、珍禽异兽、古树名木、古生物化石、成片的森林等；而体现在具体环境上的野生动植物自然保护区、森林公园、植物园、动物园、观光果园、花圃、狩猎场、水族馆等，都是生物旅游资源集中的旅游区（点）。

（一）生物与构景

生物旅游资源是自然旅游资源中具有生命力的、最富有特色的资源。动物与植物是生物的主体部分，也是自然环境的重要组成部分，与其他自然景观一起构成重要的旅游资源，也可单独形成重要的旅游景观。生命演化至今，丰富多彩的生物使地球生机盎然，生物具有构景、成景、造景三个方面的旅游意义。动植物作为环境的重要组成部分，既受其他环境因子的制约，也影响其他环境因子的发生发展。山清水秀说明了地貌景观、生物景观和水文景观之间的相互关系。山清才能水秀。水秀对山清有着强烈的依赖。苍山翠岭是地貌景观，但这些地貌景观如果没有植被的衬托，就没有了灵气，没有了生机，没有了对游客的吸引力。因此，生物是其他旅游资源不可缺少的重要组成部分。松涛滚滚、鱼儿雀跃、鸟语花香是动植物本身形成的旅游景观。花展、动物展、植物园、动物园、各种以动植物为题材的旅游节都说明了动植物单独能构成旅游景观。

（二）生物旅游资源的功能

1. 观赏功能

动植物的形态、色彩、活动习性、寓意等缤纷多样，启发着人们对美的追求，强烈地吸引着旅游者：就形态而论，植物的花、叶、果实，动物的特殊形态成为风景区中观赏亮点的一部分；就色彩而论，植物的茎、叶、花色彩斑斓，随季节变化。动物的斑斓色彩同样吸引着旅游者的目光。

2. 美化、净化环境功能

动植物对其所在的环境起着突出的装饰作用。植物及其植被能给风景带来"秀""丽""幽""森"等方面的突出意境。"山清水秀""鸟语花香"所形容的都是生物美化环境的功能所造就的美景。植物还能起到改善环境、保护环境的作用。

3. 保健和休疗养功能

这项功能主要体现在森林和草地环境改善能力方面，此外，一些野生药用动植物吸收天地之精华，本身具有医疗的功效。

4. 造园功能

植物是园林中不可缺少的因素，在中国的园林中经常利用高大的植物来达到夹景、隔景、障景的效果，利用植物的特殊形状来达到框景、对景的效果。

5. 精神美学的功能

人们通常根据生物的某些习性、品格或某种特定的生活环境，赋予其某种含义。不同地区还以本地区独特的生物资源为主题，开展规模较大的旅游节庆活动。

（三）生物旅游资源分类

1. 植物旅游资源

植物资源包括繁密茂盛的植被和森林，珍贵的奇花异草和古树名木等。植物具有美化环境、装饰山水、分割空间、塑造意境的功能，植物资源具有丰富自然景观、衬托人文景观、保护生态环境、美化旅游景区、增添游人游兴、陶冶游人情操的作用，在科普考察、科学研究和生态旅游方面，也都有十分重要的作用。

（1）观赏植物。根据观赏植物中最具美学价值的器官和特征，将其划分为观花植物、观果植物、观叶植物和观枝冠植物。花是植物中最美、最具观赏价值的器官，花色、花姿、花香和花韵为观赏花卉的四大美学特性。观赏果实的色彩以红紫为贵，黄色次之。树木的枝冠之美主要由树冠外形和棱序角决定。

（2）奇特植物。奇特植物往往以其独特或地球上绝无仅有的某一特征而闻名。如结"面包"的树——面包树；最高的植物——杏叶桉；最粗的植物——百骑大栗树；最大的花——大王花；树冠最大的树——榕树等。

（3）珍稀植物。珍稀濒危植物是人类保护的主要对象，同时具有极高的景观价值。世界八大珍稀植物是：王莲——世界上最大的莲；古老的活化石——水杉；热带雨林巨树——望天树；蕨类植物之冠——桫椤；奇异的长命叶——百岁兰；中国的鸽子树——珙桐；最重量级的椰子——海椰子；稀世山茶之宝——金花茶。

（4）风韵植物。风韵植物因其物种及生长环境不同，而产生各自特殊的风韵，使之成为人类社会文化中某一种事物或精神的象征者。"国花"和"市花"成了一个国家和城市的象征。

（5）古树名木。有些树木以树龄长、规模大、形姿美、社会环境特殊，称为古树名木。它标志着一个民族、一个地区的文明历史。如黄山的迎客松、黄帝陵的皇陵古柏等。

（6）草原。我国内蒙古的呼伦贝尔草原、锡林郭勒草原，新疆的天山草原等，均以丛生草为主，草原面积大，开阔坦荡，令人心旷神怡。

2. 动物旅游资源

（1）观赏动物。动物的体形千奇百怪、各具特色，蕴藏着一种气质美。如虎，体形雄伟，颇有山中之王的气度；长颈鹿、长鼻子大象、"四不像"麋鹿等都具有观赏价值。北极熊、斑马、金钱豹等都是以斑斓的色彩吸引旅游者的动物。

（2）珍稀动物。珍稀动物指野生动物中具有较高社会价值、现存数量又非常稀少的珍贵稀有动物。我国一类保护动物中有大熊猫、东北虎、金丝猴、白鳍豚、白唇鹿、藏羚羊、野骆驼、长臂猿、丹顶鹤、褐马鸡、亚洲象、扬子鳄、华南虎等。其中大熊猫、金丝猴、白鳍豚、白唇鹿被称为中国四大国宝。

（3）表演动物。动物不仅有自身的生态、习性，而且在人工驯养下，某些动物还会模仿人的动作或在人们指挥下做出某些技艺表演。如大象、猴、海豚、狗、黑熊等。

（4）劳作动物。许多动物已经被驯养成为人类劳动的帮手，例如马、牛、骆驼、驴子等。在现代运输机械异常发达的今天，虽然这些动物已经不再是主要运输工具，但他们却被当成旅游资源在景区内充当特色交通工具和娱乐项目，给旅游者增添了许多乐趣。

（5）家养动物。家养动物包括宠物和牲畜。宠物不仅增加了人类生活的情趣，经过训练的宠物还能够表演各种特技，例如赛狗、赛马、鹦鹉说话等，都成为旅游者喜闻乐见的项目。

第三节　中国人文旅游资源

人文旅游资源又称人文景观旅游资源，指由各种社会环境、人民生活、历史文物、文化艺术、民族风情和物质生产构成的人文景观，由于各具传统特色，而成为旅游者游览观赏的对象。它们是人类历史文化的结晶，是民族风貌的集中反映，既含有人类历史长河中遗留的精神与物质财富，也包括当今人类社会的各个侧面。与自然风景旅游资源不同，人文景观旅游资源可被人们有意识地创造出来，可通过建造博物馆、美术馆、游乐园、文化宫、体育运动中心，以及组织文化节、戏剧节、电影节、音乐节和各种民间喜庆活动等别具特色的文化活动来丰富旅游内容，招徕远方游客，形成充满现代气息的人文旅游资源。

人文旅游资源内容丰富、类型多样，根据不同特点，大致可分为历史遗址遗迹类、古建筑类、古典园林类、都市城镇类、宗教文化类、民俗风情类和文化艺术类旅游资源七种类型。

一、历史遗址遗迹类旅游资源

历史遗址遗迹类旅游资源，是指人类历史时期所形成和利用的，现在已经废弃或掩埋于低下，或残缺不全的人类活动痕迹和遗物。在这个概念中，排除了保存完整的，或仍在使用的，或得以发展的人类历史产物，如古代建筑、古典园林、古代陵墓以及与现代社会文化联系密切的历史城市、宗教文化、文学艺术和社会风俗等。

历史遗址遗迹按照所形成的历史阶段，一般分为古人类遗址遗迹、古代历史文化遗址遗迹和近现代历史遗址遗迹三种类型。

（一）古人类遗址遗迹

古人类遗址一般来说分为旧石器时代、新石期时代（包括三皇五帝）。

1. 旧石器时代人类活动遗址

旧石器时代指人类社会形成到距今 1 万年前的人类发展时期，有 300 万年左右的历史。目前全国发现的旧石器时代的人类活动遗址约 300 处，遍布 29 个省、市、自治区，可以划分为三个不同的阶段，即直立人阶段、早期智人阶段和晚期智人阶段，表现出逐渐递进的文化进化特征。直立人阶段是人类进化最早的阶段，大约从人类起源到 10 万年前，已具备了人的基本生理特征，使用粗糙的打制石器，形成血缘家族，代表性遗址有云南元谋猿、陕西蓝田猿人、北京猿人。早期智人（古人）阶段距今 10 万~4 万年前，这一阶段基本具备了现代黄种人的生理特征，进入人工取火阶段，代表性遗址有陕西大荔人、山西丁村人、湖北长阳人、广东马坝人等。晚期智人阶段距今 4 万~1 万年前，体态特征与现代人基本一致，社会结构进入氏族公社时期，婚姻制度由血缘内婚发展为族外婚，逐渐产生了母系氏族公社。代表性遗址有北京山顶洞人、广西柳江人、内蒙古河套人、云南丽江人等。

2. 新石器时代（包括三皇五帝）

新石器时代从距今 1 万年前到公元前 21 世纪夏朝的建立。目前我国发现新石器文化遗址 7000 多处，遍布黄河、长江、珠江等主要河流流域，是原始社会进入繁荣的重要阶段。从阶段上看，这一时期分为母系氏族公社和父系氏族公社两个阶段。母系氏族公社阶段普遍使用磨制石器，出现了原始种植业和畜牧业，原始村落开始聚集形成，制陶、编制、玉器、骨器等手工业生产得到发展，婚姻制度进入较为稳定的对偶婚阶段，主要代表有黄河流域的仰韶文化、马家窑文化，长江流域的河姆渡文化、马家浜文化、大溪文化等。父系氏族公社大约在 5000 年前，男子成为社会的主要劳动力，婚姻制度由对偶发展为一夫一妻，生产工具以磨制石器为主，农业经济已经进入高效锄耕农业阶段，出现了异性合葬墓，贫富分化加剧，阶级已经初步形成。主要代表有黄河流域的大汶口文化、龙山文化，长江流域的屈家岭文化、良渚文化，北方的红山文化。

（二）古代历史文化遗址遗迹

古代历史文化遗址，泛指人类社会有文字记载以来至近代以前所形成的历史遗址。在中国有据可考的文字记载的历史始于商代，至 1840 年鸦片战争结束，共有 3000 多年的历史，遗址的遗存数量大、类型多，是旅游开发的主要对象。按照其内容不同分为古代城池遗址遗迹、古代交通道路遗址遗迹、古代军事遗址遗迹、历史名人遗址遗迹等类型。

1. 古代城池遗址遗迹

按照用途的不同，古代城池遗址遗迹分为三种。一是政治性城池遗址遗迹，这类城池遗址在历史上发挥过重要的政治作用，后伴随着政治权力的争夺交替逐渐衰落变为废墟，如西周的沣镐遗址、咸阳城、洛阳的汉魏古城、齐国临淄城等。二是经济性城池遗址遗迹，这类城池遗址遗迹的形成与历史上经济地位的没落有关联。有的是因资源的枯竭，如大冶市铜绿山古铜矿遗址、江西景德镇的白虎湾、河南禹州的钧瓷瓷器遗址等；有的因交通优势的没落，如丝绸之路沿线的吐鲁番交河故城和高昌故城等。三是军事性城池遗址遗迹，这些遗址多数规模不大，但历史地位十分重要，如汉长城的玉门关城、明长城的九边九镇、烟台的明备倭水城等。四是自然性城池遗址遗迹，这类城池随着气候、水源等自然条件的演变，对城池的发展产生制约或破坏性作用，不再适合人类居住，最终导致城池遗址的形成，如楼兰古城。

2. 古代交通道路遗址遗迹

古代交通道路遗址遗迹根据功能不同，可分为三类：一是关隘遗址遗迹。关隘在交通要道、险峻之地、边关要素、出入路口等重要之地设立防务设施，守卫国土、检查行人、征收关税等。如边关要隘山海关、嘉峪关，要道关隘函谷关、潼关等。二是驿道和驿站遗址遗迹。驿道是中国古代陆地交通主通道，主要用于转输军用粮草物资、传递军令军情，如秦始皇时期修建的子午道、新疆的盖茨河畔古驿舍遗址等。三是古路遗址遗迹。是历史上出于经济贸易、文化交流等原因长期形成的各种道路，如丝绸之路、陶瓷之路、天马之路、茶马古道、稻米之路、茶叶之路、玉石之路等，在历史上都发挥过重要的作用。

📣 课堂讨论与作业 3-1

茶马古道是指存在于中国西南地区，以马帮为主要交通工具的民间国际商贸通道，是中国西南民族经济文化交流的走廊。茶马古道分川藏线、滇藏线两路。

任务：以小组为单位，将茶马古道上的川藏线和滇藏线路线图画在黑板上。

3. 古代军事遗址遗迹

这类遗址遗迹在历史上完全由于军事和战争的需要而建造，根据性质不同分为三类：第一是长城遗址遗迹。主要的长城遗址包括以下几个朝代：一是春秋战国长城遗址，二是秦长城遗址，三是汉长城遗址，四是封建社会中期各朝代修建的长城，五是明长城遗址。第二是烽燧遗址遗迹。在西周时期就已经独立存在，发挥着传递军情的预警防御作用，是古代传递军事信息最快最有效的方法。今天留下的烽燧历史遗址遗迹主要有陕西骊山的西周烽火台、甘肃河西走廊的汉代烽燧遗址、新疆巴里坤县的烽燧遗址等。第三是古战场遗址遗迹。这类遗址遗迹往往都发生过重大战役，有的甚至影响了历史进程。因此这些古战场以及与之相关的历史战役、历史事件、人物故事、传说，都具有丰富的历史文化内涵，成为具有吸引力的要素。如秦赵之间的长平之战、齐魏马陵之战、曹操和袁绍的官渡之战、东晋时期的淝水之战等，都留下了大量的历史遗址遗迹。

4. 历史名人遗址遗迹

我国上下五千年的历史发展，出现了许许多多在军事、政治、文化方面涌现出的英才和伟人，他们的故居、生活过的地方以及墓葬都成为我们表达敬仰、追忆怀古、祭奠的场所，也成为一种旅游资源。这些历史名人包括帝王将相、政治家、文学家、诗人、科学家、高僧名士等，如河南新郑黄帝故里、山东曲阜孔府、湖北秭归屈原故里、陕西韩城司马迁墓、四川成都杜甫草堂、山东淄博蒲松龄故居，它们的魅力不因时间久远而褪色，反而魅力越来越大。

（三）近现代历史遗址遗迹

近现代历史遗址遗迹是指 1840 年鸦片战争以来到新中国成立前的这段时期，中华民族为了民族独立和解放，反抗外来侵略和封建统治的革命斗争而形成的历史遗址遗迹和纪念地，因此这一阶段的历史遗址遗迹主要以革命活动遗址遗迹内容较多，包括革命斗争场所、革命人士纪念地、各类革命纪念馆等。

从发展的历史看，可分为六个阶段的革命战争遗址遗迹：一是太平天国和早期反抗外来侵略活动遗址，包括广西桂平金田起义遗址、南京天王府遗址、太平天国历史博物馆、上海太平天国烈士墓、山东蓬莱备倭城、广东三元里抗英遗址、广东虎门销烟遗址等；二是辛亥革命遗址，包括广州中山纪念堂、辛亥广州起义指挥部旧址、黄花岗烈士陵园、武汉的武昌起义军政府旧址、昆明的云南陆军讲武堂旧址、南京的孙中山临时大总统旧址、南京中山陵等；三是北伐战争遗址，包括广州的北伐誓师大会会场遗址、黄埔军校旧址、肇庆的叶挺独立团团部旧址、咸宁汀泗桥战役遗址、湖北武汉洪山北伐军官兵墓等；四是土地革命战争遗址，包括南昌八一起义总指挥部旧址、井冈山革命根据地旧址、广西百色红七军军部旧址等；五是抗日战争遗址，包括南京大屠杀纪念馆、平型关战役遗址、卢沟桥抗日战争纪念馆、延安革命旧址、重庆八路军办事处旧址等；六是解放战争遗址，包括西柏坡革命旧址、辽沈战役纪念馆、中美合作所集中营旧址、南京渡江胜利纪念碑等。

随着红色旅游资源发展的势头越来越强，这些革命遗址以其独有的爱国主义教育意义和文化内涵，越来越受到社会民众的重视。因此在发展中要严格保护、尊重历史，以合适的方式进行开发。

二、古代建筑类旅游资源

中国古建筑作为世界唯一以木结构为主的建筑体系，是世界上延续历史最长、分布地域最广的独特体系，具有很高的科学研究、历史文化和艺术观赏价值。

（一）中国古建筑的特征

1. 巧妙而科学的木框架结构，榫卯结合、使用斗拱

中国古代建筑主要是木构架结构，即采用木柱、木梁构成房屋的框架，屋顶与房檐的重量通过梁架传递到立柱上，墙壁只起隔断的作用，而不是承担房屋重量的结构部分。"墙倒屋不塌"这句古谚语，概括地指出了中国建筑这种框架结构最重要的特点。同时，由于房屋的墙壁不负荷重量，门窗设置有极大的灵活性，并结合美学价值创造了宫殿、寺庙及其他高级建筑才有的"斗拱"，既有支承荷载梁架的作用，又有装饰作用。

2. 庭院式的组群布局，中轴对称

中国古代建筑在平面布局方面有一种简明的组织规律，这就是每一处住宅、宫殿、官衙、寺庙等建筑，都是由若干单座建筑和一些围廊、围墙之类环绕成一个个庭院而组成的。一般地说，多数庭院都是前后串联起来的，通过前院到达后院，这是中国封建社会"长幼有序，内外有别"的思想意识的产物。这种庭院式的组群与布局，一般都是采用均衡对称的方式，沿着纵轴线（也称前后轴线）与横轴线进行设计，比较重要的建筑都安置在纵轴线上，次要房屋安置在它左右两侧的横轴线上，北京故宫的组群布局和北方的四合院是最能体现这一组群布局原则的典型实例。

3. 富有装饰性的屋顶，构件丰富、级别分化明显

中国古代的匠师很早就发现了利用屋顶以取得艺术效果的可能性。《诗经》里就有"作庙翼翼"之句，说明 3000 年前的诗人就已经在诗中歌颂祖庙舒展如翼的屋顶。到了

汉朝，后世的五种基本屋顶式样——庑殿顶、歇山顶、攒尖顶、悬山、硬山顶就已经具备了。我国古代匠师充分运用木结构的特点，创造了屋顶举折和屋面起翘、出翘，形成如鸟翼伸展的檐角和屋顶各部柔和优美的曲线。同时，屋脊的脊端都加上适当的雕饰，檐口的瓦也加以装饰性的处理。宋代以后，又大量采用琉璃瓦，为屋顶加上颜色和光泽，再加上后来又陆续出现其他许多屋顶式样，以及由这些屋顶组合而成的各种具有艺术效果的复杂形体，使中国古代建筑在运用屋顶形式创造建筑的艺术形象方面取得了丰富的经验，成为中国古代建筑重要的特征之一。

4. 衬托性建筑小品应用广泛、类型多样

衬托性建筑的应用，是中国古代宫殿、寺庙等高级建筑常用的艺术处理手法。它的作用是衬托主体建筑。最早应用的并且很有艺术特色的衬托性建筑便是从春秋时代就已开始的建于宫殿正门前的"阙"。到了汉代，除宫殿与陵墓外，祠庙和大中型坟墓也都使用。现存的四川雅安高颐墓阙，形制和雕刻十分精美，是汉代墓阙的典型作品。汉代以后的雕刻、壁画中常可以看到各种形式的阙，到了明清两代，阙就演变成现在故宫的午门。其他常见的富有艺术性的衬托性建筑还有宫殿正门前的华表、牌坊、照壁、石狮等。

5. 色彩绚丽淡雅、题材丰富

由于古建筑中木料不能经久耐用，所以中国建筑很早就采用在木材上涂漆和桐油的办法，以保护木质和加固木构件用榫卯结合的关接，同时增加美观，达到实用、坚固与美观相结合，以后又用丹红装饰柱子、梁架或在斗拱梁、枋等处绘制彩画。经过长期的实践，中国建筑在运用色彩方面积累了丰富的经验，例如北方宫殿、官衙建筑善于运用鲜明色彩的对比与调和，而南方建筑色彩就比较淡雅，多用白墙、灰瓦，以及绿、黑、墨绿等色的梁柱，形成秀丽淡雅的格调。我国古建筑的色彩的运用，除了上面提到的两种主要格调外，随着民族和地区的不同，也有一些差别。

（二）中国古建筑主要等级与构件

1. 台基

台的基座，又称基座。在建筑物中，系高出地面的建筑物底座。用以承托建筑物，并使其防潮、防腐，同时可弥补中国古建筑单体建筑不甚高大雄伟的欠缺。大致有四种：一是普通台基。最早台基全部由夯土筑成，后来才在其外表面包砌砖石，建材上用灰土或碎砖等夯筑而成，约高一尺，常用于小式建筑。二是较高级的台基。座壁上带有壁柱，常在台基上边建汉白玉栏杆，用于大式建筑或宫殿建筑中的次要建筑。三是更高台基。即须弥座，又名金刚座，多数由汉白玉或琉璃等垒砌而成，上有凹凸线脚和纹饰，台上建有汉白玉栏杆，常用于宫殿和著名寺院中的主要殿堂建筑。四是最高台基。由几个须弥座相叠而成，从而使建筑物显得更为宏伟高大，常用于最高级建筑，如故宫三大殿和山东曲阜孔庙大成殿，即耸立在最高级台基上。

2. 屋顶

屋顶是房屋或构筑物外部的顶盖，包括屋面以及在墙或其他支撑物上用以支撑屋面的一切必要材料和构造长长的内部的一个漂亮的五彩装饰的露木屋顶。中国古建筑屋顶可分为以下几种形式：庑殿顶、歇山顶、悬山顶、硬山顶、攒尖顶、盝顶等。其中庑殿顶、歇山顶、攒尖顶又分为单檐（一个屋檐）和重檐（两个或两个以上屋檐）两种，歇山顶、悬山顶、硬山顶可衍生出卷棚顶。古建筑屋顶除功能性外，还是等级的象征。其等级大小依次为：重檐庑殿顶>重檐歇山顶>重檐攒尖顶>单檐庑殿顶>单檐歇山顶>单檐攒尖顶>悬山顶>硬山顶>盝顶。此外，除上述几种屋顶外，还有扇面顶、万字顶、盔顶、勾连搭顶、十字顶、穹隆顶、圆券顶、平顶、单坡顶、灰背顶等特殊的形式。

3. 屋身

屋身主要由立柱、开间、大梁和山墙等几部分组成。其中，间就是四根木头圆柱围成的空间；"开间"则是建筑的迎面间数，也称为"面阔"。建筑的纵深间数为"进深"。中国古代以奇数为吉祥数字，所以平面组合中大多数的开间为单数，而且等级越高，开间越多。如北京故宫太和殿、太庙大殿的开间都为 11 间。皇帝被称为"九五之尊"，就是因为皇帝所住的宫殿开间为最大阳数 9 间，进深为 5 间。

4. 彩画

彩画在中国有悠久的历史，是古代传统建筑装饰中最突出的特点之一。它以独特的风格和特有的制作技术及其富丽堂皇的装饰艺术效果，给人留下了深刻印象，成为传统建筑艺术的精华而载入史册。彩画原是为木结构防潮、防腐、防蛀，后来才突出其装饰性，宋代以后彩画已成为宫殿不可缺少的装饰艺术。可分为三个等级：一是和玺彩画，是等级最高的彩画。其主要特点是：中间的画面有各种不同的龙或凤。二是旋子彩画，等级次于和玺彩画。画面用简化形式的涡卷瓣旋花，有时也可画龙凤，两边用《》框起，可以贴金粉，也可以不贴金粉。一般用于次要宫殿或寺庙中。三是苏式彩画，等级低于前两种。画面为山水、人物故事、花鸟鱼虫等，两边用《》或（）框起。"（）"被建筑家们称作"包袱"，苏式彩画，便是从江南的包袱彩画演变而来的。

5. 吻兽

吻兽是殿宇屋顶一种装饰性建筑构件，是置于古代大型建筑的屋脊上的"避邪物"，传说可以驱逐来犯的厉鬼，守护家宅的平安，并可冀求丰衣足食、人丁兴旺。为此，不论是建筑等级高或低的宅主均在戗脊端、角脊上饰有"龙"来避邪，并以此来显示宅主的职权和地位。在正脊两端的称为正吻，在垂脊和戗脊端部的称为垂兽和戗兽，在转角部岔脊上的众多小兽称为仙人走兽。吻兽排列有着严格的规定，按照建筑等级的高低而有数量的不同，其他古建筑上一般最多使用九个走兽，而最多的是故宫太和殿上的十个吻兽，分别是龙、凤、狮子、天马、海马、狻猊、押鱼、獬豸、斗牛、行什。

6. 藻井

中国传统建筑中室内顶棚的独特装饰部分。古人认为"二十八宿"之一的"东井"主水，在殿堂、楼阁最高处作井，同时装饰以荷、菱、莲等藻类水生植物，都是希望能借以压服火魔的作祟，以护祐建筑物的安全。藻井一般做成向上隆起的井状，有方形、多边形或圆形凹面，周围饰以各种花藻井纹、雕刻和彩绘。多用在宫殿、寺庙中的宝座、佛坛上方最重要部位。

📚 **专业技能训练 3-2**

古建筑保护与城市发展并不矛盾

与世界其他古老文明相比，中国现存古老建筑的数量和漫长的历史惊人地不成比例：现存最早的木结构建筑是建于公元857年的五台山佛光寺大殿，最著名的山西应氏木塔建于公元1056年。在中国历史上见于文字记载的建筑中，能够保留下来的比例极低，今天依然能够使用的更是屈指可数。随着大量西方风格的摩天大楼、住宅社区日益遍地开花，如何保护古老建筑的问题日益引起关注。保护古建筑是中国自古以来一个没有解决的难题，随着现代化进程的迅速推进，中国古建筑保护依然困难重重，古建筑的保护与改造再利用略显表面化、古建筑保护对历史文化街区的忽视、消防保护措施不足、公众的古建筑保护意识缺乏等问题日益突出。在新兴城镇化大迈进的当下，对于古建筑的保护虽然不是新话题，却也远未达到完好呵护的程度。城市拆迁有指标，古建筑保护无指标，是普遍现象。事实证明，古建筑保护与城市发展并不矛盾。

（资料来源：古建筑保护：历史的痕迹如何保留？[EB/OL]. http：//www.10333.com/details/2016/43833.shtml）

问题：你认为在城市化进程加快的步伐中，古建筑如何才能和城市发展有机协调？

（三）中国古建筑的主要形式

1. 伟大的工程

（1）军事防御工程

长城又称万里长城，是中国古代军事防御工程。长城修筑的历史可上溯到西周时期，著名的典故"烽火戏诸侯"就源于此。春秋战国时期列国争霸，互相防守，长城修筑进入第一个高潮，但此时修筑的长度都比较短。秦灭六国统一天下后，秦始皇连接和修缮战国长城，始有万里长城之称。明朝是最后一个大修长城的朝代，今天人们所看到的长城多是此时修筑。由于年代久远，早期各个朝代的长城大多数都残缺不全，保存得比较完整的是明代修建的长城，所以人们一般说的长城指的是明长城，所称长城的长度，也指的是明长城的长度。2012年6月5日，国家文物局宣布，中国历代长城总长度为21196.18千米，包括长城墙体、壕堑、单体建筑、关堡和相关设施等长城遗产43721处。

（2）水利灌溉工程

人类修建水利工程是一项伟大的科学，中国古代文明灿烂辉煌，我国人口众多，因而自古重农，举凡"水利灌溉、河防疏泛"历代无不列为首要工作。农业在国民经济发展中具有决定性意义，而水利是农业的命脉。在我国几千年文明历史中，勤劳、勇敢、智慧的中国人民同江河湖海进行了艰苦卓绝的斗争，修建了无数大大小小的水利工程，有力地促进了农业生产。其中京杭大运河、都江堰、坎儿井和灵渠并称为我国古代四大水利工程。京杭大运河是世界上里程最长、工程最大的古代运河，对中国南北地区之间的经济、文化发展与交流，对沿线地区工农业经济的发展起了巨大作用。都江堰坐落在成都平原西部的岷江上，两千多年来一直发挥着防洪灌溉的作用，是全世界迄今为止，年代最久、以无坝引水为特征的宏大水利工程。坎儿井是荒漠地区的特殊灌溉系统，普遍于中国新疆吐鲁番地区，这种创造发明有效避免了炎热、狂风而导致的水分蒸发，是新疆劳动人民的智慧结晶。灵渠于公元前 214 年凿成通航，是世界上最古老的运河之一，有着"世界古代水利建筑明珠"的美誉。

（3）交通桥梁工程

中国是桥的故乡，自古就有"桥的国度"之称，发展于隋，兴盛于宋。遍布在神州大地的桥、编织成四通八达的交通网络，连接着祖国的四面八方。中国古代桥梁的建筑艺术，有不少是世界桥梁史上的创举，充分显示了中国古代劳动人民的非凡智慧。潮州广济桥（湘子桥）、河北赵州桥、泉州洛阳桥、北京卢沟桥被称为中国四大古桥。广济桥集梁桥、浮桥、拱桥于一体，是我国古桥的孤例，被著名桥梁专家茅以升誉为"世界上最早的启闭式桥梁"。赵州桥由著名匠师李春设计建造，距今已有 1400 多年的历史，是当今世界上保存最完整的古代单孔敞肩石拱桥。洛阳桥作为中国现存最早的跨海石桥，其"筏型基础""种蛎固基法"，是中国乃至世界造桥技术创举。卢沟桥是北京市现存最古老的石造联拱桥，为华北最长的古代石桥。

2. 辉煌的宫殿

古代建筑是中国传统文化的重要组成部分，而宫殿建筑则是其中最瑰丽的奇葩。不论在结构上，还是在形式上，它们都显示了皇家的尊严和富丽堂皇的气派，从而区别于其他类型的建筑。几千年来，历代封建王朝都非常重视修建象征皇帝权威的皇宫，形成了完整的宫殿建筑体系。故宫是中国现存最完整的古代宫殿建筑群，在世界建筑史上别具一格，是中国古典风格建筑物的典范和规模最大的皇宫。

我国宫殿建筑布局具有以下几个特点：一是前朝后寝、三朝五门，"前朝"是帝王上朝和处理政务的地方，"后寝"是皇帝和后妃们居住生活的后宫和后花园。"三朝"是外朝（太和殿）、中朝（乾清宫）和内朝（坤宁宫），"五门"是指大清门、天安门、端门、午门和太和门。二是左祖右社，"左祖"是指在宫殿左前方设祖庙（又称太庙），"右社"是指在宫殿右侧设社稷坛。三是严格的中轴对称，宫殿建筑强调中轴线和对称布局，集最高等级于一体。四是以黄色和红色为主。黄色在我国被视为最尊之色，红色则代表了吉祥、喜庆、幸福和庄严。

3. 古朴的庙坛

（1）坛

坛是中国古代主要用于祭祀天、地、社稷等活动的台型建筑。坛早期除用于祭祀外，也用于举行会盟、誓师、封禅、拜相、拜帅等重大仪式；后来逐渐成为中国封建社会最高统治者专用的祭祀建筑，规模由简而繁，体型随天、地等祭祀对象的特征而有圆有方。

中国历代各种坛的建筑制度有所不同，如天和地、社和稷，有时分祀，有时合祭。都城各坛，其坐落方位，各个朝代有所不同。清代分布于北京城内外的天坛、地坛、日坛、月坛分别位于都城的南、北、东、西四郊。坛的形式多以阴阳五行等学说为依据。例如天坛、地坛的主体建筑分别采用圆形和方形，来源于天圆地方之说。现存天坛所用石料的件数和尺寸都采用奇数，是采用古人以天为阳性和以奇数代表阳性的说法。社稷坛则一反中国传统建筑布局方式，把拜殿设在坛的北面，由北向南祭拜，这是根据中国古代史书中，国君必须面南朝北接受朝拜的意思而建筑的。

（2）庙

在古代，庙是专门的祭祀建筑，形制要求严肃整齐。大致可分为四类：一是祭祀祖先的庙。中国古代帝王诸侯等奉祀祖先的建筑称宗庙，帝王的宗庙称太庙，庙制历代不同。太庙是等级最高的建筑，目前现存的仅有明清北京太庙大殿。二是家庙或宗祠。贵族、显宦、世家大族奉祀祖先的建筑称家庙或宗祠。它的建筑仿照太庙方位，建筑在宅第东侧，规模不一。三是奉祀圣贤的庙。这种庙中最著名的是奉祀孔丘的孔庙，又称文庙。山东曲阜孔庙规模最大。奉祀三国时代名将关羽的庙称关帝庙，又称武庙。有的地方建三义庙，合祀刘备、关羽、张飞。许多地方还奉祀名臣、先贤、义士、节烈，如四川成都和河南南阳奉祀三国著名政治家诸葛亮的"武侯祠"，浙江杭州和河南汤阴奉祀南宋民族英雄岳飞的"岳王庙"和"岳飞庙"。四是祭祀山川、神灵的庙。中国从古代起就崇拜天、地、山、川等自然物并设庙奉祀，如后土庙。最著名的是奉祀五岳——泰山、华山、衡山、恒山、嵩山的神庙还有大量源于各种宗教和民间习俗的祭祀建筑，如城隍庙、土地庙、龙王庙、财神庙等。

4. 神秘的寺观

佛教、道教和伊斯兰教在我国都有悠久的历史，并留下了许多杰出的寺观建筑。佛教、道教讲究"超凡脱俗"，并认为神仙居住在名山大川。所以我国的宗教寺观大多依山而建。所谓天下名山僧占多。这些建筑讲究与地理环境的和谐与协调，并突出其神秘、神圣不可侵犯。

（1）佛教建筑

佛教建筑包括佛寺、佛塔和石窟。我国佛教建筑在初期受到印度影响，塔庙里，以塔为中心，周围建以殿堂、僧舍。塔中供奉着舍利、佛像等，是寺院的中心建筑。晋唐以后，殿堂逐渐成为主要建筑，佛塔被移于寺外，多建寺前、寺后或另建塔院，形成了以大雄宝殿为中心的佛寺结构。寺院坐北朝南，主要殿堂依次分布在中轴线上，层次分明，布局严谨。宋代时，禅宗兴盛，形成了"伽蓝七堂"制度，七堂指佛殿、法堂、僧堂、库房、山门、西净、浴室。明清以来，佛寺建筑格局已成定式，一般在中轴线上由南向北依次分布着山门殿、天王殿、大雄宝殿、法堂、藏经楼、毗卢阁、观音殿。西藏的佛寺建筑，一般有庞大的建筑群，体现出汉藏文化融合的风格，北京的雍和宫，拉萨的布达拉宫，承德的外八庙等是这种建筑的典型。

（2）道教建筑

道教建筑常由神殿、膳堂、宿舍、园林四部分组成，其总体布局基本上采取中国传统的院落式，即以木构架为主要结构，以"间"为单位构成单座建筑，再以单座建筑组成庭院，进而以庭院为单元组成各种形式建筑群。大型宫观大多为一串纵向布置，随地平面逐渐升高的院落。殿堂内设置神灵塑像或画像。膳堂建筑物包括客堂、斋堂、厨房及附属仓库。一般布置于建筑群主要轴线侧面。有的还利用建筑群附近名胜古迹和奇异地形地物（如山泉溪流、巨石怪洞、悬岩古树等），建置楼、阁、台、榭、亭、坊等，形成建筑群内以自然景观为主的园林。

（3）伊斯兰建筑

清真寺是伊斯兰教建筑的主要类型，清真寺建筑必须遵守伊斯兰教的通行规则，如礼拜殿的朝向必须面东，礼拜殿内不设偶像，仅以殿后的圣龛为礼拜的对象；清真寺建筑装饰纹样不准用动物纹样，只能是植物或文字的图形。中国清真寺建筑从形制原则上可分为两大类：回族清真寺与维吾尔族清真寺。回族清真寺是汉文化同伊斯兰文化的结合体，采用了汉族建筑的院落式布局原则，组合成封闭形的院落，并且有明确的轴线对称关系，礼拜殿多为组合式坡屋顶。维吾尔族伊斯兰教建筑多采用木柱密肋式平房或土坯拱及穹隆顶的建筑，与内地建筑有较大的不同，没有严格的轴线对位关系。

5. 肃穆的陵墓

（1）皇帝陵寝

集安葬与祭祀于一体的陵墓建筑是我国古代建筑的一个重要组成部分，古代社会盛行厚葬，因此，无论任何阶层对于陵墓的建筑皆倍加用心，不惜耗费巨额财力、大批人力去精心构筑。中国陵墓是建筑、雕刻、绘画、自然环境融于一体的综合性艺术。其布局可概括为三种形式：一是以陵山为主体的布局方式，以秦始皇陵为代表。其周围建城垣，背衬骊山，轮廓简洁，气象巍峨，创造出纪念性气氛。二是以神道贯串全局的轴线布局方式。这种布局重点强调正面神道。如唐代高宗乾陵，以山峰为陵山主体，前面布置阙门、石象生、碑刻、华表等组成神道，衬托陵墓建筑的宏伟气魄。三是建筑群组的布局方式。明清的陵墓都是选择群山环绕的封闭性环境作为陵区，将各帝陵协调地布置在一处。在神道上增设牌坊、大红门、碑亭等，建筑与环境密切结合在一起，创造出庄严肃穆的环境。

（2）纪念性陵墓

纪念性陵墓建筑是建筑艺术不可或缺的组成部分，是表达对社会做出突出贡献的古代圣贤、诗人画家、政治思想家之类名人的一种尊敬，更是普及道德教育和爱国主义教育的一个典范。这类陵墓没有皇帝陵墓的规模与建制，也没有奢华的随葬品，占地面积不大，但因其墓主的知名度仍然具有很强的吸引力，用于人们前往表达怀古、追思、敬仰之情。主要代表性的陵墓有陕西黄帝陵、山东的孔林、河南的关林、湖北的屈原墓、内蒙古的昭君墓、韩城的司马迁墓、成都的武侯祠、浙江的岳飞墓等。

6. 多姿的民居

中国民居分布在全国各地，由于民族的历史传统、生活习俗、人文条件、审美观念的不同，也由于各地的自然条件和地理环境不同，因而民居的平面布局、结构方法、造型和细部特征也就不同，呈现出淳朴自然而又有着各自的特色。各族人民常把自己的心愿、信仰和审美观念，把自己所最希望、最喜爱的东西，用现实的或象征的手法，反映到民居的装饰、花纹、色彩和样式等结构中去，如汉族的鹤、鹿、蝙蝠、喜鹊等，云南白族的莲花，傣族的大象、孔雀、槟榔树图案等，由此导致各地区各民族的民居呈现出丰富多彩和百花争艳的民族特色。我国民居最有特点的是北京四合院、西北黄土高原的窑洞、安徽的古民居、福建和广东等地的客家土楼和内蒙古、青海、西藏的蒙古包。

7. 别致的衬托与小品

（1）牌坊与牌楼

牌坊是封建社会为表彰功勋、科第、德政以及忠孝节义所立的建筑物，也有一些宫观寺庙以牌坊作为山门，还有的是用来标明地名的。牌坊是古代官方的称呼，老百姓俗称它为牌楼。其实牌坊与牌楼是有显著区别的，牌坊没有"楼"的构造，即没有斗拱和屋顶，而牌楼有屋顶，它有更大的烘托气氛。但是由于它们都是我国古代用于表彰、纪念、装饰、标识和导向的一种建筑物，而且又多建于宫苑、寺观、陵墓、祠堂、衙署和街道路口等地方，再加上长期以来老百姓对"坊""楼"的概念不清，所以到最后两者成为一个互通的称谓了。

（2）华表

华表是一种中国古代传统建筑形式，属于古代宫殿、陵墓等大型建筑物前面做装饰用的巨大石柱，相传华表是部落时代的一种图腾标志，古称桓表，以一种望柱的形式出现，富有深厚的中国传统文化内涵，散发出中国传统文化的精神、气质、神韵。华表通常由汉白玉雕成，华表的底座通常呈方形，是莲花座或须弥座，上面雕刻有龙的图案，蟠龙柱上雕刻一只蟠龙盘于柱上，并饰有流云纹；上端横插一云板，称为诽谤木；石柱顶上有一承露盘，呈圆形，因此对应天圆地方，上面的蹲兽为传说中的神兽犼，或称为望天犼。

（3）阙

阙是中国古建筑中一种特殊的类型，是最早的地面建筑之一，是我国古代设置在宫殿、城垣、陵墓、祠庙大门两侧标示地位尊崇的高层建筑物，因此也叫阙门或门阙。阙门起源于周代，历经汉唐，延续至明清，从未中断。随着各个时期社会历史情况的不同，阙门的形制亦代有演变。一般有台基、阙身、屋顶三部分，有装饰、瞭望等作用。阙的种类按其所在位置有：宫阙、坛庙阙、墓祠阙、城阙、国门阙等，分别立于王宫、大型坛庙、陵墓、城门和古时的国门等处。

（4）经幢

幢，原是中国古代仪仗中的旌幡，是在竿上加丝织物做成的，又称幢幡。由于印度佛的传入，特别是唐代中期佛教密宗的传入，将佛经或佛像起先书写在丝织的幢幡上，为保持经久不毁，后来改书写为刻在石柱上，因刻的主要是《陀罗尼经》，因此称为经幢。经幢一般由幢顶、幢身和基座三部分组成，主体是幢身，刻有佛教密宗的咒文或经文、佛像等，多呈六角或八角形。在我国五代两宋时最多，一般安置在通衢大道、寺院等地，也有安放在墓道、墓中、墓旁的。

（5）碑

春秋时就出现"碑"这个名称，但当时是宗庙里拴供祭祀用的牲畜的石桩，并可根据碑影推算时间。到了战国时期，碑成为大贵族墓葬中装辘轳下放灌木的支架。后来，人们为了纪念逝者，就在这块现成的大石头上面刻字，追述前人的"功德"，于是就出现了纪念性的碑。我国现存最早的墓碑就是西汉河平三年（公元前26年）的"鹿孝禹碑"。到了东汉，树立墓碑的习俗已广为流行，并一直沿用至今。唐代是我国碑刻最发达的时期，不仅内容丰富，书法上也有极高价值。碑的结构一般分为碑首、碑身、碑座三部分。

（6）影壁

影壁，也称照壁，古称萧墙，是中国传统建筑中用于遮挡视线的墙壁。旧时人们认为自己的住宅中，不断有鬼来访。如果是自己祖宗的魂魄回家是被允许的，但是如果是孤魂野鬼溜进宅子，就要给自己带来灾祸。当然，影壁也有其功能上的作用，那就是遮挡住外人的视线，即使大门敞开，外人也看不到宅内。影壁还可以烘托气氛，增加住宅气势。影壁作为中国建筑中重要的单元，它与房屋、院落建筑相辅相成，组合成一个不可分割的整体。雕刻精美的影壁具有建筑学和人文学的重要意义，有很高的建筑与审美价值。

三、古典园林类旅游资源

中国古典园林艺术是指以江南私家园林和北方皇家园林为代表的中国山水园林形式。在中国传统建筑中，古典园林是独树一帜有重大成就的建筑。它被举世公认为世界园林之母，世界艺术之奇观，人类文明的重要遗产。其造园手法已被西方国家所推崇和模仿，在西方国家掀起了一股"中国园林热"。中国的造园艺术，以追求自然精神境界为最终和最高目的，从而达到"虽由人作，宛自天开"的审美旨趣。它深浸着中华文化的内蕴，是中国五千年文化史造就的艺术珍品，是一个民族内在精神品格的生动写照。

（一）中国古典园林的分类

中国古典园林从不同角度看，可以有不同的分类方法。

1. 按占有者身份划分

（1）皇家园林

是专供帝王休息享乐的园林，所以皇家园林一般规模宏大，在艺术风格上以庄重华丽为主，真山真水较多，建筑体型高大，在规则中求得变化，在华丽中求得娴雅。随着社会经济、社会文化和科学技术的进步，以及统治阶级的美学思想和审美艺术风格的改变，皇家园林从密集而庄严的宫殿建筑群的园林逐渐演变为自然的山水型园林风格。现存著名皇家园林有：北京的颐和园、北京的北海公园、河北承德的避暑山庄。

（2）私家园林

私家园林最早出现于汉代，是供皇家的宗室外戚、王公官吏、富商大贾等休闲的园林。其特点是规模较小，所以常用假山假水，建筑小巧玲珑，表现其淡雅素净的色彩。

后来由于文人参与造园，园林与文学、绘画关系密切，更加抒情写意，使私家园林在艺术上达到了很高的境界。现存的私家园林，如北京的恭王府，苏州的拙政园、留园、沧浪亭、网狮园，上海的豫园等。

（3）寺庙园林

寺庙园林常选择在风景如画的自然景观较美的山水胜地，建筑能和自然环境巧妙结合，是贫苦百姓借朝拜进香可以进入的园林，具有公共园林的功能。由于许多寺庙园林将自然风景渗入了人文景观，逐渐发展为今天的风景名胜区。

（4）自然风景园林

自然风景园林是人们把具有天然景观特点的地区，经过逐渐开发建设而形成的著名游览点。古代将自然中观赏价值高的地点称为景并有赋予诗意的名称，一个风景园林往往有多个景，如杭州西湖十景，扬州瘦西湖二十四景，济南大明湖八景等。这些景往往分布在景观最佳的地点，并在最好的观赏位置布置园林建筑，建筑的布置和设计以突出自然环境和景观特点为目的。

2. 中国的古典园林按地区划分

（1）北方类型

北方园林，因地域宽广，所以范围较大；又因大多为百郡所在，所以建筑富丽堂皇。北方园林规划布局多运用中轴线、对景线，赋予园林以凝重、严谨的格调。北方没有江南那样的水景而在造园上多堆山造景，以高、壮为美。在植物种植中多采用耐寒性强的植物，具有四季景色差异化的特点。园林的构筑物与自然关系密切，主要反映在温度和方向与建筑的关系上。所有建筑的六个面都显出抗寒耐雪特征。北方园林的代表大多集中于北京、西安、洛阳、开封，其中尤以北京为代表。

（2）江南类型

南方人口较密集，所以园林地域范围小；又因河湖、园石、常绿树较多，所以园林景致较细腻精美。江南水乡，以水景擅长，多采用叠石理水，水石相映，构成园林主景；花木种类众多，布局有法。南方园林的代表大多集中于南京、上海、无锡、苏州、杭州、扬州等地，其中尤以苏州为代表。

（3）岭南类型

岭南园林由于地处热带，规模比较小，且多数是宅园，一般为庭院和庭园的组合，建筑的比重较大。岭南优良的气候条件，一年四季的郁郁葱葱，所形成的自然园林具有轻盈、自在与敞开的岭南特色，且具有热带风光，建筑物都较高而宽敞。现存岭南类型园林，有著名的广东顺德的清晖园、东莞的可园、番禺的余荫山房等。

（4）少数民族园林

少数民族园林由于特殊的地理位置和文化背景而具有独特风格，代表性较强的有新疆维吾尔族和西藏园林。新疆维吾尔族园林构图简朴、活泼自然，因地制宜，经济实用，把游憩、娱乐、生产有机结合起来，形成一种独具民族风格的花果园式园林。藏族园林最完整的代表是罗布林卡，大面积的绿化和植物景观构成了粗犷的原野风光，有自由式和规则式布局；园林意境只表现佛教，园中园自发形成，缺少有机联系，没有章法可言；建筑为藏族风格雕房式，平屋顶装饰金法轮宝幢，白墙和围墙顶部的"卞白"在绿色掩映下色彩效果强烈。

知识小扩充 3-2

古典园林与风水观

我国古代风水理论中的"天人合一"思想与中国古典园林的造园理念是一致的。古典园林寄情山水、崇尚自然的内涵特征，正是风水理论中"天人合一"思想的体现。园林山水画不仅追求风水理论中山脉的走势和气韵，还追求曲径通幽的雅趣。古典园林中中轴式的布局源于风水理论的四象格局，来龙、主山、案山和朝山形成中轴，左右沙山对称或近似对称。曲线动态布局遵循风水理论中对"气"的把握，利用小中见大、聚形展势、曲径通幽的空间结构和丰富的景观效果。此外受风水理论的影响在植物配置、方向定位、水景形态、造景手法等方面也有要求。

（资料来源：李萌，张健．中国古典园林中的风水布局浅析［J］．沈阳建筑大学学报（社会科学版）．2015（6）：251-256）

（二）中国古典园林的组成要素

中国古典园林在造园时主要用筑山、理池、植物、建筑和书画墨迹去营造一个"虽由人作、宛自天开"的艺术境界。

1. 筑山

为表现自然，筑山是造园的最主要的因素之一。秦汉的上林苑，用太液池所挖土堆成岛，象征东海神山，开创了人为造山的先例；魏晋南北朝的文人雅士，力求体现自然山峦的形态和神韵；唐宋以后，对叠山艺术更为讲究；明清造山艺术，更为成熟和普及。园林中的山可以分为三类：一是土山，自然或人工堆成，形成自然山林外貌，但容易水土流失。二是石山，江南多用太湖石"叠山"。三是孤立的石峰，为点缀庭院空间的特置石峰，注重造型，成为某一主题，如留园的冠云峰、豫园的玉玲珑。

2. 理池

为表现自然，理池也是造园最主要因素之一。不论哪一种类型的园林，水是最富有生气的因素，无水不活。自然式园林以表现静态的水景为主，以表现水面平静如镜或烟波浩渺的寂静深远的境界取胜。人们或观赏山水景物在水中的倒影，或观赏水中怡然自得的游鱼，或观赏水中芙蕖睡莲，或观赏水中皎洁的明月；自然式园林也表现水的动态美，但不是喷泉和规则式的台阶瀑布，而是自然式的瀑布。池中有自然的肌头、矶口，以表现经人工美化的自然。正因为如此，园林一定要理池引水。

3. 植物

植物是造山理池不可缺少的因素。花木对园林山石景观起衬托作用，又往往和园主追求的精神境界有关。如竹子象征人品清逸和气节高尚，松柏象征坚强和长寿，莲花象征洁净无瑕，兰花象征幽居隐士，玉兰、牡丹、桂花象征荣华富贵，石榴象征多子多孙，紫薇象征高官厚禄等。古树名木对创造园林气氛非常重要。古木繁花，可形成古朴幽深的意境。所以如果建筑物与古树名木矛盾时，宁可挪动建筑以保住大树。除花木外，草皮也十分重要，平坦或起伏或曲折的草皮，也令人陶醉于向往中的自然。

4. 建筑

古建筑斗拱梭柱，飞檐起翘，具有庄严雄伟、舒展大方的特色。它不只以形体美为游人所欣赏，还与山水林木相配合，共同形成古典园林风格。园林建筑物常作景点处理，既是景观，又可以用来观景。因此，除去使用功能，还有美学方面的要求。楼台亭阁，轩馆斋榭，经过建筑师巧妙的构思，运用设计手法和技术处理，把功能、结构、艺术统一于一体，成为古朴典雅的建筑艺术品。常见的建筑物有殿、阁、楼、厅、堂、馆、轩、斋，它们都可以作为主体建筑布置。

5. 书画墨迹

中国古典园林的特点，是在幽静典雅当中显出物华文茂。"无文景不意，有景景不情"，书画墨迹在造园中有润饰景色、揭示意境的作用。园中必须有书画墨迹并对书画墨迹做出恰到好处的运用，才能"寸山多致，片石生情"，从而把以山水、建筑、树木花草构成的景物形象，升华到更高的艺术境界。

（三）中国古典园林的构景手法

古典园林在造园构景中运用多种手段来表现自然，以求得渐入佳境、小中见大、步移景异的理想境界，以取得自然、淡泊、恬静、含蓄的艺术效果。构景手段很多，通常有以下几种造景手段，也可作为观赏手段。

1. 抑景

俗称"先藏后漏""欲扬先抑"。如进门见假山，则为山抑；见树丛，则为树抑。中国传统艺术历来讲究含蓄，所以园林造景也绝不会让人一走进门口就看到最好的景色，最好的景色往往藏在后面，这叫作"先藏后露""欲扬先抑""山重水复疑无路，柳暗花明又一村"，采取抑景的办法，才能使园林显得有艺术魅力。如园林入口处常迎门挡以假山，这种处理叫作山抑。

2. 添景

当眺望远方自然景观或人文景观，如果中间或近处没有过渡景观，就缺乏空间层次。如果在中间或近处有乔木或花卉作中间或近处的过渡景，这乔木或花卉便是添景。添景可以建筑小品、树木绿化等来形成。体型高大姿态优美的树木，无论一株或几株往往能起到良好的添景作用。

3. 夹景

当甲风景点在远方，或自然的山，或人文的建筑（如塔、桥等），它们本身都很有审美价值，如果视线的两侧大而无当，就显得单调乏味；如果两侧用建筑物或树木花卉屏障起来，使甲风景点更显得有诗情画意，这种构景手法即为夹景。如在颐和园后山的苏州河中划船，远方的苏州桥主景，为两岸起伏的土山和美丽的林带所夹峙，构成了明媚动人的景色。

4. 对景

在园林中，或登上亭、台、楼、阁、榭，可观赏堂、山、桥、树木，或在堂桥廊等处可观赏亭、台、楼、阁、榭，这种从甲观赏点观赏乙观赏点，从乙观赏点观赏甲观赏点的方法（或构景方法），叫对景。对景又分为正对和互对，对景不仅运用于室外景观，同时运用于建筑布局及室内布局。对景一般讲究轴线对称，对的景物恰好在观赏者所处轴线的正中，运用于大场景时，对的景物可与总体布局的轴线不在一条主轴上，如自然山水中亭榭，这边的亭榭，那边的瀑布，即形成一种对景的关系。

5. 框景

空间景物不尽可观，或者平淡间有可取之景。利用门框、窗框、树框、山洞等，有选择地摄取空间的优美景色。园林中的建筑的门、窗、洞或者乔木树枝抱合成的景框，往往把远处的山水美景或人文景观包含其中，这便是框景。《园冶》中谓："藉以粉壁为纸、以石为绘也。理者相石皴纹，仿古人笔意，植黄山松柏、古梅、美竹，收之圆窗，宛然镜游也"。李渔也谈于室内设"尺幅窗"或"无心窗"以收室外佳景，也是框景的应用。

6. 漏景

漏景是从框景发展而来。框景景色全观，漏景若隐若现，含蓄雅致。漏景可以用漏窗、漏墙、漏屏风、疏林等手法。疏透处的景物构设，既要考虑定点的静态观赏，又要考虑移动视点的漏景效果，以丰富景色的闪烁变幻情趣。例如，苏州留园入口的洞窗漏景、苏州狮子林的连续玫瑰窗漏景等。

7. 借景

大至皇家园林，小至私家园林，空间都是有限的。在横向或纵向上让游人扩展视觉和联想，才可以小见大，最重要的办法便是借景。所以计成在《园冶》中指出，"园林巧于因借"。借景有远借、邻借、仰借、俯借、应时而借之分。借远方的山，叫远借；借邻近的大树叫邻借；借空中的飞鸟，叫仰借；借池塘中的鱼，叫俯借；借四季的花或其他自然景象，叫应时而借。

四、都市城镇类旅游资源

都市城镇是人口集散中心，不同的都市城镇因区位、交通、气候等原因在历史发展中起过不同的作用，同时也是不同生产力和文明发展程度的体现。我国许多都市城镇不仅仅是重要的客源中心和游客集散中心，同时也都有着深厚的文化底蕴和丰富的旅游资源，因此开发前景十分乐观。

（一）都市城镇与旅游

都市旅游与一般旅游最大的区别在于，都市旅游必然以都市为依托，所有的旅游活动的开展与进行都是围绕都市来进行的。因此，都市旅游多发生在经济发达、文化繁荣的大城市中。都市旅游是以商务会议、探亲访友、文化修学、观光购物以及游乐休闲为目的的旅游活动。以商务会议为目的的旅游活动通常也称为"会展旅游"。在国内，以上海、北京、广州、深圳、香港、重庆为首的大都市是都市旅游较发达的地方。

人文休闲旅游中，古镇资源一直是开发较好的类型之一，古镇宅院建筑以其自身独特的旅游吸引物，促进了人文旅游的发展。按照分类，古镇的旅游开发主要有三种：一是古民居和古宅院游。大多数是利用明、清两代村镇建筑来发展观光旅游，如河南的荆紫关古镇等；二是古镇建筑游。利用古镇房屋建筑、居民、街道、店铺、古寺庙、园林来发展观光旅游，如山西平遥、云南丽江、浙江南浔等；三是新农村风貌游。利用现代农村建筑、居民庭院、街道格局、村庄绿化、工农业企业来发展观光旅游，如上海市闵行区七宝镇九星村、浙江省东阳市花园村、河南南街村等。

（二）都市城镇旅游资源

1. 国家级旅游文化名城

历史文化名城是指保存文物特别丰富，具有重大历史文化价值和革命意义的城市。中国五千年的历史孕育出了一些因深厚的文化底蕴和发生过重大历史事件而青史留名的城市。这些城市，有的曾是王朝都城；有的曾是当时的政治、经济重镇；有的曾是重大历史事件的发生地；有的因为拥有珍贵的文物遗迹而享有盛名；有的则因为出产精美的工艺品而著称于世。截至 2016 年 12 月 16 日，国务院已将 131 座城市（此处为琼山已并入海口市，两者算一座）列为国家历史文化名城，并对这些城市的文化遗迹进行了重点保护。国家历史文化名城按照特点主要分为历史古都型、传统风貌型、一般史迹型、风景名胜型、地域特色型、近代史迹型、特殊职能型七类。

2. 特色小城镇

相对于大城市或历史文化名城的大地域大范围而言，小城镇由于受到历史因素的影响较小，现代化的脚步相对缓慢，保留了更多的地方特色。这里的特色小城镇分为两类，一是国家级历史文化名镇，二是全国特色小镇。

中国历史文化名镇名村，是由建设部和国家文物局从 2003 年起共同组织评选的，保存文物特别丰富且具有重大历史价值或纪念意义的、能较完整地反映一些历史时期传统风貌和地方民族特色的镇和村。这些村镇分布在全国 25 个省份，既有乡土民俗型、传统文化型、革命历史型，又有民族特色型、商贸交通型，基本反映了中国不同地域历史文化村镇的传统风貌。截至目前，共有六批 107 个小镇榜上有名。2016 年 10 月 14 日，住房城乡建设部发布《关于公布第一批中国特色小镇名单的通知》，认定 127 个镇为第一批中国特色小镇，并公布特色小镇名单。这些小镇要么是历史古镇，要么是经济强镇，都有自己的独特吸引力，可以为旅游业开发利用。

3. 现代都市

我国上海、北京、香港、广州、重庆、深圳、天津、南京、杭州、大连、武汉等城市都是现代都市的代表，它们具备一些共同的特征，如经济发达，市场聚集、扩散和影响力大；基础设施完善，具有强大的交通枢纽功能、服务功能、金融功能和信息功能；第三产业发达，在产业比重中所占位置重要；劳动者素质、人均总产值和人均收入及消费水平高；教育发达，人力资源雄厚，科技成果及信息化成果转化快；高水平的社会管理和高质量的城市生态环境。

五、宗教文化类旅游资源

我国是一个多宗教的国家。到新中国成立前，逐步形成了以佛教、道教、伊斯兰教、天主教、基督教（新教）五大宗教为主体，兼有少数其他宗教和多种民间信仰的基本格局。

（一）宗教与旅游

1. 宗教对旅游业的影响

宗教文化不仅是人类文化的组成部分，而且是有特色的、有吸引力的人文旅游资源，极具旅游价值，宗教文化资源的利用和开发，有利于形成有特色的旅游产品，开拓新的旅游市场，对旅游业的发展具有重要的意义。世界上一些著名的宗教圣地，如沙特阿拉伯的麦加、耶路撒冷、意大利罗马、梵蒂冈等都成了国际旅游业发达的地方。中国宗教种类齐全，既有土生土长的宗教如道教；也有外来宗教如佛教、伊斯兰教和基督教等；更有受外来宗教影响而产生的具有中国民族特色的宗教如明教、白莲教等。丰富的宗教文化资源吸引了海内外信徒、专家学者和一般游客。因此，宗教文化为我们提供了丰富的旅游商品，为增收创汇做出了贡献。宗教文化不仅带来了良好的经济效益，也直接促进了旅游业的发展。另外，宗教文化还可以通过间接的形式影响旅游业的发展。宗教文化中的许多人物、故事和传说非常生动，被搬上了电影、电视和文学作品并广为传播，从而激起一些潜在旅游者参加旅游活动。

2. 旅游业对宗教的影响

旅游业的发展对于宗教文化的继承、传播、交流和研究都起到促进的作用。旅游活动是人们需求层次提高的一种表现，能满足人们求知的需要，通过旅游可以增长人们的宗教文化知识，陶冶性情、修身养性。到宗教名胜古迹的人不仅有一般游客，更有朝圣者、宗教信徒和专家学者。因此，旅游活动的发展也是人们传播了解、探讨和研究宗教文化的一个重要途径。同时旅游业的发展，也迫切要求对宗教文物古迹进行保护和开发，经过恢复和修缮的宗教文化遗产，如寺庙宫观，使游客可以身临其境，欣赏各种宗教的文化艺术，增长各种宗教知识，使宗教这一人类传统文化得以继承和传播。而随着海外各种宗教旅游团的到来，为中外宗教界人士提供了许多加强联系、互相交流的机会，对宗教文化的传播和学术研究创造了有利的条件。另外，随着信徒和游客的不断增多，许多人捐赠钱款，为宗教文物古迹的保护和维修提供了大量的资金。

（二）我国五大宗教

1. 佛教

（1）佛教的创立

佛教产生于公元前6—公元前5世纪的古印度。创始人名乔达摩·悉达多（公元前

565 年—公元前 486 年）。20 岁时离家成道，此后被尊称"佛陀"，意为觉悟者，简称"佛"，所传宗教被称为"佛教"。佛祖释迦牟尼涅槃之后，佛教就渐分为小乘佛教与大乘佛教。大乘佛教追求菩萨道的普度众生，求无上菩提的佛果。小乘佛教强调修炼自我的声闻乘，以罗汉的解脱为目标。大乘僧人基本食素，小乘僧人可食"三净肉"。大乘僧人和小乘僧人虽然都是虔诚的佛教徒，但却因宗派不同，一直争论不休。

公元前后，印度佛教开始由印度传入中国，经长期传播发展，而形成具有中国特色的中国佛教。由于传入的时间、途径、地区和民族文化、社会历史背影的不同，中国佛教形成三大系，即汉传佛教（汉语系）、藏传佛教（藏语系）和云南地区上座部佛教（巴利语系）。其中汉传佛教主要宗派有：法性宗（即三论宗）、法相宗（即瑜伽宗）、天台宗、贤首宗（即华严宗）、禅宗、净土宗、律宗、密宗（即真言宗）。这就是通常所说的性、相、台、贤、禅、净、律、密八大宗派。

（2）佛教的教义与节日

佛教教义的主要内容可分为两大方面：一是关于善恶因果与修行方面的，这是佛教教义的实践方面、宗教方面、道德说教方面。佛教的善恶因果观与修行法门，既与其他一切宗教、道德说教有共通之处，又自有其殊胜之处。二是关于生命和宇宙的真相方面的，这是佛教教义的理论方面、哲学方面、辩证思维方面。佛教关于生命和宇宙的真相的理论，是建立在佛教修行（主要是禅悟）基础上的成果。当然，从具体内容上看，这两大方面是不可能截然分割开来的。佛教的基本教义主要是：缘起、法印、四谛、八正道、十二因缘、因果业报、三界六道、三十七道品、涅槃，以及自成一体的密宗法义等。

佛教主要节日有：佛诞日（农历四月初八，是佛祖释迦牟尼诞生纪念日）、佛出家日（农历二月初八，是佛祖释迦牟尼佛出家纪念日）、佛成道日（农历十二月初八，是佛祖释迦牟尼在菩提树下顿悟得道成佛之日）、佛涅槃日（农历二月十五，是佛祖释迦牟尼涅槃日）、盂兰盆会（农历七月十五，是众僧结夏安居修行圆满日）等。

（3）佛教禁忌

一切学佛者的普遍禁忌有皈依三宝（佛、法、僧三宝），持戒"五戒十善"（"五戒"是杀生戒、偷盗戒、邪淫戒、妄语戒、饮酒戒，"十善"是不杀生、不偷盗、不邪淫、不妄语、不两舌、不恶口、不绮语、不贪欲、不嗔愤、不邪见）。

其他对出家僧人的禁忌。饮食方面：素食（不吃荤腥）、不饮酒、不吸烟、过堂、不吃零食；着装和修饰方面：僧衣、剃发、剃须、香疤；个人生活方面：不结婚、不蓄私财、不着香花鬘、不香油涂身、不自歌舞、不做买卖、不看相算命、不禁闭和掠夺及威吓他人、僧尼不能同住一个寺院。

同步思考 3-2

在商业化日盛的年代，当资本介入寺庙行销运营，当政府将景区打包上市，当寺院的方丈主动融入"线上线下"的商业活动……理应纯净的信仰之地，正在日复一日地被利益集团踩踏，商业化开发正在向寺庙渗透——原本清静的宗教场所，已经变得充满铜臭味。对于以上现象，作为一名旅游管理专业学生，你如何看待中国寺庙商业化乱象？

2. 道教

（1）道教的创立

道教是我国传统的宗教形式，植根于中华民族古老深厚的文化土壤之中，在自然崇拜和神灵崇拜的基础上，承袭春秋战国以来黄老神仙方术和以"道"为主题的思想理论。道教尊黄帝为始祖，奉老子为道祖，称张道陵为祖天师。老子所著《道德经》为道教立教之理论基础，教义由此而演绎；东汉顺帝年间（126—144 年）沛国丰人（今江苏徐州人）张道陵，于巴蜀之地设坛靖二十四治，创立天师道以教徒众，道教的宗教组织形式从此逐渐成熟，距今也已有 1900 余年的历史。道教史上因"道法承受"来源不同而分衍的宗派，最大的有五派：一是正一道，二是全真道，三是真大道教，四是太一道，五是净明道。

（2）道教教义与节日

道教以"道"为最高信仰。"道"无形无象，而又生育天地万物。"道"在人和万物中的显现就是"德"。故万物莫不尊道而贵德。道散则为气，聚则为神。神仙既是道的化身，又是得道的楷模。神仙以济世度人为宗旨。故道教徒既信道德，又拜神仙。道教认为信徒要"修道养德"，并认为"修道"可以使人返本还原、长生久安、生活康乐。道教是一种以生为乐、重生恶死的宗教，因此长生久安、全性葆真是道教的基本教义和信仰，以《道德经》思想为主要教义，倡导尊道贵德、重生贵和、抱朴守真、清静无为、慈俭不争和性命双修。

道教的节日很多，凡诸天上帝、尊神圣诞、得道之日，均作为道教节日举行斋醮法会庆贺。主要节日有：三清节（即玉清元始天尊、上清灵宝天尊、大清道德天尊，其诞辰分别是冬至日、夏至日、二月十五）、三元节（上元节为正月十五；中元节为七月十五；下元节为十月十五，祀天、地、水官）、诸神圣诞（玉皇大帝圣诞正月初九、祖天师张道陵圣诞正月十五、丘祖圣诞正月十九、天皇大帝圣诞二月初一、文昌帝君圣诞二月初三）等。

（3）道教禁忌

道教禁忌繁多，简单地可以总结为"三不问""三不言""三不起"，"三不问"是指不问寿、不问俗事、不问家常籍贯，"三不言"是指早不言梦寐、午不言杀伐、晚不言鬼神，"三不起"是指道人吃斋、诵经和静坐时，他人不得打扰，道人也不得应声而起。除此之外，道教戒律中一些禁止做的事，从广义上讲也属于道教禁忌的范畴，如五戒（戒杀、戒盗、戒淫、戒妄语、戒荤）。另外，玄门持戒威仪（出入威仪、师事威仪、视听威仪、语言威仪、饮食威仪等）也都属于道教禁忌的范畴。

3. 伊斯兰教

（1）伊斯兰教创立

伊斯兰教在公元 7 世纪由麦加人穆罕默德在阿拉伯半岛上创立，强调"顺从""和平"，指顺从和信仰创造宇宙的独一无二的主宰安拉及其意志，以求得两世的和平与安宁。信奉伊斯兰教的人统称为"穆斯林"。中国伊斯兰教大致可以分为两大系统：内地伊斯兰教系统和新疆地区伊斯兰教系统。内地伊斯兰教的最早传入时间，大致在中国唐朝的永徽二年（651年），以海路为主；新疆地区伊斯兰教的传入时间，是在公元10世纪末及11世纪初喀喇汗王朝时期，以陆路为主。在中国，有10个民族信仰伊斯兰教，他们是回族、维吾尔族、哈萨克族、柯尔克孜族、乌孜别克族、塔塔尔族、塔吉克族、东乡族、撒拉族、保安族。此外，在汉族、蒙古族、藏族、傣族、白族中也有一部分人信仰伊斯兰教，但其数量极少。

（2）伊斯兰教教义与节日

伊斯兰教义主要由三部分构成，一是基本信仰，指信真主、信天使、信经典、信使者、信后世、信前定。二是宗教义务，指穆斯林必须完成的五项基本功课，简称念、礼、斋、课、朝。三是公益与善行，指穆斯林必须遵守、履行《古兰经》和先知穆罕默德为人类制定的行为规范与公益义务。

穆斯林的节日最有名的是三个：一是开斋节。开斋节在伊斯兰教历10月1日。中国新疆地区称肉孜（Roza，波斯语，意为斋戒）节。按伊斯兰教法规定，伊斯兰教历每年9月为斋戒月。凡成年健康的穆斯林都应全月封斋，即每日从拂晓前至日落，禁止饮食和房事等。封斋第29日傍晚如见新月，次日即为开斋节；如不见，则再封一日，共为30日，第二日为开斋节，庆祝一个月的斋功圆满完成。二是古尔邦节，亦称宰牲节、忠孝节。定于伊斯兰教历12月10日。是穆斯林举行会礼，宰牲献主，是伊斯兰教朝觐仪事之一。三是圣纪，是伊斯兰教先知穆罕默德诞辰。据传，穆罕默德诞生在阿拉伯太阴历象年（约当公元571）3月9日或12日。此外还有登霄节、阿术拉节、盖德尔夜、法蒂玛纪念会、拜拉特夜等节日。

（3）伊斯兰教的禁忌

伊斯兰教的禁忌广泛分布于生活的各个方面，一是忌食猪肉、动物血液、自死之物和一切非诵安拉之名宰杀的动物，忌饮酒，忌与非清真食品混杂；二是女性穆斯林须戴盖头，穆斯林男性要戴礼拜帽；三是伊斯兰教规定结婚的男女双方都必须为穆斯林，婚礼仪式要以伊斯兰教形式进行；四是穆斯林逝世后要速葬、土葬和薄葬；五是伊斯兰教尚右，以右方为尊；伊斯兰教尚白、黑和绿色；六是与穆斯林见面，女士应尽可能避免穿着无袖、超短裙或透明的衣物，男士避免穿背心和短裤。未经本人许可，不得给穆斯林妇女拍照。不能将酒类作为礼物送给穆斯林。在穆斯林做礼拜时不要打扰，也不要驻足观看。按穆斯林习俗，男士不应与妇女有任何身体接触。游览清真寺应获准后方可进入，进入礼拜殿需脱鞋，女士进大殿要围头巾遮住头发，并穿长裤。

4. 天主教

（1）天主教的起源与创立

天主教有时也称作"旧教"，以区别于基督教新教。与东正教、新教并称为基督教三大派别。为基督教中历史悠久、人数最多的派别。天主教在西文中意指罗马公教，中文"天主"一词，为明末耶稣会传教士进入中国后，借用中国原有名称对所信之神的译称。通常认为取自《史记·封禅书》所载："八神，一曰天主，祀天齐"，表述"最高莫若天，最尊莫若主"和"天地真主，主神主人亦主万物"的思想，取意为至高至上的主宰，以与中国所信奉的神灵相区别，故称其教为天主教。天主教在世界各地传播，主要分布于意、法、比、西、葡、匈、波、美以及拉丁美洲各国。其神职人员实行独身制，各修会形成其隐修制度，并且有一整套等级分明的教阶体制。中国的天主教最早出现在唐代，景教就是基督教与波斯宗教思想混合的产物。元代天主教又一度传入中国。明万历十年（1582年）由耶稣会士再次传入。20世纪以来在华天主教出现"中国化"和独立自办的新趋势。

（2）天主教教义与节日

主教的教义有：①"三位一体"。天主教认为，世界和宇宙中存在一种超自然和超社会的力量，这种力量就是天主。他是独一无二、无所不能、创造有形和无形万物的神。由于他具有三个位格——圣父、圣子、圣神，所以称他为"三位一体"的天主。②天主创世说：天主教认为，宇宙万物都是天主创造的，人类当然也是天主创造的。③原罪说。天主教认为，人的本性是有罪的。④救赎说。天主教认为，人类既然有了原罪，又无法自救，于是天主派遣其独生子耶稣降世人间，为人类的罪代受死亡，流出鲜血，以赎人类的原罪。⑤忍耐顺从说。天主教号召人们做到忍耐、顺从。

天主教的主要节日有：复活节（春分后，月圆后的第一个主日）、圣神降临瞻礼（复活节后第50天）、圣母升天节（8月15日）、圣诞节（12月25日）、圣若瑟节（纪念和敬礼耶稣之养父若瑟的节日、日期为3月19日）、诸圣节（纪念所有"在天享荣福的得救诸圣"的节日，日期为11月1日）、耶稣升天瞻礼（纪念耶稣升天的节日，在耶稣复活瞻礼后第40日举行）、圣母无染原罪瞻礼（纪念圣母"始胎无玷"的节日，日期为12月8日）。

（3）天主教禁忌

天主教的禁忌对于信仰者"内心的道德法则"（康德语）极具重要性。主要有：①独身禁忌，根据教会的传统，天主教的主教、神父、修女是不结婚的。②神职从商禁忌，教会禁止领受神品者经商。但这并不意味着教会对于合理经商不予以鼓励。③离婚禁忌，禁止婚姻离异是天主教会维系家庭和谐的伦理方法。④堕胎禁忌，天主教会对堕胎的禁忌与"十诫"中的第五条"毋杀人"有关。⑤主日禁忌，除非有不许耽误的重要事情，如自己生病、照顾重病患者等。⑥斋期禁忌，天主教会为纪念耶稣基督在十字架上圣死，以及他舍身赴义的精神，制定了守斋的规则，即大斋与小斋。⑦教堂内禁忌，凡进入教堂的信友，都会自觉以严肃的态度进入，对于衣着不整或穿拖鞋、短裤入堂者是绝对禁忌的。

5. 基督教（新教）

（1）新教的创立

新教，亦称基督新教，是基督教的一派，与天主教、东正教并称为基督教三大派别。因对罗马公教（即天主教）报抗议态度，不承认罗马主教的教皇地位，故西方一般称基督新教为"抗罗宗"或"抗议宗"。主要分布在英、美、德、瑞士、北欧各国及新西兰、澳大利亚等国。基督新教重视信徒直接与上帝相通而无须神父作中介；主张教会制度多样化（主要分为主教制、长老制、公理制等）而不赞成强求一律；不承认一些天主教传统教义是有《圣经》根据的，例如炼狱（即涤罪所）、圣餐变体论和玛利亚为天主之母等。鸦片战争之前，基督教新教经过马礼逊等人的努力已经传入中国，但外国人不能以传教士的身份进入中国，更不能进入中国内地，因此，基督教新教的传教事业人数不多，影响不大，传播不光。鸦片战争之后，随着一系列不平等条约的订立，外国传教士在"传教条款"的保护下，纷纷涌入中国。而且基督教新教传教士也受到各国国外传教会差派大举进入中国，在不长的时间内，来华的外国传教会达到 130 多个。

（2）基督教教义与节日

基督新教的核心教义有：

①《圣经》具有最高权威。改教运动的重要神学基础是圣经的权威，"唯独圣经"的原则是路德所持守的。教会不仅保存圣经的真理，有施教的职权，并且订立圣经的正典；所以，教会的地位是在圣经之上。

②因信称义。只有信心才能使人与上帝结合，除了上帝便没有信的对象，因为只有他是无条件投靠的。这样真诚地投靠上帝，就是永恒生命的开端。

③信徒皆祭司。新教认为既然只凭信心即可得救，那么信徒人人均可为祭司，无须神职人员作为神人之间的中介。

基督教的主要节日有：①圣诞节，每年 12 月 25 日，是基督教徒庆祝耶稣基督诞生之日。②复活节，在每年春分月圆之后第一个星期日。为纪念耶稣基督于公元 30—33 年被钉死在十字架之后第三天复活的日子。③升天节，为纪念耶稣基督复活 40 天后升天的节日。④情人节，在每年的 2 月 14 日，这是一个情侣们的节日，富有浪漫色彩，充满了友谊和快乐。⑤感恩节，1941 年起定为 11 月第四个星期四举行，教堂在这一天举行感恩礼拜，家庭也举行聚会，通常共食火鸡等。

（3）基督新教的禁忌

大致说来，禁忌在基督教信仰中并不是重要的内容。基督教并没有一整套烦琐的从外在约束规范信徒信仰生活的清规戒律。基督新教忌讳：①崇拜除上帝以外的偶像，聚会场所在布置装饰上呈简洁的特点，一般不设圣像（包括作为崇拜的画像），突出十字架的标志，代表高举并思念基督完成之救赎。②基督教不主张离婚。基督教传统认为，离婚的前提是一方犯淫乱的罪。圣经中提到离婚的另一个可被允许的情形是，为信仰不同之故，一方自愿离去。③忌食带血的食物，勒死的牲畜也在基督教禁食之物之列。④忌讳衣冠不整，忌讳 13 和星期五，看相、算命、占卜和占星术（星象学）等类也为基督徒所禁止。

六、民俗风情类旅游资源

中国是一个具有悠久历史民俗风情传统的国家，在中国境内的 56 个民族中，都有广大人民群众创造的各类民俗风情文化，代代传承。这些民俗风情不仅丰富了人们的生活，还增加了民族凝聚力。民俗风情起源于人类社会群体生活的需要，在各个民族、时代和地域中不断形成、扩大和演变，为人民的日常生活服务。

（一）民俗文化活动的特征

1. 民俗文化活动的集体性

民俗是伴随着人类群体的产生而产生的，没有人类群体就没有民俗文化，所以说民俗文化是集体智慧的结晶。任何一种民俗，都产生于特定的群体；一种民俗一旦形成，就会成为集体的行为习惯，流传于一代又一代的集体中；在流传中由集体不断补充、加工、完善。

2. 民俗文化活动的传承性

民俗需要在一代一代中传递，具有时间传衍的连续性。民俗是时间的连续体，是一个地方区域内长期人文积淀的一种客观反映，它是一个地方文化的象征，是古老文化的传承，所以传承民俗文化，就是延续古老的文明和人文精神，也是一种文化信仰。

3. 民俗文化活动的地方性

民俗文化活动的传承是以人世代相传，除了中华民族文化大传统之外，如春节活动等具有全国性特点，各个地方依自己的特殊环境形成了服务地方的文化小传统，同一种民俗事象在各地会出现不同形态，不同时代、不同地区都会有自己的特点。

4. 民俗文化活动的变异性

民俗作为一种基础文化，它在传承与传播过程中并非一成不变。相反，它随着时空的变化不断地发生变异，形成了与稳定性相联系的变异性特征。民俗在传承中变异，在变异中传承。

5. 民俗文化活动的丰富性

同一种民俗，在中华各民族的不断融合中，各民族习俗被接纳到中华文化体系之中，但都保留着各自的民族特性，从而丰富了中国的民俗文化活动。在各地区会出现不同的形态。中华文化以包容四方的气象著称于世，其中民俗涵化之功甚伟。

6. 民俗文化活动的实用性

开展民俗文化活动的目的只有一个，即服务于人们的生活需要，实用性是中国民俗最本质的特点，民俗文化服务人们的生产和生活，人民依赖民俗开展生产目的，繁衍后代，寻求精神愉快。民众创造了民俗，民俗服务了民众。

（二）民俗风情的类别

1. 饮食民俗

一个民族、一个地区的食俗不仅与地缘、物产等自然条件、经济状况有着必然和不可分割的关系，而且还反映了人们在审美情趣、宗教信仰等方面的文化观念和传统意识。因此，中华民族饮食习俗是中国文化的重要组成部分。中国饮食文化历经上千年的演变，中间经过不断淘汰、探索、更新，其间更是经历了朝代演变、民族融合、地域的变迁等因素的影响，最终在新中国成立后在民间形成了属于中国饮食在民俗间的相互独立的特点。

（1）饮食民俗的地域差异

中国自古注重饮食养生，向有"民以食为天"之说。中华民族食俗内容很丰富，各民族所处的地理环境，历史进程以及宗教信仰等方面的差异，所形成的饮食习俗也不尽相同，构成了中华民族食俗庞大纷繁的体系。食俗一般包括日常食俗、年节食俗、宗教礼祭食俗等内容，经常反映在一些典型食品中。中国南部大都以种植水稻为主，多以大米为主食；中国北方以种植小麦为主，则多以面粉为主食。以农业生产为主要经济手段的民族，日常饮食多以粮菜为主；以畜牧业生产为主要经济手段的民族，则多以肉乳为主。

（2）饮食民俗的影响条件

自远古时期开始，中国各民族就都喜欢把美食与节庆、礼仪活动结合在一起，年节、生丧婚寿的祭典和宴请活动者是表现食俗文化风格最集中、最有特色、最富情趣的活动。在食俗的形成和演变过程中，宗教也产生了强大的影响。任何一种宗教都按自己的教义、教规制定食礼、食规和禁忌。有的禁猪、有的禁荤、有的禁五辛等。一个地区、一个地区的食俗，并不是一成不变的，民族间、地区间、国家间的交往，经济的发展，科技的进步都推动着食俗的演变。过去中国东北部各地的汉族，许多是山东人和河北人，在开发东北的过程中，由于所处环境的变化，逐渐改变了过去以玉米面、面粉为主食的习惯，也以高粱米饭为主食。

（3）菜系

菜系，又称"帮菜"，是指在选料、切配、烹饪等技艺方面，经长期演变而自成体系，具有鲜明的地方风味特色，并为社会所公认的中国饮食的菜肴流派。早在春秋战国时期的中国，饮食文化中南北菜肴风味就表现出差异。到唐宋时，南食、北食各自形成体系。到了南宋时期，北咸南甜的格局形成。发展到清代初期时，鲁菜、川菜、粤菜、苏菜成为当时最有影响的地方菜，被称作"四大菜系"。到清末时，浙菜、闽菜、湘菜、徽菜四大新地方菜系分化形成，共同构成中国传统饮食的"八大菜系"。除八大菜系外还有一些在中国较有影响的细分菜系，如潮州菜、东北菜、本帮菜、赣菜、鄂菜、京菜、津菜、冀菜、豫菜、客家菜、清真菜等菜系。

2. 服饰民俗

中国服饰如同中国文化，是各民族互相渗透及影响而生成的。汉唐以来，尤其是近代以后，大量吸纳与融化了世界各民族外来文化的优秀结晶，才得以演化成整体的所谓中国以汉族为主体的服饰文化。中国服饰的历史源远流长，从原始社会对自然材料的简单缝制、商周时下裳形制和冠服制度以及服章制度逐步确立、春秋战国时百花齐放的服饰局面和推陈出新的深衣服式的形成，到秦汉时期汉服深衣的较大发展、魏晋南北朝时期民族服饰大交融、款式改良，隋唐襦裙，半臂、胡服全面开花，宋辽夏金元各民族服饰的再度交流与融合，再到明清汉族传统服装与满族服装同主流、现代改良发展缤纷多彩，都以鲜明特色为世界所瞩目。

中国少数民族服饰绚丽多彩，精美绝伦，各具特色。它是各民族优秀历史文化的重要组成部分。服饰制作从原料、纺织工艺，以至样式、装饰都保持着鲜明的民族和地区特色。少数民族服饰款式纷繁，各自有异。大体上有长袍和短衣两类。穿袍子的民族一般戴帽蹬靴，穿短衣的民族多缠帕着履。袍子形式也多种多样，有蒙古、满、土等民族的高领大襟式，有藏、门巴等族的无领斜襟式，有维吾尔等族的右斜襟式等，还有坎肩式长袍。同时刺绣、蜡染等工艺相当发达，并广泛用于服饰装饰上，是民族服饰的又一特点，一般运用在头巾、腰带、围裙，以及衣襟、环肩、下摆、袖口、裤脚、裙边等易损部位，既起装饰作用，又有实用价值。刺绣包括桃花、补花、绣花等多种工艺，绣花的手法有平绣、编绣、结绣、盘绣等，花纹图案有自然景物、吉祥图案和几何纹样等。

3. 婚恋嫁娶民俗

婚姻习俗是社会风俗的重要组成部分，也是地方文化的重要内容。婚姻制度在五千年的历史长河中，从原始社会的群居婚、血缘婚、抢亲婚、族外婚，到封建社会的一夫一妻婚姻制度的固定，其内涵丰富，风俗多样。中国传统婚姻，是两个家族的事，除了完成传宗接代的任务之外，还担负着一定的政治与经济使命，所以中国的婚姻往往是强强联姻连横，弱弱联盟合纵，门当户对观念尽在其中。

婚姻维持着社会关系和宇宙秩序，需要道德来体现和支撑，因此产生了婚姻的"礼"和"义"两种道德表现。"礼"相当于现代社会的仪式，其表现首先是"非媒不娶"，男女双方必须是"媒妁"之人的介绍，从最初的官方媒氏之官到后来民间媒婆，都成为婚姻程序里的重要角色。其次是明媒正娶的"六礼"，一是纳采，二是问名，三是纳吉，四是纳征，五是请期，六是亲迎。除此之外，婚姻里还有很多礼，如男主外、女主内，夫唱妇随、三从四德、举案齐眉、七出三不出等。"义"主要表现在妻子死亡与夫之再娶、夫之死亡与妻之再嫁、离婚与恩断义绝等方面。

我国各地风俗不同，加上多民族融合，因此在结婚习俗上也都有自己独特的特点。如布依族戴过"假谷"始为妻、偷水又摔跤彝族结婚要靠抢、阿美族先测体能才能入赘、白族婚后有"性自由"假期、傣族娶个小和尚回家、俄罗斯族古老的"窃娶"婚俗、爱尼人偷姑娘、东干人"晚清"新娘、丽江戴眼镜黑胖男人是极品、畲族综合考验迎亲队伍等。

4. 丧葬民俗

丧葬文化，也是中华民族，几千年文化文明史中的一部分，它涵盖内容涉及实物、信仰、心理、伦理、道德、艺术，由此而延伸展开形成了诸如临终关怀、遗嘱文化、死亡教育、死亡观念、殡仪习俗、丧仪文化、葬文化、祭祀文化、葬仪经济、殡葬科技以及其他有关活动等。从仪式上说，一般包括停尸、报丧、招魂送魂、做"七"、吊唁、丧服仪、出丧择日、哭丧、下葬等。

中国不同民族和不同文化，形成各地不同的葬法、葬式，也形成了不同的葬制。葬法和葬式受自然环境、生存、形态、宗教信仰的影响较大，而葬制则主要受社会形态、社会意识的影响更多。这使得我国的丧葬文化具有多元性。由于受民族丧葬文化、地区差异等因素影响，我国的殡葬形式除比较普遍的土葬之外，还有众多殡葬形式，如土葬、冰葬、火葬、天葬、水葬、悬棺葬、沙葬、树葬等。土葬是中国最传统的殡葬形式，是大多数中国人不愿改变的丧葬形式。火葬是一种较传统的葬式，即用火焚尸，将骨灰贮于盒内的殡葬方式。悬棺葬即人死后，亲属将遗体殓入棺，将木棺悬插入悬崖绝壁的木桩上，或崖洞中、崖缝内，或半悬于崖外。天葬就是将死者的尸体喂动物。冰葬是将死者的遗体放置在液态的氮气中进行处理。水葬是一种将死者遗体投于江河湖海的一种葬法。沙葬在新疆沙漠最为流行。先将死者用麻袋装好，投入流沙中，让它慢慢陷进沙子。树葬是把骨灰深埋在一棵大树下，或者把骨灰撒在土壤里。

5. 民间工艺品民俗

民间工艺是中华民族文化艺术的瑰宝，几千年来，它始终代表着中华民族的一大特色，在一代代民间艺人中不断传承发展。民间工艺是大众生活中的民俗艺术，是经济和文化的双重载体。它出自民间，服务于民众，是实用和审美完美结合的体现。常见的民间工艺有泥塑、木艺、漆器、微雕、皮影、刺绣、毛绒、紫砂、蜡艺、文房四宝、书画、铜艺、装饰品、陶瓷、布艺等。

（1）瓷器

瓷器是由瓷石、高岭土、石英石、莫来石等烧制而成，外表施有玻璃质釉或彩绘的物器。瓷器的成形要在窑内经过高温（1280~1400℃）烧制，瓷器表面的釉色会因为温度的不同从而发生各种化学变化。中国是瓷器的故乡，瓷器是古代劳动人民的一个重要的创造。瓷器的发明是中华民族对世界文明的伟大贡献，在英文中"瓷器（china）"与中国（China）同为一词。中国瓷器是从陶器发展演变而成的，原始瓷器起源于3000多年前。至宋代时，名瓷名窑已遍及大半个中国，是瓷业最为繁荣的时期。当时的汝窑、官窑、哥窑、钧窑和定窑并称为宋代五大名窑，此外比较知名的还有柴窑和建窑。被称为"瓷都"的江西景德镇在元代出产的青花瓷已成为瓷器的代表。

（2）漆器

用漆涂在各种器物的表面上所制成的日常器具及工艺品、美术品等，一般称为"漆器"。生漆是从漆树割取的天然液汁，用它作涂料，有耐潮、耐高温、耐腐蚀等特殊功能，又可以配制出不同色漆，光彩照人。历经商周直至明清，中国的漆器工艺不断发展，达到了相当高的水平。中国的炝金、描金等工艺品，对日本等地都有深远影响。漆器是中国古代在化学工艺及工艺美术方面的重要发明。著名的漆器代表有稷山螺钿漆器、扬州螺钿漆器、福州脱胎漆器、平遥推光漆器、甘肃天水漆器等，其中福州脱胎漆器与景德镇瓷器、北京景泰蓝并称为我国三大国宝。

（3）景泰蓝

景泰蓝正名"铜胎掐丝珐琅"，是一种在铜质的胎型上，用柔软的扁铜丝，掐成各种花纹焊上，然后把珐琅质的色釉填充在花纹内烧制而成的瓷器器物。因其在明朝景泰年间盛行，制作技艺比较成熟，使用的珐琅釉多以蓝色为主，故而得名"景泰蓝"。明代景泰蓝的造型大都为器皿，多数为历代陶瓷及青铜器的传统造型。其装饰纹样以大明莲为主，也有少数串联花卉和青铜器纹样变形的装饰，其色彩以二蓝（湖蓝）为主色调，配以少量红、白、绿、黄等色；色调统一、讲究、装饰得体，装饰铜活造型优美，粗细结合，重点突出。景泰蓝工艺成熟朝，以其绚丽多彩、富有民族气息的艺术风格而闻名于世。

（4）织锦

中国丝织提花技术起源久远。早在殷商时代中国已有丝织物。周代丝织物中出现织锦，花纹五色灿烂，技艺臻于成熟。汉代设有织室、锦署，专门织造织锦，供宫廷享用。自汉武帝后，中国织锦通过丝绸之路传入波斯（今伊朗）、古罗马等国。在不同民族、不同地域的人们数千年生活创造的过程中，织锦也呈现了多种多样的风格，如南京的云锦，四川的蜀锦，苏州的宋锦，广西的壮锦，湖南的土家锦，云南的傣锦，贵州的苗锦，海南的黎锦等。其中南京云锦、成都蜀锦和苏杭宋锦并称为我国的"三大名锦"。数千年的演变发展过程中，中国的织锦由最初作为布料的存在，成为中国工艺美术珍宝中一个美丽的门类。

（5）酒文化

酒是人类生活中的主要饮料之一。中国制酒源远流长，品种繁多，名酒荟萃，享誉中外。黄酒是世界上最古老的酒类之一，约在3000多年前，商周时代，中国人独创酒曲复式发酵法，开始大量酿制黄酒。约1000年前的宋代，中国人发明了蒸馏法，从此，白酒成为中国人饮用的主要酒类。酒渗透于整个中华五千年的文明史中，从文学艺术创作、文化娱乐到饮食烹饪、养生保健等各方面在中国人生活中都占有重要的位置。酒根据酿造方法可分为蒸馏酒、发酵酒和配制酒；根据本身性质可分为黄酒、白酒、葡萄酒和啤酒几大类别。其中按照香型可分为酱香型、浓香型、清香型和混合香型。

（6）茶文化

中国茶文化是中国制茶、饮茶的文化。作为开门七件事（柴米油盐酱醋茶）之一，饮茶在古代中国非常普遍。中国的茶文化与欧美或日本的茶文化的分别很大。中华茶文化源远流长，博大精深，不但包含物质文化层面，还包含深厚的精神文明层次。唐代茶圣陆羽的茶经在历史上吹响了中华茶文化的号角。从此茶的精神渗透了宫廷和社会，深入中国的诗词、绘画、书法、宗教、医学。茶有健身、治疾之药物疗效，又富欣赏情趣，可陶冶情操。品茶待客是中国人高雅的娱乐和社交活动，坐茶馆、茶话会则是中国人社会性群体茶艺活动。中国茶艺在世界享有盛誉，在唐代就传入日本，形成日本茶道。茶叶按照发酵程度可分为绿茶、红茶、乌龙茶（青茶）、白茶、黄茶、黑茶。

（7）文化用品

文房四宝是笔墨纸砚的统称，是五千年中华文化传承的主要载体，也是国家非物质文化遗产。勤劳智慧的华夏儿女将门出一宗的文房四宝打造得百花争艳、精彩纷呈，笔之魁、墨之冠、纸之最、砚之首，开创了文房四宝的辉煌历史。文房四宝之名，起源于南北朝时期。历史上，"文房四宝"所指之物屡有变化。在南唐时，"文房四宝"特指诸葛笔、徽州李廷圭墨、澄心堂纸、江西婺源龙尾砚。自宋朝以来"文房四宝"则特指湖笔（浙江省湖州）、徽墨（安徽省徽州）、宣纸（安徽省宣州）、端砚（广东省肇庆，古称端州）。

（8）节日习俗

传统节日形成，是一个民族或国家历史文化长期积淀凝聚的过程。中国传统节日多种多样，是我国悠久历史文化的一个重要组成部分。从远古先民时期发展而来的中华传统节日清晰地记录着中华民族丰富而多彩的社会生活文化内容。中国的传统节日有除夕（大年三十）、春节（正月初一）、元宵节（正月十五）、清明节（4月5日前后）、端午节（农历五月初五）、七夕节（农历七月初七）、中秋节（农历八月十五）、重阳节（农历九月初九）、腊八节（农历十二月初八）等。此外，我国各少数民族也都保留着自己的传统节日，如傣族的泼水节、蒙古族的那达慕大会、彝族的火把节、瑶族的达努节、白族的三月街、壮族的歌圩、藏族的藏历年和望果节、苗族的跳花节等。

知识小扩充 3-3

那达慕大会与雪顿节

"那达慕"大会是蒙古族历史悠久的传统节日，每年农历六月初四开始，为期5天，在蒙古族人民的生活中占有重要地位，是人们为了庆祝丰收而举行的文体娱乐大会。"那达慕"，蒙古语的意思是娱乐或游戏。那达慕大会的内容主要有摔跤、赛马、射箭、套马、下蒙古棋等民族传统项目，有的地方还有田径、拔河、篮球等体育项目。雪顿节是每年藏历六月底七月初，是西藏传统的节日。在藏语中，"雪"是酸奶子的意思，"顿"是"吃""宴"的意思，雪顿节按藏语解释就是吃酸奶子的节日，因此又叫"酸奶节"。因为雪顿节期间有隆重热烈的藏戏演出和规模盛大的晒佛仪式，所以有人也称之为"藏戏节""晒佛节"。传统的雪顿节以展佛为序幕，以演藏戏看藏戏、群众游园为主要内容，同时还有精彩的赛牦牛和马术表演等。2006年那达慕大会和雪顿节经国务院批准均列入第一批国家级非物质文化遗产名录。

七、文化艺术类旅游资源

文化艺术是人类文明的重要组成部分，包括诗词、小说、散文、游记、传说、舞蹈、戏剧、绘画、书法、雕塑、工艺品、电影、电视等。它们都有自身发生和发展的规律。但是同其他人文因素一样，它们也可以为旅游业所用，并且较之其他旅游资源，文化艺术在内容上更接近客观现实，更充满作者的激情，因而更易于引起人们心灵的共鸣；在形式上更直观，更易于为广大群众所接受。

（一）文化艺术与旅游

1. 文化艺术自身即为旅游资源

著名的摩崖题刻、雕塑、文艺节目、影视作品、工艺品等，其自身可能成为旅游者极感兴趣的旅游项目，或成为在旅游地观赏的重点。到海南三亚旅游，人们最留恋的是"天涯海角"刻石；到泰山，也一定会观赏"纪泰山铭碑"；石鼓是珍贵的历史文物，对其"石鼓文"的研究已持续了多少世纪；宁夏贺兰山和广西花山等地的岩画这种原始艺术也独具魅力。除了文化艺术本身，跟其相关的内容也可以成为旅游资源，如几乎所有杰出的文学艺术家的故居和其他遗迹都已成为旅游者参观游览、吊古凭今的地方，为旅游业增添了一项很有意义的资源。例如四川成都的杜甫草堂、浙江绍兴的鲁迅故居和三味书屋及北京的郭沫若、齐白石、梅兰芳、徐悲鸿故居等。游客可借此全面了解这些巨擘的经历、情操与成就，研究他们的创作活动与社会背景的关系。当然，这一类旅游资源需具有历史真实性。

2. 借助文化艺术的魅力而产生旅游资源

许多地区在发展旅游业、开发旅游产品时，往往依托文学艺术的一些人物、故事和场景、地点人为制造旅游资源，从而产生许多具有吸引力的景区景点。如陶渊明的《桃花源记》脍炙人口，因而湖南省桃源县一个风光优美的旅游地便被逐渐按照该文的描写修建成了"桃花源"，将作者的理想世界变成了一个真实的世界。曹雪芹的《红楼梦》是世界文学艺术宝库中的奇葩，于是近年北京、上海各造了一座"大观园"，河北正定建了"荣宁街"。这其中有许多文学艺术是神话传说、民间故事，但都可以从艺术变为现实，就是因为其独特的魅力。

3. 文化艺术与其他旅游资源相得益彰

文化艺术不是孤立存在的，在旅游资源开发中，往往依托于一定的实体资源而存在，才能有外在的表现形式。如"孟姜女哭长城"的神话传说只能站在长城上时，当年的悲壮和凄惨才能引发人们联想，才具有场景的真切感。许多山地景观在开发时，往往也对某一景点进行想象的加工创造，创作出有趣的神话传说，使得山更有灵性，更有魅力。

（二）文化艺术的类型

1. 文学艺术

这里主要是指唐诗、宋词和元曲。唐诗是中华民族最珍贵的文化遗产之一，是中华文化宝库中的一颗明珠，同时也对世界上许多民族和国家的文化发展产生了很大影响，对于后人研究唐代的政治、民情、风俗、文化等都有重要的参考意义和价值。唐诗的形式是多种多样的。唐代的古体诗，主要有五言和七言两种。唐诗的形式和风格是丰富多彩、推陈出新的。它不仅继承了汉魏民歌、乐府传统，并且大大发展了歌行体的样式；不仅继承了前代的五言、七言古诗，并且发展为叙事言情的鸿篇巨制；不仅扩展了五言、七言形式的运用，还创造了风格特别优美整齐的近体诗。由于创作方向不同，产生了许多派别和代表诗人，如山水田园诗派的王维、孟浩然，边塞诗派的高适、岑参、王昌龄、王之涣，浪漫诗派的李白，现实派的杜甫等。

宋词是一种相对于古体诗的新体诗歌之一，宋代盛行的一种文学体裁，标志着宋代文学的最高成就。宋词句子有长有短，便于歌唱。因是合乐的歌词，故又称曲子词、乐府、乐章、长短句、诗余、琴趣等。它始于梁代，形成于唐代而极盛于宋代。宋词是中国古代文学皇冠上光辉夺目的明珠，在古代中国文学的阆苑里，它是一座芬芳绚丽的园圃。它以姹紫嫣红、千姿百态的神韵，与唐诗争奇，与元曲斗艳，历来与唐诗并称双绝，都代表一代文学之盛。宋词的代表人物主要有苏轼、辛弃疾（豪放派代表词人）、柳永、李清照（婉约派代表词人）。

元曲又称夹心，是盛行于元代的一种文艺形式，包括杂剧和散曲，有时专指杂剧。元曲原本来自所谓的"蕃曲""胡乐"，首先在民间流传，被称为"街市小令"或"村坊小调"。随着元灭宋入主中原，它先后在大都（今北京）和临安（今杭州）为中心的南北广袤地区流传开来。元曲有严密的格律定式，每一曲牌的句式、字数、平仄等都有固定的格式要求。与律诗绝句和宋词相比，有较大的灵活性。元曲是中华民族灿烂文化宝库中的一朵灿烂的花朵，它在思想内容和艺术成就上都体现了独有的特色，和唐诗宋词明清小说鼎足并举，成为我国文学史上一座重要的里程碑。

2. 书画

中国的历史文明是一个历时性、线性的过程，中国的书法艺术在这样大的时代背景下展示着自身的发展面貌。在书法的萌芽时期（殷商至汉末三国），文字经历由甲骨文、古文（金文）、大篆（籀文）、小篆、隶（八分）、草书、行书、真书等阶段，依次演进。在书法的明朗时期（晋南北朝至隋唐），书法艺术进入了新的境界。由篆隶趋从于简易的草行和真书，它们成为该时期的主流风格。大书法家王羲之的出现使书法艺术大放异彩，他的艺术成就传至唐朝备受推崇。同时，唐代一群书法家蜂拥而起，如：虞世南、欧阳询、褚遂良、颜真卿、柳公权等大名家。在书法造诣上各有千秋、风格多样。经历宋、元、明、清，中国书法成为一个民族符号，代表了中国文化博大精深和民族文化的永恒魅力。

国画一词起源于汉代，主要指的是画在绢、宣纸、帛上并加以装裱的卷轴画。国画是中国的传统绘画形式，是用毛笔蘸水、墨、彩作画于绢或纸上。工具和材料有毛笔、墨、国画颜料、宣纸、绢等，题材可分人物、山水、花鸟等，技法可分具象和写意。中国画讲究形式美，构图不受时间、空间的限制，也不受焦点透视的束缚，画面空白的运用独具特色；多采用散点透视法（即可移动的远近法），使得视野宽广辽阔，构图灵活自由，画中的物象可以随意列置，冲破了时间与空间的局限。中国画在内容和艺术创作上，体现了古人对自然、社会及与之相关联的政治、哲学、宗教、道德、文艺等方面的认知。在人物代表上，最著名的当属东晋的顾恺之，隋朝的展子虔，唐代的阎立本、吴道子，五代的董源，宋代的范宽、张择端、李公麟、夏圭，元代的黄公望，明代的沈周、唐寅、文徵明、仇英、石涛、郑燮等。

3. 匾额、楹联

匾额是古建筑的必然组成部分，相当于古建筑的眼睛。它是悬于门屏上的牌匾，用以表达经义、感情之类的属于匾，而表达建筑物名称和性质之类的则属于额。因此合起来可以这样理解匾额的含义：悬挂于门屏上作装饰之用，反映建筑物名称和性质，表达人们义理、情感之类的文学艺术形式即为匾额。但也有一种说法认为，横着的叫匾，竖着的叫额。匾额是中华民族独特的民俗文化精品。几千年来，它把中国古老文化流传中的辞赋诗文、书法篆刻、建筑艺术融为一体，是字、印、雕、色的集大成，以其凝练的诗文、精湛的书法、深远的寓意，指点江山，评述人物，成为中华文化园地中的一朵奇葩。

楹联是写在纸、布上或刻在竹子、木头、柱子上的对偶语句，因古时多悬挂于楼堂宅殿的楹柱而得名，有偶语、俪辞、联语、门对等通称，故以"对联"称之。楹联对仗工整，平仄协调，是一字一音的中华语言独特的艺术形式。它是一种对偶文学，起源于桃符，是利用汉字特征撰写的一种民族文体，它与书法的美妙结合，又成为中华民族绚烂多彩的艺术独创。楹联作为一种习俗，是中华民族优秀传统文化的重要组成部分。2005年国务院把楹联习俗列入第一批国家非物质文化遗产名录。楹联习俗在华人乃至全球使用汉语的地区以及与汉语汉字有文化渊源的民族中传承、流播，对于弘扬中华民族文化有着重大价值。

4. 神话传说

神话传说的故事是由人们幻想中的古今生物如神、鬼、人、仙、佛、妖、精、魔鬼、上帝、天使、龙、凤、动植物等从而编造出来的故事。神话传说和民间传说也是一个民族和国家的宝贵精神财富，在文学史上有着很重要的地位。它的题材内容和各种神话人物对历代文学创作及各民族史诗的形成具有多方面的影响，特别是它丰富奔放、瑰奇多彩的想象和对自然事物形象化的幻想，与后代作家的艺术虚构及浪漫主义创作方法的形成都有直接的渊源关系。它为后世的创作提供了丰富的题材。不仅如此，神话还具有丰富的美学价值与历史价值，与远古的生活和历史有密切关系，它是研究人类早期社会的婚姻家庭制度、原始宗教、风俗习惯等很重要的文献资料。

本章概述

我国疆域辽阔，地理环境复杂多样；中华民族历史悠久，人文风情多姿多彩。特定的自然环境和人文环境造就了我国类型多样且特色鲜明的旅游资源。这些丰富的旅游资源既是我们引以为傲的资本，又是开展旅游活动的先决条件。

基本训练

一、判断题

1. 黄土高原、柴达木盆地、东北平原都位于我国第二阶梯上。　　　　　　（　　）

2. 黄山、华山、泰山、三清山、龙虎山都是花岗岩地貌的典型代表。　　（　　）

3. 宋代时，禅宗兴盛，形成了"伽蓝七堂"制度，七堂指佛殿、法堂、僧堂、库房、山门、西净、浴室。　　　　　　　　　　　　　　　　　　　　（　　）

二、简答题

1. 民居和地理环境之间存在着什么样的关系？

2. 请给屋顶的悬山顶、歇山顶、攒尖顶、庑殿顶、盝顶、硬山顶几种形式按照级别进行排列。

✝ 专业能力提升

申请世界遗产：成功不是结束，而是开始

当前，各地对于申报世界遗产保持着持续的热情，很多原本默默无闻的地方，都因为成为世界遗产地而一举成名。在这些地方，世界遗产不仅为当地带来了金灿灿的"光环"，更带来了旅游开发资本和游客的蜂拥而入。有些地方政府为了发展旅游业，使遗产区变成彻底的旅游区，或者为了发展旅游将原有居民全部迁走使得遗产地完全"变味"。联合国教科文组织的一项调查显示，人为因素成为遗产地保护中的最大威胁，如大规模公共或私人工程的威胁、城市化或旅游业迅速发展造成的消失危险、土地利用的变更或易主造成的破坏、缺乏管理与保护、武装冲突的威胁。中国曾有 6 处世界遗产被"亮黄牌"，起因就在于管理不力导致保护不足以及过度开发导致破坏严重。

从更深层次看，遗产地过度开发的弊病也与我国旅游开发模式息息相关。一般来说，旅游经济开发有三种境界，那就是卖景观、卖体验、卖文化。而我国大部分的景区还处于卖景观和卖体验阶段，向更高层次的文化旅游转型成为一个亟待破解的难题。从某种意义上看，申遗成功并不是一个结束，而是一个新的开始。如何确立科学的发展理念，如何从处于"卖景观"这种初级的旅游经济模式转到卖服务乃至提供一种休闲价值、生活方式、文化氛围熏陶，将成为一个地方申遗成功后可持续发展的关键，也将是这些地区应着重思考的问题所在。

（资料来源：李慧. 别让遗产变味［N］. 光明日报，2017-6-10）

问题：根据以上背景，寻找我国世界遗产中"卖景观和卖体验"比较典型的某一具体景区，然后给出向"卖服务乃至提供一种休闲价值、生活方式、文化氛围熏陶"方向转变的策略。

第四章

中国旅游交通地理

通过本章学习，学生应该达到以下目标：

知识目标： 了解中国旅游交通的特点，掌握旅游交通的基本类型和优缺点。

能力目标： 运用本章知识及相关案例，能够进行国内具体旅游线路上有关交通的组织和设计，并对市场上热点旅游线路进行评析。

技能目标： 结合专业技能训练、同步思考、课堂讨论等内容，具备对旅游交通服务相关问题、交通意外事故等特殊情况的正确处理方法的能力。

任务引入

青藏铁路十年来高速带动旅游发展

2006 年 7 月 1 日，世界上海拔最高的铁路——青藏铁路正式开通运行，结束了西藏没有铁路的历史。青藏铁路北起青海省西宁市，南至西藏拉萨市，全长 1956 千米，沿线经过青海湖、昆仑山、可可西里、念青唐古拉山、羌塘草原等众多世界级景区，串起一条充满神秘色彩的旅游风景线。"坐着火车去拉萨，去看那神奇的布达拉……"就像歌中所唱的，十年间，大批中外游客实现了向往已久的"进藏游"梦想。十年来，西藏旅游业得到了超常规、跨越式发展，青藏铁路无疑发挥了强大助推力。同时，青藏铁路自身也成为游客青睐的"旅游产品"，很多游客专门选择乘火车到拉萨，体验这条世界海拔最高的铁路及沿途的美景。

"钢铁天路"的开通运行，有效带动了青海、西藏两省区旅游基础设施的不断完善，一条以青藏铁路为中轴线的"青藏铁路旅游带"逐步形成规模。

（资料来源：青藏铁路通车十年　高原旅游业"长大了"［EB/OL］. http://news.

gaotie. cn/lvyou/2016-06-22/331566. html）

任务分析： 随着我国"四纵四横"高铁网的发展，游客与旅游目的地的距离变得更短，出游变得更加便捷化，同时也促进了客源地与目的地的旅游发展，旅游交通的重要性由此更加凸显。我国旅游交通类型齐全，发展迅速，为旅游业快速发展提供了强有力的支持。

第一节　旅游交通概述

一、旅游交通概念与特点

（一）旅游交通的概念

旅游交通是指为旅游者提供从客源地到目的地的往返，以及在旅游目的地各景点之间实现空间位移而提供的各种交通设施及服务的总和。旅游交通既是"抵达目的地的手段，同时也是在目的地内活动往来的必须手段"，更是旅游者完成旅游行程的必要前提。

旅游交通作为通用交通的重要组成部分，在结构构成上同通用交通一样，都是由旅游交通线路及道路、交通工具及始终港站三部分构成，范围涵盖航空、铁路、公路、河运和海运等多种形式。旅游交通往往和通用交通有机融合在一起，成为游客实现旅游行程的依托手段，如实现远途旅行的飞机、铁路交通，实现近途的公路、水路旅游交通，都是借助于客运交通完成，只有特种旅游交通、景区内的一些设施是专门为了游客而建设，如通向景区的旅游专线、景区内的索道、游轮等，这部分交通实际上也属于交通系统的特殊组成部分。需要强调的是，以上所说的旅游交通在属性上属于公共交通，同我国迅速成长起来的私家车、租赁车几种交通方式不同。

（二）旅游交通的特点

旅游交通既和整个交通系统联系在一起，又是旅游产品的重要组成部分。尽管旅游交通是通用交通的一部分，但在为游客这一特殊的社会群体服务时，又有着自身的特点。

1. 游览性与娱乐性

旅游交通中建设和开通的一些旅游专线，只在旅游客源地与目的地之间进行直达输送游客，或在某一旅游目的地区域内进行环状运输，便于游客进行游览。有些特殊的旅游交通本身既是游览工具，也是旅游吸引物，如羊皮筏子、玻璃栈道、山中电梯、轿子、滑竿、骆驼等，这些特种旅游交通既为游客提供了便捷，又满足了游客求新、求异、求乐、求奇的心理，实现娱乐目的。由于旅游是一种高层次消费，旅游者在行程中更加重视旅游交通设施的档次，要求能够满足其休闲性、娱乐性和享受性。因此，旅游交通工具在硬件的配备上，都比客用的通用交通工具有更高的要求，除了装饰豪华、车窗宽大明亮，便于人们领略沿途风光外，尤其要体现出其娱乐的功能，如汽车车厢里能唱歌、看电视，豪华游轮上能跳舞、运动、游戏，都是基本的配备要求。

2. 季节性与不均衡性

由于旅游现象本身的季节性，导致旅游交通的季节性及所产生的不均衡性比通用交通更加显著。由于受到天气、气候、假期等因素的影响，使得游客在出游决策和游客流动上产生了明显的季节性，起到送达游客作用的旅游交通自然也受旅游淡旺季影响很大。在我国，"十一"、春节长假，气候舒适的春秋季节都成为旅游交通最繁忙的时段。有些地方由于冬季的温暖、夏天的凉爽也成为局部旅游交通线路上的旺季，从而产生了客流的不均衡。但同时也要认识到，旅游交通不可储存，生产与消费同时进行，因此运输能力在一定时期是定值。这就形成了当旅游旺季来临时旅游交通供不应求、旅游淡季时供大于求的现象，因此运输部门往往通过提高运输价格来调节市场需求。

3. 准时性与快捷性

随着带薪休假制度的逐步落实，我国已步入大众旅游时代。游客在有限的假期内离开客源地到旅游目的地进行游览，在旅游交通方式的选择上对交通的便捷性、准时性更加关注，因此不管是长途交通还是目的地内的短途交通，都希望尽可能地准时和便捷，在有限的时间内将"旅"和"游"紧密结合，完成既定计划。一旦某一交通方式延误就有可能影响后续的所有行程，产生一系列的后续问题。如去程航班的延误会因为回程航班的提前预订而压缩游客在目的地的行程，影响游客旅游体验；回程航班的延误会影响游客正常工作、计划事宜等，造成一定的经济损失。因此，游客在出游前，对于交通方式的选择都会提前做好计划，以免影响行程。

4. 区域性与集中性

旅游交通本身具有一定的区域性。旅游交通线路根据旅游客流的因素，集中分布在旅游客源地与目的地以及旅游目的地内各旅游集散地之间，具有明显的区域特征。北京、上海、广州、丽江、西安、杭州这类旅游热点目的地通向全国其他各大城市的航班和火车车次明显比其他非旅游城市要多；同时这些城市内部交通便捷性也非常强，在城市公共设施的建设上更加注重交通立体网络构建。在一些著名景区尤其是自然型景区内部，由于地域范围比较大，为游客提供的交通方式也是多种多样，如景区大巴、索道、游船、骑马等。综上所述，不管是从客源地到目的地的远途交通，还是旅游目的地内部的近途交通，都存在着明显的区域性和集中性。

二、旅游交通在旅游业中的地位和作用

（一）旅游交通是发展旅游业的先决条件

通达的交通是沟通客源地与旅游目的地之间的桥梁，也是旅游行为得以实现的基本条件，更是旅游目的地发展旅游业的首要决定性条件。不管是游客从客源地到目的地的长途交通，还是目的地之间内部的短途交通，都必须借助于畅通的交通体系，实现游客

的空间位置转移。因此交通才成为了旅游六要素"食、住、行、游、购、娱"的重要环节，其地位随着我国大众旅游时代到来越来越重要。俗话说，"要想富，先修路"，而要想通过旅游来致富，也必须先修路，且这种交通路况要满足发展旅游业的基本需求，即游客能够"进得去、散得开、出得来"。

（二）旅游交通是旅游业经济收入的重要组成部分

旅游交通在游客出游费用中所占的比重较大，尤其是对于远途游和出境游而言，这部分花费比例会更大。同时对于旅游目的地景区尤其是山地景区而言，旅游交通也会成为门票的重要组成部分，进行联合销售，有的交通费用会占到门票总费用的40%。此外旅游交通不仅仅是作为一种两地之间转移的工具，有些情况下旅游交通本身也是吸引旅游者的重要资源，如乘坐青藏铁路到拉萨，游客既可感受列车慢慢驶入高海拔地区的身体变化，又可欣赏众多壮美的风景；又如张家界景区为了吸引游客而修建百龙天梯，游客既可以感受随电梯每秒3米的高速上升，又可欣赏电梯外如仙境的石英砂岩风光。

（三）旅游交通发展的格局决定着旅游业发展的规模与速度

旅游交通的建设布局和运力投入，决定着旅游业的发展规模和速度。在世界和我国经济发达地区，由于旅游交通建设速度快，运力设备投入量大，使得旅游交通立体网络完备，游客的集散条件发达，旅游业相应的发展速度加快。反之，在一些经济欠发达国家和地区，由于经济基础相对落后，政府在交通建设、运力设备投入方面不够，使得交通线路稀少、等级不高、运力不足，游客集散性较弱，往往制约着旅游业的发展速度和规模。青藏铁路自2006年7月通车以后，十几年来，对西藏旅游业的带动实现了从量到质的跨越式发展，就是最好的例证。

同步思考4-1

旅游业的发展是否会对旅游交通起到一定的促进作用？

三、旅游交通的类型及优缺点

（一）航空旅游交通

航空旅游交通是以民用客机为主要运输工具，以航空交通线为线路、以机场为始终停靠站的一种运输方式。它在长距离国际、国内旅游中处于绝对垄断地位。目前航空旅游交通主要承担国与国之间和各国内各大城市之间的旅客运送以及邮件、急件、贵重物品的运输任务。随着商务旅游、度假旅游的兴起，旅游包机也应运而生，这对民航提出了更高的要求，航空旅游交通正以其独特的优势越来越受到游客的青睐。

航空旅游交通的优势在于：快捷、舒适、安全，并且具有一定的机动性。在当今时代，高速性具有无可替代的特殊价值。现代的喷气式客机，时速一般在900千米左右，比火车快 5~10 倍，比海轮快 20~25 倍。航空运输不受地形地貌、山川河流的阻碍，只要有机场并有航路设施保证，即可开辟航线，如果用直升机运输，则机动性更大，可以到达其他运输方式不易到达的地方，是长途、远距离旅行的理想运输方式。航空运输尤其能满足现代旅游者惜时如金的心理需求。

航空旅游交通的缺点是载运能力小、能源消耗大、运输成本高。同时因为空港占地大，机场远离市中心地区，必须与其他交通工具相互配合，才能完成旅游交通服务。此外尽管飞机本身密封性较好，能减少舱内的噪声，但其在起降时产生的噪声大，影响周围环境。航空运输受气候的影响大，雨天、雾天、雪天都会影响飞行，在一定程度上影响了准时性和经济性。

专业技能训练 4-1

飞机上产生的旅游"黑名单"

国家旅游局 2017 年 6 月 9 日通报称，又有四名不文明游客被列入"黑名单"，截至目前被列入旅游不文明行为记录的人数已有 29 名。其中，爬红军雕塑者被"拉黑" 10 年，期限最长。在旅游不文明行为记录中，从类型上看，殴打、辱骂导游或领队的居多；从地点上看，在飞机上发生的不文明行为居多，共有 8 名游客因为在飞机上发生不文明行为而被列入"黑名单"。有的是因为对座位调换不满与空服人员发生激烈争吵，并谩骂、恐吓和威胁；有的是强行打开飞机应急舱门，又有的是在飞机上因调整座椅问题与他人发生争吵、打闹。

（资料来源：旅游不文明黑名单人数增至 29 名　这些人都做了啥？[EB/OL]，http://news. 163. com/17/0610/00/CMHETESF00018AOQ. html#f＝post1603_ tab_ news）

问题：1. 为什么飞机上容易成为游客发生不文明行为而被列入黑名单的场所？

2. 你认为旅游航空公司应该采取哪些措施避免游客在飞机上的这些不文明行为？

（二）铁路旅游交通

铁路旅游交通是以铁道为交通线、旅客列车为交通工具、以客运站为始终停靠站的现代化交通运输方式。铁路长期以来在运输业中一直占据重要地位，特别是在中长途旅行客运中所占比重很大。目前世界上不少地区的铁路客运与其说是交通客运服务，不如说是观光游览项目。很多人乘坐火车主要是对火车本身感兴趣，而不是为了解决交通问题，例如有些铁路公司在沿途景观优美的线路上重新采用蒸汽机；有的更是利用铁路组织专项服务，例如印度推出的"流动宫殿"游，南非推出的"蓝色列车"游，以及横贯欧洲的古老东方快车的复兴，都说明这类列车不仅仅是作为交通运输手段，而是已成为特定的旅游项目或旅游内容。我国大同、沈阳等地铁路部门搞的蒸汽机车展览馆，更是这种项目的典型代表。

铁路客运具有很多其他交通客运方式所不具备的优点。这些优点主要包括：运载能力大、票价低、在乘客心目中安全性较强、途中可沿途观赏风景、乘客能够在车厢内自由走动和放松、途中不会遇到交通堵塞以及对环境的污染较小等。因而，铁路运输无论是对于社会还是对于旅游者仍有其吸引力。随着我国高速铁路网络格局的建设，铁路旅游交通对航空旅游交通产生着较大的冲击。

尽管如此，铁路也存在着一定的缺点，如铁路运输建设投资较大、占用土地较多、工程浩大、年限长，而且一旦投资，需要很长时间才能收回成本。另外，由于铁轨铺设的限制，铁路网络很难直接到达旅游者的目的地，灵活性较差。

（三）公路旅游交通

公路旅游交通是最普遍、最重要的短途运输方式，该方式所占比重高达66%~69%。其特点是灵活、方便，能深入到旅游景点内部，短途旅行速度快，公路建设投资少、工期短、见效快；但运载量小，受气候变化影响较大，安全性能较差，排出的尾气对大气有污染。乘汽车外出旅游包括乘自驾车和旅游公共汽车两种。然而就一般的长途客运服务而言，大部分国家的汽车公司活动范围都有限，长距离的汽车旅行路程会使人感到不舒服。因此，自驾游和包车旅游成为新的替代品。

由于自驾车外出度假灵活方便、行止自由，并且可使家庭外出旅游的交通费用相对下降，特别是人们往往只注意私人小汽车旅行的直接费用，而不顾及磨损、折旧之类的间接费用。而且，自行驾车旅游还有其他一些优点，如容易携带行李和娱乐器具，可以观赏沿途风光等，因而在欧美国家中，人们普遍喜欢自己驱车在国内旅游。游客自己驾车旅游的发展，不可避免地带来一些值得注意的不利问题，主要是旅游地的拥挤和污染问题。度假区和风景区由于地皮的限制，不可能无限制地扩大停车场及道路设施，否则便会影响或破坏景观，并会造成环境污染。目前世界上很多旅游热点地区对此采取了控制措施，要求驾车旅游者把自用车辆停在游览区以外的规定地点，然后乘公共运输工具进入游览区。

在旅游客运服务方面，由于汽车客运比其他运输方式的运营成本较低，因而在很多国家中，汽车客运服务的价格较为低廉，特别是汽车旅游公司的客运价格更是如此。更重要的是，在旅游公司利用汽车组织包价旅游的情况下，公司可派车接送游客，十分方便，从而克服了行李和转车的问题。在乘车旅游过程中，除旅游公司专派陪同和导游人员外，通常情况下往往都是由汽车司机兼任导游工作。所以汽车包价旅游不仅是受老年市场欢迎的旅游形式，而且也吸引着越来越多的消费层次较低的旅游者，特别是青年学生。

（四）水运旅游交通

水运旅游交通是利用自然和人工水域作为航线，以船舶作为主要交通工具载客的一种运输方式。根据航线的不同，水路旅游交通分为远洋航运、沿海航运和内河航运。用于旅游交通的船舶，按航行目的可分为游船、客船和客货船。游船就是专门运送旅游者、供旅游者欣赏沿途风光的船舶。

水路旅游交通具有运载量大、票价低、耗能少、豪华舒适等优点。从旅游角度看，水运是融旅与游于一体的运输方式。旅游者可在航行途中欣赏沿途风光，悠然自得，舒适安逸，回味无穷，是其他交通方式无法比拟的。但水路旅游交通也存在较大的局限性：速度慢，难以准点到达目的地，这点上很难满足旅游者的需要；灵活性较差，受自然条件影响大，要求天气的能见度要高。

（五）特种旅游交通

特种旅游交通是指除人们常用的航空、铁路、公路及水路四种现代旅游交通方式外，为满足旅游者娱乐、游览的需要而产生的特殊交通运输方式。特种旅游交通工具主要有缆车、畜力交通工具、人力交通工具和风力交通工具。

特种旅游交通可以分为以下几类：一是用于景点、景区或旅游区内的专门交通工具，如观光游览车、电瓶车等。二是在景区或景点内的某些特殊地段，为了旅客安全或节省体力而设置的交通工具，如缆车、索道、渡船等。三是带有娱乐，体育，辅助老、幼、病、残旅游者游览观赏性质的旅游交通，如轿子、滑竿、马匹、骆驼等。四是带有探险性质及在特殊需要下使用的交通工具，如帆船、热气球等。

课堂讨论与作业 4-1

北京 10 岁的小明计划暑假和爸爸妈妈到辽宁进行为期 7 天的自由行。请你用尽可能丰富、立体的旅游交通网络为他们一家三口设计一条旅游交通体验线路，同时也要包括辽宁的精华景点。

任务：以小组为单位，分别将自己的线路设计结果用 PPT 展示出来。

第二节　中国旅游交通发展变化与格局

2017 年 2 月，交通运输部、国家旅游局、国家铁路局、中国民航局、中国铁路总公司、国家开发银行六部门联合印发《关于促进交通运输与旅游融合发展的若干意见》。提出，我国将构建"快进慢游"旅游交通网络，到 2020 年，将基本建成结构合理、功能完善、特色突出、服务优良的旅游交通运输体系。"快进慢游"的旅游交通网络的构建，将更加方便游客出行、丰富游客的旅游体验。由此可见，改革开放后的 30 多年里，我国交通旅游业依托高铁、城铁、民航、高等级公路等方式实现了从线路到网络、从网络到区域格局的跨越式发展，已经成为推动全域旅游、实现旅游跨越式发展的重要的一环。不过，与旺盛的旅游出行需求相比，交通运输仍存在着旅游交通网络体系待完善、旅游交通基础设施建设待加强、旅游交通出行服务品质待提升等问题。

一、航空旅游交通的发展变化与空间格局

（一）航空旅游交通的发展

1949 年 11 月 2 日，中国民用航空局成立，揭开了我国民航事业发展的新篇章。从这一天开始，新中国民航迎着共和国的朝阳起飞，从无到有，由小到大，由弱到强，经历了不平凡的发展历程。特别是十一届三中全会以来，我国民航事业无论在航空运输、通用航空、机群更新、机场建设、航线布局、航行保障、飞行安全、人才培训等方面都持续快速发展，取得了举世瞩目的成就。根据中国民用航空局的官方统计数据显示，截至 2016 年年底，我国共有运输航空公司 59 家，共有颁证运输机场 218 个，共有定期航班航线 3794 条，定期航班国内通航城市 214 个（不含港澳台），全行业运输飞机期末在册架数 2950 架，完成旅客运输量 48796 万人次。同时我国航空公司国际定期航班通航 56 个国家的 145 个城市，国内航空公司定期航班从 38 个内地城市通航香港，从 10 个内地城市通航澳门，从 48 个大陆城市通航台湾地区。截至 2016 年年底，我国年旅客吞吐量 100 万人次以上的运输机场 77 个，其中北京、上海和广州三大城市机场旅客吞吐量占全部境内机场旅客吞吐量的 26.2%。其中北京首都机场完成旅客吞吐量 0.94 亿人次，连续 7 年位居世界第二；上海浦东机场完成货邮吞吐量 344.0 万吨，连续 9 年位居世界第三。详见图 4-1。

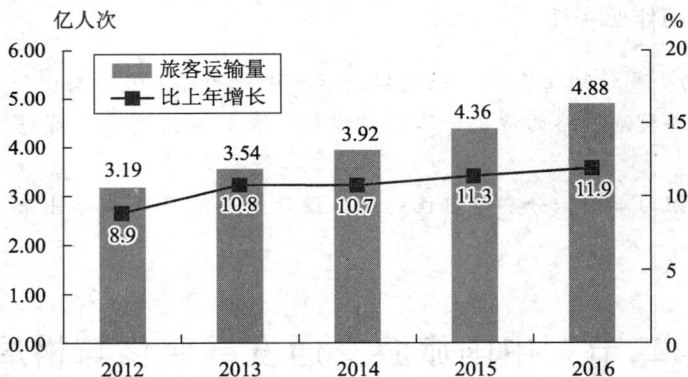

图 4-1　2012—2016 年民航旅客运输量

数据来源：中国民用航空局官网统计

（二）航空旅游交通的空间格局

目前我国民用运输机场的覆盖范围不断扩大，机场布点不断加密，民用运输能力不断提高，在支撑经济社会发展、促进旅游业转型发展方面都起到了重要作用。

航空交通发展不仅是国民经济和社会发展的需要，也是旅游业发展的依托。近年来，我国旅游经济发展步入新常态，一些新的特点逐步显现。随着旅游产业结构的调整，消费逐步升级，航空运输市场在总量和结构上都呈现了新的变化，增长快、多样化、广覆盖和可选择性等趋势性要求越来越高。现有机场，无论是机场设施的数量还是

服务水平、保障等方面都难以适应旅游业发展的要求。

自 2008 年国务院批准实施《全国民用机场布局规划》以来，我国机场数量显著增加，机场密度逐渐加大，机场服务能力稳步提升。但机场总量不足、布局不尽合理等问题还较为突出，难以满足综合交通运输体系建设和经济社会发展的需要，无法适应国家重大战略实施和广大人民群众便捷出行的要求，亟须进行修编。2017 年 4 月，国家发改委和民航局对外发布《全国民用运输机场布局规划》（以下简称《规划》）。该《规划》在 2008 年《全国民用机场布局规划》的基础上，结合"一带一路"、京津冀协同发展、长江经济带三大战略，从综合交通运输体系发展考虑，对民用运输机场建设数量、空间布局等进行了调整完善，提出了一体化衔接、绿色集约发展等政策措施，形成与高速铁路优势互补、协同发展的格局。

二、铁路旅游交通的发展变化与空间格局

（一）铁路旅游交通的发展

中国铁路建设始于清朝末年，新中国成立后由于种种原因，中国铁路发展长期滞后。运输能力最为紧张。在世界上 130 多个有铁路运营的国家和地区中，中国铁路路网的密度和质量都是比较低的。但是中国铁路运输效率为世界第一，中国铁路以占世界铁路 6% 的营业里程完成了世界铁路 25% 的工作量，从衡量铁路运输效率的主要指标看，中国铁路有四个世界第一，分别是：旅客周转量世界第一、货物发送量世界第一、换算周转量世界第一、运输密度世界第一。

我国铁路交通所取得的成就举世瞩目。铁路作为我国重要基础设施、大众化的交通工具，在综合交通运输体系中处于骨干地位。由于地域辽阔、人口众多、资源分布不均，所以经济、快捷的铁路普遍占有更大的优势，成为一种受广泛使用的运输方式。特别是近年来，随着我国高铁网络的建设和发展，对旧有的交通格局产生了一定的冲击。截至 2016 年年底，我国铁路营业总里程达到 12.4 万千米，其中高速铁路超过 2.2 万千米，沪昆高铁全线运营，云桂铁路、渝万高铁等重大项目相继投产；中西部铁路营业里程扩充至 9.5 万千米，占比达到 76.6%。2016 年，铁路客运保持强劲增长。国家铁路发送旅客 27.7 亿人次，其中动车组发送 14.43 亿人，占比超过 52%，创历史新高；互联网售票占比超过 60%，其中手机购票占总量比例超过 40%。铁路总公司充分发挥企业牵头协调优势，加大境外铁路项目组织实施力度，印尼雅万高铁、中老铁路、巴基斯坦拉合尔橙线轻轨工程进展顺利，匈塞铁路、中泰铁路等合作项目取得新进展。

（二）铁路旅游交通的空间格局

我国铁路经过多年的高速发展，构建了以"八纵八横"铁路通道为骨干的铁路旅游运输网。八纵是指：京哈通道；沿海通道；京沪通道；京九通道；京广通道；大湛通道；包柳通道；兰昆通道。八横是指：京兰通道；煤运北通道；煤运南通道；陆桥通道；宁西通道；沿江通道；沪昆（成）通道；西南出海通道。在高速铁路线的建设上，目前我国已基

本建成"四纵四横"的客运专线，客车速度目标值达到 200 千米/小时以上。四纵为京沪高速铁路、京港高速铁路、京哈高速铁路、杭福深客运专线（东南沿海客运专线）；四横为徐兰客运专线（含徐连客运专线）、沪昆高速铁路、青太客运专线、沪汉蓉高速铁路。

四纵分别是：

1. 京沪高速铁路

京沪高速铁路作为京沪快速客运通道，也是中国《中长期铁路网规划》中投资规模大、技术水平高的一项工程。2011 年 6 月 30 日通车，时任国务院总理温家宝主持通车典礼。另外亦有蚌埠—合肥支线（合蚌客运专线）纵贯京津沪和冀鲁皖苏四省，连接环渤海和长江三角洲两大经济区。全线于 2012 年 10 月 16 日开通。

2. 京港客运专线

京港客运专线全长 2440 千米，是目前最长的高标准客运通道。它由京广客运专线及其延伸线广深港客运专线构成，其线贯河北、湖北、湖南、广东等省的省会城市，并连接北京这一直辖市以及香港特别行政区，把整个中国自北向南连成一线。该专线包括北京到石家庄的京石段、石家庄至武汉的石武段、武汉到广州的武广段以及广州至香港的广深港段四个部分，目前除广深港段的深圳到香港段未通车外，其余已经全部通车。

3. 京哈客运专线

由哈大客运专线、京沈客运专线和盘营客运专线组成。该线由哈尔滨出发，途经吉林省，终到辽宁省大连市，全长 904 千米，连接东北三省，设计时速为 350 千米。京沈客专自北京引出，途径河北省，终到辽宁沈阳市，并在沈阳通过直通联络线的形式接入哈大客专。该专线 2013 年 9 月已经实现全线通车。

4. 杭福深客运专线

由杭州东站出发，沿中国东南海岸线南下，途径宁波、台州、温州、福州、厦门等地，到达位于深圳的深圳北站，全长约 1464 千米。其组成部分包括：杭甬客运专线（杭州东—宁波），已于 2013 年 7 月 1 日通车，甬台温客运专线（宁波—台州—温州南），已于 2009 年通车；温福客运专线（温州南—福州南），已于 2009 年通车；福厦客运专线（福州南—厦门），已于 2010 年通车；厦深客运专线（厦门北—深圳北），已于 2013 年通车。

四横分别是：

1. 徐兰客运专线

又称徐兰高铁，是我国铁路中长期规划的重要组成部分，由郑徐高铁、郑西高铁、西宝客运专线、宝兰客运专线组成。线路经过江苏、安徽、河南、陕西、甘肃 5 个省份，全长约 1400 千米。

2. 沪昆高速铁路

又名沪昆客运专线，是一条东起上海，西至昆明的东西向铁路干线。沪昆高速铁路由沪杭客运专线、杭长客运专线及长昆客运专线组成，途经上海、杭州、南昌、长沙、贵阳、昆明 6 座省会城市及直辖市，线路全长 2252 千米，是中国东西向线路里程最长、经过省份最多的高速铁路。2016 年 12 月 28 日，上海至昆明高速铁路贵阳至昆明段开通运营，标志着我国东西向最长高铁——沪昆高铁全线通车。

3. 青太客运专线

是中国一条建设中的高速铁路，铁路东起青岛，西至太原，由济青高速铁路、石济客运专线和石太客运专线连接而成，沟通了华东和华北。其中济青高速铁路预计 2018 年年底通车，石济客运专线预计 2017 年 10 月通车，石太客运专线已于 2009 年 4 月 1 日正式通车。

4. 沪汉蓉高速铁路

起于上海虹桥站，途经南京、合肥、武汉、重庆等城市，终到成都东站，全长 1985 千米，于 2014 年 7 月 1 日全线开通动车组，服务中国华东沿海地区、华中地区和西南地区。

三、公路旅游交通的发展变化与空间格局

（一）公路旅游交通的发展

新中国公路交通建设已有 60 多年的历史，大致经历了四个阶段。新中国成立初期，由于对公路运输在国民经济中的基础性和先导性认识不足，公路"长期滞后"于国民经济的发展。20 世纪 80 年代以后，我国经济全面发展，公路基础设施成为国民经济建设中的最薄弱环节，出现了"全面紧张"的局面。20 世纪 90 年代以后，中央将交通运输事业尤其是公路的发展作为国民经济发展的全局性、战略性和紧迫性任务，公路建设得以迅速发展。进入 21 世纪以来，我国继续加大基础建设投资力度，公路建设获得了前所未有的大发展，使"全面紧张"的交通状况在近几年内得到根本改变，取得了一系列不平凡的成就，建设了一批具有划时代意义的精品工程项目。截至 2016 年年底，我国公路运营里程达到 469.04 万千米，其中高速公路 13 万千米。

（二）公路旅游交通的空间格局

根据公路在政治、经济、国防上的重要意义和使用性质，划分为国家公路（国道）、省公路（省道）、县公路（县道）、乡公路（乡道）、专用公路 5 个行政等级。目前我国公路已经形成"五纵七横"国道主干线的公路格局，其中"五纵七横"是我国规划建设的以高速公路为主的公路网主骨架，总里程约 3.5 万千米。"五纵"指同江—三亚、北京—珠海、重庆—湛江、北京—福州、二连浩特—河口。"七横"指连云港—霍尔果斯、上海—成都、上海—瑞丽、衡阳—昆明、青岛—银川、丹东—拉萨、绥芬河—满洲里。"五纵七横"国道主干线的规划、建设，初步构筑了我国区域和省际横连东西、纵贯南北、连接首都的国家公路骨架网络，形成了国家高速公路网的雏形，并与其他国道、省道、县乡公路共同组成了我国目前的公路基础设施网络，为国民经济社会及旅游业发展提供了坚实的基础和保证。

知识小扩充 4-1

我国自驾游步入集约型品质化阶段

2017 年 5 月 17 日，由中国旅游车船协会等单位主办的第六届全国自驾车旅游发展

峰会在四川省广元市召开，峰会发布了由中国旅游车船协会、中国社会科学院旅游研究中心等研究机构编制的《中国自驾车、旅居车与露营旅游发展报告（2016—2017）》（以下简称《报告》。《报告》显示，2016 年，中国自驾游人数平稳增长，总人数达 26.4 亿人次，比上年增长 12.8%，占国内出游总人数的 59.5%。我国各类汽车俱乐部约 3 万家，专做自驾游的俱乐部 3200 家。我国旅居车年销售量约 8000 辆，保有量约 4.5 万辆。自驾露营旅游在经历从无到有、从小到大两个发展阶段后，正步入讲究品质、集约型发展的第三阶段。这种提质增效的特征自 2017 年开始更加凸显。

（资料来源：《中国自驾车、旅居车与露营旅游发展报告（2016—2017）》显示：自驾露营旅游步入集约型品质化阶段［EB/OL］. http：//www. 51luying. com/index. php/mediadetails/index/11954. html）

四、水运旅游交通的发展变化与空间格局

（一）水运旅游交通的发展

我国历来高度重视发挥水运在国民经济的基础性、先导性服务作用。改革开放以来，为适应经济社会快速发展的需要，我国水运业深化改革，扩大开放，制定实施水路交通长远发展规划，颁布出台了一系列鼓励和支持水运发展的法规、政策，取得了举世瞩目的成就。截至 2016 年年底，我国建成内河航道 12.71 万千米，其中高等级航道 1.21 万千米；规模以上港口生产用码头泊位 18417 个，其中万吨以上泊位 2221 个。

纵观改革开放以来的水运发展历程，有以下几个方面的明显特点：一是着力建设公平竞争的水运市场体系，二是水运服务能力明显增强，三是以积极的姿态坚持对外开放，四是坚持服务优先的发展理念，五是水运发展更加注重资源节约和环境保护。

（二）水运旅游交通的空间格局

我国水运交通目前已经形成了布局合理、层次分明、功能齐全、优势互补的港口体系。沿海港口基本建成煤、矿、油、箱、粮五大运输系统。根据在交通部 2007 年与国家发改委联合编制的《全国内河航道与港口布局规划》，到 2020 年在全国将形成长江干线、西江航运干线、京杭运河、长江三角洲高等级航道网、珠江三角洲高等级航道网、18 条主要干支流高等级航道（即"两横一纵两网十八线"）和 28 个主要港口的布局，遍及全国 20 个省区市。截至目前，我国内河航道基本形成"两横一纵两网"的国家高等级航道网，水运供给能力显著提高，水路运输生产增长迅猛。我国大陆港口吞吐量和集装箱吞吐量连续五年保持世界第一。

水运除了常规的货运，还包括客运。随着世界经济的发展，水上客运结构在不断调整，以往作为旅客出行的普通客运逐渐减少，但旅游客运在不断增长。我国的琼州海峡、舟山群岛、长江三峡、渤海湾都是重点旅游客运区域。同时随着我国沿海港口豪华邮轮码头的建设，邮轮将是我国未来水运旅游交通运输业的一大亮点。随着人民生活水

平的提高，水上游艇经济，也会成为一个新的亮点。

五、特种旅游交通的发展变化与空间格局

（一）特种旅游交通的发展

特种旅游交通曾经作为历史上盛行的交通方式，是古代人们出行必不可少的交通工具，后随着现代电气交通业的发展而逐渐退出历史舞台。但现代社会这些已经不作为普通交通客运工具，却具有历史性、文化性、地方性的特点。这类交通工具可以为游客提供新奇、惊险、刺激的感觉，成为一种独特的旅游吸引物，为旅游业发展增加了活力。特种旅游交通随着游客对体验性的要求越来越高而不断地被复原或者被创新，成为旅游服务或游乐项目、旅游产品的组成部分。

（二）特种旅游交通的空间格局

特种旅游交通按照时间节点可以分为当代特种旅游交通和古代特种旅游交通。当代特种旅游交通工具是在旅游者、旅游社会环境等多种因素的综合影响下开发出来的。如潜艇、直升机、飞艇、热气球、磁悬浮列车、邮轮、房车、索道、缆车、旅游电瓶车、气垫船、皮划艇等，这类特种旅游交通工具没有明显的地域分布格局，只要景区发展需要，就可以开发满足游客需求。古代特种旅游交通则是在历史上曾经起到重要出行作用的一些工具，包括传统的畜力及畜力车如马、骆驼、牛、爬犁、雪橇，也包括带有民俗特点的滑竿、轿子、溜索、羊皮筏子、牛皮船、桦皮船、乌篷船等。这类传统交通工具则因为使用条件不同具有明显的地域性。如我国北方以各类畜力及畜力车特种旅游交通为特色，东南地区由于河流众多，船是特种旅游交通的代表，西南地区由于地形高低起伏不平，溜索和索桥、竹桥等成为主要的交通工具。

专业技能训练 4-2

张家界百龙天梯修建的利弊

城市里各种各样电梯，是都市人群日常生活必不可少的交通工具。随着旅游业的发展，被越来越多的景区搬到了自然山体中，并屡破世界纪录。如张家界百龙天梯是"世界最高的全暴露户外电梯、世界最高的双层观光电梯、世界载重量最大、速度最快的客运电梯"，黄果树瀑布扶梯是全国最长的自动扶梯，河北银河洞景区电梯是中国唯一古建塔式观光电梯……面对著名景区里屡破世界纪录的电梯，旅行者需要准备额外的费用，更需酝酿超凡的想象力才能感受到大自然的淳朴意境。在核心景区内修建扎眼的电梯是"败笔"还是"便民"？

（资料来源：盘点著名景区里扎眼的豪华电梯［EB/OL］. http：//travel. sohu. com/20120106/n331288830_ 4. shtml）

问题：你认为修建的利弊有哪些？你个人是支持还是反对景区修建电梯？

本章概述

旅游交通是发展旅游业的先决条件，也是旅游业经济收入的重要组成部分，其自身的发展状况决定旅游业发展的规模和速度。改革开放以来，我国旅游交通业经过30多年的发展，从航空、铁路、公路、水路到特种交通，从数量、质量到空间布局，都取得了飞速的发展和改善，取得了举世瞩目的成就。立体化、网络化的交通格局已经全方位建立，推动着旅游业不断前行发展。

基本训练

一、判断题

1. 旅游业的发展对旅游交通也会起到积极的促进作用。　　　　　　　（　　）

2. 我国西部地区旅游业不够发达，其中重要原因之一是经济基础相对落后，致使政府对交通投入不够，交通运力不足。　　　　　　　　　　　　　　（　　）

3. 自驾车属于公路旅游交通的重要组成部分，越来越受到游客青睐。　（　　）

二、简答题

1. 特种旅游交通在开发时，应注意哪些问题？

2. 谈谈你对邮轮的认知。

专业能力提升

"十一"长假高速公路堵车：背后原因有哪些？

2016年国庆黄金周，不出所料，全国各地的高速又出现了大拥堵。拥堵最早出现在9月30日，在各大城市出城方向的收费站就开始出现堵车。国庆假期第一天，0点至16点，北京全市高速公路交通量约为158.33万辆，比前一日增长约19.42%，同比增长约14.86%。10月2日早上6点，京承、京藏、京港澳、大广及京哈五大高速出现长距离拥堵，直到13点左右，才逐渐恢复正常。从全国来看，拥堵情况直到3日才有所缓解。

（资料来源：刘远举. 十一高速拥堵背后的真正原因 [EB/OL]. http：//news. sohu. com/20161004/n469593941. shtml）

问题：1. 哪些原因导致了每年黄金周旅游假日期间全国各地高速拥堵？其背后凸显的是什么样的社会问题？

2. 如何避免旅游长假期间全国各地的交通拥堵问题？

下篇

中国各旅游大区旅游地理
环境特征及主要旅游资源

中国幅员辽阔，各区域的自然环境和人文环境复杂多样，旅游资源数量众多，类型多样且分布广泛，具有显著的区域性特征。为更加充分地认识旅游资源的区域特色与优势，以及旅游开发与区域社会经济发展和地理环境状况的相互关系，以便因地制宜地开发和利用各区域的旅游资源，建设各具特色的旅游区，取得良好的经济、社会与生态效益，促进区域乃至全国的旅游业可持续发展，人们依据一定的标准进行旅游区划。旅游区划是人们因旅游的需求、规划、研究等实际需要，按照不同的标准，将旅游地进行区域分类与整理，对本学科进行综合分析具有重要意义。中国旅游区划即依据区域现有旅游资源的内容、行政区域的完整性，遵循旅游地域的完整性、旅游特色的相似性、旅游现状与远景发展一致性等基本原则，把整个中国划分成若干相似性较大而差异性较小的旅游区。中国旅游区划目前尚无科学统一的标准，各家学者因教学及科研的需求，先后提出了一些区划方案，其中刘振礼分区方案、郭来喜分区方案、雍万里分区方案、杨载田分区方案等颇具影响。

本书从方便教学与学习的原则出发，依据旅游地理区划的基本原则，广泛吸收已有各区划方案的长处，突出旅游地理环境条件的相对一致性和文化性及人文风情近似一致性，采用区域名称简称、自然与人文旅游景观特色的复合命名法，将中国分为：京畿要地、皇家山水——京津冀旅游区；林海雪原、关东风情——黑吉辽旅游区；民族摇篮、黄河故土——陕晋豫鲁旅游区；吴越文化、水乡园林——沪苏浙皖赣旅游区；峡谷巨川、巴楚文化——鄂湘川渝旅游区；石林洞乡、多彩民族——滇黔桂旅游区；南国风情、山海侨乡——闽粤琼旅游区；坦荡草原、边塞风情——甘宁新内蒙古旅游区；雪域高原、藏区魅力——青藏旅游区；一国两制、海上宝岛——港澳台旅游区，共计 10 个旅游区。各旅游区又以所属各个省级行政单位为单元划为若干旅游亚区，下篇即就各个旅游大区及其所属旅游亚区展开区域旅游地理的阐述与讨论。

京畿要地、皇家山水
——京津冀旅游区

第五章

学习目标

通过本章学习，学生应该达到以下目标：

知识目标： 认识京津冀旅游区的旅游地理环境特征，熟悉该旅游区旅游业发展现状，掌握各旅游区主要景区、景点概况。

能力目标： 通过旅游业发展现状的学习，能够独立思考、分析各旅游亚区旅游业发展水平差异的原因。

技能目标： 结合案例分析、实践认知等内容，具备对京津冀旅游区的旅游产品进行设计和初级营销的能力。

任务引入

铁路助力"京津冀一体化"快速发展

2017 年是京津冀交通一体化的关键之年，加快打造"轨道上的京津冀"是京津冀交通一体化工作的第一个重点。5 月 21 日，（北）京霸（州）铁路正式开工建设。京霸铁路建成后，将通过津保铁路、津秦客专和京广客专连接天津、唐山、保定、石家庄等地，构建起京津冀地区快速铁路网。届时，京津冀将形成安全可靠、便捷高效、经济实用、绿色环保的综合交通运输体系，形成交通一体化的良好局面，为京津冀沿线地区的发展创造新契机，促进区域经济发展。同时，作为京九铁路的重要组成部分，京霸铁路将成为连接环渤海和珠三角的重要铁路通道，形成南北贯通的铁路网，使客、货运输更加便捷，也为京津冀地区的旅游业带来新的活力，带动京津冀沿线城市经济发展。此外，作为首都新机场"五纵两横"综合交通网络的重要组成部分，京霸铁路未来也是连接北京新机场和雄安新区的重要铁路快速通道，将大大提高旅客输送能力，实现高铁站与新机场的零换乘，组成方便、快捷的现代化综合交通枢纽。

（资料来源：交通运输部：京津冀交通一体化加速突破 ［EB/OL］. http：//www. beijing. gov. cn/sy/zybwdt/t1470752. html）

任务分析： 京津冀是中国的"首都圈"，其地缘相接、人缘相亲，地域一体、文化一脉，历史渊源深厚、交往半径相宜，在旅游业上完全能够相互融合、协同发展，达到优势互补，互利共赢。本章将从地理、历史、文化、经济等方面分析京津冀旅游协同发展的优势。

第一节　旅游地理环境特征及旅游业发展现状

京津冀旅游区包括北京、天津、河北两市一省，位于华北平原北部，东临渤海，西依太行山，北连内蒙古高原。该区国土面积 21.6 万平方千米，人口总量 1.11 亿（截至 2015 年年底），包括我国首都所在地北京。自然旅游资源丰富，历史文化悠久，交通便捷，是我国乃至世界著名的旅游热点地区之一。

一、旅游地理环境特征

（一）自然旅游地理环境特征

1. 依山面海，地貌类型多样

京津冀旅游区依山临海，平原辽阔，地势总体西高东低，具有由东南部广阔平原逐渐向西部、北部丘陵山地及高原过渡的特点，因此拥有平原、丘陵、山地、高原等多样化的地貌类型，形成了种类丰富的自然旅游资源。

太行山位于本区西部，在河北省境内绵延 400 多千米，形成了深切的河谷、高耸的山地和平顶的台地。位于河北省涿鹿县和河北蔚县交界的小五台山位于太行山北段，为河北省第一高峰（海拔 2882 千米）。

冀北山地位于本区北部，北侧的坝上高原与内蒙古高原连成一片，顶部平缓开阔，降水丰沛，植被茂密，生机盎然，是避暑、休闲、疗养的好去处，清代的皇家狩猎地"木兰围场"就位于这里。冀北山地的南缘为燕山山脉，山间多盆地和谷地，成为人口密集的区域，分布有承德、兴隆、滦平、遵化等名城以及举世闻名的承德避暑山庄和外八庙。

太行山以东、燕山以南为河北平原，是由古黄河、海河、滦河等水系冲积而成，总体地势低平，大部分地域洼地与缓岗交错分布，河网洼淀星罗棋布，著名的白洋淀湖泊群就位于其中。渤海沿岸的滨海平原区域气候温和，沙滩平缓，在滦河以北形成南戴河、北戴河、昌黎黄金海岸等我国著名的避暑胜地。

课堂讨论与作业 5-1

京畿要地旅游区西侧高大的太行山构成了本区西高东低的地形，太行山在由西往东海拔逐渐下降变为低山和丘陵的同时，形成了许多有名的景点和景观，其中就包括清代时修建的"三山五园"皇家行宫苑囿。

任务：请认识"三山五园"的名称、建造、发展及没落历史，并说明皇家在此修建"三山五园"的地理因素。

要求：1. 将班级同学分为若干团队进行学习、查找资料。2. 总结问题要条理清楚、善于归纳。

2. 温带大陆性季风气候显著，旅游业淡旺季分明

京津冀旅游区位于中纬度地带，地处东亚大陆的东岸，受东亚季风环流的影响，具有明显的暖温带大陆性季风气候的特征。表现为春旱多风，夏热多雨，秋高气爽，冬寒少雪，总体上四季分明，冬冷夏热，春秋短而冬夏长，降水主要集中于夏季，降水量偏少。

4—5 月份为本区春季，总体气候温暖宜人，花木喷芳吐绿，山清景明，为旅游旺季；6—8 月份为本区夏季，高温多雨，山岳景区植被茂密，水域景观流泉飞瀑，尤其是避暑度假景区备受旅游者青睐；9—10 月份为本区的秋季，天高云淡，风和日丽，冷暖适中，且经常出现连续的晴朗天气，是一年中旅游的黄金季节；11 月到翌年的 3 月为本区的冬季，时间较长，天气晴朗但寒冷，干旱少雪，草木大多凋零，水域结冰封冻，景观单调，因此成为旅游淡季。

（二）人文旅游地理环境特征

1. 历史悠久，名胜古迹荟萃

京津冀旅游区是华夏祖先最早繁衍生存的地区之一，早在约 70 万年前北京周口店附近就有了北京猿人生活的足迹；春秋战国时期，本区为燕、赵等国的统治中心，留下了丰富的历史文化遗迹；北京从辽代作为陪都开始，金、元、明、清四朝皆为国都，为全国的政治经济文化中心长达 800 多年，因此孕育了无数的历史文化名城和文物古迹。

北京周口店古人类遗址是世界上迄今为止人类化石材料最丰富、最生动、动物化石门类最齐全、研究最深入的古人类遗址。古代伟大的工程——举世闻名的万里长城横穿本区全境，巍峨险峻；四大古桥中的卢沟桥和赵州桥等工程也是古代劳动人民勤劳智慧的结晶。辉煌的都城史主要集中在明、清两代，使得本区成为我国拥有帝王宫殿、皇家园林、皇家坛庙和帝王陵寝数量最多，内容最丰富的地区。作为人文荟萃之地，本区宗教建筑也是类型多样，佛寺、道观、清真寺、教堂一应俱全，其中以佛寺居多。本区同样也是近代革命的发源地和名人聚居地，因此革命遗址、遗迹、纪念地等文化遗产丰富。

2. 人杰地灵，文化艺术繁荣

特定的历史、独特的环境孕育出了人杰地灵的燕赵故土。从杂技武术到地方戏曲，

从民间艺术到民俗风情，都体现了粗犷、豪放、激昂、慷慨的雄风侠骨。

戏剧方面，本区曾是金元杂剧盛行的地区，传统曲艺流派纷呈，名家辈出；京剧艺术驰名中外，天津相声、乐亭大鼓、评剧、河北梆子等深受海内外观众喜欢。武术方面，本区是中华武术的发祥地。河北沧州是著名的"武术之乡"，自古民风醇厚，尚义任侠。春秋战国以来，就名将辈出，历代武风沿袭不衰。目前仅河北省就有 70 余个县开展武术活动，深州、饶阳等地建立了"武术节"，逢年过节，城乡普遍举行武术表演。民间艺术方面，杂技、马戏、吹歌、舞蹈、美术、皮影、剪纸、石雕、泥人、草编、陶瓷等丰富多彩。河北省已有 7 个县（市）获得"中国民间艺术之乡"的美誉。

3. 物华天宝，旅游商品丰富

本区生产的民间工艺品和许多土特产品都是很有特色的旅游商品和纪念品，由于历史悠久、风格独特、做工精细而享誉海内外。北京的玉雕、牙雕、景泰蓝、料器，河北磁州窑、邢窑的瓷器，曲阳石雕，秦皇岛贝雕画，武强年画，蔚县剪纸，衡水内画壶，天津的地毯、杨柳青的年画、泥人张彩塑等都是本区民间工艺品的杰出代表。河北的京东板栗、赵州雪梨、沧州金丝小枣、宣化龙眼葡萄、深州蜜桃、张家口口蘑、涉县三珍、祁州药材、承德蕨菜等土特产品誉满全国；北京的烤鸭、涮羊肉、果脯、"稻香村"糕点、"六必居"酱菜、茯苓夹饼，天津的狗不理包子、桂发祥麻花、耳朵眼炸糕等都是风味独特、中外游客赞不绝口的风味小吃。

二、旅游业发展现状

（一）本区是国内最优质的旅游热点地区之一

京津冀旅游区有着悠久的历史，厚重的文化传承，风景佳地与人文胜迹完美相依，使得本区的旅游资源拥有极高的品质，并且大多景区、景点开发较早，知名度享誉海内外，同时依托首都的国际地位和完备的接待设施，因此本区成为国内最优质的旅游热点地区之一。详见表 5-1。

表 5-1　京津冀旅游区 2014—2016 年旅游数据统计

年份 省份	2014		2015		2016	
	接待人次 （亿）	旅游收入 （亿元）	接待人次 （亿）	旅游收入 （亿元）	接待人次 （亿）	旅游收入 （亿元）
北京	2.6	4280.1	2.73	4607	2.85	5021
天津	1.56	2307	1.74	2794.25	1.91	3129
河北	3.15	2561.49	3.72	3433.97	4.67	4654.5

数据来源：根据各省市旅游局官方网站统计显示

（二）本区内旅游业发展不平衡

本区内由于经济条件、基础设施、资源分布等方面的原因，旅游业发展呈现出不平衡的特点，尤其是在入境旅游方面。北京作为明清的故都，又是现代的首都，古老与现代相融，无论对国内游客还是国际游客，都有着极强的吸引力；同时北京的旅游资源更丰富、更集中，品质也更高，这些都使得北京在本区内旅游业的发展遥遥领先。天津借着京津一体化的城市发展态势，以四通八达、辐射海内外的全面发达的交通体系，着力推出休闲度假、商务会展等旅游产品，旅游业总体上也呈现出比较好的发展势头。本区内的河北虽然资源和景观分布并不均匀，品质和级别也大多难以和北京抗衡，但面积在其中最大，所以总体上借助京津发展的良好势头，细化需求，凸显自己的特色，将会迎来更好的发展。

第二节 北京旅游亚区主要旅游资源概述

一、区域旅游资源概况

北京，简称为京，中华人民共和国首都、直辖市、国家中心城市、超大城市，全国政治中心、文化中心、国际交往中心、科技创新中心。北京市总面积 1.7 万平方千米，常住人口 2171 万（截至 2015 年年底）。北京位于华北平原北端，北依燕山山麓和军都山，西有西山；境内有密云、怀柔、十三陵三大水库，以及潮白河、永定河、北运河等河流。自然景观山水兼具，有"仙境"之誉的石花岩溶洞，辽阔丰茂的康西草原，山清水秀的十渡风景区和风清景明的十三陵水库等，兼具智与仁之美。

北京历史悠久，文化灿烂，是首批国家历史文化名城、中国四大古都之一和世界上拥有世界文化遗产数最多的城市。早在 70 万年前，北京周口店地区就出现了原始人群部落"北京猿人"。公元前 1045 年，北京成为蓟、燕等诸侯国的都城。公元 10 世纪以来，北京先后成为辽陪都、金中都、元大都、明清国都。

北京是著名的"北京猿人"的故乡，有着 70 万年的人类生活史，有着 3000 余年的建城史和 850 余年的建都史，是国家级的历史文化名城和中国的八大古都之一。古老的北京城在历朝历代的建设治理中，不断扩展、提升，愈发显得规整、恢宏、厚重、壮丽，雄气十足。元大都以金代大宁宫（今北海）为中心建城，城市规模宏伟，宫殿建筑华丽，马可·波罗赞美之为"世界莫能与比"。明清两代，全城建筑布局以紫禁城为中心，从南到北贯穿一条全长 8 千米的中轴线：其前朝后市，左祖右社（太庙与社稷坛）；殿宇辉煌，坛庙神奇；街道纵横，胡同交叉；河湖穿绕，风景如画。全城既有平面布局，又有立体造型，完美地体现了东方格调与中华民族的传统风格。北京不仅是中国古都的典范，在世界城建史上也有极其重要的地位，而且给人类留下了故宫、天坛、颐和园等众多世界文化遗产。

北京现有文物古迹 7000 余处，其中有 7 处列入了世界遗产名录，是世界范围内拥有世界遗产最多的城市。北京的民俗文化也非常繁荣，中国三大国粹之一的京剧、充满人情味的胡同四合院、北京烤鸭、地坛庙会、传统相声等古老的项目经久不衰，而今又加入了798艺术中心、新派话剧、三里屯、后海等新潮时尚的节奏，使得北京以一个古老而又时尚的面貌吸引着海内外的旅游者。

二、主要旅游景区景点

（一）世界遗产

截至2016年7月，北京拥有7处世界遗产，分别是明清皇宫（北京故宫）、周口店北京猿人遗址、长城（北京段）、颐和园、天坛、明清皇家陵寝（北京十三陵）、中国大运河（北京段），全部为文化遗产，是中国也是世界上拥有世界遗产最多的城市。

1. 明清皇宫（北京故宫）（1987.12，世界文化遗产）

故宫位于北京市中心，也称"紫禁城"。这里曾居住过24个皇帝，是明清两代（1368—1911年）的皇宫，现辟为"故宫博物院"。故宫的宫殿建筑是中国现存最大、最完整的古建筑群，总面积达72万多平方米，有殿宇宫室9999间半，被称为"殿宇之海"，气魄宏伟，极为壮观。无论是平面布局，立体效果，还是形式上的雄伟堂皇，都堪称无与伦比的杰作。一条中轴线贯通着整个故宫，三大殿、后三宫、御花园都位于这条中轴线上，这条中轴又在北京城的中轴线上。按照功能和区域，这些宫殿可分为外朝和内廷两大部分。外朝以太和、中和、保和三大殿为中心，文华、武英殿为两翼。内廷以乾清宫、交泰殿、坤宁宫为中心，东西六宫为两翼，布局严谨有序。现在，故宫的一些宫殿中设立了综合性的历史艺术馆、绘画馆、分类的陶瓷馆、青铜器馆、明清工艺美术馆、铭刻馆、玩具馆、文房四宝馆、玩物馆、珍宝馆、钟表馆和清代宫廷典章文物展览等，收藏有大量古代艺术珍品，据统计共达1052653件，占中国文物总数的六分之一，是中国收藏文物最丰富的博物馆，也是世界著名的古代文化艺术博物馆，其中很多文物是绝无仅有的无价国宝。

专业技能训练5-1

故宫文创产品来袭　创意能否激活旅游商品市场

2014年10月，故宫推出以朝珠耳机为代表的文化创意产品，受到网友的热捧。类似产品还包括顶戴花翎形状的防晒伞、印有雍正皇帝手书"朕就是这样汉子"的折扇等6700余种。这些结合了古典与现代、穿越气息十足的文化创意产品一夜爆红，使沉寂的旅游品市场泛出可喜的涟漪。故宫推出的创意商品有新意和实用之处，但总体还是没有脱离低水平的窠臼，与前些年随处可见的郑板桥条幅"难得糊涂"差别不大。当作小礼品送给熟悉的亲友尚可，稍微正式一点的场合就觉得拿不出手。

我国具有五千年文明的历史，对很多外国人充满诱惑，他们有的甚至多次前来探访，国内游客也数量巨大。但是，面对这样庞大的市场，极具文化创意的旅游商品却是少之又少。旅游购物在我国仅占到旅游业总收入的 28%，而欧美国家为 50%～60%，相差近一倍。

（资料来源：故宫文创产品来袭　创意能否激活旅游商品市场［EB/OL］. http：//www. china. com. cn/travel/txt/2014-10/31/content_ 33930133. html）

问题： 你对故宫的创意商品持何种态度？面对我国巨大的购物市场，你认为如何进行旅游商品的有效开发？

2. 周口店北京猿人遗址（1987. 12，世界文化遗产）

周口店北京猿人遗址位于北京市房山区周口店龙骨山，距北京城约 50 千米。1929 年中国古生物学家裴文中在此发现原始人类牙齿、骨骼和一块完整的头盖骨，并找到了"北京人"生活、狩猎及使用火的遗迹，证实 50 万年以前北京地区已有人类活动。考古学家开始在这里发掘，发现了距今约 60 万年前的一个完整的猿人头盖骨，定名为北京猿人。以后陆续在龙骨山上发现一些猿人使用的石器和用火遗址。这一发现和研究，奠定了这一遗址在全世界古人类学研究中特殊的不可替代的地位。周口店遗址是世界上迄今为止人类化石材料最丰富、最生动、植物化石门类最齐全，而研究又最深入的古人类遗址。通过对考古资料的研究，证明北京猿人距今约 69 万年，其创造出颇具特色的旧石器文化，对中国华北地区旧石器文化的发展产生深远的影响。

3. 长城（北京段）（1987. 12，世界文化遗产）

中国的长城是人类文明史上最伟大的建筑工程，它始建于 2000 多年前的春秋战国时期，秦朝统一中国之后连成万里长城。汉、明两代又曾大规模修筑。其工程之浩繁，气势之雄伟，堪称世界奇迹。今天我们所见到的主要是明长城，位于中国北部，东起山海关，西到嘉峪关，全长约 6700 千米，通称万里长城。长城的主体工程是绵延万里的高大城墙，大都建在山岭最高处，沿着山脊把蜿蜒无尽的山势勾画出清晰的轮廓，塑造出奔腾飞跃、气势磅礴的巨龙，从而成为中华民族的象征。在万里城墙上，分布着百座雄关、隘口，成千上万座敌台、烽火台，打破了城墙的单调感，使高低起伏的地形更显得雄奇险峻，充满巨大的艺术魅力。各地的长城景观中，北京八达岭长城建筑得特别坚固，保存也最完好，是观赏长城的好地方。此外还有金山岭长城、慕田峪长城、司马台长城、古北口长城等。

4. 颐和园（1998. 11，世界文化遗产）

颐和园是世界著名的皇家园林，地处北京西北郊外，距北京城约 15 千米，旧称"清漪园"。它是以昆明湖、万寿山为基址，以杭州西湖为蓝本，汲取江南园林的设计手法而建成的一座大型山水园林，也是保存最完整的一座皇家行宫御苑，被誉为"皇家园林博物馆"。咸丰十年（1860 年），清漪园被英法联军焚毁。光绪十四年（1888 年）重建，改称颐和园，作消夏游乐地。颐和园鼎盛时期，规模宏大，占地面积 2. 97 平方千米（293 公顷），主要由万寿山和昆明湖两部分组成，其中水面占四分之三（大约 220 公顷）。园内建筑以佛香阁为中心，园中有景点建筑物百余座、大小院落 20 余处，面积

70000 多平方米，共有亭、台、楼、阁、廊、榭等不同形式的建筑 3000 多间。古树名木 1600 余株。其中佛香阁、长廊、石舫、苏州街、十七孔桥、谐趣园、大戏台等都已成为家喻户晓的代表性建筑。颐和园集传统造园艺术之大成，万寿山、昆明湖构成其基本框架，借景周围的山水环境，饱含中国皇家园林的恢宏富丽气势，又充满自然之趣，高度体现了"虽由人作，宛自天开"的造园准则。

知识小扩充 5-1

颐和园长廊

颐和园长廊在万寿山南麓和昆明湖北岸之间。始建于清代乾隆十五年（1750 年），1860 年被英法联军焚毁后，于 1888 年又重新建造，长廊全长 728 米，共 273 间，有 548 根柱子。长廊以其精美的建筑、曲折多变和极丰富的彩画而负盛名，是我国古建筑和园林中最长的廊。长廊还是一条五光十色的画廊，廊间的每根枋梁上都绘有彩画，共 14000 余幅，色彩鲜明，富丽堂皇，它的长度和丰富的彩画在 1990 年就被收入了《吉尼斯世界纪录大全》。彩画的内容多为山水、花鸟图以及中国古典四大名著（《红楼梦》《西游记》《三国演义》《水浒传》）中的情节。

5. 天坛（1998.11，世界文化遗产）

天坛位于北京天安门的东南。始建于明成祖永乐十八年（1420 年），原名"天地坛"，是明清两代皇帝祭祀天地的地方，明嘉靖九年（1530 年）在北京北郊另建祭祀地神的地坛，此处就专为祭祀上天和祈求丰收的场所，并改名为"天坛"。天坛的建筑设计十分考究，"圜丘""祈谷"两坛同建在一个园内。圜丘坛在南部，是祭祀天神的地方；祈谷坛在北部，是祈求丰收的地方。天坛的主体建筑是祈年殿，每年皇帝都在这里举行祭天仪式，祈祷风调雨顺、五谷丰登。大殿建于高 6 米的三层汉白玉石台上，使大殿产生出高耸云端的巍峨气势。天坛共占地 270 万平方米，规模宏伟，富丽堂皇，是中国现存最大的古代祭祀性建筑群。它以严谨的规划布局，奇特的建筑结构，瑰丽的建筑装饰著称于世，不仅在中国建筑史上占有重要位置，也是世界建筑艺术的珍贵遗产。

6. 明清皇家陵寝（北京十三陵）（2003.7，世界文化遗产）

明十三陵位于北京以北 30 千米的昌平区境内，陵区面积 120 余平方千米，明成祖朱棣及其以后共计十三位皇帝的陵墓建在这里，构成庄严有序的整体布局，故名"明十三陵"。十三座皇陵均依山而筑，分别建在东、西、北三面的山麓上，形成了体系完整、规模宏大、气势磅礴的陵寝建筑群。明代术士认为，这里是"风水"胜境，绝佳"吉壤"，因此被明朝选为营建皇陵的"万年寿域"。长陵，是成祖朱棣的陵寝，始建于 1409 年，是明朝帝陵中建筑保存最完好的一座。尤其是举行祭祀仪式的祾恩殿，木构件全系名贵的金丝楠木加工而成，堪称古建瑰宝。定陵，是明十三陵朱翊钧和两皇后的合葬墓，是我国按计划进行考古发掘的第一座帝陵。定陵地宫建筑，深邃神秘，共出土帝后衣冠和金银器皿等珍贵文物多达 3000 件左右，是不可多得的明史研究实物资料。昭陵，是近年按照明朝旧址全面复原的陵园，该陵松柏参天，殿宇辉煌，气势恢宏。

7. 中国大运河（北京段）（2014.6，世界文化遗产）

大运河是我国除长城以外，规模最大，最能引以为傲的伟大工程。不仅是世界最长的运河，也是开凿时间最早的运河（可追溯到公元前 486 年）。北起北京，南至宁波，横跨海河、黄河、淮河、长江、钱塘江 5 大水系，途经北京、天津、河北、山东、河南、安徽、江苏和浙江，全长 2000 多千米，包括 27 个河段（河道长度 1011 千米），58 处世界遗产点。

北京作为大运河的北端城市和漕运终点，共有两处河道、两处遗产点入选申遗名单：通惠河北京旧城段（包括什刹海和玉河故道）、通惠河通州段和西城区澄清上闸（万宁桥）、东城区澄清中闸（东不压桥）。通惠河通州段始建于公元 13 世纪末（元代初期），河段西起永通桥，向东至通州北关闸汇入北运河，长约 5 千米，在元至明约 2 个世纪的时期内，是漕船经由通州向北京漕运的主要通道。万宁桥是由通惠河进入什刹海的门户，所有进入海子的漕运船只，都要从万宁桥下通过。它在保证元大都粮食供应上发挥过巨大作用，也是北京漕运历史的实物见证。澄清中闸是漕船行至运河终点码头什刹海的必经之路，为通惠河北段河道上的重要水工设施。随着明皇城墙外扩，玉河故道失去行船功能，澄清中闸被废弃不用，现仅存闸口遗迹。

同步思考 5-1

大运河联合申遗已经成功，思考一下北京段如何利用这个机会带动运河旅游的发展。

（二）国家 5A 级旅游景区

截至 2015 年 10 月，北京拥有 7 处国家旅游局确定的 5A 级景区，详见表 5-2。

表 5-2 北京市国家 5A 级旅游景区一览表

序号	景区名称	评选时间
1	故宫博物院	2007 年
2	天坛公园	2007 年
3	颐和园	2007 年
4	八达岭—慕田峪长城旅游区	2007 年
5	明十三陵景区（神路—定陵—长陵—昭陵）	2011 年
6	恭王府景区	2012 年
7	北京奥林匹克公园（鸟巢—水立方—中国科技馆—国家奥林匹克森林公园）	2012 年

1. 恭王府景区

恭王府位于北京市西城区前海西街，是清代规模最大的一座王府，先后作为和珅、庆亲王永璘的宅邸，后被赐予恭亲王奕䜣，由此得名恭王府，并沿用至今。恭王府由府邸和花园两部分组成，南北长约 330 米，东西宽 180 余米，占地面积约 61120 平方米，其中府邸占地 32260 平方米，花园占地 28860 平方米。府邸不仅宽大，而且建筑也是最高规制，明显的标志是门脸和房屋数量。亲王府有门脸五间，正殿七间，后殿五间，后寝七间，左右有配殿。低于亲王等级的王公府邸决不能多于这些数字。房屋的形式、屋瓦的颜色也是不能逾制的。恭王府分中东西三路，分别由多个四合院组成，后为长 160 米的二层后罩楼。恭王府历经了清王朝由鼎盛而至衰亡的历史进程，承载了极其丰富的历史文化信息，故有了"一座恭王府，半部清代史"的说法。

2. 北京奥林匹克公园（鸟巢—水立方—中国科技馆—国家奥林匹克森林公园）

北京奥林匹克公园位于北京市朝阳区，地处北京城中轴线北端，北至清河南岸，南至北土城路，东至安立路和北辰东路，西至林翠路和北辰西路，总占地面积 11.59 平方千米，集中体现了"科技、绿色、人文"三大理念，是融合了办公、商业、酒店、文化、体育、会议、居住多种功能的新型城市区域。公园包括国家体育场"鸟巢"、国家游泳中心"水立方"、国家体育馆、国家会议中心（赛时为击剑馆、国际广播中心）等。

三、旅游美食与旅游商品

（一）传统旅游美食

北京是世界第八大"美食之城"，居内地之首。这些经典的美食与风味小吃历史悠久、品种繁多、用料讲究、制作精细、堪称有口皆碑。如北京传统八大美食：北京烤鸭，被誉为"天下美味"而驰名中外；由菜码、炸酱拌面条而成的炸酱面；采用宫廷传统秘方，由鲜果加工精制而成的果脯；老北京人有特殊偏爱的豆汁；质地绵润松软，甜蜜可口的糖耳朵；肝香肠肥，味浓不腻的炒肝；外表呈黄色，特点是香、甜、黏，有浓郁的黄豆粉香味儿的驴打滚；貌似朵朵莲花，吃起来皮薄馅儿大，味道鲜美的烧卖。此外还有大家熟悉喜欢的豆面酥糖、酸梅汤、茶汤、小窝头、茯苓夹饼、冰糖葫芦、艾窝窝、豌豆黄、灌肠、爆肚等。

（二）旅游商品

北京主要旅游商品如表 5-3 所示。

表 5-3 北京市主要商品名录

类别	具体代表
工艺品	北京宫灯、景泰蓝、鼻烟壶、玉器、工艺伞、水晶工艺品、木质小屏风、北京织毯、中国结、瓷器、牙雕、漆雕
茶、酒	华都酒、京都二锅头、红星二锅头、北京牛栏山、仁和菊花白、金六福、北京葡萄酒
土特名产	油炒面、豌豆黄、驴打滚、冰糖葫芦、蜜麻花、牛舌饼、秋梨膏、牛轧糖、枣花酥、北京烤鸭、北京酥糖、八宝饭、茯苓饼、六必居酱菜
水果	平谷桃子、大兴西瓜、房山柿子、昌平草莓、昌平京白梨、怀柔板栗、通州大樱桃、密云金丝小枣

四、旅游节庆与旅游线路

（一）旅游节庆

北京市举行的主要旅游节庆活动有：北京厂甸文化庙会（农历正月初一至初五），大观园迎春会（农历正月初二至十六），北京大学生电影节（4月20日至5月4日），香山红叶节（10月中旬至11月中旬），延庆冰雪旅游节（12月中旬至次年2月底），小汤山温泉文化节（时间不定），北京国际音乐节（10月中旬至11月中旬），龙潭端午文化节（端午节期间）等。

（二）旅游线路

作为我国古代都城与现代政治文化中心，北京既拥有众多高质量的名胜古迹，又处处显示出现代时尚大都市的活力与精彩，这些都构成了北京经久不衰的吸引力。现列举其中主要的经典旅游线路：

北京城中心皇家建筑游：天坛→天安门城楼及广场→故宫→景山→北海公园→恭王府。

北京西北城区皇家园林游：颐和园→圆明园→大钟寺→北京动物园。

北京北城区现代体育设施场馆游：亚运村→奥林匹克公园。

北京西郊名山古寺游：香山公园→碧云寺→八大处→潭柘寺。

北京远郊长城及明清皇陵游：长城→明十三陵→清东陵→清西陵。

西南远郊古迹、山水风光游：卢沟桥→周口店→十渡→野三坡。

第三节　天津旅游亚区主要旅游资源概述

一、区域旅游资源概况

天津简称津，别称津沽、津门、沽上等，中央直辖市。天津市位于环渤海经济圈的中心，是中国北方最大的沿海开放城市、近代工业的发源地、我国北方的海运与工业中心。天津市地处华北平原东北部，东临渤海，海岸线长153千米；北依燕山，地势西北高东南低，腹地辽阔，海河的五条支流在此汇合，又是京沈、津沪两大铁路干线交会点，是华北最大的水陆交通枢纽和经济中心，在对内对外的合作交流中有着重要的枢纽作用。

天津地区的形成始于隋朝大运河的开通。唐中叶以后，天津成为南方粮、绸北运的水陆码头。一直到元朝，都是军事重镇和漕粮转运中心。朱棣成为皇帝后，为纪念由此起兵"靖难之役"，在永乐二年十一月二十一日（1404年12月23日）将此地改名为天津，即天子经过的渡口之意。是中国古代唯一有确切建城时间记录的城市。历经600多年，造就了天津中西合璧、古今兼容的独特城市风貌。17世纪以来，天津地区城市规模不断扩大。1860 年被辟为通商口岸，成为当时中国仅次于上海的第二大工商业城市和北方最大的金融商贸中心。

天津旅游资源丰富，自然旅游资源以山、海、港为主，如"京都第一山"盘山、"森林野生动物园"八仙山、海河外滩公园以及天津滨海旅游度假区等，人文旅游资源以展现城市古今变化的古迹、名胜和现代城市风光为主，如和平路金街、古文化街、五大道、天后宫、文庙、大沽口炮台、天津乐园、水上乐园、天津奥林匹克中心及天津科技馆等。1989 年评选出的"津门十景"分别是"天塔旋云""蓟北雄关""三盘暮雨""古刹晨钟""海门古塞""沽水流霞""故里寻踪""双城醉月""龙潭浮翠""中环彩练"，这些景观既有名胜古迹又有旧景新颜，是新时代天津旅游景观的代表。

天津还是诸多曲艺形式发源、兴盛和发展的地方。其中，天津时调、天津快板、京东大鼓、京韵大鼓、铁片大鼓、快板书等曲艺形式是在天津形成的，相声和京剧更是天津传统曲艺的重要代表。话剧则是中西文化在天津碰撞交融最为突出的代表。

📚 **专业技能训练 5-2**

津沽记忆博物馆　生态城正式开馆

2017 年 5 月，中新天津生态城内首家充满"津味儿"的民俗主题展馆——津沽记忆博物馆正式开馆，20 世纪 80 年代拥有缝纫机和铁皮水壶的"我们曾经的家"、六七十年代的楼牌、爷爷奶奶曾经用过的"民国"课本……让不同年龄的市民都能找到自己过去的记忆。

津沽记忆博物馆"再现"老天津卫生活痕迹，现有藏品共计 2000 余件。开馆展分为"民生天下先""租界风云淡""沽上民风浓""铁肩担国运""粉墨人生苦""百年树英才""少年不识愁""津沽记忆长"八大主题，市民可以在这找到天津汽车修配总厂、大胡同、南开学校、天津老自行车等充满天津卫历史的展品，也能在各种玩具中寻找自己童年的印记。

（资料来源：王晓易．津沽记忆博物馆　生态城正式开馆［EB/OL］. http：//news. 163. com/17/0523/09/CL42GJI4000187VJ. html）

问题："津味"一直是可以和"京味"相提并论的一个话题，根据你的了解，天津在发展民俗文化旅游方面有哪些优劣势？

二、主要景区景点

（一）世界遗产

截至 2016 年 7 月，天津拥有 2 处世界遗产，分别是长城（天津段）、中国大运河（天津段），全部为文化遗产。

1. 长城（天津段）（1987.12，世界文化遗产）

天津境内的长城世界遗产主要是黄崖关长城。黄崖关长城位于蓟县最北端 30 千米处的东山上，初建于北齐，明代重修，包括黄崖关和太平寨。明代名将戚继光任蓟镇总兵时，曾重新设计，包砖大修。这一段长城建筑特点是，台墙有砖有石，敌楼有方有圆，砌垒砖有空心有实心。关城塞堡、敌台水关，应有尽有，接山跨河，布局巧妙，集雄险奇秀于一身。关城东西两侧崖壁如削，山势陡峭雄伟，有"一夫当关，万夫莫开"之势，历来为兵家必争之地。由于山崖在夕阳西照时，反射出万道金光，故名黄崖关。现主要景点包括瓮城关城的城墙，东南西北四座城门楼，以及角楼、门洞、水门、水关、牌坊、八卦街、陷马坑、提调公署和城外的凤凰楼等。

2. 中国大运河（天津段）（2014.6，世界文化遗产）

中国大运河是京杭运河、隋唐运河、浙东运河的总称。京杭大运河北起北京通州，南到浙江杭州，经过 8 省、27 市。到目前有 1600 多年历史，这是世界上里程最长、工程最大的古代运河，也是最古老的运河之一。

天津境内大运河全长约 190 千米，列入遗产区为南、北运河天津三岔口段，全长 71 千米。大运河天津段遗产构成包括 27 处不可移动实物遗产，馆藏文物、非物质文化遗产等其他文化遗产以及大量古树名木、历史植被等背景环境。天津段大运河开凿于元代。包括天津至北京通州的北运河和天津至山东临清的南运河的一部分。南、北运河与海河在天津三岔口相汇。元代庞大的漕运（南粮北运）促进了直沽（天津）的繁荣发展，直沽因而被马可·波罗誉为"天城"。三岔口作为运河漕运中转站，当年船舶云集，元朝廷于三岔口两岸敕建有天后宫，成为船工酬神、聚会场所。

（二）国家 5A 级旅游景区

截至 2017 年 2 月，天津拥有 2 个国家 5A 级旅游景区，分别是天津古文化街旅游区（津门故里）和天津蓟县盘山风景名胜区。见表 5-4。

表 5-4　天津市国家 5A 级景区一览表

序号	景区名称	评选时间
1	天津古文化街旅游区（津门故里）	2007 年
2	天津蓟县盘山风景名胜区	2007 年

1. 天津古文化街旅游区（津门故里）

天津古文化街系商业步行街，由仿中国清代民间小式店铺组成，以元代古迹天后宫为中心。它位于南开区东北角东门外，南北街口各有牌坊一座，上书"津门故里"和"沽上艺苑"。作为津门十景之一，天津古文化街一直坚持"中国味，天津味，文化味，古味"经营特色，以经营文化用品为主。自古以来，这一带就是天津最大的集市贸易和年货市场，每年春季，天津规模盛大的皇会——娘娘诞辰吉日就在这里举行，届时表演高跷、龙灯、旱船、狮子舞等。新建的古文化街内除两端牌楼及宫前戏楼为仿清大式建筑外，其余近百栋房屋皆为仿清民间小式古建筑。古文化街内有近百家店堂。是天津老字号店民间手工艺品店的集中地，有地道美食：狗不理包子，耳朵眼炸糕，煎饼果子，老翟药糖，天津麻花等。旅游景点有天后宫，大清邮币，泥人张彩塑等。

2. 天津蓟县盘山风景名胜区

盘山风景名胜区位于天津市蓟县西北 12 千米处，因雄踞北京之东，故有"京东第一山"之誉。盘山曾被称为"无终山""徐无山""四正山""盘龙山"，相传东汉末年，无终名士田畴不受献帝封赏、隐居于此，因此人称田盘山，简称盘山。盘山是燕山山脉南缘的一段，东西长 20 千米，南北宽 10 千米，雄伟多姿，景色幽古，久负盛名，曾入中国 15 大名山之列。盘山景区面积 106 平方千米，有"三盘""五峰""八石"之胜，还有天成寺、万松寺、云罩寺、舍利塔等古代建筑。由西路登山，山势呈上、中、下三盘之状，三盘景致各具特色，上盘松、中盘石、下盘水，人称"三盘之胜"。五峰为挂月峰、紫盖峰、自来峰、九华峰、舞剑峰，与山西五台山相呼应，号称"东五台"。主峰挂月峰，海拔 864 米。五峰攒簇，引人入胜。悬空石、摇动石、晾甲石、将军石、夹木石、天井石、蛤蟆石、蟒石为"八石"。

三、旅游美食与旅游商品

（一）旅游美食

天津菜起源于民间，擅烹两鲜、讲究时令、精于调味，以咸鲜清淡为主，酸甜口为辅，兼有小辣微麻。历史上有代表性的天津风味菜肴有八大碗、四大扒、冬令四珍。八大碗有粗、细之分。粗八大碗指：熘鱼片、烩虾仁等。细八大碗有：炒青虾仁、烩鸡丝等。四大扒是成桌酒席的配套饭菜，包括：扒整鸡、扒整鸭等。冬令四珍指铁雀、银鱼、紫蟹、韭黄，均为天津特产。现代天津名菜有生菜大虾、蟹黄鱼翅、软溜鱼扇、鸡丝银针、扒海羊、清蒸鳜鱼、干烧比目、烧参肚、芙蓉鲜贝、红烧西排等。

天津小吃汇集八方特色，色香味堪称一绝。小吃制作多以面粉为主料，有油炸、煎烙、稀食和甜食四大类。其中最出名的有狗不理包子、桂发祥十八街麻花、耳朵眼炸糕，被誉为"津门三绝"。此外还有天津糕干、煎饼果子、贴饽饽熬小鱼、果仁张、棒槌果子、石头门槛素包、鲜果馅汤圆、恩发德蒸饺、马记茶汤等代表小吃。

知识小扩充 5-2

狗不理包子名称由来

"狗不理"创始于 1858 年。清咸丰年间，河北武清县杨村有个年轻人，名叫高贵友，因其父四十得子，为求平安养子，故取乳名"狗子"。狗子十四岁来天津学艺，在天津南运河边上的刘家蒸吃铺做小伙计，三年满师后，高贵友独立出来自己开办了一家专营包子的小吃铺——"德聚号"。由于高贵友手艺好，做事又十分认真，从不掺假，制作的包子口感柔软，鲜香不腻，形似菊花，色香味形都独具特色，引得十里八乡的人都来吃包子，生意十分兴隆，名声很快就响了起来。由于来吃他包子的人越来越多，高贵友忙得顾不上跟顾客说话，这样一来，吃包子的人都戏称他"狗子卖包子，不理人"。久而久之，人们喊顺了嘴，都叫他"狗不理"，把他所经营的包子称作"狗不理包子"，而原店铺字号却渐渐被人们淡忘了。

（资料来源：根据百度百科资料整理）

（二）旅游商品

天津旅游商品如表5-5所示。

表5-5　天津市旅游商品名录

类别	具体代表
工艺品	杨柳青年画、泥人张彩塑、风筝魏风筝、天津根雕、剪纸、砖雕、天津地毯、挂毯
酒	天津津酒、金星牌玫瑰露酒、金花牌五加皮酒
土特名产	桂发祥十八街麻花、崩豆张、天津龙须面、蜜饯元宵、马记茶汤、明顺斋烧饼、萨其马桃、天津锅巴、小李烧鸡 小站稻米、宝坻大蒜、黄花山核桃、宝坻天鹰椒、岔房子山药、武清黑绿豆
水果	茶淀玫瑰香葡萄、静海金丝小枣、红花峪桑葚、天津板栗、桑梓西瓜

四、旅游节庆与旅游线路

（一）旅游节庆

天津市举行的主要旅游节庆活动有：天津月季花节（5—6月），天津啤酒节（7月份），天后宫皇会（农历三月二十三），天津相声节（9月份），独乐寺庙会（正月初一至初六），天津旅游购物节（9月份），盘山民俗庙会（4月份），黄崖关长城国际马拉松（5月份）等。

课堂讨论与作业5-2

讨论一下策划节庆旅游需要考虑哪些因素；根据天津的资源状态，设计两项有地域特色的旅游节庆活动。

（二）旅游线路

天津总体上地域比较小，因此没有长线的旅游线路，一般以天为单位来安排线路。

天津一日游：天津站→世纪钟→解放桥→古文化街→鼓楼→南市食品街→金街→老西开教堂→五大道。

天津二日游：Day1：天津站→塘沽洋货市场→中山门轻轨→古文化街（小吃）→鼓

楼→食品街→天津大学；Day2：天津大学→五大道→滨江道→西开教堂→瓷房子→估衣街→谦祥益→天津之眼→天津站。

长城之旅：独乐寺→黄崖关长城（千年古刹独乐寺及古城白塔、鲁班庙、八卦城、碑林、品名联、登长城）。

佛教朝圣游：盘山→石趣园（盘山、寺庙、石趣园、万佛寺）。

农家之旅：九山顶→长城（天津最高峰九山顶、山货采摘、干农活体会躬耕劳作、农家午餐、黄崖关长城）。

密林探险游：九龙山→清东陵（九龙山国家森林公园、龙泉洞公园、清东陵）。

幽林采珍游：独乐寺→八仙山（独乐寺、八仙山国家自然保护区观看植物及野生动物）。

山水文化游：长城→盘山（品长城文化、赏盘山风光为蓟县精品线）。

第四节 河北旅游亚区主要旅游资源概述

一、区域旅游资源概况

河北省，简称"冀"，因位于黄河以北而得名。地处华北平原，东临渤海、内环京津，西为太行山，北为燕山，燕山以北为张北高原。地势西北高、东南低，由西北向东南倾斜。地貌复杂多样，高原、山地、丘陵、盆地、平原类型齐全，有坝上高原、燕山和太行山山地、河北平原三大地貌单元，是中国唯一兼有高原、山地、丘陵、盆地、平原、湖泊和海滨的省份，属温带季风气候。河北文化博大精深，自古有"燕赵多有慷慨悲歌之士"之称，是英雄辈出的地方。河北省总面积 18.88 万平方千米，人口 7425 万（截至 2015 年年底）。

河北省是中华民族的发祥地之一，早在五千多年前，中华民族的三大始祖黄帝、炎帝和蚩尤就在河北由征战到融合，开创了中华文明史；春秋战国时期河北地属燕国和赵国，故有"燕赵大地"之称，汉代属幽州、冀州；唐代为河北道，宋代为河北路，元代为中书省，明清属直隶省；解放战争时期，河北西柏坡为中共中央临时所在地。

悠久的历史造就了河北省文化底蕴深厚，名胜古迹众多，旅游资源丰富。拥有世界文化遗产长城、承德避暑山庄、清东陵和清西陵；拥有邯郸、保定、承德、正定、山海关区 5 个国家级历史文化名城。河北还是长城途经距离最长、保存最完好的省份，境内长城遗存达 2000 多千米，老龙头、山海关、金山岭长城等长城精华均在河北境内。承德避暑山庄是世界现存最大的皇家园林，其周围的外八庙是中国最大的皇家寺庙群。清东陵和清西陵是中国现存规模最大、保存最完整的皇家陵墓群。赵州桥被誉为"世界拱桥之祖"，是世界最古老的敞肩石拱桥，迄今已有 1400 余年的历史。除此以外，河北省也不乏秀丽多姿的自然景观，如北戴河、南戴河等天然海滨风光，辽阔壮美的坝上草原，充满野趣的野三坡以及险峻秀美集于一身的嶂石岩等。

二、主要旅游景区景点

（一）国家级历史文化名城

截至 2016 年年底，河北共有国家级历史文化名城 5 座，分别是承德、保定、邯郸、正定、山海关区。

1. 保定市

保定市位于河北省中西部，西依太行山，东抱白洋淀，与京、津呈三足鼎立。历来为军事重镇，曾北控三关，南通九省，宣化、大同为之屏障，倒马、紫荆、龙泉三关为之阻隘，联络表里，翊卫京师。清代以来至 1968 年，近 300 年为直隶和河北省的政治、军事、文化中心。

保定旅游资源十分丰富，门类齐全，品种繁多。文物古迹、革命遗址系列有位于易县永宁山下的世界文化遗产清西陵，清朝皇家墓葬群；千古之谜的战国故城燕下都遗址；定窑遗址；在建筑史上占有重要地位的北岳庙；定州开元寺塔；保定陆军军官学校；涿州三义宫、张飞庙；中国目前唯一保存完整的清代省级衙署——直隶总督署等。水体形胜、自然风光系列有国家 5A 级景区白洋淀、国家重点风景名胜区野三坡、省级风景名胜区凉城风景区等。

2. 邯郸市

邯郸市位于河北省南端，西依太行山脉，东接华北平原，与晋、鲁、豫三省接壤，是河北省第三大城市，因邯山至此而尽得名。早在 8000 多年前新石器早期的磁山先民就在这里繁衍、休养生息。在邯郸悠久历史的进程中，孕育并积淀了深厚的历史文化，这是先人留给我们后代子孙的一笔弥足珍贵的精神财富。绵绵 8000 余年的历史铸造成了邯郸十大文化脉系。以胡服骑射为代表的赵文化，以粟作农业和定居生活为特点的原始农耕文化，女娲文化，曹魏建安文化，以响堂山石窟和娲皇宫石窟为代表的北齐石窟文化，以"一枕黄粱"名梦和黄粱梦吕仙祠古建筑群为代表的梦文化，磁州窑文化，广府太极文化，成语典故文化以及边区革命文化。同时这里也是中国成语典故之都和中国散文之城、太极之乡。

3. 正定县

河北省石家庄市正定县地处冀中平原，曾与保定、北京并称"北方三雄镇"。正定历史悠久，公元前 770 年建鲜虞国，清雍正元年为避皇帝讳，始称"正定"，沿用至今。自晋代至清末的 1500 多年间，正定一直是郡、州、路、府治所，是当时中国北方政治、经济、文化交流中心和兵家必争之地。

悠久的历史为正定留下了众多的文物古迹，素有"九楼四塔八大寺，二十四座金牌坊"的美誉。被誉为"中国古建筑博物馆""佛教文化博物馆"。宋太祖赵匡胤敕建的隆兴寺被梁思成先生称为"京外名刹之首"；临济寺作为佛教临济宗的发祥地，是研究中国佛教史和中日文化交流史的历史见证；开元寺钟楼是我国现存的唯一一座唐代钟楼。此外，天宁寺凌霄塔、开元寺须弥塔、广惠寺华塔等均造型奇特，建筑精美，具有极高的建筑学、美学价值。历史上，正定人杰地灵，名人辈出，"常胜将军"赵子龙、"四部尚书"梁梦龙、"收藏家"梁清标、"北洋三杰"王士珍等均籍正定。

同步思考 5-2

河北省拥有 5 座国家级历史文化名城，你认为这一资源在河北旅游业的发展中发挥了它应有的作用吗？

（二）世界遗产

截至 2016 年 7 月，河北拥有 4 处世界遗产，分别是长城（河北段）、承德避暑山庄及周围寺庙、明清皇家陵寝（清东陵、清西陵）、中国大运河（河北段）。

1. 长城（河北段）（1987. 12，世界文化遗产）

明长城长约 7000 千米，多为夯土建筑，真正的砖石结构，也就是最具典型意义的长城只有 1000 多千米，其中只有 200 多千米在北京，其余绝大部分分布在河北省的秦皇岛市、唐山市、张家口市、承德市，著名的有金山岭长城、山海关、老龙头、遵化鹫峰山长城、迁西潘家口水下长城、迁安大理石长城、青山关、喜峰口、冷口关、监狱楼、七十二券楼、水门、长城砖窑、养马圈等。金山岭长城是进出塞内外的咽喉要道，也是历史上兵家必争之地。金山岭长城最突出的特点是：登高远眺、视野开阔、气势雄伟、敌楼密集、建造艺术精美，堪称我国万里长城的精粹。山海关古称榆关，在秦皇岛市以东 10 多千米处，山海关的城池，周长约 4 千米，是一座小城，整个城池与长城相连，以城为关，是一座防御体系比较完整的城关。

2. 承德避暑山庄及周围寺庙（1987. 12，世界文化遗产）

承德避暑山庄又名承德离宫或热河行宫，是清代皇帝夏天避暑和处理政务的场所。避暑山庄是清朝皇帝为了实现安抚、团结中国边疆少数民族，巩固国家统一的政治目的而修建的一座夏宫。避暑山庄始建于康熙四十二年（1703 年），建成于乾隆五十五年，历时 87 年。避暑山庄占地 564 万平方米，环绕山庄蜿蜒起伏的宫墙长达万米，是中国现存最大的古典皇家园林。山庄的建筑布局分宫殿区、湖泊区、平原区、山峦区四大部分。整个山庄东南多水，西北多山，是中国自然地貌的缩影。

避暑山庄之外，半环于山庄的是雄伟的寺庙群，如众星捧月，环绕山庄，它象征民族团结和中央集权。承德"外八庙"分布在避暑山庄东北面山麓的台地上，面积达 40 多万平方米，原有寺庙十一座，现存的有普陀宗乘之庙、须弥福寿之庙、普乐寺、普宁寺、安远庙、溥仁寺、殊像寺。这些庙宇金碧辉煌，宏伟壮观。

3. 明清皇家陵寝（清东陵、清西陵，世界文化遗产）

清东陵位于河北省遵化市境内，是中国现存规模最为宏大，体系最为完整，布局最为得体的帝王陵墓建筑群。占地 80 平方千米的 15 座陵寝中，长眠着顺治、康熙、乾隆、咸丰、同治五位皇帝及其后、妃及皇子公主们。入关第一帝清世祖顺治皇帝的孝陵位于南起金星山，北达昌瑞山主峰的中轴线上，其余皇帝陵寝则以孝陵为中轴线按照"居中为尊""长幼有序""尊卑有别"的传统观念依山势在孝陵的两侧呈扇形东西排列开来。

清西陵位于河北省保定市易县城西 15 千米处的永宁山下，分布有泰陵（雍正皇帝）、昌陵（嘉庆皇帝）、慕陵（道光皇帝）、崇陵（光绪皇帝）四座帝陵以及后、妃、王公、公主的 10 座陪葬陵。西陵建设面积达 5 万多平方米，宫殿千余间，石建筑和石雕百余座，构成了一个规模宏大、富丽堂皇的建筑群，反映出了我国古代建筑艺术发展的高度水平和民族风格的优良传统，充分体现了我国劳动人民的杰出智慧和创造才能，是祖国极其珍贵的文化瑰宝。

4. 中国大运河（河北段，世界文化遗产）

中国大运河始建于公元前 486 年，包括京杭运河、隋唐运河和浙东运河三部分，地跨北京、天津、河北、山东、江苏、浙江、河南和安徽 8 个省（直辖市），是世界上开凿时间较早、规模最大、线路最长、延续时间最久且目前仍在使用的人工运河。中国大运河被列入世界遗产名录中，其中河北段大运河"两点一段"，即衡水景县华家口夯土险工坝、沧州东光县连镇谢家坝、沧州至德州段运河河道位列其中。

河北大运河的历史可追溯至东汉末年，从公元 204 年起曹操为了军事需要，开凿、疏通了境内一些运河，迄今已经有 1800 多年的历史。河北段大运河北起廊坊香河县与北京交会处——杨洼闸，南至邢台市临西县尖塚，沟通海河和黄河两大水系，流经廊坊、沧州、衡水、邢台、邯郸 5 个市，总长近 600 千米。河北段大运河遗址线路清晰，体系完整，拥有较为完整的人工河道和堤防体系，代表了我国北方大运河遗产的特色，是我国大运河体系中不可或缺的重要文化遗产。

（三）国家 5A 级旅游景区

河北国家 5A 级旅游景区如表 5-6 所示。

表 5-6 河北省国家 5A 级旅游景区一览表

序号	景区名称	评选时间
1	承德避暑山庄及周围寺庙景区（普陀宗乘—须弥福寺—普宁寺—普佑寺）	2007 年
2	保定安新白洋淀景区	2007 年
3	保定涞水县野三坡景区	2011 年
4	石家庄平山县西柏坡景区	2011 年
5	唐山市清东陵景区	2015 年
6	邯郸市娲皇宫景区	2015 年
7	河北省邯郸市广府古城景区	2017 年
8	河北省保定市白石山景区	2017 年

1. 保定安新白洋淀景区（文化苑—大观园—鸳鸯岛—元妃荷园—嘎子印象—渔人乐园）

白洋淀位于河北安新县境内，地处京、津、石腹地，各距离 150 千米左右，总面积

366 平方千米，又名西淀，古称掘鲤淀。白洋淀上游接纳海河水系中大清河上源唐河、潴龙河来水，下游由大清河排出。湖区水产丰富，芦苇分布面积广。这里古有"北地西湖"之称，今有"华北明珠"之誉。白洋淀是典型的北方湿地，自古以来就以物产丰富著称。它是鸟的王国、鱼的乐园、多种水生植物的博物馆，有着得天独厚的旅游资源。白洋淀分六大景区，即鸳鸯岛民俗文化景区、荷花观赏景区、生态游乐景区、休闲娱乐景区、码头观光景区、民俗村观光景区。主观园内有五区（迎宾区、服务区、餐饮区、采莲区、观景区）、四园（精品荷园、静心园、垂钓园、民俗园）、三港（泊船港、观鱼港、休闲港）、二滩（沙滩浴场、休闲滩）、一山（观景山）。

专业技能训练 5-3

河北 14 家景区入选全国红色旅游经典景区名录

近日，由国家发改委、中宣部、国家旅游局等 14 个单位联合发布的《全国红色旅游经典景区名录》，河北省 14 家景区入选。

日前，《全国红色旅游经典景区名录》已由全国红色旅游工作协调小组全体成员单位共同印发，公布了 300 处全国红色旅游经典景区，将作为今后五年红色旅游发展工作的重点。

近年来，我国红色旅游蓬勃发展，据统计，截至"十二五"末，全国红色旅游景区（点）全年接待游客达到 10.27 亿人次，占国内旅游总人数的四分之一；在纪念馆、博物馆免费开放的前提下，红色旅游综合收入达到 2611.74 亿元。

（资料来源：编者根据相关资料整理）

问题：了解一下所入选的 14 个景区，通过查找资料，总结分析河北红色旅游发展的现状及前景。

2. 保定涞水县野三坡景区（百里峡—白草畔—鱼谷洞—龙门天关）

野三坡位于河北省涞水县境内，太行山与燕山两大山脉交会处，总面积 498.5 平方千米。景区内旅游资源丰富独特，享有"世外桃源"之称，主要景点包括百里峡景区、拒马河景区、龙门天关景区、白草畔森林游览区、鱼谷洞等，是中国北方极为罕见的融雄山碧水、奇峡怪泉、文物古迹、名树古禅于一身的风景名胜区。

百里峡由三条峡谷组成，全长 105 里，这就是百里峡的由来，景区风格以奇山秀水为主体，茂密的植被，遍地的海棠花，随处而见的黄檀为点缀，百里峡大剧场还有上演以当地历史文化为主题背景的大型历史舞蹈史诗《印象·野三坡》。鱼谷洞位于野三坡风景区中部，是以奇泉、怪洞为主体的风景区，鱼谷洞内全长约 1800 米，共分 5 层，层层有景，景景奇特，洞中有洞，洞洞相连。白草畔景区是野三坡的制高点，山顶和山下气候差异明显，山上植被呈现垂直分布特色，奇特的"五月冰川"景观，令许多旅客赞叹不已。形成"一山有四季，上下不同天"的气候。

3. 石家庄平山县西柏坡景区

西柏坡位于河北省石家庄市平山县中部，曾是中共中央所在地，党中央和毛主席在此指挥了震惊中外的辽沈、淮海、平津三大战役，召开了具有伟大历史意义的七届二中全会和全国土地会议，故有"新中国从这里走来""中国命运定于此村"的美誉，为全国著名的五大革命圣地之一。

景区主要景点包括：西柏坡中共中央旧址，主要开放有重要领导人的旧居、军委作战室、会议会址、防空洞等；西柏坡陈列馆，展览内容以解放战争后期中共中央在西柏坡时期的活动为主线，运用了大量的文物、照片和历史资料，辅之以绘画、雕塑、景观、幻影成像、半景画等高科技手段来展现中共中央在西柏坡的伟大革命实践；西柏坡石刻园，坐落在三面环水的柏坡岭上，镌刻着老一辈革命家、社会各界名人、全国著名书法家作品 320 余幅；西柏坡纪念碑，总高度为 20.5 米，碑名"西柏坡"系邓小平同志的手迹；五位书记铜铸像，位于西柏坡纪念馆广场中央，均高 2.5 米，青铜铸像，艺术地再现了西柏坡时期中国共产党第一代领导集体充满胜利的喜悦和对未来无限憧憬的情景。

4. 邯郸市娲皇宫景区

娲皇宫位于河北省邯郸市涉县中皇山上，为中国神话传说女娲娘娘炼石补天，抟土造人之地，是中国规模最大、肇建时间最早、影响地域最广的奉祀女娲的历史文化遗存。娲皇宫始建于北齐时期，初为北齐文宣帝高洋所建离宫，初开三石室，雕数尊神像。后经历代修葺续建，娲皇宫现今占地面积达 76 万平方米。如今建筑多为明清时期，而北齐遗迹，仅留石窟与摩崖刻经，共 6 部，是中国现存摩崖刻经中最早、字数最多的一处。

娲皇宫设在山势陡峭、地势险峻的山腰上，宽广的平台上建有娲皇阁、梳妆楼、迎爽楼、钟鼓楼、六角亭、木牌坊、皮疡王庙、水池房及山门等大小 12 座建筑。现有建筑房屋 135 间，占地面积 76 万平方米，分为山上、山下两个建筑群。山下有朝元宫、停骖宫、广生宫和牌坊等。每年农历三月初一至三月十八，为女娲诞辰、祭典之日，全国多地的人以及海外华侨前来祭拜，被誉为"华夏祖庙"，为全国祭祖圣地之一。

5. 河北省邯郸市广府古城景区

广府古城景区地处华北平原南部，位于河北省邯郸市永年县东南 20 千米处，距离邯郸市区 20 千米，距今已有 2600 多年的历史。主要景点包括广府古城城墙、弘济桥、永年洼、毛遂墓、杨露禅故居、武禹襄故居、太和堂、傅公纪念祠、清晖书院、运兵洞、广府甘露寺等。

广府古城周长 4.5 千米，墙高 10 米，厚 8 米，城内面积 1.5 平方千米，分布 30 多条街道。古城现存两瓮城、六城门，东有阳和门，西曰保和门，南称阳明门，北为贞元门，城外有护城河和永年洼环绕。广府古城历史上曾为曲梁县、广平郡、武安郡、广年县、永年县、洺州、广平路、广平府治所。城河广阔，地势低洼，周围环水，易守难攻，为历代兵家必争之地。这里还是杨式、武式太极拳的发祥地。杨式太极拳创始人杨露禅、武式太极拳创始人武禹襄的故居保存完好。永年县被国家体委命名为"太极拳之乡"。

三、旅游美食与旅游商品

（一）旅游美食

俗语云："河北菜，不成系"，河北饮食风俗总的特点是杂。原因在于长久以来黄河流域的中原文化、齐鲁文化、秦晋文化、北方地区的游牧文化、宫廷文化都给河北地区以深远的影响，沿海地区更不断受到海外文化的渗透。有人曾用"南辣北甜，西酸东咸"来形容河北的食风。

经过时间的验证，今天河北省内的主要特色菜有柴沟堡熏肉、狗肉全席、金毛狮子鱼、烤大虾、口蘑、汽锅野味八仙、蔚县八大碗、御土荷叶鸡等。特色的小吃有：与天上龙肉有一比的河间驴肉火烧；状如小鼓、个似棋子而得名酥脆适口的棋子烧饼；可随意制成多种馅心的承德南沙饼；邢台道口烧鸡；具有浓厚香土气息，外焦内嫩、味香适口的烙糕；承德地方传统风味小吃，用荞麦面制的碗坨等。

（二）旅游商品

河北主要旅游商品如表 5-7 所示。

表 5-7　河北主要商品名录

类别	具体代表
工艺品	藁城宫灯、曲阳定瓷、邢窑白瓷、曲阳石雕、秦皇岛贝雕画、武强年画、蔚县剪纸、衡水内画壶、涿州金丝挂毯、易县古砚、魏县麦秸秆工艺品、唐山皮影、承德木皮雕及木雕、固安柳编、景县仿古钟表、唐县佛像
酒	板城烧锅酒、衡水老白干、邯郸丛台大曲、长城葡萄酒
土特名产	唐山蜂蜜麻花、保定马家老鸡铺卤鸡、藁城宫面、保定槐茂酱菜、渤海对虾、秦皇岛海蟹、白洋淀松花蛋、河北柿干、京东板栗、张家口口蘑、祁州药材、巨鹿银花、河北血杞、蔚县开口核桃
水果	沧州金丝小枣、赵州雪花梨、宣化白牛奶葡萄、秦皇岛苹果、深州蜜桃、巨鹿串枝红杏

知识小扩充 5-3

藁城宫面

宫面是河北省藁城著名的汉族传统名产，属于贡面。此面起源于东汉末年，以小麦精粉为原料，配以精盐、精炼油、淀粉等，不用任何添加剂，采用秘传手工工艺制作，经过盘条、上秆、拽条、拉丝、阴干等多道工序制成，有营养、杂粮、风味三大系列。其配料考究，制作精细，营养丰富，具有条细心空、耐煮不糟、汤清面秀、嚼有口劲等特点。该面营养丰富，味道鲜美，面条细匀空心，色泽油亮而洁白，耐火不糟，回锅不烂，食用方便，既可以作为主食，又可以作副食佐餐；吃凉面条、热面汤均可。它是老人、病人、产妇、婴儿常备的滋补食品，也是馈赠亲朋好友的上佳品。藁城宫面制作技艺，已有 2000 多年的历史，历经不断发展和完善，在藁城形成了完整的加工技艺和独有的膳食文化。由于最初只供给宫廷，也叫"贡面""御面"。

（资料来源：根据百度百科资料整理）

四、旅游节庆与旅游线路

（一）旅游节庆

河北省举行的主要旅游节庆活动有：中国长城文化旅游节（每年 9 月份），邯郸涉县女娲祭典（每年农历三月初一至三月十八），承德国际旅游节（每年 6 月份），吴桥国际杂技艺术节（每年 10 月最后一周或 11 月第一周），保定国际空竹节（每年 5 月份），中国陶瓷博览会（每年 9 月份）等。

（二）旅游线路

根据区内地理与资源分布特点，主要介绍以下三条旅游线路。

冀东北旅游线路：承德避暑山庄→外八庙→木兰围场→北戴河→山海关→清东陵。

冀中旅游线路：赵州桥→西柏坡→苍岩山→嶂石岩→白石山→直隶总督府→白洋淀→清西陵。

冀南旅游线路：娲皇宫→武灵丛台→响堂山石窟→广府古城。

本章概述

京津冀旅游区处于我国东部环渤海地区，是古今京畿要地，是全国的政治、经济、文化和国际交流中心，是我国旅游活动兴起和发展最早的地区之一，也是我国长盛不衰的旅游热点地区。凭借着众多世界级的优质人文旅游资源，北京旅游亚区旅游业的发展明显领先于天津和河北旅游亚区，因此，京津一体化的发展，以及京津冀大旅游区共荣的发展方向是本区旅游业发展的趋势。

基本训练

一、判断题

1. 故宫前朝的三大殿指的是太和殿、保和殿和乾清宫。（　　）

2. 避暑山庄是我国现存规模最大、保存最完整的皇家园林。（　　）

3. 世界文化遗产长城在本区的北京、天津和河北境内都有分布。（　　）

二、简答题

1. 简答京津冀旅游区的人文地理环境特征。

2. 简答北京市中心皇家建筑游旅游路线中所包含的主要景点。

专业能力提升

河北雄安新区的未来，你看懂了吗？

在北京西南方向距离市中心 120 千米左右的地方，有一个华北地区少有的内陆湖泊，既有"北地西湖"之称，又有"华北明珠"的美誉，这就是白洋淀。2017 年 4 月，中共中央、国务院关于决定成立雄安新区的消息，不仅使"华北明珠"焕发光彩，更让其周边区域吸引了世人的目光。根据中央部署，雄安新区将是继 20 世纪 80 年代的深圳经济特区和 90 年代的上海浦东新区之后，又一个具有全国意义的新区，也是继规划建设北京城市副中心后又一京津冀协同发展的历史性战略选择，是千年大计、国家大事。

雄安新区引发热议，容城、雄县、安新这些地区也随之被广泛关注。雄安周边的旅游热度也出现了大幅度上涨，这些景点包括：百里峡风景区、涞源白石山国家地质公园、清西陵、天生桥瀑布群、空中草原、易水湖、白洋淀景区、狼牙山景区、冉庄地道战遗址，以及直隶总督署博物馆。

（资料来源：编者根据相关资料整理）

问题：你认为上述十大景点所在的雄安周边地区如何依托国务院成立雄安新区的机遇提升旅游业的发展？

林海雪原、关东风情
——黑吉辽旅游区

第六章

学习目标

通过本章学习，学生应该达到以下目标：

知识目标：认识黑吉辽旅游区的旅游地理环境特征，熟悉该旅游区旅游业发展现状，掌握各旅游区主要景区、景点概况。

能力目标：通过旅游业发展现状的学习，能够独立思考、分析各旅游亚区旅游业发展水平差异的原因。

技能目标：结合案例分析、实践认知等内容，具备对黑吉辽旅游区的旅游产品进行设计和初级营销的能力。

任务引入

谋求转型　冰雪旅游成东三省布局重点

近年来，曾以资源输出为主的东北三省老工业基地，遭遇了不小挑战，必须进行转型升级，在"振兴东北""一带一路"等政策不断推行及冬奥会的大背景下，凭借得天独厚的冰雪资源，东北三省借冰雪经济转型无疑是一个不错的机会。作为我国较为严寒的地方，拥有冬季美景的东北三省，在转型的过程中，冰雪经济可以说被给予了厚望，而即将举办的冬奥会则可以进一步推动这种优势的发挥。冬奥申委副秘书长、原国家体育总局冬季运动管理中心主任赵英刚认为，举办冬奥会是东北三省发展的机遇，提升以冰雪为主的服务业，将拉动东北三省冰雪运动的消费潜力。

黑龙江冰雪产业研究院院长张贵海在接受《中国商报》记者采访时表示，东北冰雪资源最丰富，具备发展冰雪旅游的优势，但是一直没有得到很好的释放，这次通过冬奥会能够使整个东北的经济活力更好提升。张贵海表示"自从取得冬奥会的主办权，各省都想从冬奥会分得一杯羹，加入这场产业盛宴，据我了解，东北三省政府已经在旅游方面做了相当详细的规划和产业布局，希望能为区域带来新的探索。"

（资料来源：祖爽. 做强冰雪经济　为振兴东北注入活力［N］. 中国商报，2016-11-30)

任务分析：作为我国传统冰雪大区，东北正在为迎接冰雪经济做着准备，通过广告宣传、举办推介会等形式吸引游客，希望世界各地的游客能够到东北看雾凇、赏冰灯、去滑雪，体验高品质的冰雪旅游资源。

第一节　旅游地理环境特征及旅游业发展现状

黑吉辽旅游区包括黑龙江、吉林、辽宁三个省份，位于我国东北部，北自中俄界河黑龙江，南至辽东半岛，西起大兴安岭，东达中朝边境长白山。该区国土面积为 78.73 万平方千米，人口总量达到 1.09 亿（截至 2015 年）。该区少数民族分布较多，将近占到本区总人口数的 10%，主要有满族、朝鲜族、蒙古族、鄂伦春族、赫哲族、达斡尔族、回族、锡伯族等。磅礴的林海雪原、肥沃的黑土地、灿烂的民族风情，使本区旅游资源丰富且特色鲜明，旅游业发展潜力很大。

一、旅游地理环境特征

（一）自然旅游地理环境特征

1. 林海雪原与火山地貌共存

广袤的东北大地上，分布着大片的原始森林，有连绵起伏的大小兴安岭、完达山、老爷岭、长白山等森林资源，生长着繁茂的落叶松、红松、白桦等针阔叶林，是我国最大的林区。加上冬季寒冷且漫长的气候下，稳定的降雪及积雪，形成了典型的林海雪原景观。茂密的植被下，本区野生动物资源十分丰富，珍禽异兽极多，因此本区已经建立了多处自然保护区，尤其是其中的长白山自然保护区和伊春丰林自然保护区已被联合国教科文组织列为世界生物保护圈网络成员。

本区还是我国火山集中的区域，火山熔岩地貌类型丰富，数量多，分布广。全区有火山锥 230 多座，组成了 20 多个火山群，集中分布于吉林和黑龙江两省，其中火山堰塞湖五大连池被誉为"火山地貌博物馆"，也是我国第一个火山自然保护区；镜泊湖是我国最大的火山熔岩堰塞湖；长白山天池是我国面积最大、水最深的火口湖。

2. 冷湿性温带季风气候

本区为温带季风气候，除辽东半岛附近为暖温带外，大部分地区属中温带，大兴安岭北端更属寒温带气候区。因此本区的冬季寒冷而且漫长，各地冬季多在半年以上，形成"千里冰封、万里雪飘"的壮观景象，降雪量大，积雪期长，形成众多的冰雪娱乐场所，尤其是结合本区山地高度适中、坡度平缓的特点所产生的滑雪项目是本区极具特色的旅游项目。在本区的吉林市还存在独特的雾凇景观，这种白色而松软的水滴凝结物会形成玉树琼花般的美景，被称为中国的四大自然奇观之一。以冷湿为特征的温带季风气候也决定了本区夏季温度大多居于全国平均气温之下，总体比较凉爽宜人，海滨度假、森林畅游、极限漂流等一系列的消暑项目也使本区成为理想的避暑胜地。

3. 大平原与大湿地共生

世界地理版图上仅有三处黑土地，黑吉辽旅游区就占据了其中之一，这就是广阔而又肥沃的东北平原，著名的松嫩平原和三江平原都是它的组成部分，这里也是新中国成立后众多大型国有农场的分布点，如三江平原素以"北大荒"著称，在 20 世纪 50 年代大规模开垦前，草甸、沼泽茫茫无际，亦有成片森林，野生动物繁多；开垦后"北大荒"已变成了"北大仓"，成为国家重要的商品粮基地，因此是开展现代观光农业的良好区域。

这里拥有我国的三大湿地中面积最大的三江平原湿地。三江平原由松花江、黑龙江、乌苏里江汇流冲积而成，属低冲积平原沼泽湿地，具有丰富多彩的湿地景观，堪称北方沼泽湿地的典型代表，也是全球少见的淡沼泽湿地之一。其中最具生态观赏价值、最具名望的是乌裕尔河流域的扎龙自然保护区，有各种鸟类 300 余种，被誉为"鸟的天堂""丹顶鹤之乡"。

（二）人文旅游地理环境特征

1. 不同历史时期的古迹遗存较多

从历史文化的角度看，东北地区在明清之前，主要是少数民族游牧文化占据着主导地位，但同时也会受到先进中原文化的影响；从明代开始，河北、山东等地的农民迁往关东，造就了汉文化与当地少数民族文化融合的效果。因此，在东北各地所分布的文化古迹遗址中，既有凸显游牧民族风格的建筑风格形式，又可在其中窥到中原文化印迹的建筑文化内涵。如吉林省集安市的高句丽（公元前 37—668 年）古建筑、古墓葬和壁画为国家重点文物保护单位，在 2004 年正式被定为世界文化遗产；黑龙江宁安市上京龙泉府遗址是古渤海国遗址；黑龙江阿城区上京会宁府遗址是金国前期的都城，历经了四帝、38 年之久；本区内保存最完好的当属满清入关前的故宫——沈阳故宫，是中国仅存的两大皇家宫殿建筑群之一，又称盛京皇宫，为清朝初期的皇宫，距今近 400 年历史，于 2004 年被列为世界文化遗产。

2. 众多的民族，多彩的民俗风情

本区是少数民族分布较多的一个区域，除主体民族汉族外，还分布有满族、蒙古族、朝鲜族、回族、锡伯族、达斡尔族、鄂温克族、赫哲族等多个少数民族。在生产方式上，既有汉族、朝鲜族等传统的农耕民族，也有生活在大兴安岭森林中，以游牧狩猎为主的鄂温克族，以及主要聚居在黑龙江、松花江、乌苏里江流域以渔猎为主的赫哲族。

正是由于不同的民族，不同的生产、生活方式造就了本区丰富多彩的民俗风情。如本区哈尔滨特别突出的冰雕、冰灯及冰塑艺术，营造出了晶莹剔透、独具北国特色的冰雪园林、童话世界，是本区冬季最吸引人的旅游项目；本区土生土长、最受当地群众欢迎、现在影响了全国人民的东北民间艺术"二人转"，展现了本区人民直率、豪爽的性格特点；还有穿兽皮、坐雪橇在林海雪原中追捕猎物所带来的原始野趣以及在乌苏里江凿冰洞、下铃铛网捕鱼的巧妙神奇无不是本区独特民俗风情的展现。

3. 受多种文化影响的城市建筑艺术

本区由于近代受到沙俄、日本的侵占，在为当地人民带来了深重灾难的同时，也留下了独特的建筑风格。伴随着中东铁路的修建，哈尔滨成为沙俄的统治基地，30多个国家的10多万人进入该市，所以其早期建筑呈现出明显的欧式风格，素有"东方莫斯科""东方小巴黎"之称。现在哈尔滨市保存下来的早期建筑达500多处，例如俄罗斯式建筑——圣索菲亚大教堂、拜占庭式建筑东正教堂、哥特式建筑——尼埃拉依基督教堂等。这些建筑与中国古典建筑及现代大厦建筑交织在一起，构成了哈尔滨市中西合璧的城市风貌。此外，本区吉林省长春市内的伪满洲国皇宫，是日本帝国主义侵略中国的明证，乍看是中国宫殿，细看实际上包含了日本式的风格，是中、日混合的建筑物。另外，集中于本区辽宁省大连市中山广场附近的日式底层庭院式住宅区，也是生动的历史文化承载物。

知识小扩充 6-1

闯关东的历史与文化

闯关东的历史由来已久，据逐步考证，明代末期即有此记录，清代逐渐掀起高潮，清代中晚期到20世纪的30、40年代，逐渐形成闯关东的浪潮。据初步统计，新中国成立前，闯关东的人数已达3000万左右，其中，山东人、河北人居多。闯关东是一种社会历史移民现象，也是一次壮举，有自发的客观因素，有内在的政治影响。关东之要"闯"，是因为清政府入关后为了保护满洲"龙兴之地"，颁布禁关令，顺治开始在满洲境内分段修建了千余千米的"柳条边"篱笆墙，长期对东北实行封锁政策。19世纪，黄河下游连年遭灾，破产农民不顾禁令，成千上万地冒着被惩罚危险，克服种种困难，不是漂洋过海，就是跋山涉水。他们钻山林、涉河流、挨饥饿、斗野兽、避土匪……突破重重险阻，最终来到关东大地上为了生存而谋生，直至咸丰十年后才解禁且合法。山东人闯关东，无所不至，无所不在，形成了许多以山东某地人为主的自然村落，他们将原有的生活习惯和风俗带至关外，并影响了周围的本地人。"闯关东"浪潮叠起，意味着中原文化向关东地区大规模挺进，文化交流也进入了一个新阶段。如果说"闭关"时代的文化交流表现为中原文化对东北固有文化的"影响"，受到"封禁"的人为干扰，那么，在开放的历史条件下，中原文化迅速在关东地区扩散，使得中原文化和关东文化在辽阔的关东得到了并存。

（资料来源：作者根据相关资料整理）

二、旅游业发展现状

（一）区域旅游特色明显，发展势头良好

本区的旅游特色比较鲜明，有以海滨、林海、名胜为基础开展的观光、度假、休疗保健等项目，以冰雪旅游资源为基础的观光、休闲、体育、娱乐等项目，以火山地貌景

观为基础所展开的观光、疗养项目,以民族风情和乡土风俗为基础所展开的风情旅游项目等。尤其是本区最富特色的冰雪旅游开发,既有观光性的雾凇、冰雕展、冰灯节等,还有参与性的滑冰、滑雪、冬捕等,无论是项目的丰富性,还是具体操作中的各个项目的开发水平及影响力都受到国内外瞩目,如本区的国际冰雪节、亚布力滑雪场、冰灯节等都是本区最吸引游客的旅游项目。此外,借着国家振兴东北的政策,本区经济发展迅速,交通条件持续改进,加之东北人民热情豪爽,这一切必将引领本区旅游业以良好的发展势头继续向前。见表6-1。

表6-1 黑吉辽旅游区各省2014—2016年旅游数据统计

年份 省份	2014		2015		2016	
	接待人次（亿）	旅游收入（亿元）	接待人次（亿）	旅游收入（亿元）	接待人次（亿）	旅游收入（亿元）
黑龙江	1.07	1066.1	1.3	1361.43	1.45	1603.27
吉林	1.21	1846.79	1.41	2315.17	1.66	2897.37
辽宁	4.62	5289.5	4.0	3722.7	4.51	4225

数据来源:根据各省旅游局官方网站统计显示

（二）旅游淡旺季差别大,区内旅游发展差异明显

本区独特的气候条件带来了冬季高品质的冰雪旅游资源,一方面它形成了本区最大的旅游特色,使得冬季旅游项目的策划开展具有独一无二的优势,吸引着大批旅游者体验林海雪原的风情,形成旅游旺季;另一方面,除冰雪以外的历史遗迹、民俗风情、滨海度假、林海休闲、观光农业等其他多样化旅游产品,在冬季以外的其他季节,游客的客流量存在明显差异。

本区除了季节性的客流量差异,各旅游亚区之间旅游业的发展也存在着明显差异。辽宁作为老工业基地,经济基础较好,靠近华北平原,是游客进入东三省的门户,大连的滨海度假以及沈阳的古都古迹在资源的独特性和品质上都有着明显的优势,因此造就了辽宁旅游业的发展远远领先于其他两个省份,排在全国前十的行列。黑龙江是中国冰雪运动的故乡,它的北方都市风光、少数民族风情、边界风光都是特色旅游产品,旅游业的发展居于三者中间,吉林以风景观光和民俗风情为主打,但在旅游业的发展方面和前两者还有着明显的差距。

第二节 黑龙江旅游亚区主要旅游资源概述

一、区域旅游资源概况

黑龙江,简称黑,省会哈尔滨,位于中国最东北部,中国国土的北端与东端均位于省境,因省境东北有黑龙江而得名,总面积47.3万平方千米,人口3812万（截至2015

年）。黑龙江西接内蒙古自治区，南连吉林省，东部和北部以乌苏里江、黑龙江为界河与俄罗斯为邻，与俄罗斯的水陆边界长约 3045 千米，其中界江 2300 千米，有 25 个开放口岸，因此有着良好发展出入境旅游的条件。

本省地势大致是西北部、北部和东南部高，主要由山地、台地、平原和水面构成。西北部为东北—西南走向的大兴安岭山地，北部为西北—东南走向的小兴安岭山地，东南部为东北—西南走向的张广才岭、老爷岭、完达山；黑龙江东北部的三江平原、西部的松嫩平原，是东北平原的一部分。同时本省气候为寒温带大陆性季风气候，全年平均气温偏低于其余地区，尤其是冬季降雪积雪稳定，因此省内山岳连绵，林海苍翠，白雪皑皑，充满着大自然的神奇风光，有肥沃的松嫩平原，集中的湿地，磅礴的大江，如茵的牧场，优质的滑雪场。黑龙江还是中国火山遗迹较多的省区之一，火山活动为其创造了著名的旅游资源，如五大连池市的五大连池、温泉及熔岩地貌，镜泊湖的吊水楼瀑布及火山口森林、熔岩隧道等。

黑龙江历史悠久，早在公元前 4—公元前 3 世纪，就有扶余政权建立。唐代设都督府，辽金时期均是管辖重地，加之近现代有着殖民史和抗战史，因此省内历史文化遗存丰富，并且具有塞外特色。这里拥有 2 座国家级的历史文化名城，还有唐代渤海国上京龙泉府遗址、金代上京会宁府遗址等历史古迹；域内民族较多，以农耕为主的满族、朝鲜族，以捕鱼为生的赫哲族，以狩猎为生的鄂伦春族和以牧业为主的蒙古族、达斡尔族，至今还保留着北方少数民族所特有的民俗风情，成为本省重要的民俗旅游资源。

二、主要旅游景区景点

（一）国家级历史文化名城

截至 2016 年年底，黑龙江共有国家级历史文化名城 2 座，分别是哈尔滨和齐齐哈尔。

1. 哈尔滨市

哈尔滨，黑龙江省省会，这一地名的由来有"天鹅"和"晒渔网"这两种最主要的说法，是中国东北北部的政治、经济、文化中心，被誉为"欧亚大陆桥的明珠"，也是中国著名的历史文化名城、热点旅游城市和国际冰雪文化名城。

哈尔滨的历史源远流长，是一座从来没有过城墙的城市。早在 22000 年前，旧石器时代晚期，这里就已经有人类活动。殷商晚期时哈尔滨进入青铜时代，属于黑龙江地区最早的古代文明国家——白金宝文化的分布区域。后来是金、清两代王朝的发祥地。公元 1115 年，金代在上京（哈尔滨阿城区）建都。1896—1903 年，随着中东铁路建设，工商业及人口开始在哈尔滨一带聚集。中东铁路建成时，哈尔滨已经形成近代城市的雏形。20 世纪初，哈尔滨就已成为国际性商埠，先后有 33 个国家的 16 万余侨民聚集在这里，19 个国家在此设领事馆。哈尔滨中西合璧的城市风貌，民族风情粗犷豪放，一年一度的哈尔滨之夏音乐会、冰灯游园会、冰雪大世界等大型活动显示了哈尔滨深厚的文化底蕴，这些人文景观与哈尔滨周边的镜泊湖、五大连池、扎龙自然保护区一起构成了中国北方别具一格的特色旅游地，凭借这些优势，哈尔滨市 1998 年被国家旅游局评选为首批中国优秀旅游城市。

同步思考6-1

哈尔滨作为我国最北端的省会，其旅游资源特色非常鲜明，请你用几个词语提炼哈尔滨的城市特色。

2. 齐齐哈尔市

齐齐哈尔，别称鹤城、卜奎，位于黑龙江省西部。"齐齐哈尔"源自达斡尔语，是"边疆"或"天然牧场"之意。距今3万年前的景星遗址是目前齐齐哈尔最早的人类遗址，早在1万年前，昂昂溪文化遗址上的先民生息、繁衍在齐齐哈尔这块黑土地上，他们沿嫩江两岸而居，以渔猎为生。考古发掘出的鲜卑墓葬的遗迹表明，2500年前，齐齐哈尔已进入铜器时代。齐齐哈尔城始建于1125年，距今已有800多年历史，清康熙三十八年（1699年）起作为黑龙江省省城，长达255年之久，以"扼四达之要冲、为诸城之都会"的紧要之地闻名遐迩，是一座历史底蕴深厚、地域文化纷呈的北疆边陲重镇。

齐齐哈尔旅游资源丰富、人文历史悠久，有绚丽的自然风光，有典雅的古老建筑及独特的历史遗迹。特别是闻名中外的世界珍禽丹顶鹤之乡——扎龙自然保护区；四面环水、景色宜人、天然成趣的明月岛；湖光山色、亭阁别致、风景秀丽的龙沙公园；大乘寺、清真寺、关帝庙、石碑山、塔子城等历史文物遗迹，为旅游者所青睐，每年都吸引着大量中外宾客前来观光、旅游。

（二）国家5A级旅游景区

截至2017年2月，黑龙江省拥有5处国家旅游局确定的5A级旅游景区，详见表6-2。

表6-2　黑龙江省国家5A级旅游景区一览表

序号	景区名称	评选时间
1	哈尔滨太阳岛景区	2007年
2	黑河五大连池景区	2011年
3	牡丹江宁安市镜泊湖景区	2011年
4	伊春市汤旺河林海奇石景区	2013年
5	大兴安岭地区漠河北极村旅游景区	2015年

1. 哈尔滨太阳岛景区

太阳岛风景名胜区坐落在哈尔滨市松花江北岸，与繁华的市区隔水相望，是全国著名的旅游避暑胜地。景区面积38平方千米，是江漫滩湿地草原型风景名胜区。太阳岛公园是太阳岛上最主要的景区，这里是文化娱乐和休息的最佳场所，园内有太阳岛湖、太阳岛山、水阁云天、清泉飞瀑等景观，还有文化娱乐、儿童游戏、体育设施、友谊园、青年之家等8个娱乐小区。太阳岛是一处由大面积的湿地景观、欧陆风情、冰雪文化、民俗文化等资源构成的具有休闲、观光、娱乐、科普教育、度假等功能为一体的风景名胜区。一年一度的太阳岛国际雪雕艺术博览会，作为哈尔滨国际冰雪节的重要内容早已驰名中外，"白雪、绿岛、红灯，零度下的沸腾"那充满诗情画意的意境，能使大家尽情体验玩冰弄雪的无穷乐趣。

2. 黑河五大连池景区

五大连池位于黑龙江省北部，为国家级自然保护区，是中国旅游名胜风景区"四十佳"之一，是世界地质公园。五大连池在不同时期先后爆发过十四座火山，早期火山距今已有130万年，目前仍保留着完好的火山爆发时的壮观遗迹，素有"火山公园""天然火山博物馆"之美誉，是火山地质科学考察和研究基地。最后一次火山爆发发生在1719—1721年间，火山熔岩阻塞了当时的河流，形成了五个串珠样的自然湖泊——火山堰塞湖，故得名"五大连池"。

五大连池堪称"山秀、石怪、水幽、泉奇"，十四座锥体火山耸立在五池碧水周围，山环水抱，交相辉映。登山远眺，绵延64平方千米的黑色熔岩如巨龙匍匐前行，如瀚海波澜起伏，蔚为壮观。鳞次栉比的喷气锥群，千姿百态的熔岩惟妙惟肖，令人目不暇接。富有神奇色彩的"火山冰洞"，实乃天下一绝，盛夏酷暑时节，当您步入洞中，一个冰封霜染的银色世界展示在眼前，立感寒气袭人，暑气顿消，仿佛置身于水府冰宫；而寒冬时节的"温泊云雾"又是美妙喜人。加之"连池山影""桦林沸泉""火山天池""石海奔腾""火烧城堡"等景观更是妙趣横生，使人流连忘返；市区内建有"益身园""长寿园"，药泉山上建有"钟灵禅寺"，山下有"二龙泉"和"灵泉公园"以供游人观光游览。

3. 牡丹江宁安市镜泊湖景区

镜泊湖国家级风景名胜区由百里长湖景区、火山口原始森林景区、渤海国上京龙泉府遗址景区三部分组成。以湖光山色为主，兼有火山口地下原始森林、地下熔岩隧道等地质奇观，及唐代渤海国遗址为代表的历史人文景观，是可供科研、避暑、游览、观光、度假和开展文化交流活动的综合性景区。

镜泊湖园区共分为火山地质、小北湖、瀑布山庄、熔岩台地、渤海故国、水上游览、水上娱乐七个景区和90个保护、管理、开发分区。在镜泊湖景区西北部方圆40千米范围内，分布着大小12个火山口，火山群自100万年前不断喷发，直至距今4800年前最后一次喷发。最后一次火山喷发的熔岩堵塞了牡丹江河道，形成了世界最大的火山熔岩堰塞湖——镜泊湖，还形成了小北湖、钻心湖、鸳鸯池等一系列大小湖泊。熔岩台地还分布着国内罕见的大型熔岩隧道，火山口覆盖着茂密的原始针阔混交林及红松纯林，被称为"地下森林"，景观奇特，气势壮观。镜泊湖处于群山环抱之中，山重水复、蜿蜒连绵，时而水平如镜，时而微波荡漾，秀美无比。还有神奇、恢宏的吊水楼瀑布，由黑色玄武岩形成的环状落水深潭，波涛翻滚，飞流直下，声震如雷，景色壮观。

知识小扩充 6-2

吊水楼瀑布

吊水楼瀑布，又称镜泊湖瀑布，它位于黑龙江省宁安市西南，从牡丹江市向南经古城宁安，再向西行抵达东京城后，从这里一直行驶30千米，便可抵镜泊湖的北湖头。距今4000~8300年前，此处发生了5次强烈火山活动，熔岩冷却后，像一座巨坝，把上游牡丹江水高高拦起，形成了熔岩堰塞湖——镜泊湖。江水从断缝裂隙冲出，形成吊水楼瀑布。瀑布四周布满黑色的火山岩，瀑布幅宽约 70 余米，江水量大时，幅宽达 300 余米。落差 20 米。因受下跌水流冲蚀，瀑底形成直径 70 米、深 60 米的圆形水潭，叫"黑龙潭"。每逢雨季或汛期，水声如雷，激流呼啸飞泻，水石相击，白流滔滔，水雾蒸腾出缤纷的彩虹，是世界最大的玄武岩瀑布。

4. 伊春市汤旺河林海奇石景区

汤旺河林海奇石风景区距伊春市中心区 120 千米，石林平均海拔 436.6 米，总面积 163.57 平方千米，分为石林景观区和山水风光游览区。整个景区内植被繁茂，山色葱翠，覆被率 99.8%以上，分布着小兴安岭 1240 多种动植物和昆虫鸟类，漫步古树白桦的幽径之间，既可闻百鸟欢歌，赏松柏轻舞，又可嗅杜鹃幽香，观兴安奇石，加之叠瀑溪涧和天然氧吧，是一处绝好的世外桃源。

奇石景观区共分五大区域，由构造峰林景观区、拟态奇石景观区、城墙山景观区、冰缘石海景观区、圣水溪"堑谷"景观区组成。景区内百余座花岗岩石峰构成了奇特的地质地貌景观，称为花岗岩石林，它是由 2.5 亿年前的印支运动形成的熔积层巨型花岗岩基，经过亿万年的板块挤压和地壳升降，加之流水侵蚀，风化剥蚀，化学作用，形成的奇特的汤旺河花岗岩构造峰林。这些峰林或拔地而起，高大险峻，四壁陡直如削；或沿山脉分布，高低错落，类禽似兽，形态各异；或散落于林间，如精雕细琢，鬼斧神工，构成了千姿百态的奇岩怪石，奇情妙景令人叹为观止。是印支期花岗岩形成构造峰林地质遗迹的典型代表。

5. 大兴安岭地区漠河北极村旅游景区

北极村是我国大陆最北端的临江小镇，与俄罗斯阿穆尔州的伊格娜恩依诺村隔江相望，素有"北极村""不夜城"之称。这里是全国观赏北极光和极昼胜景的最佳之处，有北陲哨兵、神州北极、古水井、日伪电厂遗址、最北第一家等景点。每年夏至期间都在江边举办夏至节篝火晚会，载歌载舞、通宵达旦。夏至前后有近 20 小时可以看到太阳，这便是人们常说的极昼现象，幸运时还会看到异彩纷呈、绚丽多姿的北极光。烟波浩渺的黑龙江从村边流过，江里盛产哲罗、细鳞、重唇、鳇鱼等珍贵冷水鱼。冬季在冰封的江面上凿开坚冰用丝网从冰眼里拽出一条条鲜鱼更增添了北国的情趣。北陲亭旁留影、古水井前了解漠河的历史、和"北陲哨兵"一同来守卫祖国的北疆、俄式农院、北极村民俗民风，以及中华北陲、神州北极等处景点都让游人流连忘返。

（三）热点旅游景区

截至 2016 年年底，黑龙江省没有任何项目入选世界遗产。因此，在此介绍一些本区内的热点旅游景区。

1. 圣索菲亚大教堂

哈尔滨圣索菲亚大教堂是哈尔滨市 17 座教堂中规模较大和较早建成的一座，现存的砖石结构教堂建于 1932 年。它是远东地区现存最大的东正教堂，通高 53.35 米，占地面积 721 平方米，是拜占庭式建筑的典型代表。圣索菲亚教堂气势恢宏，精美绝伦。教堂的墙体全部采用清水红砖，上冠巨大饱满的洋葱头穹顶，统率着四翼大小不同的帐篷顶，形成主从式的布局，正门顶部为钟楼，7 座铜铸制的乐钟恰好是 7 个音符，可以敲打出抑扬顿挫的钟声。巍峨壮美的圣索菲亚教堂，不仅构成了哈尔滨独具异国情调的人文景观和城市风情，而且是研究哈尔滨市近代历史的重要珍迹。

2. 亚布力滑雪场

亚布力滑雪旅游度假区位于尚志市东南部，处于长白山系支脉张广财岭的余脉，大锅盔山、二锅盔山和三锅盔山所环绕的广阔腹地。俄语原名亚布洛尼，为"果木园"之意。清朝时期为皇室及贵族的狩猎围场。亚布力滑雪场是目前国内最大的滑雪场，也是我国目前最大的综合性雪上训练中心。亚布力滑雪旅游度假区，处于群山环抱之中，林密雪厚，风景壮观。亚布力滑雪场的设施非常完善，共有 11 条初、中、高级滑雪道，它的高山滑雪道是亚洲最长的。滑雪场内还有长达 5 千米的环形越野雪道及雪地摩托、雪橇专用道，设有 3 条吊椅索道、3 条拖牵索道及 1 条提把式索道。这里的极端最低气温是-44℃，平均气温-10℃，积雪期为 170 天，滑雪期近 150 天，每年的 11 月中旬至次年 3 月下旬是这里的最佳滑雪期。

3. 扎龙自然保护区

扎龙国家级自然保护区是中国最大、世界闻名的扎龙湿地，位于黑龙江省齐齐哈尔市东南 30 千米处。保护区南北长 65 千米，东西宽 37 千米，总面积 21 万公顷，其中核心区 7 万公顷，缓冲区 6.7 万公顷，实验区 7.3 万公顷。保护区由乌裕尔河下游流域一大片季节性淡水沼泽地和无数小型浅水湖泊组成，湿地的周围是草地、农田和人工鱼塘，每年共有 6 种鹤类在此繁殖和停歇，占世界鹤类种类的 40%，主要保护对象为丹顶鹤等珍禽，是中国北方同纬度地区中保留最完整、最原始、最开阔的湿地生态系统。保护区河道纵横，湖泊沼泽星罗棋布，湿地生态保持良好。

4. 牡丹江东宁日军侵华要塞

位于黑龙江省绥芬河市东宁镇的日军侵华要塞北起绥阳镇北阎王殿，南至甘河子，正面宽 110 多千米，纵深达 50 多千米，曾被称为"东方马其诺防线"。日伪时期，侵华日军为了防止苏联的进攻及为随时对苏联进行进攻，不仅在此修筑了亚洲最大的军事要塞，而且在此屯驻了日本关东军三个师团计 13 万多人，并构筑了飞机场 10 个，永久性工事 400 多个，野战炮阵地 45 处。现已发现的地下军事要塞有勋山、朝日山、胜洪山、母鹿山、409 高地、麻达山、三角山、甘河子、阎王殿、北天山等处。目前开放的是勋山要塞——在那郁郁葱葱的大山深处藏着庞大的军事工事。在大山腹中有"侵华日军东宁要塞陈列馆"。馆内以大量的实物和照片向人们揭示了当年日军的罪行。

专业技能训练 6-1

黑龙江请全国高考生免费旅游

"高考成人礼，到黑龙江来一场说走就走的旅行！"这是黑龙江向全国高考生发出的热情邀约，黑龙江近百家景区在 2017 年 7 月 7 日—10 月 7 日期间，向高考生免费开放。据黑龙江省旅游委副主任侯伟介绍："此次面向全国高考生发起'免费壮游黑龙江'活动并送出门票大礼包，一方面，是我们希望更多的年轻人报考黑龙江，来到黑龙江，了解黑龙江，爱上黑龙江；另一方面，我们也希望借由年轻人充满好奇、乐于探索、敢于冒险的精神，把黑龙江的热情好客与壮美风光传播出去，让黑龙江成为青年人向往的壮游胜地。"

据悉，此次参加"免费壮游黑龙江"活动的黑龙江景区共有 96 家，其中不乏镜泊湖、漠河北极村、汤旺河林海奇石景区等全国著名的 5A 景区，还包括了到谕霖射击场打出人生第一枪，到安邦河湿地探访丹顶鹤，到乌苏里江河心的珍宝岛瞻仰战争遗址等令人向往的丰富体验。

（资料来源：黑龙江请全国高考生免费旅游！最绝的是这理由 [EB/OL]. http：//news. ifeng. com/a/20170628/51338560_ 0. shtml）

问题：请针对高考毕业生这一群体，设计一条专项旅游线路。

三、旅游美食与旅游商品

（一）传统旅游美食

黑龙江省地处北疆，是全国气候最低的省份，养成了黑龙江人饮食味重咸辣的特色。黑龙江菜系是由本地化的传统菜和创新菜，风味化的民族菜和专业化的便餐菜组成的大菜系，兼含满汉全席、全羊席、豆腐席、饺子宴、冰雪宴等。

黑龙江菜的特征是：取料广泛，调味多种；咸辣酸甜，色味香形；汤菜双佳，味浓口重。代表菜有红烧大马哈鱼、渍菜粉、东北四大炖（鲇鱼炖茄子、猪肉炖粉条、酸菜炖白肉、小鸡炖蘑菇）、烩鹿尾、飞龙汤等。比较出名的小吃有哈尔滨红肠、松仁小肚、老鼎丰糕点、锅包肉、俄罗斯列巴等。

（二）旅游商品（见表 6-3）

表 6-3 黑龙江主要旅游商品名录

类别	具体代表
工艺品	玛瑙雕、黑陶、鱼皮制品、山核桃制品、麦秸画、煤雕、林口蚕翼绣、方正根雕、方正奇石
酒	高贤老酒、大庆老窖、嫩江春白酒、木都柿果酒、庆安大高粱酒
土特名产	秋林红肠、熊胆、林蛙油、马哈鱼子、黄麻子土豆、林口大鹅、鱼毛、杜蒙手撕风干牛肉、绿芳马肉干、黑蜂椴树蜜、人参、鹿茸、红松子、黑豆、小米、大米、野生菌菇、鸡东万寿菊、桦南白瓜子
水果	金香水梨、长林岛龙垦杏、双城菇娘、红树莓、宝清苹果、双城西瓜、勃利葡萄、双城甜瓜、大兴安岭蓝莓

四、旅游节庆与旅游线路

（一）旅游节庆

黑龙江省依托独特的资源类型举办的主要旅游节庆活动有：哈尔滨冰雪节（每年12月到次年2月），黑龙江国际啤酒节（每年7月上旬），镜泊湖金秋节（每年8月），齐齐哈尔观鹤节（每年8月），国际火山旅游节暨民俗饮水节（每年端午节），五大连池世界地质公园火山冰雪节（每年12月），绥芬河市旅游文化节（每年7月），大兴安岭漠河北极光节（每年6月），伊春国际森林生态旅游节（每年7月），大庆湿地旅游文化节（每年7月），鹤岗国际界江旅游节（每年7月）等。

（二）旅游线路

黑龙江省在2017年夏天推出十大旅游主题，包括：森林、湿地、避暑养生、自驾游、出境游、观光农业、体育类、音乐、建筑以及动物旅游。此外，在以往夏季五线基础上进行升级换代，还推出了以哈尔滨为核心的"一城五线"旅游线路产品：一城为"迷人的哈尔滨之夏"，五线包括"华夏东极""火山湿地""森林深处""神州北极"以及今年新增的"双湖秘境"线路。

"一城"哈尔滨线路：圣索菲亚大教堂→中央大街→太阳岛→伏尔加庄园→哈尔滨极地馆。

"华夏东极"线路：佳木斯→珍宝岛→饶河→抚远→黑瞎子岛。

"火山湿地"线路：五大连池→扎龙自然保护区→呼兰河口湿地公园→双鸭山千鸟湖湿地→乌苏里江国家湿地公园。

"森林深处"线路：伊春五营区国家森林公园→伊春嘉荫恐龙地质公园→伊春汤旺河林海奇石旅游区→玉泉国际狩猎场。

"神州北极"线路：漠河→北极村→北红村→神州第一哨。

"双湖秘境"线路：镜泊湖→兴凯湖→亚布力旅游度假区→绥芬河。

第三节　吉林旅游亚区主要旅游资源概述

一、区域旅游资源概况

吉林省简称"吉"，省会长春市，位于中国东北中部，北接黑龙江省，南接辽宁省，西邻内蒙古自治区，东与俄罗斯接壤，东南部以图们江、鸭绿江为界，与朝鲜隔江相望。土地面积18.74万平方千米，人口2753万（截至2015年）。

本省地貌形态差异明显，地势由东南向西北倾斜，呈现明显的东南高、西北低的特征。以中部大黑山为界，可分为东部山地和中西部平原两大地貌区，主要通航河流有松花江、嫩江、图们江和鸭绿江。本省气候属温带季风气候，有比较明显的大陆性，夏季高温多雨，冬季寒冷干燥，因此在吉林有一项独特的气象景观——吉林雾凇，是中国的四大自然奇观之一。

本省有着古老而清晰的历史发展脉络，远在舜、禹时代，吉林省境内的古代民族就开始与中原王朝建立了具有隶属性质的贡纳关系，并逐渐成为中华民族的重要组成部分。近现代史上，日本曾在长春扶持溥仪建立伪满洲国傀儡政权，留下了兼具中日风格的伪满皇宫；区内的长春电影城是有名的影视拍摄基地，是每年长春电影节的主要活动场所，以独特的影视文化吸引了众多的旅游者，这些也是本区极有特色人文景观的组成部分。吉林省内共有44个民族，除汉族外，人口比较多的还有满族、蒙古族、回族、锡伯族和朝鲜族等，有4个民族自治地方，因此民俗风情旅游资源比较丰富，大秧歌、踩高跷等民俗活动热烈鲜明，尤其以朝鲜族民俗风情为特色。同时吉林山水资源品质较高，皆是构成区内美丽图卷的重要部分，如长白山、松花湖、净月潭等自然风景都是誉满全国的名胜。

知识小扩充 6-3

吉林雾凇

吉林雾凇与桂林山水、云南石林和长江三峡同为中国四大自然奇观，而吉林雾凇却是这四处自然景观中最为特别的一个。

在吉林，每到冬季，尽管松花湖上一抹如镜、冰冻如铁，但冰层下面的水里仍能保持4℃的水温，水温和地面温差常在30℃左右，于是就形成了市区以下几十里不封冻的江面。温差使江水产生雾气，江面上白雾袅袅，久不消散。沿江十里长堤，苍松林立，杨柳抚江，就在一定的气压、风向、温度等条件的作用下，江面的大量雾气遇冷后便以霜的形式凝结在周围粗细不同的树枝上，形成大面积的雾凇奇观。由于拥有得天独厚的自然条件，所以吉林雾凇又具有持续时间长、厚度大、出现频率高的特点。每年从12月下旬到翌年2月底，都是在吉林市观赏雾凇的最佳时节，最多时一年可出现60余次。在冰封时节的吉林，草木都已凋零，万物也失去了生机，然而雾凇奇观却总能"忽如一夜春风来，千树万树梨花开"。那琼枝玉叶的婀娜杨柳、银菊怒放的青松翠柏，千姿百态，让人目不暇接。

（资料来源：编者根据百度百科资料整理而成）

二、主要旅游景区景点

（一）国家级历史文化名城

截至2016年年底，吉林共有国家级历史文化名城2座，分别是吉林和集安。

1. 吉林市

吉林省因吉林市而得名，吉林市是中国唯一省市同名的城市，满语名为"吉林乌拉"，意为"沿江的城池"，环绕的群山和回转的松花江水，使吉林形成"四面青山三面水，一城山色半城江"的天然美景。因康熙皇帝东巡吉林城所作《松花江放船歌》有"连樯接舰屯江城"之句，故吉林市又被称为"江城""北国江城"。

吉林市是人类在东北较早栖息和开发的重要地区之一，商周时代，这里已有氏族部落，即满族的祖先。治内历史上先后经历了扶余国、高句丽王国、古渤海国、乌拉国等政权。现吉林市有 1742 年修建的孔庙、吉林文庙；有佛、道、儒三教杂糅的北山古庙群；有明代留下的阿什哈达摩崖石刻；有充满神秘色彩的世界最大石陨石——吉林 1 号陨石。丰满、白山、红石三个水电站的建成，形成了"一江三湖"的美景。吉林市为多民族居住地之一，乌拉街满族风情，阿拉底村、兴光村朝鲜族风情，都具有浓郁的民族特色，吸引着大批中外游客。吉林市最繁华的街市在东市场、河南街、大东门、天津街一带。

2. 集安市

集安市隶属于吉林省通化市，位于吉林省东南部，东南与朝鲜隔鸭绿江相望，边境线长 203.5 千米，是我国对朝三大口岸之一；西南与辽宁省接壤，北与通化市接壤。集安是一座美丽的边陲小城，这里风景秀美，空气清新，森林覆盖率 83.5%，素有"东北小江南"之称。集安市历史悠久，文化底蕴厚重，是新兴的边境、生态、文化旅游城市。早在新旧石器时代，就有人在这里繁衍生息。这里是华夏文明的发祥地。公元 3 年高句丽的第二代国王——琉璃王迁都集安。集安作为高句丽的国都历时 425 年，经历了19 代王，是当时东北政治、文化、经济交流的中心。古代的灿烂文化在集安境内留下了许多文物古迹，有高句丽王城、王陵及贵族墓葬（世界级）、洞沟古墓群、丸都山城（国家级）等，其中高句丽古墓群七十五座、古墓万余座、大型王陵十余座，其中号称"东方金字塔"的将军坟最为雄伟，还有"海东第一碑"的好太王碑、"东北亚艺术宝库"的壁画墓二十余座。

同步思考 6-2

集安市立足生态优势和旅游资源优势，可以通过哪些途径或内容打造区域内的全域旅游发展？

（二）世界遗产

截至 2016 年 6 月，吉林拥有 1 处世界文化遗产——高句丽王城、王陵及贵族墓葬（吉林）。

高句丽是中国古代边疆的少数民族政权，汉元帝建昭二年（公元前 37 年）由扶余人朱蒙在西汉玄菟郡高句丽县（今辽宁省新宾县境内）建国，后建都于纥升骨城（今辽宁省桓仁县境内五女山城）。西汉元始三年（公元 3 年），迁都国内城，同时筑尉那岩城（均在今吉林省集安境内），至北魏始光四年（公元 427 年）迁都平壤。公元 668 年，高句丽政权被唐与朝鲜半岛的新罗联军所灭。

吉林省境内的王城主要是国内城、丸都山城（始名尉那岩城），是高句丽早中期（公元1—5世纪）的都城，其特点是平原城与山城相互依附共为都城。国内城是为数不多的地表保存有石筑城墙的平原城类型都城址，保存下来的城墙依然坚实牢固而又不失美观庄严，都城风范犹存。丸都山城的布局因山形走势而巧妙构思、合理规划，完美地实现了自然风貌与人类创造的浑然一体。除了国内城与丸都山城城外，在群山环抱的通沟平原上，现存近7000座高句丽时代墓葬——洞沟古墓群，堪称东北亚地区古墓群之冠。它不仅可以从不同侧面反映高句丽的历史发展进程，也是高句丽留给人类弥足珍贵的文化、艺术宝库。古墓群中以将军坟、太王陵为代表的十几座大型高句丽王陵以及大量的王室贵族壁画墓，是高句丽建筑技艺、艺术成就所达高度的一个缩影。矗立于太王陵东侧的好太王碑，其汉字镌刻的碑文是高句丽保存至今最长的一篇文献资料。尤为重要的是，地方文化底蕴与周边特别是中国中原文化因素的有机交融在它们身上得到充分的展现，其独特魅力早已闻名于世，是高句丽文化昭示后人的经典之作。

（三）国家5A级旅游景区

截至2017年2月，吉林拥有6家国家5A级旅游景区，详见表6-4。

表6-4　吉林省国家5A级旅游景区一览表

序号	景区名称	评选时间
1	长白山景区	2007年
2	长春伪满皇宫博物馆	2007年
3	长春净月潭景区	2011年
4	长春市长影世纪城景区	2015年
5	延边朝鲜族自治州敦化市六鼎山文化旅游区	2015年
6	长春市南关区世界雕塑公园景区	2017年

1. 长白山景区

长白山景区位于吉林省东南部，东南与朝鲜毗邻，坐落于长白山北坡，区域面积52.42平方千米。主峰长白山多白色浮石与积雪而得名，素有"千年积雪万年松，直上人间第一峰"的美誉。景区是拥有"神山、圣水、奇林、仙果"等盛誉的旅游胜地，也是满族的发祥地，在清代有"圣地"之誉。

长白山是一座休眠的火山，因其独特的地理构造，造就了其绮丽迷人的景观。有着神秘的森林，奇特的山峰，无尽的宝藏。气势磅礴的飞流瀑布，巨大的高山湖泊，一望无际的原始森林，奇异的火山地貌，珍贵的动植物，长白山堪称一座天然博物馆。长白山不仅风光美丽迷人，而且资源丰富，动植物种类繁多，是欧亚大陆北半部最具有代表性的典型自然综合体，是世界少有的"物种基因库"和"天然博物馆"。据统计，这里生存着1800多种高等植物，栖息着50多种兽类，280多种鸟类，50种鱼类以及1000多种昆虫。以天池为中心的长白山保护区为中国最大的自然保护区，具有较高的科研、保护和旅游价值。于1980年被列为联合国教科文组织"人与生物圈"，是世界人民的一块瑰宝。

2. 长春伪满皇宫博物馆

伪满皇宫博物馆是由清朝末代皇帝爱新觉罗·溥仪居住的伪满洲国傀儡皇宫改建而成的博物馆。它是中国现存的三大宫廷遗址之一，位于吉林省长春市，同时也是日本帝国主义武力侵占中国东北，推行法西斯殖民统治的历史见证。伪满皇宫博物馆占地面积25.05万平方米，开放的景点达到了30多处，其中展览面积4.7万平方米，推出各类原状陈列、基本陈列和专题展览50余个。博物馆是集伪满宫廷、红色旅游、文化休闲、旅游商服于一体的特色人文景区。伪皇宫可分为进行政治活动的外廷和日常生活的内廷两部分，现分别辟为伪满皇宫陈列馆和伪满帝宫陈列馆，主要建筑有勤民楼、怀远楼、嘉乐殿，勤民楼是溥仪办公的地方。此外还有花园、假山、养鱼池、游泳池、网球场、高尔夫球场、跑马场以及书画库等其他附属场所。

3. 长春净月潭景区

净月潭风景名胜区位于长春东南部，距市中心12千米，面积200平方千米，有水面4.3平方千米，风景人工林80平方千米，森林覆盖率达58.6%。被誉为"亚洲第一大人工林海"。区内包括净月潭国家重点风景名胜区、净月潭国家森林公园和吉林省净月潭旅游度假区。净月潭因筑坝蓄水呈弯月状而得名，因山清水秀而闻名，被誉为日月潭的姊妹潭。浩翰林海，茂密如织，依山布阵，威武壮丽，构成了含有30个树种的完整森林生态体系。"净月广场"既是休息、漫步、观光、健身的场所，又是游人集中、疏散的中心。随着潭水浴、沙滩浴、阳光浴的沙滩浴场的建成使用，鹿鸣谷鹿苑、参园的对外开放，森林浴场科普系列游、寺庙古墓游、生态观光游等新的旅游项目的推出，吸引了大批游客。

4. 长春市长影世纪城景区

长影世纪城位于吉林省长春市，是中国首家电影制片工业与旅游业相结合的电影主题公园，堪称东方好莱坞，是借鉴美国好莱坞环球影城和迪士尼游乐园的精华建造而成。

长影世纪城作为电影主题娱乐园，围绕着电影主题开发了一系列娱乐项目。主要景区有星际探险、非常实验室、水幕迷城、精灵王国、巨幕电影、斗转星移、火山爆发、极速穿梭、古堡惊魂、神秘古树等。特效电影是长影世纪城最具特色的旅游娱乐产品。在长影世纪城园区内，设有3D巨幕、4D特效、激光悬浮、动感球幕、立体水幕五个特效影院，将当今世界最先进的特效电影汇集于一个园区内。因此，长影世纪城又被人们誉为"世界特效电影之都"。与娱乐产品同样重要的是，多彩的园区活动也令人流连忘返。

5. 延边朝鲜族自治州敦化市六鼎山文化旅游区

敦化市六鼎山风景名胜区位于市南郊3千米处牡丹江南岸，景区内集渤海文化、佛教文化和清始祖文化于一体，规划面积52平方千米，由中国旅游设计院规划设计，重点开发佛教文化、清始祖文化、渤海文化等人文旅游项目。核心区包括全国重点文物保护单位六鼎山渤海古墓群、世界最大的尼众道场正觉寺、满族精神家园清祖祠、世界最高露天坐佛金鼎大佛等名胜景观。它们与六鼎山、八旗山和圣莲湖一起，构成湖光与山色相映、人文与自然共存的和谐景观。

渤海国古墓群位于景区西北部六鼎山中。公元 698 年，靺鞨粟末部首领大祚荣在敦化建立震国，后被唐玄宗册封为渤海郡王，传世 200 多年。作为渤海国早期王室贵族的陵寝，六鼎山古墓群建制古朴，与山形地貌浑然一体，古墓群包括两个墓区，大小墓葬 100 余座，其中在贞惠公主墓中发掘的石狮、墓志铭等最为珍贵。

专业技能训练 6-2

长白山冰雪旅游资源的亮点在哪里？

2017 年 1 月 20 日，2017 长白山国际冰雪嘉年华活动在长白山池北区二道白河小镇正式拉开帷幕。本次冰雪嘉年华以"冬季到长白山来看雪"为主题，以增强游客的体验性、娱乐性、互动性、观赏性为目标。冰雪旅游主线突出，文艺演出精彩纷呈，旅游亮点绚丽夺目，风土民俗别具韵味，做到了全地域、全年龄共同参与，让海内外游人真切感受到长白山冰雪的自然与纯净。本届冰雪嘉年华活动从 2017 年 1 月 20 日至 2 月 4 日，历时 15 天，嘉年华活动还开展热气球狂欢节、长白山民俗文化节、雪地摩托比赛等众多节庆和赛事活动，并在长白山池北、池西、池南三个区广泛开展全民堆雪人、冬季摄影比赛、冰上体育运动等民间冰雪活动，以娱乐表演活动为载体，强化、渲染冰雪嘉年华的文化内涵，将狂热的嘉年华与素雅的长白山相结合，共同营造长白山冰雪"热"氛围。

（资料来源：长白山国际冰雪嘉年华精彩上演 ［EB/OL］. http：//sports. 163. com/17/0121/00/CB8U4C0J00051CAQ. html）

问题：冰雪旅游资源是东北三省所共有的，冰雪节也是三省都已经推出的活动，吉林省如何在三省之间突出自己的特色。

三、旅游美食与旅游商品

（一）传统旅游美食

吉林地区在主食上杂粮和米麦兼备，一"黏"、二"凉"的黏豆包和高粱米饭最具特色，还有窝窝头、虾馅饺子、蜂糕、冷面、药饭、豆粥，以及黑、白大面包。制菜习用豆油与葱蒜或是紧烧、慢熬，用火很足，使其酥烂入味；或是盐渍、生拌，只调不烹，取其酸脆甘香。

受俄罗斯的食风影响，吉林好友相聚，常以大红肠、扒鸡、花生米、茶叶蛋和面包佐餐，一次"小酌"往往几小时。由于清代山东人"闯关东"的较多，鲁菜在这里有较大的市场，不少名店均系山东人所开设或由鲁菜的传人掌作。再加上紧邻朝鲜，以及受日本食风影响。"罗宋大菜""朝鲜烧烤"和"东洋料理"也传播到一些城市。

在民族菜中，朝鲜族和满族的烹调水平较高。前者的"三生"（生拌、生渍、生烤）、牛肉菜、狗肉菜、海鱼菜和泡腌菜；后者的阿玛尊肉、白肉血肠、白菜包、芥末墩和苏叶饽饽，均有浓郁民族风情。清真菜在此亦有口碑，"全羊席"脍炙人口。

（二）旅游商品（表6-5）

表6-5　吉林主要商品名录

类别	具体代表
工艺品	松花湖浪木根雕、松花湖奇石、树皮画、满族剪纸、吉林彩绘雕刻葫芦、黄柏木刻象棋、吉林手工彩绘木雕、吉林白山木画、德惠草编、长春木雕
酒	吉林高粱酒、兆南香酒、龙泉春酒、通化葡萄酒
土特名产	长白山人参、靖宇平贝母、三清山粉条、伊通蕨菜、东山白蜜、长岭葵花籽、血肉肠、老茂生糖果、鼎丰真糕点、真不同酱菜、集安板栗、黑木耳、大米、白城燕麦、敦化小粒黄豆、长白山野生榛蘑、野生猴头、红景天、不老草、中国林蛙、松口蘑
水果	集安五味子、伊通景台大红杏、延边苹果梨、干核李子

四、旅游节庆与旅游线路

（一）旅游节庆

吉林省举办的主要旅游节庆活动有：长白山冰雪节（每年1月），吉林市国际雾凇冰雪节（每年1月），长春电影节（每两年一次，8月），通化人参节（时间不定），长春汽车博览会（一般定在7、8月），查干湖蒙古族民俗旅游节（每年6月），松花湖休闲度假旅游节（每年7月），吉林开江鱼美食节（每年4月），珲春新年祈福节（农历新年）等。

（二）旅游线路

在"精彩吉林·凉爽夏日"旅游品牌发布暨2017消夏避暑全民休闲季启动当日，吉林省特别推出四条夏季旅游精品线路。

大美长白山经典游：长春→吉林（蛟河拉法山、桦甸红石国家森林公园）→延边（敦化六鼎山旅游区、安图龙顺雪山飞湖、和龙金达莱民俗村、图们国门、珲春防川景区）→长白山（北景区、西景区）。

长吉都市环线休闲游：长春（净月潭、伪满皇宫、长影世纪城、长春世界雕塑公园、一汽）→吉林（松花湖、圣鑫酒庄、神农生态园、圣德泉）→辽源（鴜鹭湖旅游度假村、扎兰芬围民俗文化园、凯旋王国水上乐园、龙首山魁星楼）→四平（叶赫古城、北方巴厘岛、四平战役纪念馆）。

草原湿地生态游：长春→松原（龙华寺、查干湖、乾安泥林）→白城（向海、莫莫格、嫩江湾、查干浩特）。

森林康养度假游：长春→通化（辉南三角龙湾、云霞洞、集安高句丽古迹、五女峰）→长白山（鸭绿江边境风情旅游带、长白望天鹅、万达长白山国际度假区、露水河国家森林公园、临江溪谷）→长白山（西景区、南景区）。

第四节　辽宁旅游亚区主要旅游资源概述

一、区域旅游资源概况

辽宁省，简称"辽"，省会沈阳，取辽河流域永远安宁之意而得其名。位于中国东北地区南部，南临黄海、渤海，东与朝鲜一江之隔，与日本、韩国隔海相望，是东北地区唯一的既沿海又沿边的省份，也是东北及内蒙古自治区东部地区对外开放的门户。全省土地面积14.57万平方千米，人口4382万（截至2015年）。

本省地势大致为自北向南，自东西两侧向中部倾斜，山地丘陵分列东西两侧，向中部平原下降，呈马蹄形向渤海倾斜。辽东、辽西两侧为平均海拔800米和500米的山地丘陵；中部为平均海拔200米的辽河平原；辽西渤海沿岸为狭长的海滨平原，称"辽西走廊"；辽东半岛的西侧为渤海，东侧临黄海，海域（大陆架）面积15万平方千米，其中近海水域面积6.4万平方千米，沿海滩涂面积2070平方千米。因此，本区有着丰富的山水风光旅游资源，如千山、凤凰山、本溪水洞风景名胜区等；还有独特的海滨旅游资源，如大连—旅顺口海滨、金石滩景区、丹东鸭绿江等。

辽宁也拥有古老的历史，行政建置最早起源于春秋战国时期。从燕国置辽东、辽西郡开始，辽宁的建置进入了有史可考的时代，隋唐时期都是重要管辖地，辽金时期是广泛开发的时期。本区还是满族的发祥地，也是清王朝开国发迹的地方。因此在区内留存有丰富的历史古迹和各具特色的民俗文化，如沈阳故宫、盛京三陵、抚顺满族风情节、二人转、海城高跷秧歌等。

专业技能训练6-3

如何借助海滨资源优势提升发展辽宁旅游

辽宁省作为东北唯一的临海省份，海岸线长2920千米，有岛、坨、礁506个，岛屿总面积187.7平方千米；滨海旅游景区近百处；天然海水浴场众多。并且辽宁海岸的类型十分多样，怪石嶙峋、礁林错落。2009年开通的西起葫芦岛绥中县，东至丹东境内的虎山长城，全长1443千米的辽宁滨海大道，连接了葫芦岛、锦州、盘锦、营口、大连、丹东六个沿海城市。这是新中国成立以来辽宁省修建的最长的公路，同时也是全国最长的一条沿海公路。这条大道连接的不仅是辽宁沿海的六个城市，也是辽宁转身向海详谋求发展的希望。滨海大道既将沿途的海岸风光连接起来，又把沿海六市的海洋资源整合起来，为辽宁的海洋旅游发展增添一份助力。

（资料来源：编者根据相关资料整理）

问题：辽宁省是东北三省中唯一既沿海又沿边的省份，海洋旅游资源是它区别于其他两省份的巨大优势，如何利用此优势更好发展辽宁省的旅游业？

二、主要旅游景区景点

（一）国家级历史文化名城

截至 2016 年年底，辽宁拥有 1 座国家级历史文化名城——沈阳市。

沈阳，辽宁省省会，别称盛京，奉天，沈阳位于中国东北地区南部。全市总面积逾 1.3 万平方千米，市区面积 3495 平方千米，先后获得"国家环境保护模范城市""国家森林城市""国家园林城市"称号。

沈阳是因地处古沈水（今浑河）之北而得名（南面有浑河，山南水北为阳），此地孕育了辽河流域的早期文化。3 万年前，沈阳地区已有人类活动。早在 7200 多年前的新石器时代就有上古人类先民在此繁衍生息。从春秋战国时期燕国设立方城（侯城前身）起，沈阳的建城史已 2600 余年。沈阳素有"一朝发祥地，两代帝王都"之称。1625 年，清太祖努尔哈赤建立的后金迁都于此，更名盛京。1636 年，皇太极在此改国号为"清"，建立大清国。清初皇宫所在地——沈阳故宫，是中国现存最完整的两座皇宫建筑群之一。同时在这里修建有清朝开国之君及其父祖们的陵墓即清永陵、清福陵、清昭陵，此即清代的盛京三陵。1644 年，清朝迁都北京后，以盛京为陪都。

（二）世界遗产

截至 2016 年 7 月，辽宁拥有 4 处世界遗产，分别是长城（辽宁段）、沈阳故宫、盛京三陵，以及中国高句丽王城、王陵，以及贵族墓葬（辽宁）。

1. 长城（辽宁段）（2002，世界文化遗产）

辽宁九门口长城坐落在辽宁省绥中县李家乡新台子村境内，距山海关 15 千米，是长城跨越河道的一段。其南端起于危峰绝壁间，与自山海关方向而来的长城相接。由于该段河道为季节性河流，既有行洪的需求，又必须防止胡骑在枯水期从河道突入，故修筑成形如拱桥，拥有八个桥墩、九个行洪券门的关口，俗称九门口。

据文献记载，九门口长城始建于北齐（公元 479—502 年），现存的九门口长城始建于明洪武十四年（1381 年），其后又进行多次修复。近年来进行考古发掘，出土了铁炮、石炮、青花瓷碗、大缸等大批文物，反映了明代军事防御和军士驻守长城生活的情况。据当地文物部门研究人员介绍，九门口长城拥有一个严整的军事防御体系，在其两侧各有围城一座，为露天方形城堡，高 10 余米，边长 8 余米，在历史上素有"京东首关"之称，是兵家必争之地。九门口长城全长 1704 米，是中国万里长城中唯一的一段水上长城，其跨河墙长达 100 多米。自此，长城沿山脊向北一直延伸到当地的九江河南岸，在宽达百米的九江河上，筑起规模巨大的过河城桥，以此继续向北逶迤于群山之间。"城在水上走，水在城中流。"便是人们对九门口长城的形象描述。九门口的过河城桥独具特色，九门口过河桥下的宽阔河床，全部用方整的大石块铺成，石与石之间用铁扣互相咬合，形成规整的石铺河床，远远望去犹如一片石，故此又称九门口为"一片石关"。

2. 明清皇宫（沈阳故宫）（2004，世界文化遗产）

沈阳故宫是中国仅存的两大皇家宫殿建筑群之一，又称盛京皇宫，为清朝初期的皇宫，距今近 400 年历史。

沈阳故宫按照建筑布局和建造先后，可以分为 3 个部分：东路——为努尔哈赤时期建造的大政殿与十王亭，于 1625 年开始创建，是皇帝举行"大典"和八旗大臣办公的地方，是以八旗制度为核心的军政体制在宫殿建筑上的反映。中路——大清门、崇政殿、凤凰楼、清宁宫等，于 1627—1635 年建成，是皇帝进行政治活动和后妃居住的地方。西路——戏台、嘉荫堂、文溯阁和仰熙斋等，于 1782 年建成，是清朝皇帝"东巡"盛京（沈阳）时，读书看戏和存放《四库全书》的场所。整个建筑设计和布局，反映了皇帝的所谓"尊严"和严格的封建等级制度。

沈阳故宫不仅以其多民族风格的宫苑建筑成为著名的旅游胜地，更以其丰富的院藏文物珍宝而享誉中外。其中，尤以明清宫廷文物弥足珍贵，堪称国宝。院藏文物珍宝展是集故宫院藏服饰、珐琅器、书画、雕刻品、漆器、瓷器等门类藏品之精粹。这些文物集中体现了中国劳动人民高超的工艺水准和清代宫廷的艺术风格，反映了中国明清时期生产工艺的水平，具有重要的观赏价值和研究价值。

3. 盛京三陵（辽宁）（2004.7，世界文化遗产）

盛京三陵是指清太祖努尔哈赤的福陵、清太宗皇太极的昭陵，以及赫图阿拉（满语意为"横岗"）埋葬清朝远祖肇、兴、景、显四祖的永陵。在建筑风格上，关外三陵对入关后清朝各陵的修建有着深远的影响。福陵是清太祖努尔哈赤及其皇后叶赫那拉氏陵寝，因坐落在沈阳市东北 11 千米处，故又称东陵。始建于后金天聪三年（1629 年），竣工于清顺治八年（1651 年），经康熙、乾隆两帝增建，方具今日规模。其布局虽与昭陵如出一辙，但因它建在北高南低的山坡上，故形成两大特点。第一，晋谒此陵时，由正红门到碑楼，须登 108 级石台阶。第二，建筑物随坡势起伏而显得更加错落有致、高大雄伟。

昭陵为清太宗皇太极及其皇后博尔济吉特氏陵寝。因坐落在沈阳市北端，故又称北陵。其规模宏大，结构完整，远非其他二陵可比。昭陵始建于清崇德八年（1643 年），竣工于顺治八年（1651 年）。昭陵不依山不傍水，而是直接建在平地上，四周护以缭墙（围墙），极似一座小城。全陵占地 18 万平方米，共分三大部分。抚顺市新宾县境内的清永陵被誉为关外第一陵，这里葬着清王朝的六位祖先。清永陵始建于 1558 年，初称兴京陵。1659 年，改称永陵。至今已有 400 余年的历史。陵内葬着努尔哈赤的六世祖猛哥贴木尔、曾祖福满、祖父觉昌安、父亲塔克世及伯父礼敦、叔父塔察篇古。康熙、乾隆、嘉庆、道光等皇帝曾先后九次来永陵谒陵祭祖，使永陵祭祖活动成为清代的国家大典。

4. 中国高句丽王城、王陵及贵族墓葬（辽宁）（2004，世界文化遗产）

辽宁境内高句丽王城、王陵及贵族墓葬文化遗产的重要部分是早期王城——五女山山城，位于桓仁县境内，是中国古代东北地区少数民族高句丽创建的第一个都城。作为鸭绿江两岸现存 100 余座高句丽山城中建造最早的一座，它的规模宏大，体系完备，保存也较为完整。城内分布多处高句丽早期的重要建筑遗址及生活、军事遗迹，文化内涵十分丰富。五女山山城承袭了中国北方民族构筑山城的传统，但在选址布局、城墙筑法、石料加工等方面，具有很大的突破和创新。从而形成了一种不同凡响的山城形式，是中国东北和东北亚地区山城建筑进入划时代阶段的标志。在中国古代东北民族建筑史上，具有里程碑的意义。从这里开始，高句丽民族逐步扩大活动领域，历经 700 余年，创造了极具特色的文化。

同步思考6-3

请以高句丽王城、王陵及贵族墓葬为例，思考我国历史遗址遗迹类旅游资源在产品的开发上，如何加强对游客兴趣及游客参与性的设计。

（三）国家 5A 级旅游景区

截至 2017 年 2 月，辽宁拥有 5 处国家旅游局确定的 5A 级旅游景区，详见表 6-6。

表 6-6　辽宁省国家 5A 级旅游景区一览表

序号	景区名称	评选时间
1	沈阳市浑南区沈阳植物园	2007 年
2	大连市中山区老虎滩海洋公园—老虎滩极地馆	2007 年
3	大连市金州区金石滩景区（地质公园—发现王国—蜡像馆—文化博览广场）	2011 年
4	本溪市本溪满族自治县本溪水洞景区	2015 年
5	鞍山市千山区千山景区	2017 年

1. 沈阳植物园

沈阳市植物园，位于沈阳市东陵区，又称沈阳世博园、沈阳世界园艺博览园，是集绿色生态观赏、精品园林艺术、人文景观建筑、科研科普教育、娱乐休闲活动于一体的多功能综合性旅游景区。始建于 1959 年 2 月，1993 年正式对外开放。2006 年沈阳市植物园成功举办 2006 中国沈阳世界园艺博览会。

占地面积 211 公顷。以百合塔、凤凰广场、玫瑰园为标志性主题建筑，荟萃了世界五大洲及国内重点城市的园林和建筑精品，共有休闲展区、专类展区、国内展区、国外展区四类展区，100 多个展园。整体布局以沈抚铁路为界分为南北两部，南半部为植物专类园、翠湖与攀岩游览区、静潭与菱角沟游艺桥区、科普园区、星星乐园等主要游览园区；北半部有蒸汽机车陈列馆、宾馆及植物种植区。

园区汇集有东北、西北、华北及内蒙古等地区的多种植物资源，栽植露地木本植物、露地草本植物和温室植物 2000 余种，是东北地区收集植物种类最多的植物展园。

2. 大连老虎滩海洋公园——老虎滩极地馆

景区位于辽宁省大连市，景色宜人，山水相依。老虎滩，远远望去，山的轮廓，壁立千仞，似鬼斧神削，好似一只大虎，虎头俯视着大海。大连老虎滩海洋公园包括北大桥、秀月山、半拉山、菱角湾、虎滩湾，占地 118 万平方米，有着 4000 余米的曲折海岸线。老虎滩海洋公园已成为滨城一道亮丽的风景。

极地海洋动物馆是以南、北极极地动物展示为特色的现代化展馆，这里有白鲸、海象、北极熊、企鹅等极地动物。第一部分是极地动物展示。主要展示南极、北极的海洋动物。人们可以在模拟的极地环境中观赏到白鲸、海象、北海狮、海狗、海獭、北极熊、潜水鸟、企鹅等珍稀的极地动物。第二部分是科普教育区。在这里可以观赏到鲸章搏斗的精彩场面，还有可以供游人亲自操作的电脑平台。第三部分是神秘的海底世界。这里会看到鲸鲨、护士鲨、白鳍鲨、黑鳍鲨等多种鲨鱼，还有多种鱼类的展示。这里有360°的水中通道和水中观景大厅，置身其中，美妙至极！第四部分是海洋动物表演场。

极地馆、珊瑚馆、虎雕广场、水下世界、鸟语林、马驷骥根艺美术陈列馆等景点吸引成千上万的游客；海上旅游观光船、跨海空中索道和各种游乐设施令人乐而忘返；孔雀东南飞、海狮表演、美人鱼表演"虎滩三绝"以及其他各种风格独特的节目更是精彩绝伦。

3. 大连金石滩景区（地质公园—发现王国—蜡像馆—文化博览广场）

景区位于大连市金州区的东部，距大连市区 58 千米，金石滩全区陆地面积 62 平方千米，海域面积 58 平方千米，三面环海，冬暖夏凉，气候宜人，凝聚了 3 亿~9 亿年前的地质奇观，有"神力雕塑公园"之美誉。主要景点有海水浴场、金石缘公园、国家地质公园、金石蜡像馆、发现王国等。

国家地质公园凭借海岸边独特的山形地貌、海滩上奇绝的礁石形态、岩层中丰富的古生物化石、流传于民间瑰美的神话传说，当仁不让地"霸占"了"天工奇迹""凝固的动物世界""神力雕塑公园""天然的地质博物馆"等众多美誉。发现王国是一个分为六大主题的游乐公园，惊喜和刺激遍布其中。文化博览广场项目由六大展馆和两个中心及配套设施组成。六个展馆项目，包括金石蜡像馆、生命奥秘博物馆、毛泽东像章陈列馆、石文化博览园、球幕影院、3D 奇幻艺术体验馆。金石蜡像馆内百余尊蜡像在灯光、道具和背景的综合效果烘托下，栩栩如生。根据历史重大事件和真实情节，这里共划分"历史长河""风云人物""香港回归""奥运之光""明星天地"等 13 个主题。

4. 本溪市本溪水洞景区

本溪景区位于辽宁省本溪市，由水洞、温泉寺、汤沟、关门山、铁刹山、庙后山六个景区组成，沿太子河呈带状分布，总面积 44.72 平方千米。风景名胜区以本溪水洞为主体，融山、水、洞、泉、湖、古人类文化遗址于一体。

本溪水洞是数百万年前形成的大型石灰岩充水溶洞，洞内深邃宽阔，水流终年不竭，清澈见底，水域沿洞体展开，纵深达 2.3 千米，而且时阔时狭，迂回曲折，洞内钟乳石、石笋与石柱多从裂隙攒拥而出，不假雕饰即形成各种物象。这些物象光怪陆离，极具观赏性。洞顶和岩壁钟乳石发育较好，千姿百态，泛舟游览，使人流连忘返。被赞誉为："钟乳奇峰景万千，轻舟碧水诗画间，钟秀只应仙界有，人间独此一洞天。"温泉寺景区，泉水温度 44℃，日流量 400 吨，有较高的医疗价值。庙后山古文化遗址，是我国东北地区旧石器时代早期洞穴遗址，对研究辽东古人类分布、古代地理有重要价值。

5. 千山景区

千山，古称积翠山。因相传有九百九十九座山峰，遥望若青莲接天，故又称千朵莲花山，简称千山。最早形成于 38 亿年前，最高峰仙人台海拔 708.5 米。千山宗教文化历史厚重，源远流长，佛道两教共居一山。形成了"古刹隐山林，道观筑谷间"的奇妙场景。九宫、八观、五大禅林、十二茅庵等四十余座庙宇，镶嵌在千山的奇峰翠岭之间，构成了一幅幅隽秀的山水画卷。从盛唐始创的千山寺庙音乐伴随着青青大山、悠悠绿水，从历史的深处走来，1300 多年来一直回响在关东大地上，深深地影响着千山宗教的发展，成为中华民族音乐中的一枝奇葩。无根石、可怜松、丹凤山上的千山岩画记录了8000 年前新石器时期人类对日、月、星辰的图腾崇拜。这种被考古学家称为"天书"，敲击或凿刻在石头上的图案，穿越数千年的历史时空，以一种永恒的神秘色彩镌刻在人类发展的文明史上。

三、旅游美食与旅游商品

（一）传统旅游美食

辽宁菜是在满族菜点、东北菜的基础上，吸取鲁菜和京菜之长，形成了自己的独特风格。辽宁菜特点是一菜多味、咸甜分明、酥烂香脆、明油亮芡、讲究造型。因为东北气候严寒，居家饮膳重视火锅，白肉火锅、小鸡炖蘑菇、白肉熬粉条等家常菜，凝聚着东北烹饪的深厚功力。辽宁是满族聚居的主要省份，因此辽菜受清宫廷菜和王府菜影响较大，讲究用料和造型，无论是器皿还是色、香、味、形都很考究。辽宁菜中的全羊席很有名，它是继满汉全席后的宫廷大宴之一，为宫廷招待信奉伊斯兰教客人的最高宴席。一桌全羊席至少 44 个菜，菜肴有稀有干，有冷有热，有咸有甜，口感多样。另外辽宁菜还以烹饪海鲜见长，不同于粤菜海鲜的烹饪技法，却浓缩了北派海鲜的精髓，也使喜食海鲜的人受用。

辽宁著名菜点有：白肉血肠、烤明虾、鲜活白蟹、蒸加吉鱼、红梅鱼肚、金钱飞龙鸟、扒三白、沈阳回头、马家烧卖、老边饺子、吊炉饼、海城馅饼、瓠濕子等。

（二）旅游商品 （见表 6-7）

表 6-7　辽宁主要商品名录

类别	具体代表
工艺品	丹东丝绸、抚顺精煤雕刻、大连贝雕、沈阳羽毛画、沈阳绢花
酒	沈阳老龙口、铁岭铁刹山、凤城老窖、三沟酒
土特名产	大连鱿鱼仔、大连炭烧鱼条、辽阳塔糖、辽宁绿豆糕、丹东板栗、盘锦大米、沈阳不老林糖、大连干海参、建昌核桃、抚顺香菇、大连各类海鲜干货（虾米、虾皮、鲍鱼干、贝干）
水果	大连黄金桃、东港草莓、庄河歇马杏、鞍山海城南果梨、朝阳孙家湾大枣、营口国光苹果、紫里山楂、盖州西瓜

　　知识小扩充 6-4

抚顺煤精雕刻

　　煤玉，又叫煤精，古人称石墨精。是抚顺西露天煤矿独一无二的宝贵特产。它成于距今约 3000 万年的新生代第三纪，藏身在几十米或数百米的煤海之中。上覆盖着矸石、煤炭，下边才是煤玉。它只存在西露天煤矿中部的小范围之内，平常厚度只有一两尺左右。抚顺煤精雕刻已经被列入《第二批国家级非物质文化遗产名录》。煤玉质地坚硬，结构细腻，比煤黑而亮，是稍轻于煤的特殊材料。由于它横竖纹理明显，成了雕刻工艺的极佳原料。1973 年沈阳新乐遗址出土的煤玉雕制品"耳塘"饰、圆珠等，经专家鉴定其原料均产自抚顺西露天煤矿，是我国煤雕刻史上最早的实物。这一发现使煤玉的雕刻历史上溯至 7000 年前。然而煤玉雕刻艺术真正成为一门工艺，还是近百年的事情。

　　（资料来源：根据百度百科相关资料整理）

四、旅游节庆与旅游线路

（一）旅游节庆

　　辽宁省举办的主要旅游节庆有：沈阳冰雪旅游节（每年 12 月至次年 2 月），沈阳清文化国际旅游节（每年 9 月），大连赏槐节（每年 5 月），大连国际服装节（每年 9 月中旬），鞍山千山国际旅游节（每年 4 月），本溪枫叶节（每年 9 月），丹东鸭绿江国际旅游节（每年 9 月），抚顺满族风情节（时间不定），中国盘锦国际湿地旅游节（每年 7 月至 9 月）等。

（二）旅游线路

　　根据区内地理与资源分布特点，主要介绍以下两条旅游线路。

　　辽宁北部旅游线路：昭陵—沈阳故宫—沈阳怪坡—棋盘山—铁岭象牙山风景区—抚顺皇家极地海洋世界。

　　辽宁南部旅游线路：锦州医巫闾山—千山—千山温泉—玉佛苑—大连老虎滩—大连星海广场—极地馆—金石高尔夫基地—蛇岛。

本章概述

　　黑吉辽旅游区有着独特的气象气候及地质地貌景观，东方西方文化交融的城市建筑景观，汉民族和少数民族融合的风土民俗景观，因此可以开发出极具地域特色的众多旅游产品，尤其是其中的冰雪旅游项目在全国范围内都有着极强的号召力。因此，充分利用本区的旅游资源的独特之处，开发出更多、更好、更具影响力的旅游产品，使本区旅游业有更进一步的发展。

基本训练

一、判断题

1. 五大连池、吊水楼瀑布、长白山天池都属于火山地貌景观。 （　　）
2. 著名的江城树挂是吉林市著名的气象景观。 （　　）
3. 黑龙江是满族的发祥地，也是清王朝开国发迹的地方。 （　　）

二、简答题

1. 黑吉辽旅游区的人文地理环境特征有哪些？
2. 黑吉辽旅游区的国家级历史文化名城中，你最感兴趣的是哪个？为什么？

专业能力提升

凝聚合力重振"大东北"旅游雄风

2016年4月，中共中央、国务院发布《关于全面振兴东北地区等老工业基地的若干意见》，其中要求加快东北旅游发展，要求"积极发挥冰雪、森林、草原、湖泊、湿地、边境、民俗等自然人文资源和独特气候条件优势，加快发展旅游、养老、健康、文体、休闲等产业，把东北地区建成世界知名生态休闲旅游目的地"。这为新时期东北旅游发展的方向、特色和目标绘制了美好蓝图。东北作为我国相对整体的空间区域，承载着白山黑水的美丽风光、热情豪爽的多民族人民、悠久厚重的历史文化等丰富的资源，东北和东北人民在历史上为抵御外强侵略、迎接新中国诞生和确立共和国的工业体系做出了可歌可泣、名垂青史的贡献，由此确立了"大东北"作为一个响亮的品牌响彻神州大地。因此，承接国家在新时期促进东北经济振兴的历史使命，旅游业应该完全有信心、有条件在促进东北新一轮经济结构调整与振兴中发挥应有的作用。

（资料来源：凝聚合力重振"大东北"旅游雄风 [EB/OL]. http：//travel. ce. cn/gdtj/201612/02/t20161202_ 4587157. shtml）

问题：你认为东北三省应该采取哪些措施通过区域联合，合力重振旅游"大东北"？

民族摇篮、黄河故土
——陕晋豫鲁旅游区

通过本章学习，学生应该达到以下目标：

知识目标：认识陕晋豫鲁旅游区的旅游地理环境特征，熟悉该旅游区旅游业发展现状，掌握各旅游区主要景区、景点概况。

能力目标：通过旅游业发展现状的学习，能够独立思考、分析各旅游亚区旅游业发展水平差异的原因。

技能目标：结合案例分析、实践认知等内容，具备对陕晋豫鲁旅游区的旅游产品进行设计和初级营销的能力。

任务引入

华夏之源　祭祖故里

"万物本乎天，人本乎祖。"作为中国传统文化内涵之一的祖先崇拜，仿佛是五千年历史长河中的舟楫，尽管若隐若现，却成为钩沉历史的生动索引，而历史画面也因此多了跳动的元素。要形成以祖先为主体的信仰，祖先的构建就成为必然。于是，炎帝神农氏、黄帝轩辕氏从神话传说一路走到今天，就成为历史必然的祖先，而"炎黄子孙"也成为中国人自觉而又自豪的称谓。

每年农历三月初三，河南新郑都会举办声势浩大的黄帝故里拜祖大典。这是自春秋战国以来华夏炎黄子孙在黄帝故里出生地轩辕之丘祭拜先祖黄帝的仪式。唐代后升格为官方祭典，拜祖大典的主题为"同根同祖同源、和平和睦和谐"。位于陕西黄陵县境内的黄帝陵，数千年来，每逢清明时节，海内外炎黄子孙遵从民间传统习俗纷纷从各地来到这里祭陵，以寄托念祖之情。据统计，全球华人有规模的"重返黄帝陵"寻根祭祖始于 20 世纪 90 年代，多年来，前来拜祭黄帝陵的港澳台同胞和海外华人华侨已逾百万人次。山东的祭孔大典是山东省曲阜专门祭祀孔子的大型庙堂乐舞活动，亦称"丁祭乐舞"或"大成乐舞"，是集乐、歌、舞、礼为一体的综合性艺术表演形式，于每年阴历八月二十七日孔子诞辰时举行。"问我祖先在何处？山西洪洞大槐树。祖先故居叫什么？"600 多年来，山西洪洞大槐树被赋予神性，回乡祭祖的大槐树后裔络绎不绝，形成了丰富的移民传说和悠久的祭祖传统。自 1991 年起，洪洞县每年都会举办大规模官民合祭的"寻根祭祖节"，让这一"祭祖习俗"得到了传承和发扬。

（资料来源：编者根据相关资料整理）

任务分析： 作为国内影响力较强的祭祖大典，都在陕晋豫鲁旅游区举行。这得益于本区是中华民族的发源地，五千年来沉淀了深厚的历史文化底蕴，"华夏之源、厚重中原"的文化特征使这里具有独一无二的根文化优势，也成为今天本区发展旅游业的重要载体。但陕晋豫鲁旅游区的旅游特色绝不限于此，还有更多值得我们去探索的资源和魅力。

第一节　旅游地理环境特征及旅游业发展现状

陕晋豫鲁旅游区包括陕西、山西、河南和山东四个省份，位于黄河中下游，地域范围上西起黄土高原的边缘，东临渤海和黄海，北到内蒙古高原南侧，南达秦岭淮河一线。该区国土面积 68.58 万平方千米，人口总量截至 2015 年年底达到 2.71 亿，是我国人口异常密集的地区，以汉族为主。该区是中华民族和华夏文化的发祥地，历史上长期以来都是我国重要的政治、经济和文化中心，人文资源优势异常突出，旅游资源价值非常高，是我国主要的文化旅游区。

一、旅游地理环境特征

（一）自然旅游地理环境特征

1. 地貌类型复杂多样，雄险山地丘陵众多

陕晋豫鲁旅游区处于我国第二阶梯向第三阶梯的过渡地带上，地势由西向东逐渐降低，拥有高原、山地、平原、盆地、丘陵各种地形，地貌类型齐全，景观多样，各具特色。本区黄土高原主要分布于陕西秦岭以北、山西太行山以西及河南三门峡陕县一带以北，由于黄土颗粒疏松多孔，呈垂直节理发育，透水性极强，经雨水长期的冲刷和流水切割，形成了黄土高原上特有的地貌形态，如峁、梁、塬、沟、谷、穴等，景观各具特色，给人以粗犷和原始美感。生活在该区域的人们充分利用该地形创造了窑洞这一独特的民居形式，是黄土高原上最具自然地理特色的人文景观。黄河携带黄土高原大量的泥沙经由河南孟津最后一段地势落差后，开始在下游沉积，最终形成了地域范围涵盖河南中东部与山东西侧面积最大的黄河及淮河冲积平原，从而成为我国粮食的主产区。本区丘陵主要分布

于山东省内，包括胶东丘陵、鲁中南低山及胶莱平原三部分，在景观上并不突出。

由于自然与历史的原因，本区大尺度山脉众多，如太行山、秦岭、大别山等，由此形成了许多著名的山地景观，如五岳之中的陕西华山、山东泰山、山西恒山、河南嵩山均位于本区，其中山东泰山还是世界双重遗产，嵩山为世界地质公园。山西五台山是四大佛教名山之首、河南云台山为世界地质公园、山东崂山为道教名山，这些山岳景观都吸引了无数游人前来参观游览。

知识小扩充 7-1

黄土高原的地理范围之争

长期以来，黄土高原的空间范围缺乏明确的定论。东界有的学者划在太行山东麓，有的划在西麓，有的划在汾河谷地，有的划在吕梁山西坡；南界有的划到渭北台塬南缘，有的划到秦岭北坡；中条山以南的三门峡—灵宝一带以及洛阳与郑州一带是否属于黄土高原意见不一；西界是到兰州附近还是日月山？北界是长城线还是流沙分布南界？有的划分中甚至包括了山西大同盆地、河北张家口地区、宁夏、内蒙古呼和浩特、河南南阳盆地等。

可是，当抛开有分歧的地段，从众多不同的范围划分中却可以找到一个区域是公认的，即吕梁山以西、长城以南、渭北台塬以北、甘肃临夏以东。

（资料来源：杨勤业，张伯平，郑度：关于黄土高原空间范围的讨论，载《自然资源学报》，1988（1）：9-15）

2. 暖温带大陆季风气候为主，冬夏自然资源差异较大

本旅游区除了在陕西汉中、安康、商洛南部，河南的信阳、南阳南部地区属亚热带季风气候，胶东半岛沿线属暖温带湿润性气候，陕西北部为温带干旱性气候外，绝大部分属于暖温带大陆性季风气候，呈现出典型的夏季气温较高、降雨量较大，冬季气温较低，干旱少雨雪；春秋季短促，降水不多的气候特征。

本区暖温带季风性气候使得本旅游区的自然旅游资源呈现出淡旺季差异明显的特征，进而影响人文旅游资源发展。春季短促，气温逐渐升温不稳定，山地植被自然绿化较晚，游客尚未出游已经过渡到夏初；夏天气候相对适宜，森林植被率高，自然景观丰富，山地避暑休闲游成为许多游客的首选；秋季秋高气爽、风和日丽、瓜果飘香，成为本区的黄金旅游季节；冬季漫长较冷，降雪量较少，树木凋敝，自然景色暗淡，同春季一道成为旅游淡季。其中胶东半岛的沿海城市如烟台、威海和青岛，由于海岸线漫长，气候凉爽，是游客避暑的理想胜地，近年来旅游热度一直居高不下。

3. 内河外海库湖散布，水系旅游资源丰富

本旅游区水系较为发达，海河、黄河、淮河三大水系横亘其中，京杭大运河纵贯南北，为本区开展水体旅游资源提供了良好的自然基础。以黄河中下游流域为主体的水体资源开发，沟通了陕西、山西、河南和山东的旅游区域联合发展，壶口黄河的瀑布奔

腾、三门峡黄河的船行柳梢、洛阳黄河的绿色长城、郑州段黄河的一望无垠、开封黄河的悬河奇观、东营黄河的湿地萦绕都是一幕幕动人的自然景观。

除此之外，山东省北靠渤海、东临黄海，港口与海滨浴场众多，为开展海滨旅游观光提供了良好的自然基础条件。该区湖泊与水库众多，有南水北调中线工程的水源地——丹江口水库、中国北方最大的淡水湖——微山湖、"中国死海"——运城盐湖、中国最大的沙漠淡水湖——红碱淖等，都成为深受游客喜爱的风景区。济南的趵突泉、太原的难老泉、西安的华清池都是有名的泉水资源。

（二）人文旅游地理环境特征

1. 华夏文明发祥地，文物古迹数不胜数

黄河中下游地区自古以来，气候温暖、土地肥沃、灌溉便利，自然条件十分优越，适于人类的生存和发展。这里是古人类集中聚居的地区，也是华夏民族的发祥地，成为中华民族的摇篮。

据考古发掘证明，180万年前的山西芮城西侯度村遗址是目前我国境内已知的最古老的一处旧石器时代遗址；此外还有70万～115万年前的陕西省蓝田县公王岭遗址、50万年前的河南南召县杏花山猿人遗址、15万～20万年前的陕西大荔县解放村遗址，都是旧石器时代各阶段的代表。发现于河南新郑的裴李岗文化是目前中原地区最早的新石器时代文化之一，是华夏文明的重要来源；距今5000～7000年的仰韶文化是黄河中游地区重要的新石器时代彩陶文化的代表，地域范围包括黄河、渭河、汾河及其支流地域，涉及豫、陕、晋省份；距今4500～6500年的山东大汶口文化、4000～4500年的龙山文化都是新石器时代中、晚期代表。

华夏民族的始祖黄帝长期活动在黄河中下游地区，定居中原，其出生地河南新郑和陵墓地陕西黄帝陵成为华夏子孙祭奠祖先的重要场所。黄帝之后的尧、舜、禹部落均在黄河中下游地区活动，夏、商、周、春秋五霸、战国七雄大多数国家都位于本旅游区，在此展开过一幕幕的争霸大戏。从秦始皇建立历史上第一个中央封建君主集权国家开始，后续的汉、唐、宋等鼎盛王朝都曾在此建都，留下了灿烂的文化和无数的文物古迹，形成了本区独一无二的文化特征。

第一，古都名城多。我国八大古都中本区占五个：西安、洛阳、开封、安阳和郑州。第二，名陵名墓多。有以秦始皇陵、茂陵、乾陵的皇帝陵墓，也有以关林、孔林、司马迁墓、杜甫墓为代表的名人墓冢。第三，宗教遗存多。佛教祖庭白马寺、禅宗祖庭少林寺、佛祖舍利圣地法门寺、三大石窟中的云冈石窟和龙门石窟，宗教名山五台山、道教名山崂山都是精华代表。第四，古道、古战场遗迹多。白登山、汉霸二王城、官渡、潼关、子午道、马陵道等都见证着当年的铁马风云。第五，姓氏根源多。本区是中华民族姓氏重要的发源地，河南是姓氏资源第一大省，全国排名前100个大姓中，有70多个发源或部分发源于河南，海内外华人的祖根大半在河南。第六，文化古迹及文物遗存多。从元代的观星台到郑国渠、西安碑林、山东孔庙，到陕西历史博物馆、河南博物院呈现的文物精华，无不昭示着本区的文化古迹及文物遗产的数量与质量的上乘。

同步思考 7-1

为什么陕晋豫鲁旅游区会有如此深厚的"根"文化?

2. 文化艺术璀璨夺目，地方戏曲特色鲜明

悠久的历史、灿烂的文化衍生了多姿多彩的文化艺术及地方戏曲。山西锣鼓以粗犷、剽悍、雄奇、自然的地域特色，表现了黄河儿女纯朴、率直、激昂、豪迈的情怀，因而被誉为"中国第一鼓"。"信天游"是陕北民歌中最富有特色的民歌，它构筑了陕北民歌的主体。曲调悠长高亢，粗犷奔放，韵律和美。山东快书是山东地方传统曲艺形式，具有 100 多年的历史，以快节奏击板叙唱为主，语言节奏性强，故又名竹板快书。河南的少林拳、太极拳两大拳种，一刚一柔，成为中国武术中的瑰宝精华；尤其是陈氏太极拳作为太极拳的鼻祖拳种，在全世界开枝散叶，影响极广，成为许多人的健身首选。

山西省的地方戏曲艺术历史悠久、种类繁多，在中国戏曲舞台上占有重要地位，蒲剧、晋剧、北路梆子和上党梆子是山西地方戏曲的四大支柱，称为四大梆子。陕西是我国剧种众多并各具特色的戏曲大省，也是我国戏曲的发祥地，古代的"梨园"就在西安，经过两千年的历史积淀，这里形成了以秦腔为代表的近 60 个地方戏曲剧种，剧种数量居我国首位。豫剧是中国五大戏曲剧种之一、中国第一大地方剧种，是全国拥有专业戏曲团体和从业人员数量最多的剧种。柳子戏又称"弦子戏"，是流行在山东的古老剧种之一，也是目前尚在流行的中国戏曲古老声腔之一。山东地方戏曲有 30 多种，山东梆子、五音戏、柳子戏、茂腔等，可谓百花齐放。

3. 民俗民风古朴淳厚，土特产品丰富多彩

中原地区依托历史沉淀和文化积淀，形成了在这片地域上独一无二的民风民俗。每年三月初三的黄帝故里拜祖大典、清明节黄帝陵的公祭、孔子诞辰的祭孔大典，都是中原儿女和全世界华人对中原故土热爱的表达。河南宝丰县的马街书会是中国民间曲艺的盛会，是全国各地说唱艺人的"朝拜圣地"。陕西户县农民画以朴实的绘画语言，详尽而生动地记录了农村生产劳动的壮观场面、热烈活泼的节庆场景和绚丽多彩的汉族民风民俗，画面简洁而饱满，想象大胆丰富，风格浪漫稚拙，装饰意味强烈，古拙中流露天工。扑灰年画、剪纸和聂家庄泥塑，被称为"高密三绝"，其中扑灰年画是世界上独特的画种，被誉为"中国一绝"。浚县庙会是河南省浚县古老的传统民俗及民间宗教文化活动，庙会贯穿于每年的整个农历正月，一直到二月都熙熙不散，有"华北第一大古庙会"之称。

陕晋豫鲁旅游区民间工艺品种类繁多，历史悠久，深受游客喜爱。陕西的皮影、马勺脸谱、户县农民画、吴起剪纸、蓝田玉雕，河南的开封汴绣、洛阳唐三彩、淮阳泥泥狗、朱仙镇木版年画，山西平遥的推光漆器、砖雕、运城关公铜像，山东潍坊风筝、鲁绣、淄博美术琉璃都是独具特色的工艺品。本区土特产品丰富多样，陕西临潼的石榴、富平的柿饼、韩城的花椒，河南信阳的毛尖、新郑的大枣、洛阳的杜康酒，山西汾酒、老陈醋、沁州黄小米，山东烟台的苹果、青岛的啤酒、潍坊的萝卜都是驰名全国的地方特产。

专业技能训练 7-1

马街书会：以前来寻生意　现在来领补贴

马街书会位于河南省宝丰县城南 5 千米处，历史悠久，起于元代，盛于明、清。每年农历正月十三，全国数千名曲艺艺人负鼓携琴汇聚于此，在火神庙旁举行祭拜师祖和收徒拜师仪式。他们以天作幕，以地为台，以曲会友，亮书、卖书。京韵大鼓、山东琴书、三弦书等 40 多种曲艺曲种和上千部传统及现代曲目在这里集中展现。艺人们在书会上各展绝活"亮书"，希望能够被"写书"。所谓"写书"，就是听书人遇到中意的艺人，商定价格后，买书人会告诉艺人地址，并交上定金；通过演出"亮书"，可以打响艺人的知名度，打开演艺市场。

进入 21 世纪后，随着民众文化生活的多样化，曾经繁盛无比的马街书会渐渐走向没落。以传统的"写书"为基础的马街书会产业链已经断裂，很少再有听书人"写书"，艺人们也就失去了参会的动力，每年参会人数越来越少、举办规模越来越小，2016 年甚至要通过发放补贴的形式吸引艺人们参会。此外目前的艺人都处于老龄化阶段，受到收入低廉因素的限制，年轻人不愿意学习曲艺，后继无人。

2006 年马街书会民俗经国务院批准列入第一批国家级非物质文化遗产名录后，河南省政府立即启动"河南省濒危民俗文化抢救工程"对马街书会进行抢救性保护，如扩大会期，引入竞拍机制，最大限度地保证艺人利益等，使得一度萎缩的书会恢复了一些生机，但现状仍不容乐观。宝丰县政府也在进一步探索，投资数亿元修建了马街书会民俗园区、牌坊、雕塑广场、中华曲艺展览馆等，并在去年成为国家 3A 级景区。但如何以马街书会为依托，跟着潮流形成新的书会产业链，吸引游客，仍然是个难题。

（资料来源：河南宝丰马街书会：以前是生意，现在是玩意儿［N］.东方今报，2016-2-24）

问题：你认为马街书会如何在困境中实现突围，走出目前的尴尬局面？

二、旅游业发展现状

（一）旅游基础设施改善明显，近期发展空间广阔

"十三五"期间，陕晋豫鲁旅游区各省份都在加大与旅游业相关的产业与行业建设，旅游接待设施及基础条件有了明显的改善，尤其是交通基础设施实现了快速跨越式发展。航空上有咸阳国际机场、新郑国际机场、青岛流亭国际机场、太原武宿国际机场等，其中咸阳国际机场的年吞吐量居于全国前十位。本区铁路线密集，京广、陇海、京九、焦柳、新菏、新太等传统铁路线路地位仍然重要，但近年来新建的高铁交通优势则更加明显，以河南郑州、陕西西安各自为中心的"米"字形高铁布局完全覆盖本区，并延伸到我国四面八方。随着本区高速公路的网络覆盖，本区已经成为公路交通上最有优势的地区之

一，河南高速公路总里程连续多年居全国第一位，陕西、山东、山西高速近年来发展势头强劲，每年都在实现通车里程的突破，因此公路交通优势也不容小觑。四通八达的航空、铁路、公路交通网络为旅游业实现快速发展提供了优势基础，其发展前景十分乐观。

（二）国内旅游发展良好，入境人次有所增长

中原地区由于历史悠久、文化灿烂，旅游业伴随我国旅游业起步并发展，多年来一直保持全国平均水平发展。特别是随着本区近年来旅游基础设施的改善，国内旅游业发展保持继续增长的势头。入境游方面，尽管旅游人次也保持继续增长，但增长的速度低于全国平均水平，差距仍然较大。究其原因，一是旅游基础设施近年来虽呈较快速度发展，但比起广东、上海、浙江、北京这些经济发达的城市而言，还有较大差距；二是本旅游区的资源特色以历史文化、人文古迹为特色，入境游客仅通过外在形式的参观、游览、考察难以理解其文化内涵，各地区对相关文化体验产品开发较少，入境游客认同感不强；三是本区官方旅游局及各大景区景点对外推介力度不够、宣传形式不到位，对国外客源地的游客旅游需求不够了解，导致在不同语言的对外宣传中呈现的旅游信息同质化；四是相关服务人员外语水平过低，交流不畅，影响入境游客在本区的游览行程及满意度。见表7-1。

表7-1　陕晋豫鲁旅游区各省2014—2016年旅游数据统计

年份 省份	2014 年		2015 年		2016 年	
	接待人次 （亿）	旅游收入 （亿元）	接待人次 （亿）	旅游收入 （亿元）	接待人次 （亿）	旅游收入 （亿元）
河南省	4.58	4366.2	5.18	5035	5.83	5764
山西省	2.99	2521.4	3.6	3447.5	4.43	4247.12
陕西省	3.32	2521.4	3.86	3005.8	4.49	3813.43
山东省	5.9	6192.5	6.6	7062.5	7.1	8020

数据来源：根据各省旅游局官方网站统计显示

（三）各省旅游发展差异较大，层次分明

尽管陕西、山西、河南及山东四个省份均处于黄河中下游地区，其发展历史和文化底蕴有着共同的特质，但在旅游业的实际发展中，各省发展水平呈现出明显的差异化特点。山东省作为沿海开放省份，经济实力在区内名列前茅；同时依托青岛、烟台、威海等沿海开放城市，形成了本区独一无二的海滨旅游资源；同时"一山一水一圣人"的旅游品牌带动了鲁西及鲁西南旅游区域的发展，因此不管是入境还是国内游在本区内实力最强。河南省近年来依托其强有力的高铁及高速公路交通优势，在发展传统的文化产业的同时，大力打造自然山水资源，通过打造一批国家5A级景区，发展势头已经远远超过陕西。尽管陕西省会西安是国际大都市，知名度高，并拥有秦兵马俑等一批垄断性的历史资源，但近年来陕西旅游产品线路老化、创新性项目不多，致使在本区的旅游地位继续下降。山西以古城、古建筑群为代表的人文资源类型尽管在全国具有一定的垄断地位，但由于旅游相关设施不完善，制约了其发展。

第二节　陕西旅游亚区主要旅游资源概述

一、区域旅游资源概况

陕西省位于中国西北地区东部的黄河中游，土地总面积 20.58 万平方千米，人口 3793 万（截至 2015 年年底）。西周初年，周公与召公的封地以"陕塬"（今河南陕县境内）为界，以东称为"陕东"，以西称为"陕西"，陕西省名称由此而来。陕西境内山塬起伏，河川纵横，地形复杂，南北高、中间低；全省以北山和秦岭为界，从北到南可分为陕北高原、关中平原和秦巴山地三大地貌区，由此形成了温带、暖温带和北亚热带三个不同的气候带。

陕西是人类先祖的发源地之一，也是中华民族灿烂的古代文化发源地之一。考古发掘证明，蓝田猿人生活在距今 70 万~115 万年，从奴隶社会的西周、封建社会的秦、西汉、东汉（末年）、新莽、西晋（末年）、前赵、前秦、后秦、西魏、北周、隋、唐等 13 个王朝，曾在陕西建都。从西汉时起，长安便与许多国家有频繁的交往，"丝绸之路"就以长安为起点，它促进了我国和南亚、西亚及欧洲各国的经济、文化交流。到唐代，长安同亚洲、欧洲各国交往更加密切，长安成为当时有名的国际大都市。

陕西是中国旅游资源最富集的省份之一，资源品位高、存量大、种类多、文化积淀深厚，地上地下文物遗存极为丰富，被誉为"天然的历史博物馆"。浏览这座"天然历史博物馆"，随处可看到古代城阙遗址、宫殿遗址、古寺庙、古陵墓、古建筑等，著名的有"世界第八大奇迹"秦始皇兵马俑，中国历史上第一个女皇帝武则天及其丈夫唐高宗李治的合葬墓乾陵，佛教名刹法门寺，中国现存规模最大、保存最完整的古代城垣西安城墙，中国最大的石质书库西安碑林等。全省各地的博物馆内陈列的西周青铜器、秦代铜车马、汉代石雕、唐代金银器、宋代瓷器及历代碑刻等稀世珍宝，闪烁着耀眼的历史光环，昔日的周秦风采、汉唐雄风从中可窥一斑。三秦大地的每一寸土壤都饱负历史的厚重内涵，以文明见证者的姿态哺育了一代又一代华夏子孙。

陕西省不仅文物古迹荟萃，而且山川秀丽，景色壮观。境内有以险峻著称的西岳华山、气势恢宏的黄河壶口瀑布、古朴浑厚的黄土高原、一望无际的八百里秦川、婀娜清秀的陕南秦巴山地、充满传奇色彩的骊山风景区、六月积雪的秦岭主峰太白山、世界地质公园终南山等。

专业技能训练 7-2

陕南如何依托大秦岭实现旅游新突破

陕南所在的汉中、安康和商洛地区，过去由于秦岭横亘，交通不便，造成山水知名度较低，未能得到充分开发利用。陕南、关中、陕北的不平衡发展一直是陕西旅游发展的症结所在。

秦岭作为我国重要的南北自然分界线，横亘陕南三市，峰峦叠翠，被誉为"中国中央国家公园"，发展生态旅游有着得天独厚的优越条件。近年来，陕南以它生物的多样性、森林原始性、湖泊的天然性、古迹的民族性和民俗的独特性日益受到国内外的关注。其优越的生态环境和宜人的气候条件与陕北的黄土沟壑、关中平原形成迥然不同的格调。"人文陕西、山水秦岭"，这才是完整的陕西。

（资料来源：看"陕南突破"：大秦岭旅游风生水起［EB/EL］. http：//www. mafengwo. cn/travel-news/105589. html）

问题：你认为陕南如何利用自身优势，依托大秦岭实现旅游新突破？

二、主要旅游景区景点

（一）国家级历史文化名城

截至 2016 年年底，陕西共有国家级历史文化名城 6 座：西安市、咸阳市、延安市、韩城市、榆林市、汉中市。

1. 西安市

西安是历史悠久的世界历史文化名城、举世闻名的世界四大文明古都之一。它位居中国古都之首，是中国历史上建都时间最长、建都朝代最多、影响力最大的都城，也是中华民族的摇篮、中华文明的发祥地、中华文化的代表。历史上先后有周、秦、汉、唐等 13 个王朝在这里建都，有"秦中自古帝王州"的美誉。西安曾经是中国政治、经济文化中心和最早对外开放的城市，著名的丝绸之路以西安为起点；"世界八大奇迹"之一的秦始皇陵兵马俑则展示了这座城市雄浑、厚重的历史文化底蕴。悠久的历史文化积淀使西安享有"天然历史博物馆"之誉。文物古迹种类之多，数量之大，价值之高，在全国首屈一指，许多是国内仅有、世界罕见的稀世珍宝。丰镐都城，秦阿房宫、兵马俑，汉未央宫、长乐宫，隋大兴城，唐大明宫、兴庆宫等勾勒出"长安情结"，大雁塔、小雁塔、陕西历史博物馆、大唐芙蓉园、华清池等见证着"西安魅力"。

2. 咸阳市

咸阳地处"八百里秦川"的腹地，被称为中国第一帝都。它位于关中平原中部，渭河北岸，九嵕山之南，因山南水北俱为阳，故名咸阳。咸阳有着 2350 多年的建城史，周、秦、汉、唐等 11 个朝代也都曾把咸阳作为都城或京畿之地，在中华民族五千年的文明史上，闪烁过灿烂的光辉。秦始皇在此建立了中国历史上第一个中央集权制的多民族政权，成为全国政治、经济、交通和文化中心。咸阳是古丝绸之路的第一站、我国中原地区通往大西北的要冲。历史上这里共有 27 座帝王陵墓和 400 余座皇亲国戚王公大臣的陪葬墓，其中最著名的当属唐高宗李治与武则天的合葬陵墓乾陵、汉武帝的茂陵、唐太宗的昭陵。除却名声斐然的帝王陵墓，咸阳还拥有彬县大佛寺、长武昭仁寺、三原城隍庙等宗教名胜。

3. 韩城市

韩城，一座独具文化旅游魅力的城市。这座承载三千年历史积淀的古邑，位于陕西省东部黄河西岸，关中盆地东北隅。韩城是世界历史文化名人、伟大的史学家、文学家司马迁的故乡，素有"华夏史笔惟司马，关中文物最韩城"的美称。距今已有1500年历史的韩城古城是目前全国保存最完好的六大古城和魅力独特的千年古城之一。城内街巷纵横，庙、寺、观、坊、台星罗棋布，文物古建量大价高，民居民俗特色鲜明，名人故居随处可见，文化气息肆意流淌，被众多专家一致评价为"中国最有文化的古城"。全市拥有元代古建筑30余处，其体量和规模，位列陕西之冠，全国屈指可数；韩城党家村民居以"民居瑰宝""东方人类居住的活化石"享誉海内外；馆藏文物万余件，数量位居全省同级博物馆前列。

（二）世界遗产

截至2016年7月，陕西有2处景观列入《世界遗产名录》，分别是秦始皇陵及兵马俑坑、丝绸之路：长安—天山廊道的路网（陕西段）。

1. 秦始皇陵及兵马俑坑（1987.12，世界文化遗产）

秦始皇陵是中国历史上第一位皇帝嬴政（前259—前210年）的陵寝，中国第一批世界文化遗产、第一批全国重点文物保护单位景区，位于陕西省西安市临潼区城东5千米处的骊山北麓。秦始皇陵其规模之大、陪葬坑之多、内涵之丰富，为历代帝王陵墓之冠，充分表现了2000多年前中国古代汉族劳动人民的艺术才能，是中华民族的骄傲和宝贵财富。

秦兵马俑坑位于秦始皇陵封土以东约1.5千米处，它是秦始皇陵的一个组成部分。现已发现了三个坑，基本呈"品"字形排列，总面积达2万余平方米。兵马俑坑均为地下坑道式土木结构建筑，坑内埋藏有陶质兵马俑7000余件，木质战车100余辆。秦兵马俑皆仿真人、真马制成。秦始皇兵马俑博物馆是中国最大的古代军事博物馆，经发掘对外开放后便轰动世界。秦俑风格浑厚、洗练，富有感人的艺术魅力，是中国古代塑造艺术臻于成熟的标志作，被誉为"世界第八大奇迹""人类古代精神文明的瑰宝"。

2. 丝绸之路：长安—天山廊道的路网（陕西段）（2014.6.22，世界文化遗产）

丝绸之路简称丝路，是指西汉时由张骞出使西域开辟的以长安（今西安）为起点，经甘肃、新疆，到中亚、西亚，并连接地中海各国的陆上通道。因为这条路上主要贩运的是中国的丝绸，故得此名。2014年6月22日，中、哈、吉三国联合申报的陆上丝绸之路的东段"丝绸之路：长安—天山廊道的路网"成功申报为世界文化遗产，成为首例跨国合作而成功申遗的项目。中国境内段包括河南省、陕西省、甘肃省、新疆维吾尔自治区，其中陕西省包括汉长安城未央宫遗址、张骞墓、唐长安城大明宫遗址、大雁塔、小雁塔、兴教寺塔、彬县大佛寺石窟7处景观。

汉长安城遗址位于西安市西北部，是中国历史上建都朝代最多、历时最长的都城遗址，也是中国迄今规模最大、保存最为完整、遗迹最为丰富、文化含量极高的都城遗址，曾是古丝绸之路的起点。唐长安城大明宫遗址是7—10世纪丝绸之路东方起点都城的宫城遗址，见证了东方农耕文明发展鼎盛时期帝国的文明水平及礼制文化特征，见证了唐帝国对丝绸之路鼎盛的重要推动。位于西安大慈恩寺内的大雁塔是玄奘法师为保存由天竺带回的经卷佛像而修建，是现存最早、规模最大的唐代四方楼阁式砖塔。小雁塔是唐代佛教建筑艺术遗产，是佛教传入中原地区并融入汉族文化的标志性建筑。兴教寺塔位于西安市兴教寺内，是中国唐代高僧玄奘的墓塔。张骞墓位于汉中城固县城西 3.5 千米的饶家营，是西汉著名的外交家、探险家、丝绸之路开辟者张骞的陵墓。彬县是当年丝绸之路繁盛时东段北道第一站，丝绸之路的重要节点之一。

（三）国家 5A 级景区

截至 2017 年 2 月，陕西省共有 8 家国家 5A 级旅游景区。详见表 7-2。

表 7-2　陕西省国家 5A 级景区一览表

序号	景区名称	评选时间
1	西安市临潼区秦始皇兵马俑博物馆	2007 年
2	西安市临潼区华清池景区	2007 年
3	延安市黄陵县黄帝陵景区	2007 年
4	西安市雁塔区大雁塔—大唐芙蓉园景区	2011 年
5	渭南市华阴市华山风景区	2011 年
6	宝鸡市扶风县法门寺佛文化景区	2014 年
7	商洛市商南县金丝峡景区	2015 年
8	宝鸡市眉县太白山旅游景区	2016 年

1. 华清池景区

华清池景区位于西安市临潼区骊山北麓，它南依骊山，北临渭水，是以温泉汤池知名的中国古代离宫，周、秦、汉、隋、唐历代统治者，在此砌石起宇，兴建骊山汤，周筑罗城，大兴温泉宫。它因其亘古不变的温泉资源、烽火戏诸侯的历史典故、唐明皇与杨贵妃的爱情故事、"西安事变"发生地而享誉海内外，成为中国唐宫文化旅游标志性景区。景区所依托的骊山海拔 1302 米，老母殿、老君殿、烽火台、兵谏亭、石瓮寺、遇仙桥等景点星罗棋布，"骊山晚照"是著名的"关中八景"之一。华清池被列为全国第一批重点风景名胜区、全国第四批重点文物保护单位。2015 年 1 月，与"骊山"两大景区合并升级为"华清宫"。

2. 黄帝陵景区

黄帝陵位于黄陵县城北桥山，是中华民族始祖轩辕黄帝的陵寝，是《史记》记载的唯一一座黄帝陵，号称"天下第一陵"。自汉武帝在公元前 110 年亲率十八万大军祭祀黄帝陵以来，桥山一直是历代王朝举行国家大祭之地，保存着汉代至今的各类文物。这里有黄帝陵古柏群，是中国最古老、覆盖面积最大、保存最完整的古柏群，共 8 万余株，千年以上 3 万余株；其中"黄帝手植柏"距今五千余年，相传为黄帝亲手所植，是世界上最古老的柏树，被誉为"世界柏树之父"和"世界柏树之冠"。黄帝陵为第一批全国重点文物保护单位、第一批全国爱国主义教育示范基地、国家级风景名胜区。2006年，清明公祭轩辕黄帝典礼（黄帝陵祭典）活动列入第一批国家级非物质文化遗产名录。

3. 大雁塔—大唐芙蓉园景区

西安曲江大雁塔—大唐芙蓉园景区位于西安曲江新区核心区域，总面积3.8平方千米，是中国唯一的唐文化主题景区。这里有唐都长安玄奘译经之地、佛教祖庭——大慈恩寺，西安地标、千年古迹——大雁塔，构架山水、师法自然，保存唐大慈恩寺大雄宝殿殿基遗址的唐大慈恩寺遗址公园，中国第一个全方位展示盛唐风貌遗址公园——大唐芙蓉园，以唐代曲江池遗址为摹本、因循山水格局的开放式文化体验公园——曲江池遗址公园，历经1400多年风雨的唐城墙遗址之上恢复再现的以唐诗人物和唐诗意境为主题的唐城墙遗址公园，还有亚洲最大矩阵式音乐水舞广场、大雁塔文化休闲景区、炫美盛唐天街以及大唐不夜城等。

4. 华山景区

华山位于渭南市华阴市，秦、晋、豫黄河金三角交汇处，南接秦岭，北瞰黄河，"远而望之若花状"，故有其名。又因其西临少华山，故称太华山。华山古称"西岳"，中华文明的发祥地，是我国著名的五岳之一。华山山势挺拔峻峭，势凌云天，五峰中因东南西三面是悬崖峭壁，只有柱峰顶向北倾斜打开了登华山的道路，所以有"自古华山一条路"的说法，享有"奇险天下第一山"之美誉。华山是道教主流全真派圣地，也是中国民间广泛崇奉的西岳华山君神的神祇。目前华山共有72个半悬空洞，道观20余座，其中玉泉院、都龙庙、东道院、镇岳宫被列为全国重点道教宫观，有陈抟、郝大通、贺元希等著名的道教高人。华山为首批国家级风景名胜区、全国文明风景旅游区示范点。

5. 金丝峡景区

金丝峡景区位于商洛市商南县东南部新开岭腹地，峡谷总长度20.5千米，纵深10多千米，内有白龙峡、黑龙峡、青龙峡、石燕寨和丹江源五大景区。金丝峡完整的石灰岩嶂谷地貌、十三级连续瀑布和薄层灰岩、典型连续褶皱等地质现象在中国已有的138处国家级地质公园中是独一无二的，具有一定的稀有性。且金丝峡景区山势陡峭、奇峰秀岭、河谷深邃、水系发达、植被覆盖率高、自然环境优美。特别是峡谷内山与水的动态美，动静交错，具有较高的美学价值。对深化认识秦岭造山带的构造性质、造山过程，特别是其新构造抬升有重要意义及科学研究价值。

课堂讨论与作业 7-1

法门寺文化景区由曲江文化产业投资集团等6家单位共同出资兴建，并引入曲江文投的管理团队负责经营，建成后的景区于2009年5月建成对外开放。在"宗教搭台、经济唱戏"的鼓吹下，传闻曾有意上市的法门寺成了畸形的商业化样本。非宗教场所的景区打着"法门寺"的招牌，用慈善基金会的名义，将功德箱、宗教性捐献当作收入来源。而真正的法门寺却蜗居于景区的一隅，商业化的洗礼不仅未能重现古刹的辉煌，反而让寺庙的僧人流失了大半。目前我国许多著名庙宇道观等宗教场所商业化，一直是敏感且法规边界模糊的话题。

任务：你如何看待寺庙的商业化现象？

三、旅游美食与旅游商品

（一）旅游美食

陕西省地处中国腹地，横联黄河、长江两大流域，是中华民族的发祥地之一，也是中华饮食文化的重要发祥地。这里既有黄土高原的粗放，又有鱼米之乡的秀丽，物产丰富，人杰地灵，烹饪历史悠久，饮食风尚特色突出。陕西饭菜，很多都葆有周、秦、汉、唐等十多个王朝的遗风，特别是小吃，美不胜收。陕西借着历史古都的优势，使小吃博采全国各地小吃之精华，兼收各民族珍馐之风味，汇集内外名饮名食之荟萃，挖掘继承历代宫廷小吃之技艺，因而以品种繁多、花色奇异、民族特色浓厚、地方风味各异、古色古香古韵而著称。陕西有名的小吃代表有牛羊肉泡馍、肉夹馍、凉皮、葫芦头、甑糕、石子馍、肉丸胡辣汤、杨凌蘸水面、汉中热米皮、渭南麧面、铜川窝窝面、宝鸡臊子面、延安洋芋叉叉、商洛土豆糍粑、安康蒸盆子、乾县锅盔等。

（二）旅游商品（见表7-3）

表7-3　陕西主要旅游商品名录

类别	具体代表
工艺品	蓝田玉石、陕北剪纸、户县农民画、关中皮影、洛川毛麻绣、凤翔彩绘泥塑、富县熏画
酒、茶	西凤、杜康、太白、秦川大曲、午子仙毫、紫阳毛尖
土特名产	腊牛肉、腊羊肉、黄桂柿子饼、延安油糕、臊子肉、油泼辣子、琼锅糖、软香酥、水晶饼、三元熏鸡、秦川牛肉、陕北山羊肉、臊子方便面、绿豆糕、黄桂稠酒、潼关酱笋、水晶饼、绿豆糕、石子饼、韩城花椒、秦椒、洋县香米、洋县黑米、陕北四色米（红香米、高粱米、黑香米、香谷米）、米脂小米、陕南腊肉、富平柿饼
水果	临潼石榴、眉县猕猴桃、商洛核桃、洛川苹果、镇安板栗、城固蜜橘、临潼火晶柿子

四、旅游节庆与旅游线路

（一）旅游节庆

陕西作为旅游资源大省，多年来各地市利用旅游节庆平台推出地方形象，打造特色旅游品牌，带动地市发展、聚焦人气，因此旅游节庆数量一再激增，旅游活动丰富多彩。具有代表性的有中国宝鸡法门寺国际文化旅游节（4月）、中国紫阳茶文化节（5月）、中国安康汉江龙舟节（6月）、长安国际书法年会（4月）、清明节黄帝陵祭祖（4月）、药王山庙会（每年农历二月初二至二月十一）、铜川香山佛教文化旅游节（农历三月初五至三月十八）、西安丝绸之路国际旅游节（9月）、西安古文化艺术节（9月）等。

（二）旅游线路

陕西以现有的旅游线路为基础，结合旅游需求变化和交通条件的改善，按照陕西各地域地理环境及重要历史文化脉络和自然山水格局，打造和推广按照方位为基础、资源特色为差异的五大特色旅游体验区线路。

陕北大漠风情旅游线路：榆林古城→黄河峡谷→镇北台→红石峡、红碱淖→铁边古城。

延安黄土红色风情旅游线路：黄帝陵、壶口瀑布→玉华宫、药王山→枣园、宝塔山→延安革命纪念馆。

关东山河风情旅游线路：华山→黄河东府。

关西文化宗教旅游线路：杨凌农业科技旅游基地→太白山→法门寺。

巴山汉水生态休闲旅游线路：柞水牛背梁、柞水溶洞→商洛金丝大峡谷→安康香溪洞、瀛湖→城固张骞墓、橘园→洋县华阳古镇、朱鹮自然保护区。

第三节　山西旅游亚区主要旅游资源概述

一、区域旅游资源概况

山西省位于黄河中游，黄土高原的东部，因地处太行山之西而得名。春秋战国时期属晋国地，故简称"晋"，全省面积15.67万平方千米，总人口3664万人（截至2015年）。山西西靠吕梁山，东临太行山，南北两端有中条山、恒山，黄河的第二大支流汾河从中流过，形成了太原盆地、临汾盆地、运城盆地等几大盆地，因此山西被称为"表里河山"。

山西是中华民族的发祥地之一，被誉为华夏文明的摇篮。早在250万年前，山西已经有了最早的原始人类；传说中华民族的始祖之一炎帝就曾把山西作为其部族的活动范围，中国历史上第一个奴隶制国家夏朝也建立在山西。春秋时期，山西境内主要的诸侯封国是晋，后被赵、魏、韩三家分晋，故山西又称"三晋"。隋末李渊父子从晋阳城（今太原）起兵反隋，建立唐朝，将太原作为北都。元末明初，中原地区战乱天灾频繁，人烟稀少，而太行山西侧的山西南部一带经济繁荣、人口稠密，成为政府组织向外移民的主要地区，由此产生的"根"文化影响至今。山西悠久的历史，灿烂的文化，给我们留下众多的宫观寺院、历代古塔、石窟造像、彩塑壁画、古城关隘、文化遗址、出土文物、传世珍宝，以及风情民俗、风味名食、烹饪技艺等文化遗产。"山西——中国古代艺术的博物馆"之称，已被国内外各界人士所认同。山西目前共有452处古建筑被列为全国重点文物保护单位，不论数量还是质量均居全国之首。

山西复杂多变的地质、地貌、水文、气象条件，造就了许多雄伟壮观、引人入胜的名山大川等自然景观。最著名的有五岳之一的北岳恒山，四大佛教名山之首的五台山，道教名山北武当山、绵山，华北面积最大的原始森林的历山，奇绝险峻的太行大峡谷、王莽岭等；同时奇峰险壁间形成了娘子关、雁门关、偏关、宁武关、平型关等多处雄关险隘。晋陕交界的黄河峡谷两岸秀峰林立，形态万千，风陵渡一带的黄河宽达数十里，为黄河最宽处。这些名山大川犹如一幅幅美不胜收的画卷，形成多处风光宝地，成为山西发展旅游业的优良资源。

二、主要旅游景区景点

（一）国家级历史文化名城

截至 2016 年年底，山西共有国家级历史文化名城 6 座：平遥县、大同市、新绛县、代县、祁县、太原市。

1. 平遥县

平遥地处汾河东岸、太原盆地的西南端，与另一座国家历史文化名城祁县相毗邻。平遥古城已有 2700 年的历史，是中国境内保存完整的明清时期古代县城的原型，也是国家历史文化名城，世界文化遗产。平遥是山西省的文物大县，有 300 多处古迹；这里曾是清代晚期中国的金融中心，"汇通天下"的日昇昌票号被誉为"中国现代银行的鼻祖"；双林寺被专家誉为"东方彩塑艺术宝库"，镇国寺万佛大殿是中国现存最早最珍贵的木构建筑之一。1997 年 12 月 3 日平遥古城被联合国教科文组织列为世界文化遗产，平遥古城与云南丽江古城、四川阆中古城、安徽歙县古城并称为中国现存最为完好的"四大古城"。

2. 大同市

被誉为"塞外名城"的大同市位于山西省最北端，处在内外长城之间，是山西第二大城市。它地处内外长城之间，扼晋、冀、蒙通衢之咽喉，曾为北魏京华，辽金陪都，明清重镇。浩瀚的历史长河、璀璨的古代文明，给大同留下极其丰厚的历史文化遗存。北魏鲜卑民族在这片热土上，建中立极，定都安邦，从而形成庞大的古都建筑群、遗址遗迹等。云冈石窟以其规模宏大，题材多样，雕刻精美，内涵丰富而驰名中外，已成为举世瞩目的世界文化遗产；华严寺、善化寺等巨刹名寺，雄浑大气，古朴凝重。

3. 太原市

太原是我国历史悠久的古城，始建于公元前 497 年的春秋时代，距今已有 2500 年的历史，古称晋阳、并州，简称并，曾为唐王朝的"北都"，后唐、后晋、北汉的国都或陪都，是中国北方的军事重镇和重要的商业、手工业城市。太原市三面环山，黄河第二大支流汾河自北向南流经，自古就有"锦绣太原城"的美誉；太原旅游资源丰富，人文景观众多。古典园林晋祠风景优美，文物荟萃，祠内周柏、难老泉、宋侍女像堪称"晋祠三绝"，具有很高的艺术价值；天龙山石窟包容了东魏、北齐、隋、唐、五代近五个朝代的作品；龙山石窟是全国最大、保存最完好的元代道教石窟群；此外太原城市标志双塔寺、塑有千手千眼 11 面观音的崇善寺、展览有名贵殷代铜觥的山西省博物馆，都是游览观光的好去处。

专业技能训练 7-3

祁县旅游发展的"两极分化"

祁县是国家级历史文化名城，历史文化厚重，人文景观星罗棋布，发展旅游业具有得天独厚的条件，目前主要旅游景点有乔家大院、渠家大院、何家大院、裕川晋商茶庄博物馆、晋商镖局博物馆、珠算博物馆、祁县古城等。经过 20 多年的发展，祁县旅游业综合收入多年来连续上升，但旅游业发展极不平衡，"乔家大院"一枝独秀，其他景点冷冷清清。据统计，2016 年，乔家大院 5A 景区接待游客 214.87 万人次，同比增长 27.32%，门票收入 10315.9 万元，首次突破亿元大关，同比增长 64.7%。与乔家大院形成鲜明对比的，是祁县其他景区、景点却不能有效地利用这一稳定的客源，提升祁县作为一个旅游地的总体竞争力。

（资料来源：刘学斌，郭风盛. 乔家大院全年门票收入过亿 [N]. 晋中日报，2017-1-11）

问题： 你认为祁县政府如何利用乔家大院的稳定客源，提升祁县旅游的总体竞争力？

（二）世界遗产

截至 2016 年 7 月，山西有 3 处景观列入《世界遗产名录》，分别是平遥古城、云冈石窟、五台山。

1. 平遥古城（1997.12，世界文化遗产）

平遥古城始建于西周宣王时期（公元前 827—公元前 782 年），至今已有 2700 多年的历史。现在保存的古城墙是明洪武三年（公元 1370 年）扩建时的原状，城内现存的六大寺庙建筑群和县衙署、市楼等历代古建筑均是原来的实物，是我国目前保存最完整的历史名城，也是中国古代城市的原型。在漫长的发展过程中，平遥保留的文化遗存数量多、密度高、跨度时间长，是被誉为"中国古建筑宝库"的山西省范围内的一个"文物大县"。平遥古城众多的文化遗存，不仅代表了中国古代城市在不同历史时期的建筑形式、施工方法和用材标准，也反映了中国古代不同民族、不同地域的艺术进步和美学成就。平遥古城在 19 世纪的中后期，是金融业最为发达的城市之一，是当代最有影响的票号总部所在地和金融业总部所在地以及金融业总部机构最集中的地方。

2. 云冈石窟（2001.12，世界文化遗产）

云冈石窟位于中国山西省大同市城西约 16 千米的武州（周）山南麓、武州川的北岸。石窟依山开凿，规模恢宏、气势雄浑，东西绵延约 1 千米，现存主要洞窟 45 个，附属洞窟 209 个，佛龛约计 1100 多个，大小造像 59000 余尊。云冈石窟距今已有 1500 年的历史，是佛教艺术东传中国后，第一次由一个民族用一个朝代雕作而成皇家风范的佛教艺术宝库，是公元 5 世纪中西文化融合的历史丰碑。据文献记载，云冈石窟由北魏著名高僧昙曜主持，最初开凿石窟五所，成为云冈石窟中最早的"昙曜五窟"，其他主要洞窟，也大多完成于北魏孝文帝迁都洛阳之前。云冈石窟以气势宏伟，内容丰富，雕刻精细著称于世。云冈石窟雕刻在吸收和借鉴印度犍陀罗佛教艺术的同时，有机地融合了中国传统艺术风格，在世界雕塑艺术史上有十分重要的地位。它是全国首批重点文物保护单位、首批国家 5A 级旅游景区。

3. 五台山（2009.6，世界文化景观）

五台山位于五台县东北部，居中国佛教四大名山之首，享有"中国佛教缩影"美誉，是首批国家级风景名胜区、国家森林公园、国家地质公园、国家 5A 级旅游景区，还是世界文化景观遗产。自东汉永平 11 年开山建寺以来，历经发展、传播、兴衰，记录了我国佛教的发展演变过程，融会了印度佛教、藏传佛教、汉地佛教的精华，形成了法相宗、律宗、天台宗、华严宗、净土宗、密宗、禅宗等众多佛教派别，五台山是世界佛教的"五大圣地之一"和"文殊信仰中心"，这对于研究我国佛教历史和佛学具有重要的学术价值。五台山还是避暑名山，最高海拔为 3061 米，素有"华北屋脊"之称，是休闲、度假、疗养、避暑、旅游的理想之地。

（三）国家 5A 级景区

截至 2017 年 2 月，山西省共有 7 家国家 5A 级旅游景区。详情见表 7-4。

表 7-4　山西省国家 5A 级景区一览表

序号	景区名称	评选时间
1	大同市南郊区云冈石窟景区	2007 年
2	忻州市五台县五台山风景名胜区	2007 年
3	晋城市阳城县皇城相府生态文化旅游区	2011 年
4	晋中市介休市绵山风景名胜区	2013 年
5	晋中市祁县乔家大院文化园区	2014 年
6	晋中市平遥县平遥古城景区	2015 年
7	忻州市代县雁门关景区	2017 年

1. 皇城相府生态文化旅游区

皇城相府文化生态旅游区位于晋城市皇城村，由皇城相府、九女仙湖、皇城小康新村和生态农业观光园四个景区组成。皇城相府景区是清文渊阁大学士兼吏部尚书加三级、《康熙字典》总阅官、康熙皇帝老师一代名相陈廷敬的故居，由内城、外城、紫芸阁、西山院等部分组成，御书楼金碧辉煌，中道庄巍峨壮观，斗筑居府院连绵，河山楼雄伟险峻，藏兵洞层叠奇妙，是一处罕见的明清两代城堡式官宦住宅建筑群，被专家誉为"中国北方第一文化巨族之宅"。九女仙湖景区距皇城相府 8 千米，是传说中九仙女下凡之地，是我国北方重要的自然风光旅游区之一，自古以来就是士绅大夫、文人墨客流连娱游胜地。生态农业观光园占地 1000 多亩，是一个集景观养生、休闲度假、生态抚育及会议中心于一体的大型现代高科技农业园区。皇城小康新村占地 2.5 平方千米，是社会主义现代化新农村的代表，先后荣获了"中国十佳小康村""中国历史文化名村""中国十大魅力乡村"等称号。

2. 绵山风景名胜区

绵山风景名胜区是中国清明节（寒食节）发源地，也是中国寒食清明文化研究中心，中国寒食清明文化博物馆所在地。绵山相传是春秋时晋国介子推携母隐居被焚的山，所以绵山又名介山。绵山早在北魏之时就有寺庙建筑，唐初时已具有相当规模的佛教禅林。这里集山光水色、文物胜迹、革命遗址于一山，可说是步步有景、景景有典。绵山的寺观，或高耸于峰巅，或镶嵌于绝壁。东汉古刹铁瓦寺，三国抱腹寺，北魏鸾公岩和唐代回銮寺，以及建筑面积三万多平方米的全国最大的高观建筑群——大罗宫，殿宇巍峨，造像生动。寺观中还有大量宋代以及元、明、清时的碑刻雕塑。这里还有堪称全国柏树之冠的"秦柏"，以及形态各异的"虎柏""龙柏""鹿柏""象柏"；其中秦柏已有 2000 多年历史，株高 16 米，主干周长 11.8 米，比周长 10 米的黄帝陵古柏还粗壮。

3. 乔家大院文化园区

乔家大院地处美丽富饶的晋中盆地，是一座汇集晋商历史风貌，反映明清时代特色的民居精品。乔家大院始建于清乾隆年间，距今有 200 多年的历史，保存完整，有着悠久的历史和深厚的文化。全院占地面积 10642 平方米，共有 6 座大院，20 进小院，313 间房屋，呈双"喜"字形，是一座全封闭城堡式建筑体。屋与屋衔接，院与院相连，一砖一瓦，一木一石都体现了精湛的建筑技艺，是一座集中体现我国清代北方民居建筑独特风格的宏伟建筑群体，具有很高的建筑美学和居住民俗研究价值，被专家誉为"清代北方民居建筑史上的一颗明珠"。景区在发展、恢复的过程中，形成新的旅游格局："四堂一园"，即在中堂、德兴堂、宁守堂、保元堂和花园，全面展现了乔家大院悠久的历史风貌、典雅的建筑风格、精湛的雕刻艺术、纯朴的民俗民风。

4. 雁门关景区

雁门关是世界文化遗产万里长城的重要组成部分，全国重点文物保护单位，也是历史最为悠久，经历战事最为频繁、知名度最高、影响面最广的古关隘，被誉为"中华第一关"，有"天下九塞，雁门为首"之说，与宁武关、偏关合称为"外三关"。雁门关景区是以雁门关军事防御体系历史遗存、遗址为主要景观资源的边塞文化、长城文化、关隘文化旅游区，景区规划面积 30 平方千米。关城、长城、隘城、兵堡、烽火台等不同等级、不同功能、不同形质的历史建筑遗存，形成了景区苍凉、凝重、雄浑、大气的边关特色旅游风情，展现了这座历史名关的历史作用和兴衰历程，讲述了 3000 多年来它所见证的沧桑变迁和风云际会。随着近年来的大规模修复开发，雁门关景区已经成为集"吃、住、行、游、购、娱"等功能为一体的首屈一指、中外闻名的边塞文化旅游目的地。

三、旅游美食与旅游商品

（一）旅游美食

山西饮食，历史悠久，以晋菜为代表的地方风味，给山西及全国人民带来了丰富的饮食体验。晋菜分为五个风味：太原菜、晋南菜、晋北菜、上党菜、五台菜。它们风格迥异，各有千秋。山西的饮食最有名的还是面食，品种多，吃法别致，风格各异，成品筋道，无不滑利爽口，余味浓长，山西面食可成宴，从头到尾不重样。其中以刀削面最为有名，可谓"面食之王"，它有内虚外筋、柔软光滑、易于消化等特点，与北京的炸酱面、山东的伊府面、武汉的热干面、四川的担担面被誉为中国著名的五大面食。山西小吃历史悠久、口味独特、品种繁多、用料讲究、制作精细，堪称有口皆碑，具有代表性的如莜面栲栳栳、剔尖、拨烂子、羊杂割、洪洞甲鱼、运城黄河鲤鱼、荞面饸饹、油茶、定襄蒸肉、过油肉、浑源凉粉、豌豆糕、原平锅魁、柳林碗秃、临县锄饼、三交火烧等。

同步思考 7-2

山西人为什么偏爱以盐、醋作为主要调料？

（二）旅游商品

如表 7-5 所示为山西主要的旅游商品。

表 7-5　山西主要旅游商品

类别	具体代表
工艺品	平遥推光漆器、黎侯虎、五台山台砚、高平丝绸、平阳木版年画、大同艺术瓷、铜器、仿古铁器、降龙木拐杖、琉璃制品、木碗、侯马皮影台砚、羊毛地毯、云冈绢人、山西民间面塑
酒、茶	竹叶青、汾酒、桑落酒、太原葡萄酒、柿叶茶
土特名产	平遥牛肉、闻喜煮饼、太谷饼、山西老陈醋、豌豆糕、柳林芝麻饼、稷山板枣、代县辣椒、"沁州黄"小米、晋祠大米、五台山台蘑、阳高杏脯、大同黄花、汾阳核桃、柳林木枣
水果	蒲州青柿、晋城红果、吕梁沙棘、交城梨枣和骏枣、隰县金梨、保德油枣

四、旅游节庆与旅游线路

（一）旅游节庆

近年来，山西各地充分深入挖掘传统文化内涵，积极组织并推出文化内容丰富、群众参与性强的旅游节庆活动及民俗旅游、乡村旅游、文化旅游、康体健身等旅游产品和异彩纷呈的旅游专题活动。主要代表有洪洞大槐树文化节（4 月）、平遥国际摄影大赛（9 月）、晋商社火节（6 月）、五台山六月庙会（6 月）、山西面食节（9 月底）、平遥中国年（春节）等。

（二）旅游线路

山西南北狭长，各地区旅游资源集中，因此旅游景点呈现着明显的地域集中性。宗教建筑、晋商民俗、寻根问祖等各类人文旅游资源也呈现出集中分布的特点，因此在旅游线路设计上，又可按照资源专题类型分类：

世界遗产线路游：云冈石窟→五台山→平遥古城。

宗教古建线路游：华严寺→善化寺→悬空寺→应县木塔→崇善寺→五台山（佛光寺—南禅寺）。

晋商民俗线路游：榆次老城→常家庄园→乔家大院→平遥古城→日昇昌票号→王家大院。

山西大院线路游：常家庄园→乔家大院→王家大院→柳氏民居→皇城相府→李家大院。

寻根觅祖线路游：大槐树→广胜寺→尧庙—华门→壶口瀑布→舜帝陵→关帝庙→运城盐湖。

太行山水线路游：太行山大峡谷→王莽岭→锡崖沟→凤凰欢乐谷→珏山→九女仙湖→蟒河→历山。

红色经典线路游：平型关战役遗址→晋绥边区革命纪念馆→晋察冀军区司令部旧址→徐向前故居→百团大战遗址→麻田八路军旧址→黄崖洞→八路军太行纪念馆。

第四节　河南旅游亚区主要旅游资源概述

一、区域旅游资源概况

河南简称豫，位于中国中东部、黄河中下游。《尚书·禹贡》将天下分为"九州"，豫州位居天下九州之中，现今河南大部分地区属九州中的豫州，故有"中原""中州"之称。

河南是中华民族的发祥地之一。从夏代到北宋，先后有20个朝代建都或迁都于此，长期是全国政治、经济、文化中心。中国八大古都河南有四个，即九朝古都洛阳、七朝古都开封、殷商古都安阳、商都郑州。文物古迹众多，地下文物和馆藏文物均居全国首位。这里有记载着人类祖先在中原大地繁衍生息的裴李岗文化遗址、仰韶文化遗址、龙山文化遗址，有"人祖"伏羲太昊陵、黄帝故里和轩辕丘，有最古老的天文台周公测景台，有历史上最早的关隘函谷关，最早的禅宗寺院白马寺，有"中国第一名刹"嵩山少林寺和闻名中外的相国寺等。截至目前，全省共有全国重点文物保护单位358处。

河南还是中国姓氏的重要发源地，当今的300个大姓中根在河南的有171个，依人口数量多少而排列的100个大姓中有78个姓氏的源头或部分源头在河南，有"陈林半天下，黄郑排满街"之称。近年来，到河南寻根谒祖的海内外游客络绎不绝。自古以来，河南大地上孕育的风流人物灿若群星。河南还是武术的故乡，以少林拳和太极拳为代表的两大拳种，在世界上享有很高的知名度。

河南既是历史文化资源大省，也是自然景观荟萃之地，山川壮美，风光秀丽，融南秀北雄于一体。黄河从河南三门峡入省，沿途流经三门峡、洛阳、郑州、开封等地，形成了景色各异、特色明显的各段黄河景观。南水北调中线源头丹江口水库是亚洲最大的人工水库，景色秀丽。豫西北太行山、豫西伏牛山、豫南桐柏——大别山三大山系所呈现的自然资源景色也不尽相同，景色各异，魅力无穷。

二、主要旅游景区景点

（一）国家级历史文化名城

截至 2016 年年底，河南共有国家级历史文化名城 8 座：洛阳市、开封市、商丘市、安阳市、南阳市、郑州市、浚县、濮阳市。

1. 洛阳市

洛阳位于河南省西部、黄河中下游，因地处洛河之阳而得名，中国四大古都之一。洛阳有着 5000 多年文明史、4000 多年的建城史和 1500 多年的建都史，夏朝、商朝、西周、东周、东汉、曹魏、西晋、北魏、隋朝、唐朝、后梁、后唐、后晋先后有 13 个正统王朝相继在洛阳建都，素有"十三朝古都"之称，是中国建都最早，建都朝代最多，建都历史最长的城市。洛阳是华夏文明和中华民族的主要发源地，是东汉、曹魏、西晋、北魏及隋唐时期丝绸之路的东方起点，隋唐大运河的中心枢纽。牡丹因洛阳而闻名于世，有"洛阳牡丹甲天下"之称，被誉为"千年帝都，牡丹花城"，中国洛阳牡丹文化节蜚声中外。2016 年 12 月，国家发展改革委公布《国家发展改革委关于印发中原城市群发展规划的通知》，该规划将洛阳定位为国家区域中心城市和中原城市群副中心城市。洛阳自贸区也是中国（河南）自由贸易试验区的三大片区之一。

2. 开封市

开封，简称汴，古称陈留、大梁、东京、汴京等，地处中原腹地河南东部、黄河下游之滨，是我国著名的八朝古都，中国八大古都之一。开封承载着厚重的历史文化，具有"文物遗存丰富、城市格局悠久、古城风貌浓郁、北方水城独特"四大特色。开封迄今已有 4100 余年的建城史和建都史，先后有夏，商，战国时期的魏，五代时期的后梁、后晋、后汉、后周，辽，北宋和金相继在此定都，是世界上唯一一座城市中轴线从未变动的都城，城摞城遗址在世界考古史和都城史上少有，有着"琪树明霞五凤楼，夷门自古帝王州""汴京富丽天下无"的美誉。北宋开封城更是当时世界第一大城市。开封亦是清明上河图的原创地，有"东京梦华"之美誉。开封是著名的戏曲之乡，中国第一大地方剧种豫剧发源于此。开封市内五湖四河环绕分布，素有"北方水城"之称。

3. 商丘市

商丘市，简称"商"或"宋"，位于河南省最东部、豫鲁皖三省交界处，素有"豫东门户"之称。商丘是华夏文明和中华民族的重要发祥地，也是商人、商品、商文化的发源地。传说中的燧人氏在这里发明人工取火，炎帝朱襄氏、颛顼、帝喾先后建都于此，夏朝、商朝、周朝宋国、汉晋梁国、宋朝等朝代也均在此建都，故商丘享有"三商之源·华商之都""两宋龙潜之地"的称号。东周华夏圣人文化圈、西汉梁园文学、北宋应天文学、明清雪苑文学均诞生于此。商丘也是一座红色城市，曾是淮海战役、渡江战役两大总前委所在地。商丘现存归德府城，古城之下同时叠压着明朝弘治十六年（1503年）之前元朝时期修建的归德府城、北宋时期的陪都应天府南京城、隋唐时期的宋州治所宋城、秦汉时期的梁国国都睢阳城、周朝时期的宋国都城5座都城、古城。商丘古城是当今世界上现存的唯一一座集八卦城、水中城、城摞城三位一体的大型古城遗址。

（二）世界遗产

截至 2016 年 7 月，河南有 5 处景观列入《世界遗产名录》，分别是龙门石窟、安阳殷墟、天地之中历史建筑群、丝绸之路：长安—天山廊道的路网（河南段）、中国大运河（河南段）。

1. 龙门石窟（2000.11，世界文化遗产）

龙门石窟位于洛阳市城南 6 千米处的伊阙峡谷间。由于地处都城之南，古代帝王以自己为"真龙天子"，故又称"龙门"。龙门石窟开凿于北魏孝文帝迁都洛阳之际（公元 493 年），之后历经东魏、西魏、北齐、隋、唐、五代的营造，从而形成了南北长达 1 千米，具有 2300 余座窟龛、10 万余尊造像、2800 余块碑刻题记的石窟遗存。龙门石窟是北魏、唐代皇家贵族发愿造像最集中的地方，是皇家意志和行为的体现，具有浓厚的国家宗教色彩。在北魏时期雕凿的众多洞窟中，以古阳洞、宾阳中洞和莲花洞最有价值，其中古阳洞集中了北魏迁都洛阳初期的一批皇室贵族和宫廷大臣的造像，典型地反映出北魏王朝举国崇佛的历史情态。这些形制瑰异、琳琅满目的石刻艺术品，是中国传统文化与域外文明交汇融合的珍贵记录。

2. 安阳殷墟（2006.7，世界文化景观）

殷墟位于中国历史文化名城——安阳市的西北郊，横跨洹河南北两岸。古称"北蒙"，甲骨文卜辞中又称为"大邑商""邑商"，是中国商代晚期的都城，也是中国历史上第一个有文献可考，并为甲骨文和考古发掘所证实的古代都城遗址，距今已有 3300 年的历史。殷墟宫殿宗庙遗址景区就建在殷墟宫殿宗庙区内，是中国考古学的诞生地、甲骨文发祥地。目前，在宫殿宗庙区已发现大型夯土建筑基址 80 余座。这些建筑基址形制阔大、气势恢宏、布局严整，按照中国古代宫殿建筑"前朝后寝、左祖右社"的格局，依次排列，分布在以宫殿区为中心的范围内。2001 年 3 月，殷墟被评为"中国 20世纪 100 项考古大发现"之首。

3. 天地之中历史建筑群（2010.8，世界文化遗产）

"天地之中"历史建筑群分布于登封市区周围，包括太室阙、中岳庙、少室阙、启母阙、嵩岳寺塔、观星台、会善寺、嵩阳书院、少林寺常住院、初祖庵、塔林 8 处 11 项历史建筑，其中现有全国重点文物保护单位 16 处，河南省重点文物保护单位 22 处，各类文物珍品 6700 多件。"天地之中"历史建筑群历经汉、魏、唐、宋、元、明、清，绵延不绝，构成了一部中国中原地区上下 2000 年的形象直观的建筑史，是中国时代跨度最长、建筑种类最多、文化内涵最丰富的古代建筑群，是中国先民独特宇宙观和审美观的真实体现。该建筑群时间持续长、类型多，展现了佛、道、儒等不同文化价值的古代建筑艺术作品，连同其中丰富的古代碑刻、壁画等类型的文物遗存，构成了全中国乃至全世界独一无二的传统文化景观，代表着中国古老的文明传统和突出科技、艺术成就，反映了其作为东方文明发祥地在文明起源和文化融合中的核心角色，也是当今文化延续和发展的巨大财富。

4. 中国大运河（河南段）（2014.6，世界文化遗产）（The Grand Canal of China）

中国大运河始建于春秋时期公元前 486 年，由隋唐大运河、京杭大运河、浙东运河共三大部分、十段河道组成，地跨北京、天津、河北、山东、河南、安徽、江苏、浙江 8 个省、直辖市，27 座城市的 27 段河道和 58 个遗产点，全长 2700 千米，是世界上开凿时间较早、规模最大、线路最长、延续时间最久的运河。大运河河南段流经洛阳市、商丘市、开封市、郑州市、新乡市、焦作市、鹤壁市、安阳市 8 座地级市，主要归属通济渠和永济渠。大运河河南段入选世界文化遗产立即列入项目的 7 项遗产点，涵盖了河道、码头、河堤、桥梁、仓窖、水工设施等完整的遗产类型，包括洛阳市回洛仓遗址和含嘉仓遗址，通济渠（汴河）郑州段，通济渠（汴河）商丘南关段，通济渠（汴河）商丘夏邑段，永济渠（卫河）滑县—鹤壁浚县段，浚县黎阳仓遗址共 7 项遗产。

5. 丝绸之路：长安—天山廊道的路网（河南段）（2014.6，世界文化遗产）

2014 年 6 月 22 日，中、哈、吉三国联合申报的陆上丝绸之路的东段"丝绸之路河南段"包括 4 处景点：汉魏洛阳城遗址、唐洛阳城定鼎门遗址、新安汉函谷关遗址、崤函古道石壕段遗址。汉魏洛阳城历经西周、东周、东汉、曹魏、西晋、北魏等朝代，都城史长达 540 年以上。定鼎门遗址是隋唐和武周时期都城洛阳城外郭城正门，位于隋唐洛阳城中轴线上。汉函谷关是西汉时期屏障关中地区最重要的一道门户，是洛阳盆地周边防御体系的重要组成部分。崤函古道石壕段遗址是汉唐时期沟通长安、洛阳两大都城交通要道的组成部分，是丝绸之路长期、长距离交通保障系统的珍贵物证。

（三）国家 5A 级景区

截至 2017 年 2 月，河南省共有 13 家国家 5A 级旅游景区。详情见表 7-6。

表 7-6　河南省国家 5A 级景区一览表

序号	景区名称	评选时间
1	郑州市登封市嵩山少林寺景区	2007 年
2	洛阳市洛龙区龙门石窟景区	2007 年
3	焦作市云台山—神农山—青天河风景区	2007 年
4	安阳市殷都区殷墟景区	2011 年
5	洛阳市嵩县白云山景区	2011 年
6	开封市龙亭区清明上河园景区	2011 年
7	平顶山市鲁山县尧山—中原大佛景区	2011 年
8	洛阳市栾川县老君山—鸡冠洞旅游区	2012 年
9	洛阳市新安县龙潭大峡谷景区	2013 年

续表

序号	景区名称	评选时间
10	南阳市西峡县伏牛山—老界岭—中国恐龙遗址园旅游区	2014 年
11	驻马店市遂平县嵖岈山旅游景区	2015 年
12	安阳市林州市红旗渠—太行大峡谷旅游景区	2016 年
13	商丘市永城市芒砀山汉文化旅游景区	2017 年

1. 云台山—神农山—青天河风景区

云台山位于焦作市修武县境内，因山势险峻、峰峦之间常年云锁雾绕而得名云台山。景区总面积 280 平方千米，含红石峡、潭瀑峡、泉瀑峡、青龙峡、峰林峡、子房湖等 11 处景点，是一处以太行山丰富的水景为特色，以峡谷类地质地貌景观和悠久的历史文化为内涵，集科学价值与美学价值于一身的科普生态旅游精品景区，同时也是世界地质公园。神农山位于焦作市沁阳市境内，因炎帝神农氏在这里辨五谷、尝百草、设坛祭天而得名神农山，其名贵植物众多，尤其是独特的白皮松，姿态万千生长于悬崖绝岭之巅，居世界五大美人松之首。青天河景区位于焦作市博爱县境内，集江南水乡与北国风光于一体，素有"北方三峡""豫北小桂林"之誉，总面积 106 平方千米，包括大坝、大泉湖、佛耳峡、靳家岭、月山寺等 7 大景区，是一处集雄、险、奇、秀、幽于一体的综合性风景名胜区。

知识小扩充 7-2

"焦作现象"的由来

从 1999 年开始，焦作市通过强力实施旅游带动战略，在短短几年内实现了从无到有、从小到大、从弱到强的根本性变化，不但打造了世界地质公园、焦作山水（云台山、神农山、青天河等）、太极拳三大具有国际影响力的主题品牌，成功创建了中国优秀旅游城市，实现了城市转型，树立了焦作崭新的对外形象。业内外人士把这种变化归结为"焦作现象"。"焦作现象"就是河南焦作市以发展自然山水旅游，代替将要枯竭的煤炭资源开发，实现社会经济全面转型，并取得成功的现象。"焦作现象"对资源枯竭型城市的社会经济转型具有深刻的借鉴意义。

2. 清明上河园

清明上河园坐落在开封市龙亭湖西岸，它是以画家张择端的写实画作《清明上河图》为蓝本，以《营造法式》为建设标准，以宋朝市井文化、民俗风情、皇家园林和古代娱乐为题材，以游客参与体验为特点，集中再现原图风物景观、古都汴京千年繁华胜景的大型宋代民俗风情游乐园、文化实景主题公园，使人"一朝步入画卷，一日梦回千年"。景区占地 600 余亩，其中水面 180 亩，大小古船 50 多艘，房屋 400 余间，景观建筑面积 3 万多平方米，形成了中原地区最大的仿宋古建筑群。清明上河园作为集历史文化旅游、民俗风情旅游、休闲度假旅游、趣味娱乐旅游和生态环境旅游于一体的主题文化公园，突出体现了观赏性、知识性、娱乐性、参与性和情趣性等特点。

3. 白云山景区

白云山位于洛阳市嵩县西南部，地跨长江、黄河和淮河三大流域，集三河之灵于一山，为中原独有，堪称"中原山水大观"之绝品。景区总面积168平方千米，是世界地质公园伏牛山的重要组成部分，国家森林公园、中国十佳休闲胜地。景区地处暖温带与北亚热带过渡地带，平均海拔1800米，夏季最高气温不超过26℃，动植物资源十分丰富，被专家学者誉为"自然博物馆"。这里白云悠悠、林海莽莽、山峻石奇、飞瀑流泉，目前已开发有九龙瀑布、玉皇顶、原始森林等五大观光区和白云湖、森林氧吧、高山牡丹园等五大休闲区，融山、石、水、洞、林、草、花、鸟、兽为一体，雄、险、奇、幽、美、妙交相生辉，形成各具特色的景观区，成为中原地区集观光旅游、度假避暑、科研实习、寻古探幽为一体的复合型旅游区，被誉为"人间仙境""中原名山"。

4. 老君山—鸡冠洞旅游区

老君山风景名胜区位于栾川县城东区，古号景室山，因东周道家始祖老子归隐修炼于此而得名，是八百里伏牛山的主峰，19亿年前的大陆造山运动，造就了其千姿百态、群峰竞秀、拔地通天、气势磅礴的景观，塑造了"华夏绿色心脏、世界地质奇观"的主题形象，成为伏牛山世界地质公园的重要组成部分，也是国家级自然保护区。老君山庙宇道观群历史悠久，道教文化源远流长，自北魏以来，是周边各地香客朝拜要地，其山顶的太清观始建于北魏。鸡冠洞位于栾川县城西3000米，秦岭余脉伏牛山支脉鸡冠山的半山腰上，海拔1021米。鸡冠洞属天然石灰岩溶洞，地质学上称其为"喀斯特岩溶地貌"。鸡冠洞长达5600米，供观赏长度1800余米，观赏面积2.3万平方米，上下分五层，落差138米，共分八大景区，洞内景观布局疏密有致，天然成趣。此类洞穴在北方少见，被誉为北国第一洞府。

5. 红旗渠—太行大峡谷旅游景区

红旗渠是20世纪60年代，林州人民用十年时间在太行山的悬崖峭壁上修成的长达1500千米的大型水利灌溉工程。它似蓝色飘带缠绕在太行山的腰际之间，其工程量之大，工程之艰巨，灌溉面积之广，工程美学价值之高，堪称"人间奇迹"，形成了世界上独一无二的红旗渠风光。红旗渠风光是自然育景丽质与人工装点胜迹两种造景因素的完美结合，达到了"雄者愈雄、险者愈险"的审美高度。太行大峡谷南北长50千米，东西宽1.5千米，海拔800～1739米，相对高差1000米。其植被覆盖率为90%，有天然氧吧之美誉。境内断崖高起，群峰峥嵘，阳刚劲露，台壁交错，苍溪水湍，流瀑四挂，是"北雄风光"的典型代表。太行大峡谷是休闲养生、滑翔攀岩、避暑度假、绘画写生、寻古探幽、旅游观光的好地方。

6. 芒砀山汉文化旅游景区

芒砀山汉文化景区位于豫、鲁、苏、皖四省接合部的河南省永城市，是豫东边陲的一处新兴的汉文化旅游胜地。芒砀山旅游区面积为14平方千米，群峰争秀，风光旖旎，历史厚重，文化神秘。这里有世界上规模最大的地下西汉王陵墓群、刘邦斩蛇处、大汉雄风景区、芒砀山地质公园、陈胜王陵、孔夫子避雨处等景点，也有西汉王陵内出土的国宝级文物"四神云气图""金缕玉衣"等中华瑰宝。芒砀山旅游区是一处集山水观光、文化品赏、生态休闲于一体的国家 5A 级景区。

三、旅游美食与旅游商品

（一）旅游美食

作为中原烹饪文明的代表，发源于开封的豫菜虽然在南宋以后成为中国烹饪的地方帮派，但因地处九州之中，一直秉承着中国烹饪的基本传统：中与和。"中"是指豫菜不东、不西、不南、不北，而居东西南北之中；不偏甜、不偏咸、不偏辣、不偏酸，而于甜咸酸辣之间求其中、求其平、求其淡。豫菜重实用、材料丰富，但不重花样，素油低盐，调味适中，烹调方法以扒、烧、炸、溜、爆、炒、焅为主。日常主食淮河以北以面食为主，淮河以南以大米为主；大部分菜肴更接近群众生活，如大锅烩菜、揽锅菜等。开封的糖醋溜黄河鲤鱼焙面、洛阳的牡丹燕菜、安阳的"炒三不沾"、豫南的"桂花皮丝"等都是其地方名菜，至今名扬遐迩。河南烩面、逍遥镇胡辣汤、洛阳水席、开封锅贴、灌汤包子、炒凉粉、灵宝肉夹馍、鸡蛋灌饼、浆面条、道口烧鸡、扣碗酥肉等都是独具特色的地方小吃。

专业技能训练 7-4

拯救豫菜的"没落"

豫菜（中国菜）作为我国最古老、最完备的菜系，其起源、发展的历史十分悠久，从历史上来看河南是中国最早形成烹饪文化的发源地和集大成之地，北宋时期更是豫菜的发展高峰、鼎盛繁荣时期。后宋室南迁，豫菜的势力有所滑落，但仍对江南烹饪产生了巨大影响。明清时期，豫菜在各大菜系的比拼中仍有一席之地，1949 年之后，豫菜也还有过短暂的辉煌。1949 年后，曾经豫菜的核心城市开封地位逐步衰落，新的省会郑州在很长时间里也并非区域中心城市，豫菜的影响力也就逐步衰退了。20 世纪 50、60 年代，各种政治运动不断，经济凋敝，物资供应紧张，对于讲究原料、配料的豫菜是个不小的打击，20 世纪 80 年代以后，随着我国其他菜系的发展壮大，豫菜却始终悄无声息。作为豫菜传统技法之一的吊汤，费成本费时费人工，在这个快节奏的时代，并不符合市场的主流。豫菜五味调和，质味适中，甜咸酸辣之间求其中、求一和，这种居中的口味也不符合当下人们对于追求刺激性味觉的需求。

（资料来源：知乎公众号三匠厨房. 为什么中原历史悠久，豫菜却不出名？[EB/OL]. 公众号：sanjiangfood）

问题：面对豫菜没落的现状，你认为如何恢复其原有的辉煌？

（二）旅游商品

河南省的主要旅游商品如表 7-7 所示。

表 7-7　河南主要旅游商品

类别	具体代表
工艺品	李氏密瓷、汴绣、朱仙镇木版年画、仿古唐三彩、钧瓷、汝瓷、棠溪宝剑、牡丹瓷、南阳烙花
酒、茶	杜康酒、宋河粮液、宝丰酒、信阳毛尖、怀菊花
土特名产	"好想你"枣片、马豫兴桶子鸡、牡丹鲜花饼、牡丹籽油、淇河缠丝蛋、花生糕、中牟大蒜、荥阳柿饼、三门峡麻花、原阳大米、长葛腐竹、武陟油茶、河阴石榴、新郑大枣、新密金银花、铁棍山药、商城挂面
水果	开封西瓜、灵宝苹果、西峡猕猴桃

四、旅游节庆与旅游线路

（一）旅游节庆

河南旅游节庆兴起于 20 世纪 80 年代，后逐渐发展壮大，进入 21 世纪后，各种名目的旅游节庆活动在省内遍地开花，节庆主题更加丰富，并走向国际化，而且运作方式也日益市场化和专业化。具有代表性的有洛阳牡丹花会（4 月）、黄帝故里拜祖大典（农历三月三）、中国黄河小浪底观瀑节（6 月底或 7 月初）、中国开封菊花文化节（10 月中旬）、三门峡国际黄河旅游节（5 月底）、中国信阳茶叶文化节（4 月底）、中国郑州国际少林武术节（10 月）、王屋山国际旅游登山节（5 月）等。

（二）旅游线路

随着全域旅游时代的到来，河南省也正在着力强化区域协调发展，促进全地域联动。以建设具有较大影响力的旅游度假区为目标，支持连接安阳林州、新乡辉县、焦作修武、济源的太行山沿线观光旅游带建设；引导伏牛山山地旅游度假区；加强郑州、洛阳、焦作、新乡、开封、三门峡等沿黄地区的协调联动，联合打造区域精品旅游线路；加快建设古城古镇旅游资源开发，推进南水北调沿线旅游资源开发，打造绿色旅游长廊，形成新的旅游热点。

郑、汴、洛、三门峡等沿黄旅游带：三门峡陕州地坑院、虢国博物馆→洛阳龙门石窟、白马寺→郑州少林寺、嵩阳书院、禅宗音乐大典演出→开封大相国寺、开封清明上河园、大宋东京梦华演出。

太行山沿线观光旅游带：殷墟、林州红旗渠、太行大峡谷→新乡辉县宝泉→焦作云台山→济源王屋山。

伏牛山山地旅游度假区：鲁山尧山、中原大佛→嵩县白云山→栾川老君山、鸡冠洞。

南水北调沿线旅游带：丹江口水库、荆紫关古镇→宝天曼景区→内乡县衙。

豫南山水茶文化游：遂平嵖岈山→信阳鸡公山→南湾水库。

豫东古城文化游：商丘归德古城、壮悔堂→芒砀山汉文化旅游景区。

第五节 山东旅游亚区主要旅游资源概述

一、区域旅游资源概况

山东位于中国东部沿海、黄河下游、京杭大运河的中北段，因居太行山以东而得名。山东历史上曾是齐、鲁两国的发源地，因此山东大地也被称为"齐鲁大地"，简称"鲁"，省会济南。全省地形中部高突，泰山是全境最高点；由鲁中南丘陵和胶东丘陵组成的山地，分布于山地丘陵之间及外围为平原，以鲁西北平原和胶东平原面积最大。在鲁西平原与鲁中丘陵间低洼地带上湖泊成群分布，微山湖是省内最大的淡水湖。属于温带半湿润气候，东部沿海地区受海洋影响较大，比较湿润。

山东历史悠久，是中国文化的源头和中华民族的重要发祥地之一。沂源猿人化石证明早在四五十万年前，这里就是古人类生存和繁衍的摇篮。山东境内考古发现的北辛文化、大汶口文化、龙山文化证明，距今 7000~4000 年，生活在这里的东夷族就实现了从母系氏族社会到父系氏族社会乃至阶级社会的转变，有了比较发达的农牧业和手工业。在山东还发现了中国最早的文字"大汶口陶文"和"龙山陶书"，最早的城邦"城子崖龙山古城"，最早的古代军事防御工程古"齐长城"以及被列为中国"2000 年考古十大发现"的洛庄汉墓等。山东还是中国陶瓷和丝绸的发源地之一。山东素称"孔孟之乡，礼仪之邦"。历史上出现过一大批至今仍然对中华文化产生着重要影响的历史名人。伟大的思想家、教育家孔子创立的儒家学说，成为中国传统文化的支柱，在世界上发挥着重大影响。古代著名军事家孙武的《孙子兵法》，至今仍然是中外军界和商界推崇的经典。思想家孟子、墨子，书法家王羲之，发明和手工艺家鲁班，神医扁鹊，政治家诸葛亮，词人李清照、辛弃疾和小说家蒲松龄等，都以其对中华文化发展的卓越贡献而载入史册。

山东省的自然旅游资源主要包括鲁西的山水景观和胶东半岛的海滨风情及鲁西南的沂蒙山水景观。泰山因其独特的自然景观和地质奇观被评为世界地质公园、"五岳"之首。济南是著名的"泉城"，以趵突泉、珍珠泉、黑虎泉最胜，还有大明湖、千佛山、五峰山、灵岩寺、李清照纪念堂等风景名胜。沂蒙山自然风光秀丽、奇特，素有"七十二奇峰，三十六洞天"之说，境内有孙膑和庞涓之战的马陵山、景色奇异的文峰山，以及抱犊崮、孟良崮等七十二崮。胶东黄金海岸旅游区以青岛、烟台、威海、日照等旅游城市为主体，滨海风光绚丽，是发展观光、度假的理想之地，有"黄金海岸"之美誉。

二、主要旅游景区景点

（一）国家级历史文化名城

截至 2016 年年底，山东共有国家级历史文化名城 10 座：济南市、曲阜市、青岛市、聊城市、邹城市、临淄区、泰安市、蓬莱市、烟台市、青州市。

1. 济南市

济南依偎于泰山、黄河怀抱之中，兼收山水之胜，具有得天独厚的自然条件和优美的环境。它素以清泉明湖驰名于世，市区内的天然涌泉星罗棋布，晶莹碧澈，蜚声中外，是中国著名的泉城，素有"四面荷花三面柳，一城山色半城湖"的美誉。济南历史悠久，文化灿烂，著名的有舜文化遗址——舜耕山，中国三大古文化之一的龙山文化发祥地——城子崖遗址，全国佛教寺院"四绝之首"长清灵岩寺等。主要景区景点有趵突泉景区、大明湖风景区、千佛山风景区、泉城广场、百脉泉风景区、柳埠佛教古迹景区、长清灵岩寺景区、孝堂山郭氏墓石祠、红叶谷生态文化旅游区、金象山及九如山瀑布群风景区等。

2. 曲阜市

曲阜位于山东省西南部，是古代东夷族部落居住中心，大汶口文化和龙山文化的主要发源地。春秋时期，鲁国文化发达，人才辈出，国都定于曲阜。曲阜是周代东方的礼乐之邦，为儒学的产生提供了文化和物质基础。孔子生前在此开坛授学，首创儒家文化，为此后2000多年的中国历史深深地打上了儒学烙印。以孔子为代表的儒家文化，按照自己的理想塑造了整个中国的思想、政治和社会体系，成为整个中国文化的基石。曲阜"三孔"（孔庙、孔府、孔林），因其在中国历史和世界东方文化中的显著地位，而被联合国教科文组织列为世界文化遗产，被世人尊崇为世界三大圣城之一。中国曲阜国际孔子文化节成为中国最具国际影响力的十大节庆活动之一，祭孔大典被列为国家首批非物质文化遗产，联合国教科文组织设立国际孔子教育奖并在曲阜颁奖，成为山东省首家文化产业示范基地。

3. 青岛市

青岛旧称"胶澳"，别称"琴岛""岛城"，又被誉为"东方瑞士"。青岛地处山东半岛东南部沿海，东、南濒临黄海，地处中日韩自贸区的前沿地带。青岛地理位置优越，1891年清政府驻兵建置，1897年德国租借建设港口和铁路，青岛遂因"一港一路"而兴，拥有国际性海港和区域性枢纽空港，是实施海上丝绸之路、履行国家"一带一路"战略的重要枢纽型城市。青岛是全国首批沿海开放城市、中国海滨城市、国家历史文化名城、全国文明城市、国家卫生城市、国家园林城市、国家森林城市，也是中国最具幸福感城市。青岛是世界啤酒之城、世界帆船之都，包括道教名山崂山、栈桥、五四广场、八大关、奥帆中心、金银沙滩、大小珠山等著名景点。

（二）世界遗产

截至2016年7月，山东有3处景观列入《世界遗产名录》，分别是泰山、曲阜孔府、孔庙、孔林，中国大运河（山东段）。

1. 泰山（1987.12，世界文化与自然双重遗产）

泰山又名岱山、岱宗，位于泰安市境内，山势雄伟壮丽，气势磅礴，名胜古迹众多，自古就有"五岳独尊""天下第一山"之誉。主峰玉皇顶海拔1545米，突起于华北平原、横亘于齐鲁丘陵，相对高差有 1300 米，视觉效果格外高大，具有通天拔地之势，故孔子有"登泰山而小天下"之语，杜甫有"会当凌绝顶，一览众山小"的佳句。泰山包括幽区、旷区、奥区、妙区、秀区、丽区六大风景区，泰山日出、云海玉盘、晚霞夕照、黄河金带是泰山四大奇观。泰山成山于太古代，距今有 24 亿多年，是世界地质公园，又是天然的历史、艺术博物馆。由于泰山的特殊地位，受到历代帝王的尊崇，形成了泰山在世界上独一无二延续数千年的封禅祭祀文化。泰山是道教的发祥地之一，是最早接受佛教的名山之一。泰山吸引了历代大批文人墨客，留下了众多不朽的名篇佳作和书法墨宝，也形成了独特的石刻艺术宝库。

2. 曲阜孔府、孔庙、孔林（1994.12，世界文化遗产）

山东曲阜的孔府、孔庙、孔林，统称曲阜"三孔"，是中国历代纪念孔子，推崇儒学的表征，以丰厚的文化积淀、悠久历史、宏大规模、丰富文物珍藏，以及科学艺术价值而著称。孔庙是我国历代封建王朝祭祀春秋时期思想家、政治家、教育家孔子的庙宇，是一组具有东方建筑特色、规模宏大、气势雄伟的古代建筑群，堪称宫殿之城。孔府是孔子嫡长孙世袭的府第，始建于宋代，经历代不断扩建，是官衙和住宅建在一起的典型封建贵族庄园，衙署大堂用于接受皇帝颁发的圣旨，或处理家族内事务。孔府藏有大量的历史档案、传世文物、历代服饰和用具等，都极其珍贵。孔林，亦称"至圣林"，是孔子及其家族的专用墓地，也是世界上延续时间最长的家族墓地。孔林是延续年代最久、保存最完整的家族墓地。整个孔林沿用 2500 年，内有坟冢十余万座。其延续时间之久，墓葬之多，保存之完好，举世罕见。

3. 中国大运河（山东段）（2014.6，世界文化遗产）

中国大运河跨越地球十多个纬度，纵贯在中国最富饶的华北大平原与江南水乡上，自北向南通达海河、黄河、淮河、长江、钱塘江五大水系，是中国古代南北交通的大动脉，代表了工业革命前水利水运工程的杰出成就，对中国乃至世界历史都产生了巨大和深远的影响。自清末改漕运为海运后，大运河地位衰落。大运河在山东境内分为三部分河段，一是南运河段，包括南运河德州段；二是会通河段，包括会通河临清段（元运河、小运河）、会通河阳谷段、会通河南旺枢纽段、小汶河、会通河微山段；三是中河段，包括中河台儿庄段。作为山东连接苏、浙、沪等发达省市的重要通道，大运河山东段被山东人民亲切地誉为"山东的莱茵河"。

专业技能训练 7-5

"鲁风运河"品牌联盟的成立与发展

2016 年 12 月 9 日，省内运河沿线的枣庄、济宁、泰安、聊城、德州 5 个城市政府代表共同宣布"鲁风运河"品牌联盟成立。"鲁风运河"是京杭大运河的重要组成部分，也是山东省重点打造的十大文化旅游目的地品牌之一。"鲁风运河"品牌联盟的成立，将进一步深化运河沿线城市间的交流和合作，成为沿线城市对外展示、优势互补、互惠互利的全新区域合作平台。

　　问题：依托"鲁风运河"品牌联盟，山东省如何打响境内大运河品牌？

（三）国家5A级景区

　　截至2017年2月，山东省共有11家国家5A级旅游景区。详情见表7-8。

表7-8　山东省国家5A级景区一览表

序号	景区名称	评选时间
1	泰安市泰山区泰山景区	2007年
2	烟台市蓬莱市蓬莱阁—三仙山—八仙过海旅游区	2007年
3	济宁市曲阜市明故城三孔旅游区	2007年
4	青岛市崂山区崂山景区	2011年
5	威海市环翠区刘公岛景区	2011年
6	烟台市龙口市南山景区	2011年
7	枣庄市台儿庄区台儿庄古城景区	2013年
8	济南市历下区天下第一泉景区（趵突泉—大明湖—五龙潭—环城公园—黑虎泉）	2013年
9	山东沂蒙山旅游区（沂山景区—龟蒙景区—云蒙景区）	2013年
10	潍坊市青州市青州古城景区	2017年
11	威海市环翠区威海华夏城景区	2017年

　　1. 蓬莱阁—三仙山—八仙过海旅游区

　　蓬莱阁坐落在蓬莱城北面的丹崖山上，与黄鹤楼、岳阳楼、滕王阁并称中国四大名楼。整个古建筑群亭台楼阁分布得宜，寺庙园林交相辉映，因势布景，协调壮观。蓬莱阁下方有结构精美、造型奇特的仙人桥，是神话中八仙过海的地方；东侧有上清宫、吕祖殿、普照楼和观澜亭等；西厢为避风亭、天后宫（俗称娘娘殿）、戏楼和龙王宫。三仙山风景区是一处集旅游观光与休闲度假于一体的综合性景区，亭台楼阁、飞檐翘角、气势雄伟、金碧辉煌；园内古木参天，奇石各异，碧水荡漾，珍禽嬉戏，既有北方皇家园林之雄，又有南方私家园林之秀，集中国古典园林之大成，展示出一幅人与自然和谐、天人合一的美妙绝伦的画卷。八仙过海景区名八仙渡，坐落在蓬莱市北黄海之滨，与丹崖山、蓬莱阁、长山列岛隔海相望；景区周围海域天高水阔，景色壮观。春夏之交，常有海市、海滋出现，奇景虚幻缥缈，美不胜收。景区以道教文化和蓬莱神话为背景，以八仙传说为主题，突出大海仙山的创意，集古典建筑与艺术园林于一体，内涵丰富，意境深远。

　　2. 崂山景区

　　崂山位于青岛市东部，耸立于黄海之滨，气势雄伟，山海紧错、岚光变幻、云气离合，是闻名遐迩的海上名山。崂山东部和南部紧逼大海，形成山海相连的独特景观。蜿蜒曲折的海岸，形成了许多岬角和海湾，大小岛屿星罗棋布。海上看山，群峰攒簇，云雾缭绕，古往今来，皆以"山海奇观"称颂崂山。崂山是道教名山，自春秋战国至秦汉时期，就有方士、巫师在崂山餐霞修炼，唐、宋两代崂山道教肇兴，元、明两代达到鼎盛，至清代不衰，遂有"九宫八观七十二庵"之繁荣，使崂山成为道教全真天下第二丛林。在崂山道教发展的漫长过程中，有李哲玄、刘若拙、丘处机、刘处玄、李志明、徐复阳、张三丰、孙玄清、耿义兰、齐本守等著名道人受过皇帝敕封。

3. 刘公岛景区

刘公岛风景区位于威海市区之东的威海湾中，面积仅有 3.1 平方千米，却享有盛名。因为这里是北洋水师的诞生地，甲午战争的古战场。岛上建有中国甲午战争博物馆、甲午海战馆，还保留着当年的水师学堂和多处炮台及其他遗迹。清政府于公元 1888 年设北洋海军，由于刘公岛地处要冲，北洋海军提督署便设在此；除此之外，刘公岛上还有上溯千年的战国遗址，汉代刘公、刘母的动人故事，英国殖民统治时期遗留下来的众多欧式建筑。刘公岛博览园通过深入挖掘刘公美德、英租 42 年、甲午战争等独特的历史文化内涵，向游客展示了一幅幅跌宕起伏、撼人心魄的历史画卷，成为人们感悟悲壮历史、凭吊甲午英烈、接受爱国主义教育的活教材。

课堂讨论与作业 7-2

依托青岛、烟台和威海的国家 5A 级旅游景区，设计一条避暑海滨度假旅游线路。

要求：1. 将班级同学分为若干团队进行学习；2. 主题明确、突出海滨旅游资源的魅力，景点类型选择合理。

4. 台儿庄古城景区

台儿庄古城，位于京杭大运河的中心点，坐落于山东省枣庄市台儿庄区和鲁苏豫皖四省交界地带。台儿庄历史文化深厚，形成于汉，发展于元，繁荣于明清。1938 年春发生的台儿庄大战，使这座古城化为废墟。2008 年市政府按照"大战故地、运河古城、江北水乡、时尚生活"的定位，遵循"留古、复古、扬古、用古"的理念，将保存下来的大战遗址、古城墙、古码头、古民居、古街巷、古商埠、古庙宇、古会馆等历史遗产科学地进行修复，打造成为国际旅游休闲目的地和国家级文化产业示范园区。台儿庄古城集"运河文化"和"大战文化"为一城，融"齐鲁豪情"和"江南韵致"为一域，拥有百庙、百馆、百业、百艺和四百个特色休闲大院。自 2010 年开放以来，荣膺"齐鲁文化新地标"榜首、中国旅游创新奖等称号。

5. 济南市历下区天下第一泉景区（趵突泉—大明湖—五龙潭—环城公园—黑虎泉）

天下第一泉风景区，总面积 3.1 平方千米，由"一河（护城河）、一湖（大明湖）、三泉（趵突泉、黑虎泉、五龙潭三大泉群）、四园（趵突泉公园、环城公园、五龙潭公园、大明湖风景区）"组成，是集独特的自然山水景观和深厚的历史文化底蕴于一体的旅游景区，风景优美。景区以天下第一泉趵突泉为核心，泉流成河、再汇成湖，并与明府古城相依相生，泉、河、湖、城融为一体，集中展现了独特的泉水水域风光。泉城最负盛名的趵突泉、黑虎泉、五龙潭三大泉群71处名泉齐聚景区，其数量之多、形态之美、水质之优、历史文化之厚、科普科研之价值，堪称世界之最。2009年9月，济南名泉凭借数量多、水质优、形态美、地质结构独特、历史文化深厚，具有突出、普遍观赏价值，具有独特性、稀有性和濒危性的优势，被住建部列入第二批《中国国家自然与文化双遗产预备名录》，成为我国第一个以泉水为主题的申遗项目。

三、旅游美食与旅游商品

（一）旅游美食

山东作为儒家文化的发源地，其饮食文化更具独特性。在孔子"食不厌精，脍不厌细"的思想的指导下，山东菜自成一派，形成了鲁菜这一我国覆盖面最广的地方风味菜系。经过几千年的积累，鲁菜已成为黄河流域与海滨烹饪文化的集大成者，形成了以济南菜、胶东菜和孔府菜三大分支为主体的饮食体系。作为中国传统四大菜系（也是八大菜系）之一的鲁菜，是历史最悠久、技法最丰富、难度最大、最见功力的菜系，其经典菜品有一品豆腐、葱烧海参、三丝鱼翅、白扒四宝、糖醋黄河鲤鱼、九转大肠、油爆双脆等。在地方特色美食上，山东各地也有风味不同的小吃，如青岛流亭猪蹄、淄博博山豆腐箱、枣庄辣子鸡、东营黄河刀鱼、烟台鲅鱼水饺、潍坊朝天锅、济宁甏肉干饭、泰安泰山三美、威海手撕鲅鱼、日照渔家饼饼乐、莱芜雪野鱼头、临沂沂蒙光棍鸡、德州扒鸡、聊城沙镇呱嗒、滨州博兴乔庄水煎包、菏泽单县羊肉汤等。

（二）旅游商品

山东省的主要旅游商品如表7-9所示。

表7-9 山东主要旅游商品

类别	具体代表
工艺品	鲁绣、鲁锦、潍坊的风筝、淄博的陶瓷、料器、潍坊杨家埠木版年画、桃木雕刻、草编制品、菏泽条编、威海锡镶工艺品、即墨镶边
酒、茶	一品景芝、孔府家、张裕葡萄酒、青岛啤酒、即墨老酒、日照雪青、北崂春毫
土特名产	胶州大白菜、章丘大葱、苍山白皮大蒜、莱芜生姜、潍坊青萝卜、威海刺参、昌邑对虾、平阴玫瑰、鱼台大米、荣成大花生、明水香稻、龙山小米、东阿阿胶、莒县丹参、曹县鲁西黄牛
水果	烟台苹果、莱阳梨、肥城桃、青州银瓜、乐陵金丝小枣、冠县鸭梨

四、旅游节庆与旅游线路

（一）旅游节庆

山东各地市承载着浓郁的地方特色，以节庆活动作为新的城市名片，拓展地方文化，活跃经济发展。节庆民俗或古朴典雅，或灵巧别致，绵延着真挚的山东情怀。主要代表有潍坊国际风筝会（4月）、青岛国际啤酒节（8月）、中国曲阜国际孔子文化节

（9月）、泰山国际登山节（9月）、中国（寿光）国际蔬菜科技博览会（5月）、好客山东贺年会（农历腊月）等。

（二）旅游线路

山东在旅游资源开发上注重历史文化内涵，开发齐鲁文化，优化曲阜、泰山等传统旅游产品的同时，还大力发展海上旅游度假、专项旅游、乡村观光旅游等新型旅游形式。在旅游景区布局上，重点开发建设"两带六区"，即"山水圣人"旅游带和黄金海岸旅游带，以及齐文化旅游区、潍坊民俗旅游区、水浒文化旅游区、沂蒙山旅游区、黄河口旅游区、古运河—微山湖旅游区。主要景区建设分为三大部分，有鲁西山水圣人旅游区、胶东黄金海岸旅游区和鲁中齐文化和民俗风情旅游区。

山水圣人旅游带：曲阜三孔孔庙、孔府、孔林→泰安泰山→济南趵突泉、大明湖。

黄金海岸旅游带：海阳连理岛＋长岛（烟台）→青岛啤酒博物馆→栈桥→青岛海上观光（青岛）→西霞口（威海）、刘公岛。

潍坊民俗旅游区：潍坊风筝博物馆、杨家埠木版年画基地。

水浒文化旅游区：景阳冈、郓城水浒好汉城→水泊梁山景区→东平水浒影视城、聚义岛。

黄河口旅游区：明月湖国家都市湿地公园、广饶孙子文化园→黄河口生态旅游区、清风湖公园。

沂蒙山旅游区：沂蒙山、孟良崮战役纪念馆→沂蒙红色影视基地。

古运河—微山湖旅游区：台儿庄古城→聊城东昌→微山岛、微山湖湿地。

齐文化旅游区：樵岭前（博山溶洞、王母池）→原山国家森林公园（齐长城）→周村古商城。

本章概述

陕晋豫鲁旅游区以黄河为纽带，连接起了西起黄土高原、东到海滨的陕西、山西、河南和山东四个省份，作为我国华夏文明的重要发祥地，数千年的历史为本区留下了太多珍贵的人文旅游资源，尤其是文物古迹和古建筑资源。同时陕晋豫鲁旅游区地形多样、西高东低，造就了丰富的自然景观，名山大川知名度高，海滨旅游资源发展势头良好，成为我国近年来旅游业发展较快的区域。

基本训练

一、判断题

1. 本区的咸阳、韩城、新绛县、代县、浚县、濮阳市、临淄区、邹城市都是国家级历史文化名城。 （　　）

2. 青岛、烟台、威海、大连均属山东省海滨旅游城市。 （　　）

3. 我国三大石窟艺术宝窟本区占两个。 （　　）

二、简答题

1. 丝绸之路：长安—天山廊道的路网在本区内包括几个省份，有哪些景点？
2. 本旅游区有哪些人文地理环境特征？

✝ **专业能力提升**

乾陵：唯一未被盗的唐帝陵该不该发掘？

在中国历代帝陵中，乾陵是最特殊的一个：它是全国唯一的两个帝王合葬陵。一男一女，一个是大唐的高宗皇帝，一个是大周的则天皇帝。自公元 706 年 5 月 18 日武则天与丈夫李治在此合葬后，距今已 1300 多年。陵内地宫中藏着大量的珍宝和秘密，堪称"世界第九奇迹"。千百年来，不同的人为着不同的目的，一再把目光停留在这块神秘的宝地，并且演绎出各种各样的盗墓故事，但都没有成功。1960 年 4 月 3 日，考古工作者终于在梁山主峰的南面中腰处找到了通往乾陵地宫的大门，时任中国科学院院长的史学家、大文豪郭沫若 1960 年提议发掘乾陵。然而，周恩来总理权衡利弊，思之再三，在《乾陵发掘计划》上提笔批示："我们不能把好事做完，此事可以留作后人来完成。"20 世纪 90 年代，以石兴邦为代表的陕西专家认为，乾陵地宫与法门寺地宫环境差不多，但乾陵属石灰岩地形，可能渗水比法门寺地宫多，法门寺地宫出土的丝绸大部分已呈腐朽或半腐朽状态，乾陵中的纸制品和丝绸品与其让其在地下腐烂，不如抢救出来保护为好。作为全国人大代表，石兴邦和陕西代表团的其他代表一起，从 1995 年起，连续多年向全国人大提出发掘乾陵的提案。但是，陕西开发乾陵的提议，受到了全国大多数文物专家的质疑和否定。

（资料来源：孟西安．乾陵：唯一未被盗的唐帝陵为何一直没发掘？［N］．大公报．2013-7-26）

问题：请谈谈个人对陕西乾陵发掘的态度及理由。

第八章 吴越文化、水乡园林
——沪苏浙皖赣旅游区

学习目标

通过本章学习，学生应该达到以下目标：

知识目标： 认识沪苏浙皖赣旅游区的旅游地理环境特征，熟悉该旅游区旅游业发展现状，掌握各旅游亚区主要景区、景点概况。

能力目标： 通过旅游业发展现状的学习，能够独立思考、分析各旅游亚区旅游业发展水平差异的原因。

技能目标： 结合案例分析、实践认知等内容，具备对沪苏浙皖赣旅游区的旅游产品进行设计和初级营销的能力。

任务引入

世界互联网大会在浙江乌镇举行

由国家互联网信息办公室和浙江省人民政府主办的第四届世界互联网大会，拟于2017年11—12月期间在浙江省桐乡市乌镇举行。届时，来自全球的政要、国际组织、企业、研究机构等代表将齐聚乌镇，交流共促互联网发展。

2016年第三届世界互联网大会也是在浙江乌镇举行的，有1200多名来自各国政府、国际组织、企业和民间协会等网络空间领域的官员、代表等参与这个大会，在浙江发展数字经济的基础上，乌镇已经切实制订了智能旅游计划，电子票务、移动支付、无线网络覆盖为景区游览提供了便利条件。

乌镇的规划，四通八达的水系，80多座石桥，这都与互联网连接一切的概念相吻合，此次互联网大会在这个有着小桥流水、青瓦白墙、田园诗般的城市举行，实现了自然、文化传统、现代化完美的结合。

（资料来源：腾讯新闻．第四届世界互联网大会拟于今年11月至12月在浙江乌镇举行［EB/OL］．http：//news.qq.com/a/20170523/031198.htm）

任务分析： 立足于"互联网+"，"橹声欸乃，小桥流水"的水乡乌镇，连续三年成为"世界互联网大会"举办之地，互联网医院、智能交通、景区免费Wi-Fi全覆盖等一批智慧项目相继投入运行，乌镇作为古镇旅游胜地的魅力进一步释放。数据显示，2016年乌镇全年游客总量近700万人次，庞大的客流量不仅为这座古镇带来了蓬勃生机，也向乌镇的城镇旅游管理提出了数字化、智慧化的全面升级需求。带有"互联网印记"的乌镇旅游产业将进一步实现全链条智能化，让更多中外游客从这个千年古镇体验到"互联网+"带来的别致风情。本旅游区的吴越文化、水乡园林与互联网的深度融合，将进一步颠覆传统，共赢未来。

第一节　旅游地理环境特征及旅游业发展现状

有"江南鱼米之乡，山清水秀之处，历史文物之都，名人荟萃之地"之美誉的华东地区是我国重要的旅游区之一。该旅游大区包括安徽、江苏、浙江、江西四省和上海市。土地面积52.49万平方千米，人口近2.65亿（截至2016年），该地区位于我国的第三阶梯，东临黄海和东海，长江横贯东西，开发历史悠久，经济发展水平高，人口城镇密集，交通网络发达。尤其是长江三角洲城市群，是我国最重要的旅游目的地和客源地之一。

一、旅游地理环境特征

（一）自然旅游地理环境特征

1. 河湖水系密布，水体旅游资源丰富

本旅游区河网密布，湖泊众多，水资源极为丰富，呈现出江南水乡泽国的景色。流经本旅游区的主要河流有长江、淮河、钱塘江及其支流，这些河流在流经地区的沿江河岸塑造出丰富多彩的自然景观，并孕育了各具特色的人文旅游资源。全国五大淡水湖泊中，本区独占其四，即鄱阳湖、太湖、洪泽湖和巢湖。此外，旅游价值较大的湖泊还有杭州西湖、嘉兴南湖、扬州瘦西湖、宁波东钱湖、淳安千岛湖等。

2. 平原与低山丘陵相间分布，名山众多

本区地处我国地势三大阶梯的最低一级，呈现平原与低山丘陵相间分布的地形特征：自北向南依次为黄淮平原、皖中丘陵、长江中下游平原及长江三角洲、江南丘陵及闽浙丘陵。黄淮平原位于江苏、安徽两省淮河以北，是华北大平原的一部分。由于历史上黄河夺淮，大量泥沙淤塞淮河河道，使淮河在运河以西形成湖泊群。皖中丘陵成山历史悠久，经长期剥蚀，花岗岩裸露地表，花岗岩名山众多，如琅琊山、天柱山等。长江中下游平原包括苏皖沿江平原和长江三角洲，长江曲折而平缓，两岸山丘夹峙，平原上河道纵横，湖泊众多，风景十分优美，加上肥沃的土地、温和的气候、稠密的人口及发达的经济等因素，使得该区成为人文旅游资源集中分布区。南部江南丘陵及闽浙丘陵是旅游名山集中地区，如钟山、雁荡山、普陀山、黄山、九华山、天柱山、庐山和井冈山等。这些名山不仅以自然景色吸引游人，而且很多还是我国著名的佛教、道教圣地，集丰富的自然景观和人文景观于一体。

3. 显著的亚热带季风气候

该区大部分地区属于亚热带季风气候，具有冬温夏热、四季分明、降水充沛、季节分配均匀等特征。年平均气温为 16~20℃。四季均适宜旅游。春季降水虽多，但正值春暖花开，草木复苏，景色万千，又无北方风沙之患，故春季不失为人们野外踏青及欣赏江南水乡秀丽风光的好季节。5 月梅雨过后进入盛夏，夏季河谷平原普遍高温，是我国夏季高温区的组成部分，其中南昌、九江、南京由于位置和地形的影响，被称为江南"三大火炉"，但境内的风景名山、湖岸、海滨区均是理想的避暑胜地。9—11 月，本区秋高气爽，是旅游的最佳季节。冬季，虽然气温较低，但由于许多盛大传统节日正值冬季，使该区成为冬季城市旅游的旺盛地区。

（二）人文旅游地理环境特征

1. 吴越文化特色鲜明

吴越文化是指春秋时代吴国、越国兴起后所形成的区域文化，其涵盖的地域范围大致包括今日的上海、苏南、皖南和浙江省。这一带自然环境十分优越，开发历史悠久，是中华文明的发祥地之一，自古就是繁华之地，我国著名的"八大古都"中的南京和杭州就在本区。经济的繁荣和城市的繁华推动了文化艺术的发展，逐渐形成了以灵毓秀雅、尚文重教为特色的吴越文化。吴越文化的特色主要表现在：崇尚文化的民风，人们整体文化素质较高，历史上名人辈出，人才荟萃；从各种建筑到文学艺术、戏曲等都以纤巧、秀雅、婉转、细腻为特色，代表性的有昆曲、评弹、越剧等；商业较发达，游娱之风较胜。

由于人类的活动主要集中在城镇，故文化古迹也多集中在城镇及周围地区，以致形成了众多的历史文化名城。本旅游区的苏北、皖北与江西，属于吴越文化与中原文化、楚文化的过渡区域，在一定程度上也受到吴越文化的影响。

2. 经济繁荣，物产丰富

长江下游地区自然条件优越，开发历史悠久，使得这里人口众多，经济发达。长江三角洲平原、太湖平原等都是我国重要的商品粮基地和农产品基地。本区也是我国重要的工业基地，机电、纺织、汽车、化工、电子、金融、房地产、信息等产业居全国首位。上海是全国最大的机械、钢铁、汽车、造船、工商业、金融、信息和高科技产业的中心。同时，全区也是我国城市化水平最高的地区，旅游城市数量之多、分布之密集居全国之冠；历史文化名城众多，南京、杭州是我国八大古都中的两个。

本区最负盛名的土特名产是丝绸和茶叶。著名的丝绸产品有杭州的都锦、生织锦、丝绸被面、双绉，苏州的塔夫绸、宋锦，南京的云锦等。主要名茶有西湖龙井、太湖碧螺春、黄山毛峰、六安瓜片和祁门红茶等。本区的特种工艺品开发历史悠久，种类繁多，有很高的艺术价值。比如苏州的刺绣、常熟的花边、惠山泥人、扬州漆器和玉雕、杭州的绸伞和工艺扇、东阳的木雕、湖笔、徽墨、宣纸、歙砚、景德镇的陶瓷等享誉国内外。

3. 城镇密集，知名度高

本区由于经济繁荣，在山水交汇的河边、湖畔等交通便捷之处形成了众多区域经济文化中心——城镇。有国际大都会——上海、七朝古都——南京、人间天堂——杭州、东方威尼斯——苏州等知名度很高的大中城市，还有规模不大但历史悠久的中等城市，如无锡、扬州、镇江、绍兴、宁波、南昌、九江等，更有水乡特色鲜明的江南六大古镇——周庄、乌镇、同里、南浔、角直、西塘。这些城市密集分布在长江三角洲的水域边缘、交通要道上，且十分繁华，在漫长的历史发展中形成了自己的特色，且知名度高。

4. 交通便利，四通八达

本区水、路、空交通都极为便利，拥有远洋、近海、内河航运、公路、铁路和航空等运输系统，构成了四通八达的交通网络。上海、杭州、南京、南昌、合肥、宁波、连云港、徐州、镇江、无锡、苏州、绍兴等旅游城市都有铁路、水陆、公路连接，各风景名胜区如黄山、九华山、庐山等多在交通沿线。

本区是我国水路交通最便利的地区。长江是本区最大的水运河道，连接上海、南京、镇江、无锡、芜湖、安庆等长江沿岸重要的旅游城市。京杭大运河、新安江、钱塘江成为本区的旅游热线。海运方面，上海是中国最大的港口和世界重要港口之一。

本旅游区航空交通发达，区内主要大城市都有航班相通，上海更是我国东部沿海的航空枢纽，与全国近百个城市有定期直达航班，并有国际航班通往世界近百个城市。

5. 园林荟萃，独树一帜

本区气候温和，雨量充沛，自古就是钟灵毓秀之地，人才辈出，许多富商大贾、文人骚客云集于此，修建了许多私家园林。这些园林属江南园林，一般规模不大，以精取胜。江南是水乡，其园林水景十分擅长。江南园林之中的建筑小巧玲珑，素雅精致，配以花木，更显清新洒脱，"虽有人作，宛如天开"，自然之趣盎然。江南园林主要分布在南京、镇江、扬州、无锡、苏州、杭州、绍兴、嘉兴等地，已经形成一个江南园林城市景观群。最有代表性的是苏州园林，如沧浪亭、网师园、狮子林、拙政园、留园、耦园，以及东园、虎丘山等。著名的园林还有上海的豫园、醉白池，无锡的梅园、蠡园、寄畅园，扬州的个园、绍兴的沈园等。这些园林造诣极高，成为中外旅游者向往的游览胜地。

同步思考 8-1

苏州为什么会成为我国著名的园林城市呢？跟哪些因素有密切关系呢？

二、旅游业发展现状

（一）旅游环境条件优越，旅游资源优势突出

与我国其他旅游区相比，本旅游区发展旅游业的自然与社会经济和环境条件都得天

独厚，主要表现在：本区拥有大量类型丰富、档次上乘的旅游资源；地理区位优越，交通基础设施完备，可进入性好；人口密度高，国民收入可观，客源市场数额庞大且稳定；本区是我国经济最活跃、市场最发达的地区，经济外向度高，区际与国际商务客流巨大。这些条件是本区成为旅游热点目的地的基础。

本区在自然资源上，不仅有丰富的水体旅游资源，名山大川更是不胜枚举，且档次高、品质优，可以开展观光、度假、疗养、避暑等多种功能旅游，且气候温暖湿润，四季皆可旅游。在人文旅游资源上，以古典园林为代表的人文奇葩居全国之冠，誉满全球，吴越文化特色显著，人才辈出，商业繁荣，城市繁华，历史文化名城众多。依托自然与人文的独特优势而展开的特色旅游产品丰富多彩，如江苏的古运河游、浙江佛都圣迹游、皖南古民居风俗游、上海旅游节、西湖国际游船节、淮南豆腐文化节等，这些产品各具特色，不仅扩大了旅游地的知名度，且增强了地方旅游业的吸引力和竞争力，深受中外游客的喜爱。

（二）旅游业起步早，发展迅速，管理水平高，创新意识强

早在 20 世纪 20 年代，中国第一家旅行社——"中国旅行社"就诞生在上海，它是我国第一个经营旅游业务的专业性机构，标志着作为经济事业的中国旅游业的产生。改革开放后，我国第一个旅游院校——上海旅游高等专科学校的出现，又开创了大学培养旅游管理专门人才之先河，适时地为旅游业的发展培养出了急需的管理人才。本区可以说是我国旅游业的诞生地，并一直处于国内领先水平。历史的经验积累，使得该旅游区旅游业经营管理水平一直位于全国前列。近年来陆续推出的一系列创新的举措进一步提升了该区域的旅游业快速发展，区域联合进一步加强。

（三）旅游创汇及国内收入在全国名列前茅

本区依托强大的经济基础和优质的资源基础，吸引到的外国游客和国内游客数量均处于全国领先水平。根据智研咨询发布的《2017—2022 年中国旅游行业发展趋势及投资战略研究报告》，2015 年整个华东地区旅游收入占比达到全国旅游总收入的 33.9%。2016 年全国旅游收入排名，江苏第二、浙江第三，上海第六；2017 年春节期间，本旅游区中的浙江省旅游收入居全国第四；安徽旅游收入排名第七。究其原因，一是经济发达，基础设施非常完善；二是旅游资源独具特色，且旅游产品内容丰富，吸引力大。

（四）区内旅游资源特色差异明显，各有千秋

该旅游区发展地方经营特色明显，自然旅游资源以名山胜水为特色，人文旅游资源以江南园林和吴越文化为主线。但具体各省份特色差异较大，呈现不同的风格和水平。上海依靠雄厚的经济实力、发达的科学水平、现代化的都市文化特色为其吸引力，江苏则以山水结合的风光和小巧精致、宛若天成的古典园林为特色，浙江则以明湖秀水、山海形胜的自然景观和吴越文化、佛国文化而著名，安徽则以古老浓郁的徽州文化为代表。

（五）长三角旅游合作进一步加强，区域内旅游发展与合作存在显著差异

除江西外，上海、江苏、浙江、安徽四地，地域毗邻、人缘相亲、经济互补、政策相辅，一直被认为是全国区域合作的典范。以此为基础组成的长三角旅游区域合作近年来取得了较好的成绩，积累了丰富的经验，加速推进了长三角区域旅游一体化。为了进一步加快一体化进程，2011 年 5 月长三角地区旅游合作首届联席会议在上海召开。以实现长三角旅游区交通衔接、共同培养旅游人才、实现旅游与文化科技的融合发展、整合优质资源打造精品线路、打造区域旅游品牌、制定落实各类合作机制等为内容的长三角地区旅游合作已经取得初步成效，并签署《苏浙皖沪旅游一体化合作框架协议》，沪苏浙皖四省（市）区域旅游合作进一步深入。2016 年 12 月长三角旅游合作第六次联席会议在杭州召开，以更加积极主动的态度，联手、联动、联促，开展了多层次对接、全方位合作，进一步深化了区域旅游合作。

第二节　上海旅游亚区主要旅游资源概述

一、区域旅游资源概况

上海简称"沪"，别名"申"，全市户籍人口 1439.50 万人（截至 2016 年），面积 6340 平方千米。地处长江三角洲前缘，东濒东海，南临杭州湾，是中国第一大城市，中央四大直辖市之一，中国最大的工商业城市，拥有最大的工业基地、外贸港口。上海是中国最重要的经济贸易中心、交通枢纽和对外贸易口岸，也是中国科学技术、文化教育事业的重要基地。除西南部有少数丘陵山脉外，上海境内全为坦荡低平的平原，是长江三角洲冲积平原的一部分。上海属亚热带海洋性季风气候，四级分明，日照充足，雨量充沛。气候温和湿润，春秋较短，冬夏较长。上海的对外交通十分便捷，航空、铁路、公路、水运可到达国内各个省市及世界各国。

上海以人文旅游资源为主，是一个具有丰富历史遗迹和现代都市风貌的独特城市，市区有许多现代建筑是全国之最。如上海的地标——浦西的外滩和新天地。而在一江之隔的浦东，却呈现出另一番繁华景象：东方明珠电视塔、金贸大厦、上海环球金融中心等建筑共同组成了全球第五大天际线——上海天际线。在建的全国最高建筑——上海塔则会使上海陆家嘴金融区的建筑呈现"品"字形的三足鼎立之势。上海的主要名胜有豫园、玉佛寺、龙华寺、动物园、中共"一大"会址、孙中山及鲁迅故居、嘉定孔庙、松江方塔、醉白池、吴淞口炮台等。

20 世纪 90 年代以来，上海以惊人的速度迅速向国际大都市靠拢。都市旅游是上海旅游的鲜明特色，其都市风光、都市文化、都市商业都十分典型。发达的经济、便利的交通和厚重的文化使上海成为我国最重要的国内外游客的集散地和国内旅游客源地。

二、主要旅游景区景点

（一）国家 5A 级景区

截至 2017 年 2 月，上海拥有 3 家国家 5A 级旅游景区，详见表 8-1。

表 8-1　上海国家 5A 级景区一览表

序号	景区名称	评选时间
1	浦东新区东方明珠广播电视塔	2007 年
2	浦东新区上海野生动物园	2007 年
3	浦东新区上海科技馆	2010 年

1. 浦东新区东方明珠广播电视塔

上海东方明珠广播电视塔又被称为东方明珠塔，位于上海黄浦江畔、浦东陆家嘴嘴尖上，塔高 468 米，1991 年 7 月 30 日动工，1994 年 10 月 1 日建成。东方明珠塔是上海国际新闻中心所在地，它犹如一串从天而降的明珠，散落在上海浦东这片土地上。经过阳光的洗礼，闪耀着璀璨的光芒，是上海标志性的建筑。

东方明珠广播电视塔是多筒结构，以风力作用作为控制主体结构的主要因素。主干是 3 根直径 9 米，高 287 米的空心擎天大柱，大柱间有 6 米高的横梁连接；在 93 米标高处，由 3 根直径 7 米的斜柱支撑着，斜柱与地面呈 60°交角。该建筑有 425 根基桩入地 12 米，上千吨的 3 个钢结构圆球分别悬挂在塔身 112 米、295 米和 350 米的高空，钢筋混凝土的建筑加 3 根近百米高的斜撑。电视塔的塔身具有较强的稳定性，其设计抗震标准为"7 级不动，8 级不裂，9 级不倒"。此外，该建筑还有着良好的抗风性能。

2. 浦东新区上海野生动物园

上海野生动物园，位于上海浦东新区南六公路 178 号，是由上海市人民政府和中国国家林业局合作建设的中国首座国家级野生动物园，占地 153 公顷，距上海市中心 35 千米。于 1995 年 11 月 18 日正式对外开放。园内汇集了世界各地具有代表性的动物和珍稀动物 200 余种，数量上万，其中更有来自国外的长颈鹿、斑马、羚羊、白犀牛等，以及中国一级保护动物大熊猫、金丝猴、金毛羚牛等，是集野生动物饲养、展览、繁育保护、科普教育与休闲娱乐为一体的主题公园。园内分车入和步入两大参观区。上海野生动物园再次荣获 2015—2019 年度全国科普教育基地荣誉称号。

3. 浦东新区上海科技馆

上海科技馆是由上海市政府在 21 世纪投资兴建的第一个重大社会文化项目，以"自然、人、科技"为主题，以提高公众科技素养为宗旨，是上海重要的科普教育和休闲旅游基地。项目占地面积 6.8 万多平方米，总建筑面积 9.8 万平方米，设有地壳探秘、生物万象、智慧之光、视听乐园、设计师摇篮、彩虹乐园、自然博物馆七个展区和巨幕影院、球幕影院、四维影院、太空影院及会馆、旅游纪念品商场、临展馆、多功能厅、银行等配套设施。

（二）上海旅游热点

1. 外滩

外滩位于上海市中心区的黄浦江畔，它是上海的风景线，是到上海观光的游客必到之地。又名中山东一路，全长约 1500 米。东面临黄浦江，西面为哥特式、罗马式、巴洛克式、中西合璧式等 52 幢风格各异的大楼，被称为"万国建筑博览"的建筑群。1844年起这一带被划为英国租界，英国人使用这块地区作为码头，不久这里开设了怡和洋行等一批英资公司和美资的旗昌洋行，成了上海的"金融街"，又有"东方华尔街"之称。近年来上海在此新建了一些现代风格的高楼大厦。外滩著名的建筑有东方饭店、外滩 12号圆顶建筑、海关大楼、和平饭店、中国银行大楼、上海大厦等。

📢 **课堂讨论与作业 8-1**

上海外滩踩踏事件

2014 年 12 月 31 日晚 23 时 35 分许，上海外滩陈毅广场发生拥挤踩踏事故，致使 36人死亡，49 人受伤，伤者多数是学生。2015 年 1 月 21 日，上海市公布 12·31 外滩拥挤踩踏事件调查报告，认定这是一起对群众性活动预防准备不足、现场管理不力、应对处置不当而引发的拥挤踩踏并造成重大伤亡和严重后果的公共安全责任事件。

任务：你如何看待这一事件？

要求：1. 将班级同学分为若干团队进行学习；2. 要对该现象有明确的观点，理由充分。

2. 南京路步行街

南京路是上海市内主要商业中心之一，东起外滩，西抵静安寺，全长 10 里，故过去被称作"十里洋场"，是集购物、旅游、商务、文化为一体的特色步行街。大型商厦与百年老店、名店、特色商店交错林立，互为衬托。老介福商厦、电器商城、曼克顿广场、海伦宾馆、丝绸商厦、新世界商城、华联商厦、一百商厦、广电大厦、轻工大厦、上海商城、锦沧文华大酒店等现代化的大型、高层建筑使南京路更加雄伟、繁荣，据统计，南京路每天客流量在 170 万人次以上。南京路商厦群内名品荟萃、琳琅满目，各地的名、特、优、新产品，以及进口的名牌商品，不下数十万种。几家老字号特色商店的商品，尤为名声卓著。南京路的夜景分外迷人，火树银花不夜天，霓虹灯一条街是上海的一大景观。许多海外游客称赞说：这里的灯彩不亚于东京、香港、曼谷等任何一个闹市地段。

3. 豫园

豫园位于上海老城厢东北部，北靠福佑路，东临安仁街，西南与老城隍庙、豫园商城相连。它是老城厢仅存的明代园林。园内楼阁参差，山石峥嵘，湖光潋滟，素有"奇秀甲江南"之誉。豫园始建于明嘉靖三十八年（1559 年），万历五年（1577 年）扩建，是明代四川布政使潘允端为了侍奉其父亲尚书潘恩而建造的，取"豫悦老亲"之意，故名"豫园"。园内有穗堂、大假山、铁狮子、快楼、得月楼、玉玲珑、积玉水廊、听涛阁、涵碧楼、内园静观大厅、古戏台等亭台楼阁，以及假山、池塘等40余处古代建筑，设计精巧、布局细腻，以清幽秀丽、玲珑剔透见长，具有小中见大的特点，是江南古典园林中的一颗明珠。其中玉华堂前的"玉玲珑"假山石是与苏州留园的"冠云峰"、杭州西湖的"邹云峰"齐名的江南园林三大奇石之一，具有"皱、漏、瘦、透"之美。1982年豫园被国务院列为全国重点文物保护单位。

4. 上海城隍庙

上海城隍庙坐落于上海市最为繁华的城隍庙旅游区，是道教宫观，始建于明代永乐年间（1403—1424年）。由于上海城隍庙内供奉的上海城隍神在上海地区的特殊地位，在600多年的发展历程中，上海城隍庙道观的建设和发展得到了上海百姓的热心支持。今天的上海城隍庙，成为大型的古代建筑区和商业城。老城隍庙汇集具有浓郁海派文化特色的古玩商品和餐厅、茶楼。主要商品市场有华宝楼古玩市场、藏宝楼古玩工艺品市场、紫禁城地下室、上海老街古玩小店等，著名的上海小吃有南翔小笼、三丝眉毛酥、桂花拉糕、鸽蛋圆子、八宝饭等。上海城隍庙以其丰富的商品、独特的经营、周到的服务，吸引着国内外的游客。

5. 中共"一大"会址

中共"一大"会址位于上海市兴业路76、78号，沿街并排两幢两层砖木结构建筑，坐北朝南。该楼于民国九年（1920年）夏秋间建成，为上海典型石库门式样建筑。1921年7月23日，中国共产党第一次全国代表大会即在此客厅举行。作为中国共产党诞生和发展的重要实物见证，而成为举世瞩目的革命圣地。新中国成立后，中共上海市委对中共"一大"会址查实后即开始修缮工程。1996年6月，实施中共"一大"会址纪念馆扩建工程。新建筑地上一层为观众服务设施，设有门厅、多功能学术报告厅和贵宾厅。二层为《中国共产党创建历史文物陈列》展览厅。1999年5月27日，中共"一大"会址纪念馆扩建工程在庆祝上海解放50周年纪念日竣工并正式对外开放。时任中共中央总书记江泽民同志专门为扩建工程竣工开放题词"没有共产党就没有新中国"。建馆以来，征集、收藏的文物3.8万余件。1961年3月，国务院公布中共"一大"会址为全国重点文物保护单位，1997年6月，中共"一大"会址被中宣部命名为"全国爱国主义教育示范基地"。

知识小扩充 8-1

上海迪士尼乐园

上海迪士尼乐园（Shanghai Disney Resort），又称上海迪士尼魔法王国主题乐园，位于上海市浦东新区川沙新镇，是上海国际旅游度假区内的标志性景区，是内地第一个，世界第六个迪士尼主题乐园，于2016年6月16日正式开门迎客，并举办为期数日的盛大开幕庆典。上海迪士尼乐园占地390公顷。开园一年来，上海迪士尼乐园运营共接待超过1100

万名游客。目前约有 65 家主题公园计划进军中国市场。预测表明，至 2020 年中国主题乐园市场将成为全球最大市场。以《玩具总动员》故事为主题的园区，计划于 2018 年开幕。

（资料来源：编者根据《中国日报》《新华社》和迪士尼官网综合整理）

三、旅游美食与旅游商品

（一）旅游美食

上海在饮食方面可以称得上中华美食的大观园，除了独特的沪菜外，鲁菜、淮扬菜、徽菜、川菜、粤菜、湘菜等都有自己的立足之地，并成为上海的主要菜系之一。上海菜，以烹调鲜活著称，特别是鱼虾，非鲜不取，非活不用，有浓油赤酱、色泽鲜亮、注重原味的特色。生煎包、小笼包及草头圈子等美食都是典型上海菜。其中又以德兴馆、老正兴和上海老饭店所烧制的最名闻遐迩。上海本地的各类风味快餐、小吃，花费不高却能大快朵颐，如城隍庙、云南南路、黄河路、乍浦路、七宝老街等都是美食云集之地，绝对让你过足嘴瘾。

上海的特色小吃有：生煎、南翔小笼包、蟹壳黄、草头圈子、排骨年糕、虾子大乌参、红烧鲫鱼、响油鳝糊、八宝辣酱、上海面条等。

（二）旅游商品

上海素有"购物天堂""东方巴黎"的美称，拥有中华商业第一街——南京路，高雅商业文化街——淮海路，工薪阶层的购物街——四川北路，摩登的徐家汇商业城，民族特色鲜明的豫园商城，火车站附近的嘉里不夜城等一大批著名的购物街区，人们在这里可以充分享受购物的乐趣。上海主要旅游商品如表 8-2 所示。

表 8-2 上海主要旅游商品名录

类别	具体代表
工艺品	嘉定竹刻、上海织绣、顾绣、乌泥泾手工棉纺织品
酒、茶	上海老酒、石库门、和酒、金色年华、崇明老白酒
土特名产	上海梨膏糖、五香豆、凤尾鱼罐头、枫泾猪、崇明金瓜、崇明白山羊、崇明水仙、松江大米、上海邵万生黄泥螺、嘉定白蒜、崇明香酥芋
水果	奉贤黄桃、奉贤金黄杏、白沙枇杷、松江蓝莓、金山蟠桃、马陆镇葡萄

四、旅游节庆与旅游线路

（一）旅游节庆

上海的旅游节庆绚丽多彩，各具特色，代表性的旅游节庆有上海旅游节（9月）、上海国际艺术节（11月）、上海国际茶文化旅游节（5月）、上海樱花节（3月）、撞龙华晚钟（12.31）、豫园元宵灯会（元宵节）、上海龙华庙会（农历三月三）、上海南汇桃花节（每年 3、4 月间）等。

（二）旅游线路

上海市的主要旅游线路如下：

上海都市观光旅游线路：人民广场→城隍庙（豫园商城）→南京东路→东方明珠塔→外滩。

上海都市购物旅游线路：上海体育场→淮海路商业街→南京路商业街→四川北路商业街。

上海文化艺术经典之旅：人民广场→上海博物馆→上海大剧院→上海美术馆。

上海市郊环城观光度假旅游线：龙华→淀山湖→佘山→古猗园。

第三节　江苏旅游亚区主要旅游资源概述

一、区域旅游资源概况

江苏省地处中国大陆沿海中部和长江、淮河下游，东濒黄海，北接山东、西连安徽，东南与上海、浙江接壤，是长江三角洲地区的重要组成部分。海岸线长 954 千米。江苏，得名于清朝江宁府和苏州府二府之首字，简称"苏"。省会为南京。江苏傍江临海，总面积 10.72 万平方千米，7998.6 万人（截至 2016 年），人口密度为 767 人/平方千米，居全国各省（区）之首。处于亚热带向暖温带的过渡区，气候温和，雨量适中，年降水量在 1000 毫米左右，四季分明。江苏境内平原辽阔，土地肥沃，物产丰富，江河湖泊密布，五大淡水湖中的太湖、洪泽湖在此横卧，历史上素有"鱼米之乡"的美誉。

江苏辖江临海，扼淮控湖，经济繁荣，教育发达，文化昌盛。地跨长江、淮河南北，京杭大运河从中穿过，拥有吴、金陵、淮扬、中原四大多元文化，是中国古代文明的发祥地之一。江苏地理上跨越南北，气候、植被也同时具有南方和北方的特征。江苏与上海、浙江、安徽共同构成的长江三角洲城市群已成为国际 6 大世界级城市群之一。江苏人均 GDP、综合竞争力、地区发展与民生指数（DLI）均居全国各省第一，成为中国综合发展水平最高的省份，已步入"中上等"发达国家水平。

江苏历史悠久，是中国吴文化的发祥地，早在数十万年前南京一带就已经是人类聚居之地。3—6 世纪，南京成为中国南方的经济文化中心。7—10 世纪以后，全国经济重心南移，有所谓"天下大计，仰于东南"的说法，扬州成为全国最繁华的城市。14—17 世纪中叶以后，苏州、松江和南京等地，成为我国资本主义萌芽的地区。19 世纪末，缫丝、纺织、面粉、采煤等近代工业，在无锡、南通、苏州、常州、徐州等地陆续兴起。此后，江苏的经济、社会发展在中国一直名列前茅。

江苏人文荟萃。以著名诗人李白、白居易、刘禹锡、王安石为代表的历代诗人，在江苏留下了许多不朽的诗篇。江苏风光秀丽，名胜古迹众多，是我国重点旅游地之一。截至 2016 年年底，有世界文化遗产三处，即南京明孝陵、苏州古典园林和大运河；国家级历史文化名城 13 座；国家级 5A 级旅游景区 23 处。

二、主要旅游景区景点

（一）国家级历史文化名城

江苏共拥有 13 座国家历史文化名城，分别是高邮、南京、苏州、扬州、徐州、淮安市淮安区、南通、镇江、常熟、无锡、宜兴、泰州、常州。

1. 高邮市

高邮市，是世界遗产城市、国家历史文化名城、国家全域旅游示范区。地处长江三角洲，位于上海经济圈和南京都市圈双重辐射区，是苏中、苏北重要门户。是中国民歌之乡、中华诗词之乡、全国集邮之乡、中国建筑之乡。高邮有 7000 多年文明史和 2240 年建城史。史称江左名区、广陵首邑，为帝尧故里、尧文化发祥地，是江淮文明、邮文化重要区域。早在 7000 年前，我们的先民们就在这里刀耕火种，繁衍生息。秦王嬴政于公元前 223 年在此筑高台、置邮亭，故名高邮，别称秦邮，华夏一邮邑，神州无同类，是中国 2000 多个县市中唯一以邮命名的城市。

2. 南京市

南京，简称"宁"，古称金陵、建康，是江苏省省会、副省级市、南京都市圈核心城市，国务院批复确定的中国东部地区重要的中心城市、全国重要的科研教育基地和综合交通枢纽。南京是中国四大古都、首批国家历史文化名城，是中华文明的重要发祥地，历史上曾数次庇佑华夏之正朔，长期是中国南方的政治、经济、文化中心。南京地区早在 100 万~120 万年前就有古人类活动，35 万~60 多万年前已有南京猿人在南京汤山生活。公元 229 年，吴大帝孙权在此建都，此后东晋、南朝的刘宋、萧齐、萧梁、陈均相继在此建都，故南京有"六朝古都"之称。继此之后，南京又先后成为杨吴西都、南唐国都、南宋行都、明朝京师、太平天国天京、"中华民国"首都，故称"十朝都会"。

南京是国家重要的科教中心，自古以来就是一座崇文重教的城市，有"天下文枢""东南第一学"的美誉，明清时期中国一半以上的状元均出自南京江南贡院。截至 2013 年，南京各类高等院校 74 所，其中 211 高校 8 所，仅次于北京、上海；国家重点实验室 25 所、国家重点学科 169 个、两院院士 83 人，均居中国第三。

专业技能训练 8-1

南京高淳荷花旅游节

以"'荷'处不相逢，'香'约水慢城"为主题的第九届高淳荷花旅游节将于 2017 年 6 月 24 日在南京市高淳固城湖水慢城景区启幕。在为期两个月的荷花节期间，游客可亲莲赏荷，泛舟湖上，感受"接天莲叶无穷碧，映日荷花别样红"的夏日美景。

南京市的旅游产品以传统的观光型为主，对优质的旅游资源的深度开发不够，造成一部分旅游资源的闲置，未能充分挖掘其中的潜力，同时，如休闲度假、生态旅游、商务节庆等新兴旅游产品虽有发展，但仍显不足，参与型产品稀缺，特色专项型产品种类不多，旅游供给不能很好地满足旅游者多样化的旅游需求。

高淳旅游荷花节是南京旅游发展的名片之一，也是南京全域旅游发展的带动性节事。

（资料来源：人民网江苏频道. 第九届南京高淳水慢城荷花旅游节 6 月 24 日启幕. 中国网—旅游中国［EB/OL］. http：//js. people. com. cn/n2/2017/0623/c360311-303699 23. html? from＝singlemessage）

问题： 你认为南京如何利用旅游节事稳定客源，发展全域旅游，提升南京旅游的总体竞争力？

3. 扬州市

扬州，古称广陵、江都、维扬，建城史可上溯至公元前 486 年，地处江苏中部、长江与京杭大运河交汇处，有"淮左名都，竹西佳处"之称，又有着"中国运河第一城"的美誉；被誉为扬一益二、淮南第一州、月亮城。扬州是首批国家历史文化名城。历史上，扬州因其优越的地理位置，自汉至清几乎经历了通史式的繁荣，并伴随着文化的兴盛。扬州在历史上曾有过三次鼎盛：第一次是在西汉中叶；第二次是在隋唐到赵宋时期；第三次是在明清时期。总体上，扬州城市的繁荣总是和国家的盛世重合。历史上繁华的扬州城，即今扬州市老城区——广陵区。

扬州是江苏长江经济带重要组成部分、南京都市圈成员城市和长三角城市群城市，是南水北调东线工程水源地，是联合国人居奖获奖城市、全国文明城市、中国温泉名城。

4. 徐州市

徐州，简称徐，古称"彭城"，地处江苏省西北部、华北平原东南部，长江三角洲北翼，京杭大运河从中穿过，陇海、京沪两大铁路干线在徐州交会，素有"五省通衢"之称。徐州历史上为华夏九州之一，自古便是北国锁钥、南国门户、兵家必争之地和商贾云集中心，一直是淮海地区的政治、经济、文化中心。徐州有超过 6000 年的文明史和 2600 年的建城史，是著名的帝王之乡，有"九朝帝王徐州籍"之说。徐州是两汉文化的发源地，有"彭祖故国、刘邦故里、项羽故都"之称，因其拥有大量文化遗产、名胜古迹和深厚的历史底蕴，也被称作"东方雅典"。有云龙湖、云龙山、彭祖园、楚王陵、戏马台、窑湾古镇、徐州潘安湖湿地公园等旅游景点，有彭祖、刘邦、孙权、李煜、张道陵等历史名人。

徐州是华东重要门户城市，华东地区重要的科教、文化、金融、旅游、医疗、会展中心，也是江苏省重要的经济、商业和对外贸易中心；也是国家"一带一路"重要节点城市，淮海经济区中心城市，长江三角洲区域中心城市，徐州都市圈核心城市，国际新能源基地，有"中国工程机械之都"的美誉。

5. 淮安市

淮安位于江苏省中北部，江淮平原东部，地处长江三角洲地区，是苏北重要中心城市。坐落于古淮河与京杭大运河交点，境内有中国第四大淡水湖洪泽湖。这里与扬州一起成为淮扬菜的主要发源地，是江淮流域古文化发源地之一。

淮安至今已有 2200 多年的历史。秦时置县，境内有著名的"青莲岗文化"遗址。曾是漕运枢纽、盐运要冲，驻有漕运总督府、江南河道总督府。历史上与苏州、杭州、扬州并称运河沿线的"四大都市"，有"中国运河之都"的美誉。淮安人文荟萃。历史上诞生过大军事家韩信、汉赋大家枚乘、巾帼英雄梁红玉、《西游记》作者吴承恩、民族英雄关天培、《老残游记》作者刘鹗等。淮安人杰地灵。是中华人民共和国第一任国务院总理周恩来同志的故乡，也是现任中华人民共和国副主席李源潮同志的故乡。淮安有著名的红色旅游景区周恩来故里景区、刘老庄八十二烈士陵园、黄花塘新四军军部纪念馆、苏皖边区政府旧址纪念馆等，生态旅游景区古淮河文化生态景区、里运河文化长廊、洪泽湖古堰景区、第一山国家森林公园、清晏园等。

6. 常熟市

常熟，简称虞，因"土壤膏沃，岁无水旱之灾"得名"常熟"，是一座千年古城，苏州市下辖的县级市。常熟地处江南水乡，素有"江南福地"的美誉，是吴文化发祥地之一，是国家历史文化名城、中国优秀旅游城市、国际花园城市。常熟文化属吴越文化，常熟人属江浙民系使用吴语。常熟是中国大陆经济最强县级市之一，位于中国县域经济、文化、金融、商贸、会展和航运中心的前列，为中国"区域经济强县统筹发展组团"成员。2010 年人均 GDP 突破 2 万美元。常熟还是中国国家生态市之一，生态建设事业发展良好。常熟风景优美，沙家浜·虞山尚湖旅游区为 5A 级旅游景区。

课堂讨论与作业 8-2

依托常熟旅游资源及江苏省国家 5A 级旅游景区，设计一条"江南福地"度假旅游线路。

要求：1. 将班级同学分为若干团队进行学习；2. 主题明确、突出吴文化旅游资源的魅力，景点类型选择合理。

7. 无锡市

无锡，简称"锡"，古称梁溪、金匮，被誉为"太湖明珠"，是长江经济带、长江三角洲城市群的重要城市。无锡是国家历史文化名城，自古就是鱼米之乡，素有布码头、钱码头、窑码头、丝都、米市之称。无锡是中国民族工业和乡镇工业的摇篮，是苏南模式的发祥地。无锡文化属吴越文化，无锡人属江浙民系，使用吴语。无锡是中国优秀旅游城市，有鼋头渚、灵山大佛、无锡中视影视基地（三国城、水浒城、唐城）、梅园、蠡园、惠山古镇、荡口古镇、东林书院、崇安寺、南禅寺等景点。"太湖佳绝处，毕竟在鼋头"就是诗人郭沫若用来形容无锡太湖风景的。

（二）世界遗产

截至 2016 年，江苏省共有文化遗产 3 处：苏州古典园林、明清皇家陵寝——明孝陵、中国大运河（江苏段）。

1. 苏州古典园林（1997.12，世界文化遗产）

苏州园林又称"苏州古典园林"，世界文化遗产，国家 5A 级旅游景区，中国十大风景名胜之一，素有"园林之城"，享有"江南园林甲天下，苏州园林甲江南"之美誉，誉为"咫尺之内再造乾坤"，是中华园林文化的翘楚和骄傲，是中国园林的杰出代表。

苏州园林始于春秋时期吴国建都姑苏时，形成于五代，成熟于宋代，兴旺鼎盛于明清。到清末苏州已有各色园林 170 多处，现保存完整的有 60 多处，对外开放的有 19 处，主要有沧浪亭、狮子林、拙政园、留园、网师园、怡园等园林。

苏州园林在世界造园史上有其独特的历史地位和价值，以写意山水的高超艺术手法，蕴含浓厚的中国传统思想和文化内涵，是东方文明的造园艺术典范。

2. 明孝陵（2003.7，世界文化遗产）

明孝陵，坐落于南京市玄武区紫金山南麓、钟山风景名胜区内，是明太祖朱元璋与其皇后的合葬陵墓。因皇后马氏谥号"孝慈高皇后"，又因奉行孝治天下，故名"孝陵"。其占地面积达 170 余万平方米，是中国规模最大的帝王陵寝之一。明孝陵始建于明洪武十四年（1381 年），至明永乐三年（1405 年）建成，先后调用军工 10 万，历时达 25 年。承唐宋帝陵"依山为陵"旧制，又创方坟为圜丘新制。将人文与自然和谐统一，达到天人合一的完美高度，成为中国传统建筑艺术文化与环境美学相结合的优秀典范。

明孝陵作为中国明皇陵之首，代表了明初建筑和石刻艺术的最高成就，直接影响明清两代 500 余年 20 多座帝王陵寝的形制，依历史进程分布于北京、湖北、辽宁、河北等地的明清皇家陵寝，均按南京明孝陵的规制和模式营建，在中国帝陵发展史上有着特殊的地位，故而有"明清皇家第一陵"的美誉。

3. 中国大运河（2014.6，世界文化遗产）

中国大运河江苏段流经徐州、宿迁、淮安、扬州、镇江、常州、无锡、苏州 8 座地级市，列入世界文化遗产名录的遗产点为全线最多，历史久远，文化资源丰富。沿线拥有瘦西湖、江南古镇、里运河等著名景点，洪泽湖大堤、清口枢纽等遗产在中国大运河历史上也有着非常重要的意义。列入世界遗产的江苏段共有 6 个河段：分别是淮扬运河淮安段、淮扬运河扬州段、江南运河常州城区段、江南运河无锡城区段、江南运河苏州段和中河宿迁段；历史遗存 22 处：清口枢纽水工设施、双金闸水工设施、清江大闸水工设施、洪泽湖大堤水工设施、总督漕运公署遗址管理设施、刘堡减水闸水工设施、孟城驿配套设施、邵伯古堤水工设施、邵伯码头水工设施、瘦西湖湖泊、天宁寺行宫古建筑群、个园古建筑群、汪鲁门宅古建筑群、盐宗庙古建筑群、卢绍绪宅古建筑群、清名桥历史文化街区、盘门水工设施、宝带桥水工设施、山塘河历史文化街区、平江历史文化街区、吴江古纤道水工设施、龙王庙行宫管理设施。

（三）国家 5A 级景区

截至 2017 年 2 月江苏共有国家 5A 级旅游景区 23 家，见表 8-3。

表8-3　江苏省国家5A级景区一览表

序号	景区名称	评选时间
1	苏州市姑苏区苏州园林（拙政园—留园—虎丘）	2007年
2	苏州市昆山市周庄古镇景区	2007年
3	南京市玄武区钟山—中山陵风景名胜区（明孝陵—音乐台—灵谷寺—梅花山—紫金山天文台）	2007年
4	无锡市滨湖区中央电视台无锡影视基地三国水浒城景区	2007年
5	无锡市滨湖区灵山大佛景区	2009年
6	苏州市吴江区同里古镇景区	2010年
7	南京市秦淮区夫子庙—秦淮河风光带（江南贡院—白鹭洲—中华门—瞻园—王谢故居）	2010年
8	常州市新北区环球恐龙城景区（中华恐龙园—恐龙谷温泉—恐龙城大剧院）	2010年
9	扬州市邗江区瘦西湖风景区	2010年
10	南通市崇川区濠河风景区	2012年
11	泰州市姜堰区溱湖国家湿地公园	2012年
12	苏州市吴中区金鸡湖国家商务旅游示范区	2012年
13	镇江市三山风景名胜区（金山—北固山—焦山）	2012年
14	无锡市滨湖区鼋头渚旅游风景区	2012年
15	苏州市吴中区太湖旅游区（旺山—穹窿山—东山）	2013年
16	苏州市常熟市沙家浜—虞山尚湖旅游区	2013年
17	常州市溧阳市天目湖景区（天目湖—南山竹海—御水温泉）	2013年
18	镇江市句容市茅山景区	2014年
19	淮安市淮安区周恩来故里景区（周恩来纪念馆—周恩来故居—驸马巷历史街区—河下古镇）	2015年
20	盐城市大丰区中华麋鹿园景区	2015年
21	徐州市泉山区云龙湖景区	2016年
22	连云港市海州区花果山景区	2016年
23	常州市武进区春秋淹城旅游区	2017年

1. 周庄古镇

周庄古镇是世界文化遗产预选地、首批国家5A级旅游景区，位于苏州城东南，昆山、吴江、上海三地交界处。古镇周庄，春秋时期称"摇城"，隋唐时称贞丰里。宋元祐元年（1086年）改名为周庄。周庄是全球十大最美小镇、全球绿色城镇、世界文化遗产预选地、首批国家5A级旅游景区。周庄镇为泽国，四面环水，因河成镇，依水成街，以街为市。井字形河道上完好保存着14座建于元、明、清各代的古石桥。800多户原住民枕河而居，60%以上的民居依旧保存着明清时期的建筑风貌。吴侬软语，阿婆茶香，橹声欸乃，昆曲悠远，"小桥流水人家"如入画卷，主要景点有富安桥、双桥、沈厅等。

专业技能训练8-2

大型山水生态实景演出《四季周庄》

随着旅游的发展，各地的实景演出也越来越多，在知名的江南水乡周庄，同样也有一出精彩的水乡情景剧《四季周庄》，作为中国最早的大型水乡情景剧，《四季周庄》以春夏秋冬为背景、以浪漫爱情为线条、以周庄民俗为笔触，描绘着一场横亘时间与空间的周庄视觉盛宴。

近年来，周庄通过"大旅游""大营销""大周庄""大服务"，四个概念作为旅游转型发展的风向标，引导周庄旅游产业多管齐下全面发展。周庄古镇景区于 2017 年 6 月 24 日于马六甲举办 2017（马六甲）华夏周庄文化周活动，在异国展示江南文化以及周庄古镇景区的国际影响，让世界人民感受到水乡魅力。

（资料来源：编者根据《中国新闻网》和《光明网》相关资料整理）

问题： 你认为周庄应该如何依托古镇发展乡村旅游和全域旅游？

2. 中山陵风景名胜区

中山陵是中国近代伟大的民主革命先行者孙中山先生的陵寝及其附属纪念建筑群，面积 8 万余平方米。中山陵自 1926 年春动工，至 1929 年夏建成，1961 年成为首批全国重点文物保护单位，2006 年列为首批国家重点风景名胜区和国家 5A 级旅游景区，2016 年入选"首批中国 20 世纪建筑遗产"名录。它位于南京市玄武区紫金山南麓钟山风景区内，前临平川，背拥青嶂，东毗灵谷寺，西邻明孝陵，整个建筑群依山势而建，由南往北沿中轴线逐渐升高，主要建筑有博爱坊、墓道、陵门、石阶、碑亭、祭堂和墓室等，排列在一条中轴线上，体现了中国传统建筑的风格，从空中往下看，像一座平卧在绿绒毯上的"自由钟"。融汇中国古代与西方建筑之精华，庄严简朴，别创新格。

知识小扩充 8-2

评弹

评弹又称苏州评弹、说书或南词，是苏州评话和弹词的总称。是一门古老、优美的说唱艺术。评话通常一人登台开讲，内容多为金戈铁马的历史演义和叱咤风云的侠义豪杰。弹词一般两人说唱，上手持三弦，下手抱琵琶，自弹自唱，内容多为儿女情长的传奇小说和民间故事。评话和弹词均以说表细腻见长，吴侬软语娓娓动听；演出中常穿插一些笑料，妙趣横生。评弹有说有唱，大体可分三种演出方式，即一人的单档，两人的双档，三人的三档。演员均自弹自唱，伴奏乐器为小三弦和琵琶。由于评弹的情节曲折离奇，表演扣人心弦，形式雅俗共赏，故数百年来流传于江、浙、沪城乡，为社会各阶层人士所喜爱。2006 年 5 月 20 日，苏州评弹经国务院批准列入第一批国家级非物质文化遗产名录。

2017 年 6 月 12 日，在加拿大举国庆祝建国 150 周年之际，由苏州评弹博物馆副馆长袁小良、苏州市评弹团副团长王池良和苏州评弹学校教授王瑾三位国家一级演员组成的评弹艺术家代表团日前来到多伦多，携手庞志雄、黄佩珍两位旅加弹词名家，给加拿大观众带来了一台集说、嚎、弹、唱、演传统经典与现代时尚为一体的精彩演出。

（资料来源：编者根据《苏报》和百度相关资料整理）

3. 夫子庙秦淮风光带

夫子庙秦淮风光带位于南京市秦淮区，以夫子庙古建筑群为中心、十里秦淮为轴线、明城墙为纽带，串联起众多全国重点文物保护单位、省级和市级文物保护单位，以儒家思想与科举文化、民俗文化等为内涵，集自然风光、山水园林、庙宇学堂、街市民居、乡土人情、美食购物、科普教育、节庆文化于一体，是南京历史文化荟萃之地，也是中国著名的开放式国家5A级旅游景区和中国旅游胜地四十佳。

秦淮河是南京古老文明的摇篮，南京的母亲河，历史上极负盛名。这里素为"六朝烟月之区，金粉荟萃之所"，更兼十代繁华之地，"衣冠文物，盛于江南；文采风流，甲于海内"，被称为"中国第一历史文化名河"。夫子庙是中国四大文庙，为中国古代江南文化枢纽之地、金陵历史人文荟萃之地，不仅是明清时期南京的文教中心，同时也是居东南各省之冠的文教建筑群，是中国最大的传统古街市。

4. 常州中华恐龙园

常州中华恐龙园创立于2000年，创造性地提出了涵盖主题教育、主题游乐、主题环艺、主题演艺、主题商业，以及管理设施、服务设施、媒体设施在内的主题公园"5+3"发展模式，是一家融展示、科普、娱乐、休闲及参与性表演于一体的恐龙主题综合性主题游乐园。江苏省常州市的中华恐龙园在全亚洲数千家主题公园中名列第11位，同时位居中国第5位，排名仅在长隆海洋王国、香港海洋公园、香港迪士尼乐园和深圳东部华侨城之后，进一步巩固了在国内主题公园业界第一方阵的地位。

5. 苏州金鸡湖旅游景区

金鸡湖景区是中国最大城市湖泊公园，是21世纪苏州"人间新天堂"的象征。位于江苏省苏州工业园区，总面积11.5平方千米，其中水域面积7.4平方千米，景区投资89.53亿元，按照"园区即景区、商务即旅游"的城市商务旅游功能布局，精心打造了文化会展区、时尚购物区、休闲美食区、城市观光区、中央水景区五大功能区。金鸡湖景区八大景观带来奇丽的感官之旅，六大商旅体验提供高端时尚品鉴，三大旅游产品为商务人士、游客、市民提供丰富的定制化旅游产品，金鸡湖景区是国内极少数免费对外开放的国家5A级旅游景区之一。

6. 瘦西湖风景区

瘦西湖原名保障湖，位于江苏省扬州市城西北郊，总面积2000亩，水上面积700亩，游览区面积100公顷。"瘦西湖"之名最早见于文献记载为清初吴绮的《扬州鼓吹词序》："城北一水通平山堂，名瘦西湖，本名保障湖。"乾隆元年（1736），钱塘（杭州）诗人汪沆慕名来到扬州，在饱览了这里的美景后，与家乡的西湖作比较，赋诗道："垂杨不断接残芜，雁齿虹桥俨画图。也是销金一锅子，故应唤作瘦西湖。"瘦西湖在清代康乾时期已形成基本格局，有"园林之盛，甲于天下"之誉。瘦西湖主要分为14大景点，包括五亭桥、二十四桥、荷花池、钓鱼台等。1988年被国务院列为"具有重要历史文化遗产和扬州园林特色的国家重点名胜区"。2010 年被授予全国 5A 级景区。2014 年作为大运河的支流和其独特的文化景观，被列入世界文化遗产名录。

知识小扩充 8-3

寒山寺除夕听钟声活动

寒山寺除夕听钟声活动是我国发起最早、影响最广、经久不衰的专项旅游活动，自 1979 年创办以来，已举办了 38 届。

寒山寺听钟声活动的主要内容集中在阳历除夕之夜，届时中外宾客欢聚一堂共进年夜饭，互贺新年；驱车前往枫桥古镇参加迎新年庙会活动；观赏姑苏龙灯、舞狮、跳家官、杂技、歌舞、评弹、戏曲等地方文艺表演；领受寒山寺方丈为宾客祈祷祝福；聆听 108 响迎新年钟声；市长致新年贺词；来宾敲响新年幸运钟声；回宾馆吃"年夜面"后结束。

寒山寺位于苏州城西枫桥镇，建于公元 508—519 年的梁代天监年间，当时名叫"妙利普明塔院"，唐朝时才叫寒山寺。寒山寺的钟声有着悠久的文化历史内涵，唐代诗人张继当年进京考试名落孙山，归途中夜泊枫桥，写下了"月落乌啼霜满天，江枫渔火对愁眠；姑苏城外寒山寺，夜半钟声到客船"的千古绝唱，到今天这首诗仍被编入日本学校教科书中，在国内外影响深远。

每年除夕之夜，中外游人云集寒山寺，聆听钟楼中发出的 108 响钟声，在悠扬的钟声中辞旧迎新，祈祷平安。

（资料来源：编者根据相关资料整理）

三、旅游美食与旅游商品

（一）旅游美食

苏菜是中国著名的"八大菜系"之一，江苏菜起源于 2000 多年前，当时吴人善制炙鱼、蒸鱼和鱼片。1000 多年前，鸭已为金陵美食。南宋时，苏菜和浙菜同为"南食"的两大台柱。

苏菜擅长炖、焖、蒸、炒，重视调汤，保持菜的原汁，风味清鲜，浓而不腻，淡而不薄，酥松脱骨而不失其形，滑嫩爽脆而不失其味。其名菜有烤方、水晶肴蹄、清炖蟹粉狮子头、金陵丸子、黄泥煨鸡、清炖鸡孚、盐水鸭（金陵板鸭）、金香饼、鸡汤煮干丝、肉酿生麸、凤尾虾、三套鸭、无锡肉骨头、陆稿荐酱猪头肉、沛县狗肉等。

江苏的著名小吃有：小笼包、煮干丝、鸭血粉丝、蜜汁豆腐干、松子糖、玫瑰瓜子、虾籽鲞鱼、扬州炒饭、三丁包、翡翠烧卖、千层油糕、清蒸蟹粉狮子头等。

（二）旅游商品

2016 年 1 月 15 日—18 日，江苏省举办了首届"乐购江苏，游礼游情"旅游商品展销大会，展出一系列颇具地方特色与创意设计的旅游商品。详见表8-4。

表8-4 江苏省主要旅游商品名录

类别	具体代表
工艺品	苏州刺绣、南京云锦、苏绣、无锡惠山泥人、淮阴剪纸年画、扬州漆器玉器、南通风筝、宜兴紫砂陶器、常州梳篦、东海水晶、扬州剪纸
酒、茶	"三沟一河"（汤沟、双沟、高沟和洋河）、碧螺春、雨花茶
土特名产	阳澄湖大闸蟹、狼山桂花茶、泰州黄桥烧饼、宿迁象棋、无锡丝绸、镇江香醋、赣榆黑陶、常州梳篦、徐州香包、盱眙龙虾
水果	阳山水蜜桃、三水梨、富士苹果、丰县大沙河牌苹果、东塘樱桃、西山枇杷、泰兴白果等

四、旅游节庆与旅游线路

（一）旅游节庆

江苏旅游节庆活动主要有淮安—淮扬美食文化节（9月）、无锡太湖旅游节（6月）、龙城文化旅游节（4月）、虎丘庙会（9月）、夫子庙金秋美食节（10月）、寒山寺除夕听钟声活动（12.31）、连云港之夏（7、8月间）、盱眙龙虾节（6月）、溱潼会船节（清明节后第二天）、中国扬州烟花三月旅游节（4月）等。

（二）旅游线路

江苏省的旅游线路主要有：

南京郊区古迹之旅：南京→雨花台→牛首山→祖堂山→南唐二陵。

古运河风光之旅：苏州→无锡→常州→镇江→宿迁→徐州。

南京爱国主义教育科技旅游线：中科院紫金山天文台→中山植物园→南京航天馆→南京地质博物馆→南京博物馆。

第四节 浙江旅游亚区主要旅游资源概述

一、区域旅游资源概况

浙江地处中国东南沿海长江三角洲南翼，东临东海，南接福建，西与江西、安徽相连，北与上海、江苏接壤。境内最大的河流钱塘江，因江流曲折，称之江，又称浙江，省以江名，简称"浙"。省会杭州市，陆域面积10.55万平方千米，5590万人（截至2016年）。

浙江地形复杂，山地和丘陵占70.4%，平原和盆地占23.2%，河流和湖泊占6.4%，耕地面积仅208.17万公顷，故有"七山一水两分田"之说。地势由西南向东北倾斜，大致可分为浙北平原、浙西丘陵、浙东丘陵、中部金衢盆地、浙南山地、东南沿海平原及滨海岛屿六个地形区。省内有钱塘江、瓯江、灵江、苕溪、甬江、飞云江、鳌江、京杭运河（浙江段）八条水系；有杭州西湖、绍兴东湖、嘉兴南湖、宁波东钱湖四大名湖及人工湖泊千岛湖。浙江气候总的特点是：季风显著，四季分明，年气温适中，光照较多，雨量丰沛，空气湿润，雨热季节变化同步，气候资源多样。浙江年平均气温 15～18℃；全省年平均雨量 980～2000 毫米，年平均日照时数 1710～2100 小时。

浙江历史悠久，文化灿烂，是中国古代文明的发祥地之一。早在 5 万年前的旧石器时代，浙江就有原始人类"建德人"活动；境内已发现新石器时代遗址 100 多处，有距今 7000 年的河姆渡文化、距今 6000 年的马家浜文化和距今 5000 年的良渚文化。春秋时浙江分属吴、越两国。秦朝在浙江设会稽郡。三国时归吴国。唐朝时浙江先后属江南东道、两浙道，渐成省级建制的雏形。五代十国时临安人钱镠建立吴越国。元代时浙江属江浙行中书省。明初改元制为浙江承宣布政使司，辖 11 府、1 州、75 县，省界区域基本定型。清康熙初年改为浙江省，建制至此确定。

浙江旅游资源非常丰富，素有"鱼米之乡、丝茶之府、文物之邦、旅游胜地"之称。全省有重要地貌景观 800 多处、水域景观 200 多处、生物景观 100 多处，人文景观 100 多处，自然风光与人文景观交相辉映，特色明显，知名度高。浙江已有 3 处世界遗产，22 处国家级风景名胜区，37 处省级风景名胜区，9 处国家、11 处省历史文化名城，274 处国家、省历史文化名镇名村（街区），国家 5A 级旅游景区 16 处（截至 2017 年 2 月），杭州为中国最佳旅游城市。

二、主要旅游景区景点

（一）国家级历史文化名城

截至 2017 年 3 月，浙江省共有历史文化名城 20 处，其中国家级历史文化名城 9 处，分别是：杭州、绍兴、宁波、衢州、临海、金华、嘉兴、湖州、温州。

1. 杭州市

杭州，简称"杭"，浙江省省会、副省级市，位于中国东南沿海、浙江省北部、钱塘江下游、京杭大运河南端，是浙江省的政治、经济、文化、教育、交通和金融中心，长江三角洲城市群中心城市之一、长三角宁杭生态经济带节点城市、中国重要的电子商务中心之一，杭州自秦朝设县治以来已有 2200 多年的历史，曾是吴越国和南宋的都城，是中国八大古都之一。因风景秀丽，素有"人间天堂"的美誉。

杭州旅游资源丰富，拥有西湖、西溪、大运河、钱塘江等著名旅游目的地。中国最美丽的爱情故事《许仙和白娘子》《梁山伯与祝英台》都发生在杭州。杭州先后被世界休闲组织评为"东方休闲之都"，被世界旅游组织和国家旅游局授予"中国最佳旅游城市"称号，被联合国环境规划署评为国际花园城市。西湖和京杭大运河列入《世界遗产名录》。杭州拥有 2 个国家级风景名胜区——西湖风景名胜区、"两江一湖"风景名胜区；2 个国家级自然保护区；9 个国家级森林公园；1 个国家级旅游度假区；全国首个国家湿地公园——西溪国家湿地公园。

2. 绍兴市

绍兴市是浙江省辖地级市，位于浙江省中北部、杭州湾南岸，是具有江南水乡特色的文化和生态旅游城市。绍兴已有 2500 多年建城史，是首批国家历史文化名城、联合国人居奖城市、中国优秀旅游城市、国家森林城市、中国民营经济最具活力城市，也是著名的水乡、桥乡、酒乡、书法之乡、名士之乡。绍兴素称"文物之邦、鱼米之乡"。著名的文化古迹有兰亭、禹陵、鲁迅故里、沈园、柯岩、蔡元培故居、周恩来祖居、秋瑾故居、马寅初故居、王羲之故居、贺知章故居等。

3. 宁波市

宁波，简称甬，副省级市、计划单列市，世界第四大港口城市，有制定地方性法规权限的较大的市，中国大陆综合竞争力前 15 强城市，长三角五大区域中心之一，长三角南翼经济中心，浙江省经济中心，连续四次蝉联全国文明城市，中国著名的院士之乡，2016 年东亚文化之都。宁波地处东南沿海，位于中国大陆海岸线中段，长江三角洲南翼，东有舟山群岛为天然屏障，北濒杭州湾，西接绍兴市的嵊州、新昌、上虞，南临三门湾，并与台州的三门、天台相连。宁波人文积淀丰厚，历史文化悠久，属于典型的江南水乡兼海港城市，是中国大运河南端出海口、"海上丝绸之路"东方始发港，其中最具宁波代表性的宁波港被国际港航界权威杂志——英国《集装箱国际》评为"世界五佳港口"。

4. 嘉兴市

嘉兴位于浙江省东北部、长江三角洲杭嘉湖平原腹地，是长三角城市群、上海大都市圈重要城市、杭州都市圈副中心城市。嘉兴处江河湖海交汇之位，扼太湖南走廊之咽喉，与上海、杭州、苏州、宁波等城市相距均不到百千米，作为沪杭、苏杭交通干线中枢，交通便利。

嘉兴建制始于秦，有 2000 多年人文历史。嘉兴自古为繁华富庶之地，素有"鱼米之乡""丝绸之府"美誉，不仅以秀丽的风光享有盛名，还因中国共产党第一次全国代表大会在这里胜利闭幕而备受瞩目，是中国共产党诞生地，成为我国近代史上重要的革命纪念地。著名景点有南湖（南湖红船）、乌镇、西塘、钱江潮、南北湖、盐官镇等；著名人物有茅盾、徐志摩、金庸、陈省身、丰子恺、沈钧儒、王国维等。

（二）世界遗产

截至 2016 年 7 月，浙江省共有世界遗产 3 处，其中世界文化遗产 1 处：中国大运河（江南浙江段）；文化景观遗产 1 处：杭州西湖；世界自然遗产 1 处：中国丹霞（浙江江郎山）。

1. 中国大运河（浙江段）（2014.6，世界文化遗产）

浙江所在的中国大运河河段是江南运河的一部分。江南运河曾称江南河、浙西运河，为京杭运河的南段。北起江苏镇江、扬州，绕太湖东岸达江苏苏州，南至浙江杭州。早在春秋战国时代（公元前 3 世纪），因长江—钱塘江之间地势低平，河湖密集，已出现沟通河湖的运河。后经历代开凿、疏浚，江南运河初具规模。隋炀帝大业六年

（610 年）重新疏凿和拓宽长江以南运河古道，形成今江南运河。浙江省内被评为世界遗产的遗址点有富义仓、凤山水城门遗址、桥西历史街区、西兴过塘行码头、拱宸桥、广济桥。河道：杭州塘段（起点在海宁，经余杭临平进入杭州）、江南运河杭州段（即拱宸桥到三堡的运河杭州段）、上塘河段、杭州中河—龙山河、浙东运河主线。

2. 杭州西湖（2011.6，世界文化景观）

西湖位于浙江省杭州市西面，是中国大陆首批国家重点风景名胜区和中国十大风景名胜之一。它是中国大陆主要的观赏性淡水湖泊之一，也是现今《世界遗产名录》中少数几个和中国唯一一个湖泊类文化遗产。西湖三面环山，面积约 6.39 平方千米，东西宽约 2.8 千米，南北长约 3.2 千米，绕湖一周近 15 千米。湖中被孤山、白堤、苏堤、杨公堤分隔，按面积大小分别为外西湖、西里湖、北里湖、小南湖及岳湖五片水面，苏堤、白堤越过湖面，小瀛洲、湖心亭、阮公墩三个小岛鼎立于外西湖湖心，夕照山的雷峰塔与宝石山的保俶塔隔湖相映，由此形成了"一山、二塔、三岛、三堤、五湖"的基本格局。

3. 中国丹霞（浙江江郎山）（2010.8，世界自然遗产）

江郎山位于浙江省江山市城南 25 千米的石门镇，山形主体为三个高耸入云的巨石，传说是古时候三个姓江的兄弟登上山顶变成为三大巨石而形成，所以叫江郎山。江郎山不仅聚岩、洞、云、瀑于一山，集奇、险、陡、峻于三石，雄伟奇特，蔚为壮观，而且群山苍莽，林木叠翠，窟隐龙潭，泉流虎跑，风光旖旎。每当云雾弥漫，烟岚迷乱，霞光陆离，常凝天、山于一色，融云峰于一体。无怪唐诗人白居易赞曰："安得此身生羽翼，与君来往醉烟霞"。大地理学家徐霞客三次游江山时都写到江郎山。他把江郎山与雁荡山、黄山和鼎湖峰进行比较，极力地赞叹江郎山"奇""险""神"。江郎山素有"雄奇冠天下，秀丽甲东南"之誉，拥有中国丹霞第一奇峰、全国一线天之最、天然造化的伟人峰，惊险陡峻的郎峰天游和千年古刹开明禅寺，千年学府江郎书院，全国最大的毛泽东手书体"江山如此多娇"摩崖题刻等自然景观与人文古迹相辉映的景点景观。

（三）国家 5A 级景区

截至 2017 年 2 月浙江省共有 16 家 5A 级旅游景区。具体内容见表 8-5。

表 8-5　浙江省国家 5A 级景区一览表

序号	景区名称	评选时间
1	杭州市西湖区西湖风景区	2007 年
2	温州市乐清市雁荡山风景区	2007 年
3	舟山市普陀区普陀山风景区	2007 年
4	杭州市淳安县千岛湖风景区	2010 年
5	嘉兴市桐乡市乌镇古镇旅游区	2010 年
6	宁波市奉化区溪口—滕头旅游景区	2010 年
7	金华市东阳市横店影视城景区	2010 年

续表

序号	景区名称	评选时间
8	嘉兴市南湖区南湖旅游区	2011 年
9	杭州市西湖区西溪湿地旅游区	2012 年
10	绍兴市越城区鲁迅故里—沈园景区	2012 年
11	衢州市开化县根宫佛国文化旅游区	2013 年
12	湖州市南浔区南浔古镇景区	2015 年
13	台州市天台县天台山景区	2015 年
14	台州市仙居县神仙居景区	2015 年
15	嘉兴市嘉善县西塘古镇旅游景区	2017 年
16	衢州市江山市江郎山·廿八都旅游区	2017 年

1. 雁荡山风景区

雁荡山，又名雁岩、雁山。主体位于浙江省温州市东北部海滨，小部在台州市温岭南境；因山顶有湖，芦苇茂密，结草为荡，南归秋雁多宿于此，故名雁荡。雁荡山以山水奇秀闻名，素有"海上名山、寰中绝胜"之誉，史称中国"东南第一山"，雁荡山形成于1.2亿年以前，是环太平洋大陆边缘火山带中一座白垩纪流纹质破火地。以景观区位分为北雁荡山、南雁荡山、西雁荡山、东雁荡山、中雁荡山，其开山凿胜始于南北朝，兴于唐，盛于宋。历代文人墨客纷至沓来，谢灵运、沈括、徐霞客、张大千、郭沫若等都留下了诗篇和墨迹。2004年雁荡山设立"国家地质公园"，主要包括灵峰、三折瀑、灵岩、大龙湫、雁湖西石梁洞、显胜门、仙桥—龙湖、羊角洞、方山、长屿硐天、楠溪江等景区，2005年又被评为"世界地质公园"。

2. 千岛湖风景区

千岛湖位于杭州西郊淳安县境内，东距杭州129千米、西距黄山140千米，是长江三角洲地区的后花园，是世界上岛屿最多的湖，因湖内拥有1078座翠岛而得名。杭州千岛湖与加拿大渥太华西南200多千米的金斯顿千岛湖、湖北黄石阳新仙岛湖并称为"世界三大千岛湖"。千岛湖是1959年我国建造了第一座自行设计、自制设备的大型水力发电站——新安江水力发电站而拦坝蓄水形成的人工湖。千岛湖，以千岛、秀水、金腰带（岛屿与湖水相接处环绕着有一层金黄色的土带）为主要特色景观。千岛湖景区总面积为982平方千米，是中国面积最大的森林公园。千岛湖水在中国大江大湖中位居优质水之首。国家一级水体，不经任何处理即达饮用水标准，赞誉为"天下第一秀水"。

3. 乌镇古镇旅游区

乌镇地处桐乡市北端，西临湖州市，北界江苏苏州市吴江区，为二省三市交界之处。乌镇原以市河为界，分为乌青二镇，河西为乌镇，属湖州府乌程县；河东为青镇，属嘉兴府桐乡县。新中国成立后，市河以西的乌镇划归桐乡市，才统称乌镇。乌镇曾名乌墩和青墩，具有6000余年悠久历史。是全国20个黄金周预报景点及江南六大古镇之一。乌镇是典型的江南地区汉族水乡古镇，有"鱼米之乡，丝绸之府"之称，是"中国最后的枕水人家"。1991 年被评为浙江省历史文化名城，1999 年开始古镇保护和旅游开发工程。

2014 年 11 月 19 日始，乌镇成为世界互联网大会永久会址。

4. 横店影视城

横店影视城位于金华东阳市横店镇，自 1996 年以来，横店集团累计投入 30 亿元资金兴建广州街、香港街、明清宫苑、秦王宫、清明上河图、华夏文化园、明清民居博览城、梦幻谷、屏岩洞府、大智禅寺等 13 个跨越几千年历史时空，汇聚南北地域特色的影视拍摄基地和两座超大型的现代化摄影棚。横店影视城是中国唯一的"国家级影视产业实验区"，被美国《好莱坞》杂志称为"中国好莱坞"。横店影视城，是集影视旅游、度假、休闲、观光为一体的大型综合性旅游区。

5. 西溪湿地旅游区

西溪湿地距离杭州西湖 5 千米，在杭州天目山路延伸段，是罕见的城中次生湿地。曾与西湖、西泠并称杭州"三西"，是目前国内第一个也是唯一的集城市湿地、农耕湿地、文化湿地于一体的国家湿地公园，具有"杭州之肾"和"副西湖"美誉。西溪之胜，首在于水。水是西溪的灵魂，园区约 70% 的面积为河港、池塘、湖漾、沼泽，正所谓"一曲溪流一曲烟"，整个园区六条河流纵横交汇，水道如巷、河汉如网、鱼塘栉比如鳞、诸岛棋布，形成了西溪独特的湿地景致。西溪湿地具有江南独特湿地景观，旖旎的自然风景，深厚的历史，浓郁的田园水乡风情，同时在杭州市绿地生态系统结构中具有独特的地位及作用。

知识小扩充 8-4

国际（萧山）钱江观潮节

钱江潮是世界一大奇观，以其磅礴的气势和壮观的景象闻名于世。钱江潮早在唐代已形成，南宋时尤甚，当时朝廷把在钱塘江上检阅水师、观潮和弄潮表演都集中在农历八月十八（相传是潮神生日），后相沿成习，便成了传统佳节。萧山从 1994 年开始，每年农历八月十八前后，都在南阳赭山的钱江观潮度假村举办一年一度的钱江观潮节，游客不仅可以欣赏举世奇观钱江潮，更可参与一系列文化体育和旅游活动。

"八月十八潮，壮观天下无。"这是北宋大诗人苏东坡咏赞钱塘秋潮的千古名句。千百年来，钱塘江以其奇特卓绝的江潮，不知倾倒了多少游人看客。

（资料来源：编者根据相关资料整理）

三、旅游美食与旅游商品

（一）旅游美食

浙江人对饮食很讲究，特别是北宋迁都杭州后，汴京厨师与本地厨师云集，南北风味交汇融合，使浙江菜的烹调技术精益求精，独树一帜。浙江菜是中国著名的八大菜系之一，品种丰富，由杭州菜、绍兴菜、宁波菜、温州菜四方风味组成，菜式讲究小巧精致，菜品鲜美、滑嫩、脆软清爽。

各地风味小吃，同样构成了浙江美食不可缺少的组成部分。著名的有杭州的吴山酥油饼、西湖桂花藕粉、片儿川、宁波的汤团、五芳斋粽子、南湖菱、金华火腿等。

（二）旅游商品

浙江旅游商品，是浙江文化鲜活的载体，不仅能够展现浙江丰富的旅游资源，突出旅游商品"浙江制造"的属性，同时还能丰富和延伸"诗画浙江"的品牌内涵。2016"浙江符号"旅游商品评选60强包括：紫砂壶、大黄鱼、杭州三绝、大婪乡"四斤头"传统糕点、钱塘御笔等。详见表8-6。

表8-6　浙江主要旅游商品名录

类别	具体代表
工艺品	紫砂壶、钱塘御笔、瓯塑、黄杨木雕、细纹刻纸、瓯绣、木偶戏、米塑、石雕、温州彩石镶嵌、夹缬、瓯瓷
酒、茶	绍兴女儿红、古越龙山绍兴酒、塔牌绍兴酒、花雕酒、元红酒、香雪酒、宁波老酒、嘉兴黄酒、西湖龙井、千岛银针、雪水云绿、羊岩勾青、湖州白茶、白峰毛尖
土特名产	大黄鱼、大婪乡"四斤头"传统糕点、西湖莼菜、山核桃、东坞山豆腐皮、萧山鸡、六月红河蟹、八珍糕、白果、昌化小核桃、翠竹制品、翻黄竹刻、蕃莳片、奉化芋艿头
水果	临平柑蔗、昌化山核桃、超山梅子、富阳板栗、淳安猕猴桃、严州雪梨、桐庐白梨、余姚杨梅、奉化水蜜桃、上虞葡萄、杭州水蜜梨

四、旅游节庆与旅游线路

（一）旅游节庆

浙江主要旅游节庆有国际（萧山）钱江观潮节、杭州千岛湖秀水节、（杭州）茶文化博览会暨西湖龙井茶开茶节、天目山森林伞花节、中国国际动漫节、运动休闲旅游节、浙江山水旅游节、中国（浙江）高铁旅游节暨旅游嘉年华、青少年旅游节、衢州江郎山旅游节等旅游节事活动。

（二）旅游线路

浙江亚区主要旅游线路按城市组合如下：

浙东水乡佛国游：杭州→绍兴→宁波→舟山。

浙西名山名水游：杭州→钱塘江→富春江→新安江→千岛湖。

浙南奇山秀水游：杭州→金华→东阳→武义→永康→温州。

浙北丝绸古镇游：杭州→嘉兴→乌镇→西塘；杭州→湖州→无锡。

第五节　安徽旅游亚区主要旅游资源概述

一、区域旅游资源概况

安徽是我国东部襟江近海的内陆省份，跨长江、淮河中下游，东连江苏、浙江，西接湖北、河南，南邻江西，北靠山东。取当时安庆、徽州两府首字得名。总面积 13.96 万平方千米，人口 7027 万人（2016 年）。

全省地势西南高、东北低，地形地貌南北迥异，复杂多样。长江、淮河横贯省境，分别流经本省长达 416 千米和 430 千米，将全省划分为淮北平原、江淮丘陵和皖南山区三大自然区域。境内主要山脉有大别山、黄山、九华山、天柱山，最高峰黄山莲花峰海拔 1863 米。全省共有河流 2000 多条，湖泊 110 多个，著名的有长江、淮河、新安江和全国五大淡水湖之一的巢湖。

安徽全省旅游资源丰富，有举世闻名的黄山、四大佛教名山之一的九华山和景色秀丽的齐云山、太平湖等。这里保留着特色鲜明的徽州文化、截至 2017 年 6 月，安徽拥有 3 处世界文化遗产（黄山、西递、宏村），5 座国家级历史文化名城（歙县、寿县、亳州、安庆、绩溪），6 个国家级自然保护区，10 处国家级重点风景名胜区，11 家 5A 级景区，超过 100 家 4A 级景区，30 个国家级森林公园，56 处国家重点文物保护单位。

二、主要旅游景区景点

（一）国家级历史文化名城

1. 歙县

歙县，古名歙州，隶属于黄山市，位于安徽省最南端，是古徽州府治所在地，是徽州文化和国粹京剧的发源地，也是徽商、徽菜的主要发源地。文房四宝之徽墨、歙砚的主要产地为歙县，被授予"中国徽墨之都""中国歙砚之乡""徽剧（徽班）之乡""中国徽文化之乡""中国牌坊之乡"荣誉称号。歙县自秦建制以来，历为郡、州、路、府所在地，是古徽州政治、经济和文化中心。歙县古城与云南丽江、山西平遥、四川阆中并称为中国保存最完好的四大古城。素有"东南邹鲁""徽商故里""文物之海""程朱故里""礼仪之邦"等美称。

歙县山水秀丽，风光旖旎，文物古迹遍布乡村和城镇，现有地面文物 613 处，其中国保单位 3 处，省保单位 21 处，就其数量来讲，约占全省的 1/5，素有"文物之海"之美誉。古徽城内，古桥、古塔、古街、古巷、古井、古坝、古楼、古牌坊、古城墙、古谯楼，映射着古城徽文化发祥地的繁荣；四乡村镇，处处有"小桥流水人家"的韵味，被誉为"古建三绝"的古牌坊、古祠堂、古民居更是数量众多，保存完好。

2. 寿县

寿县古称寿春，文化灿烂。寿县是安徽省最早入选国家历史文化名城的三个城市之一，历史上 4 次为都，10 次为郡。是楚文化的故乡，中国豆腐的发祥地，淝水之战的古战场，素有"地下博物馆"之称。寿县以楚文化为底蕴形成了自己独特的乡土文化，尤以正阳肘阁、寿州锣鼓等广受欢迎。其中寿春楚文化博物馆珍藏国家一级文物 160 多件，二、三级文物 2000 多件。目前寿县拥有国家 4A 级旅游景区 2 个，有 6 处全国重点文物保护单位（安丰塘、寿县古城墙、寿县孔庙、清真寺、寿春城遗址、淮南王墓）；寿县还是安徽省 7 个重点旅游城市之一。

3. 安庆市

安庆，古称舒州，别称宜城，简称"宜"。位于安徽省西南部，长江下游北岸，皖河入江处，安庆素有"万里长江此封喉，吴楚分疆第一州"的美誉，素有中国"黄梅戏之乡"之称，国粹京剧的起源地。安庆有着"千年古城、文化之邦、百年省会、戏剧之乡"之称，是皖西南区域中心城市，皖赣鄂三省交界处全国重要的综合交通枢纽和军事战略要地。安庆是安徽省承宣布政使司和安徽最早的省会所在之地，也是中国较早接受近代文明的城市之一。中国第一台蒸汽机、第一艘机动船、中国第一支手枪、第一部电话机都在此发明制造，这里还第一次举起了"新文化"的旗帜。安徽省的第一座大学、发电厂、自来水厂、电报局、飞机场、图书馆、报纸都诞生在这里；另外安徽省生产的第一辆商务轿车，第一台空调、冰箱、洗衣机都来自安庆。

4. 绩溪县

绩溪位于皖南山区，地处黄山山脉和西天目山山脉接合带，长江水系与钱塘江水系分水岭。绩溪是国家级历史文化名城，自然山水雄奇秀丽，人文景观异彩纷呈。颇具徽派建筑特色的古村落、古民居比比皆是，砖、木、石三雕精妙绝伦，是正在开发崛起的文化旅游胜地。绩溪是徽商的故里，是徽菜、徽墨、徽剧的发源地，素有"徽厨之乡""徽墨之乡""蚕桑之乡"之称。勤劳智慧的绩溪人民在漫长的历史岁月中，不仅创造了大量的物质财富，也创造了丰硕的文化果实。绩溪县有龙川景区、徽杭古道景区、千年仁里景区、鄣山大峡谷、绩溪博物馆等景点。绩溪县森林覆盖率达 76.5%，是联合国绿色产业示范区、国家级生态示范县；是徽文化的主要发祥地、国家历史文化名城、中国徽菜之乡、中国厨师之乡和 2008 年北京奥运火炬传递接力城市。

（二）世界遗产

截至 2016 年 7 月安徽共有世界遗产 3 处，其中文化与自然双遗产 1 处：黄山；世界文化遗产 2 处：皖南古村落（西递、宏村）和中国大运河（安徽段）。

1. 黄山（1990.12，世界文化与自然双重遗产）

黄山位于安徽省南部黄山市境内，有 72 峰，主峰莲花峰海拔 1864 米，与光明顶、天都峰并称三大黄山主峰，为 36 大峰之一。黄山是安徽旅游的标志，是中国十大风景名胜中唯一的山岳风光。黄山原名"黟山"，因峰岩青黑，遥望苍黛而名。后因传说轩辕黄帝曾在此炼丹，故改名为"黄山"。黄山代表景观有"四绝三瀑"，四绝：奇松、怪石、云海、温泉；三瀑：人字瀑、百丈泉、九龙瀑。黄山迎客松是安徽人民热情友好的象征，承载着拥抱世界的东方礼仪文化。明朝旅行家徐霞客登临黄山时赞叹："薄海内外之名山，无如徽之黄山。登黄山，天下无山，观止矣！"被后人引申为"五岳归来不看山，黄山归来不看岳"。黄山不仅是世界文化与自然双重遗产，还是世界地质公园，国家 5A 级旅游景区，国家级风景名胜区，全国文明风景旅游区示范点，中华十大名山，天下第一奇山。

2. 皖南古村落（西递、宏村）（2000.11，世界文化遗产）

皖南古村落是指分布在中国安徽、江西境内，长江以南的一些传统村落。这些村落有着古徽州地域的特色文化，最具代表性的有入选世界遗产的西递村和宏村。西递、宏村古民居村落位于中国东部安徽省黟县境内的黄山风景区，是中国封建社会后期文化的典型代表——徽州文化的载体，集中体现了工艺精湛的徽派民居特色。

（1）西递

西递是安徽省南部黟县东南西递镇的一个村庄。西递始建于公元 11 世纪宋朝元祐（宋哲宗）年间，由于河水向西流经这个村庄，故原称为"西川"。又因在村西古有驿站，称"铺递所"，故又得名"西递"，素有"桃花源里人家"之称。

西递村中一条主道贯穿东西，与其两侧各一条与之平行的街道一起穿过很多窄巷，构成东西向为主、向南北延伸的村落街巷，村中街巷大多沿溪而设均用青石铺地。在敬爱堂、追慕堂、胡文光刺史牌坊等公共建筑之前有小广场。现今保留下的古民居从整体上保留下了明、清徽派民居村落的基本面貌和特征，主要包括古民居 124 幢，祠堂 3 幢等保护完好的明清古建筑群，大多数民居都对公众开放。主要建筑有明万历六年（1578年）建的青石牌坊、清康熙三十年（1691 年）建的大夫第、庭院园林代表桃李园、祠堂代表敬爱堂等。

（2）宏村

宏村位于中国安徽省南部的黄山脚下，是一座有着大量明清时期历史建筑的古村落。村中还构建了完善的水系和颇具特色的"牛"形布局，是徽州民居的典型代表。

该村始建于北宋政和三年（1113 年），最初叫作弘村，是汪氏家族的聚居地。明永乐年间，汪氏族长请风水先生勘定环境，重新布局了建筑，并引水入村。清代中期，村中再次进行大规模的兴建，并为避乾隆帝"弘历"之讳，而更名为"宏村"。村内现在依然留存了大量明清时期的古建筑，其中明代建筑 1 幢，清代建筑 102 幢，民国时期建筑 34 幢，大都保存完好，是徽州民居的典型代表。

3. 中国大运河（安徽段）（2014.6，世界文化遗产）

中国大运河安徽段有两处遗产点，它们分别是通济渠泗县段与淮北柳孜运河遗址。这两个遗产点均属于隋唐运河通济渠。通济渠沟通黄河和淮河，流经淮北和宿州两市，全长 180 千米。其中，通济渠淮北段（柳孜运河遗址）主要在濉溪县境内，全长 41.5 千米，均为废弃河道，部分河床为地下遗址。1999 年百善镇柳孜运河遗址在公路建设中被发现，当时出土了 8 艘唐代木船，一座北宋时期的石筑台体，以及大量唐宋时期的陶瓷器。这一考古发现不仅明确了运河流经柳孜的位置，也因此找到了从河南洛阳到江苏盱眙这一段通济渠的走向，被列为当年"中国十大考古发现"。通济渠泗县段共长 47 千米，其中有水故道 28 千米，此次申遗的重点展示有 6 千米。这里是隋唐运河现存最完整的一段，2016 年，联合国教科文组织现场考察，称赞它是"活态运河"。这也是隋唐大运河现存唯一一段"活运河"。

（三）国家 5A 级景区

截至 2017 年 2 月安徽省共有国家 5A 级旅游景区 11 家，详细情况见表 8-7。

表 8-7　安徽省国家 5A 级旅游景区一览表

序号	景区名称	评选时间
1	黄山市黄山区黄山风景区	2007 年
2	池州市青阳县九华山风景区	2007 年
3	安庆市潜山县天柱山风景区	2011 年
4	黄山市黟县皖南古村落—西递—宏村	2011 年
5	六安市金寨县天堂寨旅游景区	2012 年
6	宣城市绩溪县龙川景区	2012 年
7	阜阳市颍上县八里河风景区	2013 年
8	黄山市古徽州文化旅游区（徽州古城—牌坊群·鲍家花园—唐模—潜口民宅—呈坎）	2014 年
9	合肥市肥西县三河古镇景区	2015 年
10	芜湖市鸠江区方特旅游区	2016 年
11	六安市舒城县万佛湖风景区	2016 年

1. 九华山风景区

九华山风景区位于池州市境内，是以佛教文化和自然与人文胜景为特色的山岳型国家级风景名胜区，是中国佛教四大名山之一，是安徽省"两山一湖"（九华山、太平湖、黄山）旅游开发战略的主景区，由 11 大景区组成。九华山天开神奇，清丽脱俗，是大自然造化的精品，有"莲花佛国"之称。境内群峰竞秀、怪石林立，九大主峰如九朵莲花，千姿百态、各具神韵，景区内处处清溪幽潭、飞瀑流泉，构成了一幅幅清新自然的山水画卷；此外还有云海、日出、雾凇、佛光等自然奇观，气象万千，美不胜收，素有"秀甲江南"之誉。九华山风景区是首批国家重点风景名胜区，国家 5A 级旅游景区，全国文明风景旅游区示范点，国家首批自然与文化双遗产地，其主峰九华山与山西五台山、浙江普陀山、四川峨眉山并称为中国佛教四大名山。

2. 三河古镇景区

三河古镇，古名鹊渚、鹊尾（渚）、鹊岸，是中国历史文化名镇、江南四大古镇之一，位于合肥市肥西县南端，地处肥西、庐江、舒城三县交界处。三河古镇原是巢湖中的高洲，因泥沙淤积，渐成陆地。南北朝后期称三汊河，明、清置三河镇。三河古镇总面积 2.9 平方千米，有古城墙、古炮台、太平军指挥部旧址、英王府、一人巷、万年台、李府粮仓、鹤庐、刘同兴隆庄、杨振宁旧居、孙立人故居、董寅初生平事迹展览馆、大夫第、三县桥、望月桥、望月阁、鹊渚廊桥、"八古"等历史遗迹，是庐剧的发源地。三河古镇的小吃和土菜也很有名气和特色，有米饺、牛皮糖、酥糖、麦芽糖、茶干、米酒等，三河还是著名的富光口杯的故乡。

三、旅游美食与旅游商品

（一）旅游美食

徽菜由皖南、沿江和沿淮三种地方风味所构成。皖南风味以徽州地方菜肴为代表，它是徽菜的主流和渊源。其主要特点是：擅长烧、炖，讲究火功，并习以火腿佐味，冰糖提鲜，善于保持原汁原味。不少菜肴都是用木炭火单炖、单焖，原锅上桌，不仅体现了徽味古朴典雅的风格，而且香气四溢，诱人食欲。其代表菜有："清炖马蹄鳖""黄山炖鸽""腌鲜鳜鱼""红烧果子狸""徽州毛豆腐""徽州桃脂烧肉"等。

安徽的特色小吃有：送灶粑粑、麻饼、合肥烘糕、白切、寸金、臭鳜鱼、三河米饺、黄山烧饼、巢湖银鱼、砀山酥梨、五城茶干等。

（二）旅游商品

安徽省的主要旅游商品如表 8-8 所示。

表 8-8　安徽主要旅游商品名录

类别	具体代表
工艺品	羽毛扇、竹黄雕刻、火笔画、合肥发绣、芜湖铁画、黄山奇石玉雕等
酒	口子窖、古井贡酒、迎驾贡酒、文王贡酒、醉三秋、双轮酒、店小二等
土特名产	黄山毛峰、八公山豆腐、六安瓜片、怀远石榴、祁门红茶、巢湖三珍、太平猴魁、霍山黄芽、黄山贡菊、亳州牛肉等
水果	砀山酥梨、亳州苏赵梨、徽州雪梨、郝圩酥梨、萧县葡萄、水东蜜枣、歙县金橘、三潭枇杷、怀远石榴、太和樱桃、黄山猕猴桃

四、旅游节庆与旅游线路

（一）旅游节庆

安徽亚区主要旅游节庆有中国黄山国际旅游节暨徽文化节（11 月）、中国黄山·祁门国际红茶节（11 月）、中国宣城文房四宝之乡文化旅游节（9 月）、宿州市灵璧石文化节（9 月）、中国（淮南）豆腐文化节（9 月）、安庆黄梅戏艺术节（11 月）、怀远花鼓灯艺术节（5 月）、皇藏峪汉文化旅游节（5 月）、砀山梨花节（3 月）、凤阳花鼓文化旅游节（10 月）等。

（二）旅游线路

安徽亚区主要旅游线路有：

古徽文化名人故里之旅：绩溪→屯溪→休宁→黟县。

皖北历史文化仿古之旅：合肥→凤阳→亳州→寿县→淮南。

安徽黄梅情之旅：天柱山→花亭湖→安庆。

世界遗产探访之旅：屯溪→黄山→黟县→歙县。

第六节　江西旅游亚区主要旅游资源概述

一、区域旅游资源概况

江西省，简称赣，别称赣鄱大地，是江南"鱼米之乡"，古有"吴头楚尾，粤户闽庭"之称。因公元733年唐玄宗设江南西道而得省名，又因省内最大河流为赣江而简称赣。东邻浙江省、福建省，南连广东省，西接湖南省，北毗湖北省、安徽省而共接长江，属于华东地区。江西省全省面积16.69万平方千米，人口4592.3万人（2016年），辖11个地级市、100个县（市、区），省会为南昌市，

江西省内除北部较为平坦外，东西南部三面环山，中部丘陵起伏，成为一个整体向鄱阳湖倾斜而往北开口的巨大盆地。全境有大小河流2400余条，赣江、抚河、信江、修河和饶河为江西五大河流。鄱阳湖是中国第一大淡水湖。江西处北回归线附近，全省气候温暖，雨量充沛，年均降水量1341~1940毫米；无霜期长，为亚热带湿润气候。

江西拥有的旅游资源具有数量多、分布广、类型全、品位高等特点。其旅游资源的特色和优势表现在四个方面：一是红色摇篮。江西是最著名的革命老区之一，这里有"中国革命摇篮"——井冈山、"八一起义英雄城"——南昌、"共和国摇篮"红色故都——瑞金、"秋收起义策源地"——萍乡、"中国工人运动发源地"——安源，它们在中国乃至世界现代革命中都具有重要地位。在这片红土地上遗存的旧居、旧址、故居及纪念建筑物等革命胜迹数量多、分布广。全省登记在册的革命旧居、旧址1500多处，革命纪念馆有19个，已公布为各级文物保护单位达400多处。这些红色资源与当地绿色、古色旅游资源交相辉映，完美地将自然与人文融为一体。二是绝特山水。江西群山环耸，江湖纵横，山水景观非常奇特，加上千百年来名士、高僧、道人纷至沓来，人文积淀深厚，形成了众多的山水绝境，尤以庐山、井冈山、龙虎山、三清山和鄱阳湖四山一湖最为突出。三是陶瓷艺术。江西景德镇瓷艺独步天下，是享誉中外的"瓷都"。这里古今烧制的青花、青花玲珑、彩粉、高温颜色釉四大传统名瓷，已达到"白如玉，明如镜，薄如纸，声如馨"的艺术境界。四是道教文化。江西是道教的源流之地，龙虎山是公认的道教祖庭。自第一代天师张道陵炼丹传道，创建天师道始，迄今绵延近2000年。此外，南昌西山、樟数阁皂山、上饶三清山、萍乡武功山、南城麻姑山等都是著名的道教圣地。

二、主要旅游景区景点

（一）国家级历史文化名城

截至 2016 年年底，江西省有国家级历史文化名城 4 个：景德镇市、南昌市、赣州市、瑞金市。

1. 景德镇市

景德镇历史悠久，文化灿烂。雄踞长江之南，素有"江南雄镇"之称，历史上与广东佛山、湖北汉口、河南朱仙镇并称全国四大名镇，是国务院首批公布的全国 24 个历史文化名城之一和国家甲类对外开放城市。

景德镇是中外著名的瓷都，制瓷历史悠久，文化底蕴深厚，早在汉代就开始生产陶瓷。宋景德元年（1004 年），宫廷诏令此地烧制御瓷，底款皆署"景德年制"，景德镇因此而得名。自元明清历代皇帝都派员到景德镇监制宫廷用瓷，设瓷局、置御窑，创造出无数陶瓷精品，尤以青花、粉彩、玲珑、颜色釉四大名瓷著称于世。

景德镇市的风景名胜和景观众多，有保留完好的明清古建筑村、徽派建筑群、古戏台；有号称中国第二、江南第一的浮梁古县衙；有以三闾大夫屈原命名的古建筑三闾庙；有明太祖朱元璋作战时藏身的红塔和瑶里的仰贤台、洪源仙境、太阳岛、月亮湖、阳府寺、历居山、翠屏湖等。景德镇也是具有光荣革命传统的地区，著名的新四军瑶里改编就在浮梁县瑶里镇，红十军的诞生地在乐平市众埠镇。

2. 南昌市

南昌，简称"洪"，又称洪城、英雄城，是江西省省会，是江西省的政治、经济、文化、商业、教育、科技和交通中心，长江中游城市群中心城市之一，鄱阳湖生态经济区核心城市，中国重要的综合交通枢纽和现代制造业基地。

南昌地处江西省中部偏北，赣江、抚河下游，濒临中国第一大淡水湖鄱阳湖西南岸，自古就有"粤户闽庭，吴头楚尾""襟三江而带五湖"之称。南昌是国家历史文化名城，有着 2200 多年的建城史，因南方繁荣昌盛而得名，一直都是府、州、省、道治所。

1927 年，南昌八一起义，在此诞生了中国共产党第一支独立领导的人民军队，是著名的革命英雄城市，被誉为军旗升起的地方，曾是"中华民国"军事首都。南昌是中国首批低碳试点城市，曾荣获国家创新型城市、国际花园城市、国家园林城市、国家卫生城市、全国文明城市、国家森林城市、全球十大动感都会，2006 年被《新闻周刊》评选为世界十大最具经济活力城市。

3. 赣州市

赣州，简称"虔"，别称"虔城"，也称"赣南"，位于江西省南部，是江西省的南大门，是江西省面积最大、人口和下辖县市最多的地级市。赣州是江西省省域副中心城市，拥有 4 个国家级经济技术开发区和全省首个综合保税区。赣州是全国稀有金属产业基地和先进制造业基地、红色文化传承创新区和著名的红色旅游目的地、区域性综合交通枢纽、原中央苏区振兴发展示范区、赣粤闽湘四省通衢的区域性现代化中心城市。赣州都市区也是江西省重点培育和发展的三大都市区之一。

赣州有着 2200 多年的建城史，历来为江南政治经济军事重镇。文天祥、周敦颐、海瑞、王守仁、辛弃疾和中共第一代核心领导人皆在赣南主政过。王守仁心学精粹《传习录》，辛弃疾《菩萨蛮·书江西造口壁》，周敦颐《爱莲说》，毛主席的《菩萨蛮·大柏地》，陈毅元帅的《梅岭三章》皆创作于赣南。赣州还是《牡丹亭》故事的发源地。此外，赣州是世界风水堪舆文化发源地，还有着国家历史文化名城、千里赣江第一城、江南宋城、客家摇篮、红色故都、世界橙乡、世界钨都、稀土王国等美誉。

4. 瑞金市

瑞金是享誉中外的红色故都，位于江西省东南边陲，闽、粤、赣三省交界处，交通便利。特产丰富，荸荠、香菇、林耳闻名遐迩。第二次国内革命战争时期，瑞金是中央革命根据地的中心，第一个红色政权中华苏维埃共和国临时中央政府诞生地，是举世闻名的红军二万五千里长征的出发地。毛泽东、朱德、周恩来、邓小平、刘少奇等老一辈无产阶级革命家都在瑞金战斗和生活过。

瑞金历史悠久，风光秀丽，旅游资源十分丰富。自五代后唐建县，历时千余年，历史文化资源丰富，是客家重要的聚居地之一。境内保存着大量的古城址、村址、古窑址、古墓葬、古建筑、古碑刻等。由于地处武夷山脉中段，境内群山环抱，峰峦相望，河流纵横，构成了众多秀丽迷人的自然景观，以"奇山、邃谷、怪石、幽泉"为最，景色清幽，气候凉爽。另外还有绵江浸月、笔架凌霄及双狮岩等多处胜地。2015 年 8 月，国务院同意将瑞金市列为国家历史文化名城。

（二）世界遗产

截至 2016 年 6 月江西省共有世界遗产 3 处，其中世界自然遗产 2 处：三清山、中国丹霞；世界文化景观遗产 1 处：庐山。

1. 三清山风景名胜区（2008.7，世界自然遗产）

三清山风景名胜区位于江西省上饶市东北部，因玉京、玉虚、玉华"三峰峻拔，如道教三清列坐其巅"故名。三清山风景区总面积 756.6 平方千米，其中核心景区面积 230 平方千米，缓冲区面积 526.6 平方千米，其中主峰玉京峰海拔 1819.9 米，为最高峰，也是信江的源头。景区有南清园、西海岸、三清宫、梯云岭、玉京峰、阳光海岸、玉灵观、三洞口、冰玉洞、石鼓岭十大景区，三清山更是道教名山，共计有景观景点达 1500 余处，是集自然景观与人文景观于一身的景区。

三清山风景名胜区是国家重点风景名胜区、国家 5A 级旅游景区、全国爱国主义教育示范基地、全国文明风景旅游区示范点、中国最美的五大峰林、世界自然遗产、世界地质公园。世界遗产大会认为：三清山风景名胜区在一个相对较小的区域内展示了独特花岗岩石柱与山峰，丰富的花岗岩造型石与多种植被、远近变化的景观及震撼人心的气候奇观相结合，创造了世界上独一无二的景观美学效果，呈现了引人入胜的自然美。《中国国家地理》杂志推选为"中国最美的五大峰林"之一；中美地质学家一致认为是"西太平洋边缘最美丽的花岗岩"。

2. 江西丹霞——龙虎山（2010.8，世界自然遗产）

龙虎山位于江西省鹰潭市西南 20 千米处贵溪市境内。东汉中叶，正一道创始人张道陵曾在此炼丹，传说"丹成而龙虎现，山因得名"。其中天门山最高，海拔 1300 米。龙虎山是中国第八处世界自然遗产，世界地质公园、国家自然文化双遗产地、国家 5A 级旅游景区、全国重点文物保护单位。

龙虎山是中国典型的丹霞地貌风景，是中国道教发祥地，2007 年加入世界地质公园网络。龙虎山的丹霞地貌，是两座发育在中国东南部信江盆地中段南缘由晚白垩世陆相山麓洪—冲积扇块状红色沙砾岩组成的丹霞山体。据道教典籍记载，张道陵第四代孙张盛在三国或西晋时已赴龙虎山定居，此后张天师后裔世居龙虎山，至今承袭六十三代，历经 1900 多年，2010 年 8 月 2 日，龙虎山与龟峰被一并列入《世界遗产名录》。

3. 江西庐山风景名胜区（1996.12，世界文化景观）

庐山，位于江西省九江市，山体呈椭圆形，典型的地垒式块段山，长约 25 千米，宽约 10 千米，绵延的 90 余座山峰，犹如九叠屏风，屏蔽着江西的北大门，主峰汉阳峰，海拔 1474 米。庐山自古命名的山峰便有 171 座。群峰间散布冈岭 26 座，壑谷 20 条，岩洞 16 个，怪石 22 处。形成许多急流与瀑布，瀑布 22 处，溪涧 18 条，湖潭 14 处。著名的三叠泉瀑布，落差达 155 米。庐山以雄、奇、险、秀闻名于世，具有极高的科学价值和旅游观赏价值，素有"匡庐奇秀甲天下"之美誉，与鸡公山、北戴河、莫干山并称四大避暑胜地。庐山入选世界文化遗产，世界地质公园，全国重点文物保护单位，国家重点风景名胜区，国家 5A 级旅游景区，首批全国文明风景旅游区示范点。

庐山是中华文明的发祥地之一。这里的佛教和道教庙观，代表理学观念的白鹿洞书院，以其独特的方式融汇在具有突出价值的自然美之中，形成了具有极高美学价值的，与中华民族精神和文化生活紧密联系的文化景观。

课堂讨论与作业 8-3

智慧庐山

2017 年 6 月江西移动承建九江市智慧旅游展厅及智慧庐山服务中心，江西移动深度融入长江经济带发展战略、突出生态优先、加快绿色崛起，建立智慧旅游展示厅、移动大数据分析平台、骑行实景体验区、景区实景监控中心等智慧庐山项目，九江市智慧旅游展厅用于展示面向政府的智慧旅游管理平台、面向游客的智慧旅游服务平台、面向企业商家的智慧旅游营商平台。

（资料来源：编者根据相关资料整理）

任务：你如何看待智慧庐山与庐山旅游未来发展的关系？

（三）国家 5A 级景区

截至 2017 年 2 月江西省共有国家 5A 级景区 10 家，详细内容见表 8-9。

表 8-9　江西省国家 5A 级景区一览表

序号	景区名称	入选时间
1	九江市庐山市庐山风景名胜区	2007 年
2	吉安市井冈山市井冈山风景旅游区	2007 年
3	上饶市玉山县三清山旅游景区	2011 年
4	鹰潭市贵溪市龙虎山风景名胜区	2012 年
5	上饶市婺源县江湾景区	2013 年
6	景德镇市昌江区古窑民俗博览区	2013 年
7	赣州市瑞金市共和国摇篮景区	2015 年
8	宜春市袁州区明月山旅游区	2015 年
9	抚州市资溪县大觉山景区	2017 年
10	上饶市弋阳县龟峰景区	2017 年

1. 井冈山风景旅游区

井冈山位于江西省吉安市，地处湘东赣西边界，南岭北支、罗霄山脉中段，景区面积 213.5 平方千米，海拔最高处 1779.4 米。是集人文景观、自然风光和高山田园为一体的山岳型风景旅游区。井冈山有 11 大景区、76 处景点，460 多个景物景观，其中革命人文景观 30 多处，革命旧址遗迹 100 多处，主要景区有黄洋界、五指峰、井冈山革命烈士陵园、茨坪革命旧址群、大井毛泽东同志旧居、井冈山革命博物馆、茅坪八角楼、会师纪念馆、龙潭、主峰、水口、杜鹃山等。井冈山是毛泽东、朱德、陈毅等老一辈无产阶级革命家率领中国工农红军，创建以宁冈县为中心的中国第一个农村革命根据地，开辟了"以农村包围城市、武装夺取政权"具有中国特色的革命道路，被誉为"中国革命的摇篮""中华人民共和国的奠基石"。

2. 江湾风景区

江湾风景区位于婺源县境内，是一座具有丰厚的徽州文化底蕴的古村落。村中至今保存着三省堂、敦崇堂、培心堂、滕家老屋等一大批徽派古建筑和萧江宗祠、江永纪念馆、南关亭、北斗七星井等景点。著名的萧江祠堂，曾被誉为江南七十座著名宗祠中"最好的一座宗祠"，为婺源古代四大古建之首，规模庞大、建筑宏伟、雕刻精细、人文丰富、历史悠久，尽显王室气派。江湾风景区钟灵毓秀，为展示婺源的文化特色，江湾景区新建百工坊、鼓吹堂、公社食堂等景点，让游客体会旧时手工艺匠人的传统技艺，观赏徽剧、婺源民歌等传统剧目，极具历史价值和观赏价值。

3. 瑞金共和国摇篮景区

瑞金共和国摇篮景区位于江西省赣州瑞金市，占地面积 4550 余亩，由叶坪、红井、"二苏大"、中华苏维埃纪念园（南园和北园）、中央苏区军事文化博览园等景区组成。景区风景秀丽，基础设施完善，是全国旅游观光、培育爱国情感和民族精神的重要基地，是赣闽边际红色旅游集散中心。

叶坪景区占地面积 160 余亩，是全国保存最为完好的革命旧址群景区之一。包括苏区中央局、中央政府旧址、红军烈士纪念塔、红军烈士纪念亭、红军检阅台、公略亭、博生堡等 22 处旧址和纪念建筑物。红井景区是中华苏维埃临时中央政府 1933 年 4 月—1934 年 7 月的办公地点。主要景点有闻名海内外的红井、中央执行委员会旧址（毛主席旧居）、中央人民委员会旧址，以及中央各部委旧址等。"二苏大"景区是由于临时中央政府从叶坪搬迁到沙洲坝后，在这里召开了"二苏大"而得名，主要景点包括中央政府大礼堂、防空洞、诗山梅园、中央革命博物馆旧址、人民民主广场、人大旧址、人大陈列馆等。瑞金共和国摇篮景区，既保留"形体"的简朴，又展现出内涵的"身价"，旧址群、纪念园、博物馆各具特色，一处一诗，一步一景，是融参观、瞻仰、会议、休闲、度假为一体的理想场所。

4. 明月山旅游区

明月山旅游区位于赣西中部有"中国宜居城市""国家园林城市""国家卫生城市""国家绿化模范城市""2010 中国最佳休闲养生城市"之称的宜春市中心城西南 15 千米处，旅游区面积 136 平方千米。景区由 12 座海拔千米以上的大小山峰组成，主峰太平山海拔 1736 米。明月山景区融山、石、林、泉、瀑、湖、竹海为一体，集雄、奇、幽、险、秀于一身，是一个"以月亮情吸引人，用生态美景留住人"的集生态游览、休闲度假、科普教育、宗教旅游为一体的山岳型风景名胜区。明月山旅游区把月亮文化与禅宗文化、农耕文化有机结合，营造了山月相融、禅月相通、泉月相印、农月相趣、人月共欢的山水文化意境，是江西旅游发展的又一璀璨明珠。

5. 大觉山景区

大觉山风景区位于江西东部资溪县境内，占地面积 204 平方千米，野生动植物资源丰富，分布广，被专家誉为"天然氧吧，全国罕见的动植物基因库"。境内山清水秀，山峦苍郁峻拔、溪流清澈萦回，自然风貌原始，空气清纯，新鲜、气候舒爽宜人，以全国罕见江西第一的绿色植被，引起国内外等专家关注，被誉为"生态王国，华夏翡翠"。大觉山风景区成功入选"新赣鄱十景"，可见其魅力所在。景区分为东、西两大片区，东区以浩瀚如海的 30 万亩原始森林为中心，汇集了各类植物达 1498 种，并有 40 余种一、二级国家名贵保护动植物，被专家誉为"天然氧吧、动植物基因库"。西区以迄今已 1600 余年的宗教文化特色为主体构成，有瀑布观景台、古艺术亭阁、高山湖泊观光、大峡谷漂流、索道、九天、八地、百景观、大觉寺、太空步廊、大觉者等，天人合一、天人和谐、宗教文化氛围浓郁、山水风光优雅，是大自然和原生态的完美结晶，是自然生态和神奇、神秘、神圣的佛教文化旅游景区。2017 年 2 月 25 日，新晋为国家 5A 级旅游景区。

6. 龟峰景区

龟峰是江西省环鄱阳湖经济圈上的一颗璀璨的明珠，并以其独特的"无山不龟，无石不龟"的自然景观和深厚的文化底蕴成为游圣徐霞客、电视剧《西游记》等众多名家名剧的首推景点。它坐落于伟大的无产阶级革命家方志敏烈士的故乡——江西省弋阳县境内，它发育于距今 1.35 亿年的白垩纪晚期，属典型的丹霞地貌。这里峰奇石巧、象形独秀，群峰错落、壁立万壑，奇峦如画、钟灵毓秀。它集自然精华，纳人文风采，聚天下名山之幽、奇、险、秀为一体；它融5000年历史、宗教、民俗、养生文化于一炉，是人与自然和谐相处的典范。

南岩景区的南岩寺，始建于晋代，随岩而立，不瓦而栋，不檐而藩，寺内现存造型精美的石龛40余座，是国内最大的在自然洞穴中开凿的石窟，被誉为"中华第一佛洞"和"南方敦煌"；龟峰卧佛全长416米，肩高68米，"山是一尊佛，佛是一座山"，是迄今为止发现世界最大的天然山体卧佛，向人们展示着一幅栩栩如生的"如来涅槃图"。因此，龟峰以其"峦嶂之奇、景观之绝、佛窟之雄、人杰之魂"而享誉海内外。

专业技能训练8-3

江西为何邀请安徽人民去串门

2017年6月26日上午，安徽合肥杏花公园群众广场彩旗飘扬，人头攒动，由江西省旅游委员会、南昌市人民政府主办，南昌、九江、景德镇、抚州市旅游委员会协办的"坐着高铁去串门"旅游联合营销热烈进行。本次旅游营销活动形式新颖，别具一格，主要表现在三个方面：一是联合营销。联合营销避免了"单打独斗"现象，在效果、规模、声势和氛围等方面起到了很好的宣传目的。二是广场营销模式。直接面向市民营销，虽然受众面有限，但现场视觉冲击力还是令人震撼的，特别是他们带来了许多特惠的旅游产品和精美的旅游纪念品，虽然昨天的杏花公园天气较热，但还是吸引了不少市民前来咨询，收集资料。三是旅游企业直接对接。昨天中午，合肥市40家旅行社的负责人在银瑞林国际大酒店与江西四市的旅行社、旅游景区负责人直接面对面交流，起到了很好的宣传营销效果。

（资料来源：合肥热线网站. 江西四城市旅游推介会在合肥盛大举行　风景独好旅游营销别具一格［EB/EL］. http：//news. hefei. cc/2017/0627/027392691. shtml）

问题：江西几个地市为什么将联合营销的地点选择在合肥？其优势有哪些？

三、旅游美食与旅游商品

（一）旅游美食

江西菜包括南昌、九江、景德镇以及井冈山山区等地的特色风味。江西菜善烹山珍野味和水产。九江有得阳鱼席，菜品色重油浓，口感肥厚，喜好辣椒；南昌菜讲究配色、造型；山区讲究火功，菜品丰满朴实、注重原味，尤以当地土产制作最博口碑。著名菜品有：三杯子鸡、香质肉、冬笋干烧肉、藜蒿炒腊肉、原笼船板肉、石鱼炒蛋、沼阳鱼片、炸石鸡、兴国豆腐、米粉牛肉、金钱吊葫芦、信丰萝卜饺、樟树包面、黄元米果等。

江西的小吃也毫不逊色。江西小吃在地域上同样也有很明确的划分，如九江的茶饼最精致美味，景德镇的清汤泡糕最有名，铅山烫粉的出名则得益于产自当地的优质大米。除此之外，还有南昌米粉、瓦罐煨汤、米粉蒸肉、饺子粑、牛肉炒粉、碱水粑、鱼饼等。

（二）旅游商品

江西物产丰饶，文化醇厚，各地富有地方特色的传统工艺品、土特产品、文化艺术品不胜枚举。根据2017年5月江西省旅游商品展销会的相关统计，该省旅游商品种类繁多，制作精美，旅游商品不断推陈出新。其中除了传统的庐山云雾、庐山石鱼、庐山石鸡、九江桂花酥糖等传统旅游商品，又推出武宁采茶戏"三宝游春"等新的旅游商品项目（见表8-10）。

表8-10　江西主要旅游商品

类别	具体代表
工艺品	南昌瓷板画像、景德镇瓷器、鸟纹书法、农民剪纸、公道杯、龙尾砚、李渡毛笔、庐山竹丝画帘、祭红瓷
酒、茶	庐山云雾、狗牯脑茶、靖安白茶、粉玫瑰花茶、婺源绿茶、四特酒、章贡王酒、临川贡酒
土特名产	江桂花茶饼、安福火腿、南安板鸭、广昌白莲、崇仁麻鸡、江酥糖、丰城冻米糖、万载鞭炮、高安腐竹、泰和乌鸡、婺源茶叶、景德镇板鸡、井冈山笋干、双林夏布、信丰萝卜、乐平狗肉、军山湖大闸蟹、余干辣椒、东乡白花蛇舌草
水果	南丰蜜橘、赣南西瓜、新余蜜橘、赣南脐橙

四、旅游节庆与旅游线路

（一）旅游节庆

江西省的旅游节庆主要有：景德镇国际陶瓷博览会瓷文化旅游节（10月）、龙虎山国际道教文化旅游节（11月）、中国三清山国际文化旅游月（5月）、中国·鄱阳湖开湖民俗文化旅游节（6月）、中国（婺源）乡村文化旅游节（11月）、明月山月亮文化旅游节（9月）、东江源生态旅游节（12月）等大型旅游节庆活动。

（二）旅游线路

江西省主要的旅游线路有：

南昌人杰地灵之旅：八一广场→八一起义纪念馆→滕王阁→江西省博物馆→摩天轮游乐场→赣文化长廊→秋水广场→小平小道→梅岭→安义古村群→天香园→八大山人海潮→象湖公园。

京九名山大观之旅：九江·庐山→拓林湖→南昌→井冈山。

赣西南革命摇篮之旅：萍乡→莲花→永新三湾→井冈山砻市→茅坪→茨坪→吉安·东固。

赣东南共和国摇篮之旅：赣州→兴国→宁都→广昌→石城→瑞金→会昌→于都→赣州。

名山名城名村陶瓷文化之旅：南昌→九江庐山→景德镇→婺源。

本章概述

吴越文化、水乡园林旅游大区自然和人文旅游资源都很丰富，是旅游资源开发较为成熟的区域。本区人文旅游资源独具特色，是我国园林最集中的地区；旅游城市之多居全国之冠；宗教旅游胜地众多，如普陀山、天台山、九华山、齐云山等都享有盛名。

该旅游区是我国旅游资源丰富、特色鲜明的地区之一。不仅旅游资源数量众多、种类丰富、地区分布密度大、知名度高，而且经济发达、交通便捷、旅游接待能力强、旅游管理水平高，是我国旅游业最发达的地区和全国的旅游热点地区，在全国旅游业发展中占有十分重要的地位。

上海人文旅游资源占有绝对优势，独具特色的"海派文化"体现了"海纳百川，兼容并蓄"的文化特征。江苏历史悠久，人文荟萃。自然景观以山水为主，以水见长，人文景观以名城名园、吴韵汉风为主脉。浙江是一个海岸曲折、港湾众多、岛屿棋布的海洋大省，历史悠久，人文荟萃。安徽的名山、洞府、江湖、陵墓、遗址、庙宇、民居、牌坊、温泉、森林公园、自然保护区等应有尽有，旅游资源丰富。江西是中国革命的摇篮，有着光荣的革命历史。

基本训练

一、判断题

1. 本区的东阳、寿阳、上海、嘉兴、杭州、金华、徐州都是国家级历史文化名城。（　　）

2. 安徽的世界遗产只有宏村、西递和黄山。（　　）
3. 杭州西湖是杭州首个5A级旅游景区。（　　）
4. 上海市由于其独特的人文资源优势而成为该区域拥有5A级景区最多的城市。（　　）

二、简答题

1. 世界文化遗产——大运河途径哪几个省？沿途有哪些知名的景区景点？
2. 沪苏浙皖赣旅游区有哪些人文地理环境特征？

三、技能训练

1. 请设计一条上海一日游"都市观光游"线路。
2. 实地考察本地旅行社推出的较有特色的华东旅游线，你认为旅游线的各自特色何在？是否有改进的余地？

专业能力提升

"互联网+"和"旅游+"时代，如何实现旅游转型升级？

"互联网+"代表一种新的经济形态，即充分发挥互联网在生产要素配置中的优化和集成作用，将互联网的创新成果深度融合于经济社会各领域之中，提升实体经济的创新力和生产力，形成更广泛的以互联网为基础设施和实现工具的经济发展新形态。

"互联网+"行动计划将重点促进以云计算、物联网、大数据为代表的新一代信息技术与现代制造业、生产性服务业等的融合创新，发展壮大新兴业态，打造新的产业增长点，为大众创业、万众创新提供环境，为产业智能化提供支撑，增强新的经济发展动力，促进国民经济提质增效升级。

如果从地区的角度来看，华东地区作为全国"互联网+服务业"发展的排头兵，其"互联网+旅游"表现最为抢眼；"互联网+旅游"是华东地区表现最佳的一个行业，作为全国"互联网+旅游"发展的首位，上海"互联网+旅游"指数是华东地区均值的近25倍，更是全国均值的44倍之多。

（资料来源：编者根据百度百科、《第一财经日报》和《华东旅游报》综合整理）

思考：当今旅游面临"互联网+"和"旅游+"的全新时代背景，沪苏浙皖赣旅游区"互联网+旅游"处于全国发展的首位，这给了我们什么样的经验与思考？

峡谷巨川、巴楚文化
——鄂湘川渝旅游区

通过本章学习，学生应该达到以下目标：

知识目标： 认识鄂湘川渝旅游区的旅游地理环境特征，熟悉该旅游区旅游业发展现状，掌握各旅游亚区主要景区、景点概况。

能力目标： 通过旅游业发展现状的学习，能够独立思考、分析各旅游亚区旅游业发展水平差异的原因。

技能目标： 结合案例分析、实践认知等内容，具备对鄂湘川渝旅游区的旅游产品进行设计和初级营销的能力。

任务引入

央媒聚焦湖北"旅游+"产业融合

2017年5月24日由《人民日报》、新华社湖北分社、《中国旅游报》、央视湖北记者站等中央及省内媒体组成的"央媒看湖北"媒体采风团正式启程，先后赴随州、荆州、荆门三地体验湖北旅游。回顾5日行程，采风团成员胡铁军表示，"旅游+"产业融合使其印象深刻："农业+旅游、工业+旅游等，除了各具特色的传统旅游项目外，旅游产业融合在湖北发展态势非常好，可谓百花齐放。"

中南财经政法大学旅游研究院院长邓爱民表示，湖北是工业大省，工业转型升级给工业旅游带来巨大潜力和广阔前景。他说，"黄石国家矿山公园、十堰北汽车文化公园等都是工业+旅游的成功案例，也为旅游产业融合开辟了新的路径。不仅是工业，传统农业通过+旅游，发展休闲观光农业，既是农业也是旅游供给侧结构性改革的现实需要。以全域旅游理念推进湖北旅游产业融合发展，是一篇大文章，要将'旅游+'做大、做强、做精彩，需要全方位共同努力。"

（资料来源：晋晓慧．央媒聚焦湖北"旅游+"产业融合 ［N］．长江日报．2017.5.24）

任务分析：自 2017 年 2 月以来，湖北省积极推进旅游与第一产业、第二产业、第三产业的融合发展，实施"旅游+"工程。旅游+"一产"，大力发展乡村旅游。利用"旅游+"生态+"等模式，推进农业、林业与旅游产业的深度融合。旅游+"二产"，以旅游的理念推动工业转型。综合利用工程建设、城乡建筑、工业成就、科教成就、高科技产业园区等特色资源，打造工业旅游景区。旅游+"三产"，带动旅游过程中相关行业的产品销售和文化、金融、保险、医疗、保健、康养、体育、娱乐休闲、商务会展等服务活动，从而拉动综合消费的增长。湖北立足于"旅游+"，让荆楚文化、名山大湖与各业态深度融合，以全域旅游理念推进湖北旅游产业融合，实现湖北旅游的全方位发展。

第一节　旅游地理环境特征及旅游业发展现状

峡谷巨川、巴楚文化旅游大区主要位于长江中、上游地区，包括湖北、湖南、四川和重庆四省市。全区总面积约 97.23 万平方千米，人口约 2.38 亿（截至 2016 年）。本区地处我国东西部的过渡地带，位于我国热带、亚热带湿润区，山高谷深，自然景观以名山大湖、雄伟的峡谷风光、原始的生态环境为特色，人文景观以古老的荆楚文化、引人入胜的三国遗迹、极具教育价值的红色圣迹、多样的民俗风情为特色。本区依托丰富的旅游资源，便利的交通条件，正在发展成为一个中外闻名的旅游大区。

一、旅游地理环境特征

（一）自然旅游地理环境特征

1. 地理位置优越，水陆交通便利

鄂湘川渝旅游区地处全国南北、东西水陆交通要道，历来交通便利，湖北武汉素有"九省通衢"之称。区内高速公路纵横交错，中心城市与主要的风景区都有高速公路连接。铁路有京广线、浙赣线、湘桂线、湘黔线、焦柳线、襄渝线等贯穿南北，承启东西。洞庭湖、洪湖等大小湖泊星罗棋布，水网密集，航道密布，水运发达。荆江、汉水汇流于长江。湘江、资江、沅江、澧水连接大小支流，汇集于洞庭湖而后注入黄金水道——长江。航空运输也较为完备，武汉、长沙、张家界、宜昌、成都、重庆等航空港可连接全国重要城市和旅游胜地以及部分国际旅游城市。各种旅游交通方式互相配合，构成四通八达的交通网络，对本区旅游业发展具有极为重要的意义。

本旅游区区位优势明显，既有"天府之国"的富足，"山水之城"的魅力，又具"沿海的内地，内地的前沿"的便捷，既便于接待东南沿海和港澳台地区游客观光旅游和休闲度假，又是内地游客赴沿海地区和境外旅游的重要通道，有利于发展过境旅游。

同时，该旅游区又临近桂林、井冈山、长江三峡等热点旅游中心，有利于实现横向联合，建立旅游网络。

2. 丘陵山地与平原相间分布，景观地貌发育良好

从全国的地形大势看，本旅游区处于由西向东降低的第二阶梯与第三阶梯的交界处，西部地表起伏大，湘鄂西部山地自北向南包括武当山、大巴山、荆山、巫山、武陵山、雪峰山等，海拔自西向东从 2000 米降至 1000 米，岩溶地貌发育良好，风景荟萃；四川盆地地形复杂多样，垂直变化明显，中部沉积为盆地，川西高原垂直差异显著。这里山高谷深、湖泊众多，水网纵横，湿地广阔，"天府之国""鱼米之乡""山水之城"共同构成瑰丽的景观。

3. 温暖湿润的气候，植被繁茂、山川秀美

本区为典型的亚热带湿润性季风气候，冬季温和少雨，夏季炎热多雨。其中湘鄂四季分明，一年之内气温变化较大，年平均气温在 15～18℃ 之间；大部分地区雨量充足，年平均降水量为 1200～1700 毫米。四川盆地四季不分明，年平均气温在 14～20℃ 之间。由于气候垂直差异大，峨眉山、衡山等名山成为夏季避暑胜地。在特殊的地形和气候条件下，形成了河网稠密、湖泊众多的水系特征。本区四季皆可游览，但以春秋两季为旅游旺季，而秋季则是本区旅游的黄金季节。

本区由于自然地理位置优越，气候温和，降水充沛，动植物资源繁多，加上山地以中低山地及丘陵为主，因而以常绿阔叶林为主的植被繁茂，山地以秀美为特色。

4. 水景资源丰富，峡谷地貌突出

本区由于降水较充沛、地势较低、平原广布等因素的共同作用，河网密布、湖泊众多，水景资源丰富，从而塑造了丰富的自然景观，并孕育了极具特色的人文旅游资源。本区的湖泊主要集中在两湖平原，其中又以有"千湖之省"美称的湖北最多，武汉东湖是本区著名的风景湖泊，洞庭湖则以浩瀚的湖水、巍峨的楼阁、秀丽的君山让人留恋不已。

河流随地势起伏侵蚀深切，创造出丰富的"喊一嗓子听得见，双脚却要走半天"的河流峡谷地貌，如长江三峡风景秀丽，为长江风景线上景色最为奇秀的山水画廊，沿线文化古迹众多，又构成了一幅历史文化画卷。此外，还有神农溪、清江等河流的峡谷景观。河流除了形成特有的峡谷风光外，在山区地势陡峭处形成了壮丽的瀑布景观，在平原地区，构成了美妙的田园风光，这些得天独厚的水景资源极富旅游吸引力。

（二）人文旅游地理环境特征

1. 历史悠久，文化遗产丰厚

湖南、湖北两省历史悠久，湘楚文化博大精深。两省地处内陆腹地、长江中游，历史上许多政治、军事事件在此发生，悠久的历史、灿烂的文化使湘楚大地保存了众多高品质的历史遗迹和文物，如长沙马王堆汉墓遗址、岳麓书院以及三国遗迹等。据不完全统计，仅湖北省内的三国遗址遗迹就达 120 处之多，其中著名的有古隆中、赤壁古战场、荆州古城、长坂坡等，众多的三国遗迹为本区开展三国文化专项旅游提供了极其优越的条件。本区著名的历史文化名城有长沙、岳阳、凤凰、武汉、襄阳、随州、钟祥等。

四川、重庆人文旅游资源得天独厚，文物古迹众多，历史悠久。四川有著名的王建墓、刘备墓、武侯祠、杜甫草堂、望江楼公园等，都与历史人物密切相关。重庆也是一座有着悠久历史的文化古城，早在公元前 11 世纪，巴国就在此建都。公元 1189 年，宋光宗在此先封王后登帝位，自诩"双重喜庆"。抗战时期，又成为"国民政府"战时陪都，抗战文化蜚声中外。

2. 巴楚地域文化特色鲜明

两湖平原孕育形成的荆楚文化作为中华民族文化的重要组成部分，源远流长，博大精深，具有鲜明的地域特色和巨大的经济文化开发价值。川渝大地历史悠久、山水名胜、文物古迹、民俗风情独具特色。

荆楚文化在青铜冶铸、丝织刺绣、木竹漆器、美术、乐舞以及文学创作等方面成就突出，从目前的考古成果来看，历史最先进的青铜冶铸、最早的铁器、最富有创造力的丝绸刺绣皆出自楚国，先秦漆器的数量之大、工艺之精莫过于楚漆器，先秦金币、银币也是楚币最精。在出土的许多铜、陶、漆器和丝织品上都保存了音乐、绘画艺术的宝贵的实物资料，它们多角度地反映出当时楚音乐、舞蹈、绘画都达到了相当高的水平。楚国的编钟乐舞水平之高，举世公认。世界四大文化名人之一的屈原所创作的《离骚》是楚辞的典型代表。此外，在天文、历法、哲学等方面楚文明也达到了前所未有的高度，从而全方位地折射出楚文明繁荣鼎盛期非凡的发展成就。

川渝既是一个地理概念又是一个文化概念，在文化上相似度极高。川渝历史上称为巴蜀，两地相距较近，交流方便，两地出现的船棺葬、扁茎无格柳叶剑、铜器纹饰中出现的虎纹等都是巴蜀文化共同特征。川渝文化艺术风格独特，川剧、川菜、川酒等闻名海内外。川渝文化除接受中原和楚文化的影响外，还受到西南多种少数民族文化的影响。

3. 农业发达，物产丰富

本地区气候条件优越，土地资源丰富，自古就是我国水稻和棉花、油菜籽等作物的重要产区，湘鄂则有"湖广熟、天下足"的美誉。洞庭湖、洪湖等湖区的水产及丘陵山区的柑橘等亚热带水果久负盛名。本区土特产众多，湖南的湘绣，湖北的缘松雕、绢花、剪纸。所有这些，均为旅游商品的开发提供了条件，为旅游业的发展奠定了良好的基础。

四川农业发达，有"天府之国"的美誉。水稻产量居全国首位，麦、棉、丝、油菜籽、茶、柑橘、桐油、白蜡、猪鬃等都在全国占有重要地位。重庆农作物主要是水稻、玉米、小麦、红薯四大类，尤以水稻居首。经济作物也很有知名度，有"柑橘之乡""榨菜之乡""烤烟之乡"的美誉。

4. 近代革命胜迹遍布巴楚地区

中共中央办公厅、国务院办公厅曾印发《2004—2010 年全国红色旅游发展规划纲要》表明国家将大力发展红色旅游产业。该旅游区红色旅游资源丰富，湖南的湘潭市韶山市毛泽东故居和纪念馆，长沙市红色旅游系列景区（点）（宁乡县花明楼刘少奇故居和纪念馆，浏阳市文家市镇秋收起义会师旧址纪念馆，开慧乡杨开慧故居和纪念馆，岳麓山景区），湘潭市湘潭县彭德怀故居和纪念馆；湖北的武汉市红色旅游系列景区（点）（江汉区八七会议旧址纪念馆，武昌区毛泽东旧居及中央农民讲习所旧址纪念馆），黄冈市大别山红色旅游区（麻城市烈士陵园，红安县黄麻起义和鄂豫皖苏区革命烈士陵园，英山县英山革命烈士陵园，罗田县胜利烈士陵园），湘鄂西红色旅游系列景区（点）（荆州市监利县周老嘴镇湘鄂西革命根据地旧址群，洪湖市烈士陵园），孝感市红色旅游系列景区等。

四川的红色旅游资源主要有：广安邓小平同志旧居、仪陇朱德故居暨朱德铜像纪念园、乐至陈毅故居、泸定桥革命文物陈列馆、红军四渡赤水太平渡陈列馆、安顺场红军强渡大渡河纪念地、红四方面军指挥部旧址纪念馆、苍溪红军渡纪念馆、万源保卫战战史陈列馆、宜宾赵一曼纪念馆、中江黄继光纪念馆等。重庆的红色旅游资源有渣滓洞、白公馆等。

同步思考 9-1

红色旅游，主要是指以中国共产党领导人民在革命和战争时期建树丰功伟绩所形成的纪念地、标志物为载体，以其所承载的革命历史、革命事迹和革命精神为内涵，组织接待旅游者开展缅怀学习、参观游览的主题性旅游活动。

问题：发展红色旅游的意义有哪些？

二、旅游业发展现状

鄂湘川渝旅游区旅游资源数量多、类型全、品质高。如何将资源优势转化为旅游产品优势是湘鄂川渝需要探讨解决的问题。

（一）旅游接待及旅游收入水平持续增长

经过 20 多年的努力，鄂湘川渝各旅游亚区旅游资源均得到较好的开发及利用，尤其是边远地区的著名旅游资源得到了很好的开发利用，已形成了一批优秀的旅游景区，被列入世界遗产项目的有：湖南武陵源及邵阳莨山丹霞地貌风景名胜区，湖北武当山古建筑群及明显陵，四川的峨眉山—乐山大佛、青城山—都江堰、黄龙、九寨沟及大熊猫栖息地，重庆的大足石刻及中国南方喀斯特。全区入境旅游收入水平在全国居中向好，并呈持续增长态势，旅游业的发展势头良好（见表 9-1）。

表 9-1　鄂湘川渝旅游区 2014—2016 年旅游数据统计

年份 省份	2014 年		2015 年		2016 年	
	接待人次 （亿）	旅游收入 （亿元）	接待人次 （亿）	旅游收入 （亿元）	接待人次 （亿）	旅游收入 （亿元）
湖南省	4.1	3000	4.73	3712.9	5.65	4707.43
湖北省	4.7	3752	5.0	4300	5.73	4870
四川省	5.42	4891	5.93	6210.5	6.33	7705.5
重庆市	3.49	2003.37	3.92	2251.31	4.51	2645.21

数据来源：参考各省官方旅游局网站公布数据

（二）旅游业发展势头良好，区域联合促旅游业优化升级

湖南省区位优势明显，又山清水秀，是全国仅有的几个旅游资源品质高、数量多、种类全的省份之一。除了世界自然遗产武陵源、湖南邵阳莨山丹霞地貌之外，还拥有南岳衡山、岳阳楼、韶山等较有影响的景区景点，作为毛泽东等伟人的故乡，湖南在红色旅游方面有着得天独厚的优势。近年来，湖南充分发挥湖湘文化底蕴深厚、地域特色鲜明的优势，全面加快旅游交通、旅游产品和管理服务三大体系建设，延伸旅游产业链，发展复合型旅游，推动过境观光旅游向休闲、度假旅游发展，提高了旅游的综合效益。湖北整合全省的旅游资源，开发了"一绝、两特、三精"（一绝品即武当山，两特品即楚文化、清江民俗风情，三精品即长江三峡、神农架、三国文化）特色旅游项目，让旅游者在山、水、民风之间体验楚文化的独特风韵，旅游业发展势头良好。湖北省 2017 年 2 月以来，积极推进旅游与第一产业、第二产业、第三产业的融合发展，实施"旅游+"工程。

四川践行"旅游+"理念，积极推进旅游供给侧结构改革，2017 年四川省出台《四川省旅游业新技术应用导则》，将新技术、新产品的应用作为四川旅游发展创新的动力和重点，旅游业与其他产业深度融合，有望进一步提升旅游对经济转型发展的拉动力。重庆 2017 年提出"做大增量，优化存量"，积极推进旅游供给侧结构性改革，采取措施丰富旅游产品供给，为多景区产品提档升级。《2017 年上半年中国国内旅游者报告》显示，根据交通、住宿、餐饮、导游等综合评分，重庆名列全国第六。

2016 年 5 月起川渝两地旅游部门尝试跨区域联合执法，探索区域联合新模式。2017 年 5 月湘鄂赣三省拟跨省协同发展，创新跨省全域旅游示范区，打破行政区域分割，形成开放发展的大格局，拓宽市场，拉动消费，促进旅游环境优化、产品升级。区域联合在提升旅游服务质量，提升旅游产品档次，提升游客满意度，实现旅游创新发展，优化旅游发展环境等方面效果显著，有效地促进了该区域旅游业优化升级。

第二节　湖北旅游亚区主要旅游资源概述

一、区域旅游资源概况

湖北简称"鄂"，地处长江中游、洞庭湖以北，故名湖北。境内湖泊众多，素有"千湖之省"的美誉，长江横贯境内达 1053 千米，并有汉水等大小河流 1195 条，是我国著名的"鱼米之乡"。湖北全省面积 18.59 万平方千米，总人口 5885 万人（截至 2016 年）。湖北旅游资源以山水风光和三国遗迹见胜。

湖北省的旅游资源主要体现在两个方面：一是山水风光独特，自然景观异彩纷呈。二是文化积淀深厚，文物古迹众多。湖北是荆楚文化的发祥地，楚文化和在此基础上形成的汉文化在湖北积淀深厚。以武当山为代表的宗教文化和以荆州古城、赤壁、当阳、隆中等为代表的三国文化也是湖北旅游文化的显著特色。湖北还是历史名人辈出的地

方，如中华始祖炎帝，楚文化的杰出人物屈原，中国古代四大发明之一活字印刷术的发明者毕昇，老一辈革命家董必武、陈潭秋、李先念等均诞生于荆楚大地。全省有江陵、随州、襄阳、武汉、钟祥 5 座国家级历史文化名城，有"八七"会议旧址、北伐汀泗桥战役遗址、楚纪南故城等国家级重点文物保护单位 52 处，省级文物保护单位 413 处。武当山古建筑群、明显陵等被列入《世界遗产名录》。

湖北旅游资源主要包括鄂东南旅游区、鄂西南旅游区和鄂西北旅游区。鄂东南旅游区包括武汉、黄冈、黄石、咸宁、荆门、荆州、仙桃、潜江、孝感、鄂州、随州、天门 12 个市。鄂西南旅游区包括宜昌市、神农架林区和恩施土家族苗族自治州。鄂西北旅游区主要包括十堰、襄阳等地。

二、主要旅游景区景点

（一）国家级历史文化名城

1. 荆州市

荆州古称江陵城。位于湖北中部偏南，南临长江，北依汉水，西控巴蜀，南通湘粤，古称"七省通衢"。荆州气候温和，物产丰富，经济发达，是长江流域的重要商业城市。春秋战国时曾为楚都城，史书描述郢都"朝衣鲜而暮衣敝"，是当时中国南方最繁华的都市。秦汉以后，荆州是历代封王置府的重镇，先后有西汉临江国，南朝晋安帝、齐和帝、梁元帝，后梁国，五代荆南国据此称帝建都。悠悠历史在江陵留下了厚重的文化积淀：鸡公山遗址揭示出距今 5 万年的旧石器时代人类活动遗迹；阴湘城遗址为一座重要的新石器时代城址；纪南故城及城郊古墓葬保存有重要遗迹和大量珍贵文物，被誉为楚国地下宝库；荆州城是我国保存最完好的明代城垣之一，城内外保存有开元观、玄妙观、太晖观等众多名胜古迹。1982 年国家公布荆州为国家历史文化名城。

同步思考 9-2

荆州的文化旅游资源优势表现在哪些方面？

2. 襄阳市

襄阳市原名襄樊市，2010 年 12 月襄樊市正式更名为襄阳市；同时，襄阳市下辖的襄阳区更名为襄州区。襄阳市位于湖北省西北部，汉水中游。被汉水分为南北两城，南为襄城，北为樊城。襄阳交通发达，素有"南襄隘道""南船北马""七省通衢"之称。襄阳历史悠久。远在 60 万年前，人类已在此繁衍生息。历史上襄阳系襄阳、樊城两城合称，樊城因周宣王封仲山甫（樊穆仲）于此而得名，襄阳以地处襄水（今南渠）之阳而得名。樊城始于西周，襄阳筑城于汉初。自东汉献帝初平元年（公元 190 年）荆州牧刘表徙治襄阳始，襄阳历来为府、道、州、路、县治所。

襄阳文物资源丰富，园林较多，城西的隆中山为"三顾茅庐""隆中对"的发生地，现有三顾堂、武侯祠、卧龙深处、抱膝亭、草庐寺、小虹桥、老龙洞、躬耕田、广德寺、米公祠、习家池、绿影壁、檀溪、鹿门寺、李曾伯纪功铭等胜迹。此外襄阳境内革命故迹甚多，全市共有革命文物点41处。襄阳花鼓、火居道音乐、山锣鼓等是襄阳传统的民间艺术。襄阳大头菜、安居乐蜜枣、隆中绿茶都是襄阳著名特产。1986年国务院公布为国家历史文化名城。

3. 随州市

随州古称"汉东之国"，是"西通宛洛，南达吴越，地当荆豫要冲，扼阻襄汉咽喉"的鄂北重镇。

随州历史悠久，中华民族的始祖炎帝神农就诞生在这里，他创耕耘、植五谷、尝百草、兴贸易，开创了中华民族的农耕文明；城西擂鼓墩出土的曾侯乙编钟震惊世界，被誉为世界音乐史上的奇迹；随州曾是隋文帝杨坚封地，隋朝因随州而命名；随州山川秀丽，大洪山、桐柏山、封江等风景名胜旅游区享誉省内外。被誉为"楚北天空第一峰"的大洪山，集各类风景名胜之精华，峰峻、山秀、林幽、洞奇、泉醇、湖美，为国家级风景名胜区。

随州资源十分丰富。特产主要有茶叶、香菇、银杏、金黄蜜枣、三黄鸡、金头蜈蚣、桔梗等。1994年国务院公布为国家历史文化名城。

（二）世界遗产

截至2017年6月，湖北省共有世界遗产4项，其中世界文化遗产3项：武当山古建筑群、明显陵、土司遗址（湖北、湖南）；世界自然遗产1项：湖北神农架。

1. 武当山古建筑群（1994.12，世界文化遗产）

位于丹江口市的西南部，又名"太和山"。明代（1368—1644年）时，武当山被皇帝敕封为"大岳""玄岳"，地位在"五岳"诸山之上。武当主峰天柱峰，海拔1612米，周围有"七十二峰""三十六岩""二十四涧"等胜景环绕，风光旖旎，气势宏伟，被世人赞为"万山来朝"。

武当山古建筑群始建于唐代贞观年间（627—649年）。明代是其发展的鼎盛时期，形成了以八宫两观为主体的庞大规模。武当山古建筑群主要包括太和宫、南岩宫、紫霄宫、遇真宫四座宫殿，玉虚宫、五龙宫两座宫殿遗址，以及各类庵堂祠庙等共200余处。建筑面积达5万平方米，占地总面积达100余万平方米，规模极其庞大。被列入的主要文化遗产包括：太和宫、紫霄宫、南岩宫、复真观、"治世玄岳"牌坊等。此外，武当山各宫观中还保存有各类造像1486尊，碑刻、摩崖题刻409通，法器、供器682件，还有大量图书经籍等，是十分珍贵的文化遗存。武当山古建筑群集中体现了中国古代建筑装饰艺术的精华。在这里还衍生出武当道教、武当道乐和武当武术等文化范畴的精髓，为中国民族的传统文化增添了新内容。武当山古建筑群于1994年12月15日入选《世界遗产名录》。

2. 明显陵（2000.11，世界文化遗产）

位于钟祥市东北7.5千米的松林山上，建于1519—1566年（明正德十四年至嘉靖四十五年），历时 46 年，是嘉靖皇帝朱厚熜之父恭睿献皇帝朱祐杬和母亲章圣皇太后的合葬墓。

显陵占地 183 公顷，其中陵寝部分占地 52 公顷。陵区内的建筑主要由下马碑、新红门、正红门、睿功圣德碑楼、石望柱、石像生群、龙凤门、龙形神道、内明塘、琉璃照壁、棱恩门、棱恩殿、东西配殿、陵寝门、双柱门、石五供、方城、明楼、两座宝城与瑶台、宝顶、九曲河、五道御河桥、外罗城、紫禁城及内罗城等，均为明代原始建筑。其中，新红门、正红门、望柱、石像生群、龙凤门、九曲河、龙形神道、琉璃照壁、双柱门、方城、两座宝城及瑶台、外罗城、紫禁城、内罗城等建筑保存基本完好，特别是两座宝顶下"仿九重法宫为之"的地下宫殿尤保存完好，真实地展示了明代陵寝规制布局的完整性。

3. 唐崖土司城遗址（湖北）（2015.7，世界文化遗产）

该遗址位于湖北咸丰县唐崖镇东 3 公里处，始建于元代至正六年（1346 年），明启初年（1621 年）进行扩建，清雍正十三年（1735 年）改土归流废，历时 390 余年。鼎盛时期的唐崖"帅府"，规模宏大，气势恢宏，占地 57.75 万平方米，拥有 3 街、18 巷、36 院，建有衙署、官言堂、大小衙门、存钱库、牢房、书院、靶场、左右营房、御花园、万兽园等设施。至今街道墙垣仍清晰可辨，部分建筑尚保存完好，是湘、鄂、川、黔边少数民族地区最典型、规模最大、保存最完整的一处唐崖土司城遗址。土司城内外，遍布人文景观，最主要的有石人、石马、石牌坊等大型石雕，土王墓葬及古墓葬群、夫妻杉、妃子泉等数十处景点。保存最为完整的石牌坊，是明朝天启三年（1623 年）修建的，正面刻着"荆南雄镇"，反面刻着"楚蜀屏翰"，两面镌有"土王出巡""渔南耕读""云吞雨雾""哪吒闹海""槐荫送子"等浮雕图案。牌楼正面的唐崖河畔，存有石俑、石马各两尊，石人仪态庄严肃穆。土司城前临唐崖河，后傍玄武山，地势险要，风光独具。

4. 神农架（2016.7，世界自然遗产）

湖北神农架因华夏始祖炎帝神农氏在此架木为梯，采尝百草，救民疾夭，教民稼穑而得名。世界自然遗产地面积 73318 公顷，分为西部的神农顶/巴东片区和东部的老君山片区，遗产地缓冲区面积为 41536 公顷。内有 3767 种维管束植物，已记录脊椎动物 600 多种（包括哺乳动物 92 种、鸟类 399 种、鱼类 55 种，爬行类 53 种，两栖类 37 种），已发现昆虫 4365 种。其中有 205 个本地特有种、2 个特有属和 1793 个中国特有种，旗舰物种神农架金丝猴数量达 1300 多只。世界遗产委员会认为，湖北神农架在生物多样性、地带性植被类型、垂直自然带谱、生态和生物过程等方面在全球具有独特性，拥有世界上最完整的垂直自然带谱。独特的地理过渡带区位塑造了其丰富的生物多样性、特殊的生态系统和生物演化过程，其生物多样性弥补了世界遗产名录中的空白。

专业技能训练 9-1

依托昭君文化进行区域联合

2017 年 6 月 20 日，近千人从兴山县昭君村出发，带着 1000 份昭君故乡水土，从宜昌市登上昭君专列，前往内蒙古呼和浩特。活动期间，参与者先后在西安古城墙上举行了"昭君出长安城"仪式以及文艺表演；在呼和浩特市，举行了昭君专列欢迎仪式暨兴山县与该市玉泉区旅游战略联盟签字仪式；在昭君博物院，鄂、内蒙古两地相关代表举行了青冢祭拜仪式，活动现场还将来自昭君故乡的水土汇入祭坛，以共同缅怀这位心系民族团结的伟大女性。

此次活动，旨在加强昭君故里湖北兴山县与昭君出塞目的地内蒙古自治区各地之间的互动交流，感受昭君文化独特魅力，增强两地昭君文化之旅的互动体验。湖北兴山县与呼和浩特玉泉区是多年的友好区县。此次两地签署协议，旨在通过充分发挥两地优势和特色，加强区域旅游资源、产品和线路整合，强化市场营销，共同打造区域旅游整体形象和品牌；同时，进一步推进旅游企业紧密合作，全面促进两地旅游产业的优化升级，最终形成资源共享、客源互动、共同发展的新格局。

（资料来源：网易新闻. 湖北昭君专列返程 昭君文化旅游交流深入开展 ［EB/OL］. http://news. 163. com/17/0627/12/CNUHUBMJ00018AOQ. html）

思考： 你认为湖北及内蒙古如何通过昭君文化发挥两地优势和特色，进行旅游资源的区域联合发展？

（三）国家 5A 级景区

截至 2017 年 2 月底湖北省共有国家 5A 级景区 11 家，见表 9-2。

表 9-2　湖北省国家 5A 级景区一览表

序号	景区名称	评选时间
1	武汉黄鹤楼公园	2007 年
2	宜昌三峡大坝旅游区	2007 年
3	宜昌三峡人家风景区	2011 年
4	十堰武当山风景区	2011 年
5	恩施巴东神龙溪纤夫文化旅游区	2011 年
6	神农生态旅游区	2012 年
7	宜昌市长阳清江画廊景区	2013 年
8	武汉市东湖景区	2013 年
9	宜昌市秭归县屈原故里文化旅游区	2014 年
10	黄陂木兰文化生态旅游区	2014 年
11	湖北省恩施大峡谷景区	2015 年

1. 武汉市黄鹤楼公园

黄鹤楼位于湖北省武汉市长江南岸的武昌蛇山之巅，为国家 5A 级旅游景区，享有"天下江山第一楼""天下绝景"之称。黄鹤楼是武汉市标志性建筑，与晴川阁、古琴台并称"武汉三大名胜"。该建筑也与湖南岳阳楼、江西滕王阁并称为"江南三大名楼"。

黄鹤楼始建于三国时代吴黄武二年（公元 223 年）。唐代诗人崔颢在此题下《黄鹤楼》一诗，李白在此写下《黄鹤楼送孟浩然之广陵》，历代文人墨客在此留下了许多千古绝唱，使得黄鹤楼自古以来闻名遐迩。黄鹤楼坐落在海拔 61.7 米的蛇山顶，楼高 5 层，总高度 51.4 米，建筑面积 3219 平方米。黄鹤楼楼外铸铜黄鹤、胜像宝塔、牌坊、轩廊、亭阁等一批辅助建筑，将主楼烘托得更加壮丽。整个建筑具有独特的民族风格，散发出中国传统文化的精神、气质、神韵。它与蛇山脚下的武汉长江大桥交相辉映；登楼远眺，武汉三镇的风光尽收眼底。

2. 宜昌市长阳清江画廊风景区

清江画廊风景区位于湖北宜昌市长阳县龙舟坪镇内，清江是土家族的母亲河，全长八百里宛如一条蓝色飘带，穿山越峡，自利川齐跃山透透西来，横贯鄂西南 10 多县市，在清江流域内形成 386 万亩亦江亦湖的奇妙自然景观，两岸独特的喀斯特地貌，重峦叠嶂，直刺苍穹，湖内数百翡翠般的岛屿星罗棋布、灿若绿珠。清江画廊风景区烟波浩渺，高峡绿林曲径通幽，人称清江有长江三峡之雄，桂林漓江之清，杭州西湖之秀，风光无限，无与伦比。

3. 宜昌市三峡大坝旅游区

三峡大坝旅游区位于湖北省宜昌市境内，于 1997 年正式对外开放，现拥有坛子岭园区、185 园区及截流纪念园等园区，总占地面积共 15.28 平方千米。旅游区以世界上最大的水利枢纽工程——三峡工程为依托，全方位展示工程文化和水利文化，为游客提供游览、科教、休闲、娱乐为一体的多功能服务，将现代工程、自然风光和人文景观有机结合，使之成为国内外友人向往的旅游胜地。1994 年 12 月 14 日，当今世界第一大水电工程三峡工程正式开工，2009 年全部竣工。三峡工程是迄今世界上综合效益最大的水利枢纽，发挥着巨大的防洪功能和航运功能。三峡大坝建成后，形成长达 600 千米的水库，成为世界罕见的新景观。

4. 宜昌市秭归县屈原故里文化旅游区

屈原故里文化旅游区位于宜昌市秭归县凤凰山，北枕高峡平湖，西和南依秭归新县城，东连三峡大坝，景区总面积 33.3 公顷，总投资 3.3 亿元。2013 年 1 月被全国旅游景区质量等级评定委员会批准为国家 4A 级旅游景区，当年接待人数达 108 万人次，其中外宾 6 万多人次，实现旅游收入 1500 万元。2014 年被评为 5A 级旅游景区。屈原故里与三峡大坝直线距离 600 米，是距三峡大坝最近的景区，也是正面观三峡大坝、副坝、高峡平湖的最佳位置。通过多年的努力，景区目前已建成了包括以屈原祠、屈原衣冠冢为主要内容的屈原文化旅游园区，以青滩仁村、峽岭纤夫雕塑、牛肝马肺原物复建、龙舟博物馆、端午习俗馆、高峡平湖观景平台等为主要内容的峡江文化园区，以峡江皮影、巫术表演、船工号子为主要内容的非物质文化展示园区，是全国一流的非遗保护传承基地。

🔍 知识小扩充 9-1

屈原故里过端午

在秭归，每年都在端午节期间隆重举行公祭屈原的活动，从南北朝一直到今天从未间断。所谓公祭，就是由官府出面组织的祭屈大典，为区别于民间祭祀而称为"公祭"。端午节，即屈原投江殉志的这天，在屈原祠里或屈原祠前的屈原沱江边，用松柏、艾叶扎成大型祭坛，将蒸熟的全猪全羊、瓜果点心及粽子献于屈原灵牌（或塑像）前，巨大的挽幛上篆书"屈原（三闾）大夫魂兮归来"。在婉转凄切的鼓乐箫声之中，全身着白色孝服的主祭官，如歌如吟地读着歌颂屈原美德的祭文。数百名学童齐声朗诵屈原的作品《橘颂》，孩子们稚嫩而有活力的诵读声，让整个屈乡充满朝气。随后各参赛龙舟队的领头人扛着龙头向屈原牌位（或塑像）祭拜，然后众人依次叩首焚香，祈求当年风调雨顺、五谷丰登。自 2014 年起秭归县每三年举办一次艺术节，原创民俗情景歌舞剧《大端午》上演。

（资料来源：编者根据相关资料整理）

三、旅游美食与旅游商品

（一）旅游美食

湖北饮食文化最鲜明地体现了鱼米之乡的特色，主要特点是以稻米为主食、嗜好鱼肉、蔬食多样、汤品繁多。在具体口味上，因地而异，湖北菜品以水产为本，制作精细，尤重火功。菜肴大都是汁浓、芡稠、口重、味纯，有朴实的民间特色。湖北风味包括武汉、荆沙和黄州三个地方菜品。武汉菜品吸取了湖北各地和外地的一些风味菜品的长处，善于变化改革，花色品种较多，注重刀功火候，讲究酸色造型，尤其是煨汤技术有独到之处。荆沙菜以烹制淡水鱼鲜见长，更以各种蒸菜（如"沔阳三蒸"）最具特色，用芡薄、味清纯，善于保持原味。黄州菜擅长烧、炒，用油稍宽，火功恰当，汁浓口重，味道偏咸，富有乡村风味。湖北的小吃点心品种多，风味特殊。湖北著名风味菜点有：清蒸武昌鱼、鸡茸架鱼肚、钟祥蟠龙、瓦罐煨鸡、菜薹炒腊肉、鸡泥桃花鱼、峡口明珠汤、鱼氽、热干面、三鲜豆皮、东坡饼、面窝等。

湖北小吃由武汉小吃、荆沙小吃、襄阳小吃、恩施民族小吃等组合而成，其取料广、技法多样，能满足不同人的口味，适应南北各地人的需要。湖北小吃大多以米、豆、面、藕制品最具特色，有着鲜明的楚国文化和浓郁的鱼米风情，历史故事丰富，知名度高。像武汉热干面、老通城三鲜豆皮、秭归清水粽子、黄州甜烧梅、黄梅白莲汤、黄冈绿豆糍粑、云梦鱼面、恩施炕土豆、巴东五香豆干、孝感米酒、江陵散烩八宝饭、四季美汤包等，这一路小吃定会使你流连忘返，美不胜收，无肚能容。

（二）旅游商品

湖北省主要旅游商品如表 9-3 所示。

表9-3　湖北主要旅游商品名录

类别	具体代表
工艺品	洪湖羽毛扇、宜昌假山石、仿古漆、根雕、木雕
烟酒茶	黄鹤楼香烟、均州晒烟、枝江大曲、劲酒、恩施玉露、洛神花茶
农产品土特产	孝感米酒罗田板栗、随州银杏、九资河茯苓、沙湖盐蛋、孝感麻糖、湖北贝母、武汉武昌鱼、精武鸭脖子、江陵九黄饼、无铅松花蛋、襄阳的天麻、黄陂荸荠、房县黑木耳、襄阳大头菜、洪湖莲子、钟祥葛粉、随州泡泡青、嘉鱼莲藕
水果	百里洲砂梨、宜都蜜柑、沼山胡柚、四井岗油桃

四、旅游节庆与旅游线路

（一）旅游节庆

湖北是楚文化的发源地，也是多民族聚居的地区，土家、侗、苗等少数民族在省内大量分布，也形成了湖北当地不少别具特色的节庆活动。湖北旅游节庆活动主要有：土家女儿会（不同地方举办的日期也不同，有的是农历五月初三，有的是七月十二，有的是八月十五），苗族新年，侗族新年，中国湖北长江三峡国际旅游节（10月左右），中国湖北武当国际旅游节（9月），中国湖北神农架生态旅游节（6月），孝感孝文化节（10月），黄冈市东坡赤壁文化旅游节（10月），炎帝神农生辰庆典活动等。

（二）旅游线路

湖北主要有以下经典旅游线路：

长江三峡旅游线：武汉→赤壁→荆州→宜昌→秭归→神农溪→重庆。

古三国旅游线：陆路线：武汉→赤壁→洪湖→荆州→宜昌→襄阳；

水路线：九江→黄石→鄂州→黄州→武汉→赤壁→荆州→宜昌。

武当山道教朝圣旅游线：武汉→随州→襄阳→武当山→十堰。

神农架回归自然旅游线：宜昌→秭归→神农架。

清江民俗风情旅游线：以恩施为中心，以长江三峡为依托，可游览利川腾龙洞、鱼木寨，进行清江漂流，欣赏民族歌舞。

第三节　湖南旅游亚区主要旅游资源概述

一、区域旅游资源概况

湖南省位于长江中游、洞庭湖以南，故名湖南，省会长沙市。又因省内最大河流——湘江贯通全省，故简称"湘"。东临江西，西接重庆、贵州，南毗广东、广西，北与湖北相连。全省面积21.18万平方千米，人口6822万人（至2016年末），辖14个地州市、122 个县（市、区）。

湖南全省可划分为六个地貌区：湘西北山原山地区、湘西山地区、湘南丘山区、湘东山丘区、湘中丘陵区、湘北平原区。全省东、西、南三面山地环绕，逐渐向中部及东北部倾斜，形成向东北开口不对称的马蹄形。炎陵县的神农峰（鄘峰）是省内地势的最高点，峰顶海拔 2122.35 米。东南部有桂东县的八面山，峰顶海拔 2042 米。湘南有道县的韭菜岭，峰顶海拔 2009 米。西南部有城步县的二宝鼎，峰顶海拔 2024 米。西北部有石门县的壶瓶山，峰顶海拔 2099 米。湖南地势的最低点，是临湘市的黄盖湖西岸，海拔只有 24 米，与省内最高点相差 2000 米左右。

湖南自古盛植木芙蓉，五代时就有"秋风万里芙蓉国"之说，因此又有"芙蓉国"之称。毛泽东更是用"芙蓉国里尽朝晖"赞美湖南。

湖南自古有"惟楚有材，于斯为盛"之誉。近现代以来，先后涌现了启蒙思想家魏源，清代中兴名臣曾国藩、左宗棠，维新志士谭嗣同、唐才常，辛亥元勋黄兴、蔡锷、宋教仁等。新民主主义革命时期，湖南发生了秋收起义、湘南暴动、桑植起义、平江起义、通道转兵、芷江受降等著名历史事件。毛泽东、刘少奇、任弼时、彭德怀等无产阶级革命家，为创建中国共产党、缔造中华人民共和国做出了卓越贡献；新中国授衔的十大元帅、十大将军中有九位是湖南人。新中国成立后又涌现出胡耀邦、朱镕基等党和国家领导人。此外，从"世界杂交水稻之父"袁隆平、"试管婴儿之母"卢光琇等著名科学家，到田汉、齐白石、黄永玉等知名艺术家；从沈从文、周立波等著名文学家，熊倪、刘璇等世界体育名将，到共产主义战士雷锋；湖湘人才联袂而起、灿若星河。绮丽的自然风光和悠久的历史文化，使湖南具有独特的旅游资源。

湖南省旅游资源丰富，以湖湘文化、革命胜迹众多和自然风光优美为其特色，旅游业发展潜力巨大。湖南现有岳麓山、武陵源、岳阳楼—洞庭湖、韶山、南岳衡山等国家级风景名胜区，国家级历史文化名城有长沙、岳阳、凤凰等，有蟒山、云山、神农谷、九嶷山等国家级森林公园等。有洞庭湖、壶瓶山、八大公山等国家级自然保护区。有炎帝陵、舜帝陵、蔡候祠、三绝碑、杜甫墓、毛泽东故居等全国重点文化保护单位。湘菜、湘绣、湘戏也独具特色。

二、主要旅游景区景点

（一）国家级历史文化名城

截至 2016 年年底，湖南共有国家级历史文化名城 4 个，分别是：长沙、岳阳、凤凰和永州。

1. 长沙市

长沙地处湖南东部偏北的湘江下游富饶的河谷平原，是湖南省省会，全国首批 4 座历史文化名城之一。长沙历史悠久，素有"楚汉名城"之称。"长沙"之名始于西周，迄今已经有 3000 多年的历史。公元前 202 年，西汉设立长沙国，长沙成为诸侯国首府。1972 年长沙的东郊马王堆汉墓出土的一具保存完整的女尸及其丰富的葬品，被誉为世界奇迹。新中国成立以来，长沙共发掘楚墓 3000 多座，汉墓 10000 多座。长沙风景秀丽，素有"山水名郡"之称，岳麓山耸立西岸，湘江纵贯全城，浏阳河逶迤东来，橘子洲和月亮岛伏卧江心，12 座公园和诸多绿地点缀城中，水光山色和洲景城郭浑然一体。长沙英雄辈出，素有"革命摇篮"之称，近代史上，这里是旧民主主义革命的发源地之一，黄兴、蔡锷、陈天华、宋教仁等一批仁人志士在这里从事革命斗争；现代史上，这里又是新民主主义革命的发源地之一，毛泽东、蔡和森、何叔衡、刘少奇等老一辈无产阶级革命家在这里求学、从事革命活动，成为中国最早研究和传播马克思主义的地方，影响遍及神州大地。

知识小扩充 9-2

复制马王堆素纱襌衣　云锦织造 13 年造传奇

马王堆一号墓出土的素纱襌衣，长 1.28 米，通袖长 1.9 米，由上衣和下裳两部分构成。面料为素纱，原为几何纹绒圈锦。素纱丝缕极细，共用料约 2.6 平方米，重仅 49 克，可谓"薄如蝉翼""轻若烟雾"。它代表了汉初养蚕、缫丝、织造工艺的最高水平。这种衣服是当时人们罩在色泽艳丽的锦袍上穿的，使绣袍上华丽的纹饰若隐若现，给人一种朦胧的美感。为了不使这一稀世珍品失传，南京市云锦研究所一共花了 13 年时间对这件文物进行复制，可无论如何也比出土的襌衣重 0.5 克，后来经过研究，得知其原因是由于气候和环境的变化，蚕所吃的食物和 2000 年前的不同，吐出的丝比以前的重一点。

（资料来源：编者根据相关资料整理）

2. 岳阳市

岳阳古称巴陵、岳州，是一座有 2500 多年悠久历史的文化名城。岳阳是洞庭湖明珠，是长江流域一座重要的历史文化名城。它东倚幕阜山，西临洞庭湖，北接万里长江，南连湘、资、沅、澧四水，风景秀丽，气候宜人，土地肥沃，物产丰富，素有"鱼米之乡"的美誉，是一个富（资源丰富）、优（区位优越）、美（风景优美）的地方；居中国南北东西交通要道，国务院首批沿江开放之重地，是长江中游沿岸第二大经济贸易中心，现已列为对外开放的甲级旅游城市，是世界龙舟文化的故乡。岳阳综合经济实力稳居全省第二，仅次于省会长沙，是湖南唯一的国际贸易口岸城市。

岳阳集名山、名水、名楼、名人、名文于一体，是中华文化重要的始源地之一，湘楚文化的摇篮，亦是海内外闻名的旅游胜地。

3. 凤凰县

凤凰县 2001 年被定为国家历史文化名城，凤凰县县城所在地沱江镇已有 1000 多年建城历史，自古即为湘西地区的政治、军事、经济和文化中心。这里至今较完整地保留了明清时期形成的传统格局和历史风貌。这里曾被新西兰著名作家路易艾黎称赞为中国最美丽的小城，与吉首的德夯苗寨，永顺的猛洞河，贵州的梵净山相毗邻，是怀化、吉首、贵州铜仁三地之间的必经之路。作为一座国家历史文化名城，凤凰的风景将自然的、人文的特质有机融合到一处，透视后的沉重感也许正是其吸引八方游人的魅力精髓。凤凰古城风景秀丽，历史悠久，名胜古迹甚多。城内，古代城楼、明清古院风采依然，古老朴实的沱江静静地流淌，城外南华山国家森林公园，城下艺术宫殿奇梁洞，建于唐代的黄丝桥古城，举世瞩目的南方长城等，都在昭示着这座古城的魅力。

4. 永州市

永州地处湘江上游，南岭北麓，坐落于湘粤桂三省交界处。永州市历史悠久，文化遗存丰富，保存有独特的"两山一水一城"古城格局，历史街区特色鲜明，非物质文化遗产丰富，具有重要的历史文化价值。永州地处潇、湘二水汇合处，故雅称"潇湘"，境内通过湘江北上可抵长江，南下经灵渠可通珠江水系，自古代便是重要的交通要塞。自公元前124年始置泉陵侯国以来，永州已有2100多年的建城史。此外，永州还是怀素、黄盖、周敦颐、李达、陶铸等历史名人的故乡。唐宋八大家之一的柳宗元被贬至永州时，留下了《永州八记》，在文学史上影响重大。永州是瑶族聚居地区，历史形成的"盘王节""耍春牛""敬鸟节""坐歌堂与送亲"等节庆活动，热闹非凡、引人入胜。永州的地方文化古老多姿，瑶歌、对山歌、龙舞、狮舞和祁剧小调，地方气息浓郁。

（二）世界遗产

截至2016年年底湖南有世界遗产共3处，其中自然遗产2处，分别是：武陵源风景名胜区、中国丹霞（湖南崀山）；世界文化遗产1处：永顺县老司城遗址。

1. 武陵源风景名胜区（1992.12，世界自然遗产）

武陵源风景名胜区位于湖南省西北部，由张家界市的张家界森林公园、慈利县的索溪峪自然保护区和桑植县的天子山自然保护区组合而成，总面积约500平方千米。

武陵源风景名胜区是20世纪80年代初开发的山水名胜。这里的风景没有经过任何的人工雕凿，到处是石柱石峰、断崖绝壁、古树名木、云气烟雾、流泉飞瀑、珍禽异兽。实在是，奇山异水，天下独绝。置身其间，犹如到了一个神奇的世界和趣味天成的艺术山水长廊。武陵源独特的石英砂岩峰林在国内外均属罕见，目前所知有山峰3000多座，这些突兀的岩壁峰石，连绵万顷，层峦叠嶂。每当雨过天晴或阴雨连绵天气，山谷中生出的云雾缭绕在层峦叠嶂之间，云海时浓时淡，石峰若隐若现，景象变幻万千。

武陵源水绕山转，据称仅张家界就有"秀水八百"，众多的瀑、泉、溪、潭、湖各呈其妙。金鞭溪是一条10余千米长的溪流，从张家界沿溪一直可以走到索溪峪，两岸峡谷对峙，山水倒映溪间，别具风味。武陵源的溶洞数量多、规模大，极富特色，其中最为著名的是索溪峪的"黄龙洞"。黄龙洞全长7.5千米，洞内分为四层，景观奇异，是武陵源最为著名的游览胜地之一。

专业技能训练 9-2

张家界武陵源上演峰林旗袍秀

2017 年 2 月 25 日，在湖南张家界武陵源风景区上演了一场"古典风"混搭"民族风"的旗袍秀。活动中，参加黄龙洞"国色天香"旗袍盛典的 100 余名旗袍爱好者身着各色旗袍，在挺立的峰林下向中外游客展示旗袍服饰的魅力与美韵。此次活动通过现代与古典的结合，向外界推介张家界生态文化旅游。

（资料来源：网易新闻. 张家界武陵源上演峰林旗袍秀：古典风混搭民族风 [EB/OL]. http：//hn. rednet. cn/c/2017/02/25/4221994. htm）

思考：旗袍秀与张家界生态旅游如何实现"展示文化，推介旅游"，实现旅游与文化融合发展？

2. 湖南崀山丹霞（2010.8，世界文化遗产）

崀山风景名胜区位于湖南省新宁县境内，包括天一巷、辣椒峰、扶夷江、八角寨、紫霞峒、天生桥六大景区，18 处风景小区，已发现并命名的重要景点有 500 余处，总面积 108 平方千米，属典型的丹霞地貌，是难得的山水自然风景区。

崀山的丹霞地貌是继张家界后发现的又一颗璀璨的风景明珠。崀是指在中生代侏罗纪至新生代第三纪沉积形成的红色岩系。世界上丹霞地貌主要分布在中国、美国西部、中欧和澳大利亚等地，以我国分布最广，又尤以崀山为中国丹霞地貌风景区中丰度和品位最具代表性和优美的景区，是一座天然的丹霞地貌博物馆，被地质专家们誉为"丹霞之魂、国之瑰宝"。

景区内的辣椒峰、骆驼峰、"鲸鱼闹海"、"亚洲第一桥"、"将军石"、"天下第一巷"构成了崀山雄奇、峻美的景观。

3. 老司城遗址（2015.07，世界文化遗产）

老司城城址兴建于南宋绍兴五年（公元 1135 年）彭氏第十一世首领彭福石庞统治时期，废弃于清雍正二年（公元 1724 年）"改土归流"，是永顺彭氏政权统治古溪州地区近 600 年的治所和古溪州地区的行政、生活、经济、文化和军事中心。目前考古发现的遗存以规模约 19 公顷的中心城址为核心，其他 515.34 公顷遗址遗迹沿灵溪河两岸分布，遗存年代涵盖了唐天授元年（公元 690 年）开始至五代梁、唐、晋、汉、周及宋、元、明、清各个朝代，主要集中于明代（公元 14—17 世纪）彭氏土司势力鼎盛时期。

老司城中心城址主要建筑朝西南，依东北高、西南低的地形随形就势而建，体现了湘西地区土家族传统聚落建于半山的选址特征。城址背山面水，其周边山系可作为城址的天然屏障，灵溪河自西北曲折流向东南环城而过。中心城址分为生活区、衙署区、墓葬区、街市区、本地族群信仰区、中央文教区等，各区域以正街、河街、右街、左街、紫金街等形成的道路系统连通。老司城遗址具有良好的生存环境条件，自古为众多小型族群聚居地。现存老司城及周邻民居可分左街（向家湾）、周家湾、喻家堡、杨茶枯、谢圃、响塘 6 处自然村落，沿河流两岸平缓处居住。

（三）国家 5A 级景区

截至 2017 年 2 月，湖南的国家 5A 级景区共有 8 家，见表 9-4。

表 9-4　湖南省国家 5A 级景区一览表

序号	景区名称	入选时间
1	张家界武陵源—天门山	2007 年
2	南岳衡山旅游区	2007 年
3	湘潭韶山旅游区	2011 年
4	岳阳楼—君山景区	2011 年
5	岳麓山景区	2012 年
6	长沙花明楼景区	2013 年
7	郴州市东江湖旅游区	2015 年
8	邵阳市崀山景区	2016 年

1. 南岳衡山旅游区

衡山又名南岳、寿岳、南山，为中国"五岳"之一，位于中国湖南省中部偏东南部，绵亘于衡阳、湘潭两盆地间，主体部分在衡阳市南岳区和衡山、衡阳县境内。衡山的命名，据战国时期《甘石星经》记载，因其位于二十八星宿的轸星之翼，"变应玑衡""铨德钧物"，犹如衡器，可称天地，故名衡山。衡山主要山峰有回雁峰、祝融峰、紫盖峰、岳麓山等，最高峰祝融峰海拔 1300.2 米。

衡山是中国著名的道教、佛教圣地，环山有寺、庙、庵、观 200 多处。衡山是上古时期君王唐尧、虞舜巡疆狩猎祭祀社稷，夏禹杀马祭天地求治洪方法之地。衡山山神是民间崇拜的火神祝融，他被黄帝委任镇守衡山，教民用火，化育万物，死后葬于衡山赤帝峰，被当地尊称南岳圣帝。道教"三十六洞天，七十二福地"，有四处位于衡山之中，佛祖释迦牟尼两颗真身舍利藏于衡山南台寺金刚舍利塔中。

2. 岳阳楼—君山景区

岳阳楼位于湖南省岳阳市古城西门城墙之上，下瞰洞庭，前望君山，自古有"洞庭天下水，岳阳天下楼"之美誉，与湖北武昌黄鹤楼、江西南昌滕王阁并称为"江南三大名楼"。岳阳楼主楼高 19.42 米，进深 14.54 米，宽 17.42 米，为三层、四柱、飞檐、盔顶、纯木结构。楼中四根楠木金柱直贯楼顶，周围绕以廊、枋、椽、檩互相榫合，结为整体。作为三大名楼中唯一保持原貌的汉族古建筑，其独特的盔顶结构，更体现了古代汉族劳动人民的聪明智慧和能工巧匠的精巧设计和技能。北宋范仲淹脍炙人口的《岳阳楼记》更使岳阳楼著称于世。

君山在岳阳市西南 15 千米的洞庭湖中，是一座面积不足 100 公顷的小岛。原名洞府山，取意神仙"洞府之庭"。传说这座"洞庭山浮于水上，其下有金堂数百间，玉女居之，四时闻金石丝竹之声，砌于山顶"；后因舜帝的两个妃子娥皇、女英葬于此，屈原在《九歌》中称之为湘君和湘夫人，故后人将此山改名为君山。君山地形独特，为洞庭湖中最大岛屿，岛上有36亭，48庙，秦始皇的封山印，汉武帝的"射蛟台"等珍贵文物遗址。君山银针茶叶誉满中外，唐代以来就列为贡品。汨罗江畔有屈子祠、杜甫墓等。此外，景区还有慈氏塔、襟代文庙、鲁录墓、黄盖湖、三国古战场等名胜古迹。

3. 岳麓山景区

岳麓山濒临湘江，依江面市，交通便利，湘流环境，桔洲横前，古城相望，山、江、洲、城浑然一体，实为天作之胜。此山荟萃湘楚文化精华，名胜古迹众多，植物资源丰富，革命烈士墓葬群集，风景优美，集儒释道为一体，唐代诗人刘禹锡的"群峰朝拱如骏奔"即是赞其天然雄浑之势。岳麓山群峦叠翠，古木参天。现有植物174科559属977种，其中晋朝的罗汉松、唐代银杏、宋时香樟、明清枫栗均系千年古树，老干虬枝，苍劲挺拔，高耸入云。千年学府岳麓书院为宋代四大书院之冠，亦坐落在山中；号称"汉魏最初名胜，湖湘第一道场"的古麓山寺，亦坐落在山中；道家的二十洞真虚福地云麓道宫，亦建在此山顶；建于清乾隆57年（1792年）地处青枫峡的我国四大名亭之一的爱晚亭，更是风景绝佳之地，也是毛泽东同志早年从事革命活动的地方。诸如白鹤泉、禹王碑、舍利塔、飞来石、自来钟、穿石坡等皆分布在山林岳壑之间。

4. 郴州市东江湖旅游区

东江湖位于湖南省东南部郴州地区的资兴市境内，是国家级风景名胜区，国家5A级旅游景区，国家湿地公园。东江湖纯净浩瀚，湖面面积160平方千米，蓄水量81.2亿立方米，相当于半个洞庭的蓄水量，其水质达到了国家一级饮用水标准。境内主要景观有：雾漫小东江、东江大坝、龙景峡谷、兜率灵岩、东江漂流、三湘四水·东江湖文化旅游街（含东江湖奇石馆、摄影艺术馆、人文潇湘馆），还有仿古画舫、豪华游艇游以及惊险刺激的水上跳伞、水上摩托等。

三、旅游美食与旅游商品

（一）旅游美食

湖南菜简称"湘菜"，是中国八大菜系之一，湘菜的特点是注重刀工、调味，尤以酸辣菜和腊制品著称，烹饪技法擅长煨、蒸、煎、炖、溜、炒等。因品种丰富，味感鲜明而富地方特色，名师辈出，自成一系而闻名于世。诸如"发丝百页"细如银发，"梳子百页"形似梳齿，"溜牛里脊"片同薄纸，更有创新菜"菊花鱿鱼""金鱼戏莲"，刀法奇异，形态逼真，巧夺天工。代表性的菜肴有：毛氏红烧肉、巴陵全鱼席、永州血鸭、东安鸡、口味虾、永州喝螺、宁远血鸭等。

湖南的著名小吃有：长沙火宫殿臭豆腐、口味虾、水煮鱼头、鸭脖子、唆螺、鱼头豆腐、豆腐干、津市牛肉粉、耒阳坛子菜、荷叶包饭、腊鱼、腊肉、腊肠、剁辣椒、三角干子、龙脂猪血、岳阳烧烤、浏阳蒸菜。

同步思考 9-3

民间俗谚："四川人不怕辣，江西人辣不怕，湖南人怕不辣。"湖南人为什么偏爱辣椒？

（二）旅游商品

湖南主要旅游商品如表 9-5 所示。

表 9-5　湖南主要旅游商品

类别	具体代表
工艺品	菊花石雕、湘绣、醴陵瓷器、湖南竹器、石雕制品闻名于世，其他如绢花、剪纸、浏阳花炮、铜官陶器、岳州瓷、宝庆竹刻
酒、茶	古越楼台、酒鬼酒、开口笑酒、武陵酒、德山大曲、邵阳大曲、邵阳老酒、雁峰大曲、南州大曲、浏阳河酒、岳阳君山银针、三叶虫茶、白马毛尖、安化黑茶、大庸古丈毛尖、长沙高桥银峰和湖波绿、沅陵碣滩茶
土特名产	沅江银鱼、湘莲、益阳松花皮、槟榔，湘莲，龙牌酱油，灯芯糕、邵阳油茶、武冈铜鹅、武冈卤菜、溆浦金银花、通道侗家苦酒、益阳水竹凉席、双峰县永丰五香豆腐干、大通湖大闸蟹、邵东黄花菜、永州血鸭、凤凰姜糖
水果	炎陵黄桃、安化柑橘、新宁脐橙、麻阳冰糖橙、雪峰蜜橘

四、旅游节庆与旅游线路

（一）旅游节庆

湖南主要的旅游节庆包括：张家界国际森林保护节（10 月）、南岳衡山寿文化节（9 月）、浏阳国际花炮节（10—11 月）、株洲炎帝文化节（6 月）、永顺土家社巴节（2 月）等。而有些节日则极具地方特色，如湘西土家人每年要过三次年，腊月二十九（或二十八）"过赶年"，农历六月二十五过"六月年"，十月初一又过"十月年"。

（二）旅游线路

湖南主要有以下经典旅游线路：

风光民情旅游线：长沙→张家界→猛洞河。主要游览张家界、索溪峪、天子山、猛洞河、八大公山等景区景点。

湘楚文化旅游线：长沙→岳阳。主要游览洞庭湖、岳阳楼、屈子祠、屈原墓、岳麓山等景点。

名城名人旅游线：长沙→韶山。主要游览毛泽东故居、云门寺、毛泽东诗词碑林、韶山烈士陵园、毛泽东文物展馆等景点。

宗教名山旅游线：长沙→南岳。主要游览衡山、炎帝陵、蔡侯祠、九嶷山等景区景点。

第四节　四川旅游亚区主要旅游资源概述

一、区域旅游资源概况

四川省简称川或蜀，位于我国西南地区、长江上游，汉末三国时为蜀国地。宋时设立川峡路，后分设益州路、利州路、梓州路、夔州路四路，合称四川，因而得名。四川面积48.6万平方千米，常住人口8262万人（2016年）。这里因土地肥沃、物产富饶、资源富集、风景优美，素有"天府之国"的美誉。

四川省地跨青藏高原、横断山脉、云贵高原、秦巴山地、四川盆地等几大地貌单元，地势西高东低，由西北向东南倾斜。最高点是西部的大雪山主峰贡嘎山，海拔高达7556米。地形复杂多样。以龙门山—大凉山一线为界，东部为四川盆地及盆缘山地，西部为川西高山高原及川西南山地。四川盆地是我国四大盆地之一，面积17万平方千米，盆地底部龙泉山以西为川西平原区，由成都平原、眉山—峨眉平原组成；龙泉山以东地区为盆地丘陵地貌区，可分为川中方山丘陵、川东平行岭谷区两个地貌亚区。

四川自然风光雄奇险秀，民族风情多姿多彩，巴蜀文化积淀深厚，革命历史遗迹可歌可泣，川菜享誉四方，川酒香飘四海，川剧独具魅力，旅游资源得天独厚。截至2017年7月，四川拥有世界文化遗产1项，世界自然遗产3项，世界文化与自然双重遗产1项，世界灌溉工程遗产1项；国家5A级旅游景区12处，4A级景区185处；中国最佳旅游城市1座，中国优秀旅游城市21座，中国历史文化名城8座，全国重点文物保护单位230处。童话世界九寨沟、国之瑰宝大熊猫、古蜀文化三星堆已经成为四川省三大国际旅游品牌。峨眉山、青城山、九寨沟、黄龙、牟尼沟、兴文石林等都以其独特的自然风光引人入胜；都江堰、剑门蜀道则是人工改造自然的辉煌成果；乐山大佛是世界最大的石刻佛像，"山是一尊佛，佛是一座山"。王建墓、刘备墓与武侯祠、杜甫草堂、望江楼公园都与著名历史人物有密切关系。四川民族风情特异，为多民族聚居地，有55个少数民族，精美绝伦的文化艺术和清幽绮丽的自然风光让游客流连忘返。

二、主要旅游景区景点

（一）国家级历史文化名城

截至2017年7月，四川有国家级历史文化名城8座：成都市、自贡市、宜宾市、阆中市、乐山市、都江堰市、泸州市、会理县。

1. 成都市

成都简称蓉，四川省省会，位于四川盆地西部，境内地势平坦、河网纵横、物产丰富、农业发达，自古就有"天府之国"的美誉。成都是一座有2300多年悠久历史的古城，是国务院首批公布的24个历史文化名城之一。公元前4世纪，古蜀国王开明九世于

"广都樊乡"（今双流境内）"徙治成都"，以"周太王从梁止岐，一年成邑，二年成都"，故名成都，沿用至今。两千多年来，成都一直是中国西南地区的政治、经济、军事重镇，具有重要的战略地位。秦、汉、晋、隋皆因得蜀而统一天下。西汉公孙述、三国刘备、西晋李雄、东晋李寿、五代前蜀王建、后蜀孟知祥等封建王朝均建都成都。这里是中国最佳旅游城市和南方丝绸之路的起点、"十大古都"之一。北宋年间成都人联合发行世界最早的纸币——交子，官府在成都设立世界最早的管理储蓄银行——交子务。2300多年的建城史孕育了都江堰、武侯祠、杜甫草堂、金沙遗址等众多名胜古迹。

2. 自贡市

自贡位于四川盆地南部，为四川省地级市。历史上自贡因产井盐而富商云集，中国最富庶的城市之一，是世界上最早开发利用天然气的地方。自贡以吴玉章、江姐、卢德铭、邓萍为代表的红色文化，以赵熙、宋育仁、刘光第、李宗吾为代表的名人文化，以"小三绝"（扎染、龚扇、剪纸）为代表的民族民间文化，以川剧、歌舞、杂技、曲艺为代表的戏剧、歌舞文化等，都是极具特色的文化资源。亿万年的恐龙化石宝库、两千年积淀的井盐文化遗存、近千年汇聚的绚丽彩灯文化、独具风味的饮食文化，铸就了蜚声中外的特色文化品牌——"千年盐都""恐龙之乡""南国灯城""美食之府"，有极高的开发价值。

3. 宜宾市

宜宾别称"僰（bó）道""戎州""叙州城"，位于四川省中南部。金沙江、岷江在此汇合，长江至此始称"长江"，是长江的"起点"，故宜宾也被称为"万里长江第一城"。宜宾是著名的中国历史文化名城，举世闻名的名酒五粮液即产于这里，发达的酿酒工业使宜宾成为名副其实的"中国酒都"。宜宾市是长江上游开发最早、历史最悠久的城市之一，是南丝绸之路的起点，素有"西南半壁古戎州"的美誉。宜宾文化既有本地古老民族文化的特征，又与巴蜀文化、中原文化不断融合渗透，还吸收了外来文化的精华，大江文化、僰苗文化、哪吒文化、酒文化、石文化、茶文化……独特的魅力、丰厚的内涵，让人沉醉，让人痴迷。这里有石海洞乡世界地质公园，老君山国家级自然保护区，蜀南竹国家级风景名胜区，中国民间古建筑活化石——夕佳山古民居等。

4. 阆中市

阆中古称保宁，地处四川盆地东北部，位于嘉陵江中游，秦巴山南麓，山围四面，水绕三方。两千多年来，一直为巴蜀要冲，军事重镇，有"阆苑仙境""阆中天下稀"之美誉。唐代诗人杜甫在这里留下了"阆州城南天下稀"的千古名句，唐代大画家吴道子三百里嘉陵江山图，称阆中为"嘉陵第一江山"。这里拥有四大保存最完整的古镇之一的阆中古城，古城是完全按照唐代天文风水理论建造的一座城市，被誉为"风水古城"，城中保存着1.78平方千米唐宋格局、明清风貌的古街古巷，包括张飞庙、永安寺、五龙庙、滕王阁、观音寺、巴巴寺、大佛寺、川北道贡院8处全国重点文物保护单位，邵家湾墓群、文笔塔、石室观摩崖造像、雷神洞摩崖造像、牛王洞摩崖造像、红四方面军总政治部旧址、华光楼等22处省级文物保护单位。

（二）世界遗产

截至 2017 年 7 月，四川省共有世界遗产 5 处，其中文化与自然双重遗产 1 处：峨眉山—乐山大佛；世界自然遗产 3 处：黄龙、九寨沟、四川大熊猫栖息地；世界文化遗产 1 处：青城山—都江堰。

1. 峨眉山—乐山大佛（1996.12，世界文化与自然双重遗产）

峨眉山位于神秘的北纬 30°附近，雄踞在四川省西南部。自古就有"普贤者，佛之长子，峨眉者，山之领袖"之称。峨眉山自然遗产极其丰富，素有天然"植物王国""动物乐园""地质博物馆"的美誉。文化遗产极其深厚，是中国佛教圣地，被誉为"佛国天堂"，是普贤菩萨的道场。它以"雄、秀、神、奇、灵"的自然景观和深厚的佛教文化，被联合国教科文组织列入《世界遗产名录》。

乐山大佛景区位于四川盆地西南部，岷江、青衣江、大渡河三江在此交汇。景区依山傍水，风光旖旎，文化和自然景观和谐统一，构成了一幅多彩的山水画卷。这里有世界最大的摩崖石刻弥勒坐像——乐山大佛、自然和人文奇观——"巨型睡佛"、青衣别岛——乌尤寺、佛教雕刻艺术荟萃——东方佛都、宋元古战场——三龟九顶城、中国最早的佛像之一——结跏趺坐佛。此外，这里还有著名的历史文化景观和景点：秦时离堆、汉时尔雅台、唐时海师洞、宋时东坡楼、元时千峰洞、明时注易洞、当代沫若堂等。

2. 黄龙（1992.12，世界自然遗产）

黄龙位于阿坝藏族羌族自治州松潘县境内，是中国唯一保护完好的高原湿地，与九寨沟相距 100 千米，海拔 1700~5588 米，地貌特征是山雄峡峻。黄龙以规模宏大、结构奇巧、色彩丰艳的地表钙华景观为主景，以罕见的岩溶地貌蜚声中外，堪称人间仙境。因沟中有许多彩池，随着周围景色变化和阳光照射角度变化变幻出五彩的颜色，被誉为"人间瑶池"。黄龙以彩池、雪山、峡谷、森林"四绝"著称于世，再加上滩流、古寺、民俗称为"七绝"。黄龙由黄龙沟、丹云峡、牟尼沟、雪宝顶、雪山梁、红星岩，西沟等景区组成，主景区黄龙沟位于岷山主峰雪宝顶下，面临涪江源流，似中国人心目中"龙"的形象，因而历来被喻为"中华象征"。黄龙除了是世界自然遗产，还是世界人与生物圈保护区，国家 5A 级旅游景区，国家重点风景名胜区。

3. 九寨沟（1992.12，世界自然遗产）

九寨沟位于阿坝藏族羌族自治州九寨沟县境内，地处青藏高原、川西高原、山地向四川盆地过渡地带，距离成都市 400 多千米，是一条纵深 50 余千米的山沟谷地，总面积 64297 公顷，森林覆盖率超过 80%，因沟内有树正寨、荷叶寨、则查洼寨等九个藏族村寨而得名。"九寨归来不看水"，是对九寨沟景色真实的诠释。泉、瀑、河、滩、海子，构成了一个个五彩斑斓的瑶池玉盆。长海、剑岩、诺日朗、树正、扎如、黑海六大景观，呈"Y"形分布。翠海、叠瀑、彩林、雪峰、藏情、蓝冰，被称为"六绝"。神奇的九寨，被世人誉为"童话世界"，号称"水景之王"。九寨沟历来被当地藏族同胞视为"神山圣水"。九寨沟景区开放后，东方人称之为"人间仙境"，西方人则誉之为"童话世界"。

课堂讨论与作业 9-1

九寨沟地震后的行业关联效应

2017 年 8 月 8 日 21 时 19 分，四川阿坝州九寨沟县发生 7.0 级地震，地震致九寨沟景区灾情严重，一些旅游景观和旅游基础设施遭到严重破坏，著名景点火花海出现长 50 米、深约 12 米、宽 20 米的决口；86 版西游记取景地之一的诺日朗瀑布岩体坍塌，诺日朗到树正 3 千米边坡出现垮塌，景区内的则查洼沟、下季节海、树正沟等景点也出现了山体垮塌、落石、边坡垮塌等情况，景区的多处栈道也遭到了破坏。对当地自然景观和生态环境造成较大影响。地震发生后，为保证游览安全，九寨沟景区从 8 月 9 日起已停止接待游客，具体接待游客时间则将另行通告。目前九寨沟已经进入灾后恢复期，短期内不会营业，旅游业进入"冰封期"。

（资料来源：编者根据相关资料整理）

任务：九寨沟旅游暂停，无疑会降低四川整体旅游吸引力，对关联行业会产生哪些不利影响？

4. **四川大熊猫栖息地**（2006.7，世界自然遗产）

大熊猫栖息地由世界第一只大熊猫发现地宝兴县及四川省境内的卧龙自然保护区等 7 处自然保护区和青城山—都江堰风景名胜区等 9 处风景名胜区组成，涵盖成都、雅安、阿坝和甘孜共 4 市州的 12 个县，面积 9245 平方千米。四川大熊猫栖息地保存的野生大熊猫占全世界 30% 以上，是全球最大最完整的大熊猫栖息地，也是全球所有温带区域（除热带雨林以外）中植物最丰富的区域，被保护国际（CI）选定为全球 25 个生物多样性热点地区之一，被世界自然基金会（WWF）确定为全球 200 个生态区之一。从某种意义上来讲，它可以说是一个"活的博物馆"，这里有高等植物 1 万多种，还有大熊猫、金丝猴、羚牛等独有的珍稀物种。

5. **青城山—都江堰**（2000.11，世界文化遗产）

青城山位于四川省成都市都江堰市西南，东距成都市区 68 千米，处于都江堰水利工程西南 10 千米处。景区面积 200 平方千米，最高峰老君阁海拔 1260 米。全山林木青翠，四季常青，诸峰环峙，状若城郭，故名青城山。丹梯千级，曲径通幽，以幽洁取胜，享有"青城天下幽"的美誉。这里是全球道教全真道圣地，中国四大道教名山之一，五大仙山之一，中国道教发祥地之一。

都江堰位于四川省成都市都江堰市城西，坐落在成都平原西部的岷江上，始建于秦昭王末年（约公元前 256—前 251），是蜀郡太守李冰父子在前人鳖灵开凿的基础上组织修建的大型水利工程，由分水鱼嘴、飞沙堰、宝瓶口等部分组成，两千多年来一直发挥着防洪灌溉的作用，使成都平原成为水旱从人、沃野千里的"天府之国"，至今灌区已达 30 余县市、面积近千万亩，是全世界迄今为止，年代最久、唯一留存、仍在一直使用、以无坝引水为特征的宏大水利工程，凝聚着中国古代劳动人民勤劳、勇敢、智慧的结晶。

（三）国家 5A 级景区

截至 2017 年 2 月，四川省共有国家 5A 级景区 12 家，见表 9-6。

表 9-6　四川省国家 5A 级景区一览表

序号	景区名称	入选时间
1	成都市都江堰市青城山—都江堰旅游景区	2007 年
2	乐山市峨眉山市峨眉山景区	2007 年
3	阿坝藏族羌族自治州九寨沟县九寨沟景区	2007 年
4	乐山市市中区乐山大佛景区	2011 年
5	阿坝藏族羌族自治州松潘县黄龙风景名胜区	2012 年
6	绵阳市北川羌族自治县羌城旅游区（中国羌城—老县城地震遗址—"5·12"特大地震纪念馆—北川羌族民俗博物馆—北川新县城—吉娜羌寨）	2013 年
7	阿坝藏族羌族自治州汶川县汶川特别旅游区（震中映秀—水磨古镇—三江生态旅游区）	2013 年
8	南充市阆中市阆中古城旅游景区	2013 年
9	广安市广安区邓小平故里旅游区	2013 年
10	广元市剑阁县剑门蜀道剑门关旅游景区	2015 年
11	南充市仪陇县朱德故里景区	2016 年
12	甘孜藏族自治州泸定县海螺沟景区	2017 年

1. 羌城旅游区

羌城旅游区位于四川盆地西北部北川羌族自治县，这里是全国唯一的羌族自治县，几千年来，古老的羌民族与汉、藏、回等 17 个民族在北川大地上繁衍生息，形成了淳朴厚重的民俗文化。北川是大禹故里，4000 年前古代治水英雄、人文始祖大禹从禹穴沟走出，开创了华夏民族的新纪元。景区由北川地震遗址区、北川新县城，北川地震纪念馆、北川羌族民俗博物馆、吉娜羌寨、维斯特游客中心等景点组成，集纪念缅怀、感恩大爱、禹羌风情和生态休闲于一体，留存有"5·12"特大地震灾难记忆、传承着羌民族悠久的人文历史与灿烂的民族文化、记载了伟大的抗震救灾精神和无疆大爱文化。

2. 汶川特别旅游区

汶川特别旅游区是 2008 年 5 月 12 日汶川特大地震重建后特别开发的纪念性和文化主题景区。由震中映秀、水磨古镇、三江生态旅游区组成，不仅山水秀丽，具有生物多样性特点，而且历史文化底蕴深厚，民族文化异彩纷呈，生态、地质文化博大精深。自然风光与浓厚的乡土风情、民族文化、人文景观及田园风情交相辉映，独具魅力。映秀镇作为"5.12 汶川大地震"的重灾区，如今保留着震源点、漩口中学遗址等地震原貌，并新建了"5.12"汶川特大地震震中纪念馆。水磨镇是汉族和少数民族的交融区，内地风情和藏羌文化交相辉映，西蜀人文和禅佛文化联袂绽放。三江生态旅游区有保存完好的自然生态，有藏、羌民俗文化，茶马古道历史文化，是集观光、体验、避暑度假于一体的短程旅游风景区。

3. 剑门蜀道剑门关旅游景区

景区地处广元市剑阁县北部，由剑门关、翠云廊两个紧邻的国家 5A 级旅游景区组成。剑门蜀道历史悠久，肇始于西周，民间至今仍在使用，它是先秦古蜀道——金牛道的核心地段，历史跨越 3000 余年。至今仍遗存有众多的古桥梁、古建筑、古碑刻、古寺庙、古城址、古行道树等大量珍贵文物，是迄今为止古代中国交通道路史上开辟最早、使用时间最长、保存最完整的人工古驿道。剑门关是自然天成的天下第一关隘，是历代兵家必争之地，是古代出秦入蜀——金牛道的必经之地。蜀汉丞相诸葛亮在此修筑栈道，设关戍守，始称"剑阁"，唐代诗人李白《蜀道难》赞叹"剑阁峥嵘而崔巍，一夫当关，万夫莫开"，享有"剑门天下雄，剑门天下险""天下第一关""西蜀门户"等美誉，更使得剑门关誉满华夏，名扬海内。

4. 海螺沟景区

海螺沟景区位于青藏高原东南缘，贡嘎山东坡，处于甘孜藏族自治州的泸定、康定、九龙和雅安市四县交界区，面积 906.13 平方千米，由海螺沟、燕子沟、磨子沟、南门关沟、雅家埂、磨西台地六个景区组成。这里处于青藏高原向四川盆地的过渡地带，自然环境、气候条件和旅游资源独具特色：壮丽的冰川与森林共生，奇绝无比；雄伟的大冰瀑布宛如从蓝天直泻而下的一道银河，蔚为壮观；原始森林大树参天，林木苍翠，蓊蓊郁郁众多可浴可饮的优质冷热矿泉，堪称"世界一绝"；最大规模的红石滩群，让人感叹大自然的造化神奇。高山、低海拔现代冰川，高山湖泊，温泉，原始森林，种类丰富的珍稀动植物，形成了世界上完整的生物气候带，能让人体验"一沟有四季，十里不同天"的自然变化。

专业技能训练 9-3

三大主题构架四川红色精品线路

四川是革命老区，是中国工农红军二万五千里长征，历时最久、行程最长、发生重要事件最多的省份，还是朱德、邓小平、陈毅等老一辈无产阶级革命家和张思德、黄继光、赵一曼等革命先烈故里，革命遗存和附着的精神财富种类齐全、点多面广，有很强吸引力、感染力和震撼力，是全国红色旅游资源的精品。四川红色旅游资源总体上可以总结为"伟人故里、长征丰碑、川陕苏区"三大主题，体现了红色旅游与生态旅游、乡村旅游等的结合，充分展示了四川雄伟壮丽的自然风光、可歌可泣的革命历史、绚丽多姿的民族风情和改革开放的新貌等。

（资料来源：作者根据相关资料整理）

任务：请选择其中一个主题，设计一条历史价值高、教育意义重大的景点红色旅游线路。

三、旅游美食与旅游商品

（一）旅游美食

四川饮食文化的发展依赖于得天独厚的自然条件，境内江河纵横，四季常青，烹饪原料丰富：既有山区的山珍野味，又有江河的鱼虾蟹鳖；既有肥嫩味美的各类禽畜，又有四季不断的各种新鲜蔬菜和笋菌；还有品种繁多、质地优良的酿造调味品和种植调味品，都为各式川菜的烹饪提供了良好的物质基础。因此作为我国八大菜系之一的川菜，取材广泛，调味多变，菜式多样，口味清鲜醇浓并重，以善用麻辣调味著称。代表菜品有鱼香肉丝、宫保鸡丁、水煮鱼、水煮肉片、夫妻肺片、辣子鸡丁、麻婆豆腐、回锅肉等。

此外，四川人喜欢吃火锅，且喜欢麻辣在全国有名。四川小吃历史悠久，品种繁多，具有浓郁的地方特色，与川菜相配，更是相得益彰，在我国烹饪文化遗产中占有重要地位。用大米为原料的有传统的赖汤圆、叶儿粑、珍珠圆子、白蜂糕、米花糖、醪糟小汤圆等大宗品种，还有银芽米饺、凤凰玉饺、一品烧卖、海参芙蓉包、蝴蝶米饺、鲜虾玉盒等精巧细点；用面粉为原料的小吃也不少，如龙抄手、韩包子、钟水饺等，仅仅是面条，就有高档品"奶汤鲍鱼面"到一般的"炉桥面"几十个品种。

（二）旅游商品

四川主要旅游商品如表9-7所示。

表9-7　四川主要旅游商品

类别	具体代表
工艺品	蜀绣、蜀锦、瓷胎竹编、绵竹年画、扎染、手工木雕、彝族特色漆器、自贡剪纸、龚扇、苴却砚
酒、茶	五粮液、泸州老窖、剑南春、全兴大曲、郎酒、沱牌曲酒、蒙顶山茶、宜宾早茶、天府龙井、蒙顶黄芽、竹叶青
土特名产	自贡井盐、内江白糖、阆中保宁醋、德阳酱油、郫县豆瓣、茂汶花椒、永川豆豉、涪陵榨菜、叙府芽菜、南充冬菜、新繁泡菜、成都地区的辣椒、青川黑木耳、阆中张飞牛肉、剑门豆腐、渠县黄花菜、青川魔芋、煎茶竹丝茄、四川腊肉、绵阳蕨菜、梓潼酥饼
水果	浦江葡萄、广元脆红李、苍溪红心猕猴桃、通贤柚、安居黄金梨

四、旅游节庆与旅游线路

（一）旅游节庆

四川由于旅游资源类型多样、产品丰富，近年来开展的旅游活动也是异彩纷呈。主要旅游节庆有：自贡国际恐龙灯会（1月）、成都国际桃花节（3月）、中国四川国际茶博会（5月）、四川国际文化旅游节（6月）、中国成都国际非物质文化遗产节（6月）、四川乡村文化旅游节（7月）、四川甘孜山地旅游节（8月）、四川湿地生态旅游节（8月）、四川国际旅游交易博览会（9月）、四川广元女儿节（10月）、峨眉山冰雪温泉（12月）等。

四川民族众多，传统民间节庆种类繁多，其中最具传统色彩、最为红火热闹的节庆有：汉族成都灯会、成都花会、龙泉桃花节、郫县望丛祠赛歌会、自贡恐龙灯会、都江堰放水节、五通桥龙舟会、广元女儿节等，彝族大凉山火把节、彝族年节、藏族黄龙寺庙会、塔公草原赛马会、康定转山会、木里藏族俄喜节、马尔康赏花节、白马歌会、藏历年，泸沽湖摩梭人的朝山节，羌族祭山会、羌年节、羌族端午节，德昌等地傈僳族阔拾节，等等。

（二）旅游线路

2017 年 8 月，四川省旅游发展委员会举行新闻发布会，首次推出大九寨及外围区域八条精品旅游线路：

九黄世界遗产西线：都江堰→汶川特别旅游区→茂县九鼎山→松潘→牟尼沟→松潘古城→川主寺→红军长征纪念碑→圣地薰衣草花海→黄龙。

九黄世界遗产东线：成都→德阳蓥华山、龙门山→罗江白马关→绵阳科技城→江油李白故里、窦圌山→平武→白马王朗→报恩寺。

红原机场—大草原落地自驾旅游线：月亮湾→红原大草原→红原花海→瓦切塔林→日干桥沼泽→若尔盖花湖→九曲黄河第一湾→热尔大坝→巴西会议旧址→黄龙。

羌藏文化走廊旅游线：汶川特别旅游区→理县毕棚沟→浮云牧场→桃坪羌寨→甘堡藏寨→古尔沟温泉小镇→米亚罗→雅克夏→达古冰川→卡龙沟→色尔古藏寨→茂县。

安多藏族民俗文化长廊旅游线：世外桃源神座→哇尔玛藏寨→曼扎塘湿地大草原→莲宝叶则。

大东女国秘境文化旅游线：马尔康卓克基→松岗碉群→金川观音桥→太阳河→金川河谷→马尔邦碉王→丹巴古碉群、嘉绒藏寨→美人谷→甲居藏寨→中路藏寨→云顶花海→东谷天然盆景。

大熊猫国际生态旅游线：映秀镇→汶川卧龙大熊猫基地→小金→巴朗山→四姑娘山→达维会师桥→沃日官寨→宝兴夹金山→硗碛藏寨→蜂桶寨→东拉山大峡谷→熊猫古城、飞仙关→龙门洞→雅安碧峰峡熊猫基地→蒙顶山→上里古镇→周公山。

"大爱中国"主题线路：成都→什邡孝泉古镇→绵竹九龙山乡村旅游带→绵竹年画村→麓棠山温泉→汉旺镇→罗浮山→白水湖→寻龙山→北川老县城地震遗址→龙隐古镇→药王谷。

第五节　重庆旅游亚区主要旅游资源概述

一、区域旅游资源概况

重庆，简称巴或渝，位于中国西南部，是国家直辖市，国家中心城市，长江上游地区经济、金融、商贸物流、科技创新和航运中心，西南地区综合交通枢纽和最大的工商业城市，国家重要的现代制造业基地，全国统筹城乡综合配套改革试验区。总面积 8.24 万平方千米，辖 26 个区、8 个县、4 个自治县，总人口 3048.43 万人（2016 年）。

重庆气候温和，属亚热带季风性湿润气候，是宜居城市，年平均气温在 18℃ 左右，冬季最低气温为 6~8℃，夏季炎热，七月每日最高气温均在 35℃ 以上。极端气温最高可达 43℃，最低可达-2℃，日照总时数 1000~1200 小时，冬暖夏热，无霜期长、雨量充沛、常年降雨量 1000~1450 毫米，春夏之交夜雨尤甚，因此有"巴山夜雨"之说。重庆多雾，素有"雾都（雾重庆）"之称。

流经重庆的主要河流有长江、嘉陵江、乌江、涪江、綦江、大宁河等。长江干流自西向东横贯全境，流程长达 665 千米，横穿巫山三个背斜，形成著名的瞿塘峡、巫峡、西陵峡（该峡位于湖北省境内），即举世闻名的长江三峡。嘉陵江于渝中区汇入长江，乌江于涪陵区汇入长江。

重庆是一座具有悠久历史的文化名城。公元前 11 世纪，巴国就在此建都。公元 1189 年，宋光宗在此先封王后称帝，自诩"双重喜庆"，重庆由此得名。抗日战争时期，重庆为国民党政府战时陪都。中华人民共和国成立后，重庆于 1950 年成为中央直辖市，1954 年改为四川省辖市，1983 年成为中央计划经济单列市。1997 年 3 月，全国人大第八届五次会议批准重庆恢复为中央直辖市。

重庆是巴渝文化发祥地，有"中国火锅之都""中国会展名城""世界温泉之都"之称。重庆旅游资源丰富，人文、自然旅游资源得天独厚。古代石刻文化、巴渝文化、三峡文化、抗战文化蜚声中外。世界文化遗产大足石刻、雄伟壮丽的长江三峡、璀璨迷人的山城夜景闻名遐迩。

专业技能训练 9-4

重庆公路奇观　陡峭山壁上悬挂"45 道拐"

重庆以"山城"著称，多数区县以山地面貌为主。因此，重庆许多乡村公路都穿梭于大山之间，险象环生。在重庆市秀山县洪安镇，便有这样一条公路，因悬挂在陡峭山壁上而闻名。这条公路是从重庆市秀山县洪安镇平马茶海通往川河盖景区的一条乡村公路，全长 5757 米，海拔从 625 米升至 1175 米。公路坡陡弯急拐多，共计 45 道拐，堪称公路奇观。

（资料来源：新华网）

思考：重庆"山城"公路奇观，如何转化为知名的旅游景观？

二、主要旅游景区景点

（一）国家级历史文化名城

重庆市于 1986 年 12 月被列入第二批国家级历史文化名城，是一座具有悠久历史、灿烂文化和光荣革命传统的名城。因境内嘉陵江古称"渝水"，故简称"渝"。由于地理、自然等方面的原因，重庆自古就是巴渝地区的政治、军事、经济中心，长江上游重要的交通枢纽和内河口岸。

重庆原为四川省辖市，是西南著名的综合性工业城市、西南地区科学技术力量最强的城市，也是中国中西部内陆地区唯一的直辖市。

重庆全城依山而构，临江而筑，气候湿热多雾，是著名的山城和雾都，拥有独具特色的三峡旅游资源，是中国著名的旅游城市之一。

同步思考9-4

麻辣火锅发源于重庆，重庆火锅最经典的"老三篇"是什么？

（二）世界遗产

截至2017年7月，重庆共有世界遗产2处，其中世界文化遗产1处：大足石刻；自然遗产1处：中国南方喀斯特。

1. 大足石刻景区（1999.12，世界文化遗产）

大足石刻旅游景区，是唐末、宋初时期的宗教摩崖石刻，以佛教题材为主，尤以北山摩崖造像和宝顶山摩崖造像最为著名，是中国著名的古代石刻艺术。北山摩崖造像位于重庆市大足区城北1.5千米的北山。北山摩崖造像长300多米，是全国重点文物保护单位、世界文化遗产。造像最初开凿于晚唐景福元年（公元892年），历经后梁、后唐、后晋、后汉、后周五代至南宋1162年完成，历时250多年。现存雕刻造像4600多尊，是中国晚期石窟艺术中的优秀代表。

大足古号"海棠香国"，位于重庆市西北部，是闻名世界的石刻之乡。大足石刻是对其境内摩崖石刻群的统称，共计石刻造像70余处，总计10万尊，其中以宝顶山和北山石刻最为著名，保存最为完好。

1999年12月1日，大足石刻（宝顶山、北山、南山、石门山、石篆山石刻5处摩崖造像），被联合国教科文组织列入《世界遗产名录》，现为全国重点文物保护单位，国家5A级旅游景区。

2. 中国南方喀斯特（2007.6一期，2014.6二期，世界自然遗产）

"中国南方喀斯特"是中国的世界自然遗产，2007年被收入联合国教科文组织的《世界遗产名录》，2014年得到了增补，现由云南石林、贵州荔波、重庆武隆、广西桂林、贵州施秉、重庆金佛山和广西环江七地的喀斯特地貌组成。其中云南石林、贵州荔波、重庆武隆组成第一期的"中国南方喀斯特"进行申报，于2007年6月27日在第31届世界遗产大会中全票入选世界自然遗产；广西桂林、贵州施秉、重庆金佛山和广西环江组成"中国南方喀斯特二期"项目，于2014年6月23日在第38届世界遗产大会中通过审议入选世界自然遗产，作为对"中国南方喀斯特"的拓展。

"喀斯特"即岩溶，是水对可溶性岩石进行溶蚀等作用所形成的地表和地下形态的总称，是一种地貌特征。"中国南方喀斯特"拥有最显著的喀斯特地貌类型（如尖塔状、锥状喀斯特）以及如天生桥、天坑之类的雄伟奇特的喀斯特景观，是世界上最壮观的热带至亚热带喀斯特地貌样本之一。

（三）国家 5A 级景区

截至 2017 年 2 月，重庆市共有国家 5A 级景区 8 家，见表 9-8。

表 9-8　重庆市国家 5A 级景区一览表

序号	景区名称	入选时间
1	大足区大足石刻景区	2007 年
2	巫山区小三峡—小小三峡旅游区	2007 年
3	武隆县喀斯特旅游区	2011 年
4	酉阳土家族苗族自治县桃花源旅游景区	2012 年
5	綦江区万盛黑山谷—龙鳞石海风景区	2012 年
6	南川区金佛山景区	2013 年
7	江津区四面山景区	2015 年
8	云阳县龙缸景区	2017 年

1. 巫山区小三峡—小小三峡旅游区

被誉为"中华奇观""天下绝景"的巫山小三峡—小小三峡旅游区，是"国家级风景名胜区""首批国家 5A 级旅游景区"，1991 年就名列"中国旅游胜地四十佳"。巫山小三峡是长江三峡最大支流大宁河流经巫山境内的龙门峡、巴雾峡、滴翠峡的总称，全长 50 千米。境内峡谷雄伟险峻、中通一线、遮天蔽日，峰与天关接、舟从地窟行，林木翠竹、峻岭奇峰、多姿多彩、变幻无穷。时有云雾缭绕、清幽秀洁，时有飞瀑急湍、气势磅礴，成双成对的鸳鸯、攀岩嬉戏的猴群、展翅纷飞的水鸟、碧水畅游的鱼类、山石花草木，无处不成诗、无处不成画。

巫山小小三峡在大宁河滴翠峡处的支流马渡河上，是长滩峡、秦王峡、三撑峡的总称。巫山小小三峡被誉为全国最佳漂流区、"中国第一漂"。

2. 武隆喀斯特旅游区

武隆喀斯特旅游区位于重庆市武隆区境内，拥有罕见的喀斯特自然景观，包括溶洞、天坑、地缝、峡谷、峰丛、高山草原等，形态全面；兼具丰富多彩的度假、休闲、娱乐、运动项目，以及土家族、苗族、仡佬族等少数民族独特的民俗风情。2011 年，被评为国家 5A 级旅游景区。武隆喀斯特旅游区包括重庆武隆旅游景点天生三桥、仙女山、芙蓉洞三部分。

3. 酉阳桃花源景区

酉阳桃花源是国家 5A 级旅游景区，国家森林公园，国家地质公园，中国最具国际影响力旅游品牌，最负国际盛名景区，国家户外运动基地，重庆市文明旅游风景区。

西阳桃花源位于重庆市西阳土家族苗族自治县，地处武陵山腹地，渝、鄂、湘、黔四省（市）在此接壤，距重庆主城区 360 千米，面积 2734 公顷，森林覆盖率 80%，由世外桃源、伏羲洞、桃花源、金银山、西州古城、二酉山六大部分组成，是重庆"特色森林公园"。该旅游景区动植物资源丰富，有水杉、红豆杉、银杏、珙桐等国家一级保护植物，有林麝、大灵猫等国家一级保护动物，被称为"植物王国、天然氧吧"。

西阳桃花源集秦晋历史文化、土家民俗文化、自然生态文化、天坑溶洞地下河共生岩溶地质奇观于一体。桃花源风景区与陶渊明笔下描述的"世外桃源"极其吻合。是远离尘世喧嚣、步入秦晋田园、探寻科学奥秘、回归绿色天堂的绝好地方。

4. 綦江区万盛黑山谷—龙鳞石海景区

黑山谷—龙鳞石海景区，有峻岭、峰林、幽峡、峭壁、森林、竹海、飞瀑、碧水、溶洞、仿古栈道、浮桥、云海、田园、原始植被、珍稀动植物等各具特色的景观。景区山高林密、人迹罕至，保存着地球上同纬度为数不多的亚热带和温带完好的自然生态，森林覆盖率达 97%，是目前重庆地区最大的、原始生态保护最为完好的自然生态风景区，被专家誉为"渝黔生物基因库""西南神农架"。

龙鳞石海景区集"山、水、林、石、洞"为一体，以地表石林、地下溶洞等喀斯特地貌景观为主。景区内奇石峻峰，清泉碧池，悬崖飞瀑，景象万千。化石种类繁多，主要有石扇、石鼓、石塔、石芽、剑峰石、蘑菇石等形态。景区内石林群峰壁立、千姿百态，万盛石林中最多的是形成于寒武纪的角石。角石大多呈黄褐色，有的露在石头表面，有的镶嵌于石头中。这些化石对研究云贵高原及四川盆地东南部盆边山区的地质演变、海洋生物演变，有很高的科学考察价值。龙鳞石海世代生活着一支能歌善舞的苗族同胞，灿烂多姿的苗族风情赋予了石林浓郁的民族风俗旅游特色，特别是一年一度的"踩山会"，是在万盛石林举行的苗族重要节日。

龙鳞石海景区，不仅怪石林立，且地下溶洞景观遍布。主要为水平溶洞和垂直溶洞两种。水平溶洞有天门洞、过街楼溶洞、凉风洞、仙女洞、关马洞、偷牛洞、九龙洞、观音洞等。其中，天门洞景观独特，造型别致，洞内石笋、石柱、石花、石幔，吊立、钳，各尽其志，如玉器晶莹，如宫殿辉煌。可谓"天造地设，鬼斧神工"。

专业技能训练 9-5

重庆"传綦世界"提出打造"重庆旅游南极"概念

近日，在綦江区举行的重庆"传綦世界"旅游景区建设研讨会上，市内外专家提出打造"重庆旅游南极"和"渝南黔北旅游集散中心"的立意，引发业界广泛关注。著名旅游战略发展专家、国家旅游局政策法规司原司长周久才指出，以"传綦世界"为龙头的"重庆旅游南极"的立意，必将会更好地整合渝南黔北丰富多样的旅游资源，推动旅游要素跨地区的深度融合和广度互补，形成新的旅游目的地和旅游热点区域。

重庆"传綦世界"是重庆特色旅游的一大亮点，既传承和挖掘了綦江本土的版画文化，又学习和引进了先进的都市旅游景区的打造理念；既强调主题定位、体量规模、创意创新，又突出差异化、个性化。景区拥有35个独具特色的旅游景点，是中国首批智慧旅游和全天候旅游的探索者。

（资料来源：凤凰资讯网）

思考并讨论：重庆"传麸世界"是如何彰显全域旅游理念，将智慧旅游和全域旅游完美结合并挖掘传统文化的独特魅力的？

三、旅游美食与旅游商品

（一）旅游美食

重庆著名的八大名吃：重庆毛血旺、麻辣仔鸡、江津米花糖、赖桃酥、白市驿板鸭、鸡汁锅贴、土沱麻饼、涪陵榨菜。除此之外还有一些特色美食如：重庆怪味豆、山城小汤圆、老四川灯影牛肉、翠坪银针茶、重庆沱茶、天麻、杜仲、火锅底料、干锅调料、仓溪雪梨、大红袍橘、合川桃片等。

（二）旅游商品

重庆传统的旅游商品有蜀绣、梁平竹帘、綦江版画、火锅底料、磁器口陈麻花、重庆叶脉画等。

近年来重庆市启动《"重庆好礼"旅游商品名录》评选工作，预计评出150项重庆知名旅游商品。目前入选的商品有：美瓷牌"花似锦"陶瓷水果刀、天星寨牌葛粉、古渝牌兰花根、安居古城牌白羊泡菜、知爱堂石雕观音头像、荷乡牌荷叶茶、邓家刀牌亚克力5铬钢套刀、大足石刻·刻花刀具、百世特户外旅游包、大足石刻金属书签等。

四、旅游节庆与旅游线路

（一）旅游节庆

近年来，重庆对于旅游节庆活动也较为重视，举办了一系列大型的旅游节庆活动。主要有重庆金佛乡冰雪节（1月）、中国重庆三峡国际旅游节（6月）、中国西部旅游产业博览会（6月）、石柱土家族毕兹卡（6月）、丰都鬼城庙会（6月）、重庆山水都市旅游节（8月）、大足石刻艺术节（10月）等。

（二）旅游线路

重庆四条精品主题旅游线路——山水都市、渝西走廊、长江三峡和乌江画廊。

山水都市体验观光休闲之旅：重庆中国三峡博物馆→磁器口古镇→朝天门码头→南滨路→环球金融中心。

渝西走廊亲山乐水，感受世遗魅力：武隆天坑地缝、仙女山、芙蓉洞→大足石刻→铜梁安居古城，江津中山古镇爱情天梯。

长江三峡体味人文奇观与湖光山色：船行三峡→丰都鬼城→奉节天坑地缝→云阳龙缸国家地质公园→忠县三峡港湾《烽烟三国》→万州大瀑布。

乌江画廊赏武陵风光，感受民族风情：酉阳→龚滩古镇→乌江山水。

🔍 **知识小扩充 9-3**

丰都鬼城

丰都鬼城旧名酆都鬼城，古为"巴子别都"，东汉和帝永元二年置县，距今已有近2000年的历史，位于重庆市下游丰都县的长江北岸，是长江游轮旅客的一个观光胜地。丰都鬼城又称为"幽都""鬼国京都""中国神曲之乡"。鬼城以各种阴曹地府的建筑和造型而著名。鬼城内有哼哈祠、天子殿、奈河桥、黄泉路、望乡台、药王殿等多座表现阴间的建筑。

丰都鬼城景区分为鬼城名山风景区和鬼王石刻风景区。丰都鬼城每年农历三月三"鬼城庙会"，会举行"阴天子娶亲""城隍出巡""钟馗嫁妹""鬼国乐舞"等民俗民风游行表演，惊奇谐趣，令人目不暇接。

丰都鬼城为首批国家 4A 级景区，不仅是传说中的鬼城，还是集儒、道、佛为一体的民俗文化艺术宝库，是长江黄金旅游线上最著名的人文景观之一。2015 年 12 月，鬼城名山景区入选为长江三峡 30 个最佳旅游新景观之一。

（资料来源：百度百科）

本章概述

鄂湘川渝旅游区位于我国长江中、上游，高原与山地、平原与低山、盆地、丘陵相间分布，河流密集，大湖广阔，小湖众多。冬温夏热的亚热带湿润性季风气候和种类丰富的亚热带动植物资源，以巴楚文化为主流的古代文化博大精深，种类繁多的农牧林和手工产品，正在崛起的中部经济等，是本区旅游资源形成和开发的地理条件。本区多名山大湖，山地自然风光与宗教文化交相辉映，秀丽的山水景观旅游资源独具特色，春秋战国、三国等时期文物古迹多而分布广，现代革命遗址、遗迹等红色旅游资源极为丰富，构成了本区旅游资源的特色和优势。张家界、武当山、九寨沟、黄龙、峨眉山、长江三峡、大足石刻等旅游区是本区的旅游品牌。

在旅游产品的开发上，各省侧重点和方向不尽相同：湖南省注重文化旅游、生态旅游和红色旅游资源协调发展，将"湖南如此多娇"作为本省的形象定位；湖北省将三国文化、现代城市文化相结合，打造"灵秀湖北"，注重生态品位的提升。四川省以世界遗产为龙头，带动羌藏民俗旅游资源的开发，展示了"四川，不仅仅有熊猫"。重庆重点打造"山水之都、美丽重庆"深度体验之旅，打造山水都市、渝西走廊、长江三峡和乌江画廊四条精品旅游线路。

基本训练

一、判断题

1. 本区的长沙、宜昌、会理、宜宾都是国家级历史文化名城。 （ ）

2. 楚文化在春秋中后期崛起为统领中国南方的重要文化。 （ ）

3. 武当山是世界中纬度地区唯一保持完好的亚热带森林生态系统，是最富特色的垄断性世界级旅游资源。 （ ）

4. 羌藏文化是四川少数民族文化的典型代表。 （ ）

二、填空题

1. 武汉市位于_____和_____交汇处，由汉口、_____、_____武昌三镇组成。

2. 黄龙以_____、_____、_____和_____"四绝"著称于世。

3. 长江三峡西起重庆奉节白帝城，东到_____，全长 193 千米，由_____、巫峡、西陵峡三大峡谷及其间的两个宽谷组成。

三、选择题

1. 属于武汉市的著名的景点有（ ）。

A. 岳阳楼　　　　B. 归元寺　　　　C. 爱晚亭　　　　D. 君山

2. 以下不属于本区世界遗产的是（ ）。

A. 九寨沟　　　　B. 黄龙　　　　　C. 武当山　　　　D. 都江堰

E. 黄鹤楼　　　　F. 峨眉山　　　　G. 四姑娘山

3. 湘西武陵源景区包括的风景区有（ ）。

A. 张家界　　　　B. 天子山　　　　C. 索溪峪　　　　D. 桃花源

四、思考题

1. 独特的区位条件给鄂湘川渝旅游区带来哪些重要影响？

2. 楚文化对今天的湘鄂人有什么影响？

3. 旅游线路的设计：设计一条三国旅游线路，做一个旅游计划。

目的：了解本区旅游资源分布、组合情况，学习制定合理的旅游线路。

要求：线路的设计要突出特色，既经济、合理，又要具有可操作性。

专业能力提升

合川以钓鱼城文化节为契机　密切川渝旅游文化合作

2016 年 9 月 9 日，重庆市合川区"2016 钓鱼城旅游休闲文化节旅区域城市旅游文化合作研讨会暨签约仪式"在合川召开。

据了解，此次活动，是为了进一步推进合川区、广安市、南充市、遂宁市四地旅游文化区域合作，促进城际文化旅游互动，实现"优势互补、平台共建、市场共拓、客源互送、利益共享"及区域城际文化艺术交流合作与繁荣，联袂打造嘉陵江流域旅游品牌，挖掘区域特色文化资源。

"告别过去单打独斗，实行城市群概念抱团发展是旅游业发展的趋势。就目前合川与四川友好兄弟县及重庆渝西片区的旅游合作发展情况看，山水相连、人文相亲、经济相融、文化相通是我们的共同优势，是实现资源共享、客源共享、市场对接、优势叠加的重要前提。"合川区区长徐万忠说。

（资料来源：腾讯大渝网）

思考：根据案例思考分析全域旅游大背景下，鄂湘川渝旅游区应如何充分利用各自市场平台共同拓展国内外旅游市场，实现旅游资源的高效整合？

石林洞乡、多彩民族

——滇黔桂旅游区

第十章

学习目标 >>

通过本章学习，应该达到以下学习目标：

知识目标：认识滇黔桂旅游区的旅游地理环境特征，熟悉该旅游区旅游业发展现状，掌握各旅游区的概况、主要景区与景点。

能力目标：通过旅游业发展现状的学习，能够独立分析各旅游亚区旅游业发展现状差异的原因，判别区域旅游业发展的定位与方向。

技能目标：结合专业技能训练、职业能力提高等内容，具备对滇黔桂旅游区的旅游产品进行个性化设计和初步营销定位的能力。

任务引入

中国·楚雄 2016 彝族火把节"还节于民、还俗于节"

火把节是彝族文化的象征，是彝族传统中最为重要和盛大的节日，被誉为"东方的狂欢节"。云南楚雄是我国两个彝族自治州之一，每年立秋是彝族群众传统的火把节，几十万彝族群众身着节日的盛装，与游客欢聚在各会场载歌载舞，庆祝本民族最隆重的节日。从 1984 年起，楚雄州火把节已经走过了 33 个年头。今年的楚雄彝族火把节突出"还节于民，还俗于节"的特点，由群众参与、自己组织过自己的节日。庆典活动以"看的精彩，玩出心跳，吃出味道"三个板块为主题，包括祭火大典、火把巡游、特色美食展示等 18 项主要内容。

8 月 8 日晚，农历六月二十四日，中国·楚雄彝族火把节在云南省楚雄彝族自治州举行。尽管当天暴雨不断，但依然阻挡不了数十万民众参加祭火大典、欢庆火把节的热情。主会场设在楚雄市鹿城镇，其他 9 县设分会场。除了祭火大典、焰火晚会、万人左脚舞狂欢、斗牛、竞技等传统活动外，节日期间还有彝剧展演、彝绣动态展、彝族特色美食和文化旅游产品展示等。浓浓的节日氛围并没有因为雨水的突袭而减少，彝族同胞们穿上了自己的民族服饰，游客们成群结队走上街头，为节日增添了一道道靓丽的风景。祭火大典还未开始，主会场彝海公园早已人山人海。冒雨出场的演员们精彩的表演博得了观众们的阵阵喝彩。最后一个节目：毕摩取火，彝族祭司毕摩登上了祭台，彝族小伙子们长号齐鸣，毕摩围绕着等待点燃的火堆开始诵经、祈福，最后通过传统钻木取火的方式点燃了圣火，四周的数个3米高的火堆也随即被点燃，红彤彤的火焰染红了天空，将活动的气氛推向了高潮。在欢呼声中，游客和市民丢下了手中的雨伞，排成长龙去点燃手中的火把。民众舞动着火把，走上了街头，围成圈，跳起彝族传统左脚舞。

（资料来源：作者根据相关资料整理）

任务分析：声势浩大的火把节活动在云南举行，得益于滇黔桂旅游区一直以来保存有优美的原始自然风光和多姿多彩的少数民族风情，使得本区具有无可比拟的旅游资源优势，这为本区开展民族文化旅游提供了极为有利的条件。

第一节　旅游地理环境特征与旅游业发展现状

本区位于我国西南部，包括云南、贵州两省和广西壮族自治区。其南部、西部与越南、老挝、缅甸接壤。本区是我国峡谷地貌、岩溶地貌最为典型，也是我国少数民族最多和分布最广、少数民族风情最为绚丽多姿的区域。虽因这里山高流急，交通不便，影响了经济的发展，却也保护了大西南丰富多彩的民族文化和原始优美的自然风光。

一、旅游地理环境特征

（一）自然旅游地理环境特征

1. 地处西南边陲，边境区位与旅游资源优势突出

本旅游区地处我国西南边陲，西南和南部有绵延数千千米的陆地疆界，与缅甸、老挝和越南接壤，其中仅云南省西部和西南部就有陆地国境线4061千米，拥有边境口岸17个，有出境公路20多条。怒江、澜沧江和元江分别与邻国的萨尔温江、湄公河、红河同为一江水。这种独特的边境区位优势与当地旅游资源优势相结合，为边境旅游的开展奠定了良好基础。广西南部濒临北部湾，拥有1595千米长的海岸线，面积500平方米以上的岛屿有653个，有利于拓展海洋旅游，并使广西成为连接东南亚与亚洲腹地的枢纽和通道，在开展跨国边境旅游活动中具有独特优势。

专业技能训练 10-1

中国东兴——越南芒街跨境自驾游全面放开

日前，广西旅游发展委下文决定，从 2017 年 4 月起将经营中国东兴——越南芒街跨境自驾游的旅行社范围从东兴原来的 20 家旅行社扩大至广西 100 家具有出境或边境旅游资质的旅行社；每个团过境的汽车数量从以前的 5 辆以上降到 1 辆。在广西与越南广宁省相关部门的共同努力下，中国东兴——越南芒街的自驾游项目于 2016 年 11 月 9 日常态化开通，市场反应良好。到目前，自驾越南旅游的车有 200 多辆。据介绍，游客参团跨境自驾游越南芒街要求携带车辆行驶证、驾驶员驾驶证、驾驶员身份证，9 座以下 1~20 辆车均可，车上人员持护照、边境旅游通行证、边民证等有效出入境证件均可通行。为方便游客办理过关手续，东兴口岸联检部门已对自驾车实行联合通关查验，5 辆车的团队通关时间为 20~30 分钟。

（资料来源：根据广西旅游发展委员会官网相关资料整理）

问题： 在和平背景下，你认为应如何更好发挥本区边境区位与旅游资源优势？

2. 地貌类型多样，河流峡谷及岩溶景观典型

本区的地形以山地、高原、丘陵为主，地跨滇西山地、云贵高原和广西丘陵盆地三大地貌单元，岩溶地貌与横断山区景观独特。在距今 2000 多万年以前的新构造运动中，由于印度次大陆板块和欧亚板块大碰撞，引发了青藏高原的强烈隆升，并在横断山区一带与刚性较大的地块产生强烈挤压运动，形成了一系列几乎平行的南北向的深大断裂与高耸的山地，构成了高山和大江交替出现的景象。山高谷深是横断山区的最大特色，特别是发源于青藏高原的大江——金沙江、澜沧江和怒江在云南省境内自北向南穿越横断山区的担当力卡山、高黎贡山、怒山河云岭等崇山峻岭时，不仅江面与两侧山峰相对高差达数千米，自然景观垂直变化十分显著，而且形成了三江并流奔腾 170 多千米而不交汇的自然奇观。

在距今 2.3 亿~4 亿年前的古生代，这里除云南西部以外的大部分地区曾经长期处于浅海状态，沉积了厚达 3000~6000 米以石灰岩为主的碳酸岩地层，隆升成陆地以后，在湿热条件下，广泛发育了热带岩溶地貌。云南高原、贵州高原以及广西盆地在新构造运动的差异升降之后，海拔高度和水热状况各不相同，岩溶地貌的发育程度各异。三省区中云南高原地势最高（一般在 1500~2000 米之间），气温相对较低，且具有半年湿润半年干旱的气候特征，岩溶地貌发育进程十分缓慢，以尚处于岩溶地貌发育初期的高大石牙为特色，云南石林即其典型代表。贵州高原海拔 1000 多米，气候温凉，虽然"天无三日晴"但降雨量不大，岩溶地貌的发育处于青壮年阶段，以同基连座的峰丛与岩溶洞穴分布为特色，溶蚀谷地和暗河比较多见，被誉为"世界奇观"的织金洞、黄果树瀑布溶洞群为其典型代表。广西盆地地势较低，热量和水分最为丰富，其熔岩侵蚀已进入到潜水面，密集如林的岩溶山峰彼此分离，清澈见底的河水环绕岩溶山峰静静流淌，呈

现出"江作青罗带，山如碧玉簪"的绝妙图景，桂林—阳朔山水即其典型代表。

3. 气候温和舒适，四季皆宜旅游

滇黔桂三省区位于我国热带、亚热带湿润区，但由于海拔高度及地理位置的差异，各地气候特征各不相同。云南省除南部的干热河谷外，大多属热带高原季风性气候区，由于全年不受北方寒冷气流的影响，冬夏温差不大，降雨多集中在 6—10 月，其余月份多晴空万里，冬夏干湿分明。其中又以滇东高原气候最为温和，冬暖夏凉，素有"四季如春"的美誉，省会城市昆明历来被称为"春城"。贵州省属亚热带高原季风湿润气候类型，全省大部分地区气候温和，冬无严寒，夏无酷暑，多云雾，少日照，雨量充沛，全省各地雨日一般在 160～220 天之内，比同纬度的我国东部地区多 40 天以上，故有"天无三日晴"之说。同时，由于地势高差大，立体气候明显，故素有"一山有四季，十里不同天"的说法。广西夏季长而炎热，冬季偶有奇寒。总之，本区位于青藏高原东部边缘一线，纬度较低，北回归线横穿本区南部，大多属南亚热带气候区，水热条件好，大多数地区都具有冬无严寒、夏无酷暑的基本特征，基本全年皆宜开展旅游活动。2015 年亚太环境协会等评选的中国十佳避暑旅游城市中，西南地区即有昆明、贵阳、六盘水、丽江、毕节 5 个，其中贵阳连续六年位居第一，并再次入选年度"世界十大避暑名城"。

4. 生物资源丰富，旅游开发价值潜力巨大

由于纬度较低、水热条件优越、地形地貌复杂多样、人类活动干扰相对较少等使得本区保存有大量原始的自然生态环境、种类众多的野生动植物，并拥有大量特有动植物物种。本区已发现 18000 多种高等植物，占全国总数的一半还多，相当于整个欧洲的植物种类数量，被誉为"植物王国"。其中园林植物多达 2000 多种，很多为稀有品种。记录在案的哺乳动物有 300 多种、鸟类 686 种。本区还有大量特有动物和珍稀濒危物种，包括大熊猫、小熊猫、金丝猴、雪豹、羚牛、四川梅花鹿、麝、白唇鹿以及 27 种雉类，如绿尾虹雉和白马鸡等，是世界公认的生物多样性保护热点地区。到 2015 年，本区建有 52 处国家级、132 处省级自然保护区，其中属于国家级的有：1958 年建立为我国最大的热带植物宝库，被誉为"动植物王国""物种基因库"的西双版纳自然保护区，位于四川盆地西北缘被誉为"大熊猫的故乡"的四川卧龙自然保护区，位于贵州省东北部的素有"药材宝库"之称的梵净山自然保护区，以及位于贵州省威宁县的草海自然保护区等。贵州省素有"宜林山园"的美称，全省拥有的药用植物种类约占全国中草药品种的80%，是中国四大中药材产区之一。广西壮族自治区生物资源也十分丰富，在国家公布的 389 中濒危保护植物中，广西有 113 种；此外，广西还是闻名全国的"水果之乡"，拥有极其丰富的蔬果种类。丰富的生物资源是西南地区旅游景观、旅游商品及旅游食品开发的物质基础，也为生态旅游活动的开展提供了良好的基础。

（二）人文旅游地理环境特征

复杂的地理环境和多样的气候条件孕育了西南地区丰富的物种，同时也哺育了众多的民族，造就了绚丽多彩的人文地理环境。

1. 少数民族众多，民族风情绚丽多彩

本区是我国少数民族聚居最多的地区之一，其中云南是我国少数民族最多的省份，除汉族外，有藏、彝、苗、侗、傣、白、布依、哈尼等 26 个少数民族，而贵州的少数民族有 17 个，广西壮族自治区有 11 个。由于历史及民族关系等原因，这些少数民族相对集中在一定的地理单元。如藏族、普米族主要聚集在云南西北的高原地区；傈僳族、怒族、独龙族主要分布在横断山脉纵深地带和高寒山区；傣族、阿昌族和基诺族主要分布在云南南部河谷地区。众多的少数民族都有着悠久的历史、灿烂的文化，都有着各自独特的民居建筑、丰富多彩的民俗和礼仪、传统的民族节日、多姿多彩的舞蹈，构成吸引旅游者的重要人文旅游资源。

2. 民族节会多如繁星，节庆活动独具特色

据不完全统计，西南地区少数民族的节日多达 1000 多个，覆盖了全年的每个月，而且各地周期性的节庆也是五彩缤纷、十分的热闹。一年 365 天，几乎天天都可以赶上少数民族的节庆。西南各地的少数民族都能歌善舞，活动形式丰富多彩，如对歌、跳舞、吹芦笙、打鼓、击铜鼓、斗牛、狩猎、赛马、斗鸡、斗雀、摔跤、泼水、赛龙舟、玩龙灯、碰彩蛋、抛绣球，乃至"上刀山""蹈火海"等，应有尽有。例如，彝族的"火把节"，白族的"三月街"，傣族的"泼水节"，苗族的"龙舟节"以及节日期间的各种活动都是一年中最吸引游客的日子。繁多的少数民族节会不仅是西南地区独特的人文地理环境特征，更是西南旅游最大吸引力之所在。

3. 交通区位优势得天独厚，交通运输条件大为改善

交通畅达程度直接决定着旅游目的地的可进入性、通达性和便捷度。滇黔桂民族地区向内连接长江经济带和泛珠三角洲旅游区，向西通过陆路辐射到印度洋经济圈，向南出海可达中国—东盟自由贸易区，肩挑"两洋"、面向"三亚"，在国家"一带一路"战略中具有独特的区位优势：云南是我国从陆上通往印度洋的最佳捷径。广西是中国通往东盟最便捷的通道和西南地区最便捷的出海通道，是全国少见的既有路上交通出国，又有远海海港运输的省份，具有极大的交通区位优势。贵州具有连接华南地区的前沿和承东启西连南重要结合部的独特优势。同时，三省区在交通基础设施建设方面取得了长足进步，三省区铁路交通以柳州、贵阳和昆明为枢纽，以黔桂、南昆和贵昆线沟通区内，以湘桂、湘黔、枝柳、川黔、成昆、黎湛等铁路线联系区外，网络格局已经形成；高速公路建设突飞猛进，截至 2016 年末，云南、贵州、广西的高速公路通车总里程分别达到了 3255 千米、5433 千米、4603 千米，其中一些线路还直通东南亚各国，如云南 2017 年将完成"七出省、四出境"大通道高速路建设。本区的航空交通、水运等运输条件也都在飞速发展、不断完善中，但总体水平在全国还相对落后，特别是民族贫困地区通道建设支撑地区发展的大引擎作用没有得到充分发挥，一定程度上也影响了旅游业的发展。

二、旅游业发展现状

滇黔桂旅游区旅游资源丰富，近几年各地政府积极挖掘丰富的人文、自然、民俗旅游

资源，旅游业行业地位不断凸显，相关产业日臻成熟，成功地将滇黔桂地区营造成为我国旅游业发展的一个重要增长点和世界级的旅游胜地，旅游业已成为本区经济发展的重要推动力。

（一）旅游产业体系基本形成，旅游接待能力迅速提高

经过 30 多年的建设，本地区除旅游交通道路大为改善外，旅游交通工具的数量与档次也在不断提升；旅游饭店、旅行社等接待设施与能力已具相当规模，旅游星级饭店和景区（点）的标准化建设、管理也在不断加强，服务质量不断提高，基本能满足旅游发展的需要。一批具有接待能力的旅游城市或旅游集散地已在三省区相继形成，共同构成了三省区包括食、住、行、游、购、娱六大要素在内的比较完善的旅游产业体系，大大提高了三省区的旅游接待能力。以云南为例，截至 2015 年年底，云南省各类旅游企业已经突破 1 万余家，固定资产超过 400 亿元，其中包括国家 5A 级景区在内的景点 500多处，星级旅游酒店 600 多家，旅行社 450 多家。同时，昆明至国内航线基本全线开通，更是开通了昆明至大理、丽江旅游铁路专线，至今已经初步形成涵盖交通、旅行、购物为一体的云南旅游综合产业。三省区相关旅游数据统计见表 10-1。

表 10-1 滇黔桂旅游区 2014—2016 年旅游数据统计

年份 省份	2014 年		2015 年		2016 年	
	接待人次 （亿）	旅游收入 （亿元）	接待人次 （亿）	旅游收入 （亿元）	接待人次 （亿）	旅游收入 （亿元）
云南	2.86	2665.74	3.34	3281.79	4.31	4726.25
贵州	3.21	2895.98	3.6	3500	5.31	5027
广西	2.9	2602	3.41	3254.18	4.09	4191.36

（资料来源：根据各省区旅游发展委员会官方网站统计数据整理）

（二）旅游宣传促销、区域合作不断加强，品牌效应逐渐彰显

20 世纪末以来，三省区明确将旅游业作为国民经济的支柱产业来培育，除在旅游业投入力度上不断加大加强外，也加大了国际国内旅游宣传促销力度，举办了各种形式的旅游说明会、推介会、国际旅游交易会，不断运用广播、电视、互联网等渠道来扩大本地区的知名度，大力开拓国内外客源市场，逐渐建立起一些有影响力的旅游品牌。如贵州各地在"多彩贵州"整体品牌引领下，充分发掘自身资源优势，使区域形象、文化品牌深入人心；广西出台一系列政策措施，将桂林国际旅游胜地、北部湾国际旅游度假区、巴马长寿养生国际旅游区组团，打造成国际旅游的"金三角"；又如"七彩云南"的丽江，已进入国际、国内知名品牌系列，先后荣获中国优秀旅游城市、欧洲游客最喜爱的旅游城市、中国特色魅力城市等美称。同时，三省区在国内积极推进旅游区际间的合作，合作打造滇黔桂喀斯特旅游区，联手打造滇、川、藏大香格里拉生态旅游度假区，通过签订旅游合作协议、建立旅游协作机制，实现旅游资源共享、建立无障碍旅游区等方式，持续推进与长三角、泛珠三角的合作，并取得了明显成效。此外，西南各省区充分利用与南亚、东南亚国家地相接、山相连、水相通、人相往的有利条件，积极推

进与南亚、东南亚各国的旅游合作，推动跨境旅游合作区发展。

专业技能训练 10-2

滇黔桂联合打造民族文化旅游示范区

2017 年 6 月 8 日，云南、贵州、广西三省区旅游发展委在南宁举办 2017 滇黔桂民族文化旅游示范区旅游工作研讨班，签署了《滇黔桂三省区民族文化旅游示范区建设——南宁共识》。会议达成了包括建立更紧密的中国滇黔桂民族文化旅游示范区推进工作机制、推动三省区政府就打造中国滇黔桂民族文化旅游示范区达成战略合作框架协议、组织编制《中国滇黔桂民族文化旅游示范区规划》、积极推动交通共建共享、联合打造滇黔桂民族文化旅游品牌、共推滇黔桂高铁旅游带建设、共同打造跨省区特色精品旅游线路、保护和传承传统医药、促进传统医药与健康旅游融合发展、携手脱贫攻坚、加强信息共享、共推人才共建共享 12 个方面的共识。

（资料来源：中国广西壮族自治区旅游发展委员会官方网站）

问题： 你认为应如何通过区域旅游资源优化整合加快实现旅游业的转型升级？

（三）旅游资源科学开发步伐加快，特色旅游产品日趋丰富

随着旅游业的快速发展，滇黔桂三省区越来越重视旅游规划对旅游业发展的指导作用，加大了旅游规划的编制、实施、监管力度，使旅游开发建设水平不断提升，涌现出了大批颇具吸引力的特色旅游产品。如广西旅游产品不断细化和扩大化，包括山水观光（岩溶、丹霞、火山岩地貌景观）、休闲度假（巴马、大瑶山、大明山、北海银滩）、文化古迹（程阳桥、马胖鼓楼）、民族风情体验（融水苗族、金秀瑶族）、边关风情（凭祥、东兴、大新）、红色旅游（百色、东兰、龙州、兴安）等特色产品，如今北海银滩、德天瀑布、大石围天坑群等已成为继桂林山水之后的广西旅游品牌，"印象·刘三姐"已成为精品景区和旅游热点，阳朔成为世界旅游组织推荐的最佳休闲度假旅游目的地。又如云南旅游开发充分发挥民族和人文特色优势，以休闲度假类旅游及各专项旅游方向为重点，打造精良的观光旅游，同时兼顾健康运动、会展商务、自驾旅游，新建大型娱乐项目，逐渐形成以观光为核心，以健康休闲以及娱乐体验为两翼的旅游体系；云南昆明世博园、路南石林、丽江古城、西双版纳、香格里拉等一批景区景点已成为云南享誉世界的旅游品牌。目前西南地区旅游产品已经突破了单一的观光产品的格局，开始向度假休闲及各专项旅游方向拓展。

课堂讨论与作业 10-1

2017 年 6 月 13 日，广西举行国家风景道——边关风情旅游带建设专家咨询会。我国《"十三五"旅游业发展规划》提出，要重点培育 25 条国家旅游风景道，广西边关风

情旅游带列入滇桂粤边海风景道。据介绍，广西把加快推进广西边关风情旅游带国家风景道项目建设作为广西边境地区全域旅游的创新项目加以推进，项目建成后将形成沿边境近 800 千米的自驾游线路产品。为加快推进边关风情旅游带国家风景道项目建设，本次会议针对边关风情旅游带投资项目建设规划进行了评议。

任务： 你如何看待旅游产品的创新问题？

（四）边境旅游呈现良好发展态势，跨国旅游发展势头迅猛

广西、云南与越南等周边国家山水相连，有着密切的经济文化交往，是中国连接东南亚各国、通往南亚和太平洋地区的陆路通道，也是大西南对外开放的重要窗口，开展旅游合作具有得天独厚的优势。近年来，随着中国—东盟自由贸易区的实施，中越跨国旅游无论从游客总量到旅游线路、旅游产品都在不断发展变化。广西共有凭祥、东兴、龙州、靖西等 8 个县（市）与越南交界，陆地边境线总长 1020 千米。陆上通过友谊关、东兴、北海、云南河口等多个口岸可以直接出入中越两国，从而形成了 10 余条边境旅游和跨国旅游线路。如"德天跨国瀑布——靖西通灵峡谷二日游""中国东兴——越南芒街一日游""南宁——凭祥——越南下龙湾四日游"等一批行情看涨的旅游线路。又如中越海上旅游航线是两国共同开发的跨国旅游黄金线路，连接了中国北海银滩、东兴金滩和越南"海上桂林"下龙湾等一批"重量级"的景点，一经推出便成为旅客盈门的"热线"。数据显示在 2016 年，东兴口岸全年出入境旅客达到 716 万人次，尤以中国旅游团队的增幅最大。据越南旅游局统计，目前中国已成为越南第一大旅游客源国。随着"一带一路"战略的实施、中国—东盟自贸区的升级，该区域有望在今后 5～10 年成为中国乃至东南亚最具吸引力的旅游目的地区域。

第二节 云南旅游亚区主要旅游资源概述

一、区域旅游资源概况

云南旅游亚区即指云南省，云南简称"云"或"滇"，地处中国西南边陲，毗邻东南亚，东与贵州省、广西壮族自治区为邻，北与四川隔金沙江相望，西北与西藏自治区相连，北回归线横贯南部。总面积 39.4 万平方千米，平均海拔 2000 米左右。云南地形以元江谷地和云岭山脉南段的宽谷为界，分为东西两大地形区。东部为滇东、滇中高原，属云贵高原；西部为横断山脉纵谷区，高山深谷相间，高差相对较大，地势险峻。整体地势西北高、东南低。云南地貌类型复杂多样，包括高原、盆地、河谷、丘陵等，其中山地面积占全省总面积的 84%。全省气候类型丰富多样，有北热带、南亚热带、中亚热带、北亚热带、南温带、中温带和高原气候区共 7 个气候类型，年温差小，日温差大。云南拥有丰富的自然资源，在全国近 3 万种高等植物中，云南就有 1.8 万种，素有

"植物王国""动物王国""天然花园""药材之乡"的美誉。截至 2015 年年底，云南户籍人口 4637 万人，常住人口为 4742 万人。云南是中国少数民族最多的省份，全国 56 个民族中，云南就有 26 个，少数民族占总人口数的 38.07%。"一山不同族，十里不同天"，在世代传承中形成了纳西族的东巴文化、大理的白族文化、傣族的贝叶文化、彝族的贝玛文化等，每个民族的衣食住行、审美礼仪、语言文字、图腾宗教等均个性鲜明，沉淀为一道道亮丽的、婀娜多姿的民族风情。

云南因地处云岭以南而得名，相传汉武帝见彩云现于南中，遂指为云南。生活在距今 170 万年前的元谋猿人，证明从猿到人的进化曾经在这里展开，战国时，这里为滇国地，唐时属于南诏，宋时是一个独立小国——大理国，元代设置云南行省，明朝设立了云南布政使司。云南特殊的地理气候环境，众多的民族，悠久的历史以及灿烂的文化，造就了云南得天独厚的旅游资源。这里有金沙江、怒江、澜沧江三江并流，石林高低错落，原始森林古老茂密，溶洞奇观婀娜多姿。闻名于世的春城昆明气候温和，满城花香；千年古城大理的风花雪月源远流长，苍山洱海古朴娴静，白族民居淡雅精致；"丽江的柔软时光"已经成为全国小资青年的共同记忆；大研古城、木府历史久远，白沙壁画留存稀世的传奇，泸沽湖宁静绰约，虎跳峡奔腾咆哮；瑞丽常年竹木苍翠，腾冲地热蒸腾；神奇的香格里拉，碧塔海湖若翠玉，梅里雪山晶莹剔透；孔雀曼舞的西双版纳，处处绿野仙踪。

知识小扩充 10-1

云南十八怪（顺口溜）

你说奇怪不奇怪，云南就有十八怪。
四个竹鼠一麻袋，蚕豆花生数着卖；
袖珍小马多能耐，背着娃娃再恋爱；
四季衣服同穿戴，常年能出好瓜菜；
摘下草帽当锅盖，三个蚊子一盘菜；
石头长在云天外，这边下雨那边晒；
鸡蛋用草串着卖，火车没有汽车快；
小和尚可谈恋爱，有话不说歌舞代；
蚂蚱当作下酒菜，竹筒当作水烟袋；
鲜花四季开不败，脚趾常年露在外。

二、主要旅游景区景点简介

（一）国家级历史文化名城

截至 2016 年年底，云南旅游亚区共有国家级历史文化名城 6 座：昆明市、丽江市、大理市、建水县、巍山县、会泽县。

1. 昆明市

昆明是我国著名的历史文化名城和优秀旅游城市,具有2400多年的建城史,现为云南省省会。昆明地处我国西南边陲、云贵高原中部,南距中越边境250千米,西距中缅边境395千米,西南距中老边境300千米(直线距离),是中国面向东盟的重要门户。其地理位置属北纬亚热带,然而市中心海拔1891米,三面环山,南濒滇池,属于低纬度高原山地季风气候区,因此境内大多数地区天气常如二三月,花开不断四时春,素以"春城"而享誉中外。悠久的历史、独特的位置,以及生活在这片土地上的26个民族,为昆明留下了众多的文物古迹和风景名胜,集自然风光和民族风情于一体,是一座风景旖旎、空气清新的国际旅游胜地。这里有滇池、西山、翠湖、圆通山、金殿、大观楼等景点,其中李公朴、闻一多的衣冠冢,陆军讲武堂旧址保存完好,著名音乐家聂耳墓掩映在苍松翠柏之中。

滇池位于昆明市西南,又名昆明湖,古称滇南泽。是我国西南地区最大的淡水湖泊,国家级风景名胜区。滇池是石灰岩断层陷落而成的湖泊,海拔1886米,南北长40千米,东西平均宽8千米,水深平均约5.5米,形似弦月,面积300多平方千米,有"五百里滇池"之称。四面群山环抱,河流纵横,风光秀丽,多名山胜景,有世博园、海埂湖滨公园、西山、大观公园、郑和故里、龙门村、观音山等十余处名胜古迹,自古有"高原明珠"之称。其中,滇池西侧的西山为滇中名山,花草繁盛,清幽秀美,为昆明第一胜景所在地,是著名游览、疗养胜地;大观公园,俗称"大观楼",始建于明朝初年(公元1368年),清乾隆年间,名士孙髯翁登大观楼有感,傲然撰书180字长联,把绚丽的滇池风光和云南数千年历史生动地展现于世人面前,被誉为"天下第一长联";昆明世博园位于昆明市东北郊金殿风景名胜区,距市中心4千米,占地218公顷,是1999年为召开世界园艺博览会而兴建的主题公园,创历届A1级世界园艺博览会的最高水平,同时还创下了展示植物种类、园林精品、连体温室等8项"世界吉尼斯之最"。滇池是全国首批批准建立的12个国家级旅游度假区之一,也是唯一设在内陆省的国家级度假区。

知识小扩充 10-2

昆明金殿

金殿风景区位于昆明市东北郊的鸣凤山麓,距市区8千米,全称"太和宫金殿",又称"铜瓦寺",初建于明万历年间,明崇祯十年(1637年)铜殿迁宾川鸡足山,清康熙十年(1671年)平西王吴三桂重建,整体建筑由黄铜所铸。这幢重檐歇山式真武铜殿重250吨,是中国现存最大的纯铜铸殿。铜殿在骄阳下殿宇熠熠生辉,耀眼夺目,故人们称为金殿,是中国重点保护文物。里面的佛像、匾联、梁柱、层面、门窗、盘龙、装饰等均用铜铸成。金殿的阶梯、地板、栏杆均是别致的大理石镶砌。整个殿宇宏伟庄严,美观大方。殿外筑有城墙、城门、城垛。

2. 丽江古城

丽江古城又名大研镇，有 800 多年历史，是中国历史文化名城中唯一没有城墙的古城。古城坐落在玉龙雪山下丽江坝子中部，金沙江中游，面积约 3.8 平方千米，始建于南宋末年。是元代丽江路宣抚司、明代丽江军民府和清代丽江府驻地。发源于城北象山脚下的玉泉河水分三股入城后，又分成无数支流，穿街绕巷，流布全城。300 多座古石桥与河水、绿树、古巷、古屋相依相映，极具高原水乡的美学意韵，被誉为"东方威尼斯""高原姑苏"。古城中至今依然大片保持明清建筑特色，雕绘装饰，外拙内秀，玲珑轻巧，被中外建筑专家誉为"民居博物馆"。丽江是纳西族的聚居地，以东巴文化和纳西族古乐为代表的独特历史文化和民族风情，构成了古城亮丽的风情画卷。丽江古城文物古迹众多，如丽江木府、五凤楼等，文化蕴含丰厚独特，是我国保存最完整、最具民族风格的古代城镇。1986 年国务院公布为中国历史文化名城；1997 年被联合国教科文组织列入《世界遗产名录》。古城附近还有白沙壁画、长江第一湾、虎跳峡、玉龙雪山等著名景区。

知识小扩充 10-3

泸沽湖景区

位于滇西北宁蒗彝族自治县和四川省盐源县之间万山丛中，距丽江古城 270 多千米，距宁蒗县城有 40 多千米。泸沽湖是海拔 2680 米的高原湖泊，面积约 51.8 平方千米，平均湖深 40.3 米，湖中有 5 个全岛、三个半岛和一个海堤连岛，翠绿如玉，形态各异。其中，宁蒗一侧的黑瓦吾岛、里无比岛和里格岛，是湖中最具观赏和游览价值的三个景点，被誉为"蓬莱三岛"。黑瓦吾岛位于湖心，距离湖岸落水村 2500 米，岛上树木葱茏，百鸟群集，是南来北往的候鸟、野鸭的栖息之处，也是昔日永宁土司阿云山总管的水上行宫。四周崇山峻岭，山清水秀，空气清新，景色迷人，目前仍是我国自然生态保护得最好的地区之一。身临其境，水天一色，水平如镜，缓缓滑行于碧波之上的猪槽船和徐徐漂浮于水天之间的摩梭民歌，使其更增添几分古朴，几分宁静，有高原明珠的美誉，也被人们誉为"蓬莱仙境""东方第一奇景"。摩梭人世代生活在泸沽湖畔，他们至今仍保留着由女性当家和女性成员传宗接代的母系大家庭，以及"男不婚、女不嫁、结合自愿、离散自由"的母系氏族婚姻制度（俗称走婚），被称为"神奇的东方女儿国"。是当今世界研究人类社会发展和母系社会婚姻习俗的活化石，广受中外学者和游客的关注。

3. 大理古城

大理古城简称榆城，位于云南省中部偏西，是一座具有 2000 多年悠久历史的高原古城。是滇缅、滇藏公路交会处，滇西交通枢纽，历史上是我国与东南亚各国开展文化交流、通商贸易的重要门户，唐代南诏国与宋代大理国 500 年都邑所在地。现存大理古城建于明洪武十五年（1382 年），历来以"下关风、上关花、苍山雪、洱海月"的"风花雪月"四景及浓郁的白族风情著称。古城东临洱海，西枕苍山，距大理市下关13千米，方圆12千米，原城墙高7.5米，厚6米，东西南北各有城门一座，其上有城楼，壮丽雄伟，是全国首批历史文化名城之一。大理古城尚存有很多古建筑物，如位于大理城北约1千米处象征大理的崇圣寺三塔，就建于1000多年前的南诏丰佑年间，在苍山、洱海之间，三塔鼎峙，雄伟壮观，为大理胜景之一。此外，大理风景区主要景区景点还有南诏国的发祥地巍宝山、佛教圣地鸡足山、剑川石宝山窟，以及挺拔雄伟的苍山、明媚清澈的洱海、神奇美丽的蝴蝶泉等。

（二）世界遗产

截至2016年年底，云南省的世界遗产有南方喀斯特·昆明石林、三江并流、丽江古城、红河哈尼梯田和澄江帽天山化石群5处，还有1项世界记忆遗产——东巴古籍。

1. 石林风景名胜区

石林风景区位于云南省石林彝族自治县境内，距昆明城区78千米，是以形态各异的石灰岩岩溶地貌景观为主的世界地质公园。因为这里高大的岩溶石芽密集如林，面积广达400平方千米，故称为"石林"，石芽的形态主要为剑状、塔状、蘑菇状及不规则柱状等，造型优美，似人似物，在美学上达到了极高的境界。进入"林区"如入迷宫，在众多景点中，尤以"莲花峰""剑峰池""望峰亭""石林湖""母子偕游""万年灵芝"等景色最佳。在石林还流传着一些美妙、动人的传说故事，著名爱情故事《阿诗玛》就出自这里。按区内风景点的分布情况，大致可分大石林、小石林、外石林三个游览区，其中大石林区为主景区。石林风景区群峰万仞、奇石林立，是世界上单体最高的喀斯特地质奇观，享有"天下第一奇观"之誉。1982年被列为第一批国家级重点风景名胜区，2007年石林作为"中国南方喀斯特"的一部分被列入《世界遗产名录》，现为国家5A级旅游景区。

2. 三江并流风景名胜区

三江并流是指金沙江、澜沧江和怒江这三条发源于青藏高原的大江在云南省境内自北向南并行奔流170多千米，穿行于担当力卡山、高黎贡山、怒山和云岭等崇山峻岭之间，形成世界上罕见的"江水并流而不交汇"的奇特自然地理景观。其间澜沧江与金沙江最短直线距离为66千米，澜沧江与怒江的最短直线距离不到19千米，为世界所罕见。2003年联合国教科文组织将"三江并流"自然景观列入《世界遗产名录》。

三江并流风景名胜区涵盖面积为9650.1平方千米，核心景区面积为4094.45平方千米，包括丽江市、迪庆藏族自治州、怒江傈僳族自治州的9个自然保护区和10个风景名胜区。按照景观特色，人们将"三江并流"景区分为八大片区，如梅里雪山片区分布着目前世界上最为壮观且稀有的低纬度、低海拔海洋性现代冰川；丽江老君山红山片区分布着中国面积最大、发育最完整的丹霞地貌奇观；云岭片区是以滇金丝猴为代表的野生动物及其栖息环境聚集之地等。"三江并流"地区是世界上蕴藏最丰富的地质地貌博物馆和罕见的高山地貌及其演化的代表地区，也是世界上生物物种最丰富的地区之一。该地区生存着全国20%以上的高等植物和全国25%的动物种类，其中包括77种珍稀濒危动物和国家级保护动物、34 种国家级保护植物。这里还有 16 个民族聚集，是世界上罕见的多民族、多语言、多种宗教信仰和风俗习惯并存的地区。因此，该地区一直是人们的向往之地，2003 年被列入《世界遗产名录》后，即成为云南旅游的一大热点，特别是其腹地被认定为詹姆斯·希尔顿在其长篇小说《消失的地平线》中所描述的"香格里拉"——个远在东方群山峻岭之中的永恒和平宁静之地，"香格里拉"更让其成为一大享誉世界的旅游品牌，国内外游客蜂拥而至。

课堂讨论与作业 10-2

香格里拉位于云南省西北部，香格里拉市（原名中甸县，藏语称建塘）是迪庆藏族自治州下辖市之一，处于国家三江并流风景名胜区的中心地带。"香格里拉"一词是迪庆中甸的藏语，为"心中的日月"之意，它是藏民心目中的理想生活环境和至高至上的境界。境内有许多高耸入云的大山，著名的云南第一高峰卡瓦格博峰，海拔 6740 米，为藏传佛教的朝圣地，位居藏区八大神山之首，其余环立着太子雪山、白茫雪山、哈巴雪山等。香格里拉最为著名的景点有梅里雪山及雨崩村、金沙江虎跳峡、澜沧江峡谷、碧塔海等。气势磅礴的雪山冰川，蔚为壮观的大江峡谷，丰富多样的珍稀动、植物，神秘深邃的宗教文化，美不胜收的歌舞节庆，叹为观止的民族工艺都令人向往。雪山环绕之间，分布有许多大大小小的草甸和坝子，辽阔的高山草原牧场、莽莽的原始森林以及星罗棋布的高山湖泊，使迪庆的自然景观神奇险峻而又清幽灵秀。它们是迪庆各族人民生息繁衍的地方，土地肥沃，牛马成群。在这片宁静的土地上，有静谧的湖水、神圣的寺院、淳朴的康巴人，一切都如人们梦想中的伊甸园——香格里拉。

任务： 你怎么看待旅游地的形象策划与宣传营销中的创意？

知识小扩充 10-4

梅里雪山

梅里雪山位于三江并流地区，在云南德钦横断山脉中段怒江与澜沧江之间，原名太子山，有 13 座山峰，称为太子十三峰。梅里雪山的主峰卡瓦格博峰藏语为"雪山之神"，是云南第一高峰，是藏传佛教的朝觐圣地，位居藏区的八大神山之首，是世界上最美的雪山之一。所以每年的秋末冬初，西藏、青海、四川、甘肃的大批香客不惜千里迢迢赶来朝拜，匍匐登山的场面令人叹为观止。卡瓦格博峰是迄今无人能登顶的"处女峰"，这里冰川连绵，冻土成片，是登山运动员极想攀登的地方。峰形犹如一座雄壮高耸的金字塔，时隐时现的云海更为雪山披上了一层神秘的面纱。梅里雪山以其巍峨壮丽、神秘莫测而闻名于世，有世界最美之山的美誉。梅里雪山北高南低，山体高峻，云蒸霞蔚，山谷中的冰川延绵数千米颇为壮观。而雪线以下，冰川两侧的山坡上覆盖着茂密的高山灌木和针叶林，郁郁葱葱，与白雪相映出鲜明的色彩。雪山上植被茂密，物种丰富。在植被区划上，属于青藏高原高寒植被类型，在有限的区域内，呈现出多个由热带向寒带过渡的植物分布带谱。海拔 2000~4000 米，主要是由各种云杉林构成的森林，森林的旁边，有着延绵的高原草甸。夏季的草甸上，无数叫不出名的野花和满山的杜鹃、格桑花争奇斗艳，竞相怒放，犹如一块被打翻了的调色板，在由森林、草原构成的巨大绿色地毯上，留下大片的姹紫嫣红。林间分布有肥沃的天然草场，竹鸡、獐子、小熊猫、马鹿和熊等动物活跃其间。梅里雪山，不仅地形复杂，气候变化更为复杂，每年夏季，山脚河谷气温可达 11~29℃，高山则为−10~−20℃。年降水量平均为 600mm，大都集中在 6—8 月，此期间气候极不稳定，是登山的气候禁区。去梅里雪山旅游的最佳季节是每年的 5—10 月，10 月底天气晴朗，透明度高，能清晰地看到梅里雪山主峰卡瓦格博。

3. 红河哈尼梯田

红河哈尼梯田是以哈尼族为主的各族人民创造的农业生态奇观，梯田规模宏大，气势磅礴，绵延整个红河南岸的红河、元阳、绿春及金平等县，仅元阳县境内就有 17 万亩梯田，是红河哈尼梯田的核心区。元阳县境内全是崇山峻岭，所有的梯田都修筑在山坡上，梯田坡度在 15°~75° 之间。以一座山坡而论，梯田最高级数达 3000 级，这在中外梯田景观中是罕见的。元阳哈尼梯田主要有 3 大景区：坝达景区包括箐口、全福庄、麻栗寨、主鲁等连片 14000 多亩的梯田，老虎嘴景区包括勐品、硐浦、阿勐控、保山寨等近 6000 亩梯田，多依树景区包括多依树、爱春、大瓦遮等连片上万亩梯田。如此众多的梯田，在茫茫森林的掩映中，在漫漫云海的覆盖下，构成了神奇壮丽的景观。

同步思考 10-1

问题： 你认为元阳哈尼梯田奇观形成的历史文化与自然原因有哪些？

（三）国家 5A 级景区

截至 2017 年 2 月，云南旅游亚区共有 8 家国家 5A 级旅游区。见表 10-2。

表 10-2　云南旅游亚区国家 5A 级景区一览表

序号	景区名称	评选时间
1	昆明石林风景区	2007 年
2	丽江市玉龙雪山景区	2007 年
3	丽江古城景区	2011 年
4	大理崇圣寺三塔文化旅游区	2011 年
5	中科院西双版纳热带植物园	2011 年
6	云南省迪庆州香格里拉普达措国家公园	2012 年
7	云南昆明市昆明世博园景区	2016 年
8	云南保山市腾冲县火山热海旅游区	2016 年

1. 玉龙雪山景区

丽江玉龙雪山景区位于玉龙、宁蒗、香格里拉三县境内，以玉龙雪山为中心，总面积770多平方千米，包括玉龙雪山、丽江古城、万里长江第一湾——石鼓、宁蒗泸沽湖四个片区。玉龙雪山是位于滇西纵谷区的横断山脉沙鲁里山南段的名山，位于丽江纳西族自治县境内，是中国最南、北半球最南的雪山。该山为南北走向，由13座万年积雪不化山峰组成，如一条矫健的玉龙横卧山巅，有一跃而入金沙江之势，故名"玉龙雪山"。为纳西族的神山和聚居地之一，巍巍雪山、五彩草甸、幽幽蓝月谷、象形东巴文，充斥着纳西民族的神圣——它是纳西民族人民心目中的圣山。玉龙雪山以险、奇、美、秀著称于世，随着时令和阴晴的变化，有时云蒸霞蔚，玉龙时隐时现；有时碧空如水，群峰晶莹耀眼；有时云带束腰，云中雪峰皎洁，云下岗峦碧翠；有时霞光辉映，雪峰如披红纱，娇艳无比。雨雪新晴，雪格外的白，松格外的绿，掩映生态，移步换形，像白雪和绿松捉迷藏，蔚为奇观。玉龙雪山山顶终年积雪覆盖，自然垂直景观独特，景观分为雪域冰川景观、高山草甸景观、原始森林景观、雪山水景等，是一个集观光、登山、探险、科考、度假、郊游为一体的具有多功能的旅游胜地。

2. 西双版纳风景区

西双版纳风景区位于云南南部的西双版纳傣族自治州境内，东南与老挝相连，西南与缅甸接壤，以神奇的热带雨林自然景观和傣族、哈尼族、基诺族等少数民族风情而闻名于世，是我国第一批国家重点风景名胜区之一。具有"常夏无冬，一雨成秋"的特点。西双版纳旅游风景区包括景洪、勐海、勐腊三大风景片区，共有19个风景区，800多个景点，总面积1202.53平方千米。西双版纳是我国热带生态系统保存最完整的地区，动植物资源种类繁多，被称为"热带动物王国"。其中许多珍稀、古老、奇特、濒危的动、植物是西双版纳独有的，如望天树、桫椤等被称为"活化石"的孑遗植物30余种，稀有植物135种，有亚洲象、白腹黑啄木鸟、熊猴、绿孔雀等国家重点保护动物45种。在这片富饶的土地上，有占全国1/4的动物和1/6的植物，是名副其实的"动物王国"和"植物王国"。世居西双版纳的有傣、汉、哈尼、布朗、拉祜、基诺、苗、佤等13个民族，其中35%为傣族。西双版纳的傣族人大多是虔诚的小乘佛教徒，学习傣族文化与佛教教义，因此这里几乎处处可见东南亚风情的佛寺、佛塔及披着袈裟的小和尚。

3. 腾冲火山热海风景区

该景区位于云南省西南部的腾冲和梁河县境内，与缅甸接壤处，横断山脉高黎贡山山麓，是著名的地热之乡，面积130平方千米。景区内有沸泉、汽泉、温泉群等80余处奇特的地热景观；还分布着90多座火山锥，以及浮石、火山蛋、火山溶洞等火山景观，形态各异，怪石林立，保存完好；还有景观奇特、对多种疾病有疗效的热海、热田，以及丰富的火口湖、熔岩堰塞湖、熔岩堰塞瀑布、熔岩巨泉等景观，被誉为"天然的地质自然博物馆"。腾冲地热火山风景区核心景点为热海，位于腾冲城南10.5千米处，面积8平方千米，有喷气孔、冒气地面、热沸泉、喷泉、热水泉、热水喷爆和毒气孔七种主要景观。热海主要温泉有硫黄塘大滚锅、黄瓜箐热气沟和澡塘河高温沸泉。硫黄塘位于腾冲县城西南 16 千米的一个山坳平台的中央，圆形水池直径 3 米左右，深 1 米多，池底无处不冒气喷水，水温达 96℃。景区内还有种类繁多的动植物，尤以大树杜鹃和云南花闻名中外，其中一棵杜鹃树树龄 280 多年，高 25 米，树围 2.6 米，被称为杜鹃王，更是稀世珍宝，这里是我国杜鹃花、山茶和木兰科植物的分布中心。附近的瑞丽口岸是国家一类口岸。

腾冲，这座南方丝绸之路上的历史文化名城，历经沧桑，积淀了丰实深厚的历史文化，边陲古道的马铃声，记录着中、缅、印的商贸历史。腾冲县是著名的侨乡、文化之邦和著名的翡翠集散地。当你走进腾冲名人的故居，走进一座座明清古寺、古碉、古城，走进一座座清幽古老的院落和一道道石板小巷，你会在一种特别的文化氛围中受到震撼。在古老的侨乡和顺，还有一座建于 1928 年，至今仍然是全国规模最大、藏书最多的乡村图书馆。腾冲县属热带季风气候，冬无严寒，夏无酷暑，全年适于旅游观光。腾冲森林密布，到处青山绿水，景色秀丽迷人。境内有傣、回、傈僳、佤、白、阿昌六个世居少数民族，民族风情丰富多彩。其中傈僳族在刀杆节表演的"上刀山，下火海"惊心动魄，令人叹为观止。

同步思考 10-2

问题：云南旅游亚区还有哪些著名的旅游城市与景区本教材因篇幅所限没能列举？
分析提示：巍山、建水古城等；瑞丽江—大盈江风景名胜区、虎跳峡景区及东巴文化、茶马古道等。

三、旅游美食与旅游商品

（一）旅游美食

彩云之南悠久的历史、得天独厚的生物资源以及灿烂多元的民族文化造就了云南千百年来兼容并蓄、独树一帜的美食文化，独特的滇味菜系更叙写了饮食文化中绚丽多姿的篇章。各地的民族菜色、小吃，南北东西的滇味菜系在这里开花结果，在云南，可以"一天吃四季，十餐不同味"。云南的六大名吃有：过桥米线、宜良烧鸭、汽锅鸡、大理砂锅鱼、楚雄特色野生菌火锅、大理三道茶；云南十大小吃有：大救驾、苦荞粑粑、蒙自年糕、玫瑰米凉虾、大理乳扇、曲靖蒸饵丝、牛肉汤泡饵、油炸豌豆粉、云州"马打滚"、香竹饭。

（二）旅游商品

云南主要旅游商品如表 10-3 所示。

表 10-3　云南旅游亚区主要旅游商品名录

类别	具体典型代表
工艺品	昆明牙雕、剑川木雕、乌铜走银、建水紫陶、景洪傣锦、大理石工艺品、德宏与腾冲玉雕、会泽斑铜、陇川户撒刀、彝族刺绣、苗族蜡染、白族扎染、东巴挂毯、傣家竹编、撒尼挂包等
茶、酒	滇红、普洱茶、云南沱茶、云南白毫等；竹筒酒、窨酒、那榔酒、腻脚酒、佤族水酒、玉林泉、鹤庆乾酒、杨林肥酒、云南红等
土特名产	各种野生菌的干货、云南白药、云烟、保山云子、昭通天麻、永胜沙金、永胜程海螺旋藻、文山三七、高寒山区的虫草等
水果、花卉	元江杜果、河口无眼菠萝、石屏杨梅、蒙自枇杷、保山龙眼；大理茶花、杜鹃花等各种花卉

四、旅游节庆与旅游线路

（一）旅游节庆

"一山分四季，十里不同俗"的云南是我国拥有少数民族最多的省份，有彝、白、傣、哈尼、壮、苗、傈僳、佤、回、纳西、拉祜、景颇、瑶、藏、布朗等 26 个少数民族（其中 15 个民族为云南所特有）。不同的民族有不同的民族节日，大多数民族还拥有不止一个节日，各个民族的节日丰富多彩，从年初到年尾都喜庆不断。有久负盛名的傣族泼水节（四月中旬），彝族火把节（农历六月二十四日至二十五日）、打歌节（农历二月初八），白族三月街（农历三月十四至十六），还有永仁彝族赛装节（农历正月十五日），苗族花山节（农历正月初一到十五间），纳西族三朵节（农历二月初八），傈僳族刀杆节（农历二月初七、初八）、纳西族的米拉会、棒棒会等，不胜枚举。2016 年年底，云南省旅游发展委员会发布了《云南旅游节庆活动完全手册》，该手册网罗了 2017 年、2018 年云南省将着力打造的 5 个品牌旅游节庆活动和 2017 年重点培育的 10 个特色旅游节庆活动等，图文并茂，几乎囊括了目前云南少数民族所有的节庆活动。

专业技能训练 10-3

根据你学到的云南旅游亚区的相关知识、结合你自己的兴趣设计一条云南的精华 5 日游线路。

（二）旅游线路

彩云之南，天高地阔，阳光普照，色彩斑斓，是大多数中国人首选的旅游热土。其旅游资源因地域不同呈现出不同的特色，主要经典旅游线路有：

云南风景名胜经典之旅：昆明—大理—丽江—香格里拉；
　　　　　　　　　　　　石林—大理—丽江—玉龙雪山。

滇南少数民族风情边境游：昆明—西双版纳—瑞丽—腾冲；
　　　　　　　　　　　　大理—丽江—西双版纳—中缅。

昆明名胜游：昆明—石林—世博园。

第三节 贵州旅游亚区主要旅游资源概述

一、区域旅游资源概况

贵州旅游亚区即贵州省，简称"黔"或"贵"，位于我国西南地区东部，东毗湖南、南邻广西、西连云南、北接四川和重庆。全省面积17.61万平方千米，地貌类型复杂多样，以高原山地为主，其中岩溶地貌类型齐全且广泛分布，人们常以"地无三尺平"来描述贵州的地貌。贵州是古生物的发源地之一，地层中蕴藏着各个时代丰富的古生物化石，被誉为"了解和研究地球生命发展演化史的宝库"。截至2015年年末，全省户籍人口4134万人，常住人口3529.5万人。贵州是一个多民族共居的省份，其中世居的少数民族主要有苗、布依、侗、彝、水、回、仡佬、壮、瑶、白、土家等。贵州属亚热带湿润季风气候，有冬无严寒、夏无酷暑、阴雨天多、四季不甚分明的特点。独特的气候特征，使贵州成为理想的休闲旅游和避暑胜地。

特殊的喀斯特地质地貌、原生的自然环境、浓郁的少数民族风情和宜人的气候条件，形成了以自然风光、人文景观和民俗风情交相辉映的丰富旅游资源。其主要景点有黄果树瀑布、龙宫、织金洞、潕阳河、红枫湖、荔波樟江、马岭河峡谷、赤水等18个国家级风景名胜区；有中国南方喀斯特·贵州荔波、中国丹霞·赤水、中国土司遗址·遵义海龙囤遗址3处世界遗产；有梵净山动植物园、茂兰喀斯特原始森林、赤水原生林、草海鸟类栖息衍生地和习水中亚热带常绿阔叶林等10处国家级自然保护区；有遵义会议会址、杨粲墓、黔西观音洞遗址、普安铜鼓山遗址、红军四渡赤水遗迹、息烽集中营旧址等71处全国重点文物保护单位；有遵义和镇远两座国务院公布的历史文化名城以及众多各具色特的民族风情旅游村寨。贵州旅游亚区奇特的山水风光、浓郁神秘的民族风情、古朴多彩的文物古迹，以及冬无严寒、夏无酷暑的宜人气候，使贵州成为理想的旅游观光和避暑胜地。

二、主要旅游景区景点

（一）国家级历史文化名城

截至2016年年底，贵州旅游亚区国家级历史文化名城有2座：遵义市、镇远县。

1. 遵义市

遵义为黔北重镇、贵州第二大城市，是中国优秀旅游城市、国家全域旅游示范区。南临贵阳市，北倚重庆市，西接四川省，是昆筑（贵阳简称）北上和川渝南下之咽喉，是西南地区承接南北、连接东西、通江达海的重要交通枢纽，是成渝—黔中经济区走廊的核心区和主廊道。1935年，红军两万五千里长征途中在此召开了著名的"遵义会议"，成为中国共产党生死攸关的转折点，被称为"转折之城，会议之都"。遵义是首批国家历史文化名城，拥有世界文化遗产海龙屯、世界自然遗产赤水丹霞。享有中国长寿之乡、中国厚朴之乡、中国金银花之乡、中国高品质绿茶产区、中国名茶之乡、中国吉他制造之乡等称号。本区属亚热带季风气候，终年温凉湿润，冬无严寒，夏无酷暑，雨量充沛，日照充足，一年四季均宜旅游。

专业技能训练 10-4

问题： 试拓展了解并介绍茅台古镇与茅台酒文化。

2. 镇远古城

历史文化名城镇远位于贵州东部湘黔两省交界处，潕阳河畔，自古是水陆交通要冲，不但是"黔东门户""湘黔咽喉"，而且有"滇黔锁钥"之称。镇远自汉高祖5年（公元前202年）设县至今已有2200多年的历史，一直是黔东地区政治、经济、文化中心、交通枢纽和军事重镇，其中1300多年作为府、道、专署所在地，历代许多名人游历镇远留下墨迹、诗篇。镇远目前总人口26万余人，其中少数民族占48%，是一座拥有苗侗文化、移民文化等多元文化彼此交融的地方。在2000多年的历史长河中，镇远积淀了悠久厚重的历史文化、众多瑰丽的文物古迹和绚丽多姿的民族文化，有中国最美十大古城、中国最具影响力旅游名县等美称。镇远自然风光旖旎，旅游资源极为丰富。仅镇远古城就遗存有楼、阁、殿、宇、寺、庙、祠、馆等古建筑50余座，古民宅33座，古码头12个，古巷道8条，古驿道5条。其中国家级重点文物保护单位1处，省级重点文物保护单位7处。附近还有国家级风景名胜区潕阳河、国家级重点文物保护单位青龙洞古建筑群，以及保持明清风貌的大片古民居院落、古巷道、古码头等。

（二）世界遗产

截至2016年年底，贵州旅游亚区有3处景观列入《世界遗产名录》，分别是中国南方喀斯特·贵州荔波、中国丹霞·赤水、中国土司遗址·遵义海龙囤遗址。

1. 贵州荔波喀斯特遗产地

荔波喀斯特遗产地位于贵州省南部荔波县，属亚热带季风性气候，海拔385~1109米，包括樟江国家重点风景名胜区和茂兰国家级自然保护区，总面积73016公顷。遗产地以典型丰富的锥状喀斯特地貌和水文为基础，以世界罕见的中亚热带喀斯特原始森林为特色，是目前地球上同纬度地区绝无仅有的喀斯特森林生态系统和罕见的生物基因库。在荔波喀斯特遗产地内，锥状喀斯特景观由最典型的峰丛峡谷、峰林洼地、峰林谷与峰林溶原（盆地）等主要的喀斯特地貌形态有序排列，展示了峰丛景观与峰林景观的相互地貌演化与递变。遗产地的大量洞穴为洞穴动物生存繁育提供了很好的条件，遗产地现有洞穴动物174种。茂兰国家级自然保护区至今保存着的世界上面积最大的喀斯特原始森林。蕴含着丰富的动植物种类及遗传种质资源。各种森林植物、各类动物及部分大型真菌，共有4000余种。除有大量的国家重点保护的珍稀濒危动植物外，由于岛屿状的喀斯特地貌和特殊生境，产生了许多新的特有物种，是亚热带喀斯特地貌上生物多样性保存最为完好的一块宝地，是一个巨大的生物资源"基因库"是众多特有和濒危动植物的栖息地。同时，区内90%的人口是少数民族，主要是水族、瑶族和布依族等少数民族文化，文化底蕴丰富。

2. 赤水丹霞

赤水丹霞位于贵州省赤水市境内，地处四川盆地南缘，紧靠黔北大娄山北麓，是青年早期丹霞地貌的代表，其面积达1200多平方千米，是全国面积最大、发育最美丽壮观的丹霞地貌。丹霞地貌通常是我国南方红色岩系发育的一种特殊地貌，当地古时曾沉积着厚厚的红色地层，当红色砂岩经长期风化剥离和流水侵蚀，岩层沿垂直节理方向发育，红层便被割成一片片红色孤立的山和陡峭的奇岩怪石，形成我们如今看到的丹霞地貌。赤水的丹霞地貌，以其艳丽鲜红的丹霞赤壁，拔地而起的孤峰窄脊，仪态万千的奇山异石，巨大的岩廊洞穴和优美的丹霞峡谷与绿色森林、飞瀑流泉相映成趣，形成极高的旅游观赏价值。遗产地主要包括赤水国家级风景名胜区十丈洞景区、丙安竹海景区、赤水桫椤国家级自然保护区和赤水竹海国家森林公园。赤水丹霞与湖南崀山、广东丹霞山、福建泰宁、江西龙虎山、浙江江郎山6大著名丹霞地貌景区组合成为"中国丹霞"，成为我国第8个世界自然遗产项目。

3. 遵义海龙囤土司遗址

海龙囤土司遗址雄踞于遵义市主城区20千米的汇川区高坪镇大山深处，曾为杨氏土司的"夏宫"和战时军事中心，始建于宋宝祐五年（1257年），现存主要是明万历年间（1595—1600年）的遗存，总面积达5平方千米，核心区域1.59平方千米，遗址区面积含遗产区和缓冲区共12.9平方千米，主要包括城防设施、行政及生活设施、手工业设施、交通设施以及水井遗址5处，是目前中国乃至亚洲保存最好的古军事城堡建筑遗迹之一，是全国范围内目前仅见的一处大型军事建筑与宫殿建筑合二为一，即把军事防御与政治统治结为一体的土司城堡遗址，是宋、元、明时期西南播州杨氏土司文化的重要遗存，是研究西南地区土司制度和关隘设施的重要实物资料。该土司遗址于2001年被公布为全国重点文物保护单位，2012年获全国十大考古新发现。中国土司遗址（包括贵州播州海龙屯、湖南永顺老司城和湖北唐崖土司城三处遗址）在2015年第39届联合国教科文组织世界遗产大会上获准列入世界遗产名录，成为中国第48处世界遗产。

（三）国家5A级景区

截至2017年3月，贵州省共有5家国家5A级旅游景区。详情见表10-4。

表10-4 贵州旅游亚区国家5A级景区一览表

序号	景区名称	评选时间
1	安顺黄果树大瀑布景区	2007年
2	安顺龙宫景区	2007年
3	贵州省毕节市百里杜鹃景区	2013年
4	贵州荔波樟江风景名胜区	2015年
5	贵州青岩古镇	2017年

1. 黄果树风景名胜区

黄果树国家重点风景名胜区位于贵州省西南安顺市镇宁布依族苗族自治县境内的白水河上，距省会贵阳市 128 千米，距旅游中心安顺市 45 千米，有滇黔铁路、黄果树机场、320 国道、贵黄（贵阳至黄果树）高等级公路、沪昆高速（G60）等直达景区。是我国第一批国家重点风景名胜区和首批获得国家评定的 5A 级旅游景区。黄果树风景名胜区以黄果树瀑布景区为中心，分布有天星桥景区、陡坡塘景区、滴水滩瀑布景区、霸陵河峡谷三国古驿道景区、郎宫景区、以石头寨为首的黄果树布依族十大村寨等几大景区。白水河流经当地河床时断落成九级瀑布，黄果树为其中最大一级。黄果树大瀑布景区内以黄果树大瀑布（高 77.8 米，宽 101 米，主瀑高 67 米）为中心，分布着雄、奇、险、秀风格各异的大小 18 个瀑布，形成一个庞大的瀑布"家族"，被吉尼斯世界纪录评为世界上最大的瀑布群。黄果树大瀑布是黄果树瀑布群中最为气势磅礴的瀑布，是世界上唯一可以从上、下、前、后、左、右六个方位观赏的瀑布，更有奇者，大瀑布后有一水帘洞，洞深 20 多米，长 134 米，贯穿全瀑，万幅绞绡掩罩六个洞窗，瀑声盈耳，惊心动魄，瀑窗水挂珠帘，伸手可及，被誉为"天下第一奇洞"。明代伟大的旅行家徐霞客考察大瀑布赞叹道："捣珠崩玉，飞沫反涌，如烟雾腾空，势甚雄伟；所谓'珠帘钩不卷，匹练挂遥峰'，俱不足以拟其壮也，高峻数倍者有之，而从无此阔而大者"。

2. 龙宫风景名胜区

龙宫风景名胜区位于安顺以南 27 千米，距享誉中外的黄果树大瀑布仅 30 千米，总面积达 60 平方千米。景区集溶洞、峡谷、瀑布、峰林、绝壁、溪河、石林、漏斗、暗河等多种喀斯特地质地貌景观于一体，以山奇、水奇、洞奇见长，是喀斯特地貌形态展示最为集中全面的景区，被誉为"天下喀斯特，尽在龙宫"。龙宫景区由龙潭秘境和通漩田园两大主题片区组成，拥有中国最长最美水溶洞（一、二进龙宫）、中国最大洞中佛堂（观音洞）、中国最大洞中岩溶瀑布（龙门飞瀑）、中国原子能机构测定的世界天然辐射剂量率最低的地方，世界最大的水旱溶洞集群，世界上最大单体汉字"龙"字田等得天独厚的自然资源，以及以布依、苗族为主的多民族文化等多种旅游资源。中心景区龙宫，由一条长达 5 千米的暗河穿过 30 余座山头，连接 90 余个溶洞，形成千姿百态的钟乳石令人目不暇接，人称"地下漓江"。龙宫入口处，一泓碧潭，称为"天池"，潭水沉碧如玉，水面宽阔，三面悬崖峭壁，青藤倒挂，古木森森，一面为一穿洞，称为"龙门"，天池水沿龙门倾泻而下，形成落差 34 米，秒流量 50 立方米的"龙门飞瀑"，飞流汹涌，声震山谷。其丰富的喀斯特地质地貌，奇妙的自然景观，多彩的民族风情旷世稀有；独特的龙文化、淳朴的宗教信仰、清新的田园气息交相辉映，绘就一幅怡然自得的人间仙境画卷。

🔍 知识小扩充 10-5

织金洞是我国著名的喀斯特风景名胜区，中国旅游胜地 40 佳之一。织金洞原名"打鸡洞""乾宏洞""织金天宫"，位于贵州织金县城东北面 23 千米官寨乡东街口，洞长 60 余千米，容积达 500 多万立方米。1980 年 4 月，织金县人民政府组织的旅游资源勘察队发现此洞。织金洞囊括了当今世界溶洞中的各种沉积形态，如石幔、石柱、石花、石笋等。它既是一座地下艺术宝库，又是一座岩溶博物馆，堪称"世界奇观"。1988 年被国务院审定为国家级重点风景名胜区。

3. 毕节百里杜鹃

百里杜鹃风景区位于贵州省西北，毕节市中部的大方县、黔西县两地交界处的天然杜鹃林带，景区面积 180 平方千米，在长约 50 千米，宽 1~5 千米的狭长丘陵上面积达 125.8 平方千米的杜鹃花林中，拥有全世界杜鹃花全部 5 个亚属和 60 多个品种，是迄今为止已查明的世界上面积最大、种类最多、保存最完好的原始杜鹃林，堪称世界唯一。最难得的是一树不同花，可在一棵树上开出不同颜色的花朵，达 7 种之多。树龄千年的杜鹃花王，花开季节繁花万朵，独树成春，是迄今为止地球上发现的最大杜鹃花树。素有"杜鹃王国""世界天然大花园"诸多美誉。这里既是览略百里烂漫杜鹃，洗尽都市纤尘的"花之天堂，心之旷野"，也是体味乌蒙原生态民族文化风情、探幽览胜的"杜鹃花乡、彝疆古城"。

4. 贵州青岩古镇

青岩古镇，位于贵阳市南郊，距市区约 29 千米，距花溪南 12 千米处，总面积 92.3 平方千米，素有贵阳"南大门"之称。它是贵州四大古镇（青岩、镇远、丙安、隆里）之一，始建于明洪武十年（1378 年），原为军事要塞，至今已有 600 多年历史。古镇内设计精巧、工艺精湛的明清古建筑交错密布，寺庙、楼阁画栋雕梁、飞角重檐相间。小小古镇居然同时有古老的寺庙、肃穆的天主教堂和基督教堂，被人称为"三教并存"。古镇人文荟萃，有历史名人周渔璜、清末状元赵以炯（贵州历史上第一个文状元）。镇内有近代史上震惊中外的青岩教案遗址、赵状元府第、平刚先生故居、红军长征作战指挥部等历史文物。周恩来的父亲、邓颖超的母亲、李克农等革命前辈及其家属均在青岩秘密居住过。站在定广门上远远望去，尖顶的教堂与巍然的百岁坊遥遥相对，东西方文化矛盾而又和谐地在小镇上存在着。悠悠古韵，被誉为中国最具魅力小镇之一。

同步思考 10-3

问题：贵州旅游亚区还有哪些著名的旅游城市与景区本教材因篇幅所限没能列举？

分析提示：贵阳、毕节、六盘水等；潕阳河、红枫湖、荔枝漳江风景区与黔东南民族村寨、梵净山自然保护区等。

三、旅游美食与旅游商品

（一）旅游美食

贵州菜跟四川、湖南菜口味接近，与川菜相比最大的差别是由麻辣改成了鲜辣和酸辣。贵州菜品以烹制山珍野味及鸡、鸭、猪、牛、蔬菜、豆腐出名，贵州特有风味为辣香味浓，尤其是咸和辣，许多特色菜肴都与辣椒有着密切关系。黔味菜肴还特别突出酸味，当地有"三天不吃酸，走路打蹿蹿（趔趄）"的民谣，在贵州，几乎每家都腌制酸菜、制作酸汤。酸汤是苗族饮食的一大特色，尤其以酸汤鱼最为好吃。贵州的干锅系列，风味独特，再加上农家自酿的米酒，品味醇厚；火锅系列，黔味火锅制作方法多样，具有浓郁的地方特色，典型的有花江狗火锅、凯里酸汤鱼火锅、贵阳青椒童子鸡火锅、鼎罐鸡火锅等。此外，黔味菜肴还讲究蘸水，蘸水调料主要是辣椒、蒜泥、姜末等，辣椒的制作方法不同，蘸水调料的口感也不尽相同。

贵州的主要黔味名菜有：宫保鸡丁、"霸王别姬"、兰球鸽蛋、套全鸭、天麻鸳鸯鸽、盐酸菜烧干鱼、糟辣脆皮鱼、龙爪鸡丝、金钩挂玉牌、辣子鸡、板栗烧鸡、魔芋锅巴炒肉丝、花江狗肉、酸汤鱼、啤酒鸭、羊肉汤锅、酸菜豆米汤、凉拌折耳根、贵州卤菜、乌江河鱼、毕节王傻子烧鸡、侗家腌鱼、兴义香酥烤鸭、镇远陈年道菜、荔波风猪、从江香猪等。贵州著名风味菜点主要有：洋芋（土豆）粑、臭豆腐、麻辣（土豆）洋芋、二块粑；遵义羊肉粉、遵义黄粑、毕节汤圆、兴义刷把头、石阡绿豆粉、威宁荞酥、安顺荞凉粉、镇宁波波糖、绥阳空心面条、江口豆腐干、黄平郭氏牛肉干、贵阳鸡肉饼、一品大包、豆腐圆子、糕粑、碗耳糕、都匀冲冲糕、炸洋芋粑、油炸鲜鱼、蹄花饭、砂锅豆腐、涮鸡片、兴义耳块粑、贵阳肠旺面等。

（二）旅游商品

贵州主要旅游商品如表10-5所示。

表10-5　贵州旅游亚区主要旅游商品名录

类别	具体典型代表
工艺品	苗族银饰、苗族刺绣与桃花、水族剪纸、原木艺术、贵州蜡染、民族染织、布依族雕刻、大方漆器、玉屏箫笛、通草堆画、思州石砚、牙舟陶器、安顺三刀、织金沙器、安顺地戏脸谱、贵州雄精雕刻、梵净山紫袍玉带石雕
酒、茶	贵州茅台酒、遵义董酒、习水大曲、小糊涂仙、苗族米酒、苗族苞谷酒、镇远清溪大曲、打鼓酒、花竹窖酒、卫城刺梨酒、惠水黑糯米酒等；都匀毛尖茶、贵定云雾茶、遵义毛峰、开阳南贡茶、湄江茶、正安绿茶等
土特名产	老干妈辣酱、威宁火腿、黔桐、桐梓玉兰片、三穗板鸭、铜仁绿豆粉、独山盐酸菜、镇远陈年道菜、毕节豆腐干、贵州风味辣酱、镇宁波波糖、绥阳空心面、安顺百花串酱菜、贵州香烟（黄果树）、贵州香烟（遵义）、贵定烤烟，以及杜仲、茯苓、天麻、党参、金银花、三七等中草药
水果	威宁大黄梨、兴义大红袍橘子、罗甸黄果、杨梅、雷公山猕猴桃、荔波卜柚等

四、旅游节庆与旅游线路

（一）旅游节庆

近些年来，贵州对于旅游节庆活动很重视，举办了一些规模比较大的节庆活动。主要有都匀剑江旅游欢乐节（2月，春节期间）、贵州安顺油菜花旅游节（3—4月）、中国·贵州国际杜鹃花节（3—5月）、中国·贵州国际茶文化节（3—4月）、贵州梵净山文化旅游节（10月）、中国贵州威宁草海国际观鸟节（12月—次年3月）等。同时，贵州少数民族节日有1000多个，如"百节之乡"凯里一年中有130多个民族节日；其中规模较大的有苗族、布依族的"四月八"，布依族的"六月六"，彝族的"火把节"，水族的"端节"，瑶族的"盘古节"等。火把节是彝族、白族、纳西族、基诺族、拉祜族等民族的古老而重要的传统节日，有着深厚的民俗文化内涵，蜚声海内外，被称为"东方的狂欢节"；不同的民族举行火把节的时间也不同，大多是在农历的六月二十四，主要活动有斗牛、斗羊、斗鸡、赛马、摔跤、歌舞表演、选美等。"四月八"是苗族的传统喜庆节日，是苗族的祭祖节、英雄节、联欢节，每逢这一天，人们自动聚集到预定的地点跳鼓舞，对山歌、舞花带，上刀梯、钻火圈，热闹异常，人数以万计，场面宏大而壮观，人们尽情歌舞以至通宵达旦。

专业技能训练 10-5

问题： 根据你学到的贵州旅游亚区的相关知识，结合你自己的兴趣设计一条贵州的精华3日游线路。

（二）旅游线路

贵州旅游亚区旅游资源在不同地域呈现出不同的特色，主要旅游线路有：

黔西喀斯特地貌之旅：贵阳—红枫湖—安顺—织金洞—龙宫—黄果树瀑布—织金洞—马岭河峡谷。

黔东历史人文及原始生态之旅：施秉—潕阳河—镇远—铜仁梵净山。

黔南民族风情自驾之旅：贵阳—贵定（音寨"金海雪山"）—福泉（洒金谷）—都匀（斗篷山）—三都（尧人山）—荔波（大小七孔、水春河漂流）—平塘（掌布国家地质公园）—罗甸（高原千岛湖）—长顺（杜鹃湖）—惠水（九龙山、好花红乡村旅游区）。

贵州精品游：贵阳（花溪公园、青岩古镇、甲秀楼）—安顺（天龙屯堡、龙宫、黄果树瀑布、天星桥）—兴义（马岭河、万峰林）。

贵州红色征途感怀之旅：贵阳—息烽（集中营纪念馆）—遵义（遵义会议会址、红军山、海龙屯、娄山关）—仁怀（国酒文化城、盐津温泉）—习水（土城四渡赤水纪念馆）—赤水（十丈洞、桫椤自然保护区、竹海、丙安古镇、大同古镇）。

多彩贵州清凉之旅：黔南州荔波县（大七孔、小七孔、水春河）—贵阳（青岩古镇、花溪公园、甲秀楼、黔灵公园）—安顺（黄果树大瀑布、陡坡塘瀑布、天星桥、龙宫塘）—毕节（织金洞）。

第四节 广西旅游亚区主要旅游资源概述

一、区域旅游资源概况

广西旅游亚区即广西壮族自治区，简称"桂"，首府南宁。广西地处我国南疆，北回归线横贯中部，南临北部湾，面向东南亚，西南与越南毗邻，东邻粤、港、澳，北连华中，背靠大西南，区位优越。广西陆界国境线长 637 千米，大陆海岸线长 1595 千米，岛屿海岸线长 604.5 千米，沿海大小岛屿 697 个，最大岛屿涠洲岛面积约 24.74 平方千米。全区土地总面积 23.76 万平方千米，海拔多在 1000~1500 米，最高峰南岭苗儿山主峰海拔 2141 米。截至 2015 年末，户籍人口 5378 万人，常住人口 4796 万人。全自治区聚居壮、汉、瑶、苗、侗、仫佬、毛南、回、京、彝、水、仡佬等民族，是以壮族为主体的少数民族自治区，也是全国少数民族人口最多的省（区）。本区春秋战国时为百越（粤）地，秦置桂林郡，部分属象郡，唐属岭南道，宋为广南西路，元属湖广行省，清为广西省。1958 年成立广西壮族自治区。广西是全国唯一的具有沿海、沿江、沿边优势的少数民族自治区，是西南地区最便捷的出海通道，在中国与东南亚的经济交往中占有重要地位。

美丽的八桂之地，十万大山的壮美，千百条河流的秀美，形成了无尽的水域资源。亚热带雨林气候，孕育了大量珍贵的动植物资源，尤其盛产水果，被誉为"水果之乡"。广西的峰林是发育完美的热带岩溶地貌的典型代表，它们平地拔起，气势超群，造型奇特，形态最典型、风景最秀美的桂林、阳朔一带的石灰岩峰林，曾被明代旅行家徐霞客誉为"碧莲玉笋世界"；洞穴景观同样众多且优美，素有"无山不洞，无洞不奇"之称，据统计广西溶洞约有 10 万个，在瑰丽多姿的溶洞里，石乳、石笋、石幔、石柱、石花、石莲、石林等琳琅满目，美不胜收，比较著名的有旱洞型的桂林的芦笛岩、七星岩，柳州的都乐岩等；有水洞型的桂林冠岩、荔浦丰鱼岩、灌阳龙宫、钟山碧水岩、马山金伦洞等，以及考古陈列型的桂林甑皮岩（是中国有代表性的新石器时代古人类洞穴遗址）和龙隐岩（存有唐代至清代摩崖石刻 200 多件），柳州白莲洞（中国史前人类文化的重要遗址）等。广西是以壮族为主体的多种少数民族聚居的少数民族自治区，他们各自的语言、服饰、建筑物、生活习惯、风土人情、喜庆节日、民间艺术、工艺特产、烹调技术等，构成了多姿多彩的民族风情，为民族风情观光旅游提供了良好的条件；如壮族的三月三歌节、瑶族的达努节和盘王节、苗族的踩花山、仫佬族的走坡节、侗族的花炮节，以及别有风味的打油茶等，都充满着浓郁的民族风情，吸引着人们去观光。奇特的喀斯特地貌，灿烂的文物古迹，浓郁的民族风情，使广西的旅游资源独具魅力。

二、主要旅游景区景点

（一）国家级历史文化名城

截至 2016 年年底，广西旅游亚区共有国家级历史文化名城 3 座：桂林市、柳州市、北海市。

1. 桂林市

桂林，简称"桂"，因桂花成林而得名，位于广西东北部，是我国重点风景游览城市、世界著名的风景旅游城市和中国首批国家历史文化名城。桂林市地处南岭山系的西南部，平均海拔 150 米，遍布桂林市的石灰岩经亿万年的风化侵蚀，形成了千峰环立、一水抱城，"山清，水秀，洞奇，石美"的独特景观，是世界上典型的亚热带岩溶峰林景观，桂林与阳朔之间 83 千米的漓江区段是其精华所在，典型的喀斯特地貌构成了举世闻名的山水奇迹，千百年来享有"桂林山水甲天下"的美誉。市内景点有伏波山、独秀峰、叠彩山、象鼻山等著名的岩溶孤峰，有七星岩、芦笛岩等著名溶洞。桂林属亚热带气候，气候温和，雨量充沛，冬无严寒，夏无酷暑。奇异的岩溶山水风光与少数民族风情是本区旅游的最大特色。从秦朝开始，桂林便成为"南连海域，北达中原"的重镇。两千多年来，历代的郡、府、州、县、市等建置都设在桂林，使桂林成为广西政治、军事、经济、文化、科技中心，号称"西南会府"。桂林是联合国世界旅游组织亚太旅游协会旅游趋势与展望国际论坛的永久举办地，中国—东盟博览会旅游展的永久举办地，也是中国首个以城市为单位建设的国家旅游综合改革试验区。

2. 柳州市

柳州，又称龙城，位于广西中北部，坐落在珠江流域西江水系柳江的中游，东北距山水甲天下的桂林 150 千米，西南距广西首府南宁 264 千米，是西南地区的交通枢纽。2015 年末，全市常住人口 392.27 万人（户籍人口 381.62 万人），是一个多民族聚居的地区，一共有 48 个民族成分。除汉族外，壮族、苗族、侗族、瑶族、回族、仫佬族等少数民族，占全市总人口数的 54%以上。柳州是具有 2000 多年历史的文化古城，正式建制于西汉，唐代著名诗人柳宗元曾任柳州刺史，柳州是其最后居留地，柳侯祠、柳侯衣冠冢及历代碑文石刻迄今保存完好。柳州又是中国优秀旅游城市，有着与桂林一脉相连、山水相依的风光特色。柳州市区青山环绕，水抱城流，享有"世界第一天然大盆景"的美誉。柳宗元诗中"岭树重遮千里目，江流曲似九回肠"，徐霞客笔下"千峰环野立，一水抱城流"，便是柳州城市风貌最为形象的写照。"柳州奇石甲天下"，被誉为"中华石都"，奇石文化意蕴悠长。柳州的民族风情独具神韵，是歌仙刘三姐的传歌胜地，"壮歌、瑶舞、苗节、侗楼"并称"四绝"。风雨桥和鼓楼是侗族建筑中最具特色的民间建筑，也是中国木结构建筑中的艺术珍品，三江程阳八寨风雨桥是侗族风雨桥的代表作，也是目前保存最好、规模最大的风雨桥。

3. 北海市

北海位于广西南部，坐落在突入北部湾的一个小半岛上，三面环海，因坐北向海而得名，是我国对外开贸易的重要港口。北海地处亚热带，阳光充沛，雨量充足，植被丰茂，气候宜人，大气和水质均达到国家一级标准，全年花繁叶绿，四季瓜果飘香，风光旖旎。北海自汉元鼎六年即设合浦郡，是我国古代"海上丝绸之路"的始发港之一。南流江畔众多的古码头、大浪古城遗址、上万座汉墓见证了"海疆第一繁庶之地"的辉煌。从合浦近万座汉墓出土的大量来自西洋的琉璃、水晶等文物，也见证了当年繁华的对外商业贸易。市域内还拥有北海银滩、涠洲岛、星湖岛、冠头岭国家森林公园、山口国家级红树林生态自然保护区、美人鱼国家自然保护区等一大批景区景点，是一个集"海、滩、岛、湖、林、山、古迹、人文"于一体，是享誉海内外的旅游休闲度假胜地。

知识小扩充 10-6

北海银滩

北海银滩是中国唯一建在少数民族自治区的国家级旅游度假区。北海银滩度假区位于北海市南部海滨，距离市区约 6 千米，东西绵延约 24 千米，海滩总面积约 38 平方千米，面积超过大连、烟台、青岛、厦门和北戴河海滨浴场沙滩的总和。沙滩上的沙是上等的石英砂，在阳光的照射下，洁白、细腻的沙滩会泛出银光，故称银滩。北海银滩因为其"滩长平、沙细白、水温净、浪柔软、无鲨鱼"的特点，可容纳国际上最大规模的沙滩和海上运动娱乐项目，被誉为"中国第一滩"。广西人以"北有桂林山水，南有北海银滩"而自豪。北海银滩度假区内的海域海水纯净，陆岸植被丰富，环境优雅宁静，空气格外清新，是中国南方最理想的滨海浴场和海上运动场所。北部湾国际旅游度假区正在积极打造之中。

（二）世界遗产

截至 2016 年年底，广西旅游亚区列入《世界遗产名录》的有文化景观左江花山岩画，以及世界自然遗产地广西桂林与环江喀斯特景区，共计 3 处。2014 年 6 月 23 日，由广西桂林、贵州施秉、重庆金佛山、广西环江（贵州荔波的拓展地）四地组成的"中国南方喀斯特"第二期，在卡塔尔多哈举行的第 38 届世界遗产大会上经审议成功列入《世界遗产名录》。

1. 左江花山岩画文化景观

2016 年 7 月，左江花山岩画文化景观申遗成功，成为我国第 35 项世界文化遗产，也是广西壮族自治区第一项世界文化遗产。广西崇左市位于中国的西南边陲，与越南接壤，壮族人口占总人口的 88.3%。左江穿境而过，在战国至东汉时期，壮族先民骆越人在左江及其支流明江两岸 200 多千米的悬崖峭壁上，绘制了巨大的赭红色岩画。在崇左，凡是被称为"花山"的，崖壁上都绘有岩画。左江花山岩画，经过 2000 多年风雨洗刷，仍有数千个图像遗存至今，被称为"崖壁画的自然展览宫""断崖上的敦煌"。被列入世界文化遗产名录的 38 个岩画点中，约有 4050 个图像分布在左江宁明、龙州、江州、扶绥 105 千米的河段。花山岩画是壮族祖先骆越先民的文化瑰宝，反映了 2000 多年前壮族先民骆越人的文化面貌和精神世界，是左江流域古老神奇岩画中的代表，也是世界同类岩画中面积最大、画面最集中、内容最丰富、保存最完好的一处岩画，被誉为中国稻作文化的最大标志、壮族文化的瑰宝和世界岩画的极品。左江花山岩画文化景区生态秀美，植被丰茂，有植物资源 1280 多种，其中名贵树种十多种；有动物资源 127 种，拥有 300 多只世间濒临灭绝的珍稀动物——白头叶猴。附近的友谊关位于广西凭祥市西南端，是我国九大名关之一，建筑雄伟，形势险峻。

2. 环江喀斯特景区

环江位于广西西北部，云贵高原东南麓，隶属河池市，生态环境良好，境内有九万山久仁和木论喀斯特两个国家级自然保护区。2014 年 6 月 23 日，环江毛南族自治县喀斯特被列入世界自然遗产名录。环江喀斯特与荔波喀斯特世界自然遗产地天然连成一体，保存了从高原喀斯特逐渐过渡到低山丘陵喀斯特的完整形态谱系，其间展布了峰丛、峰林、洼地、谷地、洞穴等类型的喀斯特景观，反映了一个完整而独特的喀斯特演化过程，具有不可估量的美学价值、科学价值。

同步思考 10-4

现象： 广西河池市巴马瑶族自治县是世界著名的长寿之乡，"巴马热"现象催生了广西的特色旅游与巴马长寿养生国际旅游区项目的实施，并成为广西旅游最重要的品牌之一。

问题： 如何挖掘特色旅游资源打造优势品牌产品？

（三）国家 5A 级景区

截至 2017 年 2 月，广西旅游亚区共有 5 家国家 5A 级旅游景区。详情见表 10-6。

表 10-6　广西旅游亚区国家 5A 级景区一览表

序号	景区名称	评选时间
1	桂林漓江景区	2007 年
2	桂林兴安县乐满地度假世界	2007 年
3	广西桂林独秀峰·靖江王城景区	2012 年
4	广西南宁市青秀山旅游区	2014 年
5	广西桂林市两江四湖·象山景区	2017 年

1. 桂林独秀峰·靖江王城景区

桂林独秀峰·靖江王城景区位于桂林市中心，是以桂林"众山之王"——独秀峰为中心，明代靖江藩王府为范围的精品旅游景区。景区内自然山水风光与历史人文景观交相辉映，是桂林历史文化的典型代表。靖江王府始建于明洪武五年（1372 年），比北京的故宫还早 34 年。是明太祖朱元璋侄孙朱守谦被封为靖江王时修造的靖江王城，就藩于此。自古以来，王城景区被奉为桂林的风水宝地，更是整个桂林城市的发祥地，靖江王府的选址与建筑布局，堪称明代风水学说的理想之作。这里曾经走出了两位皇帝、11代 14 位靖江王；清代，这里是广西贡院，出进士 585 位，其中状元 4 位；民国北伐时期，孙中山曾驻跸于此；后为广西省政府，广西政治、文化活动的中心。它是中国保存最完好的明代城墙和最完整的明代藩王府，享有"北有北京故宫，南有桂林王城"之美誉，为 600 多年前留下的遗迹。独秀峰素有"南天一柱"的美誉，史称桂林第一峰，是靖江王府后花园里的天然靠山。山峰突兀而起，形如刀削斧砍，周围众山环绕，孤峰傲立，有如帝王之尊。登山 306 级可达峰顶，是鸟瞰桂林全景的最佳观景台。峰壁摩崖石刻星罗棋布，纵横出世，更有太平岩内的世界文化奇观——"太岁"摩崖石刻。千古名句"桂林山水甲天下"就镌刻在独秀峰山脚。1996 年，景区被列为全国重点文物保护单位，现为国家 5A 级旅游景区。

2. 桂林两江四湖·象山景区

两江四湖·象山景区位于桂林中心城区，是以象山、伏波山、叠彩山为中心，两江四湖为纽带的大型景区，面积 3.14 平方千米，集山清水秀、洞奇石美及丰富的历史文化景观为一体，是桂林国际旅游胜地的形象代表。两江四湖·象山景区由"两江"即漓江、桃花江，"四湖"即桂湖、榕湖、杉湖、木龙湖，"三山"即象山、叠彩山、伏波山组成。"千峰环野立，一水抱城流"，景在城中、城在景中是它独有的特色。两江四湖·象山景区集自然风光和历史文化为一体。象山酷似一头驻足漓江边饮水的大象，是桂林市的城徽。伏波山是桂林最精美的山峰，因汉代伏波将军马援在此驻扎，削石试剑而得名。叠彩山素有"江山会景处"之称，登山远眺，桂林山水尽收眼底。三座山相距不过两三千米，濒临漓江，半枕陆地，半沉江流，山水相依，是桂林山水的精华。两江四湖的水路构成了一条能与威尼斯水城相媲美的环城水系。乘船夜游两江四湖·象山景区，山水、园林、城市在璀璨灯光的笼罩下，更彰显出如梦似幻、无限遐想的高雅意境。在这里，你可以品味"桂林山水甲天下"的幽美画卷，体会世人"愿做桂林人，不愿做神仙"的感叹。

3. 桂林漓江景区

桂林漓江风景区是世界上规模最大、风景最美的岩溶山水游览区，千百年来它不知陶醉了多少文人墨客。桂林漓江风景区以桂林市为中心，北起兴安灵渠，南至阳朔，由漓江一水相连。漓江位于广西东部，属珠江水系，漓江历史上曾名桂水，或称桂江、癸水、东江，以流域孕育的独特绝世而又秀甲天下的自然景观——桂林山水而驰名中外。漓江流域拥有丰富的自然山水景观，早在南宋时期，"桂林山水甲天下"就已名扬海天下。"江作青罗带，山如碧玉簪"，以漓江风光和溶洞为代表的山水景观有山清、水秀、洞奇、石美"四绝"之誉。漓江发源于兴安县猫儿山，从桂林至阳朔，漓江水路全程 83 千米，有"深潭、险滩、流泉、飞瀑"的佳景，是岩溶地形发育典型、丰富和集中的地带，集中了桂林山水的精华，青峰夹岸，绿水萦回，峡谷峭壁，悬泉飞瀑，绿洲险滩，奇洞美石，景致万千，画卷随着游船顺流而下逐渐展开，尤以草坪、冠岩、杨堤、兴坪为胜，到达阳朔碧莲峰时为佳胜顶点。令人有"船在水中游，人在画中游"之感。漓江为国家 5A 级景区和国家重点风景名胜区，是桂林风光的精华所在，是中国锦绣河山的一颗明珠。

知识小扩充 10-7

芦笛岩景区

芦笛岩景区位于桂林市西北的桃花江畔，距市中心 5 千米，是漓江风景名胜区的核心组成部分，"桂林山水甲天下，芦笛美景堪最佳"，芦笛景区由最美的溶洞——芦笛岩，光明山等山体，桃花江、芳莲池等水体水景组成，山水相依，内秀外雅、妙趣天成，组成了一幅绝好的山水田园风光图，有极高的观赏、游览、科研、历史和文化价值。被誉为"大自然艺术之宫"的芦笛岩，是桂林山水一颗璀璨的明珠。芦笛岩位于光明山南侧山腰，洞深240米，游程近500米，岩洞中琳琅满目的钟乳石、石笋、石柱、石幔、石花拟人状物，惟妙惟肖，构成了三十多处美妙景观，"圆顶蚊帐""高峡飞瀑""盘龙宝塔""原始森林""帘外云山""水晶宫"等景景相依，景景相连，可谓移步成景，步移景换，整个岩洞犹如一座用宝石、珊瑚、翡翠雕砌而成的宏伟、壮丽的地下宫殿，大自然的鬼斧神工造就了芦笛岩景致高度集中、景物极尽造化的神奇游览佳境。1982年11月成为国务院颁布的第一批国家重点风景名胜区，2000年被评为国家首批4A级景区。

4. 桂林乐满地度假世界

桂林乐满地度假世界位于桂林兴安灵湖风景区，距桂林市63千米，总占地6000余亩，投资达10多亿元人民币，是一个类似美国迪士尼乐园的大型娱乐场所。整个园区共分为欢乐中国城、美国西部区、梦幻世界区、海盗村、南太平洋区、欧洲区、森林游乐区7大特色主题区。整个乐满地环绕780亩的自然湖泊——灵湖规划建造，四面环山，松林遍布。整个园区可观、可闻、可游、可赏、可疯狂、可闲逸……是一个诞生在桂林这个山水千年不变的旅游王国的欢乐世界。景区拥有"中国十大最受欢迎（五星级）度假酒店"——乐满地度假酒店、原始风味的丽庄园木屋别墅区、"全国十大高尔夫球场"——乐满地高尔夫球场，是目前华南地区最大的综合度假胜地。

5. 南宁青秀山风景区

南宁是广西壮族自治区首府，位于北回归线以南，是著名的水果之乡和花园城市。青秀山旅游风景区位于南宁市中心，坐落在蜿蜒流淌的邕江畔，规划保护面积13.54平方千米，核心景区面积6.43平方千米。青秀山群峰起伏、林木青翠、岩幽壁峭、泉清石奇，以南亚热带植物景观为特色，常年云雾环绕，具有高浓度的负氧离子，形成一个独特的天然休闲氧吧，素有"城市绿肺""绿城翡翠，壮乡凤凰"的美誉，是南宁市最亮丽的城市名片之一。青秀山景区由青山岭、凤凰岭等18座大小岭组成，拥有迁地保护和园林造景完美结合的经典之园——千年苏铁园；独具热带雨林特色的生态园林景观——雨林大观；全国最大的自然生态兰花专类园——兰园；富有民族特色的壮锦广场；青秀山友谊长廊；汇聚东盟各国国花、国树和南宁友好城市代表性雕塑的东盟友谊园；具有历史文化的状元泉、董泉、明代风格的龙象塔以及具有鲜明亚热带风光特色的棕榈园、芳香色艳的香花园、桃花岛等知名景点。还拥有佛教名刹——观音禅寺、水月庵以及别具异国风情的中泰友谊园等50多个景点，各具景观特色，深受广大游客喜爱。

同步思考 10-5

问题：广西旅游亚区还有哪些著名旅游城市与景区本教材因篇幅所限没能列举？

分析提示：花园城市南宁、国门城市凭祥等；灵渠、德天瀑布、涸洲岛、大石围天坑等。

三、旅游美食与旅游商品

（一）旅游美食

广西壮族自治区当地的饮食风味独特，比较有代表性的美食，分别有米粉、河鲜、海鲜、少数民族美食、越南美食等。广西少数民族的食品丰富多彩，各具特色。如壮、瑶、侗、仫佬、毛南等民族有五色糯米饭和糯米糍粑，侗、苗、仫佬、毛南、水等民族有酸菜、酸肉、酸鱼等，水族喜欢吃"辣椒骨"，瑶族有风味独特的腌制品——"鸟酢"，毛南族有豆腐圆和菜牛肉"打边炉"，侗、瑶、苗等民族有打油茶，壮族、京族妇女喜欢嚼槟榔等。广西菜系即桂菜系，自古以来广西就是官宦商旅云集之地，因而这里的饮食习惯融合了各地的饮食特点，桂菜兼收并蓄了粤、川、湘、浙、赣、闽等地方菜肴的特点，尤其以对山珍野味的烹调方法闻名，能在烹制的过程中保持山珍的原味。广西菜的特点是味道鲜香、微辣酸甜，非常开胃，这一特点在广西的传统名点——米粉中有集中的体现，去广西一定不要错过美味的米粉，汤的、拌的、炒的全都尝一尝！

（二）旅游商品

广西主要旅游商品如表 10-7 所示。

表 10-7　广西旅游亚区主要旅游商品名录

类别	具体典型代表
工艺品	广西壮锦、毛南族花竹帽、桂林黄杨木雕、瑶锦、东兴石雕、北海贝雕、龙州菜刀等
酒、茶	桂林三花酒、梧州三蛇酒、梧州蛤蚧酒等；梧州六堡茶、横县茉莉花茶、桂林桂花茶、桂平西山茶等
土特名产	合浦珍珠、桂林米粉、柳州螺蛳粉、博白桂圆肉、钦州海鸭蛋、巴马香猪、桂林罗汉果、桂林腐乳、金田淮山、荔浦芋头、桂林辣椒酱、田林八渡笋、恭城油茶、钦州石斑鱼、广西八角、灵川银杏、南糖、阳朔红皮栗、毛竹、大肉姜、云片糕、灵川狗肉等
水果	沙田柚、灵山荔枝、南宁香蕉、恭城月柿、百色杧果、融安金橘、柳蜜柑、玉林桂圆、黄皮果等

四、旅游节庆与旅游线路

（一）旅游节庆

广西包括汉族在内的各民族共同的传统节日是春节、元宵、清明、端午、鬼节、中秋、重阳、冬至、除夕等。此外，各少数民族都有自己本族特有的传统节日，如壮族的"三月三"歌节，瑶族的"盘王节"和"祝著节"，苗族的"苗年"，侗族的"侗年"和"花炮节"，还有仫佬族的"依饭节"，毛南族的"分龙节"，回族的"古尔邦节"，京族的"哈节"，彝族的"跳弓节"，水族的"端节"等。这些节日因民族的地理环境、政治、经济、文化、民族传统的差异而各展风韵。

📚 专业技能训练 10-6

问题：根据你学到的广西旅游亚区的相关知识，结合你自己的兴趣设计一条广西的精华 5 日游线路。

（二）旅游线路

广西旅游亚区旅游资源在不同地域呈现出不同的特色，主要旅游线路如下：

桂林山水精华游：桂林—漓江—阳朔；桂林—阳朔—兴安—龙胜。

北部湾滨海休闲度假游：北海—防城港—钦州—南宁。

"刘三姐"风情游：桂林—柳州—河池宜州—来宾忻城。

少数民族风情游：南宁—金秀—柳州—宜州—罗城—融水—三江—龙胜—桂林。

中越边境游：南宁—凭祥—越南谅山—凭祥—南宁；南宁（北海）—东兴—越南芒街—越南下龙湾—东兴。

▌本章概述

滇黔桂旅游区以极其丰富的自然旅游资源和多彩的少数民族风情为基础，以越来越便利的交通和不断完善的接待设施及有关机构为纽带，赢得了旅游产业的高速发展，并成为区域国民经济的支柱产业。相信再经过若干年的发展，西南三省区完全能够实现从目前的旅游资源大省转变成为旅游经济强省的目标。本章简单分析了石林洞乡、多彩民族——滇黔桂旅游区的三个旅游亚区的旅游地理环境特征与旅游业发展现状，以历史文化名城、世界遗产及主要的国家 5A 级景区为主线分类列举叙述了各旅游亚区的主要旅游资源及景区概况，及其主要的旅游美食、旅游商品、旅游节庆及旅游线路。

▌基本训练

1. 我国少数民族最多的省份是（　　）。

A. 四川　　　　　　B. 重庆　　　　　　C. 贵州　　　　　　D. 云南

2. "三月街"节是（　　）的传统节日。

A. 傣族　　　　　　B. 彝族　　　　　　C. 白族　　　　　　D. 苗族

3. 导游讲解：桂林漓江景区、三江并流风景区。

4. 知识巩固：本区的自然与人文地理环境有何主要特征？对旅游业有何影响？

5. 专业训练：石林洞乡、多彩民族——滇黔桂旅游区的专项旅游线路设计。

6. 思考讨论：为什么说西南少数民族旅游区发展旅游业的潜力巨大？本区旅游业发展中存在的主要问题是什么？

▶ 专业能力提升

期待云南整治旅游环境"严的效果"

云南，这个深受大家喜爱的旅游地，最近不太平静。如丽江，先是春节前曝出有女性游客被恶意毁容，春节期间又有游客在某餐厅遭遇殴打，后有云南省副省长陈舜以普通游客的身份参团旅游被逼购物等，没有最恶劣，只有更恶劣的旅游问题，以至于有媒体质问"为什么总是云南？"对此，《人民日报》2017年2月7日刊登署名评论文章。文章称，当下，网络传播渐成主流，一旦发生负面事件，特别是触及大众痛点的安全或服务事件，消极信息将呈病毒式扩散，严重损害和影响涉事地区的公共形象，出现"知名度越来越高，美誉度越来越低"的尴尬，我们不得不提醒像丽江一样的旅游城市，警惕"一丑遮百俊"效应。

2017年3月27日，云南省旅游发展委员会发布《云南省旅游市场秩序整治工作措施》，包括7个方面22条，确保云南全省旅游市场秩序在一年内实现根本好转。媒体称《云南发布旅游最严整顿令：7"禁"22条向旅游业违规者亮剑!》。正因为爱之深，才会有恨之切，游客、网友对云南旅游的口诛笔伐以及央视、《人民日报》等对云南旅游乱象的曝光，都是希望美丽的彩云之南能真正成为让人身心愉悦的诗和远方；正因为病之重，才需要药之猛。斩断旅游业黑色利益链，尤需拿出猛药去病的决心、重典治乱的勇毅。幸运的是，我们看到了云南的决心和勇毅，祭出了"史上最严"的整治。

"史上最严"，需有严的效果。无疑，云南这次旅游整顿确实下了决心，动了狠手，啃了硬骨头，不但对之前被曝光的问题标本兼治，甚至对媒体没有关注到的问题也主动涉及，及时下手。关闭洱海周边客栈，根本原因不仅是因为个别客栈欺客宰客，而是出于对洱海生态环境的保护，牺牲短期利益，维护长远利益。它启发所有旅游地区和职能管理部门，要以不怕出丑敢于自揭家丑的决心，把问题暴露在阳光下；要以敢于向顽疾开刀的信心，用积极阳光的心态去解决问题；要以为子孙后代谋利益的初心，在短期利益和长期利益间学会取舍；要以打造持续健康发展的旅游环境的恒心，整治旅游乱象不松劲，彻底改善旅游环境。云南"史上最严"旅游环境整顿，决心值得点赞，手法值得借鉴，效果值得期待。

（资料来源：根据《人民日报》、网易新闻等相关资料整理）

问题：谈谈个人对旅游市场"一丑遮百俊"效应的看法，及旅游市场秩序整治的必要性与重要性？

南国风情、山海侨乡
——闽粤琼旅游区

通过本章学习，学生应该达到以下目标：

知识目标：认识闽粤琼旅游区的旅游地理环境特征，熟悉该旅游区旅游业发展现状，掌握各旅游区主要景区、景点概况及主要旅游线路。

能力目标：通过旅游业发展现状的学习，能够独立分析各旅游亚区旅游业发展现状差异的原因，判别区域旅游业发展的定位与方向。

技能目标：结合同步思考、专业技能训练等教学内容，具备对闽粤琼旅游区的旅游产品进行个性化设计和初步营销定位的能力。

任务引入

广东旅游总收入连续两年破万亿 稳居全国第一

广东省 2016 年旅游总收入突破 1.1 万亿元、达 11560 亿元、同比增长 11.5%；旅游外汇收入 190 亿美元、同比增长 8.3%，旅游接待过夜游客、入境游客等旅游各项主要指标继续保持全国第一，旅游成为稳增长的重要支撑。作为旅游大省，广东 2015 年和 2016 年连续两年旅游总收入突破万亿元，稳居全国第一。官方总结称，2016 年广东旅游产业新业态呈现"海上""陆上""空中""线上"齐头并进发展的良好局面，其中 14 个滨海城市 2016 年的滨海旅游继续保持快速健康发展态势，滨海游贡献近八成收入。2017 年，广东省旅游局将联合各沿海城市及相关部门，邀请全国知名专家、团队参与，以滨海小镇、滨海度假区、冬休旅游、海洋温泉等新业态为抓手，重点规划粤港澳大湾区世界级旅游区，打造广东最美丽、最有魅力的滨海旅游带。目前，广东省共有 A 级景区 309 家（其中 5A 级景区 12 家、4A 级景区 162 家）、星级饭店 885 家（其中五星级饭店 111 家、四星级饭店 165 家）。

（资料来源：作者根据《南方日报》、广东政府网站相关新闻整理）

任务分析： 在旅游目的地日益多元化的今天，是什么吸引外地游客重游广东？是避寒避霾又宜居的地理位置气候条件，是性价比高秩序好的市场运营管理水平，更是因传统与时尚兼具旅游产品的不断推陈出新、创新开发。闽粤琼旅游区地理区位得天独厚，岭南文化多彩厚重，自然旅游资源及其他人文旅游资源的特色、亮点可圈可点，旅游业的发展一直位于全国前列，下面就让我们走进南国风情、山海侨乡——闽粤琼旅游区，了解一下全貌吧。

第一节　旅游地理环境特征与旅游业发展现状

闽粤琼旅游区包括福建省、广东省、海南省三省，位于我国南部亚热带和热带地区，地理位置优越，拥有独特的岭南文化与丰富的旅游资源，是我国对海外沟通的重要窗口，一直是我国的旅游热点地区。

一、旅游地理环境特征

（一）自然旅游地理环境特征

1. 位居我国东南沿海，滨海旅游资源丰富

本区位于我国东海、南海之滨，处于东亚、东南亚以及大陆的中心位置，是亚洲至欧洲、非洲和大洋洲的航道要冲，地理位置优越。本区海岸线曲折、绵长，岛屿众多，海域广阔。仅广东、福建两省就拥有大陆海岸线 7210 千米，若加上岛屿海岸线，全区海岸线长度达到 10000 千米以上。其中约 80% 为山地丘陵海岸，既拥有众多向海突出、适于观景的海岬，又有大量风平浪静的港湾和半岛，除了有基岩海岸、沙砾海岸、淤泥海岸，还有华南独特的红树林海岸与珊瑚礁海岸；同时，本区岛屿星罗棋布，全区面积在 500 平方米以上的岛屿 2000 多个，有基岩岛、沙洲岛、珊瑚岛等多种类型，且海蚀地貌分布广，有海蚀崖、海蚀柱、海蚀洞、海蚀台地等景观，极富有观赏价值。因而形成了众多的海滨旅游地，其中以厦门、汕头、深圳、珠海、湛江、海口、三亚最为著名。与我国北方海滨旅游地相比，本区海滨旅游地具有许多明显的优势，如本区海滨旅游地可利用时间长，闽粤琼海滨几乎一年四季皆可利用，其中海南三亚的海水水温全年在 20℃以上，全年皆可进行海水浴与潜水活动，是避寒旅游最好的地方；加之热带、亚热带椰风海韵的海滨风光特色，对游客更加具有吸引力。

2. 奇峰异石类型多样，丹霞地貌景观奇丽

本区地表形态以海拔 500 米左右的低山丘陵为主，其山地丘陵面积占 3/4 以上。拥有丰富的特殊地貌类型，包括火山地貌、熔岩地貌、花岗岩地貌、岩溶地貌、丹霞地貌

等，其中尤以丹霞地貌及花岗岩石蛋地貌最为有名。从总体看，本区东部一带花岗岩广泛出露，加上高温多雨的气候，形成了不少著名的山水景观，如广东著名的旅游地罗浮山、清源山、太姥山等；福建东南沿海地区花岗岩的景色极为突出，多以千姿百态的奇石形成著名风景点，如厦门的鼓浪屿日光岩，还有许多地方的"风动石"。中部南岭和武夷山一带多红色沙砾岩分布，形成威严高耸，景色绮丽的丹霞地貌，成为著名风景区，如韶关丹霞山、金鸡岭、冠豸山、福建武夷山、金泰宁大金湖等。此外，肇庆七星岩是著名的岩溶地貌风景区；广东西樵山、雷州半岛、海南岛都有火山、熔岩地貌分布；在海岬突出之处，则有各种海蚀地貌、奇石景观。

3. 地热资源丰富，温泉旅游资源众多

本区位于环太平洋火山地震带上，故地热资源丰富。广东境内温泉出露达 200 多处，几乎县县有温泉。福建也有近 200 处，海南达 100 多处，其中以广东从化、福建福州、海南七星岭温泉最为著名。从化温泉是广东省名传遐迩的风景区和疗养胜地。这里的露天泉眼，远望白雾蒙蒙，轻烟袅袅；近看河底细石晶莹，闪闪发光。温泉就从石罅中喷涌而出，激起沸珍串串，宛如明镜上滚动着的万斛玉珠，闪烁不定；温泉区气候宜人，四面山峦重叠，环境幽静，是旅游和疗养胜地。福建南半部温泉较集中，福州温泉出露点多，在市内形成了一个南北长达 5 千米，东西宽 1 千米的温泉集中区，为全国所罕见，被称为"温泉城"。

4. 热带、亚热带季风气候显著，生物景观资源丰富

本区位于东亚季风气候区，除雷州半岛、海南岛和南海诸岛属热带气候外，其余大部分地区都属亚热带季风区。由于纬度低且紧靠海洋，水汽充足，全年长夏无冬，春秋相连，故以低山丘陵为主的地貌，在湿热条件下，森林覆盖率高，四季林木繁茂，花果终年不绝，动植物资源非常丰富，生态环境良好。截至 2017 年年初，福建森林覆盖率达 65.95%，连续 39 年森林覆盖率保持全国第一；海南森林覆盖率达 62%，广东森林覆盖率达到 58.98%。森林资源持续增长，生态状况得到改善，人居环境进一步优化。本区自然植被为常绿热带雨林、季雨林和常绿阔叶林，花果期长，终年花开不断，各季都有果实成熟。热带、亚热带自然密林中具有多层结构，林木寄生、附生、老茎开花结果、板根、气生根及独木成林等奇特景观，随处可见。同时，保存有大批古老树种及名贵动物，因此建有一系列自然保护区，如武夷山、鼎湖山、五指山等。而高大的棕榈科植物构成特殊风貌，成为华南热带景观标志，这些都为本区发展旅游提供了良好的资源与条件。

（二）人文旅游地理环境特征

1. 开放兼容的岭南文化特色

岭南文化是悠久灿烂中华民族优秀文化的有机组成部分。从地域上来说，岭南文化大体上分为广东文化、桂系文化和海南文化三大块，主要以属于广东文化的广府文化、客家文化和潮汕文化为主。秦汉中华一统，华南与中原地区交流逐渐密切，加之后来几次战乱，中原大批移民迁入华南，从此本区土著文化融入中原文化。明清以后，特别是

鸦片战争后，华南首当其冲，受外国势力侵入，广州、汕头、惠阳、琼州、厦门、梧州等地先后辟为通商口岸或商埠，进行海外贸易。改革开放后，华南是我国优先对外开放的地区，我国第一批对外开放的窗口就在本区，发达的贸易引来了西方人，同时也带来了海外文化，为华南文化注入新的活力，逐渐形成特色鲜明的岭南文化，岭南文化具有务实、开放、兼容、创新的特点。

因此，本区的人文旅游资源表现出中原文化和西方文化的影响痕迹，形成中西文化交融、受多元文化影响的华南特色文化。主要表现为：一是园林和建筑吸收中原文化和江南园林艺术，比如传统民居建筑保留了中原聚族而居的传统。广州的庭院、惠州的西湖，借助西方园林构园方法，建筑布局或局部构建受西方建筑文化影响，在中式传统建筑中采用了罗马式拱门和巴洛克式柱头；建筑的装修运用了大量的木雕、砖雕、陶瓷、灰塑等民间艺术。二是宗教文化，除佛、道外，还有摩尼、基督、伊斯兰等外来宗教，以及妈祖崇拜。三是方言，本区包括我国七大方言中闽语、粤语、客家话三大方言。四是饮食文化，既有中国各大菜系，又有海外知名菜系。如广州是一个聚集美食的地方，"食在广州"在全国已经形成一种效应，极具市场影响力。广州容纳了中国八大菜系，鲁菜、粤菜、川菜、湘菜、闽菜、苏菜、浙菜、徽菜，此外还有日本料理、韩国菜、欧美菜等各个国家菜系。

2. 著名的侨乡及港澳台同胞的故乡

由于闽粤琼是我国早期对外贸易的前沿阵地，也是历史上海外劳工最大的输出地，因此成为华人华侨祖籍集中的区域。世界各地的华人、华侨中，祖籍为广东籍的约占54%、福建籍的占25%、海南籍的占6%，其他省区籍的共占15%。可见，本区是我国当之无愧的侨乡。福建与台湾自古以来也是"同宗同源""血脉相连"的，现台湾同胞中仅祖籍为福建漳州的就有800万人，占台湾总人口的35.8%，祖籍为泉州安溪的有200多万人，约占台湾总人口的1/10，这充分说明，本区是港澳台同胞的故乡。广东的潮汕、梅州地区、珠江三角洲地区，海南的文昌、琼海，万宁、琼山，福建的厦门、晋江、泉州、南安、漳州、永春、福清都是著名的侨乡。海外华侨的分布以东南亚最多，每年都有大批华侨回国观光、寻根祭祖、探亲访友，成为本区入境旅游的稳定客源之一。

3. 发达的对外商贸业与外向型经济

历史上便利的海运条件促进了闽粤琼旅游区对外贸易与外向型产业的发展，本区也是新中国最先对外开放的地区，经济发展迅速，对外贸易繁荣，雄厚的经济基础和繁荣的贸易，对旅游也有极大的促进作用。如每年春秋两季的广交会吸引了世界和我国各地的商人前往洽谈，促进了商务旅游和购物旅游的发展。本区其他各地也进一步继承和发展了本区发展外贸与外向型产业的优秀传统，在吸纳资金、发展对外贸易和外向型产业等方面一直走在全国前列，经济的外向度远远高于全国其他地区。外向型经济不仅给本区带来了经济的繁荣，也给旅游业带来了大量的游客。

4. 完善便利的交通网络体系

本区旅游交通发达，基本形成了以航空、铁路、高速公路、海运为主的便捷的立体交通网络。其网络组成主要有：以广州、深圳、福州、厦门、海口、三亚为枢纽的航空网络；以京九、京广两条大动脉为骨干的铁路网络；以同江到三亚的沿海高速、京珠高速、京福高速以及若干条国道为骨干的高速公路网路；以福州、厦门、泉州、东山、广州、肇庆、梧州、汕头、三亚、海口等对外海运口岸和内河港口以及近海海运线路的水运网络。它们共同构成了旅游区四通八达的对内、对外交通网络，为旅游业的发展创造了极其优越的交通基础条件。

二、旅游业发展现状

华南三省区旅游资源丰富。拥有独特的自然地理环境，众多的少数民族，构成亚热带优美的自然风光和富有南国特色的民族风情。

同步思考 11-1

问题：什么原因使本区旅游业在全国具有如此明显的优势与影响？

分析提示：从地理位置、气候特点、经济发展水平、对外开放程度及观念理念、资源特色等方面思考。

（一）虽存在区域差异，旅游业仍在全国位居前列

本区是我国改革开放较早的地区，经过 30 多年的发展已成为我国经济比较发达的地区，以广东省为例，2016 年 GDP 总量接近 8 万亿元，占到全国的 10.7%，连续 28 年位居全国第一。如果把广东当作一个独立的经济体，在世界排位约居第 16 位，这为旅游业的发展打下了坚实的基础。并且本区有多个面向国际市场的对外口岸，水路、航空交通便利，经过多年发展旅游业已形成一定规模，在全国旅游业经济格局中占有举足轻重的地位，并仍以较快的速度发展。2016 年全区旅游收入为 16164.78 亿元（2016 年中国旅游业总收入 4.69 万亿万），占当年全国旅游总收入的 34.46%。见表 11-1。

表 11-1　闽粤琼旅游区 2014—2016 年旅游数据统计

年份 省份	2014 年		2015 年		2016 年	
	接待人次 （亿）	旅游收入 （亿元）	接待人次 （亿）	旅游收入 （亿元）	接待人次 （亿）	旅游收入 （亿元）
福建省	2.34	2707	2.67	3141.51	3.15	3935.16
广东省	3.2	9227	3.6	10365	3.9	11560
海南省	0.48	506.53	0.53	572	0.6	669.62

（资料来源：根据各省旅游发展委员会官方网站统计显示数据整理）

（二）旅游理念不断提升，立体旅游产品体系日益丰富

本区处于我国改革开放的前沿地区，对旅游产业也带来了极大的推动作用。近几年

随着中国社会经济的飞速发展，三省区的旅游开发理念不断提升，全域旅游的理念、休闲度假的思维、体验旅游的模式、旅游转型升级的要求等成为关键词。如今，以全域旅游为突破口，海南正加速建设世界一流、中国唯一的热带海岛休闲度假旅游目的地；广东旅游的整体定位是打造"世界休闲旅游目的地"；福建北武夷山打造"国际养生休闲旅游目的地"等。广东的华侨城和长隆主题公园正是广东旅游休闲的重要载体，是新型的、复合式的，集旅游、观光、休闲、度假为一体的创新产品。

专业技能训练 11-1

我的旅游我做主，个性化旅游成时尚

社会多元化发展，游客需求也多元化、个性化。针对这一状况，国家旅游局发布《"十三五"全国旅游信息化规划》提出，要依靠现代信息技术创新旅游产品，转变旅游服务模式，提升旅游服务质量，不断满足游客日益增长的个性化需求。如今游客出游需求和出游方式已多样化，从传统的观光旅游向休闲旅游、度假旅游、体验旅游、乡村旅游等新型、多业态、多形式旅游转变已是大势所趋。随着散客自助游、网上预订不断增多，人们在具体消费行为上表现为旅游消费动机和出游方式多样化、出游时间分散化，对旅行社服务的要求越来越高。旅行社推出的固定线路已经难以满足消费者多样化的需求。立足大数据支撑，进行精准需求分析，实现信息服务集成化、市场营销精准化、产业运行数据化、行业管理智能化，更好满足和服务游客个性化旅游需求。

（资料来源：根据国家旅游局官网相关文章整理）

问题：面对这样的市场现状与要求，你认为旅游景区应如何应对？

（三）国内客源以华东、华南为主，入境旅游优势突出

从闽粤琼三省客源地域组成来看，国内客源地分布区域大致与各地至旅游目的地的距离、客源地经济发展水平及其与目的地的交通便捷程度相关。其大致情况是：福建国内客源以长江三角洲和珠江三角洲为主的特征比较明显；海南省的国内客源虽然较其他两省要广，但来自于华东、华南的游客仍占来琼游客总量的四成以上；近年广东省省内游空前繁荣，这与广东发达的经济以及"广东人游广东"的倡导密切相关。本区无论是国内旅游，还是入境旅游以及星级饭店的数量都大大高于全国平均水平，以2016年的广东省为例，其旅游外汇收入190亿美元，同比增长8.3%；其中入境过夜游客3455万人次，同比增长8%。其外汇收入、入境游客等旅游各项主要指标继续保持全国第一。在接待的入境游客中，广东、福建两省仍以华侨和港澳台地区游客为主体，而海南的入境游客已明显表现出以外国人为主的特征。

第二节　福建旅游亚区主要旅游资源概述

一、区域旅游资源概况

福建省即福建旅游亚区，简称闽，雅称"八闽"，省会福州，地处祖国东南部、东海之滨，居于中国东海与南海的交通要冲，东隔台湾海峡，与台湾省隔海相望，东北与浙江省毗邻，西北横贯武夷山脉与江西省交界，西南与广东省相连。福建是中国著名侨乡，旅居世界各地的闽籍华人华侨1088万人，其中，菲律宾、马来西亚、印尼这三地的闽籍华人华侨最多。福建与台湾源远流长，关系最为密切，台湾同胞中80%祖籍福建。福建陆地面积12.14万平方千米，素有"八山一水一分田"之称；海域面积13.63万平方千米，大于陆地面积。截至2015年年底，全省户籍人口3579万，常住人口3834万。全省大陆海岸线长达3752千米，居全国首位；大小岛屿1546个，数量居全国第二；拥有厦门湾、福州湾、兴化湾、湄洲湾、沙埕港、三都澳等众多天然港湾，兼有山海之优。福建属温暖湿润的亚热带海洋性季风气候，气候温和，雨量丰富。福建历史悠久，福建之称最早始于唐朝，南宋时称"八闽"，福州、厦门曾被辟为全国五口通商口岸之一，泉州曾是古代世界第一大港口。福建人精明善商，历史时期的"闽商""晋商""徽商"同为中国三大著名商帮。

福建省人文荟萃，拥有十分丰富的旅游资源，拥有一大批影响日益扩大的旅游品牌，包括山与水完美结合、人与自然和谐统一的武夷山，世界文化与自然遗产，素有海上花园、音乐岛美誉的鼓浪屿，情系海峡西岸、凝聚世界华人的湄洲妈祖朝圣文化，多元文化相互融合、民俗风情独具特色的泉州海上丝绸之路，世界文化遗产福建永定土楼，著名的革命圣地上杭古田会址，福建古文化和海洋文化的摇篮昙石山文化遗址，天下绝景、宇宙之谜的宁德白水洋奇观，泰宁世界地质公园，漳州火山公园等旅游品牌和一大批风景名胜区。目前，福建拥有武夷山、福建土楼、泰宁丹霞、鼓浪屿4处世界遗产；泰宁、宁德2处世界地质公园；福建土楼（永定和南靖）、武夷山、鼓浪屿、泰宁、清源山、白水洋、太姥山、三坊七巷、上杭古田共9家5A级景区，媒体简称清新福建"429"。

二、主要旅游景区景点

（一）国家级历史文化名城

截至2016年年底，福建旅游亚区共有国家级历史文化名城4座：泉州市、福州市、漳州市、长汀县。

1. 福州市

国家历史文化名城福州是福建省的省会，有榕城、温泉城之雅称，素有"八闽首府"之誉，位于福建东部、闽江下游及沿海地区，是全省的政治、经济、文化中心，也是我国东南沿海的贸易中心。福州背山依江面海，气候宜人，地理环境优越，已有2200多年建城历史。今天的福州高楼林立，充满了现代气息，但仍葆有"山在城中、城在山中""三山两塔一条街"的古城格局。同时，福州是一座温泉城市，温泉区南北长约5千米，东西宽约1千米，呈北西向长条状分布，水温高，水压大，地表浅，泉质优，甚至冒出地面，因此有温泉城之雅称。福州以闽菜与闽剧、温泉与茶艺饮誉中外，其风景名胜集中在内、外三山，包括三坊七巷、鼓山、旗山、青云山、西湖、白塔、乌塔、罗星塔和海坛岛等景点。

福州别名"三山"，源于城内于山、乌山、屏山三山鼎立，其中于山又称九日山，位于福州城区中心，整座山形似巨鳌，可俯瞰全市景色，山上有平远台与戚公祠、九仙观与天君殿、大士殿、报恩定光多宝塔（即白塔）等景观，以及极具艺术和历史价值的摩崖石刻100多处；乌山有摩崖石刻200多处；屏山南麓有华林寺大殿，为北宋遗存。内三山最著名的是于山西麓的白塔与乌山东麓的乌塔，它们东西对峙，构成福州城主要标志——榕城双塔。鼓山是福州"外三山"之一，位于榕城东郊，是福州市最著名的风景区。福州西湖公园位于福州市市区西北部卧龙山，五代时，闽王在此建造亭、台、楼、榭，湖中设楼船，西湖成为御花园，到宋代更富盛景，至今有1700多年的历史，是福州迄今为止保留最完整的一座古典园林，被人称为"福建园林明珠"。

专业技能训练 11-2

福建湄洲岛：旅游节庆传承妈祖文化

2016年11月1日，第十八届中国·湄洲妈祖文化旅游节在妈祖文化发祥地福建省莆田市湄洲岛拉开帷幕。来自34个国家和地区的来宾、侨领和信众共计两万余人参加开幕活动。当天上午，在湄洲岛天后宫广场举行了盛大的妈祖祭典仪式。随着祭典音乐响起，身穿古代服饰的仪卫、乐生、歌生、舞生等步入广场，开始祭典。祭典仪式包括奏《迎神曲》、上香、诵经、读注文、奠帛、行初献礼、亚献礼、终献礼、焚祝文、送神等。妈祖原名林默，公元960年生于湄洲岛，因救助海难殉难被民间祭祀，是中国最具影响力的"航海保护神"。2009年，"妈祖信俗"被联合国教科文组织列入"人类非物质文化遗产代表作名录"。2016年，"发挥妈祖文化等民间文化的积极作用"被写入国家十三五规划。

（资料来源：作者根据《中国海洋报》相关报道文章整理）

问题： 你认为旅游节庆在传承文化、发展旅游方面发挥着什么样的重要作用？

2. 泉州市

泉州，古称刺桐城，地处福建东南沿海、台湾海峡西岸，泉州依山面海，北承福州，南接厦门，东望台湾，西毗漳州、龙岩、三明，属亚热带海洋性季风气候，终年温暖湿润，四季如春，有"四季有花常见雨，一冬无雪却闻雷"之称，因此别号"温陵"。泉州历史悠久，是国务院首批公布的 24 个历史文化名城之一，也是中国古代海上丝绸之路的起点，唐朝时为世界四大口岸之一，宋元时期被称为"东方第一大港"，被誉为"世界宗教博物馆"，联合国教科文组织将全球第一个"世界多元文化展示中心"定址泉州。全市拥有各级重点文物保护单位 767 处，其中国家级 20 处、省级 48 处。其中极负盛名的名胜有中国现有最早的伊斯兰建筑清净寺、世界仅存的摩尼教遗址草庵佛像石刻、中国最大的道教石雕道教名山清源山老君岩、千年古刹开元寺及东西塔、"天下无桥长此桥"的"梁式长桥"——安平桥，以及泉州洛阳河上首创"筏型基础"造桥墩技术且是我国现存最早的跨海梁式大石桥的洛阳桥等。泉州保留着以南戏、南音、南少林、南建筑为代表的文化遗产，其中南音是中原雅乐的活化石，梨园戏、高甲戏、打城戏、木偶戏是全国特色剧种。同时，泉州是全国著名侨乡和台湾同胞主要祖籍地及福建省三大中心城市之一。

开元寺是泉州规模最宏大的佛教圣地，是全国重点文物保护单位，全国首批 4A 级旅游景点，地处市区西街，始建于唐武则天垂拱二年（686 年）。规模宏大，构筑壮观，景色优美，曾与洛阳白马寺、杭州灵隐寺齐名。其主体建筑大雄宝殿内供奉有代表东南西北中五个方位的"五方佛"，斗拱间雕有 24 尊飞天乐伎像，但其发式、服装、姿态却像希腊女神，是典型的中西艺术结合的杰作。殿前有分别建于唐末和五代的东西二塔，为开元寺的标志，有"不游开元寺不算到泉州，不登东西塔不算到开元寺"之说。

同步思考 11-2

问题："惠安女"为何会成为福建民俗的一个典型代表备受关注？

3. 漳州市

漳州地处福建省东南部，东临厦门、西南与广东的汕头交界，东与台湾隔海相望，它西北多山，漳州平原是福建第一大平原。作为国家历史文化名城漳州是闽南文化的发祥地之一，公元 686 年（唐垂拱二年）建州，迄今已有 1300 余年历史。漳州也是福建著名侨乡和台胞主要祖居地，而且是"海上丝绸之路"申遗城市之一。漳州拥有始建于唐朝的千年古刹南山寺、宋代古城堡建筑群赵家堡、塔口庵经幢、双门顶明代石坊等一批珍贵文物古迹，以及芝山、海峡西岸旅游岛——东山岛、风动石、海上兵马俑——隆教古火山口等一批自然景观；有布袋戏和芗剧等民间艺术。漳州多产花木、水果，是水仙的故乡，被誉为福建的"西双版纳"。特产有水仙花、茶花、兰花"三大名花"和芦柑、荔枝、天宝香蕉、龙眼、柚子、菠萝"六大名果"。水仙花是中国十大传统名花之一，福建省的省花，漳州的市花，水仙花、八宝印泥与片仔癀合称"漳州三宝"，驰名海内外。漳州现已形成海滨休闲、绿色生态、朝圣观光三大旅游特色。

（二）世界遗产

截至 2017 年 7 月，福建旅游亚区有 4 处景观列入《世界遗产名录》，分别是武夷山、福建土楼、中国丹霞·福建泰宁、鼓浪屿。武夷山的鬼斧神工，土楼的精巧深邃，泰宁的娇艳神秘，鼓浪屿的雅致浪漫，每一处都令人拍案叫绝。

1. 武夷山

武夷山遗产地位于中国福建省西北部，是闽赣两省的界山，是福建省唯一的世界文化与自然双遗产地，包括武夷山风景名胜区、武夷山自然保护区、武夷山古汉城遗址和九曲溪上游保护地带四个部分。武夷山是我国著名的丹霞地貌分布区，其景观以"三三六六"山水而闻名，"三三"指"九曲溪"，"六六"指三十六峰。清澈的九曲溪水环绕赤壁丹霞的三十六峰流淌，溪光山色中溶注了中国传统的诗情画意和美学意境，形成了山与水完美结合的特有风貌。被誉为"中国最美的溪流"的九曲溪可谓是武夷山的灵魂。武夷山还是我国重点自然保护区，武夷山西部是全球生物多样性保护的关键地区，是尚存的珍稀、濒危物种栖息地，分布着世界同纬度带现存最完整、最典型、面积最大的中亚热带原生性森林生态系统；武夷山已知植物 3728 种，已知的动物种类有 5110 种，在动物种类中尤以两栖、爬行类和昆类分布众多而著称于世，中外生物学家把武夷山称为"研究两栖、爬行动物的钥匙""鸟类天堂""蛇的王国""昆虫世界"等。武夷山有双竿竹、方竹、建兰等罕见的竹木，并且这里盛产的香浓、味醇的武夷岩茶，以其"药饮兼具"的功效，名扬四海。先民的智慧、文士的驻足，人文与自然有机相融，国内外绝无仅有的偏居中国一隅的"古闽族"文化和其后的"闽越族"文化，在此绵延 2000 多年之久，在九曲溪两岸留下众多的文化遗存：有高悬崖壁数千年不朽的架壑船棺 18 处；有朱熹、游酢、熊禾、蔡元定等鸿儒大雅的书院遗址 35 处；有堪称中国古书法艺术宝库的历代摩崖石刻 450 多方；有僧道的宫观寺庙及遗址 60 余处。

2. 福建土楼（永定·南靖）旅游景区

分布在福建西部和南部崇山峻岭中的福建土楼，是客家人南迁后的"族居城堡"，以其独特的建筑风格和悠久的历史文化著称于世。土楼大多为方形或圆形，主要分布在南靖和永定，尤以奇特的圆形土楼最富于客家传统色彩，最为震撼人心。福建土楼产生于宋元时期，明末、清代、民国时期逐渐成熟，并一直延续至今。福建土楼是世界上独一无二的山区大型夯土民居建筑。福建土楼依山就势，布局合理，吸收了中国传统建筑规划的"风水"理念，适应聚族而居的生活和防御的要求，巧妙地利用了山间狭小的平地和当地的生土、木材、鹅卵石等建筑材料，是一种自成体系，具有节约、坚固、防御性强特点，又极富美感的生土高层建筑类型。被列入世界文化遗产的 46 座福建土楼，由六群四楼组成，分别是永定县初溪、洪坑、高北土楼群及衍香楼、振福楼，南靖县田螺坑、河坑土楼群及怀远楼、和贵楼、华安县大地土楼群。土楼是东方文明的一颗明珠，是世界上独一无二的神话般的山村民居建筑，是中国古建筑的一朵奇葩，它以历史悠久、风格独特、规模宏大、结构精巧等特点独立于世界民居建筑艺术之林。

3. 泰宁丹霞

泰宁丹霞位于福建西北的三明市，是中国亚热带湿润区青年期低海拔山原——峡谷型丹霞的唯一代表，被国内外地学界称为"中国丹霞故事开始的地方"。丹霞地貌是由红色砂岩经过长时间的风化剥离和流水侵蚀而形成，在世界范围内，以中国分布最广。福建泰宁丹霞，连同湖南崀山、广东丹霞山、江西龙虎山、浙江江郎山和贵州赤水6个丹霞地貌区合称为"中国丹霞"，均为世界自然遗产。相比较于其他地区丹霞地貌的优势，福建泰宁丹霞有五个"最"：最密集网状谷地、最发育的崖壁岩穴、最完好的古遗平面、最丰富的岩穴文化、最宏大的水上丹霞。泰宁丹霞有两大片区：大金湖和上清溪。其中，上清溪有两处著名的峡谷：寨下大峡谷和九龙潭。观赏这两处峡谷时，游客会发现赭红的巨岩高崖上都有着深深浅浅的洞，有的成片如同蜂窝，"触目惊心"。九龙潭峡谷还开发有漂流项目，其惊险之处来自于高崖巨岩压顶和绝壁石缝挤压带来的恐惧感。

（三）国家 5A 级景区

截至 2017 年 2 月，福建旅游亚区共有 9 家国家旅游局确定的国家 5A 级旅游景区。见表 11-2。

表 11-2　福建旅游亚区国家 5A 级景区一览表

序号	景区名称	评选时间
1	厦门鼓浪屿风景名胜区	2007 年
2	南平武夷山风景名胜区	2007 年
3	三明泰宁风景旅游区	2011 年
4	福建土楼（永定·南靖）旅游景区	2011 年
5	宁德屏南（白水洋·鸳鸯溪）旅游景区	2012 年
6	泉州市清源山风景名胜区	2012 年
7	宁德市福鼎太姥山旅游区	2013 年
8	龙岩市古田旅游区	2015 年
9	福州市三坊七巷景区	2015 年

1. 厦门鼓浪屿风景名胜区

厦门位于福建东南部，是我国东海的门户，隔着台湾海峡与台湾岛、澎湖列岛遥遥相望，是我国著名的侨乡，也是台胞的祖籍地之一。厦门由厦门岛、鼓浪屿、内陆九龙江北岸的沿海部分地区以及同安等组成。岛、礁、岩、寺、花、木相互映衬，侨乡风情、闽台习俗、海滨美食、异国建筑融为一体，四季如春的气候更为海的魅力锦上添花，是一座风姿绰约的"海上花园"，是我国最著名的旅游城市之一。其著名景区景点有鼓浪屿、南普陀、厦门大学、万石植物园、胡里山炮台、鳌园、环岛路与天竺山森林公园等。

鼓浪屿有"音乐岛""琴岛"之称，位于厦门岛西南隅，面积 1.87 平方千米，常住人口约 1.6 万人，隔 500 米宽的鹭江与厦门岛相望。宋时鼓浪屿原名圆沙洲、圆洲仔，因岛西南有一海蚀岩洞受浪潮冲击，声如擂鼓，自明朝雅化为今名。由于历史原因，中外风格各异的建筑物在此地被完好地汇集、保留，有"万国建筑博览"之称，包括51组代表性历史建筑及宅院、4组历史道路、7处代表性自然景观与2处代表性文化遗迹，共同构成了鼓浪屿自然有机的空间结构和内涵丰富的城市历史景观要素。岛上气候宜人、四季如春，无车马喧嚣，处处鸟语花香。主要观光景点有日光岩、菽庄花园、皓月园，毓园、环岛路、鼓浪石、博物馆、郑成功纪念馆、海底世界和天然海滨浴场等，融历史、人文和自然景观于一体。鼓浪屿景区为国家5A级旅游景区、国家级风景名胜区，2017年7月8日，鼓浪屿成为中国第52个世界遗产项目。

2. 泉州市清源山风景名胜区

清源山位于福建省泉州市北郊，是国家级重点风景名胜区，由清源山、九日山、灵山圣墓三大片区组成，面积62平方千米，主峰海拔498米，与泉州市山城相依，相互辉映。清源山历史上因泉眼众多亦名"泉山"，城因山得名"泉州"；山高入云又名"齐云山"；位于市区北郊又称"北山"；因山峰鼎峙，故又称"三台山"。据泉州府志记载，清源山最早开发于秦代，唐代"儒、道、释"三家竞相占地经营，兼有伊斯兰教、摩尼教、印度教的活动踪迹，逐步发展为多种宗教兼容并蓄的文化名山。景区内流泉飞瀑、奇岩异洞、峰峦叠翠、万木竞秀，以宗教寺庙宫观、文人书院石宝以及石雕石构石刻等文物为主的人文景观几乎遍布清源山的每个角落，现存完好的宋、元时期道教、佛教大型石雕共7处9尊，历代摩崖石刻近500方，元、明、清三代花岗岩仿木结构佛像石室3处，以及近代高僧弘一法师（李叔同）舍利塔和广钦法师塔院。自古以来，清源山就以36洞天，18胜景闻名于世，其中尤以老君岩、千手岩、弥陀岩、碧霄岩、瑞象岩、虎乳泉、南台岩、清源洞、赐恩岩等为胜。

3. 福州市三坊七巷景区

福州至今还保存相当一部分自唐宋以来形成的坊巷，成为历史名城的重要标志之一。这些坊巷中最为著名的要算"三坊七巷"街区。三坊七巷地处市中心，是福州的历史之源、文化之根，自晋、唐形成起，便是贵族和士大夫的聚居地，清至民国走向辉煌。三坊七巷是南后街两旁从北到南依次排列的十条坊巷的简称。三坊是：衣锦坊、文儒坊、光禄坊；七巷是杨桥巷、郎官巷、塔巷、黄巷、安民巷、宫巷、吉庇巷。由于吉庇巷、杨桥巷和光禄坊改建为马路，现在保存的实际只有二坊五巷。区域内现存古民居约270座，有159处被列入保护建筑。以沈葆桢故居、林觉民故居、严复故居等9处典型建筑为代表的三坊七巷古建筑群，被国务院公布为全国重点文物保护单位。三坊七巷为国内现存规模较大、保护较为完整的历史文化街区，是全国为数不多的古建筑遗存之一，有"中国城市里坊制度活化石"和"中国明清建筑博物馆"的美称。

4. 宁德福鼎太姥山旅游区

世界地质公园、国家5A级景区、国家级风景名胜区——太姥山，位于闽浙边界的福建省福鼎市境内，北邻浙江温州118千米、南距福州200千米，雄峙于东海之滨，山海相依、傲岸秀拔，以"山海大观"称奇。它北望浙江雁荡、西眺福建武夷，三者成鼎足之势，构成闽越三大名山。相传尧时老母种兰于山中，逢道士而羽化仙去，故名"太母"，后又改称"太姥"。传说东海诸仙常年聚会于此，故有"海上仙都"的美誉。太姥山是一处以花岗岩峰林岩洞为特色，融山、海、川、岛和人文景观于一体的风景旅游胜地，观赏面积 92.02 平方千米、保护面积 200 平方千米，拥有太姥山岳、九鲤溪瀑、福瑶列岛、晴川海滨四大景区和瑞云古刹、翠郊古民居两处独立景点。太姥山是由花岗岩构成的峰林山地，遍布着一百多个岩洞，这些洞穴虽不及广西桂林溶洞那样的秀丽多姿，但亦曲折幽奇，别具特色，引人入胜。著名的有葫芦洞、将军洞，一线天、滴水洞、七星洞等。太姥山面临东海，地处亚热带，属亚热带湿润季风气候，年平均气温 13.6℃，夏无酷暑，冬无严寒，一年四季皆宜游览、休养，是理想的旅游、度假、避暑胜地。

同步思考 11-3

问题：福建还有哪些著名的旅游城市与景区本教材因篇幅所限没能列举？

分析提示：长汀、莆田等；鸳鸯溪、湄洲岛、海坛岛等。

三、旅游美食与旅游商品

（一）旅游美食

以福州菜肴和闽南菜肴为代表的闽菜，在中华民族烹饪文化宝库中占有重要的一席，是中国的八大菜系之一，素以选料精细、刀工严谨、口味清鲜、重汤重味著称，尤以善制山珍、巧烹海鲜见长。福建的招牌菜有：佛跳墙、七星鱼丸、乌柳居、白雪鸡、闽生果，醉排骨、红糟鱼排等；福州、厦门的素菜、仿古药膳等也很有名。传统特色小吃有鱼丸、芋泥、锅边糊、芋果、九层果、光饼、肉松、葱肉饼、燕皮、线面等，这些小吃制作简单却很独特，其口味佳、口感好，很受中外游客欢迎。福建街头最多的小吃店为沙县小吃，沙县是福建的一个地名，沙县小吃就是由该地方的人带来的，主要经营拌面、炖罐、鱼丸、馄饨以及各种卤味。

佛跳墙可谓是如雷贯耳的名菜了。其原料中有鸡鸭、羊肘、猪肚、蹄尖、蹄筋、火腿、鸡鸭肫；还有鱼唇、鱼翅、海参、鲍鱼、干贝、鱼高肚；也有鸽蛋、香菇、笋尖、竹蛏。30 多种原料与辅料分别加工调制后，分层装进坛中。佛跳墙之煨器，多年来一直选用绍兴酒坛，坛中有绍兴名酒与料调和。它讲究储香保味，料装坛后先用荷叶密封坛口，然后加盖。煨佛跳墙之火种乃严格质纯无烟的炭火，旺火烧沸后用微火煨五六个小时而成。煨成开坛，略略掀开荷叶，便有酒香扑鼻。此菜汤浓色褐，却厚而不腻。食时酒香与各种香气混合，香飘四座，烂而不腐，口味无穷。福州口音中，"福寿全"与"佛跳墙"发音非常相近。佛跳墙系冬令佳品。据说有明目养颜、活血舒气、滋阴补阳之效。

（二）旅游商品（见表11-3）

表11-3 福建旅游亚区主要旅游商品名录

类别	具体典型代表
工艺品	脱胎漆器、德化瓷器、木画、纸伞、贝雕、珠绣、漆线雕、彩塑、瓷塑、惠安石雕、泉州木偶头、漆木碗、仙游木雕等
酒、茶	龙岩沉缸酒、厦门高粱酒、福安蜜沉沉、福建老酒、沙县玉露酒；武夷岩茶、大红袍、安溪乌龙茶（安溪铁观音）、福建白茶、茉莉花茶等
土特名产	闽姜、源和堂蜜饯、鱼皮花生、菩提丸、笋干、香菇、金沙薏米、仙游皮蛋、扁食、炝肉、莆田鲁面、兴化米粉等
水果、花卉	橄榄、福橘、芙蓉李、芦柑、荔枝、香蕉、龙眼、柚子、菠萝等；水仙花、茶花、兰花等

四、旅游节庆与旅游线路

（一）旅游节庆

福建传统节庆活动、时令节俗很多，除春节拜年，正月十五闹元宵、逛灯市，端午划龙舟，七夕话鹊桥（七月初七之夜是神话牛郎织女鹊桥相会的时间，福州地区在这个节日普遍互相赠送蚕豆，以作结缘纪念），中秋赏月，重阳敬老等公共传统节庆外，还有不少福州地区独有的节庆，与旅游业相互促进，共同发展。如湄洲岛妈祖文化节（农历三月二十三和九月初九）、观音节、畲族三月三乌饭节、端午节抓鸭子及福建漂流旅游节等。

专业技能训练 11-3

问题： 根据你学到的福建旅游亚区的相关知识、结合你自己的兴趣设计一条福建旅游亚区的精华3日游线路。

（二）旅游线路

福建旅游亚区旅游资源在不同地域呈现出不同的特色，主要旅游线路如下：

闽东北亲水游：宁德三都澳—福鼎太姆山—周宁鲤鱼溪—屏南白水洋—古田临水宫—福州温泉。

山海画廊观光游：武夷山—厦门—永定—漳州。

红色之旅：上杭—连城—长汀—宁化—泰宁—武夷山。

绿色之旅生态游：武夷山—泰宁—将乐—沙县—永安—连城。

蓝色之旅休闲游：福州—莆田—泉州—厦门。

第三节 广东旅游亚区主要旅游资源概述

一、区域旅游资源概况

广东省即广东旅游亚区，简称粤，位于南岭以南，是中国大陆最南端沿海的一个省份。东邻福建，北接江西、湖南，西连广西，南临南海，珠江口东西两侧分别与香港、澳门特别行政区接壤，西南部雷州半岛隔琼州海峡与海南省相望。以亚热带季风气候为主，南部为热带季风气候。广东面积为 17.79 万平方千米，其中岛屿面积 1448 平方千米。全省沿海共有面积 500 平方米以上的岛屿 759 个，数量仅次于浙江、福建两省，居全国第三位。另有明礁和干出礁 1631 个。全省大陆海岸线长 3368.1 千米，居全国第一位。按照《联合国海洋公约》关于领海、大陆架及专属经济区归沿岸国家管辖的规定，全省海域总面积 41.9 万平方千米。广东是一个以汉族为主体的省份，拥有全国全部 56 个民族，是佛教、道教、伊斯兰教和基督教四大宗教齐全的省份。截至 2015 年末，户籍人口 8636，常住人口 10849 万人，广东籍华侨华人、港澳台同胞人数近 3000 万人。广东是中国经济最发达的省份之一，以广府文化和外向型经济为特色。

广东省旅游资源丰富，类型多样，气候温和，阳光明媚，一年四季均适宜旅游，是著名的山水风光旅游度假胜地。粤北的丹霞山、南海的西樵山、博罗的罗浮山和肇庆的鼎湖山并称广东四大名山。自然风光旖旎，有以丹霞山和金鸡岭为代表的丹霞地貌，以连南、阳山、英德山群及溶洞为代表的喀斯特地貌；粤西有着漫长而曲折的海岸线，拥有众多的优质海滩。人文景观独特，粤东的梅州、河源、潮汕和惠州地区一向以其独特的客家文化而自成体系，民风古雅，古文化遗存丰富，近年来成为旅游热点。更有醒狮、英歌、烧塔等民俗节日。广东粤剧、粤绣、粤菜独具特色，尤其是粤菜吸取了京、川、鲁、苏等菜系的烹饪原料和技术，一跃成为中国四大名菜系之一。广东本地的汉语包括粤语、潮州话、客家话、台山话、雷州话、韶州土语等，其中广州话和梅县话分别是汉语粤方言和汉语客家方言的代表音。广东的 8 座国家级历史文化名城广州、佛山、潮州、梅州、肇庆、雷州等各有精彩之处，文物古迹不胜枚举。

二、主要旅游景区景点

（一）国家级历史文化名城

截至 2016 年年底，广东旅游亚区共有国家级历史文化名城 8 座：广州市、中山市、潮州市、肇庆市、佛山市、梅州市、雷州市、惠州市。

1. 广州市

广州是广东省省会，别称：五羊城、羊城、穗城、花城等，是华南地区的政治、经济和文化中心及交通枢纽。广州位于广东省中南部，珠江三角洲北缘，地处亚热带、横跨北回归线，气候温和，雨量充沛，四季繁花似锦，爱花、养花是当地居民的习惯与爱好，每年春节前后的花市更是热闹非凡，故广州有"花城"之称。由于得天独厚的自然环境、别具特色的南国风情、源远流长的历史文化、为数众多的名胜古迹、丰富多彩的文化娱乐，以及发达的商贸旅游服务行业，广州已成为全国重要的旅游城市。市区主要景点有沙面、上下九步行街、广州塔、黄花岗烈士墓、陈家祠堂、越秀山、荔湾湖、光孝寺、六榕、海幢、华林寺、石室圣心大教堂、三元里、中山纪念堂、黄埔军校旧址等名胜古迹；市郊附近的还有白云山、莲花山、华南植物园、从化温泉、长隆旅游度假区等。此外，色、香、味、形俱全的粤菜及中外各色风味饮食，为广州带来"食在广州"的美称。

知识小扩充 11-1

广州为什么又称为五羊城、穗城？

广州又称"五羊城""穗城"。关于广州的别名有一个美丽的故事，传说周朝时广州连年灾荒，民不聊生。一天南海上空飘来五朵彩色祥云，上有骑着仙羊的五位仙人，仙羊口中衔着五色稻穗。仙人把稻穗赐予百姓，并祝福此地永无饥荒。仙人离去后，五只仙羊因为依恋人间而留了下来，保佑当地风调雨顺。百姓为感谢五位仙人，在他们留守的地方修建了一座"五仙观"，观中有五仙的塑像，伴以五羊石像。越秀公园内的"五羊雕塑"，已成为广州最具象征意义的城徽，2010 年广州亚运会的吉祥物创意即因此传说。

2. 佛山市

佛山市，位于中国广东省中南部，地处珠江三角洲腹地，东依广州，西接肇庆，南连珠海，气候温和，雨量充沛，景色秀丽，经济发达，是广东省著名的旅游城市。佛山历史悠久，文化底蕴深厚，是国家历史文化名城。其"肇迹于晋，得名于唐，整合于宋，盛于明清"，唐宋年间，佛山的手工业、商业和文化已十分繁荣。明清时，更是发展成商贾云集、工商业发达的岭南重镇，与湖北的汉口镇、江西的景德镇、河南的朱仙镇并称全国"四大名镇"，又因为是我国南方最大的商品集散中心，与北京、汉口、苏州并称天下"四大聚"。清末，佛山得风气之先，成为我国近代民族工业的发源地之一。悠久的历史，孕育了独具魅力的岭南传统文化。佛山素有陶艺之乡、粤剧之乡、武术之乡、广纱中心、岭南成药之乡、南方铸造中心、民间艺术之乡等美誉。佛山旅游资源丰富，有国家级风景名胜区南海西樵山、岭南园林"四大名园"中的顺德清晖园和佛山梁园、道教名观祖庙、孔庙，顺德李小龙纪念馆、文塔等市区古迹，以及南海新八景中的鹭鸟天堂、金沙滩旅游中心等。其中始建于北宋元丰年间的佛山祖庙，是集佛山古代的陶塑、木雕、铸造、建筑艺术于一体的殿堂，被誉为"东方民间艺术之宫"，是广东佛山的标志性景点。

3. 肇庆市

肇庆市位于广东省中西部，西江干流中游北岸，是一座具有1200余年历史的历史文化名城，城区集山、水、洲、景于一身，是中国首批优秀旅游城市，以美丽的七星岩、葱郁的鼎湖山及西江小三峡景区闻名于世，有"中国砚都"之称。鼎湖山是我国最早建立的自然保护区，区内仅高等植物就有2000余种，是华南植物宝库，也是我国最早被联合国教科文组织列入"人与生物圈"计划的保护区，为广东四大名山之首。七星岩景区位于肇庆市的北部，因有7座挺拔的石灰岩峰宛如北斗七星排列于星湖湖面而得名，故称七星岩，以山奇水秀、湖山相映、洞穴幽奇见胜，景区内还有自唐以来的400多幅摩崖石刻，多出自名家之手，有"千年诗廊"之称。肇庆端砚历史悠久，为中国四大名砚之首，其石质纯净细嫩，蘸墨笔锋经久不退，雕刻精美，与湖笔、宣纸、徽墨并称"文房四宝"，被历代列为贡品。

同步思考11-4

问题： 为什么说端砚具有很高的艺术价值、收藏价值和人文价值？

分析提示： 其一，端砚居中国四大名砚之首，更是不少人心头之结。端砚不但古来已十分名贵，更因几大名坑砚材枯竭，近年所有名坑都已"封坑"无石可采，因而越来越珍贵。现在销售的都是以前开采的砚石，卖一块就少一块了，故端砚身价日升。其二，端砚坊间做工很多品位不高，甚至俗不可耐，即使有方难得的好石，被庸工俗手一雕，令人痛恨不已，既爱其石，又实难接受收藏使用，精品极少。

4. 潮州市

潮州地处广东省东部，与福建接壤，是一个有着1600多年历史的文化名城。潮州历代均为郡、道、州、路、府、专员公署所在地，一直是粤东地区政治、经济、文化中心。素有"岭海名邦""海滨邹鲁"的美誉，被专家学者称为"中原古典文化橱窗"。在漫长的历史进程中，本土的原生文化与中原文化、周边文化、海洋文化相互交流渗透，形成了风格独特的潮州文化。以潮州方言、潮剧、潮州音乐、潮州工夫茶、潮州菜、潮绣、潮州木雕等为代表的潮州民俗文化，蕴含着浓郁的中原古风，影响深远、誉播海内外。丰厚的历史文化积淀为潮州留下了琳琅满目的文物瑰宝。潮州是粤东地区文物古迹最为密集的地方，仅古城区，就有古遗址、古建筑、古墓葬、摩崖石刻和革命遗址等不同种类。全市现有文物古迹728处，其中国家重点文物保护单位5处，省级文物保护单位11处，市县两级文物保护单位55处。5处国家重点文物保护单位中，有始建于南宋的中国四大古桥之一广济桥，有国内罕见的宋代府第建筑许驸马府，有凝结唐以来各个朝代建筑艺术精华的开元寺，有集潮州木雕之大成的己略黄公祠，有反映宋代潮州陶瓷业繁荣景象的笔架山宋窑遗址等。省、市级重点文物保护单位还有韩文公祠、明代古城墙、广济门城楼、涵碧楼等。潮州古城至今还保留明清时期外曲内方、整齐规则的城市平面布局，古城区内古牌坊、古井、古府第、古民居随处可见，既是珍贵的文物遗产，又是不可多得的旅游资源。古城区内有笔架山、金山、葫芦山，韩江绕城而过，形成"三山一水护古城"的格局，水光山色，风光秀丽。"湘桥春涨"等潮州八景犹如颗颗明珠点缀其间，自然景观与人文景观交相辉映，为古城增添了无穷的魅力。

同步思考 11-5

问题： 广济桥为什么会与赵州桥、洛阳桥、卢沟桥并称为中国四大古桥？

（二）世界遗产

截至 2017 年 7 月，广东旅游亚区拥有 2 处世界遗产项目，分别是开平碉楼与村落、中国丹霞·韶关丹霞山。

1. 韶关丹霞山

韶关位于广东省北部山区，是历史文化名城，自然风光秀丽。丹霞山位列广东四大名山，位于韶关市东北 50 千米处，距仁化县城 9 千米，景区总面积 290 平方千米，因山石由红色沙砾构成，"色如渥丹，灿若明霞"故名，有大小丹霞石峰、石堡、石墙 680 多座，是广东省面积最大、景色最美的、以丹霞地貌景观为主的风景区。丹霞石峰不高，主峰巴寨海拔仅 618 米，一般多在 300~400 米之间，错落有致、形态各异、气象万千，是国家重点风景名胜区、世界地质公园、世界自然遗产、国家 5A 级旅游景区。全区包括丹霞山、韶石山、大石山三大景区，其中主景区丹霞山被三级绝壁和三级平坎分隔成三个景观层：上层景区有长老峰、海螺峰、宝珠峰、阳元山和阴元山，长老峰上建有一座两层的"御风亭"，是观日出、赏云海的好地方，可容 200 多人；中层景区以别传寺为主要景点，从这里到通天峡，两旁岩石像合掌一般，游人必须小心翼翼，手扶铁索，碎步而上；下层景区主要有锦岩洞天胜景，以随四季更换而变换颜色的"龙鳞片石"而著名，下层景区要钻隧道、穿石隙，较为刺激。丹霞山下有一条清澈的锦江，环绕于峰林之间，游客可乘舟漫游，欣赏沿江两岸景色和摩崖石刻。

同步思考 11-6

问题： 丹霞地貌的成因是什么？中国最著名的丹霞地貌有哪些？

分析提示： 丹霞地貌，属于红层地貌，是一种水平构造地貌。它是指红色砂岩经长期风化剥离和流水侵蚀，形成孤立的山峰和陡峭的奇岩怪石，是巨厚红色砂、砾岩层中沿垂直节理发育的各种丹霞奇峰的总称。主要发育于侏罗纪至第三纪的水平或缓倾的红色地层中，因流水侵蚀、溶蚀、重力崩塌作用形成了赤壁丹崖及方山、石墙、石峰、石柱、嶂谷、石巷、岩穴等造型地貌，这种地貌以粤北地区韶关市内的丹霞山最为典型，所以称为丹霞地貌。

中国最美的七大丹霞地貌：丹霞山（广东仁化）、武夷山（福建南平）、大金湖

（福建泰宁）、龙虎山（江西鹰潭）、资江—八角寨—崀山丹霞地貌、张掖丹霞地貌（甘肃临泽、肃南）、赤水丹霞地貌。

2. 开平碉楼与村落

开平位于中国广东珠江三角洲西南部、距广州 110 千米，是著名的华侨之乡、建筑之乡、艺术之乡和碉楼之乡，也是中国优秀旅游城市。数百年来，尤其在 19 世纪初期，广大侨胞为了防洪防匪，保护侨眷安全，纷纷兴建居守兼备的碉楼，现存 1833 座，其中众人楼有 473 座，居楼有 1149 座，灯楼有 221 座。开平的村落多临河而建，枕山面水，由水塘、竹林、古榕、田畴、民居建筑、宗祠或灯寮、晒场以及各种神位，组成了情趣独特的空间结构和景观效果。这些碉楼兼具外国建筑文化与当地建筑文化，既有中国传统建筑的飞檐、雕栏、硬山顶、悬山顶，又具欧陆建筑风情。开平碉楼数量之多，建筑之精美，风格之多样，堪称世界最大的"碉楼博物馆"。开平碉楼文化旅游区集华侨文化、园林艺术、中西建筑、文物古迹、原生态自然环境、风土民俗、科普教育等多元素于一体，主要由国家 4A 级景区——立园、全国历史文化名村——自力村碉楼群、被誉为世界最美的村落——马降龙古村落三大景区有机组成。旅游区内高雅独特的园林、传统古朴的民居、中西合璧的碉楼与周边的山水、池塘、田野、稻田完美结合、和谐共融，构建了一道别具特色的人文景观。

（三）国家 5A 级景区

截至 2017 年 2 月，广东旅游亚区共有 12 处国家 5A 级旅游景区。详情见表 11-4。

表 11-4　广东旅游亚区国家 5A 级景区一览表

序号	景区名称	评选时间
1	广州长隆旅游度假区	2007 年
2	深圳华侨城旅游度假区	2007 年
3	广州白云山景区	2011 年
4	梅州市梅县区雁南飞茶田景区	2011 年
5	深圳观澜湖休闲旅游区	2011 年
6	清远连州地下河旅游景区	2011 年
7	韶关仁化丹霞山景区	2012 年
8	佛山西樵山景区	2013 年
9	惠州市罗浮山景区	2013 年
10	佛山市顺德区长鹿旅游休博园	2014 年
11	阳江市江城区海陵岛大角湾海上丝路旅游区	2015 年
12	广东省中山市孙中山故里旅游区	2016 年

1. 广州长隆旅游度假区

长隆旅游度假区地处广州新城中心位置，是长隆集团旗下第一个综合性旅游度假区，现拥有长隆欢乐世界、长隆（香江）野生动物世界、长隆水上乐园、长隆国际大马戏、广州鳄鱼公园，以及长隆酒店、香江大酒店等，集旅游、休闲、文化三位一体，是我国目前拥有主题公园数量最多和规格最高的超大型主题景区。度假区先后被评为中国首批国家 5A 级旅游景区、国家级文化产业示范基地等，被誉为"中国最受欢迎的一站式旅游度假胜地"。长隆欢乐世界集世界级尖端游乐和大型演艺表演为一体，被誉为"中国新一代游乐园的典范之作"；长隆野生动物世界以大规模野生动物种群放养和自驾车观赏为特色，是世界上动物种类最多和种群最大的野生动物主题公园，拥有包括澳洲树熊、中国大熊猫等世界各国国宝在内的 500 余种 20000 余只珍奇动物；长隆水上乐园是全球最大、最先进、水上游乐项目最多的水上乐园，连续多年被评为"全球必去水上乐园"，日均接待游客数量位居全球第一；长隆国际大马戏拥有全球最大的专业马戏表演场，由 23 个国家 300 多个马戏演员和上千只珍稀动物联袂演出，是全球最大最奢华的现代马戏盛宴；还有广州鳄鱼公园——全球最具特色的湿地动物生态公园等。度假区年接待游客连续八年超过千万人次，雄踞世界顶尖主题景区前列，每年入园游客的高速增长创造了世界旅游业的奇迹。

同步思考 11-7

问题： 为什么广州长隆旅游度假区能获得如此的成功？

分析要点： 从旅游市场定位、区位选择、项目设置、经营管理等方面思考。

2. 深圳华侨城旅游度假区

华侨城旅游度假区，位于中国优秀旅游城市、国际花园城市深圳华侨城杜鹃山，是于 1997 年兴建的国内新一代大型主题公园，占地面积 32 万平方米。内有多项旅游设施，是一个以文化旅游景区为主体的旅游度假区。华侨城相继建成了锦绣中华、中国民俗文化村、世界之窗、欢乐谷四大主题公园以及深圳湾大酒店、海景酒店、威尼斯水景主题酒店、何香凝美术馆、暨大中旅学院、华夏艺术中心、欢乐干线高架单轨车、华侨城生态广场、华侨城高尔夫俱乐部、华侨城雕塑走廊、华侨城燕含山郊野公园等一批旅游文化项目设施，形成一个集旅游、文化、购物、娱乐、体育、休闲于一体的，面积近 6 平方千米的文化旅游度假区。

锦绣中华是中国五千年历史文化、960 万平方千米锦绣河山的荟萃和缩影，是目前世界上面积最大、内容最丰富的实景微缩景区，以"一步迈进历史，一日游遍中国"的恢宏气势被誉为"开中国人造景观之先河"；中国民俗文化村是中国第一个集各民族民间艺术、民俗风情和民居建筑于一园的大型文化旅游景区，以"二十五个村寨，五十六族风情"的丰厚意蕴赢得了"中国民俗博物馆"的美誉；深圳世界之窗以弘扬世界文化精华为主题，囊括了世界园林艺术、民俗风情、民间歌舞、大型演出以及高科技娱乐项目，开业以来一直是珠三角旅游景点第一品牌；"动感、时尚、激情"的深圳欢乐谷，以创造、传递和分享欢乐为理念，引领中国现代主题公园的发展方向，成为华侨城欢乐谷全国连锁经营的基地和样板。同时，度假区内拥有以西班牙文化风情为特色的中国首座按白金五星级标准建造的主题酒店——华侨城洲际大酒店，以意大利威尼斯文化为主题的中国首座主题商务酒店——华侨城威尼斯酒店等，为游客提供惬意舒适的旅居体验。

3. 惠州市罗浮山景区

罗浮山又名东樵山，是中国十大道教名山之一，道教称它为第七洞天，第三十四福地。被史学家司马迁赞誉为"百粤群山之祖"，素有"岭南第一山"之美誉。罗浮山风景区，它位于广东东江之滨，离惠州市博罗县城 35 千米，方圆 260 平方千米，共有大小山峰 432 座、飞瀑名泉 980 处、洞天奇景 18 处、石室幽岩 72 个，山势雄伟壮丽，自然风光旖旎，是国家重点风景名胜区和避暑胜地。北宋苏东坡曾在这里作下"罗浮山下四时春，卢橘杨梅次第新。日啖荔枝三百颗，不辞长作岭南人"的名句，而使罗浮山闻名于世。罗浮山森林资源和天然动植物资源丰富，拥有植物 3000 多种，占广东植物总数 1/3 以上，罗浮山以药市闻名于世。千百年来，道、佛、儒三家长期在罗浮山繁衍共存，历代很多官宦士绅、文人墨客、道僧羽士都慕名而来，并在罗浮山留下了众多赞誉的题词石刻、诗篇佳作和名胜古迹。

4. 梅州市梅县区雁南飞茶田景区

雁南飞茶田景区是粤东首个国家 5A 级旅游景区，坐落于叶剑英元帅的故乡——梅县雁洋镇。占地总面积 4.50 平方千米，1997 年 10 月 8 日对外营业。雁南飞茶田依托优越的自然生态资源和标准化种植的茶田，以珍爱自然、融于自然的生态为理念，高效农业与优美景观旅游完美结合。源远流长的客家文化、博大精深的茶文化和生态优美的旅游文化，在青山环绕中向世人呈现一幅世外桃源的醉人画卷。流连于数千亩青翠欲滴的生态茶田和龙那山生态谷的美丽风景中，欣赏清雅的茶艺表演，感悟茶文化的精髓，远离城市的喧嚣，放松浮躁的心情，尽情地呼吸充满负离子的清新空气，听天籁般的虫鸣和鸟叫，闻着花香，体验纯净自然的清新雅静，静心享受慢生活。此外，这里有荣获中国建筑工程最高奖项——鲁班奖的围龙大酒店、围龙食府，可欣赏原生态的客家歌舞表演，让游客在青山绿水之间品尝制作精致的美味佳肴和醇厚甘香的雁南飞系列茗茶。

同步思考 11-8

问题：广东还有哪些著名的旅游城市与景区本教材因篇幅所限没能一一列举？

分析提示：最适合人类居住的城市——珠海、"客都"——梅州、鹏城深圳等；白云山、观澜湖、小梅沙、金鸡岭、南宗祖庭——南华寺等。

三、旅游美食与旅游商品

(一) 旅游美食

广东菜简称粤菜，中国四大名菜系之一，汲取了京、川、鲁、苏等菜系的烹饪原料和技术，集南北风味于一炉、融中西烹饪于一体，从各大菜系中脱颖而出，名扬海内外。其烹饪技术之精妙，菜式美点之纷繁多样，味道之鲜美，色、香、味、形整体设计之完美，以及饮食环境、气氛之优雅和服务之细致周到等，都可谓首屈一指。粤菜主要由广州、潮州、东江三种风味组成，广州菜是粤菜的主体和代表，它包括了珠江三角洲及其周边地区的饮食风味。选料广博奇异，品种多样是广州菜的一大特色，天上飞的、地下爬的、水中游的，几乎都能上席，一经厨师妙手，都变成佳肴，每令食者击节赞赏，叹为"异品奇珍"。粤菜中的经典名菜有红烧乳鸽、烧乳猪、白切鸡、太爷鸡、梅菜扣肉、龙虎斗、红烧大裙翅、菊花龙虎凤蛇羹、护国菜、蜜汁叉烧、深井烧鹅、罗汉斋等。同时，粤式点心也别具特色，特点是选料广泛，制作精细，花式繁多，咸甜兼备，口味清新，各款点心都讲究色泽和谐，造型各异，相映成趣，令人百食不厌。富有地方特色的点心小食有：虾饺、干蒸烧卖、粉果、泮塘马蹄糕、蜂巢香芋角、鸡仔饼、糯米鸡、家乡咸水角和各种馅料的肠粉等。

（二）旅游商品（见表 11-5）

表 11-5　广东旅游亚区主要旅游商品名录

类别	具体典型代表
工艺品	粤绣、潮绣、端砚、牙雕、潮州陶瓷、广彩、麦秆贴画、潮州抽纱、金漆木雕、织金彩瓷、石弯美术陶瓷、椰雕、香包、新会葵扇、香云纱、金渡花席等
酒、茶	仁化银毫、罗坑茶、富丁茶、白马茶等
土特名产	肇实、剑花（霸王花）、阳春砂仁、龙门溪笋、凤凰菜、五指山菜、九峰白毛菜、三黄胡须鸡、太爷鸡、阳山鸡、广式点心、广式腊味、潮汕膏蟹、万宁燕窝、肇庆裹蒸、透明马蹄糕、纯正莲蓉月饼、吴州海蜇皮、东莞腊肠、沙河粉、及第粥、盲公饼、油头烙饼等
水果	大田柿花、四会贡柑、四会砂糖橘、四会蜜橘、阳山同冠梨、潮州柑，以及香蕉、甘蔗、荔枝、菠萝、槟榔、杨桃、椰子、龙眼、木瓜、话梅等

四、旅游节庆与旅游线路

（一）旅游节庆

广东的主要节庆既有我国通常的传统节日，如春节、元宵节、中秋节等，还有广东当地的节日庆典活动。如中国进出口商品交易会（简称广交会，春交会是 4 月 15—30日，秋交会是 10 月 15—30 日）、广州（国际）美食节、广东欢乐节、国际旅游文化节、梅州客家文化艺术节、岭南荔枝节、肇庆国际龙舟锦标赛、阳江风筝节、羊城荷花节、迎春花市、大沥狮子会等。

专业技能训练 11-4

问题： 根据你学到的广东旅游亚区的相关知识、结合你自己的兴趣设计一条广东的精华 5 日游线路。

(二) 旅游线路

广东旅游亚区旅游资源在不同地域呈现出不同的特色，主要旅游线路如下：

粤中旅游线：七星岩—鼎湖山—白云山—从化温泉—南海西樵山—佛山祖庙。

粤东旅游线：惠州—梅州—潮州—汕头。

现代都市旅游线：广州—深圳—珠海—佛山。

开平碉楼之旅：江平—开平。

第四节　海南旅游亚区主要旅游资源概述

一、区域旅游资源概况

海南省即海南旅游亚区，简称琼，位于中国最南端，北以琼州海峡与广东省划界，西临北部湾与越南相对，东濒南海与台湾省相望，东南和南边在南海中与菲律宾、文莱和马来西亚为邻。全省陆地（主要包括海南岛和西沙、中沙、南沙群岛）总面积3.54万平方千米，海岸线绵延1580多千米，海域面积约200万平方千米，占全国深海面积的2/3。海南是我国最年轻的省份和最大的经济特区，是中国南海上一颗璀璨的明珠，是仅次于台湾的全国第二大岛，是中国陆地面积最小，海洋面积最大的省。截至2015年末，全省户籍人口902万，常住人口917.13万人，城镇人口比重为56.78%。海南生活着黎族、苗族、壮族、回族等36个少数民族，各少数民族至今保留着许多质朴敦厚的习俗和生活习惯，使海南岛的社会风貌显得多姿多彩。海南地处热带，是我国最具热带季风气候特色的地方，长夏无冬，雨量充沛，当北国千里冰封的时候，这里依然暖风和煦，可以海浴。海南的旅游资源十分丰富，极富特色，主要有以下几个方面：海岸带景观，如琼山区东寨港红树林海岸；山岳、热带原始森林，如乐东县尖峰岭和琼中县五指山等；大河、瀑布、水库风光，如万泉河风光；还有珍禽异兽、火山、溶洞、温泉等景观，在椰风海韵、碧浪白沙的大背景下，海南岛成为一个世界知名的旅游胜地。

二、主要旅游景区景点

(一) 国家级历史文化名城

截至2016年年底，海南旅游亚区共有国家级历史文化名城2座：海口、琼山（琼山区与海口市合并）。

海口市是海南省省会，又称"椰城"，位于海南岛最北部，与雷州半岛隔琼州海峡相望，是国家优秀旅游城市、国家历史文化名城。自北宋开埠以来，已有近千年的历史。1988年，海南成为经济特区，海口市成为海南省省会，2002年，海口、琼山两市合并。海口地处热带滨海，热带资源多样，富有海滨风光景观，风光秀丽，水质、大气质量以及生态环境质量均属一流水准。假日海滩、白沙门海滩、西秀海滩和热带海洋世界等海滨风景区和游乐区，汇聚了阳光、沙滩、海水、绿色与洁净空气五大滨海旅游要素，已成为综合型全国热带滨海旅游休闲胜地。此外，城区内还有"海南第一楼"——五公祠、明代清官海瑞的墓园、全国四大炮台之一的秀英古炮台等文物古迹；附近还有琼台书院、地质奇观马鞍山火山群国家地质公园、东寨港红树林海岸等景观。

🔍 知识小扩充 11-2

三沙市

三沙市是中华人民共和国海南省三个地级市之一（其余两个为海口，三亚），现辖西沙群岛、中沙群岛、南沙群岛的岛礁及其海域，政府驻地位于西沙永兴岛。三沙市是在 2012 年伴随海南省西沙群岛、南沙群岛、中沙群岛办事处的撤销而同时建立的新行政区。三沙市是中国位置最南、总面积最大（含海域面积）、陆地面积最小和人口最少的地级市，是全国继浙江舟山市之后第二个以群岛设市的地级行政区。以三沙市为中心的南海蓝色旅游区，总面积 365 万平方千米，水深平均 1212 米，属于中国管辖范围即世界公认的"九段线"之内的 210 万平方千米，是中国神圣不可分割的一部分。

（二）国家 5A 级景区

截至 2017 年 2 月，海南旅游亚区共有 6 处国家 5A 级旅游景区。详情见表 11-6。

表 11-6　海南旅游亚区国家 5A 级景区一览表

序号	景区名称	评选时间
1	三亚南山文化旅游区	2007 年
2	三亚南山大小洞天旅游区	2007 年
3	保亭县呀诺达雨林文化旅游区	2012 年
4	陵水县分界洲岛旅游区	2013 年
5	保亭县海南槟榔谷黎苗文化旅游区	2015 年
6	海南省三亚市蜈支洲岛旅游区	2016 年

1. 三亚南山文化旅游区

南山文化旅游区位于三亚南山，距市区 40 千米，南山文化旅游区共分为三大主题公园：一是南山佛教文化园，是一座展示中国佛教传统文化，富有深刻哲理寓意，能够启迪心智、教化人生的园区。其主要建筑有南山寺、南海观音佛像、观音文化苑、天竺圣迹、佛名胜景观苑、十方塔林与归根园、佛教文化交流中心、素斋购物一条街等。二是中国福寿文化园，是一座集中华民族文化精髓，突出表现和平、安宁、幸福、祥和气氛的园区。三是南海风情文化园，是一座以南山一带蓝天碧海、阳光沙滩、山林海礁等景观，突出展现中国南海之滨的自然风光和黎村苗寨的文化风情，同时兼容一些西方现代文明的园区。主要建筑有滑草场、滑沙场、黎苗风情苑、神话漫游世界、黄道婆纪念馆、海洋公园、海底世界、花鸟天堂等。

知识小扩充 11-3

三亚市

三亚市地处海南岛最南端，是我国东南沿海对外开放黄金海岸线上最南端的对外贸易重要口岸，是中国通向世界的门户之一。它拥有全海南岛最美丽的海滨风光、全国最好的空气质量，全国最长寿地区之一（平均寿命80岁），是一个充满神奇色彩的避寒胜地，被称为"东方夏威夷"。常住人口为53.6万人，聚居了汉、黎、苗、回等20多个民族。三亚拥有亚龙湾、天涯海角游览区、南山文化旅游区、大小洞天风景区、大东海风景区、鹿回头公园、三亚湾风景区、落笔洞游览区，以及西岛、蜈支洲岛海上乐园等。

天涯海角风景区位于三亚市区西南23千米的天涯镇下马岭山脚下，以美丽迷人的热带海滨自然风光、悠久独特的历史文化而驰名中外。天涯海角游览区碧海、青山、白沙、巨磊、礁盘浑然一体，椰林、波涛、渔帆、鸥燕、云霞辉映点衬，形成南国特有的椰风海韵。步入游览区，沙滩上有一对拔地而起的高10多米，长60多米的青灰色巨石赫然入目，两石分别刻有"天涯"和"海角"字样，意为天之边缘，海之尽头，"天涯海角"就是由此得名。"天涯海角"原是用于表达旅人客居异乡的惆怅情结，经历代文人墨客的题咏描绘、历史沉淀，这一成语已经积聚了丰富深刻的文化内涵，此处也成为我国富有神奇色彩的著名游览胜地。这里融碧水、蓝天于一色，烟波浩瀚，帆影点点，椰林婆娑，奇石林立，那刻有"天涯""海角""南天一柱""海判南天"的巨石雄峙南海之滨，使整个景区如诗如画，美不胜收。

亚龙湾位于三亚市东南25千米处，是海南最南端的一个半月形海湾，是我国唯一具有热带风情的国家级旅游度假区，也是亚洲领先、世界闻名的热带滨海品牌度假区。这里气候温和、风景如画，沙粒洁白细软，海水澄澈晶莹，有蔚蓝的天空、明媚温暖的阳光、清新湿润的空气、连绵起伏的青山、千姿百态的岩石、原始幽静的红树林、波平浪静的海湾、清澈透明的海水，洁白细腻的沙滩以及五彩缤纷的海底景观等。而且8千米长的海岸线上椰影婆娑，生长着众多奇花异草和原始热带植被。各具特色的度假酒店错落有致地分布于此，又似一颗颗璀璨的明珠，把亚龙湾装扮得风情万种、光彩照人。适宜四季游泳和开展各类海上运动，可同时容纳10万人嬉水畅游，数千只游艇游弋追逐，亚龙湾被誉为"天下第一湾"，位列中国最美八大海岸之首。

2. 保亭县呀诺达雨林文化旅游区

呀诺达雨林景区距三亚市仅35千米，距凤凰机场52千米，是名副其实的三亚后花园。景区北与五指山、七仙岭比肩相连；东眺南海万顷波涛，美丽的海棠湾近在咫尺与南中国第一温泉南田温泉仅一水之隔。呀诺达雨林景区是地处北纬18°的真正热带雨林，是海南岛五大热带雨林精品的浓缩，是热带雨林资源博览馆。景区充分以天然形胜和热带雨林景观为主体基础景观，融"热带雨林文化、黎峒文化、南药文化、生肖文化"等优秀文化理念于一体，构建的一个以"原始绿色生态"为主格调，集观光度假、体验参与、休闲娱乐为一体，具有国际水准的综合性生态文化休闲度假景区。景区集热带雨林、峡谷奇观、流泉叠瀑、黎峒风情、热带瓜果、南药、温泉等多种旅游资源于一身。在这里，独具特色的热带雨林六大奇观让你身心震撼；长达数千米雄伟瑰丽的峡谷奇观让你目不暇接；飞瀑流泉、飞花溅雪让你流连忘返；悠久精美的黎锦工艺让你叹为观止；甘美如饴的黎家香醇让你如梦如幻；长年不断的热带瓜果让你爱不释手。这里集山奇、林茂、水秀、谷深于一身，可以称得上是海南岛的"香格里拉"，人间仙境的"世外桃源"。

3. 保亭县海南槟榔谷黎苗文化旅游区

槟榔谷黎苗文化旅游区创建于 1998 年，地处北纬 18°，位于保亭县与三亚市交界的甘什岭自然保护区境内。景区坐落在万余棵亭亭玉立、婀娜多姿的槟榔林海，并置身于古木参天、藤蔓交织的热带雨林中，规划面积 5000 余亩，距亚龙湾海岸 26 千米，距三亚市中心 28 千米。槟榔谷因其两边森林层峦叠嶂，中间是一条延绵数千米的槟榔谷地而得名。景区由非遗村、甘什黎村、谷银苗家、田野黎家、《槟榔·古韵》大型实景演出、兰花小木屋、黎苗风味美食街七大文化体验区构成，风景秀丽。景区内还展示了十项国家级非物质文化遗产，其中"黎族传统纺染织绣技艺"被联合国教科文组织列入非物质文化遗产急需保护名录。槟榔谷还是海南黎、苗族传统"三月三"及"七夕嬉水节"的主要活动举办地之一，文化魅力十足，是海南民族文化的"活化石"。

4. 三亚市蜈支洲岛旅游区

蜈支洲岛坐落在三亚市北部的海棠湾内，北面与南湾猴岛遥遥相对，南邻亚龙湾。全岛呈不规则的蝴蝶状，面积 1.48 平方千米，东西长 1500 米，南北宽 1100 米，南部最高峰海拔 79.9 米。该岛是海南岛周围为数不多的拥有淡水资源和丰富植被的小岛，是天然的热带植物王国，有 85 科 2700 多种原生植物，种类繁多。其中生长着许多珍贵树种，如有从恐龙时代流传下来的沙椤这样的奇异花木，有被称为植物界中"大熊猫"的龙血树；而"共生""寄生""绞杀"等热带植物景观随处可见。临海山石嶙峋陡峭，直插海底，惊涛拍岸，蔚为壮观。中部山林草地起伏逶迤，绿影婆娑。北部滩平浪静，沙质洁白细腻，恍若玉带天成。四周海域清澈透明，海水能见度 6~27 米，水域中盛产夜光螺、海参、龙虾、马鲛鱼、海胆、鲳鱼及五颜六色的热带鱼，南部水域海底有中国保护最完好的生态珊瑚礁，享有"中国第一潜水基地"美誉。岛上绮丽的自然风光，极具特色的各类度假别墅、木屋，以及酒吧、网球场、海鲜餐厅等配套设施，和已开展的包括潜水、半潜观光、海钓、滑水、帆船、帆板、摩托艇、香蕉船、独木舟、拖曳伞、蹦跳船、沙滩摩托车、水上降落伞、沙滩排球、沙滩足球等 30 余项海上和沙滩娱乐项目，给前来观光和度假的旅游者带来原始、静谧、浪漫，以及动感、时尚的休闲体验。此外，蜈支洲岛还有观日岩、金龟探海、情人岛、生命井、观海长廊、古迹妈祖庙、情人桥等处景点。

专业技能训练 11-5

琼海·博鳌

琼海市地处海南岛东部，万泉河下游，因地处琼州东海岸，故名"琼海"。琼海的旅游资源以万泉河为主，有青山、田园、古塔、河海等风光。万泉河全长 163 千米，发源于五指山。一首名歌《我爱五指山，我爱万泉河》、一部名剧《红色娘子军》使琼海市万泉河风景名胜区美名远扬，成为来琼中外游客必游之地。主要景点有：万泉河码头、红色娘子军雕像、沙洲岛等。万泉河出海口处的沙滩洁白、柔细，每当夕照，沙滩上人潮如涌，人山人海。此外，还建有天然海边浴场、度假村、博鳌国际高尔夫球场，是休闲度假的好去处。博鳌是著名的国际会议组织——"亚洲论坛"永久性会址所在地。博鳌旅游风景区水中有岛，岛中有水，秀丽景色和名胜古迹集于一地，被人们誉为奇妙的南国风光画卷。包括博鳌滨海旅游开发区和博鳌水城国际会展休闲度假区。"亚洲论坛"永久性会址就坐落于博鳌水城国际会展休度假区中。

问题：为什么博鳌论坛会给当地旅游业带来那么大的影响？

分析提示：从论坛总部落户对周边旅游基础设施建设、景区建设的带动作用以及博鳌论坛及高端客源的影响力等方面思考。

三、旅游美食与旅游商品

（一）旅游美食

海南美食"四大名菜"包括白斩文昌鸡、加积鸭（番鸭）、乐蟹和东山羊。另外，东寨港的"曲口海鲜"、海口市琼山区羊山地区的"石山羊"、临高的"临高乳猪"、海口市灵山镇的"海南粉"、文昌抱罗镇的"抱罗粉"、万宁后安镇的"后安粉"及"清补凉"等都是海南特色美食。

（二）旅游商品（见表 11-7）

表 11-7　海南旅游亚区主要旅游商品名录

类别	具体典型代表
工艺品	黎族织锦、黎族纺织品、苗族绣品、特色岛服、椰雕、贝雕，以及水晶、珍珠、贝壳、砗磲与海南沉香等的制品
酒、茶	山兰酒、槟榔酒、地瓜酒；水满茶、鹧鸪茶、苦丁茶、香兰茶和槟榔果茶等特色茶
土特名产	海产干品、椰肉制品（椰子糖果、椰丝、椰花、椰子糖角、椰子糕、椰子酱）、各类果脯、牛肉干、琼式月饼、黄灯笼辣椒、黄灯笼辣椒酱、咖啡、胡椒、槟榔、腰果、咖啡、珊瑚、海螺及海南黄花梨等
水果	本土品种有椰子、龙眼、荔枝、芭蕉、桃金娘、锥栗、橄榄、杨梅、酸豆、油甘子、野无花果等，引进品种有榴梿、人心果、腰果、油梨、番石榴、甜蒲桃、菠萝蜜、杧果、山竹、柑橘、红毛丹等

四、旅游节庆与旅游线路

（一）旅游节庆

海南岛有丰富的民间文化，衍生了许多独特的民间节庆活动。主要有：海南琼山区府城换花节（农历正月十五的晚上）、黎苗农历"三月三"、军坡节（农历二月初九至十九）、海南国际椰子节（农历"三月三"期间）、儋州中秋歌节（中秋）、南山长寿文化节（农历九月初九日）、中国海南岛欢乐节（11月下旬）、三亚天涯国际婚礼节、冼夫人文化节、七仙温泉嬉水节等。其中，最为著名的属黎族、苗族传统节日"三月三"及11月下旬举办的遍布全省的"海南岛欢乐节"。

（二）旅游线路

海南旅游亚区是一个著名的旅游胜地，三亚是海南旅游中的精华所在。主要旅游线路如下：

环岛全景休闲度假旅游线：海口—琼海（博鳌亚洲论坛会址、兴隆热带植物园）—呀诺达、槟榔谷—亚龙湾、亚龙湾热带天堂森林公园—三亚南山、天涯海角—儋州、石花水洞—火山口公园、海口。

三亚阳光海岸旅游线：三亚—大东海、三亚西岛、兴隆热带植物园—万泉河、博鳌亚洲论坛会址、亚龙湾—天涯海角—三亚。

海南民俗文化旅：海南博物馆—五指山民族博物馆—呀诺达雨林文化旅游区—槟榔谷黎苗文化旅游区。

本章概述

闽粤琼旅游区处于我国东南沿海，紧邻港澳台，是我国对外开放的前沿阵地和著名的侨乡及港澳台同胞的故乡，具有特色的岭南文化与典型的丹霞地貌，以及优越的热带海滨、山地雨林等优势景观；该区也是我国率先实行改革开放的区域，目前经济发达、居民收入水平高、基础设施完善等，这一切为本区旅游业发展创造了十分有利的条件，促使本区成为我国旅游业发达地区之一。本章简单分析了南国风情、山海侨乡——闽粤琼旅游区的三个旅游亚区的旅游地理环境特征与旅游业发展现状，以历史文化名城、世界遗产及主要的国家5A级景区为主线分类叙述了各旅游亚区的主要旅游景区概况，及主要的旅游美食、旅游商品、旅游节庆及旅游线路。

基本训练

1. 主要概念：岭南文化。
2. 导游讲解：天涯海角风景区、武夷山、广州长隆旅游度假区。
3. 知识巩固：闽粤琼旅游区的自然旅游地理环境特征、人文地理环境特征。

4. 专业训练：南国风情、山海侨乡——闽粤琼旅游区专项旅游线路设计。

5. 学习理解："泛珠三角洲旅游区"与"推动海峡两岸四地旅游共同发展"。

专业能力提升

迅速兴起的邮轮旅游

海洋旅游一般是指滨海旅游、邮轮旅游、潜水旅游、海岛旅游等，其中邮轮旅游在我国正在迅速兴起。邮轮，又称"游轮"，因为过去洲际或水上长距离间传送邮件通常委托航行在固定航线上的大型客船承运，故这类大型客轮称为邮轮。随着现代航空技术的发展邮轮退出邮递市场而变为以海洋休闲度假为业务的游轮，故邮轮旅游又称游轮旅游。邮轮旅游始于 18 世纪末，兴盛于 20 世纪 60 年代，是欧美人最向往的旅游方式之一。近年来随着中国出境旅游人数的增加，邮轮旅游也逐渐升温，成了大众旅游的新型方式，以及产业升级的重要驱动力。与一般的旅游方式相比，邮轮旅游略显特殊。一方面，邮轮本身就是一个小型的度假中心，包含了游泳池、健身房、美容室等各种休闲娱乐场所；另一方面，邮轮是一种交通工具，它可以将不同的旅游目的地连接起来，提供游览观光服务。根据易观智库发布的《中国在线邮轮市场专题研究报告 2016》，2016 年中国邮轮游客总数位居全球第 8，但中国邮轮市场渗透率只有 0.05%，尚有巨大的发展潜力。中国游客出境游已经达到每年过亿人次、千亿美元，也倒逼着邮轮旅游的发展。除了沿海地区之外，目前邮轮旅游客源地也正在逐步向内陆地区扩展，例如武汉、重庆、成都、西安等中西部城市，也将是未来极具潜力的邮轮客源市场。

邮轮旅游是高端旅游业的新载体，除了提供旅游服务，还关联着餐饮、休闲、娱乐、住宿等一系列产业链条，对于带动就业、促进相关产业经济发展，可以起到"四两拨千斤"的作用。在邮轮旅游的市场群体中，既有针对老年人的观光游、以家庭为单位的亲子游，也有企业团建旅游、年会旅游等商旅服务，从总体上看越来越符合大众旅游的趋势。随着旅游产业消费升级，以及国内消费者出行需求的多样化，以邮轮旅游、海岛度假为代表的休闲度假类旅游产品已成为消费市场的热点。近年来，随着邮轮旅游市场的持续火热，各地争先建造邮轮母港。目前，建设有国际邮轮母港的城市有上海（2个）、天津、青岛、厦门、三亚、广州、深圳、珠海、大连、舟山、宁波等地；其中，截至 2016 年年底，国家已批准设立上海、天津、深圳、青岛四个"中国邮轮旅游发展实验区"；广州、南沙正积极争取、打造中国邮轮旅游发展实验区。

（资料来源：作者根据相关资料整理）

问题：结合本区了解一下我国海洋旅游发展的现状，谈一谈中国邮轮旅游发展的优势及对策。

坦荡草原、边塞风情
——甘宁新内蒙古旅游区

通过本章学习，学生应该达到以下目标：

知识目标：认识甘宁新内蒙古旅游区的旅游地理环境特征，熟悉该旅游区旅游业发展现状，掌握各旅游区主要景区、景点概况。

能力目标：通过旅游业发展现状的学习，能够独立思考、分析各旅游亚区旅游业发展水平差异的原因。

技能目标：结合案例分析、实践认知等内容，具备对甘宁新内蒙古旅游区的旅游产品进行设计和初级营销的能力。

任务引入

绘就美丽中国"宁夏卷"

宁夏被列入国家生态安全战略"两屏三带一区多点"的"黄土高原—川滇生态屏障"和"北方防沙带"中，成为国家西部生态屏障的重要组成部分。近年来，宁夏顶住经济下行的压力，严守生态环境底线，划定生态保护红线，一手抓生态建设，一手抓环境保护，生态环境的改善程度居全国前列。大力推进"水土保持、节水型社会建设、防沙治沙"三个示范区建设，南部山区呈现出天高云淡、绿水青山的良好局面。扎实开展水土流失综合治理，强化自然保护区和湖泊湿地保护，维护生物多样性，保障水资源安全和物种安全。2015年开展"环境保护执法年"活动，全面进行环境保护专项检查，健全环境监管网格化体系。2017年深入开展"中央环保督察整改落实年"活动，严格落实中央第八环保督察组反馈意见，实施"蓝天碧水·绿色城乡"专项行动，全力打好大气、水、土壤污染三大战役，开展铁腕防污治污。宁夏生态环境更加优美，群众精神文化生活更加丰富，"天蓝、地绿、水美"的宁夏正在逐步实现。

（资料来源：宁夏党校、行政学院课题组．绘就美丽中国"宁夏卷"［N］．宁夏日报，2017-5-26）

任务分析：宁夏位于西北边陲，战略地位独特，堪称西北的咽喉，宁夏被列入国家生态安全战略"两屏三带一区多点"的"黄土高原—川滇生态屏障"和"北方防沙带"中，成为国家西部生态屏障的重要组成部分。目前宁夏不仅是丝绸之路文化之旅的核心，也是西北生态环境塑造的核心，为西北旅游业的发展提供更多的资源与保障的同时，也增加了西北旅游业的优势与魅力。

第一节 旅游地理环境特征及旅游业发展现状

甘宁新内蒙古旅游区包括甘肃、宁夏、新疆和内蒙古4个省、自治区，总面积为316万平方千米，总人口约8139万（截至2015年年底），是一个少数民族聚居的大区域。本区与蒙古、俄罗斯和中亚、西亚数国有着近万千米长的边境线，历史上长期为中西文化交往的纽带，是连接亚、欧、非大陆的著名的"丝绸之路"的必经之地。

一、旅游地理环境特征

（一）自然旅游地理环境特征

1. 地形地貌独特，大漠戈壁、冰川雪峰雄浑粗犷

本区自然条件复杂，地形地貌多样，西部以高大的山地与巨大的盆地、谷地相间分布为主，东部以坦荡的高原和平原为主。甘肃为山地型的高原，全境大部分海拔在1000米以上，以乌鞘岭为界分为两大部分，其中乌鞘岭西南有祁连山，北有龙首山、北山（马鬃山）、合黎山等，其间东西狭长的冲积平原即是河西走廊，又称甘肃走廊，东西长1000千米，南北仅宽数十千米，是黄河以西通向西方的交通要道，历来为兵家必争之地，历史上极为有名的"河西四郡"即武威、张掖、酒泉、敦煌等均分布在这一带。

新疆地形可概括为"三山夹两盆"，天山山脉横卧中部，将新疆分割成南疆和北疆两大部分。南疆有昆仑山和喀喇昆仑山、帕米尔高原，喀喇昆仑山的最高峰乔戈里峰海拔8611米，为世界第二高峰。南疆还有我国最大的内陆盆地塔里木盆地，其中部分布着我国最大的沙漠塔克拉玛干沙漠，这里的荒漠景观和蜃楼幻影组成奇异风貌与神秘风光。盆地边缘是冲积平原，依靠高山冰川雪水灌溉，成为明珠般的绿洲。北疆有阿尔泰山和准噶尔盆地。在沙漠地区，由于风力活动十分活跃，成为塑造地表的主要因素，沙漠风蚀地貌和风积地貌普遍。如位于准噶尔盆地的乌尔禾地区是一个引人入胜的风蚀地貌区，被人称为"风城"或"魔鬼城"。高山、沙漠、草原、绿洲、森林、冰川、湖泊、河流，构成新疆奇特、质朴、壮观的自然景观。

　　内蒙古以高原地形为主，地表开阔坦荡，起伏和缓，海拔大多在 1000～1300 米之间。除内蒙古东北部属大兴安岭山地、西部有阴山山脉的贺兰山、乌拉山和大青山以外，全区基本都属于坦荡的内蒙古高原；整个高原可分为呼伦贝尔高原、锡林郭勒高原、乌兰察布高原和鄂尔多斯高原等几部分；西部沙漠、戈壁广布。境内又多短小的河流，大小湖泊千余，其中著名的有呼伦湖、贝尔湖、乌梁素海、岱海等，极大地增添了本区的旅游吸引力。

　　宁夏地跨内蒙古高原和黄土高原，地形以山地、高原为主，全境海拔 1000 米以上，地势南高北低。从地貌类型看，南部以流水侵蚀的黄土地貌为主，中部和北部以干旱剥蚀、风蚀地貌为主。山势巍峨雄伟的贺兰山呈南北向绵亘于宁夏的西北部，成为银川平原的天然屏障。六盘山耸立于宁夏西南部的黄土高原之上，成为一个近似南北走向的狭长"绿岛"。黄河自中卫入境，向东北斜贯于被誉为"塞上江南"的宁夏平原之上。宁夏北部和中部湿地和湿地湖泊众多，首府银川附近有"七十二连湖"之称。

　　甘宁新内蒙古旅游区自然旅游资源保持粗犷雄浑的自然风貌，自然景观种类多、富于变化，冰川雪峰（祁连山、博格达峰、慕士塔格峰、公格尔峰等）与火洲盆地共存，沙漠瀚海与沃野绿洲为邻。

知识小扩充 12-1

丝绸之路——河西走廊

　　河西走廊是中国内地通往新疆的要道。东起乌鞘岭，西至古玉门关，南北介于南山（祁连山和阿尔金山）和北山（马鬃山、合黎山和龙首山）间，长约 900 千米，宽数千米至近百千米，为西北—东南走向的狭长平地，形如走廊，称甘肃走廊。因位于黄河以西，又称河西走廊。又因在甘肃境内，也称甘肃走廊。东西长约 1000 千米，南北宽百余千米，海拔 1500 米左右。大部分为山前倾斜平原。走廊分为三个独立的内流盆地：玉门、瓜州、敦煌平原，属疏勒河水系；张掖、高台、酒泉平原，大部分属黑河水系，小部分属北大河水系；武威、民勤、永昌平原，属石羊河水系。走廊自古就是沟通西域的要道，著名的丝绸之路就从这里经过。敦煌莫高窟和阳关均位于走廊西部，兰新铁路、兰新客运专线也由此通过。

　　2. 温带大陆性气候典型，旅游业淡旺季显著

　　本区深居内陆，远离大洋，属于典型的温带大陆性气候，其特点是：光照时间长，气温变化大，干旱少雨，蒸发旺盛，多风沙天气。西北部地区的气温变化剧烈，气温年较差达 35℃以上，日较差可达 11～16℃，呈现出"早穿皮袄午穿纱，围着火炉吃西瓜"的奇特景观；即使在旅游旺季的七、八月份，气候也非常炎热，尤其是在广大的沙漠、戈壁地区酷热难挡，而在一些地势较高的山区则是避暑、观光、疗养的良好场所；冬季寒冷而漫长，导致本区的旅游淡季持续时间过长，因而使得本区旅游资源的利用率下

降。短促的秋季是本区最佳旅游季节。

典型的温带大陆性气候，孕育出了浩瀚神秘的大漠绿洲风光。本区干旱少雨，降水仅几十毫米甚至几毫米，因而植被稀少，黄土、沙漠、戈壁广布，呈现出单调、荒凉的大漠景观。但在区内高大山地的迎风坡，以及众多高山冰川积雪融水滋润所及的地方却孕育了片片绿洲，为这单调荒凉的景观又平添了无限的生机。同时，本区多大风天气，尤其是春季，经常有飞沙走石天气，是我国沙尘暴的主要策源地；山谷隘口由于"峡管作用"风力更猛，可达12级以上，且持续时间长，如阿拉山、老风口、达坂城、七角井等地都是有名的风口，沙尘暴可谓是西北旅游的气候杀手，对旅游业的发展具有一定的制约作用。

3. 草原绿洲、塞外江南，耐寒、耐旱的动植物景观资源独特

内蒙古大草原是典型的温带草原，呼伦贝尔、锡林郭勒草原坦荡广阔，绿草如茵，牛羊如絮，尽展"风吹草低见牛羊"的诗情画意。依靠独特的灌溉工程"坎儿井"，勤劳智慧的各族人民硬是在茫茫大漠中开辟出了一块块绿洲，葡萄、哈密瓜、香梨、石榴、无花果等水果无不体现出"瓜果之乡"的美称。由于黄河水的馈赠，河套平原形成了一派河渠如织、阡陌纵横、稻麦飘香、油菜花黄的江南景象，而同属于河套平原的内蒙古土默川也依靠黄河的灌溉成了"塞外米粮川"。

在本区面积广大的草原和沙漠地带，动植物资源十分丰富，其中不乏众多观赏价值的珍禽异兽，动植物以耐寒耐旱为特色。如，充满顽强生命力和神秘色彩的"英雄"胡杨林，内蒙古草原的黄羊、新疆戈壁的鹅喉羚羊，半沙漠地带的野马、野骆驼等。

（二）人文旅游地理环境特征

1. 浓郁独特、绚丽多姿的民族风情

本区是我国少数民族聚居的地区，尤以新疆、宁夏和内蒙古最为突出，有维吾尔、哈萨克、蒙古、回、满、塔吉克等40多个少数民族聚居。在长期的历史发展和文化交流融合的过程中，少数民族形成了浓郁的西域文化特色，明显区别于我国其他地区的少数民族；不少民族在宗教信仰和生活习俗方面都有相同之处，且又都保持着各自独特的文化习俗和民族特征，使本区展现出绚丽多姿的民族风情。

本区少数民族风格的特征是热情、奔放、快乐、勇敢，能歌善舞，众多的民族、不同的民风民俗构成了风格各异、绚丽多姿的民族风情画卷。其中维吾尔族的跑马叼羊、哈萨克族的"姑娘追"、蒙古族的那达慕大会等深受喜爱和欢迎，喀什大巴扎（集市）、甘肃莲花山"花儿"会也颇具特色；而蒙古族的马头琴，维吾尔族的冬不拉，刚劲雄健、豪放酣畅的蒙古舞，曲调高昂悠扬的蒙古民歌，矫健轻巧、优美自由的维吾尔族舞蹈，诙谐乐观的维吾尔族乐曲等形成了本区人文旅游资源的一大特色。

2. 丝绸之路历史悠久，文化遗存丰厚深邃

盛名千年的丝绸之路，留存有数量巨大、种类丰富的历史文化古迹。著名的有罗布泊附近的楼兰故城、若羌县的米兰故城、吐鲁番的高昌故城和交河等故城遗址；有敦煌莫高窟、天水麦积山石窟、永靖炳灵寺石窟、拜城克孜尔千佛洞和文殊山石窟等石窟建

筑；有临洮秦长城遗址，汉代阳关、玉门关及明代的嘉峪关等古代军事工程；有坎儿井等古代水利工程等，均堪称世界奇观。这些故城、古遗址、古石窟无不折射出极高的历史文化价值和艺术观赏价值。

丝路沿途还遍布古墓，每年都有惊人的珍贵文物出土，如出土于武威雷台汉墓的铜铸奔马，想象大胆，造型奇特，已被选作中国旅游的标志。还有那些曾跋涉于丝绸之路上的历史名人如张骞、班超、李广、高适、林则徐、左宗棠等留下的踪迹与遗迹，以及历史遗留下来的脍炙人口的诗词、游记、小说等都增添了丝绸之路旅游的文化内涵，并赋予其豪壮、神奇的色彩。

同步思考 12-1

为什么宁夏要加速融入"一带一路"？

3. 多文化、多宗教融合并存的多元文化

本区自古以来就是中西方文化以及多种宗教文化和多民族文化荟萃、交汇融合之地，因而形成了本区多元文化的特色。伊斯兰教在本区影响较为广泛，主要分布于新疆、宁夏、甘肃等地。伊斯兰教传入本区后，经过长期与汉文化的接触、吸收与融合，形成了中国伊斯兰文化，也因而形成了本区独特的伊斯兰教旅游资源。本区的其他宗教还有喇嘛教（藏传佛教）、基督教、天主教、道教和萨满教等。受宗教影响下的民风民俗、生活习惯无不带有浓重的民族色彩，成为本区重要的人文旅游资源。

专业技能训练 12-1

临夏砖雕：传统技艺如何传承？

砖雕是我国独特的建筑雕刻和装饰艺术，已有 2000 多年历史。起源于北宋，成熟于明清时期的临夏砖雕是中国砖雕艺术的七大流派之一。甘肃省临夏回族自治州临夏市，是大西北的一座砖雕之城，至少从北宋时期和金代起，当地的能工巧匠就在一方方青砖上雕刻出栩栩如生的牡丹、葡萄等花鸟虫鱼乃至古朴幽远的山水画，当地不少宗教场所和古宅院的门头、照壁，至今仍留有数量可观的砖雕精品。临夏砖雕还因为拥有马忠良、绽成元、穆占魁等一批穆斯林名匠而独具民族特色。2006 年，临夏砖雕被首批列入国家非物质文化遗产名录。

传承问题是砖雕等传统技艺的普遍性困扰之一。砖雕虽为装点富丽的文化奢侈品，但一方青砖"绣"乾坤的绝技也是一项苦活、累活和脏活，现在年轻人想学的越来越少，心态也越来越浮躁。同时作为商品，则必须考虑市场行情，砖雕大师们为了迎合市场，往往抛弃艺术创作，个人创新的空间有限。

（资料来源：刘琼. 临夏砖雕：试解传统技艺三重困境［EB/OL］. http://

news. xinhuanet. com/local/2016-04/01/c_ 1118508202. html）

　　问题：你认为临夏砖雕如何在困境中实现突围，走出目前的尴尬局面？

二、旅游业发展现状

（一）旅游资源开发价值极高，但是利用率低，开发难度大

　　甘宁新内蒙古旅游区4个省、自治区的旅游资源以原始风貌为主，因其海拔落差形成了喀斯特地貌、峡谷、瀑布、高原、沙漠等种类繁多的地形地貌，并且品位较高，极具开发价值。截至2017年5月，甘宁新内蒙古旅游区拥有世界遗产4处，人类口述和非物质遗产5处，5A级旅游景区24个，国家历史文化名城11处。除此之外，西北地区是我国少数民族的聚居地，保留了许多历史悠久的人文景观，还有具有民族特色的节庆活动，给都市人民带来前所未有的体验。

　　但是，甘宁新内蒙古旅游区的4个省、自治区都是我国经济不发达省份，贫困人口众多，因而旅游开发资金短缺，旅游投入严重不足。同时，本区地域辽阔，景点景区比较分散，多数偏离经济发达的中心城市，加之甘宁新内蒙古旅游区接待宾馆、旅行社数量较少，质量较低，还不能满足旅游者的需求。全区尚未形成快捷通畅的现代化交通网络，一到旅游旺季，便会出现难进难出的现象，如若遇上自然灾害，则更是被动不堪。另外，甘宁新内蒙古旅游区远离国内外主要客源市场，旅程较长，旅游直观价值较高，影响了潜在游客出游该旅游区的决心；同时，经济的相对落后，也限制了本区人口的出游。所以，不论是作为客源接待地还是产生地，都不尽如人意，这些在一定程度上限制了当地旅游业的发展。

（二）政府主导，发挥资源优势，提高旅游产业的经济地位

　　近年来，随着西部大开发战略的实施，各省、区政府也予以高度重视，加大了对旅游业的投入和政策扶持力度，本区的旅游基础设施已有了一定程度的改善，一些景区的软硬件环境都有了不同程度的改变。如西北旅游交通落后的局面已得到明显改善，南疆铁路、北疆铁路和兰新复线相继建成通车，并开通乌鲁木齐、兰州、呼和浩特、银川等城市至国内主要城市的旅游列车和乌鲁木齐—阿拉木图的国际列车；公路建设也如火如荼，尤其是通往景区的道路有了很大改善，并形成了以国道干线为骨干、高速公路为重点的公路交通网线；邮电通信设施和技术装备逐步现代化等，都为旅游业的发展铺平了道路。

　　同时，各省区重点规范旅游市场和加强行业管理，以促进本区旅游业快速、持续、稳定的发展。旅游业已经成为区内国民经济中发展最快、效益最好的重要的经济部门之一。旅游业总收入和接待旅游人次均有明显增加。如表12-1所示，内蒙古旅游业的总体规模和主要指标达到全国中等水平；重点开发了草原、沙漠、民俗风情、边境口岸、森林和温泉疗养等旅游资源，建设了一批具有一定规模及影响的旅游区（点）。

表 12-1　甘宁新内蒙古旅游区 2014—2016 年旅游数据统计

年份 省份	2014 年		2015 年		2016 年	
	接待人次 （亿）	旅游收入 （亿元）	接待人次 （亿）	旅游收入 （亿元）	接待人次 （亿）	旅游收入 （亿元）
甘肃	1.26	780	1.56	975	1.9	1220
宁夏	0.17	142.69	0.18	161.3	0.21	205
新疆	0.50	650.07	0.66	1247.55	0.81	1401
内蒙古	0.76	2006.26	0.85	2193.77	0.98	2714.7

（资料来源：根据各省区旅游局官方网站统计显示）

第二节　甘肃旅游亚区主要旅游资源概述

一、区域旅游资源概况

甘肃省简称"甘"或"陇"，以甘州（张掖）、肃州（酒泉）两地首字而得名。省会兰州市。位于我国西北，它东接陕西，南控巴蜀、青海，西倚新疆，北扼内蒙古、宁夏，是古丝绸之路的锁钥之地和黄金路段。甘肃面积 42.58 万平方千米，人口 2600 万（2015 年末），有汉、回、藏、东乡、裕固、保安、满、撒拉等 44 个民族，其中，东乡、裕固和保安族为甘肃省特有民族。

甘肃海拔大多在 1000 米以上，四周为群山峻岭所环抱。北有六盘山、合黎山和龙首山；东为岷山、秦岭和子午岭；西接阿尔金山和祁连山；南壤青泥岭。境内地势起伏、山岭连绵、江河奔流，地形相当复杂。这里有直插云天的皑皑雪峰、一望无垠的辽阔草原、莽莽漠漠的戈壁瀚海、郁郁葱葱的次生森林、神奇碧绿的湖泊佳泉、江南风韵的自然风光，也有西北特有的名花瑞果。

有 8000 多年人文历史的甘肃，融丝路文化、敦煌文化、黄河文化、伏羲文化、藏传佛教文化、伊斯兰文化以及陇东黄土地文化为一体，是多民族、多文化共生的地带，是我国早期文明最辉煌的地方之一，甘肃在中国西部形成一道神秘而独特的文化风景。甘肃为黄河流域文化的中心之一，也是中国文化的起源地之一。天水的大地湾文化距今有 7800 多年，它将中国的彩陶历史推前了 1000 多年。甘肃为羲皇故里，为轩辕帝的发祥地。渭河流域一带的秦人是以甘肃为根据地挺进中原的。甘肃是闻名遐迩的文物大省，也是文物保存最为集中、品级最高的地区，有丰富的文物古迹、遗址名胜。

甘肃东南部的天水市和陇南地区，是历史悠久、山川锦绣、物产丰富、气候宜人、民俗奇特的天然膏沃之地，有小江南之称。唐玄奘在天水的传说，使佛公桥、万紫山、渗金寺等地，成为民俗旅游的主要景点。与天水、陇南相邻的甘南、临夏两自治州，是藏、回、东乡、保安、撒拉等少数民族的集聚地，有独具一格的风情和风俗，境内的拉卜楞寺，不但有着精美绝伦的建筑，而且每年 7 次规模较大的法会和众多的节庆，使拉卜楞寺的宗教民俗活动空前丰富多彩。古朴典雅的临夏清真寺，是穆斯林民众们的聚礼之地，这里的宗教民俗活动，独特隆重，令人叹为观止。甘肃东部的庆阳、平凉地区，是具有悠久革命历史的老区。境内除有众多的革命遗迹外，黄帝登临、广成子修炼得道的道家圣地崆峒山，西王母设宴招待周穆王的王母宫山，以及公刘庙、菩萨山等庙会，都成为民间文化的传播阵地和民间经济的交易场所。特别是唢呐、剪纸、社火、戏曲等民俗文化尤具魅力。

专业技能训练 12-2

甘肃旅游能否真正解决"旅长游短"的问题?

从关中平原到陇东高原，从河西走廊到天山南北，被誉为"丝路高铁"的宝兰高铁即将在 2017 年 7 月通车，让这个夏天更富热力。宝兰高铁连通了丝路沿线的西安、宝鸡、天水、兰州、西宁、乌鲁木齐等多个主要城市，将进一步提升陕西、甘肃、青海、新疆、西藏等西部地区的旅游热度。作为我国"四纵四横"高铁主干网的宝兰高铁开通运营后，已通车运营的兰新高铁将与其相连，这意味着西北地区高铁将全面纳入全国高铁网，形成西北地区与中东部地区的高速通道，预计将进一步提升甘肃、青海、新疆、西藏等西部地区的旅游热度。

甘肃是中华民族和华夏文明的主要发祥地之一，自古就是中西交流的陆路通道，丝绸之路在全省绵延 1600 千米，甘肃旅游业在多年发展中，"旅长游短、出入不畅"是制约甘肃旅游的瓶颈问题，许多内地游客往往在来回旅途上花费过多时间，影响了在甘肃游览的时间。而随着宝兰高铁的开通，将有效缓解甘肃的交通瓶颈问题。

（资料来源：编者根据相关资料整理）

问题：你认为甘肃旅游迈入"高铁时代"，能否真正实现"旅短游长"?

二、主要旅游景区景点

（一）国家级历史文化名城

截至 2016 年年底，甘肃共有国家级历史文化名城 4 座：敦煌市、张掖市、武威市、天水市。

1. 敦煌市

敦煌市位于甘肃省河西走廊最西端，地处甘肃、青海、新疆三省（区）交汇处，党河和疏勒河下游最大的绿洲上。敦煌距今已有 2000 多年的历史。秦汉之前，这里居住着月支、乌孙等民族。西汉初在敦煌设郡，与酒泉、张掖、武威并称河西四郡，并在敦煌之北修筑了长城，在西部设立了阳关、王门关。从此，敦煌成为西域进入河西走廊与中原的门户和军事重镇。敦煌是多种文化融汇与撞击的交叉点，中国、印度、希腊、伊斯兰文化在这里相遇；敦煌是艺术的殿堂，那些公元4—11世纪的壁画与雕塑，带给人们极具震撼力的艺术感受；敦煌又是文献的宝库，在这数以万计的赤轴黄卷中，蕴藏着丰富的文献资源，汉文、古藏文、回鹘文、于阗文、龟兹文、粟特文、梵文，文种繁多；内容涉及政治、经济、军事、哲学、宗教、文学、民族、民俗、语言、历史、科技等广泛领域。

历史的辉煌为今天的敦煌留下了无数珍贵遗产，除了世界遗产莫高窟、丝绸之路甘肃段的众多遗址外，还有寿昌城故址、祁家湾遗址及墓葬、佛爷庙—新店台墓群和敦煌南仓等省级文物保护单位10处，石窟寺、遗址、墓葬、长城和烽燧等各类文物点近300处，以及国家级风景名胜区鸣沙山—月牙泉。馆藏文物方面，敦煌市博物馆共有藏品2300余件，其中一级品90余件。

2. 张掖市

张掖以"张国臂掖，以通西域"而得名，是国家1985年颁布的第二批全国历史文化名城之一。位于中国甘肃省西北部，是古丝绸之路重镇，是新亚欧大陆桥的要道，位于河西走廊中段。古称"甘州"，即甘肃省名"甘"字的由来地。全国第二大内陆河黑河贯穿全境，是甘肃省商品粮基地。张掖有着悠久的历史、灿烂的文化、优美的自然风光和独特的人文景观，是全国历史文化名城和中国优秀旅游城市，自古就有"塞上江南"和"金张掖"之美誉。张掖是古丝绸之路上进入河西走廊的重要驿镇，是"河西四郡"之一，历代中原王朝在西北地区的政治、经济、文化和外教活动中心。张掖曾是北凉国的国都、行都司的首府、甘肃省省会和历代设州置府的治所，素有"塞上锁钥"之称。市内有黑水国遗址和以全国最大的室内卧佛（身长34.5米）与明代金经而著名的张掖大佛寺，以及万寿寺、张掖鼓楼、甘州古城墙和甲子墩墓群等17处省级文物保护单位，共有遗址、墓葬、建筑、长城和烽燧等各类文物点近300处。馆藏文物方面，张掖市博物馆共有藏品9700余件，其中一级品约40件。

3. 武威市

武威市（凉州），因汉武帝为彰显大汉帝国军队的"武功军威"而得名，又称雍凉之都，中国地级市。位于甘肃省中部，为河西走廊之门户，东邻银川，西邻西宁，南邻兰州，北通敦煌。古时素有"通一线于广漠，控五郡之咽喉"之称，一度是西北的军政中心、经济文化中心。

武威历史悠久，距今4000多年前的武威一带已有人类繁衍、生息，并进行农牧业活动；西汉初为匈奴所占，汉武帝时设武威郡。武威是兰州西行到河西走廊的第一大站，文化文物资源丰富多彩。有中国旅游标志铜奔马出土地的雷台汉墓、号称"陇右学宫之冠"且馆藏文物十分丰富的武威文庙、开凿于北凉时期的天梯山石窟、西夏文与汉文合璧的重修护国寺感应塔碑、见证了"凉州会谈"的白塔寺遗址5处全国重点文物保护单位，有皇娘娘台遗址、亥母寺遗址、磨嘴子墓群、旱滩坡墓群、海藏寺和大云寺等34处省级文物保护单位，省保单位数量在全省县（市、区）中最多。武威有遗址、墓葬、石窟、建筑、民居和石刻等各类文物点近300处。馆藏文物方面，武威市博物馆共有藏品 18000 余件，其中一级品 160 余件。

4. 天水市

天水，得名于"天河注水"的传说，古称秦州，是甘肃东南部政治、经济、文化和交通中心，地处陕、甘、川三省交界，"东抱陇坻，西倚天门，南控巴蜀，北指金城"，历代为兵家必争之地。天水市是甘肃省第二大城市，位于甘肃东南部，自古是丝绸之路必经之地。全市横跨长江、黄河两大流域，新欧亚大陆桥横贯全境。境内四季分明，气候宜人，物产丰富，素有西北"小江南"之美称。

天水是华夏文明和中华民族的重要发源地，享有羲皇故里、轩辕故里的荣誉，羲皇始创八卦，天水被誉为"易学之都"。伏羲文化、轩辕文化、大地湾文化、先秦文化、三国文化、石窟文化、易学等博大精深。天水八千年的历史文化谱写了中华文明的序曲，古城天水为全球华人祭祖圣地。天水有包括甘肃境内唯一保存下来的明代官式木构建筑伏羲庙、甘肃境内保存最完整的明代官吏宅院胡氏古民居建筑、我国四大石窟之一并被誉为"东方雕塑馆"的麦积山石窟 3 处全国重点文物保护单位，有西山坪遗址、后街清真寺、纪信祠、哈锐宅院和仙人崖石窟等在内的 18 处省级文物保护单位。天水境内有遗址、墓葬、建筑、民居和石窟等各类文物点 400 余处。馆藏文物方面，天水市博物馆共有藏品 4100 余件，其中一级品约 40 件。

（二）世界遗产

截至 2016 年 7 月，甘肃有 2 处景观列入《世界遗产名录》，分别是敦煌莫高窟和丝绸之路：长安—天山廊道的路网（甘肃段）。

1. 敦煌莫高窟（1987.12，世界文化遗产）

莫高窟，俗称千佛洞，坐落在河西走廊西端的敦煌。它始建于十六国的前秦时期，历经十六国、北朝、隋、唐、五代、西夏、元等历代的兴建，形成巨大的规模，有洞窟735 个，壁画 4.5 万平方米、泥质彩塑 2415 尊，是世界上现存规模最大、内容最丰富的佛教艺术地。1961 年，莫高窟被中华人民共和国国务院公布为第一批全国重点文物保护单位之一。1987 年，莫高窟被列为世界文化遗产。莫高窟与山西大同云冈石窟、河南洛阳龙门石窟、甘肃天水麦积山石窟并称为中国四大石窟。

敦煌莫高窟是一座由建筑、绘画和雕塑组成的佛教综合艺术宝库，尤以壁画成就最高。石窟壁画富丽多彩，各种各样的佛经故事，山川景物，亭台楼阁等建筑画、山水画、花卉图案、飞天佛像以及当时劳动人民进行生产的各种场面等，是十六国至清代1500 多年的民俗风貌和历史变迁的艺术再现，雄伟瑰丽。在大量的壁画艺术中还可发现，古代艺术家们在民族化的基础上，吸取了伊朗、印度、希腊等国古代艺术之长，是中华民族发达文明的象征。各朝代壁画表现出不同的绘画风格，反映出中国封建社会的政治、经济和文化状况，是中国古代美术史的光辉篇章，为中国古代史研究提供珍贵的形象史料。

2. 丝绸之路：长安—天山廊道的路网（甘肃段）（2014.6，世界文化遗产）

2014 年 6 月 22 日，中、哈、吉三国联合申报的陆上丝绸之路的东段"丝绸之路：

长安—天山廊道的路网"成功申报为世界文化遗产，成为首例跨国合作而成功申遗的项目。该遗产所包含 33 处遗产，其中中国 22 处，河南 4 处、陕西 7 处、甘肃 5 处、新疆 6 处。其中甘肃 5 处为玉门关遗址、悬泉置遗址、麦积山石窟、炳灵寺石窟、锁阳城遗址。

　　玉门关遗址位于甘肃省敦煌市，地处戈壁荒漠，主要包括小方盘城遗址、大方盘城遗址、汉长城边墙及烽燧遗址（包括 20 座烽燧、18 段长城边墙遗址），出土文物包括 2400 余枚简牍文书和丝织品、兵器、积薪、大苣、屯田工具、粮食、陶器、漆器等。悬泉置遗址位于酒泉市、敦煌市与瓜州县交界处，是汉代驿置机构，其主要功能是传递各种邮件和信息，迎送过往使者、官吏、公务人员和外国宾客。锁阳城遗址位于甘肃省酒泉市瓜州县，城址年代为公元 7—13 世纪，可能为唐代瓜州城故址，主要遗存包括锁阳城城址、农业灌溉渠系遗迹、锁阳城墓群和塔尔寺遗址。炳灵寺石窟位于临夏回族自治州永靖县，始凿于西秦，现存窟龛 185 个，雕像 776 尊，壁画 912 平方米，石刻题记 62 处。麦积山石窟位于天水市，现存公元 5—13 世纪建造的 198 个佛教窟龛，7000 余身泥塑造像，1000 多平方米壁画和瑞应寺、舍利塔等遗存。麦积山石窟为反映中国泥塑艺术发展和演变过程的重要遗迹。

（三）国家 5A 级景区

　　截至 2017 年 2 月，甘肃共有 4 处国家 5A 级旅游景区。详情见表 12-2。

表 12-2　甘肃省国家 5A 级景区一览表

序号	景区名称	评选时间
1	嘉峪关市嘉峪关文物景区	2007 年
2	平凉市崆峒山风景名胜区	2007 年
3	甘肃天水麦积山景区	2011 年
4	敦煌鸣沙山—月牙泉景区	2015 年

1. 嘉峪关市嘉峪关文物景区

　　嘉峪关位于甘肃省嘉峪关市西 5 千米处最狭窄的山谷中部，城关两侧的城墙横穿沙漠戈壁，北连黑山悬壁长城，南接天下第一墩，是明代万里长城最西端的关口，历史上曾被称为河西咽喉，因地势险要，建筑雄伟，有天下第一雄关、连陲锁钥之称。嘉峪关是明代长城西端第一重关，也是古代"丝绸之路"的交通要塞，为中国长城三大奇观之一（东有山海关、中有镇北台、西有嘉峪关）。

　　嘉峪关始建于公元 1372 年，由内城、外城、罗城、瓮城、城壕和南北两翼长城组成，全长约 60 千米。长城城台、墩台、堡城星罗棋布，由内城、外城、城壕三道防线组成重叠并守之势，形成五里一燧，十里一墩，三十里一堡，百里一城的防御体系。嘉峪关主要景点有嘉峪关关城、悬壁长城、长城第一墩、魏晋墓群、黑山石刻、木兰城、"七·一"冰川、滑翔基地等自然及人文景观。嘉峪关大多数景点紧扣长城文化及丝路文化的脉系，并具有自己的特色，多年来一直是中外游客所向往的地方。

2. 平凉市崆峒山风景名胜区

平凉地处六盘山东麓、泾河上游，是古长安西进北上的要冲，历来是兵家必争之地。崆峒山景区位于平凉城区西 15 千米处，为六盘山支脉，主峰海拔 2123 米，山上峰奇石怪，洞府通幽，曲径玲珑，既有北国之雄，又兼南方之秀。这里山川险要，相传是广成子修炼得道之处，因道家空空洞洞清净自然之意而得名。古往今来，崆峒山吸引了众多的风流才俊，有"道家第一名山"的称号。崆峒山名胜古迹众多，现存有唐盘龙石柱、宋石经幢、元碑记、明凌空塔等。2006 年，该景区被评为首批国家 5A 级旅游景区。

3. 天水麦积山景区

麦积山位于甘肃省天水市麦积区，是小陇山中的一座孤峰，高 142 米，因山形酷似麦垛而得名。麦积山风景区由麦积山、仙人崖、石门、曲溪、街亭温泉五个子景区 180 多个景点组成，拥有丰富多样的生物类型和物种，被称为"陇上林泉之冠"，具有深厚的旅游价值，是丝绸古道黄金旅游线上的一颗耀眼的艺术明珠和最具潜力的旅游胜地。

麦积山石窟始建于 384—417 年，存有 221 座洞窟、10632 身泥塑石雕、1300 余平方米壁画，以其精美的泥塑艺术闻名世界，被誉为东方雕塑艺术陈列馆。麦积山石窟保留有大量的宗教、艺术、建筑等方面的实物资料，体现了千余年来各个时代塑像的特点，反映了中国泥塑艺术发展和演变过程，丰富了中国古代文化史，为研究我国佛教文化提供了丰富的资料和史实。麦积山石窟是世界文化遗产"丝绸之路：长安—天山廊道的路网"中的一处遗址点，国家 5A 级旅游景区，国家重点风景名胜区，国家森林公园，国家地质公园，全国重点文物保护单位，中国四大石窟之一。

课堂讨论与作业 12-1

裕固族风情：未来有可能的"商品化"

裕固族是甘肃特有的少数民族之一，集中居住在张掖市肃南裕固族自治县境内美丽的祁连山草原上，有 1.3 万多人。裕固族具有悠久的历史和古老的文化，其独特的民族风俗和民族传统在中华文明史上魅力无穷。

随着甘肃旅游的开发，裕固族的民族风情也开始吸引着越来越多的游客。一些传统的节日习俗如祭罕点格尔、祭鄂博、剪马鬃节及婚礼等都有可能为了迎合游客而不在固有的节日进行表演，而像商品一样随时用来展示和销售。

问题：你如何看待少数民族文化被商品化现象？如何避免这种民俗文化的商品化现象？

4. 敦煌鸣沙山—月牙泉景区

鸣沙山—月牙泉风景名胜区，位于敦煌城南 5 千米，沙泉共处，妙造天成，古往今来以"沙漠奇观"著称于世。鸣沙山以沙动成响而得名。东汉称沙角山，俗名神沙山，晋代始称鸣沙山，其山东西长 40 余千米，南北宽约 20 千米，主峰海拔 1715 米。其山沙垄相衔，峰如刀刃，甚为壮观。沙粉红、黄、绿、白、黑五色，晶莹闪光。如遇摩擦振动，便会殷殷发声，有鼓角之声，轻若丝竹，重若雷鸣。故"沙岭晴鸣"为敦煌"八景"之一。月牙泉处于鸣沙山环抱之中，其形酷似一弯新月而得名。古称沙井，又名药泉，一度讹传渥洼池，清代正名月牙泉。数千年来沙山环泉，泉映沙山，在沙山深谷中，"风夹沙而飞响，泉映月而无尘"。月牙泉有四奇：月牙之形千古如旧，恶境之地清流成泉，沙山之中不淹于沙，古潭老鱼食之不老。

三、旅游美食与旅游商品

（一）旅游美食

甘肃的饮食特色从地域上来讲可以分成三大块：以敦煌为代表的西部饮食文化；以兰州为代表的中部饮食文化；以陇南为代表的南部饮食文化。敦煌当地人喜食羊、鸡、牛肉，对面食制作尤其讲究。有名的有敦煌黄面，细如龙须，长如金线，香味溢口。以兰州为代表的甘肃中部是甘肃饮食文化的集大成地，中部的饮食融合了东部与西部的特色。兰州人以面食为主食，喜食咸味与辛辣。以陇南为代表的甘肃南部，由于地处偏南且临近四川，再加上陇南地区气候较为湿润，从而使得南部的饮食兼有川味和陇南当地特色。甘南藏族自治州的饮食特点则是以肉制品和奶制品为主。

甘肃的西部是古丝绸之路，是两汉时期重要的对外交通要道，所以西部的饮食文化受外来文化影响很大，有着很浓的"胡风"。西部的很多食物原料都是从外传入的，如葡萄、苜蓿、胡萝卜、胡蒜、胡椒以及许多带"胡"字的食物及食物原料，这些都充分体现了西部饮食文化受外来文化影响很深。著名美食有兰州清汤牛肉面、拔丝洋芋、炸羊尾、百花全鸡、"高担酿皮"、浆水面、酿皮子、臊子面、手抓羊肉、羊肉泡馍、烤全羊等。

（二）旅游商品（表 12-3）

表 12-3　甘肃省主要旅游商品名录

类别	具体代表
工艺品	洮砚、敦煌陶器、酒泉夜光杯、天水雕漆、洮砚、武威仿铜奔马复制品、敦煌"飞天"拉毯、环县皮影、裕固族仿瓷娃娃、崆峒剪纸、临夏雕刻
酒	古河州、凉都老窖、小陇山、皇台系列、丝路春、御泽春、紫云春
土特名产	兰州百合、庆阳杏子、兰州黑瓜子、张掖发菜、陇东黄花、陇西黄芪、临夏葫芦、苦水玫瑰、保安族腰刀、真空浓缩牛肉面、卓尼唐卡、岷县当归、定西马铃薯
水果	天水花牛苹果、白兰瓜、庆阳苹果、天祝红提葡萄、镇原杏、永靖草莓

四、旅游节庆与旅游线路

（一）旅游节庆

甘肃最大的旅游节庆活动，当数甘南地区的拉卜楞寺大法会和花儿会。甘南藏族自治州夏河县拉卜楞寺每年举办七次规模较大的宗教法会，其中以正月毛兰姆法会和七月说法会最为著名。花儿会是西北民歌"花儿"的艺术盛会，是一种自发性很强的民间歌唱活动，甘肃临夏回族自治州有"中国花儿之乡"的美誉，当地的花儿会全国闻名，莲花山距临夏市约 100 千米，每年农历六月初一至初六，举行盛大的民间花儿会，形式独特、规模宏大、程序完整，分拦路、游山、对歌、敬酒、告别等过程。逢会期间，方圆百里，数十万群众朝山赴会。届时歌手云集，商贾纷至，人流如潮，歌声似涛。此外著名的还有：每年农历五月十三日前后于天水伏羲庙举办的公祭伏羲大典（含天水伏羲文化节）；每年 8 月 18—28 日定期举办的兰交会；每年 9 月中旬的敦煌飞天文化旅游节；以及兰州中国丝绸之路节、春节社火活动、嘉峪关国际滑翔节等。

（二）旅游线路

甘肃省是著名的古"丝绸之路"的重要地带，在这条悠久的古道上，人文景观、自然景观精彩纷呈，主要景点以各地城市为依托，以省会兰州为中心，以丝绸之路为主轴，形成"三大旅游区"，即以敦煌为重点的西部旅游区，以天水为重点的东部旅游区，以兰州为重点的中部旅游区；并形成了西、东、南三条传统观光旅游线路：

西线：从兰州西行，经河西走廊，是丝绸古道、大漠风情旅游线，沿途有武威雷台汉墓、张掖大佛寺、天下雄关嘉峪关、敦煌莫高窟、鸣沙山、月牙泉。

东线：兰州东行，到天水、平凉，为寻根朝觐、文物古迹旅游线。可参观天水麦积山石窟、"天下道教第一山"平凉崆峒山。

南线：从兰州南行经临夏到夏河，为回、藏民族风情和草原风光旅游线。可欣赏南关清真寺、红园砖雕艺术、藏族佛教格鲁派六大宗主寺之一的夏河拉卜楞寺、风光旖旎的桑科草原。

其中丝绸之路线是甘肃省精华旅游线路：天水→兰州→武威→张掖→嘉峪关→酒泉→敦煌。

第三节　宁夏旅游亚区主要旅游资源概述

一、区域旅游资源概况

宁夏回族自治区简称"宁"，首府银川。面积 6.6 万多平方千米，人口 668 万（截至 2015 年年底）。宁夏是一个多民族聚居的地方，其中，回族占 1/3 左右，是全国最大的回族聚居区，其余维吾尔族、东乡族、哈萨克族、撒拉族和保安族等信奉伊斯兰教，汉族中的部分群众信仰佛教、基督教、道教、天主教。全区现有清真寺 3300 多处，阿訇4000 多人，满拉 6000 多人，伊斯兰教协会 13 个。

宁夏是中华远古文明的发祥地之一。宁夏灵武市水洞沟旧石器时代晚期人类活动的遗址和遗物表明，早在 3 万年前就有人类在这里繁衍生息。《芈月传》中的义渠国就是生活在宁夏地区的原著居民，宁夏境内最古老的一段长城，就是公元前 272 年，宣太后诱杀义渠王于甘泉宫后所筑的长城。秦始皇统一中国后，派兵在宁夏屯垦，继续在境内修筑和延伸秦长城，同时还兴修了著名的秦渠，开创了引黄河水灌溉的历史。宁夏处于"丝绸之路"东段北道的重要节点，历史上曾是东西部交通贸易的重要通道。公元 1038 年，党项族的首领李元昊在此建立了西夏王朝，并形成了独特的西夏文化。

宁夏地处黄土高原与内蒙古高原的过渡地带，地势南高北低。从地貌类型看，南部以流水侵蚀的黄土地貌为主，中部和北部以干旱剥蚀、风蚀地貌为主，是内蒙古高原的一部分。境内有较为高峻的山地和广泛分布的丘陵，也有由于地层断陷又经黄河冲积而成的冲积平原，还有台地和沙丘，地表形态复杂多样。古老的黄河流经宁夏 397 千米，滋润着千里沃野。大自然的鬼斧神工，造就了高山、平原、河流、绿洲、湖泊，自然风景和人文景观交相辉映，使宁夏既有江南水乡的秀丽，又集塞外大漠风光之雄浑，被誉为"塞上江南"。宁夏以蜚誉海内外的"大漠、黄河、西夏、回乡及中国旅游最后处女地"为亮点，其旅游景点主要分布在以银川、中卫、固原为中心的区域，分为对应的三个游览区。

二、主要旅游景区景点

（一）国家级历史文化名城

截至 2016 年年底，宁夏有国家级历史文化名城 1 座，即银川市。

银川位于黄河上游宁夏平原中部，自古有"天下黄河富宁夏"之说，银川素有"塞上江南""鱼米之乡"的美誉，是一座历史悠久的塞上古城和发展中的区域性中心城市，在民间传说中又称"凤凰城"。银川是新亚欧大陆桥沿线的重要商贸城市，位于"呼—包—银—兰—青经济带"的中心地段，也是陕甘宁内蒙古周边约 500 千米范围内的区域性中心城市，区位优势明显。

雄浑的贺兰山与黄河，一起造就了银川平原，在这块土地上孕育了生生不息的文明。历史的年轮、多元的文化在这里积淀，中原文化、边塞文化、河套文化、丝路文化、西夏文化、伊斯兰文化等多种文化激荡交融，浓郁的回乡风情，雄浑的大漠风光，秀丽的塞上水色，古老的黄河文明，神秘的西夏文化，构成了"雄浑贺兰、多彩银川"的城市形象，形成了"塞上湖城、西夏古都、回族之乡"的鲜明特色，锤炼成"包容、诚信、自强、创新"的城市品格。这里旅游资源丰富，人文及自然景观众多，珍贵的西夏文化遗迹、诱人的水乡景色、奇特的塞上风光、多彩的回族民俗风情，使银川市成为中国西部最具魅力的城市之一。著名景区有西夏王陵、水洞沟旅游区、贺兰山岩画、苏峪口、黄沙古渡、承天寺塔、镇北堡影视城、沙湖等著名古迹。

（二）国家 5A 级景区

截至 2017 年 2 月，宁夏共有 4 家国家 5A 级旅游景区。详情见表 12-4。

表 12-4　宁夏国家 5A 级景区一览表

序号	景区名称	评选时间
1	石嘴山市沙湖旅游景区	2007 年
2	中卫市沙坡头旅游景区	2007 年
3	宁夏银川镇北堡西部影视城	2011 年
4	银川市灵武水洞沟旅游区	2015 年

1. 石嘴山市沙湖旅游景区

沙湖位于银川市以北 56 千米处，为全国 35 个王牌景点之一，是一处融江南水乡与大漠风光为一体的著名景区。沙湖景区，南沙北湖，水中生长大片的芦苇，苇丛中栖息着各种鸟类。沙湖是西北大漠上少有的候鸟天堂，沙湖鸟岛共栖息着 13 目 30 科 130 种 100 多万只鸟类，其中有国家一级保护鸟类大鸨、中华秋沙鸭、黑鹳、百尾海雕、金雕 5 种。沙湖的金沙不仅有观光旅游的价值，还有医用神奇之处，它既可以治疗风湿性关节炎，又可以为人体补充部分微量元素，还可以舒筋活血，为人们解除疲劳。沙湖，金沙碧湖、远山飞鸟，形成了独特的自然景观。

2. 中卫市沙坡头旅游景区

沙坡头位于宁夏回族自治区中卫市城区西部腾格里沙漠的东南缘，长约 38 千米，宽约 5 千米，海拔在 1300～1500 米，总面积 4599.3 公顷，占中卫市城区土地总面积的 3%。是全国 20 个治沙重点区之一。沙坡头集大漠、黄河、高山、绿洲为一处，具西北风光之雄奇，兼江南景色之秀美。有中国最大的天然滑沙场，有横跨黄河的"天下黄河第一索"，有黄河文化代表古老水车，有黄河上最古老的运输工具羊皮筏子，有沙漠中难得一见的海市蜃楼。可以骑骆驼穿越腾格里沙漠，可以乘坐越野车沙海冲浪，咫尺之间可以领略大漠孤烟、长河落日的奇观。沙坡头主要保护对象为自然沙漠景观、天然沙生植被、治沙科研成果、野生动物、明代古长城、沙坡鸣钟等人文景观及自然综合体。

3. 宁夏银川镇北堡西部影视城

位于银川市西夏区镇北堡镇，距银川市中心区 35 千米，火车站 25 千米，河东机场 48 千米，110 国道穿行其间，交通方便，是贺兰山东麓旅游区的亮点。镇北堡西部影城在中国众多的影视城中以古朴、荒凉、原始、粗犷、民间化为特色，在这里拍摄了《红高粱》《东邪西毒》《大话西游》等 100 多部影片，享有"中国电影从这里走向世界"的美誉。镇北堡西部影城已逐步成为中国古代北方小城镇的缩影，再现我们祖先的生活方式、生产方式和游乐方式。镇北堡西部影城有大小场景 100 多处，景区内配有专业的拍摄人员，让你真正感受到"来时是游客，走时成明星"。

4. 银川市灵武水洞沟旅游区

水洞沟旅游区位于银川市灵武市临河镇，是 3 万年前人类繁衍生息的圣地。1923 年，法国古生物学家德日进、桑志华在这里发现了史前文化遗址，通过发掘，出土了大量石器和动物化石，被誉为"中国史前考古的发祥地""中西方文化交流的历史见证"，被国家列为"最具中华文明意义的百项考古发现"之一。水洞沟还有我国古代保存完好的长城立体军事防御体系。独特的雅丹地貌鬼斧神工地造就了魔鬼城、摩天崖、大峡谷等奇绝景观，它们和蓝天、碧水、断崖、芦苇、鸳鸯、野鸭共同构筑了宁静逸然的世外桃源。而地上一个高科技动感体验展馆，地下一座杀机四伏、暗器密布的峡谷兵城又仿佛使人置身于时光隧道之中。

课堂讨论与作业 12-2

　　文化遗址类旅游资源在开发中有其天然的劣势，如遗址观赏性不强、趣味不大、游客参与性不多等，你认为水沟洞在开发中如何避免这些劣势？

三、旅游美食与旅游商品

（一）旅游美食

　　宁夏是我国最大的回族聚居地，在饮食文化上受伊斯兰饮食影响很深。因伊斯兰教在我国历史亦称清真教，故回族食品称清真食品。回族饮食已成为一个品种繁多，技法精湛，口味多样，风味独特的庞大饮食体系，可以说是中国清真饮食的代表，在我国食坛上，具有举足轻重的地位。回族在饮食上有许多讲究和忌讳，这些习俗源于伊斯兰教。

　　宁夏以面食、牛羊肉为主，传统面点有油香（油饼）、麻花、馓子、油糕、干粮馍、糖酥馍、锅盔、馄馍、千层饼等，以炸、烙、烤、蒸见长，具有咸甜酥软、色泽分明等特点。比较有代表性的肉食有手抓羊肉、羊肉泡馍、烩羊杂碎、清蒸羊羔肉、爆炒羊羔肉、粉汤水饺、清蒸羊羔肉、香酥鸡等。

（二）旅游商品（表 12-5）

表 12-5　宁夏主要旅游商品名录

类别	具体代表
工艺品	贺兰砚、滩羊皮制品、贺兰石工艺品
酒、茶	老银川白酒、沙湖春白酒、宁夏红果酒、葡萄酒、盖碗茶
土特名产	腊枸杞、甘草、固原葵花、红宝枸杞、榆钱儿、黄宝—甘草、固原银耳、泾源黄牛、西夏贡米、八宝茶产品、"黑宝"发菜、宁夏大米
水果	金银滩李子、灵武长枣、中宁圆枣、香蕉梨、硒砂瓜、"大青"葡萄、宁夏山杏

四、旅游节庆与旅游线路

（一）旅游节庆

　　宁夏是一个回族聚居区，节庆主要有开斋节、古尔邦节、圣纪节，在这些节日里，穆斯林们都要沐浴整装去清真寺做礼拜，还要走亲访友，杀羊烹肉款待客人，进行各种娱乐活动，场面十分热闹，此外宁夏的花儿会也富有特色。除了民族性节日，还有中国宁夏（沙坡头）第七届丝绸之路大漠黄河国际旅游节（7月）、六盘山山花旅游节（4月）、中国·银川黄河文化艺术节（6月）、中卫第梨花节（4月）等。

（二）旅游线路

宁夏是我国黄河文明发祥地之一，是丝绸之路上的重要驿站。在6.6万平方千米的国土面积上，集中了高山、戈壁、长城、沙漠、湖泊、草原等丰富的旅游资源，享有"中国微缩盆景"之称，其"两山一河、两沙一陵、两文一景"等旅游线路产品，具有很强的吸引力。近年来宁夏依托独特的资源发展全域旅游，打造精品线路，已形成了"南有海南，北有宁夏"的全域旅游发展新格局。

饱览塞上江南：银川→沙湖→灵武→吴忠→青铜峡→108塔→中卫→六盘山。

探秘西夏王国：银川→贺兰山东麓文化旅游带→额济纳旗黑水城→武威西夏博物馆。

领略回乡风情：银川→永宁纳家户→中华回乡文化园→灵武中北回族村→吴忠→同心清真大寺→中宁洪岗子→固原。

体验沙漠探险：银川→中卫沙坡头→沙漠旅游基地→通湖草原。

品味黄河文化：中卫黑山峡→沙坡头→青铜峡→横城古渡→黄沙古渡。

感受红色旅游：西吉单家集→固原张易堡→翻越六盘山→固原青石嘴→彭阳长城塬（长征线）→盐池→韦州→预旺→同心→六盘山（西征线）。

第四节　新疆旅游亚区主要旅游资源概述

一、区域旅游资源概况

新疆维吾尔自治区，简称新，位于中国西北，首府乌鲁木齐，是中国五个民族自治区之一，也是中国陆地面积最大的省级行政区，面积166万平方千米，占中国国土总面积六分之一，人口2360万（2015年），为多民族聚居区，素有"歌舞之乡""瓜果之乡"的美称。

新疆地处亚欧大陆腹地，陆地边境线5600多千米，周边与俄罗斯、哈萨克斯坦、吉尔吉斯斯坦、塔吉克斯坦、巴基斯坦、蒙古、印度、阿富汗斯坦八国接壤，在历史上是古丝绸之路的重要通道，现在是第二座"亚欧大陆桥"的必经之地，战略位置十分重要。新疆现有47个民族成分，主要居住有维吾尔、汉、哈萨克、回、蒙古、柯尔克孜、锡伯、塔吉克、乌兹别克、满、达斡尔、塔塔尔、俄罗斯等民族。

新疆的地貌可以概括为"三山夹两盆"：北面是阿尔泰山，南面是昆仑山，天山横贯中部，把新疆分为南北两部分，习惯上称天山以南为南疆，天山以北为北疆。南疆的塔里木盆地面积是中国最大的内陆盆地，位于塔里木盆地中部的塔克拉玛干沙漠，是中国最大、世界第二大流动沙漠，贯穿塔里木盆地的塔里木河是中国最长的内陆河。北疆的准噶尔盆地是中国第二大盆地。准噶尔盆地中部的古尔班通古特沙漠是中国第二大沙漠。在天山东部和西部，还有被称为"火洲"的吐鲁番盆地和被誉为"塞外江南"的伊犁谷地。新疆水域面积 5500 平方千米，其中博斯腾湖是中国最大的内陆淡水湖，片片绿洲分布于盆地边缘和干旱河谷平原区。

新疆又是一个真实而开放的民俗"博物馆"。几十个世居民族由于不同的文化历史背景，不同的宗教信仰以及不同的聚居区域，形成各自独具特色的人文风情。这些人文风情与奇特自然景观相交融，使新疆充满了新奇和神秘。新疆风光壮美，历史悠久，昔日繁华的丝绸之路给新疆各地留下众多富含文化意味的遗迹，有"世界古城博物馆"之称。著名的楼兰高昌故城，曾是古丝绸之路上的王国都城，众多的石窟、千佛洞更是闪耀着古西域文化的光华。原始社会大量的岩刻以及众多的古代墓葬都是先民留下的生活印记。此外自然风光有名闻遐迩的天池、火焰山、喀纳斯湖、赛里木湖、果子沟，以及美丽的天鹅湖等。

二、主要旅游景区景点

（一）国家级历史文化名城

截至 2016 年年底，新疆共有国家级历史文化名城 5 座：喀什市、吐鲁番市、特克斯县、库车县、伊宁市。

1. 喀什市

喀什位于新疆西南部，是南疆第一大城市，古称"疏勒"，是历史上"丝绸之路"南、北、中三路在西端交会的商埠重镇，是我国古西域最早的国际市场。这座具有 2100 多年灿烂历史的边陲古城，既是中西方交通的咽喉枢纽，又是中西方文化交流的荟萃之地。浓郁的民族特色，淳朴的风土人情，悠久灿烂的民族文化，独特的自然景观构成喀什闻名中外的鲜明特色。喀什南郊的公格尔山、慕士塔格山都是登山胜地。

2. 吐鲁番市

吐鲁番位于新疆东部吐鲁番盆地中，西距乌鲁木齐 183 千米，古称高昌、火洲，为古"丝绸之路"北道上的重镇。它是我国海拔最低的一个盆地，最低处艾丁湖湖面低于海平面 155 米，是我国最低、最热、最旱的"火洲"和"风库"。吐鲁番是著名的"火洲"，每年夏天高于 40℃ 的酷暑天气有 40 天左右，曾出现过 49.6℃ 的极端气温。这里特殊的地质和气候，使葡萄闻名天下。其主要旅游景区点有火焰山、葡萄沟、艾丁湖、高昌故城、交河故城、柏孜克里千佛洞、苏公塔、"高昌的历史活档案"阿斯塔纳古墓群、我国古代三大水利工程之一的坎儿井等。

3. 特克斯县

特克斯县位于天山北麓西部特昭盆地东端，隶属伊犁哈萨克自治州，是一个以牧为主、农牧结合的县。特克斯县城是世界上唯一建筑完整而又正规的八卦城，传说最早是由南宋道教全真七子之一的丘处机布置的，当时丘处机应成吉思汗的邀请前往西域，当他经过特克斯河谷时，被这里的山川形势所打动，于是就布置了这座八卦城，这也成为了八卦城的雏形。700 年后的 1936 年，精通易理的邱宗浚调任伊犁屯垦使兼警备司令后，亲临特克斯查勘时发现了八卦阵的雏形。随后，邱宗浚亲自设计了八卦城图，在 1938 年 10 月，八卦城建筑完工。建成后，街道路路相通，纵横交错，形如一个八卦勘盆，被称为是一部凝固、有形的《周易》。

（二）世界遗产

截至 2016 年 7 月，新疆有 2 处景观列入《世界遗产名录》，分别是天山、丝绸之路：长安—天山廊道的路网（新疆段）。

1. 天山（2013.6，世界自然遗产）

天山天池风景名胜区位于昌吉回族自治州阜康市境内博格达峰下的半山腰，风景区总面积达 160 平方千米（规划面积 548 平方千米），以天池为中心，北起石门、南到雪线、西达马牙山、东至大东沟，有完整的 4 个垂直自然景观带。天山像一条巨龙从东到西横亘于新疆中部，长约 2500 千米，宽约 300 千米，重山叠岭、蜿蜒起伏、云雾缭绕、气势磅礴，多数山峰海拔在 4000 米以上，顶上积雪终年不化。千百年来，新疆各族人民正是依靠天山雪水，培育出片片绿洲、千里沃野。天山主要景点有天山天池、南山牧场、天山一号冰川、博格达峰、后峡等。

2013 年新疆天山天池风景名胜区被列入联合国教科文组织世界遗产名录，2015 年 6 月，天山天池的西王母神话列入中国第四批国家级非物质文化遗产代表性项目，2015 年，被国家旅游局评为首批"中国旅游价格信得过景区"。2016 年，荣登"十一"假日旅游红榜，被国家旅游局评为"旅游秩序最佳景区"。主要景点有小天池、灯杆山、天池北坡游览区、醴泉洞等。

2. 丝绸之路：长安—天山廊道的路网（新疆段）（2014.6，世界文化遗产）

中国、哈萨克斯坦和吉尔吉斯斯坦 3 国以"丝绸之路：起始段和天山廊道的路网"名称申报世界文化遗产，并于 2014 年申报成功。该遗产所包含的 33 处遗产点中新疆有 6 处，分别是高昌故城、交河故城、克孜尔尕哈峰燧、克孜尔石窟、苏巴什佛寺遗址、北庭故城遗址。

高昌故城位于吐鲁番市，是公元前 1—14 世纪吐鲁番盆地第一大中心城镇，包括外城、内城和"可汗堡"，见证了汉唐等中原王朝通过设置郡州县等建置对丝路开创与繁荣所起的重要推动和保障作用，展现了城市文化、建筑技术、多种宗教和多民族文化在吐鲁番盆地的交流与传播。交河故城位于吐鲁番市，时代为公元前 2—14 世纪，见证了唐帝国"都护府"等边疆管理模式及其对丝路交流的重要保障作用，展现了丝绸之路沿线有关城市文化、建筑技术、佛教及多民族文化的交流与传播。克孜尔尕哈烽燧位于阿克苏地区库车县，是西域地区丝绸之路交通沿线诸多烽燧中至今保存最好、规模最大的代表性烽燧，见证了汉帝国大型交通保障体系中的烽燧制度及其对丝绸之路长距离交通和交流的保障。

克孜尔石窟位于拜城县，开凿于公元 3—9 世纪，是丝绸之路上最重要的佛教遗迹之一，现存洞窟 349 个，壁画近 1 万平方米，它以独特的洞窟形制和壁画风格，揭示出佛教经西域地区由西向东的传播轨迹，以及在传播过程中所形成的本土化过程即龟兹风格。苏巴什佛寺遗址位于库车县，时代为公元3—10世纪，展现了丝绸之路上古龟兹地区长期作为西域佛教传播中心的历史。该遗址出土的丝织品、古钱币、器物和文书佐证了丝绸之路古龟兹地区发生的多种文化和商贸交流。北庭故城遗址位于吉木萨尔县，时代为公元7—14世纪，是天山以北地区的重要军政中心和交通枢纽，见证了唐帝国"都护府"等边疆管理模式及其对丝绸之路文化交流的保障作用。

（三）国家5A级景区

截至2017年2月，新疆共有12家国家5A级旅游景区。详情见表12-6。

表12-6　新疆国家5A级景区一览表

序号	景区名称	评选时间
1	新疆天山天池风景名胜区	2007年
2	吐鲁番市葡萄沟风景区	2007年
3	阿勒泰地区喀纳斯景区	2007年
4	新疆伊犁那拉提旅游风景区	2011年
5	阿勒泰地区富蕴可可托海景区	2012年
6	喀什地区泽普县金胡杨景区	2013年
7	巴音郭楞蒙古自治州博斯腾湖景区	2014年
8	乌鲁木齐天山大峡谷景区	2014年
9	喀什地区喀什噶尔老城景区	2015年
10	新疆伊犁州喀拉峻景区	2016年
11	新疆巴音州和静巴音布鲁克景区	2016年
12	伊犁哈萨克自治州阿勒泰地区哈巴河县白沙湖景区	2017年

1. 吐鲁番市葡萄沟风景区

葡萄沟旅游景区位于吐鲁番市东北7千米处，南北走向，横穿火焰山，沟长8千米，最宽处约2千米，海拔高度300米，景区面积26平方千米，沟内流水潺潺，瓜果飘香，凉爽宜人，是吐鲁番旅游避暑胜地的好去处。在喜马拉雅造山运动时期，火焰山的断裂和长期的河水冲击形成了今天的葡萄沟。火焰山上烈日炎炎、寸草不生，葡萄沟内却流水潺潺、绿枝成荫、凉爽怡人，夏季平均气温比市内低3~5℃，是"火洲"吐鲁番的清凉世界。

风光秀美的葡萄沟以广栽葡萄闻名于世，是神奇火焰山中的一块河谷地，沟谷两岸悬崖陡峻，峭壁叠嶂，沟下河边山坡上种植的就是世界上最甜的葡萄，整个葡萄沟就像一条甜蜜的河，它让人看在眼里处处滴翠流蜜，想在心里时时甜蜜醋畅。葡萄沟内栽种的无核白、马奶子、白加干、红玫瑰、索索等近百种葡萄，形成了一所天然的葡萄博物馆。维吾尔族把葡萄沟叫作"布依鲁克"，意思是又多又好的葡萄地。葡萄沟内除了栽种葡萄以外，还有桃、杏、梨、石榴、无花果、桑葚等，各种花果树木点缀其间，令人目不暇接，如入仙境。葡萄沟中居住的维吾尔族、回族、汉族等兄弟民族群众近万人，他们演绎着古朴的民俗民风，诉说着古老悠久的文化。

2. 巴音郭楞蒙古自治州博斯腾湖景区

博斯腾湖古称"西海"，唐谓"鱼海"，清代中期定名为博斯腾湖，位于焉耆盆地东南面博湖县境内，是中国最大的内陆淡水湖。维吾尔语意为"绿洲"，一称巴格拉什湖。博斯腾淖尔，蒙古语意为"站立"，因三道湖心山屹立于湖中而得名。博斯腾湖距博湖县城14千米，距焉耆县城24千米，湖面海拔1048米，东西长55千米，南北宽25千米，略呈三角形，大湖面积约988平方千米。蓄水量99亿立方米。

大湖西南部分布有大小不等的数十个小湖区，小湖区有较大的湖泊，总面积为240平方千米，湖水最深16米，最浅0.8~2米，平均深度约10米。总面积1228平方千米的博斯腾湖与雪山、湖光、绿洲、沙漠、奇禽、异兽同生共荣，互相映衬，组成丰富多彩的风景画卷。大湖水域辽阔，烟波浩渺，天水一色，被誉为沙漠瀚海中的一颗明珠。小湖区，苇翠荷香，曲径邃深，被誉为"世外桃源"。

3. 喀什地区泽普金湖杨景区

泽普金湖杨国家森林公园位于泽普县城西南40千米的戈壁深处，坐落在叶尔羌河冲积扇上缘，三面环水，景色宜人。风景区内天然胡杨林面积广达1.8万亩，夏季浓荫蔽日，杂花生树；入秋黄叶如染，如诗如画。"胡杨、水、绿洲、戈壁"四位一体的独特自然风貌向人们展示了一幅塞外边独有的画卷，堪称塔里木盆地西边缘不可多得的一处旅游胜地。从广泛的胡杨林里自然形成了许多沟塘湖泊，澄澈的水面和水边丛生的红柳、沙棘、干草、麻黄等使这里成了野鸭、黄欧、白鹭、翠鸟、斑鸠，以及野兔、狐狸、刺猬等飞禽走兽最理想的栖息之地。随着金胡杨、跑马场、游泳池、垂钓园、湖心岛和沙枣长廊等景点的相继开发建设，为金湖杨国家森林公园确定了回归自然、宁静致远的现代生活基调。2003年，被授予国家森林公园称号。

4. 乌鲁木齐天山大峡谷景区

天山大峡谷景区位于乌鲁木齐县境内，三面环山，平均海拔2020米，年平均气温4~6℃，有天山北坡最完整、最具观赏价值的原始雪岭云杉林，囊括了除沙漠以外的新疆所有自然景观，是人类农耕文明之前游牧文化的活博物馆，具有极高的旅游欣赏、科学考察和历史文化价值。景区内有八大独特景点，即天山坝休闲区、照壁山度假游乐区、加斯达坂观光区、天鹅湖自然风景区、牛牦湖林海松涛观光区、哈萨克民族风情园区、高山草原生态区、雪山冰川观光区，有"五岳归来不看山，大峡谷归来常忆谷""百里黄金旅游走廊，休闲度假户外天堂"的赞誉。

5. 巴音州和静县巴音布鲁克景区

巴音布鲁克草原：旧称裕勒都斯草原、珠勒都斯草原、尤鲁都斯草原，因为主要位于新疆巴音郭楞蒙古自治州和静县西北的巴音布鲁克区境内，现称巴音布鲁克草原，在裕勒都斯河流域。它是天山山脉中段的高山间盆地，四周为雪山环抱，海拔约2500米，面积23835平方千米。"巴音布鲁克"蒙古语意为丰泉——"丰富的泉水"，草原地势平坦，水草丰盛，是典型的禾草草甸草原，也是新疆最重要的畜牧业基地之一。那里不但有雪山环抱下的世外桃源，有"九曲十八弯"的开都河，更有优雅迷人的天鹅湖。巴音布鲁克草原居住着蒙、汉、藏、哈等9个民族，民族风情灿烂多彩，一年一度的草原那达慕盛会，赛马、射箭等比赛活动更让游人流连忘返。

6. 阿勒泰地区哈巴河县白沙湖景区

新疆白沙湖景区，位于阿勒泰地区哈巴河县境内，西北距中哈边境2千米。白沙湖位于沙漠之中，海拔650米，南北长约2100米，东西宽1300米，被称为"沙漠奇景"，水面约10公顷。无论春秋冬夏，湖水始终不增不减，不凝不浊，此水来自何处，又为何能常年保持常态？这是缠绕在人们心中的一个疑问，至今没有一个明确的答案，但这也正是白沙湖保有魅力的一个重要原因。白沙湖是新疆阿勒泰地区千里画廊上的重要景区之一，景区海拔约650米，水域面积为0.5平方千米，是一个被沙丘环绕的沙漠小湖。景致构成十分独特，6月湖中莲花盛开，野鸭游其间，金秋十月红黄树叶，人称"塞北小江南"。

课堂讨论与作业 12-3

新疆景区多举措应对旅游高峰

进入6月以后，喀纳斯景区每天客流量达2000多人，最高可达4000多人。为了更好地服务游客，喀纳斯景区今年建设了智慧旅游综合管控平台，真实、全面、自动地掌握旅游统计数据和行业指标，为景区旅游产业发展决策提供依据；随时掌握景区动态，可以实现从监测、预警、分析、决策、指挥、评估到善后处理的全过程。并推行旅游服务质量标准化体系建设，提升业内模式，丰富旅游产品。喀什噶尔老城景区也开展了环境整治工作，给游客营造舒适整洁的旅游环境；同时加强旅游安全工作，制定各项安全工作预案，划分工作范围，明确职责，责任到人，让游客安心畅游。另外，天山天池景区、可可托海景区、喀拉峻、库尔德宁景区、巴音布鲁克草原等景区也做好了充分的准备，只等游客舒心畅游了。

（资料来源：新疆景区多举措应对旅游高峰［EB/OL］. 2017-06-28. http：//www.toutiao. com/i6436529963892998658/）

要求： 结合所学专业知识，谈谈如何控制与缓解景区环境容量？

三、旅游美食与旅游商品

（一）旅游美食

新疆是一个多民族的聚居区，各种文化水乳交融，因而有着丰富而又独特的饮食文化，这些饮食文化又都反映了新疆农牧区和多民族的特色。且新疆干旱少雨，温差大，是典型的大陆性气候，形成了蔬菜的品种少，数量少的现象，所以新疆形成了以牛、羊肉为主的饮食文化。在新疆，98%的少数民族有清真饮食习惯。中国最大的穆斯林聚居地新疆维吾尔自治区目前已经形成了自成体系、风格独特的清真饮食文化。他们一日食三餐，早饭吃馕和各种瓜果酱、甜酱，喝奶茶、油茶等，午饭是各类主食，晚饭多是馕、茶或汤面等。

新疆盛产绵羊，由此维吾尔族便有了烤羊肉串的习俗。讲究的羊肉串肉质鲜嫩，味咸辣，孜然味浓郁。与羊肉串相媲美的手抓饭，也是维吾尔族的传统风味食品。散居在各地农村、山区、牧区的回族，其饮食习俗多受居住地的影响。新疆阿尔泰地区回民吃马肉和奶食品，米面食品退居次要地位，这显然是受哈萨克饮食习俗的影响。回族还有喝盖碗茶、糖茶的嗜好。哈萨克族的日常食品主要是面类食品、牛、羊、马肉、奶油、酥油、奶疙瘩、奶豆腐、酥奶酪等。

新疆美食除了羊肉串和抓饭，还有拿仁、拉条子、烤肉、烤包子、馕、馕包肉、烤全羊、羊杂碎、油塔子、皮辣红、丁丁炒面、碎肉面、过油肉面、大盘鸡、伊犁马肠子、熏马肉、酸奶疙瘩、奶茶等。

（二）旅游商品（表 12-7）

表 12-7　新疆主要旅游商品名录

类别	具体代表
工艺品	和田玉、宝石、玉雕、新疆地毯、英吉沙小刀、维吾尔族小花帽、根雕
酒、茶	白杨老窖、天山鹿血蜂蜜酒、和田精品石榴酒、楼兰公主野生桑葚酒、新疆极品玛瑙石榴酒、50度伊力特酿、浓香型白酒
土特名产	阿魏蘑菇、新疆核桃、和田玉枣、科克铁热克葡萄、花园蟠桃、大盘鸡、巴旦木、沙漠果、天山乌梅、天山雪莲、新疆贝母、新疆阿魏、新疆鹿茸、艾得来丝绸新疆细羊毛
水果	哈密瓜、伽师瓜、若羌红枣、吐鲁番无核葡萄、巴仁杏、阿克苏苹果、无花果、库尔勒香梨、库车杏、桑葚、西瓜、伊犁苹果、叶城石榴

四、旅游节庆与旅游线路

（一）旅游节庆

新疆的主要节日是伊斯兰教的盛大节日肉孜节和古尔邦节。肉孜节又称开斋节，每年回历九月是穆斯林的斋月，在此期间，他们只在日出之前和日落之后进食，白天禁止任何饮食，这种斋戒一直持续到开斋日，之后要连续庆祝三天。古尔邦节又称宰牲节，即回历12月10日。此外，还有自治区政府确定的三大节日：中国丝绸之路吐鲁番葡萄节（8月）、新疆国际旅游节（7月）、新疆国际民族舞蹈节（7—8月），此外还有乌鲁木齐丝绸之路冰雪风情节（1月）、福海县乌伦古湖冬捕节（1月）、玛纳斯碧玉文化旅游节（9月）、霍城县金秋旅游季薰衣草节（9月）、中国新疆伊犁天马国际旅游节（7

月）、塔城裕民县山花节（10 月）、巴楚县丝路之驿胡杨文化旅游节（10 月）、环赛里木湖公路自行车旅游节（5 月）、新疆乌苏啤酒节（7 月）等。

（二）旅游线路

新疆自然景观神奇独特，冰峰与火洲共存，瀚海与绿洲为邻，自然风貌粗犷，景观组合独特。境内有海拔 8611 米的世界第二高峰——乔戈里峰，中国最长的冰川——音苏盖提冰川，中国最大的沙漠——塔克拉玛干沙漠，中国最大的内陆河——塔里木河，最大的内陆淡水湖——博斯腾湖，中国最大的雅丹地貌群——遍布南北疆荒原上神秘莫测的"龙城""风城""魔鬼城"，中国最大的硅化木园区——将军戈壁硅化木群⋯⋯基于丰富的自然旅游资源，开发了风格迥异、体现不同风情的旅游线路。主要有以下几条旅游线路：

横跨天山草原风情游：乌鲁木齐→伊宁→那拉提→巴音布鲁克→乌鲁木齐。

纵横南北疆环线自驾游：乌鲁木齐→天池→布尔津→贾登峪→禾木村→克拉玛依→赛里木湖→伊宁→那拉提→巴音布鲁克→和静→吐鲁番→乌鲁木齐。

5A 级精品景区游：乌鲁木齐→可可托海 →布尔津→贾登峪→禾木村→克拉玛依→赛里木湖→伊宁→那拉提→巴音布鲁克→吐鲁番→乌鲁木齐。

辽阔疆域经典线路游：乌鲁木齐→天池→富蕴→可可托海→布尔津→喀纳斯→布尔津→乌尔禾魔鬼城→乌鲁木齐→吐鲁番→乌鲁木齐。

伊犁昭苏草原文化游：乌鲁木齐→伊宁→昭苏→特克斯→伊宁→乌鲁木齐。

南疆历史文化游：乌鲁木齐→吐鲁番→库尔勒→民丰→和田→喀什→塔县→红其拉甫口岸→喀什 →阿克苏→库车→库尔勒→乌鲁木齐。

丝绸之路古道游：乌鲁木齐→天山天池→乌鲁木齐→吐鲁番→哈密→敦煌→西安。

北疆风光休闲游：乌鲁木齐→天池→富蕴→可可托海→布尔津→喀纳斯→布尔津→奎屯→伊宁→那拉提→伊宁→乌鲁木齐→吐鲁番→乌鲁木齐。

南疆民族风情摄影游：乌鲁木齐→轮南→塔中→民丰→和田→喀什→塔什库尔干→喀什→乌鲁木齐。

冬季冰雪南疆风情游：乌鲁木齐→阿克苏→喀什→塔什库尔干→喀什→乌鲁木齐。

第五节　内蒙古旅游亚区主要旅游资源概述

一、区域旅游资源概况

内蒙古自治区是我国跨经度最大的省份，简称"内蒙古"，首府呼和浩特市。它北与蒙古、俄罗斯相邻，面积 118.3 万平方千米，人口 2511 万（2015 年），以蒙古族、汉族为主，还有达斡尔、鄂温克、鄂伦春、回、朝鲜等民族。

内蒙古历史悠久，是中华文明的发祥地之一。在漫漫的历史长河中，草原文明与农耕文明交汇融合，形成了举世闻名的红山文化、大窑文化、萨拉乌苏文化、夏家店文化、扎赉诺尔文化。作为中国古代北方少数民族的主要活动舞台，文献中有记载的曾在内蒙古地区活动的游牧部族有 10 多个，其中时间较长、影响较大的有匈奴、鲜卑、突厥、乌桓、契丹、女真等。12 世纪，蒙古族兴起于额尔古纳河流域，成吉思汗统一蒙古各部，之后不断壮大，后成吉思汗之孙忽必烈建立起全国统一政权——元朝。

草原人民热情好客、能歌善舞，草原风情独具魅力。烤全羊是蒙古族款待贵宾的传统礼仪，手把肉是蒙古族传统的肉食方法之一，蒙古包是蒙古族的传统住房，蒙古袍是蒙古族的传统服装。蒙古族歌舞以长调、呼麦、安代舞和筷子舞而闻名，马头琴是蒙古族钟爱的乐器。那达慕大会是蒙古、鄂温克、达斡尔等少数民族的盛大集会，男子射箭、赛马和摔跤是比赛的固定形式。蒙古族等少数民族每逢贵客来临、敬神祭祖、婚嫁节庆等重要场合，都要献哈达来表达自己的诚意和美好的祝愿；以祭敖包的形式来表达对高山的崇拜，对神灵的祈祷。

内蒙古东部草原辽阔，著名的草原有呼伦贝尔、锡林郭勒、乌兰察布等，西部沙漠广布，主要有巴丹吉林沙漠和腾格里沙漠。境内湖泊众多，著名的有呼伦湖、贝尔湖、乌梁素海、岱海等。内蒙古拥有丰富而独特的旅游资源，草原、沙漠、森林、湖泊、火山、古迹六大奇观别具一格，蒙古民俗风情举世闻名，为发展旅游业提供了得天独厚的条件和优势。

专业技能训练 12-3

达茂旗希拉穆仁第四届草原旅游节开幕

提起内蒙古，人们总想到草原，但除了草原，内蒙古的森林、河流、湖泊、火山、沙漠与戈壁都美呆了。内蒙古克什克腾旗西北部的黄岗梁国家森林公园，为山地草甸。大兴安岭属于黑龙江，也属于内蒙古，落叶松、白桦林……让大兴安岭森林郁闭却不幽暗，这样的森林让人心情敞亮，漫山遍野的落叶松，到了 9 月，满树金黄，吸引无数摄影师北上内蒙古，聚于大兴安岭。当河流经过草原、沼泽时，能在大地上留下迂回的足迹，人们称之为河曲，在内蒙古，这样的风景极多。当河流经过草原，像银链般闪亮，当它流经胡杨林，像一个旁观者，安静穿过华美的丛林。夏末秋初的额济纳旗，胡杨林黄中带绿，黑河从林中蜿蜒而过，清澈安详。内蒙古的湖泊实际上数以千计，如繁星点缀，大者如呼伦湖，小者如沙漠绿洲，随季节、降水变动。人们知道玻利维亚的"天空之镜"，却鲜知，在内蒙古，就有盐湖；那莽莽林海里，还有火山湖，静默如谜，像森林的眼睛。吉兰泰盐池，位于乌兰布和沙漠西南边缘，一池卤水映出万里晴空，盐湖矿床已有 100 多万年历史。阿尔山天池，是保存完整的封闭型火山湖，无水注入或流出，平静得凝固起来了。这里还有中国最美的巴丹吉林沙漠，还有藏着月亮湖的腾格里沙漠

（资料来源：编者根据相关资料整理）

问题：一直以来，游客仅仅局限于对内蒙古草原资源的了解，而忽略了其多姿多彩的资源类型和特色，也限制了内蒙古旅游业的发展，你认为内蒙古如何突破目前的发展

瓶颈，让更多游客了解到一个真实的内蒙古？

二、主要旅游景区景点

（一）国家级历史文化名城

截至 2016 年年底，内蒙古有国家级历史文化名城 1 座，即呼和浩特市。

"呼和浩特"是蒙古语音译，意为"青色的城"，是内蒙古的首府，呼包鄂城市群的中心城市之一，全区政治、经济、文化、科技和金融中心。是国家森林城市、国家创新型试点城市、全国民族团结进步模范城、全国双拥模范城和中国经济实力百强城市，被誉为"中国乳都"。呼和浩特有着悠久的历史和光辉灿烂的文化，是华夏文明的发祥地之一，是胡服骑射的故事地，是昭君出塞的目的地，是鲜卑拓跋的龙兴地，是旅蒙商家互市之地，是游牧文明和农耕文明交汇、碰撞、融合的前沿。

呼和浩特文化是一种典型的游牧文化与农耕文化的结合体，再加上现代文明的影响，文化历史遗迹无一不体现北方民族特有的朴实、豪放、大气的特征。蒙古族典型的乐器马头琴奏出的悠扬乐曲，伴随蒙古族歌手高亢、低回的歌声，使人回味悠长。呼和浩特因其历史上召庙较多，故又称"召城"，城内现有明、清所建大召、小召、席力图召和金刚座舍利塔（俗称五塔寺）等 11 座喇嘛庙宇。呼和浩特市名胜古迹众多，主要有昭君墓、大召、小召、清真大寺、公主府、将军府、玉泉寺、青山公园，以及内蒙古赛马场、哈素海、岱海等旅游景点。

（二）世界遗产

截至 2016 年 7 月，内蒙古有 1 处景观列入《世界遗产名录》，即元上都遗址。

元上都遗址（2012.6，世界文化遗产）位于内蒙古自治区锡林郭勒盟正蓝旗草原，曾是世界历史上最大帝国元王朝的首都，始建于公元 1256 年；它是中国大元王朝及蒙元文化的发祥地，忽必烈在此登基建立了元朝。元上都南临上都河，北依龙岗山，周围是广阔的金莲川草原，形成了以宫殿遗址为中心，分层、放射状分布，既有土木为主的宫殿、庙宇建筑群，又有游牧民族传统的蒙古包式建筑的总体规划形式，体现出一个高度繁荣的草原都城的宏大气派，是农耕文明与游牧文明融合的产物，是草原文化与中原农耕文化融合的杰出典范。1988 年，被列入第三批全国重点文物保护单位。2012 年 6 月 29 日，第 36 届世界遗产大会在俄罗斯圣彼得堡正式宣布，将中国元上都遗址被列入了《世界遗产名录》。

（三）国家 5A 级景区

截至 2017 年 2 月，内蒙古共有 4 家国家 5A 级旅游景区。详情见表 12-8。

表 12-8　内蒙古国家 5A 级景区一览表

序号	景区名称	评选时间
1	内蒙古鄂尔多斯响沙湾旅游景区	2011 年
2	内蒙古鄂尔多斯成吉思汗陵旅游区	2011 年
3	呼伦贝尔市满洲里市中俄边境旅游区	2016 年
4	内蒙古自治区阿尔山·柴河旅游景区	2017 年

1. 内蒙古鄂尔多斯响沙湾旅游景区

响沙湾旅游景区以沙漠景观和响沙奇观为主要特色，坐落在内蒙古鄂尔多斯市达拉特旗的库布其沙漠中，地处中国沙漠东端，是中国距内地及北京非常近的沙漠，可谓大漠龙头，罕台川河水从它前面流过，姑子梁与它临川相望。响沙湾沙又名"银肯"响沙，是我国三大响沙之首，被称为"响沙之王"，高 110 米，坡度 45°，呈弯月状，形成一个巨大的沙山回音壁。这里沙丘高大，比肩而立，浩海茫茫，一望无际。顺着云梯攀缘而上，当人们从沙顶向下滑动，便会听到犹如飞机掠空而过的巨大轰鸣声；沙子干燥时，游客攀着软梯，或乘坐缆车登上"银肯"沙丘顶，往下滑溜，沙丘会发出轰隆声，轻则如青蛙"呱呱"的叫声，重则像汽车、飞机轰鸣。因"这里的沙子会唱歌"而得名响沙湾。

2. 内蒙古鄂尔多斯成吉思汗陵旅游区

成吉思汗陵旅游区，又称成陵旅游区，俗称东联景区，位于内蒙古鄂尔多斯伊金霍洛旗。紧邻全国重点文物保护单位成吉思汗陵，是世界上唯一以成吉思汗文化为主题的大型文化旅游景区，是国家文化产业示范基地、国家 5A 级旅游景区、内蒙古龙头旅游景区。成吉思汗陵墓规模宏大，建筑雄伟，主体建筑是 3 座蒙古包式的大殿，仿元代城楼式门庭，红门白墙，金黄琉璃宝顶辉煌夺目，整个建筑犹如一只搏击长空的雄鹰，具有独特的蒙古族艺术风格，整个建筑由正殿、寝宫、东西殿、东西过厅 6 各部分组成。每年农历的三月二十一、五月十五、八月十二和十月初三，这里都要举行隆重的祭祀活动，许多海内外游客都会前来祭祀。2006 年，"成吉思汗祭祀"被正式列入首批国家级非物质文化遗产保护名录。

3. 呼伦贝尔市满洲里市中俄边境旅游区

中俄边境旅游区位于满洲里市，这里是中国最大的陆运口岸城市，融合中俄蒙三国风情，素有"东亚之窗""欧亚大陆桥"之称。城市位于内蒙古呼伦贝尔大草原的西北部，东依大兴安岭、南濒呼伦湖、西临蒙古国、北接俄罗斯，旅游资源得天独厚，先后被评为中国优秀旅游城市、中国魅力城市、全国文明城市等。

中俄边境旅游区由国门景区和套娃景区组成：国门景区是满洲里市标志性旅游景区，也是重要的爱国主义教育基地，更被列为全国 100 个红色旅游经典景区之一，包括国门、41 号界碑、满洲里红色秘密交通线遗址、仿制四代国门、和平之门广场、红色旅游展厅、中共六大展览馆、火车头广场等景观；套娃景区作为中俄边境旅游区的重要组成部分，是以满洲里和俄罗斯相结合的历史、文化、建筑、民俗风情为理念，集食、住、行、游、购、娱为一体的大型俄罗斯特色风情园。景区由三大主题组成：主题娱乐、主题园区、主题酒店。满洲里市中俄边境旅游区借助满洲里得天独厚的地理环境，汇集中国红色文化、俄罗斯风情文化精粹，打造出独具北疆特色的旅游观光休闲度假基地。

4. 内蒙古自治区阿尔山·柴河旅游景区

内蒙古阿尔山·柴河旅游区地跨内蒙古兴安盟阿尔山市（县级市）和呼伦贝尔扎兰屯市柴河镇，与黑龙江、吉林省和蒙古国相邻。

景区具有几大旅游资源优势：一是矿泉资源。阿尔山矿泉是世界最大的功能型矿泉之一，阿尔山周围就有冷泉、温泉、热泉、高热泉等温度不同、功能各异的饮用和洗浴矿泉逾百眼。二是冰雪资源。由于特殊的地理环境，阿尔山·柴河景区从每年的 11 月份至次年的 4 月份都被冰雪覆盖，千山堆玉、万野披银。这里雪期长、雪质好，积雪厚度平均超过 350 毫米，加上特殊的山形地貌，适宜开展各种滑雪运动。三是火山遗迹。阿尔山·柴河地区拥有 200 多平方千米保护完好的亚洲最大的火山熔岩地貌，这里的一些火山熔岩景观是亚洲仅存的。四是森林草原。这里地处大兴安岭林区腹地，是呼伦贝尔草原、锡林郭勒草原、科尔沁草原和蒙古草原四大草原交汇处，森林覆盖率超过64%，绿色植被覆盖率达 95%。五是边贸口岸。阿尔山西邻蒙古国，从市区到边境仅 40 千米，阿尔山—松贝尔口岸是中蒙边境继满洲里、二连浩特之后的第三大陆路口岸。六是民族文化。早在元朝以前，这里就是蒙古民族从森林走向草原的出发地。阿尔山·柴河旅游景区是一个多民族聚集区，是蒙古族和达斡尔、鄂温克、鄂伦春三民族生产、生活的地域，民族风情十分浓郁。

课堂讨论与作业 12-4

不敌"高烤"中国第四大淡水湖呼伦湖面积迅速缩小

高温天气的轮番轰炸，让地处内蒙古自治区呼伦贝尔地区的呼伦湖"受伤"不少。内蒙古自治区气象局 2017 年 6 月 30 日对外披露，目前该湖的面积为 2081 平方千米，较 5 月下旬减少了 86 平方千米。气象部门称，进入 6 月以来，当地气温猛蹿，境内湖泊蓄水出现了不利情况，这是该湖面积缩小的重要原因。据呼伦贝尔气象台资料显示，6 月份以来呼伦湖周边地区平均气温为 20.6℃，比历年同期偏高 1.8℃，降水极度偏少，当地出现严重干旱。

呼伦湖位于呼伦贝尔市，是内蒙古第一大湖、中国第四大淡水湖，与贝尔湖为姊妹湖。湖面海拔 539 米，鼎盛时期面积 2315 平方千米，最大水深 8 米。自 2002 年以来，由于降水量减少，呼伦湖水位下降，湖体萎缩。

（资料来源：不敌"高烤"中国第四大淡水湖面积缩小 [EB/OL]. http：//news. sina. com. cn/o/2017-06-30/doc-ifyhryex5591659. shtml）

任务：呼伦湖水位下降的根本根源是什么？对内蒙古旅游业的影响有哪些？

三、旅游美食与旅游商品

（一）旅游美食

内蒙古由于地理位置、自然条件、生产发展状况的差异，在饮食习惯上也不尽相同。在牧区，蒙古族以牛羊肉、乳食为主食，史书以"游牧民族四季出行，唯逐水草，所食唯肉酪"来形容游牧生活形成的饮食习惯。烤肉、烧肉、肉干、手抓肉均为蒙古族家常食品，其中手抓肉最有名，四季都可以食用。而吃全羊则是宴请远方宾客的最佳食品。乳食是蒙古族居民一天中不可缺少的食品。奶食、奶茶、奶油、奶糕等均为蒙古族根据季节变化经常食用和饮用的食品。此外，夏季里人们还喜食酸奶，或拌饭或清饮，以清暑解热。蒙古族牧区夏天还喜欢饮马奶酒。

在农区、半农半牧区，蒙古族因与汉族杂居，所以饮食习惯已逐渐与汉族大体相同。农区的蒙古族主食以玉米面、小米为主，杂以大米、白面、黄米、荞面、高粱面。随着温室、塑料大棚的普及，农区蒙古族食用蔬菜的品种不断增加。在菜肴烹制上，农区以炖、炒为主，也加以烧烤，吃些牧区食品如手抓肉、奶制品等。蒙古族农民多保留了牧区的好客习俗，来了客人要先敬茶，无茶或不沏新茶皆为不恭，而且以"满杯酒、满杯茶"为敬，不同于"满杯酒、多半杯茶"的汉族习俗。

内蒙古特色小吃有许多，如呼伦贝尔南屯牛排、兴安烤羊腿、库伦荞面饸饹、赤峰城南对夹、蒙古奶茶、乌兰察布的羊杂碎、烧卖、包头炖羊棒骨、鄂尔多斯炖羊肉、巴盟烩菜、凉拌蹄黄等。

（二）旅游商品（表12-9）

表12-9　内蒙古主要旅游商品名录

类别	具体代表
工艺品	内蒙古鼻烟壶、内蒙古地毯、内蒙古皮画、内蒙古服饰、内蒙古青铜艺术品、蒙古刀、内蒙古宝石（玛瑙、奇石、巴林石）、驼形蒙古组合刀、蒙古族银器、中华麦饭石
酒、茶	蒙古王、龙驹奶酒、金河套、海拉尔纯粮、草原白、鄂尔多斯、奥纯、呼和诺尔酒、宁城老窖、塞外狼酒、包头的金骆驼系列、昭君酒、乌海葡萄酒
土特名产	锁阳、肉苁蓉、犴鼻、熊掌、鹿尾、山羊皮、灰鼠皮、猞猁皮、鹿茸、鹿胎、麝香、熊胆、党参、各种奶制品、内蒙古灌肠、扎兰屯黑木耳、驼毛、肉苁蓉、枸杞、黄芪、黑木耳、发菜、呼和浩特纯低粗毛线、阿拉善驼绒、多伦马鞍、蒙古靴、海拉尔、满洲里旱獭、呼伦贝尔市猞猁、大兴安岭地区灰鼠、熄林郭勒草原口蘑、风味佳肴烤全羊、烤羊腿、风干牛肉干、风味名食奶皮子、奶豆腐、猴头蘑、内蒙古亚麻油
水果	河套蜜瓜、巴盟苹果梨、海拉尔蓝莓

四、旅游节庆与旅游线路

（一）旅游节庆

内蒙古的旅游节庆很多，但最主要的是每年七八月间，蒙古草原各地都要举行的那达慕大会。那达慕大会是蒙古族人民喜爱的一种传统体育活动形式。"那达慕"是蒙古语的译音，意为"娱乐、游戏"，以表示丰收的喜悦之情。以锡林郭勒盟的那达慕最具代表性，每年农历六月初四（多在草绿花红、马壮羊肥的公历七、八月）开始的一年一度的传统盛会，要进行男子"三艺"——摔跤、赛马和射箭的竞技赛。近年还增加了马球、马术、田径、球类比赛等新内容，同时要举行物资交流会。据考证那达慕大会起源于当年成吉思汗为庆祝征服花刺子模而举行的一次盛大集会。

其他节庆活动有中国·呼和浩特少数民族文化旅游艺术节（8—9月）、呼和浩特托克托县黄河文化旅游节（8月）、内蒙古盛乐芍药旅游节（6月）内蒙古和林格尔芍药国际文化旅游节（5月）、"内蒙古·武川莜面文化节"（7月）、清水河长城文化节（8月）等。

（二）旅游线路

近年来，内蒙古注重推进旅游品牌建设工作，已形成和正在形成独具地方和民族特色的旅游线路与品牌口号。内蒙古主要有以下旅游线路：

敕勒川现代草原文明线路：呼和浩特——包头——鄂尔多斯——巴彦淖尔。

草原风情旅游线路：呼和浩特——乌兰察布——锡林郭勒——赤峰地区。

大兴安岭全生态旅游线路：呼和浩特——呼伦贝尔——兴安盟——通辽地区。

阿拉善秘境探险旅游线路：呼和浩特——乌海——阿拉善。

本章概述

甘宁新内蒙古旅游区包括甘肃、宁夏、新疆和内蒙古 4 个省、自治区。本区自然旅游资源独特，沙漠戈壁、荒漠绿洲、草原景观、雪山森林景观广布；本区是我国少数民族分布最多的地区，居住着蒙古、回、维吾尔、哈萨克、乌孜别克等少数民族，众多的民族，不同的民风民俗构成了多姿多彩的民族风情。此外，本区边境线长，边境地区极具异域风情。广袤的地域、丰富的资源，使得本区拥有旅游发展的巨大潜力。

基本训练

一、填空题

1. 位于甘肃敦煌的 _____ 和 _____ 是国内著名的两个沙漠奇观。

2. 中国的"三大响沙"是 _____、_____ 和 _____。

3. 中国旅游图形标志是 _____，其原型为一艺术珍品，出土于_____。

4. _____ 号称"火洲"，是我国夏季最热的地方。这里以盛产 _____ 闻名。

二、选择题

1. 被誉为"东方金字塔"的陵墓是(　　)。

A. 昭君墓　　　　　　B. 成吉思汗陵　　　　C. 西夏王陵　　　　　D. 阿斯塔纳古墓

2. 关于呼和浩特市，下列说法正确的是(　　　)。

A. 蒙语"有鹿的地方"　　　　　　　　B. 有明清喇嘛庙宇 11 座

C. "青冢拥黛"为其一景　　　　　　　D. 有"青城"之称

3. 在新疆地区被誉为"沙漠中的庞贝"的古城遗址是(　　　)。

A. 高昌故城　　　　B. 楼兰故城　　　　C. 米兰故城　　　　D. 交河故城

三、判断题

1. 喀什是南疆第一大城市，也是一座有着千年历史的古城。(　　　)

2. 本区自古以来就是中西方文化以及多种宗教文化和多民族文化荟萃、交汇融合之地，因而形成了本区多元文化的特色。(　　　)

3. 罗布泊地区发育着极为典型的喀斯特地貌。(　　　)

4. 内蒙古高原可以分为呼伦贝尔高原、锡林郭勒高原、乌兰察布高原和鄂尔多斯高原等几部分。(　　　)

专业能力提升

从世界视角看"丝绸之路"——丝绸之路是谁创造的

不少人一看到彼得写的《丝绸之路》，就说：了不得，我们中国的丝绸之路在世界上有那么大的影响。其实，我们如果认真读彼得的书，听他的演讲，就会明白，他所说的"丝绸之路"已经超越了 1877 年李希霍芬命名的那条丝绸之路，它真正的含义是指沟通和联系世界各地的交通、物流、人流的路线，就像我们今天讲的"一带一路"。

研究历史，必须回到历史的原点。经常有人问，这条丝绸之路究竟是谁创造的？如果把丝绸之路简单理解为"道路"或"交通系统"的话，那么它是自然和人类共同创造的，因为它的确存在了非常长的时间，比张骞通西域更早，这是有证据的。20 世纪 60 年代，在河南安阳发现了商朝一位王后的墓，在这个墓里出土了一批玉器，经鉴定这批玉器是和田青玉，墓葬的时间是 3200 年前。这说明，至少在 3200 年前已经有人沿着这条路把昆仑山的玉石送到了河南安阳。

尽管张骞通西域是出于军事和政治上的目的，但是客观上，他把大批中国汉朝的丝绸带到了西域，并且流通到了更远的地方，最后到了罗马，真正开通了丝绸之路。

（资料来源：从世界视角看"丝绸之路"［EB/OL］. http：//www. toutiao. com/i6438 016385984496130/）

问题：分析丝绸之路与"一带一路"的关系，并阐述如何利用丝绸之路这一资源优势，来发展特色旅游。

雪域高原、藏区魅力
——青藏旅游区

通过本章学习，学生应该达到以下目标：

知识目标：认识青藏旅游区的旅游地理环境特征，熟悉该旅游区旅游业发展现状，掌握各旅游区主要景区、景点概况。

能力目标：通过旅游业发展现状的学习，能够独立思考、分析各旅游亚区旅游业发展水平差异的原因。

技能目标：结合案例分析、实践认知等内容，具备对青藏旅游区的旅游产品进行设计和初级营销的能力。

任务引入

雪域高原渐成"户外天堂"

桑通草原翠绿欲滴、原始森林青苍古朴、溪流潺潺、雪山熠熠……来到西藏林芝工布江达县新措景区，仿佛置身世外桃源。

2017年5月2日由工布江达县主办的"百人徒步新措"活动举行，全国逾百名游客领略了"雪域江南"的秀美风光。同日，在巴松错景区，第五届环巴松错山地自行车越野竞速赛落下帷幕，国内外超百名自行车手参与了这场高海拔自行车竞赛，其中不乏国内顶尖业余车手。

如今，雪域高原逐渐成为户外运动热门目的地：在雪山之上，脚踏冰爪、手持冰镐，享受登临绝顶"一览众山小"的喜悦；或环湖骑行，碧波荡漾、松香沁脾，饱览湖光山色，感受速度与激情；或夜宿高山帐篷，三两成群，共赏高原壮美星空……

近年来，西藏在发扬传统登山优势的同时，大力发展户外产业。自治区体育局副局长尼玛次仁说："西藏既有高海拔雪山，又有原始森林、溪流湖泊、草原荒漠等多种生态，户外资源在国内独一无二，将打造成热门的户外运动目的地。"

（信息来源：朱江伟. 雪域高原渐成"户外天堂"［EB/OL］. http：//sports. southcn. com/s/2017-05/04/content_ 170101594. htm ）

任务分析： 户外运动产业作为一个充满活力的新兴产业，已经进入了高速发展的新阶段。随着户外运动在中国的兴起和不断发展，户外运动产业也迎来了新的机遇和挑战。西藏自治区社科院学者何纲认为，大力发展户外产业符合西藏实际，因地制宜利用优质户外资源，无污染且经济前景广阔，将来或成为西藏经济发展的重要"抓手"。神秘的藏区以其独有的高原风情吸引着世界的目光，也为青藏旅游区的发展带来了生机与活力。

第一节　旅游地理环境特征与旅游业发展现状

青藏旅游区包括青海、西藏两省区，位于祖国的西部，北与新疆、甘肃相连，南与印度、尼泊尔、不丹、缅甸等国为邻，西与克什米尔地区接壤，东与四川、云南毗邻。国土面积194.94万平方千米，民族主要为藏族，人口为912万（截至2015年）。

青藏高原素有"世界屋脊"之称。它拔地而起，巍然矗立，地域辽阔，包括了青藏高原主体和边缘的山地。北有阿尔金山——祁连山，南至喜马拉雅山，西起帕米尔高原，东抵横断山地。青藏高原绝大部分位于我国境内，包括了西藏自治区及青海省全境和新疆、甘肃、四川和云南等省区的一部分，面积250万~260万平方千米。

一、旅游地理环境特征

（一）自然旅游地理环境特征

1. 耸立的雪山高原、特有的冻土地貌

青藏高原平均海拔超过了4000米，纵横分布着一系列巨大的山脉，构成了高原地貌的基本格局。从地图上看，青藏高原像一只矫健的鸵鸟雄踞中华的西南，帕米尔高原是头，昆仑山、阿尔金山、祁连山是背，喜马拉雅山是胸脯，横断山是腿，像迈开脚步向前奔跑的样子。青藏高原有许多世界之最。它是世界上海拔最高，面积最大，最年轻的高原，被称为"地球的第三极"，它的主脊平均海拔超过6000米，全世界8000米以上的主峰有14座，其中有10座集中在青藏高原。珠穆朗玛峰，海拔8848米，是世界第一高峰。同时高原内部除平原外还有许多山峰，高度悬殊。高原上还有很多冰川、高山湖泊和高山沼泽。青藏高原冰川覆盖面积约4.7万平方千米，占全国冰川总面积80%以上。如喜马拉雅现代冰川、昆仑山现代冰川、横断山现代冰川、唐古拉山现代冰川、冈底斯山现代冰川、祁连山现代冰川等。

号称"世界屋脊"的青藏高原，是世界上中、低纬度海拔最高、面积最大的多年冻土分布区，多年冻土面积约 150 万平方千米，具有温度高、厚度薄和敏感性强的特点。

知识小扩充 13-1

青藏高原上的西双版纳

都说"青藏之旅，首游循化"，那么循化到底有什么迷人的地方呢？那就要说说孟达天池了！孟达天池在青海省东部循化撒拉族自治县东部，孟达天池自然保护区 1980 年建立，2000 年 4 月批准为国家级自然保护区。誉为"青藏高原上的西双版纳"，是青海省避暑、疗养和旅游胜地。面积 9544 公顷，主要保护对象森林生态系统水源涵养林。孟达天池面积约 300 亩，池水清澈碧澄与蓝天一色，群峰倒影，随波微动。湖中水鸟飞翔，鱼儿舒然游动。

2. 太阳辐射强，气温低、日较差大

空气稀薄、大气干洁的青藏高原上，太阳总辐射量高，比同纬度低海拔地区高 1 倍。但高海拔所导致的相对低温和寒冷是突出的，高原上最冷月平均气温低达零下 10~15℃，与我国寒温带地区大体相当。暖季，我国东部夏季风盛行，最热月平均气温大多在 20~30℃之间，且南北差异不大，唯独青藏高原成为全国最凉的地区，7 月平均气温竟与南岭以南的 1 月平均气温相当，比同纬度低海拔地区低 15~20℃。与同纬低地相比，高原上气温日较差大一倍左右。因此，尽管气温较低、气候寒冷，但由于形成低温的原因不同，加上太阳辐射强和显著的热力作用，高原上的温度条件对自然地理过程及植物生长发育而言，和相同气温的高纬低海拔地区有着不同的意义，所造就的自然环境对旅游业的影响也是巨大的。

3. 奇特的野生动植物资源，自然保护区星罗棋布

青藏高原的藏区是野生动物的乐园，野生植物的王国。广阔的自然、地理环境提供了繁殖、栖息的条件，保护了天然动植物的繁衍生息。藏区的野生动物有大型兽类、鸟类、鱼类、鼠类、爬行类以及昆虫类动物约 3000 种，属于世界珍奇动物的有 300 多种。不少野生动物还是珍贵的汉藏药材，如虫草、贝母、天麻、雪莲、杜仲、枸杞、黄氏、党参、羌活、麻黄、大黄、甘草等。

青藏高原由于具有独特的自然环境及对全球环境的特殊意义，因此《全国生态环境保护纲要》中明确指出，要在青藏高原建立大面积的自然保护区。青藏铁路沿线分布有 5 个已建的自然保护区和 6 个规划的自然保护区。5 个已建的自然保护区为青海省境内的可可西里、三江源自然保护区和西藏境内的羌塘、林周澎波黑颈鹤、拉鲁湿地自然保护区；6 个规划的自然保护区全部在西藏境内，为一江两河、纳木错、羊八井—格达温泉蛇、拉萨古柏树林、达孜叶巴喀斯特地貌和堆龙德庆县马乡不整合接触等自然保护区。

（二）人文旅游地理环境特征

1. 藏传佛教神圣崇高，佛教建筑遍布全区

佛教传入藏区后演变成了独特的藏传佛教，留下了丰富的遗产和人文景观。著名的

有拉萨古城和布达拉宫，都始建于公元7世纪，至今有1300多年历史。拉萨市内的大昭寺、罗布林卡以及附近的三大寺即甘丹寺（1409年）、哲蚌寺（1416年）、色拉寺（1418年）都闻名遐迩。坐落在日喀则城西的扎什伦布寺，是历世班禅的住锡地。位于琼结县的藏王墓也有1300多年历史。札达县的古格王国遗址，建于11世纪初，也经历了1000年的历史。位于山南的桑耶寺、萨迦寺历史也很久远。

在青海藏区，位于西宁市西南28千米的湟中县鲁沙尔镇，有藏区6大寺院之一的塔尔寺，创建于明嘉靖三十九年（公元1560年），是格鲁派始祖宗喀巴的诞生地。塔尔寺以其酥油花、绘画、堆秀"三绝"闻名于世。位于乐都县城南25千米的瞿昙寺距西宁市85千米，这里有明太祖洪武二十年（1387年）修建的汉藏式群体建筑，誉称"小故宫"，雄宏壮观。

同步思考 13-1

处于高寒地区的拉萨为什么被称为"圣城"？

2. 民风民俗与众不同，藏教文化精彩纷呈

藏族主要分布在中国的西藏自治区和青海、甘肃、四川、云南等省份，大多居住在高原地带。藏族人民的风俗习惯从婚姻到丧葬、从服饰到饮食都有与众不同的特色。藏族服饰无论男女至今保留完整。不同的地域，有着不同的服饰。特点是长袖、宽腰、大襟。妇女冬穿长袖长袍，夏着无袖长袍，内穿各种颜色与花纹的衬衣，腰前系一块彩色花纹的围裙。以青稞等制作的糌粑、酥油茶、青稞酒为农牧民的主要食品。西藏人死后有五种葬法，最隆重的是塔葬。然而只有活佛和一些领主死后，才能享受塔葬。

藏族具有悠久的文化传统，包括藏语、藏医、藏药、唐卡、藏族文学、藏戏等，都和藏族人民的生活息息相关。藏文始创于公元7世纪，属于汉藏语系藏缅语族藏语支的藏语，大致可以分为卫藏、安多、康巴三种方言。藏医、藏药兴起于松赞干布至赤松德赞时期，是在广泛吸收、融合了中医药学、印度医药学和大食医药学等理论的基础上，通过长期实践所形成的独特的医药体系，迄今已有上千年的历史，是我国较为完整、较有影响的民族医药之一。唐卡指用彩缎装裱后悬挂供奉的宗教卷轴画，是藏族文化中一种独具特色的绘画艺术形式，题材内容涉及藏族的历史、政治、文化和社会生活等诸多领域，堪称藏民族的百科全书。藏族文学是藏族文化的重要组成部分，是我国文坛上独具藏族民族风情和高原色彩的文学之花，也是世界文坛的一枝奇葩。藏戏是起源于8世纪的藏族宗教艺术。17世纪时，从寺院宗教仪式中分离出来，逐渐形成以唱为主，唱、诵、舞、表、白和技等基本程式相结合的生活化的表演。

3. 藏区人民能歌善舞，传统工艺品琳琅满目

藏族是一个喜欢唱歌的民族。他们不但节日唱歌、祈神唱歌，而且劳动唱歌，甚至调解纠纷时也离不开唱歌。西藏人总是边干活边唱歌，甚至以舞蹈动作相配合。歌唱使劳动具有节奏，动作轻松舒展，并能减轻疲劳，使工作不致过分单调。那些江河两侧的

田野，很像农人们的天然舞台，他们成群结队地唱着歌送肥，唱着歌耕地，唱着歌锄草、收割、打场。而长年生活在高山草原的牧人，放牧有牧歌，剪毛有剪毛歌，驮盐有驮盐歌，接羔育幼、拴牛牧羊，都有其独特的歌曲。

藏族手工艺品是具有观念意义的工艺品，其外在形式具有审美意义，是直观的，而文化内涵是社会的、历史的、宗教的。在种类上可谓琳琅满目，如藏毯、藏装、藏帽、藏被、藏靴、藏垫、木碗、藏腰刀、金银器、藏围裙、五金制品、十六铃铛、花条藏背包、藏香、面具、转经筒、鼻烟壶，还有土族民间刺绣、海北剪纸、青海绒毛画、门源回绣、羊皮唐卡、祁连玉石画、平安刺绣等。这些传统工艺品具有藏区浓郁的地方特色，是当地文化和民间工艺的产物。

专业技能训练 13-1

青藏高原一直是一个神秘的地方，如今科学家惊奇地发现这个世界最年轻的高原竟然以每年 7~30 毫米的速度整体向北和向东方向移动。这种推移变化量很小，属于毫米级的，但是在几百万年的地质年代，这个移动量还是很可观的。

问题：1. 青藏高原移动的重要原因是什么？

2. 试分析青藏高原的隆起对亚洲地理环境产生了哪些影响？

二、旅游业发展现状

（一）依托青藏铁路，近年来旅游业发展速度惊人

2006 年 7 月 1 日，有着"天路"之称的青藏铁路全线通车运营。青藏铁路的全线贯通，不仅改变了西藏不通铁路的历史，也带动了西藏旅游业乃至是整个经济的发展，西藏的发展潜力得到充分释放。十多年来，青藏铁路对加快西藏发展、改善群众生活、加强民族团结起到了难以估量作用。十多年来，西藏旅游业井喷式发展，游客由 2005 年的 180 万人次增至 2015 年的 2000 万人次，收入由 19.4 亿元增至 280 亿元。西藏 GDP 由 2006 年的 342 亿元猛增到 2015 年的 1026 亿元。截至 2016 年 6 月，青藏铁路客、货运量累计达到 1.15 亿人次、4.48 亿吨。西藏的高原特色农畜产品和民族手工艺品都通过青藏铁路拓展了海内外市场。见表 13-1。

表 13-1　青藏旅游区 2014—2016 年旅游数据统计

年份 省份	2014 年		2015 年		2016 年	
	接待人次 （亿）	旅游收入 （亿元）	接待人次 （亿）	旅游收入 （亿元）	接待人次 （亿）	旅游收入 （亿元）
青海	0.20	201.9	0.23	275.8	0.29	310.3
西藏	0.16	204	0.20	281.92	0.23	330.75

数据来源：根据各省区旅游局官方网站统计汇总

（二）旅游基础设施薄弱，但发展潜力巨大

青藏地区由于海拔较高、远离祖国内陆，加上气候高寒、空气稀薄，是阻碍一般游客前往藏区旅游的天然条件。同时，青藏地区多年以来由于交通的阻碍，经济基础薄弱，相应的旅游基础设施也很薄弱。青藏铁路及日喀则铁路的开通尽管沟通了内地和青藏的往来，但立体化的交通网络尚未建立。铁路延伸到的地方旅游业发展虽然呈快速发展状态，但在青藏地区还有许多交通基础设施和餐饮、住宿设施不够完善的地方，接待游客的能力还非常有限。

但同时，我们也应该看到，随着国家在"十三五"规划中对西部地区政策的倾斜和扶持，随着青海与西藏地方政府对旅游业的基础建设投入比重越来越大，随着青藏两地区旅游业区域联合、优势互补的共同发展，该区旅游业未来发展潜力仍然非常巨大。

第二节　青海旅游亚区主要旅游资源概述

一、区域旅游资源概况

青海，位于中国西部，雄踞世界屋脊青藏高原的东北部，是中国青藏高原上的重要省份之一，简称青，省会为西宁。据全国第二次土地调查公报显示，青海省东西长约1200千米，南北宽800千米，面积为72.10万平方千米。青海省有藏族、回族、蒙古族、土族、撒拉族等43个少数民族，全省常住人口588万（2015年）。

境内山脉高耸，地形多样，河流纵横，湖泊棋布。昆仑山横贯中部，唐古拉山峙立于南，祁连山矗立于北，茫茫草原起伏绵延，柴达木盆地浩瀚无限。长江、黄河之源头在青海，中国最大的内陆高原咸水湖也在青海，因此而得名"青海"。

青海有着"世界屋脊"的美称。青海东部素有"天河锁钥""海藏咽喉""金城屏障""西域之冲"和"玉塞咽喉"等称谓，是长江、黄河、澜沧江的发源地，被誉为"三江源""江河源头""中华水塔"。青海省地处青藏高原东北部，青海大势是盆地、高山和河谷相间分布的高原。它是"世界屋脊"青藏高原的一部分。大自然赋予青海一派独特的风光，有终年积雪的冰峰雪山，有起伏不平的高原丘陵，有广袤平坦的草原，还有茫茫无际的戈壁、纵横交错的河流、星罗横布的湖泊。原始、神秘、粗犷为世人所惊叹。而丰富的遗址古迹，古老的宗教文化，绚丽的民族风情更是多姿多彩，令旅游者瞩目。青海省旅游资源十分丰富，可供游览景点达900余处。其中具备观赏规模的自然风景点120余处；人文风景点700余处；自然和人文二者兼备的复合型景点70余处。

专业技能训练 13-2

旅游业对藏传佛教的影响

藏传佛教，又称喇嘛教，是佛教的一支。主要传播于中国藏族、蒙古族等地区。喇嘛为藏语，是"上师"的意思。公元7世纪，吐蕃赞普松赞干布在他的两个妻子尼泊尔尺尊公主和唐文成公主的影响下，信奉了佛教。公元8世纪时，天竺僧人寂护、莲花生等到西藏传播显、密两系佛教。公元9世纪，赞普朗达玛禁止佛教流传。延至公元10世纪后期，在吐蕃新兴封建领主阶级的扶植下，佛教以喇嘛教的形式得到复兴。喇嘛教是佛教与西藏原有的苯教长期相互影响、相互斗争的产物。公元13世纪后期，由于元朝统治阶级的扶植，上层喇嘛开始掌握政权，并将该教传入蒙古族等地区。

藏传佛教历史悠久，教派林立，发展到今天，有四个大的派别：格鲁派、噶举派、宁玛派、萨迦派。在西藏，如果不是对藏传佛教有了解，很难分清各教派的区别。比如格鲁、宁玛、噶举的僧人，从外表看，平时穿着基本一样。只有在寺庙里看大殿内的陈设，或者到了重大宗教节日才能看出一些区别。实际上，各教派重要的区别在于其修炼方式。

（资料来源：藏传佛教的四大派别［EB/OL］．http：//blog.sina.com.cn/s/blog_92efcc5b0102vx63.html）

问题： 你认为藏传佛教对青藏旅游业的发展有哪些影响？

二、主要旅游景区景点

（一）国家级历史文化名城

截至2016年年底，青海有国家级历史文化名城1座，即同仁县。

位于"九曲黄河第一弯"的同仁县，历史悠久，历来是重要的战略要冲。特别是元明时期在同仁修建的古城堡，如保安古城、铁成山要塞、年都乎古寨、郭麻日古城等等，至今还有较为完整的遗存。同仁县府所在地——隆务镇，具有"西域胜景"之称，具有700多年历史的隆务寺和已有240多年历史的隆务老城区，是展现当地民族文化的重要窗口。1994年，同仁县被评为青海省唯一的国家级历史文化名城。

同仁县有充满神秘色彩的藏乡民间"六月会"和以唐卡、堆绣、雕塑为主的"热贡艺术"。是"热贡艺术"的发祥地，是著名的藏族画家之乡。同仁县地处安多藏区的核心地带，非常邻近拉卜楞寺。县境内目前有数十座藏传佛教寺庙，其中规模最大、建筑最华丽的为格鲁派（黄教）的隆务寺。此外还有吴屯上寺、吴屯下寺、年都乎寺等古代佛寺和多处上古文化遗址。

（二）世界遗产

2017年7月，青海可可西里在联合国教科文组织第41届世界遗产委员会大会上被列入《世界遗产名录》，成为我国面积最大、平均海拔最高、湖泊数量最多，并包含了大型哺乳动物大迁徙景观的世界自然遗产地，实现了青藏高原世界自然遗产"零"的突破。青海可可西里自然遗产地位于玉树藏族自治州治多县可可西里地区及索加乡和曲麻莱县曲麻河乡，涉及可可西里国家级自然保护区和三江源国家级自然保护区索加—曲麻河分区。遗产地内自然景观、生态系统、野生动植物等遗产资源丰富，保存完整度高，是目前世界上原始生态环境保存最完整的地区之一。遗产地包含一条从三江源到可可西里的完整的迁徙路线，是迄今已知的藏羚羊所有迁徙路线中保护最好的路线。

（三）国家 5A 级景区

截至 2017 年 2 月，青海省共有 3 家国家 5A 级旅游景区。详情见表 13-2。

表 13-2　青海省国家 5A 级景区一览表

序号	景区名称	评选时间
1	青海省青海湖景区	2011 年
2	西宁市塔尔寺景区	2012 年
3	青海省海东市互助土族故土园景区	2017 年

1. 青海湖景区

在青藏高原东北部，日月山下的青海湖，是我国最大的内陆咸水湖，青海湖蒙语叫"库库诺尔"，藏语叫"错温波"，意思是"青蓝色的海"，湖面海拔 3106 米，面积 4456 平方千米，湖水平均深度 25 米，1997 年成为国家级自然保护区，主要保护对象为高原湿地生态系统和珍稀鸟类。湖周依次为湖滨平原、沼泽草甸、山地草甸、半荒漠干草滩和荒漠化沙丘带景观。湖区及环湖地区共有鸟兽 200 种，是我国高原内陆地区水禽候鸟栖息、繁衍和越冬的重要区域之一，也是候鸟迁徙的驿站。本区列为国家重点保护的野生动物主要有黑颈鹤、普氏原羚、大天鹅等。青海湖保护区丰富多样的湿地生态系统类型和生物资源，使其被列入国际重要湿地名录，在今后的生物多样性保护中，将会发辉越来越重要的作用。

2. 塔尔寺景区

塔尔寺又名塔儿寺，创建于明洪武十年（1377 年）。得名于大金瓦寺内为纪念黄教创始人宗喀巴而建的大银塔，藏语称为"衮本贤巴林"，意思是"十万狮子吼佛像的弥勒寺"，位于青海省西宁市西南 25 千米处的湟中县城鲁沙尔镇。

塔尔寺是中国西北地区藏传佛教的活动中心，在中国及东南亚享有盛名，历代中央政府都十分推崇塔尔寺的宗教地位。明朝对寺内上层宗教人物多次封授名号，清康熙帝赐有"净上津梁"匾额，乾隆帝赐"梵宗寺"称号，并为大金瓦寺赐有"梵教法幢"匾额。三世达赖、四世达赖、五世达赖、七世达赖、十三世达赖、十四世达赖及六世班禅、九世班禅和十世班禅，都曾在塔尔寺进行过宗教活动。酥油花、壁画和堆绣被誉为"塔尔寺艺术三绝"，另外寺内还珍藏了许多佛教典籍和历史、文学、哲学、医药、立法等方面的学术专著。每年举行的佛事活动"四大法会"，更是热闹非凡。塔尔寺的酥油花雕塑也是栩栩如生，远近闻名。塔尔寺是中国藏传佛教格鲁派（黄教）六大寺院之一，也是青海省首屈一指的名胜古迹和全国重点文物保护单位。

3. 互助土族故土园景区

彩虹部落土族园是由彩虹部落文化旅游开发有限公司投资兴建的一座大型土族民俗文化主题公园，是互助土族故土园国家 5A 级景区的重要景点之一，也是环西宁旅游圈中的一个重要景点。坐落在威远镇西南部，距省会西宁 30 千米，占地面积 12 万平方米，建筑面积 1.3 万平方米，全部是以青砖青瓦、生土土坯、砖雕木刻等形式建造的大型土族民俗文化古建筑群。景区拥有十八洞沟老油坊、活佛院、安召广场、土司府、庄廓院和非物质文化遗产传承保护中心等大型土族民俗文化古建筑群，集中向游客展示了土族的历史、民俗文化、土族非物质文化遗产、土族古民居建筑群和土族生产生活习俗。开发了一系列土族民俗风情和土乡文化方面的旅游项目，具有极高的观赏性、娱乐性和参与性。

📢 **课堂讨论与作业 13-1**

青海湖畔再现"半河清水半河鱼"奇观

进入 2017 年 6 月以来，青海湖周边的沙柳河、泉吉河等河道内成千上万尾湟鱼已"踏上"一年一度的洄游产卵之路。据青海湖鱼类专家预计，7 月 10 日前后，多条注入青海湖的河流将迎来每年湟鱼洄游的最高峰。"湟鱼"学名青海湖裸鲤，为青藏高原土著鱼类，也是青海湖"水—鸟—鱼"生态链中的核心物种，2004 年青海湖裸鲤被列入《中国物种红色名录》。据介绍，多年来，青海采取了封湖育鱼、增殖放流和打击盗捕等保护措施，截至 2016 年年底青海湖裸鲤资源量达到 7.08 万吨，比保护初期 2002 年的2592 吨增长 27 倍多。2015 年以来，青海耗资 3672 万元在湟鱼洄游必经的沙柳河、泉吉河、哈尔盖河等地拆除拦河坝。

（资料来源：罗连军. 青海湖畔再现"半河清水半河鱼"奇观 [N]. 中国青年网，2017-07-02）

任务： 如何从旅游的角度理解"我们既要绿水青山，也要金山银山。宁要绿水青山，不要金山银山，而且绿水青山就是金山银山。"

三、旅游美食与旅游商品

（一）旅游美食

青海高原和盆地草原辽阔，牧草丰茂，是优良的高原牧场。东部的青海湖周围、黄河河谷是主要的农业区，主产春小麦、青稞、蚕豆、荞麦、马铃薯、油菜籽等。蔬菜品种不多，主要有萝卜、白菜、辣椒等。藏族、蒙古族、哈萨克族大多从事畜牧业生产，而汉族、回族、撒拉族、土族则主要是从事农业生产。牧区主要食用牦牛肉、羊肉，乳品主要是牦牛奶，也食青稞（多做成糌粑）、大米、面粉等。

青海有许多各民族都喜爱的特色美食，如牛羊肉、酿皮、湟鱼、老酸奶、青稞酒、尕面片、甜醅、狗浇尿、拉条、牛肉面、烤羊腿、羊肠面、青海三烧、炕羊排、鹿角菜、青稞饼、炒羊杂、酱牦牛肉等。同时青海的各个民族在漫长的岁月里，逐步形成了本民族独特的风俗习惯和饮食，详情见表13-3。

表13-3　青海省各族主要旅游美食代表

序号	民族	特色民族饮食
1	回族	油香、馓子寸寸面、杂面巴烙、长面、豆面搅团、豆面散饭、羊肉面片拉面、臊子面、扁食
2	蒙古族	散饭和搅团、麦索儿、指甲面片
3	撒拉族	吃全羊、马奶酒、乳食、奶皮
4	藏族	"下更保"、灌肠、手抓羊肉、开锅羊肉
5	土族	烘锅馍馍、沓呼日、哈流、哈力海

（二）旅游商品（表13-4）

表13-4　青海主要旅游商品

类别	具体代表
工艺品	土族民间刺绣、海北剪纸、青海绒毛画、门源回绣、羊皮唐卡、祁连玉石画、平安刺绣
酒	青稞啤酒、沙棘酒、天佑德青稞酒、互助头曲、中华虫草茶、三炮台
土特名产	冬虫夏草、刚察黄蘑菇、牦牛肉干、野生大黄、藏雪莲、红景天、青海老酸奶、人参果（蕨麻）、贵南黑藏羊、贵德黑紫皮羊、乐都紫皮大蒜、祁连牦牛、湟源陈醋、门源奶皮、柴达木枸杞、互助八眉猪、果洛大黄、湟中胡麻
水果	民和接杏、贵德长把梨、化隆酥梅梨、达木白刺果

四、旅游节庆与旅游线路

（一）旅游节庆

在漫长的历史发展中，许多民族在青海生存发展，造就了如今青海文化的多元性和地域性，也造就了不同地区的民族特色和民风民俗，呈现出许多传统节日。如每年农历二月二、三月三、四月八在青海互助县的土族乡村举行的土族波波会，每年农历六月举行的"花儿"会，每年的农历6月在黄南藏族自治州同仁县境内举办的热贡藏乡"六月会"，每年的7、8月份举行的那达慕大会；农历7月12—9月15日在民和县最南部的三川地区举办的土乡纳顿会；伊斯兰教历3月12日在当地清真寺举行的穆斯林圣纪节，伊斯兰教历10月1日在当地清真寺举行的开斋节，伊斯兰教历的12月10日在当地清真寺举行的古尔邦节等。

近年来，青海根据其少数民族传统文化举办了一些规模比较大的节庆活动。主要有西宁青海郁金香节（5月）、贵德梨花节（4—5月）、玉树赛马会（7月）、互助土族旅游文化节（7月）、果洛州格萨尔王旅游文化艺术节（8月）等。

（二）旅游线路

青海省具有丰富的少数民族传统文化和独特的高原雪域风光，其经典的旅游线路有：

青西青藏风情游：西宁→青海湖→茶卡盐湖→都兰→格尔木→昆仑山口→可可西里。

青北的唐蕃古道游：西宁→塔尔寺→日月山→青海湖→黄河源头→玉树。

青北祁连自然风光游：西宁→大通→门源→祁连山。

青东河湟古文化游：西宁→柳湾彩陶博物馆→瞿昙寺。

第三节　西藏旅游亚区主要旅游资源概述

一、区域旅游资源概况

西藏简称藏。位于中国的西南边陲，青藏高原的西南部。面积122.84万平方千米，平均海拔在4000米以上，约占中国总面积的八分之一，仅次于新疆维吾尔自治区。西藏的气候独特、复杂多样，总体上具有西北部严寒、东南部温暖湿润的特点，呈现出由东南向西北的带状分布，即：热带—亚热带—温带—亚寒带—寒带；湿润—半湿润—半干旱—干旱。由于地形复杂，还有多种多样的区域气候及明显的垂直气候带。西藏自治区是中国人口最少、密度最小的省区。人口324万（截至2015年），有藏族、汉族、回族、门巴族、珞巴族、怒族、纳西族等民族。

西藏自古以来就是中国的领土。公元7世纪初，藏族的民族英雄松赞干布统一了西藏各部落，建立了吐蕃王朝。13世纪中叶，西藏正式纳入中国版图，将西藏划分为13个万户，万户长由朝廷直接封任。明代的近300年间，藏汉人民和睦相处。清代进一步加强了对西藏的治理。1911年辛亥革命后，"中华民国"时期宣布实行汉、满、蒙古、回、藏五族共和，领土统一，在《临时约法》中规定西藏为中国领土，反对和抵制"西藏独立"活动。中华人民共和国成立后，中央政府和平解放西藏。

西藏旅游资源丰富，现有国家级自然保护区9处，国家级名胜风景区4处，世界遗产1处。西藏现有1700多座保护完好、管理有序的寺庙，形成了独特的人文景观。主要有以拉萨布达拉宫、大昭寺为代表的体现藏民族政治、经济、宗教、历史、文化内涵的人文景观区；以山南雍布拉康、桑耶寺、昌珠寺、藏王墓群为代表的藏文化发祥地人文景观区；以日喀则扎什伦布寺、萨迦寺为代表的后藏宗教文化人文景观区；以藏北"古格王朝古都遗址"为主的文物古迹人文景观区；以昌都康区文化为代表的"茶马古道"

历史文化人文景观区等。

专业技能训练 13-3

西藏首座农耕文化陈列馆在拉萨永久"安家"

2017 年 6 月 10 日，西藏首座农耕文化陈列馆正式诞生，并在拉萨永久"安家"。馆内展出了 600 余件西藏传统农具实物和反映农耕习俗的专题影像资料，展示了隐藏在一件件"老件"后永续传承的精湛手工艺。白玛达瓦说，青藏高原自有了劳动就有农耕，至今已有千年历史。西藏首座"农耕文化陈列馆"为公众了解高原传统农耕文化，回望过去，教育后人提供了一个有益的平台。

农耕文化是西藏文化的重要内容，尽管西藏的农耕区域比牧业区域的面积小得多，但是，河边湖畔谷地的农耕区是藏族先祖的诞生地，也是西藏文明的发源地。西藏农耕文化的内容十分丰富，农耕民俗的活动也是千姿百态。西藏第一座宫殿雍布拉康，见证了西藏先民从"逐水草而居"的游牧生活向"日出而作，日落而息"的农耕生活的转变。而雍布拉康山脚下的一块良田——萨日索当，则在藏族开耕史上占据着举足轻重的地位。在名叫萨日索当的第一块开耕田上，藏族先民开始了耕种、收获、孕育五谷，人们用智慧征服了雪域高原，同时也虔诚地敬谢大自然的赐予，藏族农耕文化也由此发展演变。

（资料来源：作者根据相关资料整理）

问题： 如何依托西藏农耕文化陈列馆弘扬西藏的农耕文化？可以通过哪些途径向游客进行推介和宣传？又可以通过哪些方法以农耕文化为起点发展藏族的传统文化？

二、主要旅游景区景点

（一）国家级历史文化名城

截至 2016 年年底，西藏共有国家级历史文化名城 3 座：拉萨市、日喀则市、江孜县。

1. 拉萨市

拉萨是首批中国历史文化名城之一，是中国西藏自治区的首府，西藏的政治、经济、文化和宗教中心，也是藏传佛教圣地，拉萨位于西藏高原的中部、喜马拉雅山脉北侧，海拔 3650 米，地处雅鲁藏布江支流拉萨河中游河谷平原，拉萨河流经此地，在南郊注入雅鲁藏布江。拉萨全年多晴朗天气，降雨稀少，冬无严寒，夏无酷暑，气候宜人。全年日照时间在 3000 小时以上，素有"日光城"的美誉。拉萨境内蕴藏着丰富的各类资源，相对于全国和自治区其他地市，具有较明显的资源优势，著名景点有布达拉宫、大昭寺、小昭寺、罗布林卡等。作为首批中国历史文化名城，拉萨以风光秀丽、历史悠久、风俗民情独特、宗教色彩浓厚而闻名于世，先后荣获中国优秀旅游城市、欧洲游客最喜爱的旅游城市、全国文明城市、中国特色魅力城市、中国最具安全感城市等荣誉称号。

2. 日喀则市

西藏日喀则市位于祖国西南边陲，西藏自治区的西南部，2014 年 6 月 26 日国务院批复撤销日喀则地区，设立地级日喀则市。日喀则与印度、尼泊尔、不丹三国毗邻，地处喜马拉雅、冈底斯、念青唐古拉三大山脉中段。人口约 78 万，约占西藏总人口的1/4，有藏、汉、满、蒙古、回、维吾尔等 15 个民族以及夏尔巴人和达曼人，其中藏族人口约占地区总人口的 95%。

日喀则市的自然和人文旅游资源种类齐全、层次多样、特色鲜明，汇集了"世界屋脊，神奇西藏"大部分核心旅游资源，是观光、科考、探险的旅游胜地。这里拥有世界最高的珠穆朗玛峰，还有马卡鲁峰、洛子峰、卓奥友峰、希夏邦马峰 5 座 8000 米以上及30 多座 7000 米以上的山峰；拥有与江南风光媲美的亚东沟、吉隆沟、樟木沟、嘎玛沟、陈塘沟；拥有雅鲁藏布江、佩枯错、多庆湖、雍则绿错等江河湖泊；拥有历代班禅驻锡地扎什伦布寺，"第二敦煌"之称的萨迦寺，一寺容三派的白居寺，藏汉建筑艺术完美结合的夏鲁寺等名寺古刹；拥有米拉日巴、萨班、八思巴等许多圣僧名流的故居；拥有日喀则市、江孜县两大历史文化名城及帕拉庄园、江孜宗山、曲美雄谷等历史文化遗址。

3. 江孜县

江孜县地处年楚河中游北岸，海拔 4040 米，城镇规模 4.5 平方千米，城镇人口约 1万人，是全县政治、经济、文化中心。1996 年被国务院批准为国家级历史文化名城。江孜历史悠久，曾是后藏的政治、经济、文化、交通中心和最繁华的城镇，是拉萨与亚东、日喀则等地间的交通枢纽。清朝曾在这里驻兵，保卫边防。

江孜是国家历史文化名城之一，也是一个新兴的旅游城镇。位于县城中心的宗山，既是江孜人民英勇抗击英国侵略者的历史见证，又是现今唯一保存完整的旧西藏宗政府建筑遗址。位于县城西郊的白居寺，始建于 1418 年，是唯一的藏传佛教三大教派聚于一寺的寺庙，"十万佛塔"更是藏传佛教中唯一的塔寺。距县城 2 千米的帕拉农奴主庄园，是旧西藏八大贵族庄园中唯一完整保留下来的庄园。著名的乃钦康桑雪山，集中了各种冰川遗迹，是青藏高原上最易于接近的大陆性冰雪活动中心。

（二）世界遗产

截至 2016 年 7 月，西藏有 1 处景观列入《世界遗产名录》，即布达拉宫（1994.12，世界文化遗产）。

位于拉萨的红山之巅的布达拉宫距今已有 1300 多年历史，是我国著名的古建筑，全国重点文物保护单位。布达拉为观音圣地普陀洛迦的梵语译音，意为观音慈航以普救众生。始建于唐代初年松赞干布时，海拔 3700 多米，占地总面积 36 万余平方米。

公元 641 年松赞干布迎娶唐朝文成公主后，欣喜之余，为公主造了布达拉宫。300余年来，布达拉宫作为西藏"政教合一"政权的中心，收藏保存了极为丰富的历史文物和工艺品，堪称西藏历史文化艺术的博物馆，其中 50000 多平方米色彩鲜艳、人物形象栩栩如生的壁画是布达拉宫的一绝。宫中还有近千座佛塔、上万座塑像、大量的唐卡，以及贝叶经、金珠尔经等珍贵文物典籍。表明历史上西藏地方政府与中央政府关系的明清两朝皇帝封赐达赖喇嘛的金册、金印、玉印、诰命等也珍藏在宫中。

整座布达拉宫堪称一座建筑艺术与佛教艺术的博物馆，也是中华各民族团结和国家统一的铁证。布达拉宫是藏建筑的杰出代表，也是中华民族古建筑的精华之作。布达拉宫的建筑艺术，是藏传佛教寺庙与宫殿相结合的建筑类型中最杰出的代表，在中国乃至世界上都是绝无仅有的例证。

（三）国家 5A 级景区

截至 2017 年 2 月，西藏自治区共有 2 家国家 5A 级旅游景区。详情见表 13-5。

表 13-5　西藏国家 5A 级景区一览表

序号	景区名称	评选时间
1	拉萨市大昭寺	2013 年
2	拉萨布达拉宫景区	2013 年

大昭寺，又名"祖拉康""觉康"（藏语意为佛殿），位于拉萨老城区中心，是一座藏传佛教寺院，是藏王松赞干布建造，拉萨之所以有"圣地"之誉，就与这座佛像有关。寺庙最初称"惹萨"，后来惹萨又成为这座城市的名称，并演化成当下的"拉萨"。大昭寺建成后，经过元、明、清历朝屡加修改扩建，才形成了现今的规模。大昭寺已有1300 多年的历史，在藏传佛教中拥有至高无上的地位。大昭寺是西藏现存最辉煌的吐蕃时期的建筑，也是西藏最早的土木结构建筑，并且开创了藏式平川式的寺庙布局规式。

环大昭寺中心释迦牟尼佛殿一圈的称为"囊廓"，环大昭寺外墙一圈的称为"八廓"，大昭寺外辐射出的街道叫"八廓街"，即八角街。以大昭寺为中心，将布达拉宫、药王山、小昭寺包括进来的一大圈称为"林廓"。这从内到外的三个环形，便是藏民们行转经仪式的路线。大昭寺融合了古代藏、唐、尼泊尔、印度等地的建筑风格，成为藏式宗教建筑的千古典范。

课堂讨论与作业 13-2

西藏旅游推介会在济南召开　"大爱无疆"公益旅游联盟成立

西藏旅游资源丰富，独特的雪域高原风光、丰富的历史文化遗存、神秘的藏传佛教艺术、质朴的藏民族民俗风情，都让人心生向往。雪域看非凡，藏源在山南。山南史称雅砻，平均海拔 3600 多米。山南与拉萨、林芝构成西藏旅游"金三角"。

为加强西藏旅游资源在山东市场的推广度和认知度，让更多的山东游客领略到雪域高原的优美景色，同时加强西藏、山东两个省份的旅游合作，2017 年 4 月 14 日下午，2017 西藏旅游资源推介会暨藏地之旅产品发布会在济南举行。推介会中，山东、西藏、新疆知名旅游企业联合发起三省联动的大型公益旅游联盟——"大爱无疆"启功仪式在济南召开，为帮扶西藏、新疆的偏远贫困地区，联盟每年不定期组织大型公益旅游活动，活动所得利润全部捐给西藏、新疆当地最贫困地区的家庭和学校，为当地孩子们的成长和教育尽一份微薄之力。

　　任务：你如何看待推介会？是否能够真正达到预期效果？

三、旅游美食与旅游商品

（一）旅游美食

　　西藏处于青藏高原西南部，在地形、气候、水文、植被、土壤等方面都有许多与众不同之处，成为地球上非常特殊的地理区域。这里地高天寒，人口稀疏，耕地大多数集中在雅鲁藏布江等江河谷地，世代生活在这里的人们依据所处于的自然地理环境，遵循着适者生存的自然法则，选择种植只适宜在高寒地带生长的青稞，除青稞以外，还有小麦、马铃薯、玉米、豌豆等作物。

　　藏族有着自己独特的食品结构和饮食习惯，其中酥油、茶叶、糌粑、牛羊肉被称为西藏饮食的"四宝"，此外，还有青稞酒和各式奶制品。饮食以藏餐为主。藏餐是中国餐饮系列中的流派之一，历史悠久，品种丰富。藏餐分为主食、菜肴、汤三大类。藏餐的口味讲究清淡、平和，很多菜，除了盐巴和葱蒜，一般不放辛辣的调料，具有鲜明的季节特点：春有鱼、夏有奶酪、秋有肥牛、冬有羊。西藏的青稞酒是用青稞直接酿成的，度数较低，藏族群众无论男女老少都喜欢喝，是喜庆过节所必备的。

（二）旅游商品（表13-6）

表13-6　西藏主要旅游商品名录

类别	具体代表
工艺品	地毯、藏刀、卡垫、围裙、臧布、民族服装、民族鞋帽、金银首饰、牛角梳
药材土特名产	灵芝、藏红花、冬虫草、藏羚羊角、雪莲花等，还有喇嘛、藏医秘方配制、加工、炮制的各式神气复式藏药；熊胆、麝香、冬虫夏草、人参果、天麻、雪莲、酥油茶、卡色、青稞糌粑、（炒面）、青稞酒、唐卡、林芝蜂蜜、洛隆糌粑、洛扎粉丝、隅龙爪稷
水果	昌都醉梨、加查核桃、昌果红土豆、林芝苹果等

四、旅游节庆与旅游线路

（一）旅游节庆

　　藏族是个多节日的民族，一年里，大大小小的节日有一百多个，几乎月月有节日，节日的内容和形式丰富多彩，包括了祭祀、农事、纪念、庆贺、社交游乐等诸多项目。若将藏族数量众多的节日分类，大致可划分为传统节日和宗教节日两种。如藏历新年、传昭大法会、花灯节、沐浴节、雪顿节、望果节、萨嘎达瓦节、瞻部洲吉桑节等。

近些年来，西藏根据其独特的藏族传统文化举办了一些规模比较大的节庆活动。主要有日喀则珠峰艺术节（8月）、林芝杜鹃花旅游节（5—6月）、江孜达玛节（7月）、山南雅砻文化节（7月）、阿里象雄古文化节（8月）、那曲羌塘恰青赛马会（8月）、昌都康巴艺术节（10月）等。

（二）旅游线路

西藏这个屹立于世界之巅的地方，它不同于江南杏花春雨的柔美或是塞北骏马秋风的肃杀，其独特的地形和高度，既造就了它天地悠悠、山高水长的大美，也赋予了它变幻莫测，丰富多彩的壮美。绝美的雪域风光，巍耸的皑皑雪峰，恢宏的自然造化，旷寥的高原牧场，迷人的神山圣湖，多彩的民族风情，充满了致命的诱惑，成为众人梦中的终极目的地。

根据景点分布与地理位置，西藏自治区旅游发展委员会推出以拉萨为中心的4条经典旅游线路。

东环线：拉萨→达孜→墨竹工卡→米拉山口→巴松错→林芝→米林→朗县→加查→曲松→桑日→泽当→扎囊→贡嘎→拉萨，主要景点包括德仲温泉、巴松错、南伊沟、列山古墓、拉姆拉错、拉加里王宫、桑耶寺等。

西环线：拉萨→曲水→浪卡子→江孜→白朗→日喀则→仁布→尼木→曲水→堆龙德庆→拉萨，主要景点包括俊巴渔村、羊卓雍错、白居寺、卡若拉冰川、扎什伦布寺、帕拉庄园、江孜宗山、吞弥桑布扎纪念馆。

南环线：拉萨→达孜→墨竹工卡→桑日→泽当→琼结→措美→洛扎→浪卡子→贡嘎→曲水→拉萨，主要景点包括甲玛沟、哲古草原、藏王墓、卡久寺、普姆雍错。该线沿途自然风光优美，人文气息浓厚，游客可以感受到古老的西藏文化，欣赏西藏第一座宫殿、第一块农田等景观。

北环线：拉萨→当雄→那曲→嘉黎→太昭→墨竹工卡→达孜→拉萨，主要景点包括纳木错、嘉黎大峡谷、太昭古城、甘丹寺等。

▌本章概述

青藏旅游区全境位于青藏高原之上，自然景观独特，人文内涵丰富，是人们向往的神秘之地。相对而言本区旅游业发展水平与全国总体水平相比明显偏低，但本区原始的自然风貌和独特的民俗风情具有很强的吸引激发功能，相信随着旅游接待设施的改善和交通的日渐便利，在将来势必发展成为极具竞争力的旅游区。

▌基本训练

一、填空题

1. 西藏现有世界级国家自然保护＿＿＿＿＿、＿＿＿＿＿、＿＿＿＿＿。

2. 世界第一大峡谷是_____。

3. 我国最大的内陆咸水湖是_____。

二、选择题

1. 大昭寺始建于(　　)。

A. 唐　　　　　　　B. 宋　　　　　　C. 元　　　　　　D. 明

2. 藏传佛教中规模最大的是(　　)。

A. 噶举派　　　　　B. 萨迦派　　　　C. 宁玛派　　　　D. 格鲁派

三、简答题

1. 藏传佛教文化对本区旅游业的重大影响有哪些?

2. 该旅游区的主要宗教建筑有哪些? 在宗教中的地位如何?

3. 青藏高原发展旅游业的优势与障碍有哪些?

专业能力提升

青藏铁路旅游推广联盟助力沿线各城市共同发展

2015年7月1日由青海省旅游发展委员会牵头,青海、北京、上海、甘肃等17个省(区、市)参与成立了青藏铁路沿线旅游推广联盟,开启促进沿线各地旅游产品开发和境外旅游市场推广一体化进程。

青藏铁路沿线旅游推广联盟成立以来,沿线17个省(区、市)围绕青藏铁路沿线丰富而独特的旅游资源,按照"资源共享、市场共促、形象共推、责任共担、效益共赢"的原则,共同促进青藏铁路沿线旅游交流与合作,共同构建沿线整体旅游品牌形象,积极整合开发以"美丽中国·天路之旅"为纽带、适合境内外游客的系列旅游产品,充分发挥联盟作用。

截至目前青藏铁路沿线旅游推广联盟已共同打造成型的5条国际旅游线路有"北京至拉萨·宗教文化之旅""上海至拉萨·江河思源之旅""广州至拉萨·绿色生态之旅""重庆或成都至拉萨·西部风情之旅"以及"西宁或兰州至拉萨·神奇天路之旅"。

(资料来源:青藏铁路旅游推广联盟成立2年　运行有序有效 [EB/OL].: http://money.163.com/17/0703/13/COE2P7EG002580S6.html)

问题:1. 青藏铁路沿线的17个省(区、市)成立推广联盟的益处有哪些?

　　　2. 请从已经打造成型的5条国际旅游线路挑选一个,为其进行线路设计。

一国两制、海上宝岛
——港澳台旅游区

学习目标

通过本章学习，学生应该达到以下目标：

知识目标： 认识港澳台旅游区的旅游地理环境特征，了解"一国两制"下的本区旅游业的发展现状，熟悉各旅游区的主要景区、景点概况。

能力目标： 通过旅游业发展现状的学习，能够独立思考、分析受到政治因素影响下的台湾旅游亚区旅游业发展不稳定的原因。

技能目标： 结合案例分析、实践认知等内容，具备对港澳台旅游区的旅游产品进行重新定位、设计和初级营销的能力。

任务引入

大陆游客减少　台湾旅游业前景堪忧

2016年5月蔡英文上台以来，不承认"九二共识"，导致两岸关系急冻，大陆游客来台湾日益减少。台湾"联合新闻网"3日援引台"交通部观光局"的统计数字称，从2016年5月—2017年2月，10个月的时间，陆客来台人数与同期相比大减112.7万人次，以陆客在台每人每日消费金额232.1美元、平均停留7天计算，台湾的观光业者已减少558.5亿元（新台币）的收益。

刚刚过去的2017年清明长假，陆客旅游团赴屏东垦丁公园的，只有63团1400多人，不及去年同期的三分之一；自由行人数今年也减少了3~4成。每年3—4月是陆客来台的旺季，人数仅次于春节，如果这两个月人数都没有成长，从现在一直到年底的业绩都将要"直直落"。接下来就是"只下不上"，今年台湾的旅游业会越来越辛苦。

业者分析，如果今年来台陆客减少150万人次，依据"观光局"统计2015年陆客来台每人每日消费金额与平均停留天数来计算，台湾将锐减 743.3 亿元（新台币）的观光收益，对航空、饭店、旅行社、免税店、卖店、餐饮业、游览车等业者，造成极大的冲击。

（资料来源：编者根据华夏经纬网、环球网相关新闻整理）

任务分析：台湾作为我国目前尚未统一的特殊省份，其旅游业的发展非常容易受到台湾当局对大陆政策的影响，目前在政的蔡英文当局对大陆政策的收紧，不仅影响了两岸的正常交往，对旅游业也是致命的冲击。而同处于资本主义制度下的香港和澳门，因为有了"一国两制"的基本国策，旅游业近年来保持稳定发展，旅游收入逐步增长。但仅从旅游资源本身分析，本旅游区有着中西合璧、独一无二的资源特征，是知名的国际旅游胜地。

第一节　旅游地理环境特征及旅游业发展现状

港澳台旅游区包括香港、澳门和台湾，地处我国南部和东南部亚热带和热带地区，背靠祖国大陆，面朝广阔海洋，长期以来都是我国面向世界、沟通海外的前沿窗口。多年来，香港和澳门凭借自身国际化的有利条件，依托"一国两制"享有高度自治权的基本国策，旅游发展势头良好。

一、旅游地理环境特征

（一）自然旅游地理环境特征

1. 地形以山地丘陵为主，岛屿半岛众多

香港、澳门和台湾主要由我国东南沿海地区的众多岛屿、半岛组成，其中面积最大的岛屿为台湾岛，国土面积为 3.58 万平方千米，包括台湾本岛及兰屿、绿岛、澎湖列岛等 64 个岛屿；香港由香港岛、九龙半岛、新界内陆地区及 262 个大小岛屿（离岛）组成，面积约 1104 平方千米；澳门包括澳门半岛、氹仔岛和路环岛两个离岛，面积 32.8 平方千米。

就地质构造而言，台湾岛属我国第一隆起带，除西岸南北狭长一带为平原外，其余部分为山地、丘陵，尤其是中东部的四列山脉——玉山山脉、雪山、中央山脉及海岸山脉，海拔高、地势险峻，整体上构成了山地丘陵多、平原少的地形特征。香港的海滨丘陵地貌典型，山岭众多、平原较少，其中大帽山、马鞍山—狮子山—笔架山两列山脉构成香港的主要山系；澳门拥有莲花山，东、西望洋山，妈阁山等低山丘陵。这些山地依托热带良好的水热条件，森林茂密、生物景观丰富、水体旅游资源多样，形成了许多著名的山地景观，如台湾的玉山、阿里山，香港的太平山，澳门的东望洋山、柿山、妈阁山等。

2. 典型的热带、亚热带季风气候，台风、洪水灾害多

香港和澳门地处北回归线附近，属于亚热带季风气候，夏季漫长而炎热，雨多潮

湿；冬季短促而凉爽，雨少干燥。台湾大部分处于亚热带季风气候，南部小部分地区属热带季风气候，但由于四面环海，受海洋性季风的影响，终年气候宜人，冬无严寒、夏无酷暑，四季树木葱茏、百花绽放，旅游业淡旺季差异较小，一年四季都适合前往观光游览。同时本区靠近世界最大海洋太平洋，是台风、暴雨等灾害性天气的多发地，每年7—9月受到台风、暴雨侵袭的次数频繁、强度较大，常导致建筑物刮倒、植被景观被破坏、洪水泛滥等后果，影响旅游业发展。

3. 海岸线蜿蜒曲折，多优良海港

香港背靠祖国大陆，台湾四面环海，位于远东贸易航线的重要节点地区，地理位置十分优越；同时山地丘陵地形下的海岸岬湾相间，海岸线蜿蜒曲折，湾深港多，不乏优良港口。如香港的维多利亚港，南北有高山作为天然屏障，东西有鲤鱼门、尖沙咀紧扼咽喉，港内航道水深10米以上，大型远洋货轮可直接驶入码头和装卸区，为世界各国船舶提供了方便而安全的停泊地，成为独一无二的优良港口，这也是香港在20世纪80年代迅速成为"亚洲四小龙"的重要原因之一。台湾岛四面环海，海岸线长达1600千米，西侧的台湾海峡北接东海、南接南海，长约200海里，是中国海上和国际海上的交通要道，特殊的地理位置形成了许多有名的港口，如台湾省最大的优良港口高雄港。

除了借助优良的港口发展经济外，在旅游业的开发利用上也具有天然的优势。蜿蜒曲折的海岸线造就了许多水清沙细、滩床宽阔、平缓浪小的海滨浴场，如香港的浅水湾、台湾的垦丁等。而台湾东海岸断崖陡峭，奇石怪岩；北部海蚀地貌鬼斧神工、千奇百怪，构成一幅幅天然奇景，地质景观价值非常高。

4. 地壳活动频繁，地热资源丰富

台湾处于太平洋板块与欧亚板块的聚合边界上，是环太平洋地震、火山、地热活动带的重要组成部分，自古以来火山活动频繁，多地震、地热喷发等，形成了疗养价值极高的温泉密集区，成为许多游客前往台湾养生体验的必选项目。台湾约有120多个涌泉处，以泉质区分，有硫黄泉、碳酸泉、碳酸氢钠泉、食盐泉以及单纯泉五大泉质。台湾丰富的温泉资源，造就现今普遍的泡汤文化。其中北投温泉、阳明山温泉、关子岭温泉和四重溪温泉被誉为台湾有名的"四大温泉"。

（二）人文旅游地理环境特征

1. 中西文化长期交融，民俗风情熠熠生辉

港澳台自古以来就是我国不可分割的领土，但在历史上都有被外国殖民者统治的历史。澳门从明朝开始被葡萄牙人租借，直至清朝末年正式沦为葡萄牙殖民地，1999年回归祖国时，被殖民历史长达400多年；香港在第一次鸦片战争后开始陆陆续续沦为英国殖民地，至1997年正式回归祖国，历史也达150多年；台湾在17世纪上半叶先后被西班牙、荷兰侵占将近半个世纪，甲午中日战争后又沦为日本殖民地长达半个世纪。在被殖民统治的过程中，本地文化与外来文化经历了长期的交汇、冲突与融合，最终形成了以中国传统文化为内核、以中西文化交融为特色的文化形态。

香港和澳门由于背靠祖国大陆，历史上居民大都是从内陆迁移而去的，因此在宗教

信仰上首推和内地一样的佛教和道教，各种宗教活动与日常生活紧密结合，成为一种信仰和民俗。同时由于受到西方殖民统治的影响，许多民众也信仰基督教、天主教、伊斯兰教及印度教，充分展现出港澳地区在宗教信仰上的中西合璧特色。台湾宗教信仰既有高山族的原始信仰，也有民间通俗信仰，更有佛教、道教、天主教等信仰。

🔍 知识小扩充 14-1

香港俗神信仰及黄大仙

香港地区宗教信仰自由，据统计香港寺院有 40 座，天后庙宇 24 座。当地港人主要信仰佛教、道教，而在俗神信仰里，普遍敬奉的有祖先神位、妈祖、黄大仙、门神和土地神等。由于香港从事渔业、航运者众多，故庙宇供奉最多的是天后妈祖；此外在庙宇中供奉的其他神还有观音、北帝、关帝等。许多商店中也设有关帝神位，以求保佑平安。

在香港，黄大仙的影响无处不在。黄大仙在香港以外的澳门以及东南亚一带影响也甚远。凡到过香港的人都知道，香港有个区专门以黄大仙命名，共有四个黄大仙社团，信众更是数以百万计，黄大仙殿前的香火终年鼎盛。黄大仙生于公元 328 年东晋时期，原名黄初平，是浙江金华人。他自幼家贫，八岁开始牧羊。相传他十五岁那年，在外牧羊途中被一位仙翁带至赤松山金华洞的石室中修炼。自此超凡脱俗，潜心修道，钻研丹药，四十年不食人间烟火，终于理悟修道玄机，修得法道。黄大仙擅长炼丹和医术，得道之后在民间惩恶除奸，劝恶扬善，赠医施药，有求必应，留下了许多脍炙人口的故事。黄大仙精神，现在已成了港人精神的寄托。所以港人无论保平安，求事业，问姻缘等，都来这里解迷津。现在许多港人只要来黄大仙庙，都十分虔诚朝拜，上香的人非常多，香烟弥漫，香火极盛。

2. 古建筑中西合璧、风格独特

在港澳台长期的历史发展中，形成了既有传统的中式宅院，又有古老的西式洋楼，既有明清保留下来的古庙，又有近代遗留下来的教堂的中西建筑文化格局。这些建筑不仅是一座座生动的文物，也是港澳台历史发展的一个个见证，其中有些价值极高，如由22 座位于澳门澳门半岛的建筑物和相邻的 8 块前地所组成的澳门历史城区早在 2005 年 7月就已经被联合国教科文组织列入世界文化遗产，是中西建筑融合的典型代表。此外，香港历史建筑多数于第二次世界大战前兴建，除了有悠久历史的寺庙、教堂及祠堂外，还有一些政府建筑如水塘建筑、军营、官员官邸等，这些建筑保留了不少早年香港居民的生活情况及信仰等，而由于香港曾为英国殖民地，不少建筑亦因而保留了殖民地时代的西方建筑风格，一些更是中西合璧，成为香港独有的特色建筑。

3. 经济发达，购物业繁荣

香港、台湾早在 20 世纪 80 年代就已经凭借各自的特色产业跻身"亚洲四小龙"的行列。香港由于特殊的地理位置，凭借天然的优良港口、发达的进出口贸易以及自由港的地位，大力发展服务业，一步步成为亚太地区著名的国际金融、贸易、旅游中心。台湾从 20 世纪 60 年代开始，大力发展加工出口工业带动经济发展，并陆续修正或制定旨在促进出口的政策与措施，短短十几年内经济实现高速腾飞。

香港素来被中外游客称作"购物天堂"。这里购物商场林立、商品种类包罗万象、取价公道，拥有各式各样的露天市集、充满奇趣的夜市和琳琅满目的豪华大型商场，货品林林总总、应有尽有，令人目不暇接，堪称"购物天堂"。因为香港特别行政区政府采取低税率政策，在香港出售的大部分商品都不征税，所以在香港购物货品价钱相应较低，普遍低于其他国家地区，因此吸引中外游客前往香港购物及旅游，近年来更成为大陆游客购物的首选之地。澳门同样因为低税率政策、地理条件和低消费水平造成了澳门物美价廉的购物环境。台湾虽然不像香港、澳门有许多的国际商品可以选购，但其本土特产和工艺品也受到游客的喜爱，尤其是物美价廉的化妆品、糕点小吃及美术工艺品等市场热度很高。

4. 交通四通八达，便利性极高

香港地区的交通便利程度在世界名列前茅，不论是对内的交通密度，还是对外的航空班线，都是一流水平。市内公共交通系统异常发达，地铁、电车、巴士、的士和轮渡等应有尽有，在观光游览区还有山顶缆车、轻铁等旅游交通。在通向内地的公共交通中，九广铁路、到广东各大城市的直通巴士、船运也非常方便。香港是国际和亚洲地区主要的航空中心，香港国际机场也成为世界上最繁忙的机场之一，全球各大航空公司几乎每天都有航班来往于香港。澳门交通也较为便利，内部有公共汽车、出租车、三轮车、自行车多种交通工具供游客选择，外部远程有国际机场飞往内地各大城市和台湾、首尔等近域，近程有通往珠海、广州等地的大巴，通往香港的水运。作为我国最大的岛屿，台湾的海陆空交运系统非常完整，内部有贯穿台湾全境的捷运高铁，高速公路也非常发达；外部航空上有桃园、高雄国际机场，水运有高雄、基隆、台中、花莲和苏澳五个国际港口，可以说多层次的立体交通网络完备覆盖全岛。

二、旅游业发展现状

（一）香港、台湾入境游客人次和收入近年来呈下降趋势

2003 年自由行放开以来，在内地游客市场支撑下，香港旅游业进入飞速发展轨道，大陆游客成为其稳定、庞大的客源。然而，全球旅游市场大发展环境下，香港旅游业却从 2014 年突然转向，呈现衰退迹象，逐渐被日本等竞争对手所超越，核心在于各自旅游政策和环境因素变化带来的多重影响。根据香港旅游发展局发布的旅游业统计资料显示，自 2015 年 3 月以来，中国内地访港人数持续减少，且 2016 年和 2017 年第一季度不断加速减少。

香港旅游对大陆游客吸引力持续下降，有以下几方面原因：一是近五年来，出国游尤其是赴泰国、新加坡、马来西亚、日本、韩国等成为香港旅游市场的旅游替代品，物美价廉的国外旅游线路较香港市场有更强的吸引力；二是自 2015 年以来香港发生的"占领中环"运动及各种骚乱、针对大陆游客的不友好事件等，进一步助推了香港作为

大陆游客重要旅游目的地的衰落；三是就旅游资源本身而言，香港自然人文景观不够独特、吸引力与海外市场比较吸引力较弱也是其旅游人次与收入下降的原因。台湾旅游业自 2016 年 5 月以后陆客到台人数逐月下滑，年底降幅已扩至四成，其影响层面也由旅行业、住宿业、游览车业转而扩散至零售业、休闲服务业。这一结果主要和蔡英文当局的两岸政策有关。不管是因市场原因，还是受政治影响，香港和台湾的旅游业人次和收入逐年下降是不争的事实。

（二）澳门旅游业积极开拓多方市场，平稳发展

在香港与台湾旅游业受到各方影响呈逐步下降的同时，澳门旅游业积极开拓各方市场，基本维持了正常发展水平。2016 年赴澳门游客全年留宿旅客达 1570 多万人次，上升 9.8%，占访澳旅客 50.7%，是过去十年来留宿旅客首次多于不过夜旅客。

尽管澳门旅游在发展中存在着旅游景点和旅游线路单一，资源开发与旅游产业结构发展不平衡等问题，但澳门也有自身的发展优势：一是多年来，澳门、珠海、中山三地旅游局共同赴国外客源市场挖掘商机，以及在国内高铁沿线城市举办联合推介会，带动了澳门旅游业的增长势头。二是中央政府和特区政府大力支持发展会展业，积极提供各项措施，吸引了本地及海外机构在澳门举行各类国际会议及展览项目。以会展带动旅游产生的旅游收入与日俱增。三是澳门逐步调整产业结构单一的现状，积极加快"世界旅游休闲中心"建设，同时积极整合澳门当地的旅游资源，通过一系列措施加快旅游业发展，如打造澳航假期自由行品牌，包装丰富多彩的机+酒、机+旅游等自由行产品，与同程旅游、携程、中青旅、中国国旅等在线旅游企业合作，推出主题不同的旅游产品和线路等。见表 14-1。

表 14-1 香港、澳门 2014—2016 年旅游数据统计

年份 省份	2014 年		2015 年		2016 年	
	接待人次 （亿）	旅游收入 （亿元）	接待人次 （亿）	旅游收入 （亿元）	接待人次 （亿）	旅游收入 （亿元）
香港	0.6084	3590.4 亿港元	0.5931	5035 亿港元	0.5665	—
澳门	0.3150	—	0.3071	—	0.3095	—

数据来源：根据香港旅游发展局、澳门旅游局官方网站统计汇总

第二节 香港旅游亚区主要旅游资源概述

一、区域旅游资源概况

香港（Hong Kong, HK），简称"港"，全称为中华人民共和国香港特别行政区（HKSAR）。地处中国华南地区，珠江口以东，南海沿岸，北接广东省深圳市，西接珠

江，与澳门特别行政区、珠海市以及中山市隔着珠江口相望，其余两面与南海邻接。

香港是一座高度繁荣的国际大都市，全境由香港岛、九龙半岛、新界三大区域组成，管辖陆地总面积1104.32平方千米；虽然地名取自香港岛，但香港最大的岛屿却是面积比香港岛大2倍多的大屿山。截至2016年末，总人口737万，人口密度居全世界第三。香港地形主要为丘陵，最高点为海拔958米的大帽山。香港的平地较少，约有两成土地属于低地，主要集中在新界北部，分别为元朗平原和粉岭低地，都是由河流自然形成的冲积平原；其次位于九龙半岛及香港岛北部，是从原来狭窄的平地向外扩张的填海土地。

香港自古以来就是中国的领土。1842—1997年间，香港曾为英国殖民地。第二次世界大战以后，香港经济和社会迅速发展，不仅被誉为"亚洲四小龙"之一，更成为全球最富裕、经济最发达和生活水准最高的地区之一。1997年7月1日，中华人民共和国正式恢复对香港行使主权，香港特别行政区成立。中央拥有对香港的全面管治权，香港保持原有的资本主义制度和生活方式，并可享受外交及国防以外所有事务的高度自治权。"一国两制"、"港人治港"、高度自治是中国政府的基本国策。

香港是全球第三大金融中心，重要的国际金融、航运和贸易中心，与纽约、伦敦并称为"纽伦港"，是全球最自由经济体和最具竞争力城市之一，在世界享有极高声誉。香港也是中西方文化交融之地，把华人智慧与西方社会制度优势合二为一，以廉洁的政府、良好的治安、自由的经济体系及完善的法制闻名于世，有"东方之珠""美食天堂"和"购物天堂"等美誉。

📚 专业技能训练 14-1

香港旅游业如何借回归祖国 20 年再发力

在过去的几十年里，香港作为门户让中国内地大众更多地了解了世界。尤其自1997年香港回归以来，已有越来越多的人前往这个购物天堂和美食之都旅游观光。据香港旅游发展局统计，在1997年，内地赴港旅游人次只有236万，而在2014年，该数字达到峰值4724万。随后虽然经历了两年的连续下跌，2016年4277万人次的内地赴港游客总数仍为回归之初的18倍。同时从今年开始，或许是因为赴日韩旅游需求锐减的侧面影响，2017年一季度的游客总量也开始回升了。正是通过住宿、观光、游览、购物、餐饮等方面的消费，内地对香港的认识大大提升。同时归功于签注政策的便利，去香港旅游也逐渐从需要办理各类烦琐手续的严肃出游，变为一次说走就走的旅行。

5月23日，香港旅游发展局副总干事叶贞德女士在"惠聚香港·献礼回归"活动上宣布："在6月初到7月底，内地赴港游客将享受有史以来覆盖面最广、优惠力度最大的一次回归庆祝优惠活动。"

（资料来源：香港回归20周年 东航邀你"惠聚香港"［EB/OL］. http://sh.sina. com.cn/travel/gnly/2017-06-20/detail-ifyhfnqa4493805.shtml）

问题： 你认为香港借助回归20年应从哪些方面开展活动，实现旅游新突破？

二、主要旅游景区景点

(一) 香港岛

1. 维多利亚港

维多利亚港（Victoria Harbour），简称维港，是位于香港岛和九龙半岛之间的海港，名字取自于英国维多利亚女王。它东起鲤鱼门，西面海界由青衣岛至香港岛，中间尖沙咀到中环之间较窄。由于港阔水深，为天然良港，香港亦因其而拥有"东方之珠""世界三大夜景"之美誉。维多利亚港一直影响着香港的历史和文化，主导香港的经济和旅游业发展，是香港成为国际化大都市的关键之一。

2. 香港海洋公园

香港海洋公园（Hongkong Ocean Park），位于香港岛南区黄竹坑，占地超过91.5公顷，1977年1月10日开幕，是一座集海陆动物、机动游戏和大型表演于一身的世界级主题公园，也是全球最受欢迎、入场人次最高的主题公园之一。公园依山而建，分为"高峰乐园"及"海滨乐园"两大景区，以登山缆车和海洋列车连接。香港海洋公园拥有海洋水族馆及主题游乐园，凭山临海，旖旎多姿，是访港旅客最爱光顾的地方。在这里不仅可以看到趣味十足的露天游乐场、海豚表演，还有千奇百怪的海洋性鱼类、高耸入云的海洋摩天塔，更有惊险刺激的越矿飞车、极速之旅，堪称科普、观光、娱乐的完美组合。

3. 香港会议展览中心、金紫荆广场

香港会议展览中心（Hong Kong Convention and Exhibition Center，HKCEC），位于香港湾仔，是香港海边最新建筑群中的代表者之一。除了作大型会议及展览用途之外，这里还有两间五星级酒店，办公大楼和豪华公寓各一幢。而它的新翼则由填海扩建而成，内附大礼堂及大展厅数个，分布于三层建筑之中，是世界最大的展览馆之一。1997年7月1日香港回归中国大典亦在该处举行，成为国际瞩目的焦点，而它独特的飞鸟展翅形态，也给美丽的维多利亚港增添了不少色彩。金紫荆广场位于香港会展中心旁，是为纪念香港回归祖国而设立，这里三面被维港包围，在维港的中心位置，与对岸的尖沙咀对峙，是观景的好地方。

(二) 九龙区

1. 尖沙咀

尖沙咀是九龙半岛南端的一个海角，毗邻红磡湾。在移山填海之前，由于该处附近的海水被官涌山所阻，其南端形成一个长及尖的沙滩，地形上十分显著；经过多次填海工程后，今天的尖沙咀已增加不少土地面积，却依然是一个高度发展区域，一直是香港的心脏的地带。在尖沙咀可以找到不少异国文化：南亚裔及非裔人士聚居的重庆大厦、九龙公园旁全港最大的清真寺、高贵的充满英国风情的五星级酒店、有着韩国街之称的金巴利街等，令人有身处异国之感。尖沙咀区内设有不少购物商场，包括新港中心、太

阳广场、美丽华商场、新世界中心等。

2. 黄大仙祠

香港黄大仙祠又名啬色园，始建于 1945 年，是香港最著名的庙宇之一，在本港及海外享负盛名，也是香港唯一一所可以举行道教婚礼的道教庙宇。它的香火十分鼎盛，每年农历大年初一，市民都要争头炷香。相传祠内所供奉的黄大仙是"有求必应"的，十分灵验。据传说，黄大仙又名赤松仙子，以行医济世为怀而广为人知。在每年农历年底及正月初一至十五日，有大量善信前往该祠，所有黄大仙的弟子会于正午时分聚集于祠内的主殿参与祭祀。

（三）新界及离岛区

1. 迪士尼乐园

香港迪士尼乐园（Hong Kong Disneyland）位于香港新界大屿山，占地 126 公顷，2005 年 9 月 12 日正式开园。它是全球第 5 座，亚洲第 2 座，中国第 1 座迪士尼乐园。乐园分为 7 个主题园区，分别为美国小镇大街、探险世界、幻想世界、明日世界、玩具总动员大本营、灰熊山谷及迷离庄园，其中灰熊山谷和迷离庄园为全球独有。园区内设有主题游乐设施、娱乐表演、互动体验、餐饮服务、商品店铺及小食亭。此外，乐园每天晚上会呈献巡游表演节目及烟花会演。

2. 香港世界地质公园

香港世界地质公园位于新界东部及东北部一带，包括新界东北沉积岩和西贡东部火山岩两大园区共 8 大景区；公园占地 49.85 平方千米，是全球面积最小的世界地质公园。公园拥有世界一流的酸性火山岩柱，展现了 5.2 亿至 2.5 亿年前的古生代期间，通过沉积作用形成沉积环境的一段地质历史，极具典型性和稀有性。其中火山岩柱为含硅质较高的酸性流纹火山岩，不论就规模和岩石特征皆堪称世界罕见，更特别的是该处的火山岩同时展现凝灰岩和熔岩的特征，对其是如何形成的，地质学家至今仍看法不一，极具科学研究价值。此外，海岸作用在此形成了多种侵蚀和沉积地貌，其中的化石对于了解古老的古生代环境、地理、气候及生物进化提供了线索。

3. 青山禅院

青山禅院位于香港屯门区西青山山腰，位列香港三座古刹之首，也是新界最著名的千年古刹。它始建于东晋末年，距今 1500 多年，原名杯渡寺，相传南北朝时期，有一位具神功的僧人，常常乘坐木杯渡河，人称"杯渡禅师"。据说他曾在这里居住修道，并屡显神迹，后人为纪念他，便在这里修建了杯渡寺。寺内的遗迹有青云观、杯渡庵、杯渡禅像、鱼骨化石、韩愈所书的"高山第一"石刻及前港督金文泰所建的大牌坊"香海名山"等。青山禅院宁静幽雅的环境，众多的文物古迹，吸引无数的游人。

三、旅游美食与旅游商品

（一）旅游美食

香港的饮食文化，不但传承着中国传统，且受着外国文化的影响，可说荟萃中外特色，集中世界美食，素有"美食天堂"之誉。各种风味，各有所长，形成了香港的美食大观。香港的饮食业不断向外来饮食文化取经，并将新元素注入本地菜式之中，丰富了香港本地的饮食文化。充满亚洲风味的餐馆遍布香港，辛辣的泰国汤、香浓的印度咖喱、韩国烧烤、越南沙律卷、日本寿司等特色美食在香港街头随处可见。就中餐而言，对于一间稍具规模的茶餐厅来说，必然具备"粥""粉""面""饭"四类食物以飨食客。在香港，最富当地特色的当然是港式茶餐厅，它是感受地道的港式市民文化的绝佳地。元朗盆菜、云吞面、鱼蛋粉、牛肉丸、龟苓膏、碗仔翅、车仔面、鸡蛋仔、杨枝甘露、烧腊、虾糕、煎酿三宝等一大批特色小吃成为香港特色小吃的代表。

（二）旅游商品（表14-2）

表14-2 香港主要旅游商品名录

类别	具体代表
工艺品	珠宝、钟表、高档腕表、电子产品、数码产品、化妆品、品牌服饰
土特名产	德成号鸡蛋卷、陈意斋燕窝糕、永吉街柠檬王、大澳虾酱虾膏、嘉麟楼 XO 酱、海味干货、腊味

四、旅游节庆与旅游线路

（一）旅游节庆

香港是一个国际型的大都市，一年四季都有精彩的节庆盛事，从初春的农历新年、盛夏的龙舟竞渡、金秋的美味盛宴，至冬日的欢腾派对，各色各异。如香港新春节庆（春节）、香港马术大师赛（2月）、香港艺术节（2、3月）、香港国际电影节（3月或4月）、香港传统文化汇（4月）、香港国际七人橄榄球赛（4月）、香港巴塞尔艺术展（5月）、法国五月（5月）、香港龙舟嘉年华（6月）、香港万圣狂欢月（10月）、香港美酒佳肴巡礼（10月）、香港高尔夫球公开赛（11月）、香港马拉松（12月）等。

（二）旅游线路

香港尽管地域面积不大，但可游览的景点内容丰富，不管是三岛联合的一日游，还是三岛分开的多日游，都可让游客饱览香港精华。

香港经典游：香港迪士尼乐园→旺角→油麻地→尖沙咀→维多利亚海港→星光大道→前九广铁路钟楼、尖沙咀天星码头→香港海洋公园→香港会议展览中心→金紫荆广场→铜锣湾→轩尼诗道→中环→太平山顶→杜莎夫人蜡像馆→凌霄阁→兰桂坊→时代广场→崇光百货（铜锣湾店）→中环置地广场→Apple Store（中环 IFC 店）→香港国际金融中心商场→ 海港城→DFS 环球免税店（新太阳广场店）→ 庙街→ 朗豪坊。

购物美食游：波鞋街→ 鸭寮街→女人街→庙街→ SASA（尖沙咀弥敦道店）→ 海港城→ 维多利亚海港→ 星光大道→时代广场→崇光百货（铜锣湾店）→轩尼诗道→中环置地广场→Apple Store（中环 IFC 店）→香港国际金融中心商场→中环→太平山顶→凌

霄阁 →兰桂坊→SoHo 荷兰美食区。

香港自然文化游：湿地公园、南生围、下白泥→大澳渔村、鸭寮街、庙街→长洲岛。

香港美景美食游：圆方购物中心、天际 100 香港观景台、香港国际金融中心商场、中环摩天轮、维多利亚海港、前九广铁路钟楼→昂坪 360 海陆空水晶缆车、宝莲禅寺、天坛大佛、心经简林→香港会议展览中心、崇光百货（铜锣湾店）、希慎广场、凌霄阁、兰桂坊。

第三节　澳门旅游亚区主要旅游资源概述

一、区域旅游资源概况

澳门（葡语 Macau、英语 Macao），全称为中华人民共和国澳门特别行政区。北邻广东省珠海市，西与珠海市的湾仔和横琴对望，东与香港隔海相望，相距 60 千米，南临中国南海。面积 32.8 平方千米（海域面积 85 平方千米），人口 58.76 万（截至 2015 年年底）。

1553 年，葡萄牙人取得澳门居住权，1887 年 12 月 1 日，葡萄牙与清朝政府签订《中葡会议草约》和《中葡和好通商条约》，正式通过外交文书的手续占领澳门并将此辟为殖民地。1999 年 12 月 20 日中国政府恢复对澳门行使主权。经过 400 多年欧洲文明的洗礼，东西方文化的融合共存使澳门成为一个风貌独特的城市，留下了大量的历史文化遗迹。澳门历史城区于 2005 年 7 月 15 日正式成为联合国世界文化遗产。

澳门是一个国际自由港，是世界人口密度最高的地区之一，也是世界四大赌城之一，实行资本主义制度。其著名的轻工业、旅游业、酒店业和娱乐场使澳门长盛不衰，成为全球最发达、富裕的地区之一。

二、主要旅游景区景点

（一）澳门历史城区

截至 2016 年 7 月，澳门拥有 1 处景观列入《世界遗产名录》：澳门历史城区。

澳门历史城区是由 22 座位于澳门澳门半岛的建筑物和相邻的 8 块前地所组成，以旧城区为核心的历史街区。它是中国境内现存年代最古老、规模最大、保存最完整和最集中的东西方风格共存建筑群，其中包括中国最古老的教堂遗址和修道院、最古老的基督教坟场、最古老的西式炮台建筑群、第一座西式剧院、第一座现代化灯塔和第一所西式大学等。作为欧洲国家在东亚建立的第一个领地，城区见证了西方宗教文化在中国以至远东地区的发展，也见证了向西方传播中国民间宗教的历史渊源，更见证了 400 多年来中华文化与西方文化互相交流、多元共存的历史。正因为中西文化共融的缘故，城区当中的大部分建筑都具有中西合璧的特色。

（二）大三巴牌坊

大三巴牌坊正式名称为圣保禄大教堂遗址，一般称为大三巴或牌坊，是澳门天主之母教堂正面前壁的遗址。它是澳门的标志性建筑物之一，同时也为"澳门八景"之一。1835 年的一场大火将圣保禄教堂烧毁，只剩下耗资 3 万两白银的前壁，这就成了今天的大三巴牌坊（葡语"圣保禄"发音接近粤语中的"三巴"，所以也称"大三巴牌坊"）。教堂成为遗址之后，因前壁与中国传统牌坊相似，加上牌坊的建筑形式是巴洛克式，并有明显东方色彩的雕刻，令它在全世界的天主教教堂中具有独一无二的特色。大三巴牌坊建筑糅合了欧洲文艺复兴时期西方建筑与东方建筑的风格，体现了东西艺术的交融，雕刻精细，巍峨壮观。无论是牌坊顶端高耸的十字架，还是铜鸽下面的圣婴雕像和被天使、鲜花环绕的圣母塑像，都充满着浓郁的宗教气氛，给人以美的享受，堪称"立体的圣经"。

（三）圣老楞佐教堂

圣老楞佐教堂，是澳门最古老的三座教堂之一。据史料记载，推算出教堂是 1569 年左右由耶稣会会士创建的一座木制小教堂。而据教堂内一石刻上的碑文，第一次重修应在 1618 年，至于现时教堂的规模则是在 1844 年改建后而成的。圣老楞佐教堂早年建成的时候，因为它靠近码头，所以教堂内立有风信旗杆，是葡萄牙人决定是否出海的重要指标，所以这座教堂也被俗称为"风信堂"，后来因广东话中"信""顺"同音，"风信"转为"风顺"，而"风顺堂街"和"风顺堂区"也因此得名。圣老楞佐教堂建筑高耸，气势逼人，为欧洲古典巴洛克风格。

（四）郑家大屋

郑家大屋大约建于 1881 年，是中国近代著名思想家郑观应的祖屋，由其父亲郑文瑞筹建。它位于妈阁街侧，建筑范围约 4000 平方米，是一岭南派院落式大宅，建筑沿妈阁街方向纵深达 120 多米，主要由两座并列的四合院建筑以及由内院连接的仆人房区建筑及大门建筑等组成。建筑虽主要以中国形制构建，但却处处体现中西结合之特色，其中中式建筑手法主要表现于屋顶、梁架结构，檐口墙体彩绘及泥塑浅浮雕等，而西方或外国之影响则印证于一些室内天花的处理、门楣窗楣的式样、檐口线、云母窗片，以及外墙批荡等。

（五）妈祖阁

妈阁庙原称妈祖阁，俗称天后庙，坐落在澳门半岛的西南面，沿岸修建，背山面海，石狮镇门，飞檐凌空，是中葡文化融合的起点，也是澳门最著名的名胜古迹之一，是澳门三大禅院中的最古者。它初建于明弘治元年（1488 年），距今已有 500 多年的历史。整座庙宇包括大殿、弘仁殿、观音阁等四座主要建筑，是一座富有中国文化特色的古建筑。庙内主要供奉道教女仙妈祖，又称"天后娘娘""天妃娘娘"，人称能预言吉凶，常于海上帮助商人和渔人化险为夷，消灾解难，于是福建人与当地人商议在现址立庙祀奉。

（六）岗顶剧院

岗顶剧院，是位于澳门岗顶前地的古老剧院，被认定为中国第一所西式剧院。岗顶剧院于 1860 年由澳门的葡萄牙人集资兴建，以纪念葡萄牙国王伯多禄五世。初期只建成主体部分，其后 1873 年再于入口正面加建柱廊、拱廊及新古典主义的三角楣。昔日为澳门葡萄牙人的大会堂和土生葡人聚会之地。除剧场外，建筑内还设有舞厅、阅书楼和台球室等，所以出现有岗顶波楼之称。岗顶剧院已经多次维修，亦曾因白蚁蛀蚀问题而关闭近 20 年。1993 年和 2001 年进行维修，现主体建筑仍基本保存完整。

（七）三街会馆

三街会馆又名关帝庙，是位于澳门特别行政区议事亭前地旁边的庙宇，为早期澳门华人商家的议事场所。"三街"指澳门最早的三条街道——营地大街、关前街和草堆街；"会馆"则由三条街道的商行组成。初设时为商人议事的场所，商贾们在此联络感情、沟通商情，也是清政府发布公告的重要场所，于是三街会馆逐渐成为澳门华人的议事场所，后来的澳葡政府也以会馆作为联系华人的唯一机关。会馆开设之初，即设关帝像供奉。由于起初时议事场与庙宇合一，故被人称为"关帝庙"。20 世纪 20 年代后，三街会馆逐渐衰微，庙宇成了会馆的主要功能。因三街会馆内一直供奉关帝，遂演变为关帝古庙；除了供奉关帝外，还设有财帛星君与太岁的神位。

同步思考 14-1

澳门博彩业已有 100 多年历史，博彩业收入曾超过瑞士，也曾经超过美国拉斯维加斯。然而，澳门博彩业收入自去年以来连续下降，目前已经降到澳门全部财政收入的一成半左右，取而代之的会展业异军突起，澳门以此为突破口，打开了澳门旅游继续繁荣发展的另一扇门。

问题：澳门博彩业收入为什么连续下降？

三、旅游美食与旅游商品

（一）旅游美食

澳门可谓是美食的天堂，中西共处，相互交融，荟萃了东西南北美食。澳门饮食已经变成最能体现文化包容的美食谱系，成为吸引大批中外游客的旅游特色项目。来自世界各地的风味美食均可在此品尝到，它糅合了亚欧风味，展现了东西美食的精髓。它们以海鲜、肉类、家禽、果蔬做原料，加入从各地带来的香料，由巧手厨师用古老的葡式以及东方特有的方式烹调出来，成为澳门特有的菜式。其中最著名的菜有：葡国鸡、青菜汤、非洲鸡、葡式炒蚬、咖喱蟹和马介休（即鳕鱼）。烹调方式多种，烧、烤、煎、煮等，无论用什么方式烹调，都会令人齿间留香，回味无穷。如非洲鸡、果亚鸡、辣大虾等都是葡萄牙从非洲及印度学会使用香料后而烹调制成的，其中最为有名的非洲鸡，是用 10 多种香料烧烤而成，香味浓郁，食后令人回味无穷；闻名的红豆猪手也是澳门的特色之一。此外，葡国腊肠、沙甸鱼、烧牛尾等也是澳门著名的菜品。

（二）旅游商品（见表 14-3）

表 14-3　澳门主要旅游商品

类别	具体代表
酒、茶	葡国葡萄酒
土特名产	香记蛋卷、咀香园杏仁饼、葡式蛋挞、车厘哥夫纽结糖、猪肉干、花生糖、三可老婆饼、猪排包、芝麻饼

四、旅游节庆与旅游线路

（一）旅游节庆

澳门华人对于传统的民间节日非常重视，如农历新年、清明节、端午节、重阳节、中秋节、赛龙舟会等都热闹非常，其中尤以春节最为热闹。另外，一些与宗教、习俗有关的节日，例如"娘妈诞""醉龙醒狮大会""圣母花地玛出游"等也有庆祝活动。在旅游节庆活动上，一年一度刺激紧张的澳门格兰披士大赛车，于每年 11 月举行，历届的比赛都吸引大量的游客来澳观赏；国际烟花比赛会演于每年 9 月举行，成为澳门一项国际性盛事，在世界上同类型比赛会演中极具规模及地位；澳门国际音乐节于每年 10 月举行，也是影响力较大的国际盛事。

（二）旅游线路

澳门面积狭小，各处景点分布非常集中，一日即可快速游览完精华景点；但也可以慢游，感受中西结合的独特文化，品尝美食。

澳门经典一日游：新马路→喷水池→玫瑰圣母堂→手信街→大三巴→大炮台→澳门博物馆→官也街→银河酒店→威尼斯人。

澳门休闲两日游：大三巴牌坊→大炮台→澳门博物馆→玫瑰圣母教堂→议事厅前地→澳门塔→新濠天地→威尼斯人度假村→路环岛→圣方济各教堂→官也街→龙环葡韵住宅式博物馆。

第四节　台湾旅游亚区主要旅游资源概述

一、区域旅游资源概况

台湾位于我国大陆东南沿海的大陆架上，东临太平洋，东北邻琉球群岛，南界巴士海峡与菲律宾群岛相对，西隔台湾海峡与福建省相望；总面积约 3.6 万平方千米，包括台湾岛及兰屿、绿岛、钓鱼岛等 21 个附属岛屿和澎湖列岛 64 个岛屿，其中台湾岛是中国第一大岛，人口 2349 万（截至 2015 年年底）。台湾多为山地与丘陵，平原主要集中于西部沿海，地形海拔变化大。由于地处热带及亚热带气候交界，自然景观与生态资源丰富。

台湾自古以来就是中国不可分割的一部分。高山族在 17 世纪汉族移入前即已在此定居，自明末清初始有较显著之福建南部和广东东部人民移垦，最终形成以汉族为主体的社会。台湾历史上曾被荷兰、西班牙、日本先后占领，抗日战争结束后，台湾重归中国版图。1949 年国民党政府在内战失利中退守台湾，海峡两岸分治至今。台湾自 20 世纪 60 年代起推行出口导向型工业化战略，经济社会发展突飞猛进，缔造了举世瞩目的台湾经济奇迹，名列"亚洲四小龙"之一，于 20 世纪 90 年代跻身发达经济体之列。台湾制造业与高新技术产业发达，半导体、IT、通信、电子精密制造等领域全球领先。

台湾地貌资源丰富，拥有高山、丘陵、平原、盆地、岛屿、纵谷与海岸等自然景观资源，以及热带、亚热带、温带等各种自然生态资源、森林资源和海洋资源。据统计，目前台湾全岛观光游憩区近 300 处，较具代表性的有 100 余处。其中，阿里山、阳明山、太鲁阁、垦丁、东部海岸等景区都具有世界级的水平。

在人文景观方面，由于兼容汉族、客家及高山族等不同的族群，岛内形成丰富多彩的人文色彩；另一方面，由于丰富多元的历史背景，在宗教信仰、建筑、语言、生活习惯及饮食风味上，又形成多彩多姿的台湾区域性文化。近年台湾逐渐重视对人文旅游资源如文物古迹、建筑、民间艺术、民俗风土、特色美食等的开发，使其与自然景观融为一体，充分体现历史价值和人文特色。

二、主要旅游景区景点

（一）台湾北部游览区

台湾北部游览区主要包括台北市、桃园市、基隆市、宜兰县和新竹市几个地区，自然景观与人文景观皆佳，是重要的旅游区。其中台北市是台湾省的政治、经济、文化和教育中心，为台湾第一大市，也是台湾北部的游览中心。

1. 台北故宫博物院

台北故宫博物院，又称台北故宫，中山博物院，是中国大型综合性博物馆、台湾规模最大的博物馆，也是中国三大博物馆之一，研究古代中国艺术史和汉学的重要载体。它坐落于台北市士林区至善路，建造于 1962 年，1965 年夏落成，占地总面积约 16 公顷，为仿造中国传统宫殿式建筑，主体建筑共 4 层，白墙绿瓦，正院呈梅花形。院前广场耸立五间六柱冲天式牌坊，整座建筑庄重典雅，富有民族特色。台北故宫博物院共收藏、展出 1000 多年来宋至清历朝皇帝推崇、收集的稀世珍品 70 万件，价值连城的极品更是数以千计，如铜器中的西周毛公鼎、散氏盘，玉器中的翠玉白菜、辟邪雕刻（六朝古墓出土），书法中的王羲之《快雪时晴帖》，颜真卿、宋徽宗（赵佶）书法手迹，画卷中的张宏《华子冈图》，以及中唐至清历代名家的代表作，瓷器中的宋、明、清名窑名家制品，官窑制御用艺瓷等，堪称中国文化艺术宝库。

课堂讨论与作业 14-1

打开北京故宫博物院青少年网站，创意十足的展示形式和生动有趣的学习内容就立刻映入眼帘。不管是"故宫大冒险里"的微剧场、游戏区，还是"紫禁学堂下"的皇帝过把农民瘾、紫禁城里说暖气，还是"我要逛故宫"的攻略信息，都在用青少年喜闻乐见的方式进行历史文化知识的科普与推广。同样在台北故宫博物院的官方网站，"儿童学艺中心"板块清晰地在官网右下侧显示，导览剧场、互动展示区、教育特展区等栏目下都备有丰富多彩的动画故事、游戏互动、文物探索，得到了青少年的喜爱。两处故宫博物院都意识到青少年对于我国历史文化的传承与发扬的责任和义务，都以多种方式表达着对这一群体的关爱。

任务：你认为在两处故宫的实地参观游览中，应该向青少年通过哪些形式、重点展示哪些内容实现对故宫历史文化的了解和传承？

要求：1. 将班级同学分为若干团队进行学习；2. 要对该任务有明确的观点，理由充分。

2. 台北 101 大厦

台北 101 大厦坐落于台北市的 CBD（中心商业区）信义计划区，最初是为了配合台湾的"亚太营运中心"政策而筹建的金融服务设施，原名为台北国际金融中心，而后转变成综合性的商业建筑。台北 101 大厦高 508 米，地上 101 层，底下 5 层，目前是世界第六高楼。其英文名称 Taipei 101 除代表台北外，还是科技（Technology）、艺术（Art）、创新（Innovation）、人性（People）、环保（Environment）和认同（Identity）的简称，并以层数 101 代表超越。该摩天大楼由国际著名建筑师李祖原设计，由台湾 12 家银行及产业界共同出资，造价共达 580 亿元台币。

3. 士林官邸

士林官邸位于台北市士林区福林路，早期属日本占领时代总督府园艺所用地，后来成为蒋介石在台湾的住处，也是台北市第一座生态公园。这里福山山系环抱，分为山区和平地，庭园造景设计精致，虫鸣鸟叫、景色秀丽，是休闲游憩的绝佳场所。士林官邸由外而内共分为外花园、内花园、正房几个区域；温室盆栽区及玫瑰园，是宋美龄最喜爱的花园；西式庭园中浪漫美好的风光，是新人婚纱照最常取景的地方；中式庭园里的拱桥、曲池、流水等东方庭园造景，则令人仿佛置身中国古代。其他如园艺馆、新兰亭、凯歌堂等，都是十分具有特色的建筑。

4. 野柳地质公园

位于新北市万里区的野柳地质公园为台湾北部著名的地质公园，这里突出于北海岸的狭长海岬，经千百万年的侵蚀、风化作用，逐渐形成蕈状石、烛台石、姜石、壶穴、棋盘石、海蚀洞等地质奇观，让全长 1700 米的海岬，成为台湾最负盛名的地质公园。再加上周围丰富的海洋生态、渔村风情等多元地貌，让野柳成为深具教育、观光与游憩功能的著名旅游景点。野柳的地层主要由倾斜的层状沉积岩组成，蕈状岩外观似蘑菇，有一"颈"上托着粗大球状石的奇岩。野柳的蕈状岩屹立成群，排列有序，遥望成层，约有 180 个。最著名的是"女王头"，已经有 4000 年，举世罕见，该"头像"颈部修长、脸部线条优美，神态像极昂首静坐的尊贵女王，早已成为野柳地质公园的象征。

5. 北投温泉区

北投温泉位于大屯火山群、金山断层上，为台湾百年来最著名的温泉乡，被称为"台湾温泉之冠"。它距台北市 12 千米，位于阳明山麓北投镇。三面有大屯、七星、纱帽诸峰环绕，南面的淡水河，蜿蜒如带。这里温泉密布，别致的温泉旅社五步一楼、十步一阁，隐现于岩谷溪涧之间。北投温泉早在日本侵占时期就享有盛名的温泉公共浴场，有着英国都铎时期的乡村建筑风格，沉稳的红色砖墙与黑色的瓦与绿荫相称，是个让人放松休憩的好地方。其泉源主要来自地热谷及行义路底的龙凤谷，地热谷涌出的热泉澈绿似玉，称为青磺，属酸性盐酸泉，因泉水中又含有少量的放射性镭，也称为"镭温泉"；由龙凤谷接管引来的白磺又称为星汤，属酸性硫酸盐泉，两种泉质均有治疗慢性关节炎、肌肉酸痛、慢性皮肤炎等疗效。时至今日，也有许多爱汤族喜欢晨昏来北投泡泡澡，再漫步一遭，格外神清气爽。

6. 大屯火山群

大屯火山群是中国重要火山群之一，位于台湾岛北部，面积 430 平方千米，地域覆盖了台北市和台北县。大屯火山群与北投温泉、士林、阳明山构成台湾北部著名风景区。大屯火山群由 16 个火山喷发口造成的圆锥形山体组成，大屯山居于群山之中，海拔 1000 多米，顶上呈漏斗状的火山口，直径 360 米，深 60 米。火山口雨季积水成湖，称为"天池"。在大屯山和七星山之间，还有座小观音山，顶上火山口直径有 1200 米，深 300 米，是大屯火山群中最大的火山口。大屯火山群是台湾火山地形保存最完整的地区，它像一部地质百科全书，记录了台湾数百万年来大自然的沧桑变迁。

（二）台湾中部游览区

该区域包括台中市、苗栗县、彰化县、南投县、云林县和花莲县几个地区，包括日月潭、阿里山、玉山、太鲁阁峡等自然景观，也包括雾社、阿美文化村、昭忠塔等历史遗址。

1. 阿里山国家风景区

阿里山是台湾地区的著名旅游风景区，位于嘉义市东部，海拔高度为 2216 米，东面靠近台湾最高峰玉山。由于山区气候温和，盛夏时依然清爽宜人，加上林木葱翠，是全台湾最理想的避暑胜地。阿里山共由十八座高山组成，属于玉山山脉的支脉。这里拥有丰富的自然与人文资源，日出、云海、晚霞、森林与高山铁路，合称阿里山五奇，同时也塑造出"高山青、涧水蓝……"这首耳熟能详的歌谣被广大游客所传诵。阿里山铁路有 70 多年历史，是世界上仅存的三条高山铁路之一，途经热、暖、温、寒四带，景致迥异，搭乘火车如置身自然博物馆。

2. 日月潭

日月潭是台湾著名的风景区，是台湾八景中的绝胜，也是台湾岛上唯一的天然湖泊，其天然风姿可与杭州西湖媲美。湖面海拔 740 米，面积 7.73 平方千米，湖周长 35 千米，平均水深 40 米。潭中有一小岛名珠仔屿，亦名珠仔山，海拔 745 米。以此岛为界，北半湖形状如圆日，南半湖形状如新月，日月潭因此而得名。日月潭之美在于环湖重峦叠嶂，湖面辽阔，潭水澄澈；一年四季，晨昏景色各有不同。七月平均气温不高于 22℃，一月不低于 15℃，夏季清爽宜人，为避暑胜地。

3. 太鲁阁国家公园

作为台湾的第四座"国家公园"，太鲁阁位于台湾岛东部，地跨花莲县、台中县、南投县三个行政区。20 千米长的太鲁阁峡谷是世界上最大规模的大理石峡谷，又因为两岸悬崖万仞，奇峰插天；山岭陡峭，怪石嵯峨；谷中溪曲水急、林泉幽邃，具有长江三峡雄奇景观连绵不断的气势，而被誉为"宝岛的三峡"。因为地势险要，易守难攻，峡谷多次作为战场，至今随处可见当年本地人抵抗日本侵略者的石头碉堡。1986 年，这里开辟成全岛第二大的自然公园，前来观光的游客才逐渐增多起来。地壳的隆起使得大理石岩层外露，因而形成陡峭的太鲁阁景观，如果说台湾是美丽的宝岛，那么太鲁阁峡谷则是美上加美的奇景。

4. 雾社

雾社位于台湾岛中部南投县山区，海拔 1148 米，因附近地区晨昏多雾气笼罩，故以雾名社，现改称仁爱村。日本侵占台湾时，曾因本区风光秀丽，条件优越，被定为日本人移民区。当地高山族居民不堪迫害，于 1930 年 10 月 27 日乘日本人集中举行运动会之际，由莫那鲁道父子等领导武装起义。事发后，日本军警以大炮、飞机、毒气残酷屠杀。事件结束后，该地区 1200 多名高山族居民大半牺牲，雾社一带几成废墟。此即震撼世界的"雾社事件"。台湾光复后，在起义地点建立死难者烈士坟场及纪念碑。素有"樱都"之称，每年 1 月红樱花竞放，为旅游胜地。

（三）台湾南部游览区

南部游览区从地域范围上主要包括高雄市、台南市、嘉义市、嘉义县、屏东县和澎湖县等。在旅游资源上既有如垦丁公园、鹅銮鼻灯塔为代表的海岸风光，也有以郑成功庙、赤崁楼、安千古堡为代表的历史遗址遗迹。

1. 垦丁公园

位于屏东县境内、恒春半岛南端的垦丁公园，以其得天独厚的气候、地理条件，造就了迥异于本岛其他地区的特色，无论地质、动植物生态、海洋资源及人文风貌皆有可观。1984 年，垦丁公园正式挂牌成立，不仅是岛内首座公园，也是目前为止唯一涵盖海域的公园。垦丁公园属热带性气候，地质以珊瑚礁为主，猫鼻头、龙坑、鹅銮鼻附近，皆可看到裙礁、海崖、海蚀沟等发达的珊瑚礁地形；海湾堆积的砂粒，则含有大量的贝壳砂；而垦丁森林游乐区、社顶自然公园及鹅銮鼻等地，则是隆起的珊瑚礁台地；受东北季风影响，区内也形成了沙瀑、沙河、沙丘等风成地形。公园内的鹅銮鼻灯塔是台湾拥有百余年历史的灯塔，为著名历史建筑。

2. 关子岭温泉

关子岭温泉位于台南市白河区，为台湾著名温泉，早在日本侵占时期即与四重溪、北投、阳明山并列台湾四大温泉。关子岭温泉最大特色是黑浊泥状的泉水，含有丰富矿物质。其泥浆泉更为罕见。温泉为碱性碳酸泉，温度约为 75℃，多为泥浆，故不可饮。洗后全身舒畅，皮肤红润光洁，传言对于皮肤过敏、胃肠慢性病及风湿关节炎均具有相当疗效。这里四周有枕头山、虎头山等群峰环抱，设有关子岭温泉风景区，以关子岭温泉区为起点，沿途有红叶公园、水火同源等休憩玩赏地点。

3. 郑成功庙

郑成功庙位于台南市东，又称延平郡王祠、开山王庙，是为了纪念郑成功的祠庙。郑成功从荷兰侵略者手中收复台湾后，将台南地区作为他经营的中心。他去世后，台湾人民在清初即建开山圣王庙作为纪念。清乾隆时在原来基础上扩建，道光二十五年（1845 年）重建，同治十三年（1874 年）福建船政大臣沈葆桢巡视台湾时建议清政府将此庙立为国家祭典。光绪元年（1875 年）清廷赐郑成功延平郡王称号。庙再扩建，改称延平郡王祠。每年正月十六进行祭祀。此庙是台湾纪念郑成功祠庙中历史最久、祭礼郑成功庙最隆重之地。

4. 安平古堡

安平古堡，古称"奥伦治城"（Orange）"热兰遮城""安平城""台湾城"，位于今台南市。最早建于 1624 年，是台湾地区最古老的城堡。自建城以来，曾经是荷兰人侵占台湾时的中枢，也曾经是郑氏三代的宅第。古堡建筑屋舍纯用红色砖瓦，黄昏时与落日相辉映，景色优美，"安平夕照"1953 年被选为台湾八景之一。整座城分内外两城，内城形方，共筑三层，下层位于地面下，作为仓库。又因原为荷兰人所建，早期的汉人称荷兰人为红毛，所以把这座巍峨的城称为红毛城。

三、旅游美食与旅游商品

（一）旅游美食

台湾饮食文化以福建闽南饮食文化为主，但又结合了中国大陆各地的饮食文化特点，形成丰富多彩的饮食文化。闽客饮食文化是台湾最主要的饮食文化，从大陆的福建与广东饮食文化发展而来，成为今天的"台湾菜"，其主要特色是强调海鲜。台湾高山族早期多以小米、番薯为主食，食皆用手。后来，随着大陆移民的增多，逐渐吸收了汉民族的饮食方式，改用筷子，大米逐渐成为主食。台湾宗教信仰流行，在祭典或祖先的祭祀人，十分重视供品的内容。如生的用来祭天，熟的祭品是祭祖先。现今的台湾，也十分流行吃素。台湾与大陆南方一样，饮食非常讲究食补。在台湾，养生防老，阴阳互补，五行调和等观念深厚。目前台湾食物养生方式主要有素食、生食、有机饮食、断食疗法及传统中医食疗。台湾特殊风味的饮食文化可以说包罗万象，结合了台湾本地与大陆各地的风味小吃。在台湾街头小吃中，也有许许多多的代表，如基隆庙口的天妇罗、彰化的肉圆、嘉义的鸡肉饭、新竹的贡丸、台南的担仔面、士林的大肠包小肠，还有蚵仔煎、棺材板、台湾姜母鸭、赛门甜不辣、阿宗面线等。

专业技能训练 14-2

台湾民宿的成功对大陆乡村旅游发展的启示

台湾是世界上民俗密度最高的地方，有经济、别致、奢华的无数选择。这些民俗在不同地方有着各自特色，九分的怀旧古朴、清净农场的欧式风格、垦丁的面朝大海，都有着各自独特的魅力。大陆在 2011 年开放自由行之后，内陆游客的赴台旅游带动了台湾民宿数量的激增，使得民俗行业发展更为成熟。据大鱼自助游发布的《2015 台湾民宿发展报告》统计，88% 的在线自由行用户表示赴台会优先选择住民宿。从 20 世纪 80 年代初期发展以来，台湾民宿已经形成了与众不同的特点：民俗建筑本身与生态特色相融，主题风格多变、满足多元需求，不同地区呈现空间集聚现象。台湾民宿的成功得益于民俗政策法制化，组织协调化，民俗产品特色化，民俗经营产业化等原因。相比之下，大陆的民俗则在发展中出现了许多问题，如行业组织主导性作用不明显、民俗与当地文化融入不够、经营服务范围单一等，都制约着大陆民宿及乡村旅游的发展。

（资料来源：陈沫，齐岩波，刘海霞．台湾民宿产业发展及对大陆民宿的经验借鉴[J]．城市旅游规划，2014（10））

问题：你觉得台湾民宿业的成功可以为大陆乡村旅游的发展提供哪些值得借鉴的经验？

（二）旅游商品（表 14-4）

表 14-4　台湾主要旅游商品

类别	具体代表
工艺品	红珊瑚、桧木雕、奇石、海草地毯、茶具、莺歌陶瓷
酒、茶	金门高粱酒、八八坑道高粱酒、东引高粱酒、青心乌龙、冻顶乌龙茶、金萱茶、阿里山红茶、文山包种、高山茶、东方美人
土特名产	太阳饼、凤梨酥、大溪黑豆干、油鱼子、池上米、黑鲔鱼、麻薯、方块酥、高雄笋制品、新竹的米粉、桧木精油、牛轧糖、樱花虾
水果	金钻凤梨、爱文杧果、麻豆文旦、芭乐、木瓜、黑珍珠莲雾、青枣、番荔枝、仙人掌果、百香果、红皮香蕉

四、旅游节庆与旅游线路

（一）旅游节庆

台湾的传统节日和大陆类似。但台湾也有一些独特的节庆活动值得去关注，如新北平溪天灯节（农历正月十五）、"疯"妈祖（3月）、垦丁春天音乐祭（4月）、客家桐花祭（5月）、台东热气球嘉年华（6月）、贡寮海洋音乐祭（7月）、基隆中元祭（农历七月十四日）、自行车嘉年华（11月）、台中妈祖国际观光文化节（不定）、头城抢孤民俗文化活动（农历七月）、台北国际艺术博览会（10月）、台北101大楼烟火秀（12月31日晚）等。

（二）旅游线路

台湾由于南北狭长，旅游资源分布广泛，南北皆有，因此环岛游成为经典的旅游线路，环岛一般需8天左右。

台北故宫博物院→台北101大厦→士林官邸→中正纪念堂→日月潭→阿里山→雾社→关子岭温泉→安平古堡、郑成功庙→垦丁国家公园→知本温泉→阿美文化村、清水断崖、太鲁阁→石门水库→野柳国家公园。

本章概述

港澳台旅游业起步早，发展快，在面积不大的地域上开发了层次丰富、类型多样的旅游产品，加上其发达的经济基础、国际化的城市风貌，早已经成为国际旅游胜地，同时随着大陆游客自由行政策的逐步开放，2003年以来更成为大陆游客旅游的首选。尽管近几年来在旅游发展上，香港和台湾受到各种因素影响，旅游业呈现出缓慢发展趋势，但这并不影响其资源本身的优良性。

基本训练

一、判断题

1. 玉山、阿里山、狮子山都是台湾省的山脉。　　　　　　　　　　　　（　　）
2. 香港温泉集中，南北约有128处之多。　　　　　　　　　　　　　　（　　）
3. 本区港澳台在历史上先后都被外国侵略者占领过。　　　　　　　　　（　　）

二、简答题

1. 台湾饮食文化有哪些特点？
2. 香港旅游购物业发达的原因有哪些？

专业能力提升

台湾老兵的大陆家属：去父亲贡献过的台湾看看

1948—1950年，蒋介石退守台湾时，140万大陆士兵跟着他来到台湾。之后，他们就成了"荣民"，住在"眷村"，睡在"退舍"，被称为"外省人"。他们为台湾的经济建设做出过重要贡献，如穿越台湾险峻高耸中央山脉的中部东西横贯公路有一万多名荣民参与建设，其中三百多名荣民因工程的艰险而伤亡，为数众多的荣民就在这条公路建成后，在山区公路沿线扎下根来，成功培植了台湾以前没有的温带水果以及高寒地带蔬菜，改写了台湾的农业史。但是他们在生活上无法融入本省人的生活，薪水也少，多数人无法结婚养家，更重要的是思乡的苦，说不出来，也不能说。到了20世纪80年代，随着两岸关系的改善，回家成为荣民们的共同心声。1987年，那些离家多年的老兵们，集体上街游行、请愿，要求当局开放回大陆探亲。当年11月，蒋经国正式宣布："基于人道立场，开放老兵探亲。"长达数十年的两岸同胞隔绝状态终于被打破。自此，台湾老兵踏上了长达40年的回家之路。这些荣民在大陆有子女的，多数选择了留在大陆，最终叶落归根。今天，在台湾旅游业已经向大陆多个省市开放团队及自由行的政策下，那些台湾老兵在大陆的后辈们，有必要去趟台湾，去父亲们、祖父们贡献过的台湾去看看，去追忆那些曾有的艰难岁月。

（资料来源：编者根据相关资料整理）

问题：请根据以上资料，为台湾老兵的大陆家属设计一条特别的旅游线路，要求线路内容安排既能充分展现荣民当年的生活，追忆父辈们在台湾的困苦岁月；又能饱览台湾精华景点，引起后辈们共鸣，激发期盼两岸统一的爱国主义热情。

附录1 国家 5A 级旅游景区名单

国家 5A 级景区名单（截至 2017.5，共 247 处）

省份	数量	名称	评定年份
北京市	7	东城区故宫博物院	2007 年
		东城区天坛公园	2007 年
		海淀区颐和园	2007 年
		八达岭—慕田峪长城旅游区	2007 年
		昌平区明十三陵景区（神路—定陵—长陵—昭陵）	2011 年
		西城区恭王府景区	2012 年
		朝阳区北京奥林匹克公园（鸟巢—水立方—中国科技馆—国家奥林匹克森林公园）	2012 年
天津市	2	南开区天津古文化街旅游区（津门故里）	2007 年
		蓟州区盘山风景名胜区	2007 年
河北省	8	承德市双桥区承德避暑山庄及周围寺庙景区（普陀宗乘—须弥福寺—普宁寺—普佑寺）	2007 年
		保定市安新县白洋淀景区（文化苑—大观园—鸳鸯岛—元妃荷园—嘎子印象—渔人乐园）	2007 年
		保定市涞水县野三坡景区（百里峡—白草畔—鱼谷洞—龙门天关）	2011 年
		石家庄平山县西柏坡景区	2011 年
		唐山市遵化市清东陵景区	2015 年
		邯郸市涉县娲皇宫景区	2015 年
		邯郸市永年县广府古城景区	2017 年
		保定市涞源县白石山景区	2017 年
山西省	7	大同市南郊区云冈石窟景区	2007 年
		忻州市五台县五台山风景名胜区	2007 年
		晋城市阳城县皇城相府生态文化旅游区	2011 年
		晋中市介休市绵山风景名胜区	2013 年
		晋中市祁县乔家大院文化园区	2014 年
		晋中市平遥县平遥古城景区	2015 年
		忻州市代县雁门关景区	2017 年
内蒙古自治区	4	鄂尔多斯市达拉特旗响沙湾旅游景区	2011 年
		鄂尔多斯市伊金霍洛旗成吉思汗陵旅游区	2011 年
		呼伦贝尔市满洲里市中俄边境旅游区	2016 年
		兴安盟阿尔山·柴河旅游景区	2017 年
辽宁省	5	沈阳市浑南区沈阳植物园	2007 年
		大连市中山区老虎滩海洋公园—老虎滩极地馆	2007 年
		大连市金州区金石滩景区（地质公园—发现王国—蜡像馆—文化博览广场）	2011 年
		本溪市本溪满族自治县本溪水洞景区	2015 年
		鞍山市千山区千山景区	2017 年

404

省份	数量	名称	评定年份
吉林省	6	长白山景区	2007 年
		长春市宽城区伪满皇宫博物馆	2007 年
		长春市南关区净月潭景区	2011 年
		长春市南关区长影世纪城景区	2015 年
		延边朝鲜族自治州敦化市六鼎山文化旅游区	2015 年
		长春市南关区世界雕塑公园景区	2017 年
黑龙江省	5	哈尔滨市松北区太阳岛景区	2007 年
		黑河市五大连池市五大连池景区	2011 年
		牡丹江市宁安市镜泊湖景区	2011 年
		伊春市汤旺河区林海奇石景区	2013 年
		大兴安岭地区漠河县北极村旅游景区	2015 年
上海市	3	浦东新区东方明珠广播电视塔	2007 年
		浦东新区上海野生动物园	2007 年
		浦东新区上海科技馆	2010 年
江苏省	23	苏州市姑苏区苏州园林（拙政园—留园—虎丘）	2007 年
		苏州市昆山市周庄古镇景区	2007 年
		南京市玄武区钟山—中山陵风景名胜区（明孝陵—音乐台—灵谷寺—梅花山—紫金山天文台）	2007 年
		无锡市滨湖区中央电视台无锡影视基地三国水浒城景区	2007 年
		无锡市滨湖区灵山大佛景区	2009 年
		苏州市吴江区同里古镇景区	2010 年
		南京市秦淮区夫子庙—秦淮河风光带（江南贡院—白鹭洲—中华门—瞻园—王谢故居）	2010 年
		常州市新北区环球恐龙城景区（中华恐龙园—恐龙谷温泉—恐龙城大剧院）	2010 年
		扬州市邗江区瘦西湖风景区	2010 年
		南通市崇川区濠河风景区	2012 年
		泰州市姜堰区溱湖国家湿地公园	2012 年
		苏州市吴中区金鸡湖国家商务旅游示范区	2012 年
		镇江市三山风景名胜区（金山—北固山—焦山）	2012 年
		无锡市滨湖区鼋头渚旅游风景区	2012 年
		苏州市吴中区太湖旅游区（旺山—穹窿山—东山）	2013 年
		苏州市常熟市沙家浜—虞山尚湖旅游区	2013 年
		常州市溧阳市天目湖景区（天目湖—南山竹海—御水温泉）	2013 年
		镇江市句容市茅山景区	2014 年
		淮安市淮安区周恩来故里景区（周恩来纪念馆—周恩来故居—驸马巷历史街区—河下古镇）	2015 年
		盐城市大丰区中华麋鹿园景区	2015 年
		徐州市泉山区云龙湖景区	2016 年
		连云港市海州区花果山景区	2016 年
		常州市武进区春秋淹城旅游区	2017 年

省份	数量	名称	评定年份
浙江省	16	杭州市西湖区西湖风景区	2007 年
		温州市乐清市雁荡山风景区	2007 年
		舟山市普陀区普陀山风景区	2007 年
		杭州市淳安县千岛湖风景区	2010 年
		嘉兴市桐乡市乌镇古镇旅游区	2010 年
		宁波市奉化区溪口—滕头旅游景区	2010 年
		金华市东阳市横店影视城景区	2010 年
		嘉兴市南湖区南湖旅游区	2011 年
		杭州市西湖区西溪湿地旅游区	2012 年
		绍兴市越城区鲁迅故里—沈园景区	2012 年
		衢州市开化县根宫佛国文化旅游区	2013 年
		湖州市南浔区南浔古镇景区	2015 年
		台州市天台县天台山景区	2015 年
		台州市仙居县神仙居景区	2015 年
		嘉兴市嘉善县西塘古镇旅游景区	2017 年
		衢州市江山市江郎山·廿八都旅游区	2017 年
安徽省	11	黄山市黄山区黄山风景区	2007 年
		池州市青阳县九华山风景区	2007 年
		安庆市潜山县天柱山风景区	2011 年
		黄山市黟县皖南古村落—西递宏村	2011 年
		六安市金寨县天堂寨旅游景区	2012 年
		宣城市绩溪县龙川景区	2012 年
		阜阳市颍上县八里河风景区	2013 年
		黄山市古徽州文化旅游区（徽州古城—牌坊群·鲍家花园—唐模—潜口民宅—呈坎）	2014 年
		合肥市肥西县三河古镇景区	2015 年
		芜湖市鸠江区方特旅游区	2016 年
		六安市舒城县万佛湖风景区	2016 年
福建省	9	厦门市思明区鼓浪屿风景名胜区	2007 年
		南平市武夷山市武夷山风景名胜区	2007 年
		三明市泰宁县泰宁风景旅游区	2011 年
		福建土楼（永定·南靖）旅游景区	2011 年
		宁德市屏南县（白水洋·鸳鸯溪）旅游景区	2012 年
		泉州市丰泽区清源山风景名胜区	2012 年
		宁德市福鼎市太姥山旅游区	2013 年
		福州市鼓楼区三坊七巷景区	2015 年
		龙岩市上杭县古田旅游区	2015 年

省份	数量	名称	评定年份
江西省	10	九江市庐山市庐山风景名胜区	2007 年
		吉安市井冈山市井冈山风景旅游区	2007 年
		上饶市玉山县三清山旅游景区	2011 年
		鹰潭市贵溪市龙虎山风景名胜区	2012 年
		上饶市婺源县江湾景区	2013 年
		景德镇市昌江区古窑民俗博览区	2013 年
		赣州市瑞金市共和国摇篮景区	2015 年
		宜春市袁州区明月山旅游区	2015 年
		抚州市资溪县大觉山景区	2017 年
		上饶市弋阳县龟峰景区	2017 年
山东省	11	泰安市泰山区泰山景区	2007 年
		烟台市蓬莱市蓬莱阁—三仙山—八仙过海旅游区	2007 年
		济宁市曲阜市明故城三孔旅游区	2007 年
		青岛市崂山区崂山景区	2011 年
		威海市环翠区刘公岛景区	2011 年
		烟台市龙口市南山景区	2011 年
		枣庄市台儿庄区台儿庄古城景区	2013 年
		济南市历下区天下第一泉景区（趵突泉—大明湖—五龙潭—环城公园—黑虎泉）	2013 年
		山东沂蒙山旅游区（沂山景区—龟蒙景区—云蒙景区）	2013 年
		潍坊市青州市青州古城景区	2017 年
		威海市环翠区威海华夏城景区	2017 年
河南省	13	郑州市登封市嵩山少林寺景区	2007 年
		洛阳市洛龙区龙门石窟景区	2007 年
		焦作市云台山—神农山—青天河风景区	2007 年
		安阳市殷都区殷墟景区	2011 年
		洛阳市嵩县白云山景区	2011 年
		开封市龙亭区清明上河园景区	2011 年
		平顶山市鲁山县尧山—中原大佛景区	2011 年
		洛阳市栾川县老君山—鸡冠洞旅游区	2012 年
		洛阳市新安县龙潭大峡谷景区	2013 年
		南阳市西峡县伏牛山—老界岭—中国恐龙遗址园旅游区	2014 年
		驻马店市遂平县嵖岈山旅游景区	2015 年
		安阳市林州市红旗渠—太行大峡谷旅游景区	2016 年
		永城市芒砀山汉文化旅游景区	2017 年

省份	数量	名称	评定年份
湖北省	10	武汉市武昌区黄鹤楼公园	2007 年
		宜昌市三峡大坝—屈原故里文化旅游区	2007 年
		宜昌市夷陵区三峡人家风景区	2011 年
		十堰市丹江口市武当山风景区	2011 年
		恩施土家族苗族自治州巴东县神龙溪纤夫文化旅游区	2011 年
		神农架林区神农架生态旅游区	2012 年
		宜昌市长阳土家族自治县清江画廊景区	2013 年
		武汉市洪山区中国武汉—东湖生态旅游风景区	2013 年
		武汉市黄陂区木兰文化生态旅游区	2014 年
		恩施土家族苗族自治州恩施市恩施大峡谷景区	2015 年
湖南省	8	张家界市武陵源—天门山旅游区	2007 年
		衡阳市南岳区衡山旅游区	2007 年
		湘潭市韶山市韶山旅游区	2011 年
		岳阳市岳阳楼—君山岛景区	2011 年
		长沙市岳麓区岳麓山旅游区	2012 年
		长沙市宁乡县花明楼景区	2013 年
		郴州市资兴市东江湖旅游区	2015 年
		邵阳市新宁县崀山景区	2016 年
广东省	12	广州市番禺区长隆旅游度假区	2007 年
		深圳市南山区华侨城旅游度假区	2007 年
		广州市白云区白云山景区	2011 年
		梅州市梅县区雁南飞茶田景区	2011 年
		深圳市龙华区观澜湖休闲旅游区	2011 年
		清远市连州市地下河旅游景区	2011 年
		韶关市仁化县丹霞山景区	2012 年
		佛山市南海区西樵山景区	2013 年
		惠州市博罗县罗浮山景区	2013 年
		佛山市德顺区长鹿旅游休博园	2014 年
		阳江市江城区海陵岛大角湾海上丝路旅游区	2015 年
		中山市孙中山故里旅游区	2016 年
广西壮族自治区	5	桂林市漓江风景区	2007 年
		桂林市兴安县乐满地度假世界	2007 年
		桂林市秀峰区独秀峰·靖江王城景区	2012 年
		南宁市青秀区青秀山旅游区	2014 年
		桂林市两江四湖（秀峰区）·象山（象山区）景区	2017 年

省份	数量	名称	评定年份
海南省	6	三亚市崖州区南山文化旅游区	2007 年
		三亚市崖州区南山大小洞天旅游区	2007 年
		保亭县呀诺达雨林文化旅游区	2012 年
		陵水县分界洲岛旅游区	2013 年
		保亭县海南槟榔谷黎苗文化旅游区	2015 年
		三亚市海棠区蜈支洲岛旅游区	2016 年
重庆市	8	大足区大足石刻景区	2007 年
		巫山区小三峡—小小三峡旅游区	2007 年
		武隆县喀斯特旅游区（天生三硚、仙女山、芙蓉洞）	2011 年
		酉阳土家族苗族自治县桃花源旅游景区	2012 年
		綦江区万盛黑山谷—龙鳞石海风景区	2012 年
		南川区金佛山景区	2013 年
		江津区四面山景区	2015 年
		云阳县龙缸景区	2017 年
四川省	12	成都市都江堰市青城山—都江堰旅游景区	2007 年
		乐山市峨眉山市峨眉山景区	2007 年
		阿坝藏族羌族自治州九寨沟县九寨沟景区	2007 年
		乐山市市中区乐山大佛景区	2011 年
		阿坝藏族羌族自治州松潘县黄龙风景名胜区	2012 年
		绵阳市北川羌族自治县羌城旅游区（中国羌城—老县城地震遗址—"5·12"特大地震纪念馆—北川羌族民俗博物馆—北川新县城—吉娜羌寨）	2013 年
		阿坝藏族羌族自治州汶川县汶川特别旅游区（震中映秀—水磨古镇—三江生态旅游区）	2013 年
		南充市阆中市阆中古城旅游景区	2013 年
		广安市广安区邓小平故里旅游区	2013 年
		广元市剑阁县剑门蜀道剑门关旅游景区	2015 年
		南充市仪陇县朱德故里景区	2016 年
		甘孜藏族自治州泸定县海螺沟景区	2017 年
贵州省	5	安顺市镇宁布依族苗族自治县黄果树瀑布景区	2007 年
		安顺市西秀区龙宫景区	2007 年
		毕节市百里杜鹃景区	2013 年
		黔南布依族苗族自治州荔波县樟江景区	2015 年
		贵阳市花溪区青岩古镇景区	2017 年
云南省	8	昆明市石林彝族自治县石林风景区	2007 年
		丽江市玉龙纳西族自治县玉龙雪山景区	2007 年
		丽江市古城区丽江古城景区	2011 年
		大理白族自治州大理市崇圣寺三塔文化旅游区	2011 年
		西双版纳傣族自治州勐腊县中科院西双版纳热带植物园	2011 年
		迪庆藏族自治州香格里拉县普达措国家公园	2012 年

续表

省份	数量	名称	评定年份
云南省	8	昆明市盘龙区昆明世博园景区	2016 年
		保山市腾冲县火山热海旅游区	2016 年
西藏自治区	2	拉萨市城关区布达拉宫景区	2013 年
		拉萨市城关区大昭寺景区	2013 年
陕西省	8	西安市临潼区秦始皇兵马俑博物馆	2007 年
		西安市临潼区华清池景区	2007 年
		延安市黄陵县黄帝陵景区	2007 年
		西安市雁塔区大雁塔—大唐芙蓉园景区	2011 年
		渭南市华阴市华山风景区	2011 年
		宝鸡市扶风县法门寺佛文化景区	2014 年
		商洛市商南县金丝峡景区	2015 年
		宝鸡市眉县太白山旅游景区	2016 年
甘肃省	4	嘉峪关市嘉峪关文物景区	2007 年
		平凉市崆峒区崆峒山风景名胜区	2007 年
		天水市麦积区麦积山景区	2011 年
		酒泉市敦煌市鸣沙山月牙泉景区	2015 年
青海省	3	青海湖风景区	2011 年
		西宁市湟中县塔尔寺景区	2012 年
		海东市互助土族自治县互助土族故土园旅游区	2017 年
宁夏回族自治区	4	石嘴山市平罗县沙湖旅游景区	2007 年
		中卫市沙坡头区沙坡头旅游景区	2007 年
		银川市西夏区宁夏镇北堡西部影视城	2011 年
		银川市灵武市水洞沟旅游区	2015 年
新疆维吾尔自治区	12	昌吉回族自治州阜康市天山天池风景名胜区	2007 年
		吐鲁番市高昌区葡萄沟风景区	2007 年
		伊犁哈萨克自治州阿勒泰地区布尔津县喀纳斯景区	2007 年
		伊犁哈萨克自治州新源县那拉提旅游风景区	2011 年
		伊犁哈萨克自治州阿勒泰地区富蕴县可可托海景区	2012 年
		喀什地区泽普县金胡杨景区	2013 年
		乌鲁木齐市乌鲁木齐县天山大峡谷	2013 年
		巴音郭楞蒙古自治州博湖县博斯腾湖景区	2014 年
		喀什地区喀什市噶尔老城景区	2015 年
		伊犁哈萨克自治州特克斯县喀拉峻景区	2016 年
		巴音郭楞蒙古自治州和静县巴音布鲁克景区	2016 年
		伊犁哈萨克自治州阿勒泰地区哈巴河县白沙湖景区	2017 年
总计		247	

附录 2 国家级历史文化名城名单

截至 2016 年 12 月 16 日，国务院已将 131 座城市（此处为琼山已并入海口市，两者算一座）列为国家历史文化名城，并对这些城市的文化遗迹进行了重点保护。

国家级历史文化名城一览表

省、直辖市、自治区	文化名城
华北地区	
北京市	
天津市	
河北	承德市、保定市、正定县、邯郸市、山海关区
山西	平遥县、大同市、新绛县、代县、祁县、太原市
内蒙古	呼和浩特市
东北地区	
辽宁	沈阳市
吉林	吉林市、集安市
黑龙江	哈尔滨市、齐齐哈尔市
华东地区	
上海市	
江苏	南京市、苏州市、扬州市、徐州市、镇江市、淮安市、无锡市、南通市、泰州市、常州市、常熟市、宜兴市、高邮市
浙江	杭州市、绍兴市、宁波市、衢州市、临海市、金华市、嘉兴市、湖州市、温州市
安徽	亳州市、歙县、寿县、安庆市、绩溪县
福建	福州市、泉州市、漳州市、长汀县
江西	南昌市、赣州市、景德镇市、瑞金市
山东	济南市、曲阜市、青岛市、聊城市、邹城市、临淄区、泰安市、蓬莱市、烟台市、青州市
中南地区	
河南	洛阳市、开封市、商丘市、安阳市、南阳市、郑州市、浚县、濮阳市
湖北	荆州市、武汉市、襄阳市、随州市、钟祥市
湖南	长沙市、岳阳市、凤凰县、永州市
广东	广州市、潮州市、肇庆市、佛山市、梅州市、雷州市、中山市、惠州市
广西	桂林市、柳州市、北海市
海南	琼山区、海口市

续表

省、直辖市、自治区	文化名城
西南地区	
重庆市	
四川	成都市、自贡市、宜宾市、阆中市、乐山市、都江堰市、泸州市、会理县
贵州	遵义市、镇远县
云南	昆明市、大理市、丽江市、建水县、巍山县、会泽县
西藏	拉萨市、日喀则市、江孜县
西北地区	
陕西	西安市、咸阳市、延安市、韩城市、榆林市、汉中市
甘肃	张掖市、武威市、敦煌市、天水市
青海	同仁县
宁夏	银川市
新疆	喀什市、吐鲁番市、特克斯县、库车县、伊宁市

附录 3　国家级风景名胜区

自 1982 年起，国务院总共公布了 9 批、244 处国家级风景名胜区。其中，第一批至第六批原称国家重点风景名胜区，2007 年起改称中国国家级风景名胜区。

国家级风景名胜区一览表（截至 2017.3）

省、直辖市、自治区	景区名称	获准批次
北京（2处）	八达岭—十三陵风景名胜区	一
	石花洞风景名胜区	四
天津（1处）	盘山风景名胜区	三
河北（10处）	承德避暑山庄外八庙风景名胜区	一
	秦皇岛北戴河风景名胜区	一
	野三坡风景名胜区	二
	苍岩山风景名胜区	二
	嶂石岩风景名胜区	三
	西柏坡—天桂山风景名胜区	四
	崆山白云洞风景名胜区	四
	太行大峡谷风景名胜区	八
	响堂山风景名胜区	八
	娲皇宫风景名胜区	八
山西（6处）	五台山风景名胜区	一
	恒山风景名胜区	一
	黄河壶口瀑布风景名胜区	二
	北武当山风景名胜区	三
	五老峰风景名胜区	三
	碛口风景名胜区	八
内蒙古（2处）	扎兰屯风景名胜区	四
	额尔古纳风景名胜区	九
辽宁（9处）	千山风景名胜区	一
	鸭绿江风景名胜区	二
	金石滩风景名胜区	二
	兴城海滨风景名胜区	二
	大连海滨—旅顺口风景名胜区	二
	凤凰山风景名胜区	三

省、直辖市、自治区	景区名称	获准批次
辽宁（9处）	本溪水洞风景名胜区	三
	青山沟风景名胜区	四
	医巫闾山风景名胜区	四
吉林（4处）	松花湖风景名胜区	二
	八大部—净月潭风景名胜区	二
	仙景台风景名胜区	四
	防川风景名胜区	四
黑龙江（4处）	镜泊湖风景名胜区	一
	五大连池风景名胜区	一
	太阳岛风景名胜区	七
	大沽河风景名胜区	九
江苏（5处）	太湖风景名胜区	一
	南京钟山风景名胜区	一
	云台山风景名胜区	二
	蜀冈瘦西湖风景名胜区	二
	镇江三山风景名胜区	五
浙江（22处）	杭州西湖风景名胜区	一
	富春江—新安江风景名胜区	一
	雁荡山风景名胜区	一
	普陀山风景名胜区	一
	天台山风景名胜区	二
	嵊泗列岛风景名胜区	二
	楠溪江风景名胜区	二
	莫干山风景名胜区	三
	雪窦山风景名胜区	三
	双龙风景名胜区	三
	仙都风景名胜区	三
	江郎山风景名胜区	四
	仙居风景名胜区	四
	浣江—五泄风景名胜区	四
	方岩风景名胜区	五
	百丈漈—飞云湖风景名胜区	五
	方山—长屿硐天风景名胜区	六
	天姥山风景名胜区	七
	大红岩风景名胜区	八
	大盘山风景名胜区	九
	桃渚风景名胜区	九
	仙华山风景名胜区	九

省、直辖市、自治区	景区名称	获准批次
安徽（12处）	黄山风景名胜区	一
	九华山风景名胜区	一
	天柱山风景名胜区	一
	琅琊山风景名胜区	二
	齐云山风景名胜区	三
	采石风景名胜区	四
	巢湖风景名胜区	四
	花山谜窟—渐江风景名胜区	四
	太极洞风景名胜区	五
	花亭湖风景名胜区	六
	龙川风景名胜区	九
	齐山—平天湖风景名胜区	九
福建（19处）	武夷山风景名胜区	一
	清源山风景名胜区	二
	鼓浪屿—万石山风景名胜区	二
	太姥山风景名胜区	二
	桃源洞—鳞隐石林风景名胜区	三
	金湖风景名胜区	三
	鸳鸯溪风景名胜区	三
	海坛风景名胜区	三
	冠豸山风景名胜区	三
	鼓山风景名胜区	四
	玉华洞风景名胜区	四
	十八重溪风景名胜区	五
	青云山风景名胜区	五
	佛子山风景名胜区	七
	宝山风景名胜区	七
	福安白云山风景名胜区	七
	灵通山风景名胜区	八
	湄洲岛风景名胜区	八
	九龙漈风景名胜区	九
江西（18处）	庐山风景名胜区	一
	井冈山风景名胜区	一
	三清山风景名胜区	二
	龙虎山风景名胜区	二
	仙女湖风景名胜区	四
	三百山风景名胜区	四
	梅岭—滕王阁风景名胜区	五

省、直辖市、自治区	景区名称	获准批次
江西（18处）	龟峰风景名胜区	五
	高岭—瑶里风景名胜区	六
	武功山风景名胜区	六
	云居山—柘林湖风景名胜区	六
	灵山风景名胜区	七
	神农源风景名胜区	八
	大茅山风景名胜区	八
	瑞金风景名胜区	九
	小武当风景名胜区	九
	杨岐山风景名胜区	九
	汉仙岩风景名胜区	九
山东（6处）	泰山风景名胜区	一
	青岛崂山风景名胜区	一
	胶东半岛海滨风景名胜区	二
	博山风景名胜区	四
	青州风景名胜区	四
	千佛山风景名胜区	九
河南（10处）	鸡公山风景名胜区	一
	洛阳龙门风景名胜区	一
	嵩山风景名胜区	一
	王屋山—云台山风景名胜区	三
	尧山（石人山）风景名胜区	四
	林虑山风景名胜区	五
	青天河风景名胜区	六
	神农山风景名胜区	六
	桐柏山—淮源风景名胜区	七
	郑州黄河风景名胜区	七
湖北（7处）	武汉东湖风景名胜区	一
	武当山风景名胜区	一
	大洪山风景名胜区	二
	隆中风景名胜区	三
	九宫山风景名胜区	三
	陆水风景名胜区	四
	丹江口水库风景名胜区	九
湖南（21处）	衡山风景名胜区	一
	武陵源（张家界）风景名胜区	二
	岳阳楼—洞庭湖风景名胜区	二
	韶山风景名胜区	三

省、直辖市、自治区	景区名称	获准批次
湖南（21处）	岳麓风景名胜区	四
	崀山风景名胜区	四
	猛洞河风景名胜区	五
	桃花源风景名胜区	五
	紫鹊界梯田—梅山龙宫风景名胜区	六
	德夯风景名胜区	六
	苏仙岭—万华岩风景名胜区	七
	南山风景名胜区	七
	万佛山—侗寨风景名胜区	七
	虎形山—花瑶风景名胜区	七
	东江湖风景名胜区	七
	凤凰风景名胜区	八
	沩山风景名胜区	八
	炎帝陵风景名胜区	八
	白水洞风景名胜区	八
	九嶷山—舜帝陵风景名胜区	九
	里耶—乌龙山风景名胜区	九
广东（8处）	肇庆星湖风景名胜区	一
	西樵山风景名胜区	二
	丹霞山风景名胜区	二
	白云山风景名胜区	二
	惠州西湖风景名胜区	四
	罗浮山风景名胜区	二
	湖光岩风景名胜区	五
	梧桐山风景名胜区	七
广西（3处）	桂林漓江风景名胜区	一
	桂平西山风景名胜区	二
	花山风景名胜区	二
海南（1处）	三亚热带海滨风景名胜区	三
四川（15处）	峨眉山风景名胜区	一
	九寨沟—黄龙寺风景名胜区	一
	青城山—都江堰风景名胜区	一
	剑门蜀道风景名胜区	一
	贡嘎山风景名胜区	二
	蜀南竹海风景名胜区	二
	西岭雪山风景名胜区	三
	四姑娘山风景名胜区	三
	石海洞乡风景名胜区	四

省、直辖市、自治区	景区名称	获准批次
四川（15处）	邛海—螺髻山风景名胜区	四
	白龙湖风景名胜区	五
	光雾山—诺水河风景名胜区	五
	天台山风景名胜区	五
	龙门山风景名胜区	五
	米仓山大峡谷风景名胜区	九
贵州（18处）	黄果树风景名胜区	一
	织金洞风景名胜区	二
	潕阳河风景名胜区	二
	红枫湖风景名胜区	二
	龙宫风景名胜区	二
	荔波樟江风景名胜区	三
	赤水风景名胜区	三
	马岭河风景名胜区	三
	都匀斗篷山—剑江风景名胜区	五
	九洞天风景名胜区	五
	九龙洞风景名胜区	五
	黎平侗乡风景名胜区	五
	紫云格凸河穿洞风景名胜区	六
	平塘风景名胜区	七
	榕江苗山侗水风景名胜区	七
	石阡温泉群风景名胜区	七
	沿河乌江山峡风景名胜区	七
	瓮安县江界河风景名胜区	七
云南（12处）	路南石林风景名胜区	一
	大理风景名胜区	一
	西双版纳风景名胜区	一
	三江并流风景名胜区	二
	昆明滇池风景名胜区	二
	玉龙雪山风景名胜区	二
	腾冲地热火山风景名胜区	三
	瑞丽江—大盈江风景名胜区	三
	九乡风景名胜区	三
	建水风景名胜区	三
	普者黑风景名胜区	五
	阿庐风景名胜区	五

省、直辖市、自治区	景区名称	获准批次
重庆（7处）	长江三峡风景名胜区	一
	缙云山风景名胜区	一
	金佛山风景名胜区	二
	四面山风景名胜区	三
	芙蓉江风景名胜区	四
	天坑地缝风景名胜区	五
	潭獐峡风景名胜区	八
陕西（6处）	华山风景名胜区	一
	临潼骊山—秦兵马俑风景名胜区	一
	黄河壶口瀑布风景名胜区	二
	宝鸡天台山风景名胜区	三
	黄帝陵风景名胜区	四
	合阳洽川风景名胜区	五
甘肃（4处）	麦积山风景名胜区	一
	崆峒山风景名胜区	三
	鸣沙山—月牙泉风景名胜区	三
	关山莲花台风景名胜区	九
宁夏（2处）	西夏王陵风景名胜区	二
	须弥山石窟风景名胜区	八
青海（1处）	青海湖风景名胜区	三
新疆（6处）	天山天池风景名胜区	一
	库木塔格沙漠风景名胜区	四
	博斯腾湖风景名胜区	四
	赛里木湖风景名胜区	五
	罗布人村寨风景名胜区	八
	托木尔大峡谷风景名胜区	九
西藏（4处）	雅砻河风景名胜区	二
	纳木错—念青唐古拉山风景名胜区	七
	唐古拉山—怒江源风景名胜区	七
	土林—古格风景名胜区	八

参考文献

1. 保继刚. 北京旅游地理［M］. 北京：中国旅游出版社，1989.
2. 吕连琴. 中国旅游地理［M］. 郑州：郑州大学出版社，2006.
3. 李娟文. 中国旅游地理（第4版）［M］. 沈阳：东北财经大学出版社，2014.
4. 梁朝信. 中国旅游地理（第2版）［M］. 北京：旅游教育出版社，2014.
5. 张锦华. 中国旅游地理［M］. 北京：高等教育出版社，2015.
6. 曹培培. 中国旅游地理（修订版）［M］. 北京：清华大学出版社，2015.
7. 庞规荃. 中国旅游地理［M］. 北京：旅游教育出版社，2016.
8. 程远曲. 中国旅游地理［M］. 北京：中国轻工业出版社，2016.
9. 王丽娟. 中国旅游地理［M］. 北京：中国经济出版社，2016.
10. 杨勤业，张伯平，郑度. 关于黄土高原空间范围的讨论［J］. 自然资源学报，1988（1）：9-15.
11. 陈沫，齐岩波，刘海霞. 台湾民宿产业发展及对大陆民宿的经验借鉴［J］. 城市旅游规划，2014（10）.
12. 李萌，张健. 中国古典园林中的风水布局浅析［J］. 沈阳建筑大学学报（社会科学版）. 2015（6）：251-256.
13. 河南宝丰马街书会：以前是生意，现在是玩意儿［N］. 东方今报，2016-2-24.
14. 刘学斌，郭风盛. 乔家大院全年门票收入过亿［N］. 晋中日报，2017-1-11.
15. 李慧. 别让遗产变味［N］. 光明日报，2017-6-10.
16. 罗连军. 青海湖畔再现"半河清水半河鱼"奇观［N］. 工人日报，2017-07-02.
17. 孟西安. 乾陵：唯一未被盗的唐帝陵为何一直没发掘？［N］. 大公报，2013-7-26.
18. 宁夏党校、行政学院课题组. 绘就美丽中国"宁夏卷"［N］. 宁夏日报，2017-5-26.
19. 盘点10大被影视剧带火的"胜地"［EB/OL］. http：//www. zznews. gov. cn/news/2015/1120/194433. shtml.
20. 青藏铁路通车十年 高原旅游业"长大了"［EB/OL］. http：//news. gaotie. cn/lvyou/2016-06-22/331566. html.
21. 《中国自驾车、旅居车与露营旅游发展报告（2016—2017）》显示：自驾露营旅游步入集约型品质化阶段［EB/OL］. http：//www. 51luying. com/index. php/mediadetails/index/11954. html.
22. 十一高速拥堵背后的真正原因［EB/OL］. http：//news. sohu. com/20161004/

n469593941. shtml）.

23. 京津冀交通一体化加速突破［EB/OL］. http：//www. beijing. gov. cn/sy/zybwdt/t1470752. html.

24. 故宫文创产品来袭　创意能否激活旅游商品市场［EB/OL］. http：//www. china. com. cn/travel/txt/2014-10/31/content_ 33930133. html.

25. 王晓易. 津沽记忆博物馆　生态城正式开馆［EB/OL］. http：//news. 163. com/17/0523/09/CL42GJI4000187VJ. html.

26. 黑龙江请全国高考生免费旅游！最绝的是这理由［EB/OL］. http：//news. ifeng. com/a/20170628/51338560_ 0. shtml.

27. 长白山国际冰雪嘉年华精彩上演［EB/OL］. http：//sports. 163. com/17/0121/00/CB8U4C0J00051CAQ. html.

28. 大鹏. 凝聚合力重振"大东北"旅游雄风［EB/OL］. http：//travel. ce. cn/gdtj/201612/02/t20161202_ 4587157. shtml.

29. 看"陕南突破"：大秦岭旅游风生水起［EB/EL］. http：//www. mafengwo. cn/travel-news/105589. html.

30. 为什么中原历史悠久，豫菜却不出名？［EB/OL］. 公众号：sanjiangfood.

31. 第四届世界互联网大会拟于今年11月至12月在浙江乌镇举行［EB/OL］. http：//news. qq. com/a/20170523/031198. htm.

32. 第九届南京高淳水慢城荷花旅游节6月24日启幕［EB/OL］. http：//js. people. com. cn/n2/2017/0623/c360311-30369923. html？from＝singlemessage.

33. 湖北昭君专列返程　昭君文化旅游交流深入开展［EB/OL］. http：//news. 163. com/17/0627/12/CNUHUBMJ00018AOQ. html.

34. 张家界武陵源上演峰林旗袍秀：古典风混搭民族风［EB/OL］. http：//hn. rednet. cn/c/2017/02/25/4221994. htm.

35. 江西四城市旅游推介会在合肥盛大举行　风景独好旅游营销别具一格［EB/EL］. http：//news. hefei. cc/2017/0627/027392691. shtml.

36. 许佳慧. 万人共赏杜鹃花——2017三清山国际旅游文化月拉开帷幕［EB/OL］. http：//jxsr. jxnews. com. cn/system/2017/05/22/016145950. shtml.

37. 刘琼. 临夏砖雕：试解传统技艺三重困境［EB/OL］. http：//news. xinhuanet. com/local/2016-04/01/c_ 1118508202. html.

38. 新疆景区多举措应对旅游高峰［EB/OL］. 2017－06－28. http：//www. toutiao. com/i6436529963892998658/.

39. 不敌"高烤"中国第四大淡水湖面积缩小［EB/OL］. http：//news. sina. com. cn/o/2017-06-30/doc-ifyhryex5591659. shtml）.

40. 藏传佛教的四大派别［EB/OL］. http：//blog. sina. com. cn/s/blog_ 92efcc5b0102vx63. html.

41. 青藏铁路旅游推广联盟成立 2 年 运行有序有效 ［EB/OL］. http：//money. 163. com/17/0703/13/COE2P7EG002580S6. html.

42. 香港回归 20 周年 东航邀你 "惠聚香港". ［EB/OL］. http：//sh. sina. com. cn/ travel/gnly/2017-06-20/detail-ifyhfnqa4493805. shtml.

43. 盘点著名景区里扎眼的豪华电梯 ［EB/OL］. http：//travel. sohu. com/20120106/ n331288830_ 4. shtml.

项目统筹：段向民

责任编辑：张芸艳

责任印制：谢　雨

封面设计：何　杰

图书在版编目（CIP）数据

新编中国旅游地理／张东月，焦金英主编．--北京：中国旅游出版社，2017.9（2020.11重印）

中国旅游院校五星联盟教材编写出版项目　中国骨干旅游高职院校教材编写项目

ISBN 978-7-5032-5882-4

Ⅰ.①新…　Ⅱ.①张…　②焦…　Ⅲ.①旅游地理学—中国—高等职业教育—教材　Ⅳ.①F592.99

中国版本图书馆 CIP 数据核字（2017）第 199233 号

书　　名：新编中国旅游地理

作　　者：张东月　焦金英　主编

出版发行：中国旅游出版社

（北京静安东里 6 号　邮编：100028）

http://www.cttp.net.cn　E-mail:cttp@mct.gov.cn

营销中心电话：010-57377108，010-57377109

读者服务部电话：010-57377151

排　　版：北京旅教文化传播有限公司

经　　销：全国各地新华书店

印　　刷：河北省三河市灵山芝兰印刷有限公司

版　　次：2017 年 9 月第 1 版　2020 年 11 月第 4 次印刷

开　　本：787 毫米×1092 毫米　1/16

印　　张：27

字　　数：500 千

定　　价：49.80 元

ＩＳＢＮ　978-7-5032-5882-4